GUIDE PRATIQUE

MAÎTRISER L'I.Soc

2019 - 2020

Dominique DARTE
Yves NOEL

edipro
L'édition **professionnelle**

AVERTISSEMENTS IMPORTANTS À L'ATTENTION DU LECTEUR

Le présent ouvrage porte exclusivement sur l'exercice d'imposition 2019 se rattachant à une période imposable qui débute au plus tôt le 1er janvier 2018.

En ce qui concerne les périodes imposables qui débutent avant le 1er janvier 2018 et qui relèvent cependant de l'exercice d'imposition 2019, nous vous renvoyons à la version précédente de ce livre.

La loi du 23 mars 2019 a introduit le nouveau Code des sociétés et des associations.

Une loi distincte ayant pour objectif d'adapter les différents codes fiscaux au nouveau droit des sociétés a également été adoptée (loi du 13 mars 2019). A la date de clôture de cette édition du livre, elle n'a pas encore été publiée au Moniteur.

Le principal objectif de cette loi est de garantir la neutralité fiscale du nouveau Code des sociétés et des associations.

Cet ouvrage n'intègre pas ces dernières modifications. Elles seront introduites lors de la prochaine édition.

Éditeur responsable
Luca Venanzi

Edi.pro ©
Esplanade de l'Europe, 2 Bte 5 à 4020 Liège
Belgique
(http://www.edipro.info)

Tél. : 00.32.(0)4.344.50.88

Imprimé en Europe par TypoLibris

ISBN : 978-2-87496-377-3
D/2019/8406/12

Préface

La 54e législature fédérale s'achève, de même que le Gouvernement dirigé par le libéral Charles Michel. De nombreuses réformes de nature structurelle ont été initiées puis votées dans une multiplicité de disciplines dont certaines ont concerné directement les sociétés. Les deux plus marquantes, selon nous, sont, d'une part, la réforme de l'impôt des sociétés et, d'autre part, l'adoption du nouveau Code des sociétés et des associations.

La loi du 25 décembre 2017 portant réforme de l'impôt des sociétés visait à diminuer le taux, de manière à rendre la Belgique plus compétitive par rapport à ses concurrents, dont en particulier les pays voisins. Il s'agissait néanmoins de demeurer dans un carcan budgétaire strict, en prévoyant des mesures de compensation propres à compenser les pertes de recettes (hors effets retour) associés à la réduction tarifaire. Les sociétés ont ainsi hérité d'un nouveau régime qui, entrant progressivement en vigueur, s'avère tout aussi complexe que le précédent et se prête encore à des exercices de planification destinés à garantir la jouissance plus optimale du taux désormais ajusté par le bas. A cette réforme s'ajoute néanmoins la mise en œuvre progressive des recommandations internationales découlant du processus dit « BEPS » (*Base Erosion and Profit Shifting*) ainsi que des directives ATAD (*Anti Tax Avoidance Directive*), qui provoquent l'instauration, çà et là, de toute une série de dispositifs anti-abus. Ceux-ci sont de nature à restreindre le domaine du choix de la voie la moins imposée (et donc, de la planification) et resserrer ainsi les mailles d'un filet dont la solidité tend à s'affirmer dans l'ensemble de l'Union européenne. Il n'en demeure pas moins que la maîtrise de l'impôt des sociétés n'en est rendue que plus délicate au fil du temps compte tenu des difficultés d'interprétation que ces nouvelles dispositions, au libellé souvent ouvert, engendrent en pratique.

Par une loi du 23 mars 2019, le législateur fédéral a introduit, dans l'ordre juridique belge, le nouveau Code des sociétés et des associations. Les objectifs poursuivis ont été les suivants : procéder à une simplification d'envergure en supprimant la distinction entre sociétés civiles et sociétés commerciales, en intégrant le droit des sociétés et celui des associations dans un seul et même code et en limitant sensiblement le nombre de formes distinctes de sociétés ; concrétiser l'option prise en faveur d'un droit davantage supplétif et flexible et adapter le cadre légal aux évolutions européennes relatives au déplacement transfrontalier du siège statutaire des sociétés. Au final, dans la perspective qui était celle d'un Gouvernement profondément marqué par des convictions libérales, l'intention était, par ce biais, de mettre en place une législation la plus souple possible et la plus attractive pour les entrepreneurs et investisseurs et de garantir la compétitivité de notre droit par rapport à celui en vigueur dans les autres pays de l'Union européenne. Le motif le plus fondamental de la réforme a fondamentalement trait, en effet, au renforcement du positionnement de la Belgique sur le « marché juridique européen ». Le droit de l'Union européenne consacre et protège la libre circulation des sociétés, en permettant ainsi à une société constituée sous l'empire d'un droit étranger, plus simple et flexible, de développer à titre principal ses activités sur le territoire belge. Dès lors, il a paru nécessaire de moderniser notre droit des sociétés, de manière à le parer des vertus prétendument recherchées par les acteurs du monde de l'entreprise. L'avenir nous dira si cet objectif se matérialisera ou non dans les faits.

Il est un fait, néanmoins, que les répercussions de ce changement profond, qui caractérise le droit des personnes morales, sur la manière dont les revenus de ces entités (sociétés, associations et fondations) sont fiscalisés s'avèrent réelles et susciteront bien des analyses dans les semaines à venir. Tout d'abord, bien que soucieux de garantir la neutralité fiscale du nouveau Code, le législateur a estimé, à juste titre, qu'il convenait d'amender un certain nombre de dispositions fiscales, de manière à prévenir toute divergence ou discordance entre le droit fiscal et le nouveau droit des sociétés et des associations, tout en favorisant le bon fonctionnement de ce dernier. Une nouvelle loi a donc été promulguée le 17 mars 2019 (loi adaptant certaines dispositions fiscales fédérales au nouveau Code des sociétés et des associations). Elle révise en profondeur le Code des impôts sur les revenus en vue de l'ajuster au nouveau Code, compte tenu notamment de la suppression de la notion de capital social pour les sociétés (exception faite de la société anonyme), ou encore, des nouvelles opportunités offertes en matière de transformation des sociétés ou de déplacement du siège social. En outre, une autre loi, datée du même jour (loi organisant le passage de l'assujettissement à l'impôt des personnes morales à l'assujettissement à l'impôt des sociétés), a pour objet de définir expressément le cadre fiscal relatif au passage d'un statut d'assujetti à l'impôt des personnes morales à celui d'assujetti à l'impôt des sociétés. La raison d'être de cette intervention législative réside dans le constat que les nouvelles règles du droit des associations, qui habilitent désormais celles-ci à exercer une activité économique sans restriction et même à titre principal, risquent de démultiplier les hypothèses dans lesquelles des ASBL seront désormais assujetties à l'impôt des sociétés. Une plus grande sécurité juridique est ainsi offerte. Ceci n'empêche toutefois pas de s'interroger sur l'opportunité du maintien, à l'avenir, des critères classiques permettant de faire le départ entre les domaines d'application respectifs de l'impôt des personnes morales et de l'impôt des sociétés. A ce jour, cette question n'a pas encore fait l'objet d'une réflexion politique approfondie, ce que l'on peut regretter.

Toutes ces évolutions récentes montrent la difficulté, pour les contribuables et ceux qui les conseillent, de demeurer à jour et de saisir, dans toute sa complexité, le régime de l'impôt des sociétés. Le *Guide pratique* que j'ai ici l'honneur de préfacer apporte un remède efficace au malaise que bien des acteurs peuvent légitiment ressentir face à une législation pour le moins absconse. Messieurs Dominique Darte et Yves Noel ont assurément beaucoup de talent pédagogique. Ils exposent avec clarté, sans omettre les détails, et en offrant de nombreuses illustrations pratiques, les différents volets qui composent ce régime en tant qu'il s'applique pour l'exercice d'imposition 2019. Les acteurs peuvent ainsi plus aisément qualifier les situations qu'ils ont à traiter et remplir correctement une déclaration à l'impôt des sociétés. L'apprentissage et la maîtrise du langage « ISoc » constituent une démarche délicate, mais elle est franchement facilitée grâce au présent ouvrage qui est un modèle du genre.

Marc BOURGEOIS

Professeur ordinaire à l'Université de Liège

Co-président du Tax Institute de l'ULiège

Directeur du master de spécialisation en droit fiscal organisé par l'ULiège

Table des matières

PARTIE 3

DÉDUCTIONS FISCALES

PARTIE 4

CALCUL DE L'IMPÔT

PARTIE 5

RÉGIME DE TAX SHELTER POUR LA PRODUCTION AUDIOVISUELLE ET D'ŒUVRES SCÉNIQUES ET SON APPLICATION PRATIQUE

PARTIE 6
LA RÉSERVE DE LIQUIDATION

PARTIE 7

PARTIE 8

SOCIÉTÉS LIÉES - CRITÈRES DE TAILLE

Partie 1

Personnes morales assujetties à l'impôt des sociétés

Les contribuables assujettis à l'impôt des sociétés sont tenus de remettre, chaque année, à l'administration des contributions directes, une déclaration relative aux revenus imposables de la période envisagée. Cette déclaration permet à l'administration, d'établir sur la base des données mentionnées par la société (à moins qu'elle ne les reconnaisse elle-même inexacts), la dette d'impôt et de procéder à l'enrôlement de celle-ci.

Pour les sociétés dissoutes sans liquidation dans le cadre d'une fusion, d'une opération assimilée à une fusion ou d'une scission visées aux articles 671 à 677 du Code des sociétés[1], ou d'une opération de droit des sociétés similaire en droit étranger, l'obligation de déclarer incombe selon le cas à la société absorbante ou aux sociétés bénéficiaires.

Pour les autres sociétés dissoutes, cette obligation incombe aux liquidateurs.

Cette déclaration souscrite par les contribuables assujettis à l'impôt des sociétés, doit respecter à la fois, des conditions de formes et de délais.

Dans le cadre de ce chapitre nous allons analyser successivement les points suivants :

1 Articles 12:2 à 12:8 du nouveau Code des sociétés et des associations.

I. Qui doit souscrire une déclaration à l'impôt des sociétés ?

Articles 2, § 2, 1, 3 et 179 à 182 du CIR.

Sont assujettis à l'impôt des sociétés, et doivent donc souscrire une déclaration à cet impôt, les sociétés, associations, établissements ou organismes quelconques, régulièrement constitués, qui :

- possèdent la personnalité juridique;
- se livrent à une exploitation ou à des opérations de caractère lucratif;
- ont en Belgique leur siège social, leur principal établissement ou leur siège de direction ou d'administration.

Si ces trois conditions sont simultanément réunies, la société, l'association, l'établissement ou l'organisme quelconque régulièrement constitué devra souscrire une déclaration à l'impôt des sociétés.

Même si les trois conditions mentionnées ci-dessus sont réunies, les personnes morales suivantes sont exclues inconditionnellement du champ d'application de l'impôt des sociétés :

- les intercommunales, les structures de coopération, les associations de projet, les régies communales autonomes et les associations qui dans le cadre de leur objet social, à titre principal :
  - exploitent un hôpital tel que défini à l'article 2 de la loi coordonnée du 10 juillet 2008 sur les hôpitaux et autres établissements de soins ; ou
  - exploitent une institution qui assiste des victimes de la guerre, des handicapés, des personnes âgées, des mineurs d'âge protégés ou des indigents.

  Les intercommunales, les structures de coopération, les associations de projet, les régies communales autonomes et les associations visées sont :

  a. les intercommunales régies par la loi du 22 décembre 1986 relative aux intercommunales;
  b. les intercommunales régies par le décret de la Région wallonne du 19 juillet 2006 modifiant le Livre V de la première partie du Code de la démocratie locale et de la décentralisation et relatif aux modes de coopération entre communes;
  c. les structures de coopération, à l'exception des associations inter-locales, régies par le décret de la Communauté flamande du 6 juillet 2001 portant réglementation de la coopération intercommunale;
  d. les associations de projet régies par le décret de la Région wallonne du 19 juillet 2006 modifiant le Livre V de la première partie du Code de la démocratie locale et de la décentralisation et relatif aux modes de coopération entre communes;
  e. les régies communales autonomes régies par la nouvelle loi communale du 24 juin 1988;
  f. les régies communales autonomes régies par le décret communal de la Communauté flamande du 15 juillet 2005;
  g. les associations régies par le chapitre XII de la loi organique du 8 juillet 1976 des centres publics d'action sociale;
  h. les associations régies par le titre VIII du décret de la Communauté flamande du 19 décembre 2008 relatif à l'organisation des centres publics d'aide sociale.
- l'Office national du ducroire;
- la Compagnie belge pour le Financement de l'Industrie;

- le Fonds de participation[2]; le Fonds de participation - Flandre; le Fonds de participation - Wallonie et le Fonds de participation - Bruxelles;
- la Société régionale wallonne de transport public de personnes et les sociétés d'exploitation qui lui sont liées;
- la Société des Transports flamande et les unités d'exploitation autonome existant en son sein;
- la Société des transports intercommunaux de Bruxelles;
- les sociétés d'épuration des eaux régies par la loi du 26 mars 1971;
- la société de droit public à finalité sociale Coopération technique belge;
- la société anonyme de droit public Infrabel.
- la société de droit public à finalité sociale APETRA.

Les associations sans but lucratif et les autres personnes morales visées à l'article 220 du code des impôts sur les revenus, qui sont agréées en qualité de société de production éligible ou d'intermédiaire éligible dans le cadre du régime du tax shelter pour l'industrie cinématographique ou dans le cadre du régime du tax shelter à la production d'oeuvres scéniques sont assujetties à l'impôt des sociétés pour l'exercice d'imposition lié à une période imposable au cours de laquelle elles ont conclu une convention-cadre en application des articles 194ter ou 194ter/1 ainsi que les trois exercices d'imposition suivants.

La loi-programme du 19 décembre 2014 a supprimé l'exclusion inconditionnelle[3] de l'impôt des sociétés applicable aux intercommunales à l'exception de celles mentionnées ci-avant.

Selon le Ministre des Finances[4], les intercommunales ne sont pas pour autant automatiquement assujetties à l'impôt des sociétés : si les critères d'assujettissement à l'impôt des personnes morales sont réunis, l'intercommunale est alors assujettie à l'impôt des personnes morales.

Sont également exclues du champ d'application de l'impôt des sociétés, les associations et autres personnes morales qui ne poursuivent pas un but lucratif et :

1. qui ont pour objet exclusif ou principal l'étude, la protection et le développement des intérêts professionnels ou interprofessionnels de leurs membres[5];
2. qui constituent le prolongement ou l'émanation de personnes morales visées au 1°, lorsqu'elles ont pour objet exclusif ou principal, soit d'accomplir, au nom et pour compte de leurs affiliés, tout ou partie des obligations ou formalités imposées à ceux-ci en raison de l'occupation de personnel ou en exécution de la législation fiscale ou de la législation sociale, soit d'aider leurs affiliés dans l'accomplissement de ces obligations ou formalités[6];
3. qui, en application de la législation sociale, sont chargées de recueillir, de centraliser, de capitaliser ou de distribuer les fonds destinés à l'octroi des avantages prévus par cette législation[7];
4. qui ont pour objet exclusif ou principal de dispenser ou de soutenir l'enseignement;
5. qui ont pour objet exclusif ou principal d'organiser des foires ou expositions;
6. qui sont agréées en qualité de service d'aide aux familles et aux personnes âgées par les organes compétents des Communautés;

---

2 La sixième réforme de l'Etat prévoit le transfert du Fonds de participation aux Régions. Il est mis fin à l'ensemble des activités du Fonds de participation mais une « structure légère » est maintenue pour gérer le passé (crédits et emprunts en cours). Par ailleurs, cette « structure légère » doit permettre d'assurer la transition au niveau des activités de services que le Fonds exerce actuellement. Le Fonds de participation est dissous le 1er juillet 2014. Au plus tard le 1er juillet 2014, le Fonds de participation constitue, seul, trois sociétés, nommées :
1. Fonds de participation – Flandre;
2. Fonds de participation – Wallonie;
3. Fonds de participation – Bruxelles.
L'exonération prévue à l'article 180, 5°bis du C.I.R. est abrogée au 1er juillet 2022 : c'est en effet à cette date que le Fonds (fédéral) cesse d'exister. Le code des impôt sur les revenus a été adapté en vue d'assujettir les trois Fonds de participation régionaux à l'impôt des personnes morales.

3 L'abrogation de l'exclusion inconditionnelle des intercommunales de l'impôt des sociétés est applicable à partir de l'exercice d'imposition 2015 et concerne les exercices comptables clôturés au plus tôt le 1er juillet 2015.

4 Document parlementaire n°54, 1125/009 page 75.

5 Il s'agit en l'espèce des véritables «unions professionnelles» ainsi que des groupements professionnels et interprofessionnels y assimilés.

6 Tels que les secrétariats sociaux d'employeurs agréés.

7 C'est-à-dire les caisses d'assurances sociales créées par les associations professionnelles ou interprofessionnelles.

7. qui sont agréées pour l'application de l'article 145/33 § 1, alinéa 1er, 1°, b, d, e, h à l, 2° et 3°[8], ou qui le seraient, soit si elles en faisaient la demande, soit si elles répondaient à toutes les conditions auxquelles l'agrément est subordonné, autres que celle d'avoir, suivant le cas, une activité à caractère national ou une zone d'influence s'étendant à l'une des communautés ou régions ou au pays tout entier;
8. qui sont constituées en application de la loi du 27 juin 1921 sur les associations sans but lucratif, les associations internationales sans but lucratif et les fondations pour autant qu'elles exercent exclusivement une activité de certification au sens de la loi du 15 juillet 1998 relative à la certification des titres émis par des sociétés commerciales et que les certificats qu'elles émettent soient assimilés aux titres auxquels ils se rapportent pour l'application du CIR, en vertu de l'article 13, § 1er, alinéa 1er de la même loi.

Sur la base des critères d'assujettissement à l'impôt des sociétés, on arrive à la conclusion qu'une ASBL ou une autre personne morale est susceptible d'être assujettie à l'impôt des sociétés dès qu'elle se livre à une exploitation ou à des opérations de caractère lucratif.

Cependant, la loi considère que ne doivent pas être considérées comme des opérations à caractère lucratif :

a. les opérations isolées ou exceptionnelles

Il s'agit d'opérations dont la fréquence n'est pas suffisante pour qu'elles constituent une « occupation lucrative ».

Une ASBL ou une autre personne morale ne poursuivant pas un but lucratif n'est donc pas considérée comme se livrant à des opérations de caractère lucratif quand celles-ci consistent exclusivement en l'organisation sporadique de bals ou autres festivités, ou encore de tombolas et d'opérations analogues de récolte de fonds, pour autant que ces opérations ne se reproduisent pas fréquemment.

Le caractère non répétitif et non fréquent des opérations précitées :

- doit s'apprécier par période imposable, c'est-à-dire par exercice comptable;
- n'empêche nullement l'application de l'impôt des sociétés quand de telles opérations ne constituent que l'accessoire d'une véritable exploitation industrielle, commerciale ou agricole, ou d'une véritable occupation lucrative.

b. les opérations qui consistent dans le placement des fonds récoltés dans l'exercice de leur mission statutaire

Il faut entendre par là, les opérations de placements mobiliers ou immobiliers (y compris la location de biens immobiliers dans le cadre de l'activité sociale) qui seraient censées faire partie de la gestion normale d'un patrimoine privé, si elles étaient effectuées par des personnes physiques ou des associations, etc., ne possédant pas la personnalité juridique.

c. les opérations qui constituent une activité ne comportant qu'accessoirement des opérations commerciales, industrielles ou agricoles ou ne mettant pas en œuvre des méthodes industrielles ou commerciales

Le caractère accessoire de l'activité exercée doit s'apprécier au vu de l'ensemble de l'activité sociale désintéressée de la personne morale en cause.

Pour établir si une activité est ou non accessoire, on peut notamment se baser sur les critères suivants :

8 A savoir notamment, les associations et autres personnes morales qui sont agréées (ou qui exercent une activité identique mais qui pour certaines raisons n'ont pas été agréées) pour recevoir des dons exonérés d'impôt en qualité d'institutions de recherche scientifique, d'institutions culturelles, d'institutions qui s'attachent à la conservation de la nature ou à la protection de l'environnement, d'institutions qui ont pour but la conservation ou la protection des monuments et sites, d'institutions qui viennent en aide aux déshérités (invalides de guerre, handicapés, anciens combattants, personnes âgées, mineurs d'âge protégés, indigents), aux pays en voie de développement, aux victimes d'accidents industriels majeurs ainsi que les ateliers protégés agréés comme tels.

- le critère de corrélation qui a pour objectif de vérifier si l'activité accessoire est un corollaire nécessaire à l'activité désintéressée;
- le critère quantitatif qui a pour objectif d'apprécier le caractère accessoire de l'activité professionnelle, à partir des moyens matériels mis en œuvre (par exemple le nombre de personnes occupées); une comparaison doit alors être faite entre, d'une part, l'importance des moyens matériels mis en œuvre dans l'activité professionnelle et, d'autre part, l'importance des moyens mis en œuvre dans l'activité désintéressée.

Schématiquement, les cas suivants peuvent se présenter :

L'ASBL ou une autre personne morale se livre à des opérations industrielles, commerciales ou agricoles :				
	à titre principal		**à titre accessoire**	
	Elle utilise des méthodes industrielles et commerciales.	Elle n'utilise pas des méthodes industrielles et commerciales.	Elle utilise des méthodes industrielles et commerciales.	Elle n'utilise pas des méthodes industrielles et commerciales.
a) Les opérations industrielles, commerciales ou agricoles ont pour but de procurer à ses membres un gain matériel.	L'ASBL ou une autre personne morale est soumise à l'impôt des sociétés.			
b) Les opérations industrielles, commerciales ou agricoles n'ont pas pour but de procurer à ses membres un gain matériel.	L'ASBL ou une autre personne morale est soumise à l'impôt des sociétés.	L'ASBL ou une autre personne morale n'est pas soumise à l'impôt des sociétés si elle se livre à des opérations industrielles ou commerciales dans le seul but de permettre la réalisation d'un objectif désintéressé dans son chef.		

Par « méthodes industrielles ou commerciales », il faut entendre celles qui, dans un secteur déterminé, sont habituellement utilisées par les entreprises industrielles ou commerciales de ce secteur.

II. Notions de période imposable et exercice d'imposition

Articles 360 du CIR.
Articles 199 à 206 de l'AR/CIR.

A. Exercice comptable clôturé le 31 décembre

La période imposable coïncide avec l'année qui précède celle dont le millésime désigne l'exercice d'imposition lorsque la société tient une comptabilité par année civile ou ne tient pas de comptabilité.

Ainsi, pour un exercice comptable allant du 1er janvier 2018 au 31 décembre 2018 la période imposable correspond à l'année civile 2018 et le millésime de l'exercice d'imposition est 2019.

B. Exercice comptable clôturé à une autre date que le 31 décembre

La période imposable coïncide avec l'exercice comptable clôturé pendant l'année dont le millésime désigne l'exercice d'imposition lorsque la société tient une comptabilité autrement que par année civile.

Ainsi, pour un exercice comptable allant du 1er avril 2018 au 31 mars 2019, la période imposable correspond à la période allant du 1er avril 2018 au 31 mars 2019 et le millésime de l'exercice d'imposition est 2019.

C. Cas particuliers

Pour l'application du précompte mobilier, du précompte immobilier et du précompte professionnel, la période imposable coïncide avec l'année dont le millésime désigne l'exercice d'imposition.

Ainsi, si la société anonyme Azur est redevable en 2018 d'un précompte mobilier, la période imposable correspond à l'année civile 2018 et le millésime de l'exercice d'imposition est 2018.

En ce qui concerne la cotisation distincte à l'impôt des sociétés visée à l'article 219 du CIR, l'exercice d'imposition au titre duquel la cotisation spéciale doit être établie coïncide avec l'exercice d'imposition durant lequel la dépense non justifiée a été admise comme charge professionnelle.

Ceci peut être illustré par l'exemple suivant.

A la fin du mois de mai 2019, la société anonyme «Azur» décide d'allouer une partie de son bénéfice comptable 2018 (exercice comptable clôturé le 31 décembre 2018) à titre de tantième à son gérant. Ce tantième est payé au gérant le 6 juin 2019. Ce tantième n'est mentionné sur aucune fiche individuelle 281.20 et aucun relevé récapitulatif 325.20. Il n'a pas été déclaré par le gérant à l'impôt des personnes physiques (exercice d'imposition 2020 – revenus de l'année 2019).

L'exercice d'imposition au titre duquel la cotisation spéciale doit être établie coïncide avec l'exercice d'imposition 2019, c'est-à-dire l'exercice d'imposition durant lequel le tantième a été admis au titre de charge professionnelle.

III. Délai dans lequel la déclaration doit être souscrite

Articles 307, § 4, 310 du CIR.
Article 203 de l'AR/CIR.

Les sociétés doivent faire parvenir leur déclaration au service indiqué sur la formule de déclaration dans un délai qui est fixé en fonction de deux éléments :

- le délai ne peut pas être inférieur à un mois à compter de la date d'approbation des comptes annuels;
- le délai ne peut pas être supérieur à six mois à compter de la date de clôture de l'exercice comptable.

Cette règle implique que dans les sociétés dont l'exercice social est tenu par année civile (c'est-à-dire est clôturé le 31 décembre), les statuts doivent nécessairement prévoir que l'assemblée générale ordinaire chargée d'approuver les comptes annuels se tiendra au plus tard fin mai, de manière telle que la déclaration fiscale de la société puisse être renvoyée au plus tard fin juin[9].

Pour les **sociétés dissoutes sans liquidation** suite à une fusion, une opération assimilée à une fusion ou à une scission visée aux articles 671 à 677 du Code des sociétés[10], ou d'une opération de droit des sociétés similaire en droit étranger, ce délai ne peut être inférieur à un mois à compter de la date de l'approbation de cette opération par les assemblées générales de toutes les sociétés ayant décidé la fusion, l'opération assimilée à une fusion ou la scission visées aux articles 671 à 677 du Code des sociétés[11], ou l'opération de droit des sociétés similaire en droit étranger ou la scission, ni être supérieur à six mois à compter de la date de cette opération.

L'obligation de souscrire une déclaration dans le cas de sociétés dissoutes sans liquidation incombe à la société absorbante ou aux sociétés bénéficiaires; cette obligation incombe même si l'opération s'effectue sous le régime de la neutralité fiscale ou en l'absence de toute base imposable.

À défaut de la désignation formelle par les sociétés bénéficiaires d'un mandataire représentant l'ensemble des contribuables intéressés, la déclaration de la société scindée, pour être valablement introduite, doit impérativement être signée par le représentant dûment habilité de chaque société bénéficiaire.

Pour les **autres sociétés dissoutes**, ce délai ne peut être inférieur à un mois à compter de la date d'approbation des résultats de liquidation, ni être supérieur à six mois à compter du dernier jour de la période imposable à laquelle ces résultats se rapportent.

Pour les autres sociétés dissoutes, l'obligation de souscrire une déclaration incombe aux liquidateurs.

La circulaire n°Ci.Rh.81/557.698 du 10 décembre 2003 précise que les sociétés dissoutes à une date différente de celle fixée par les statuts pour la clôture des comptes, ne doivent pas déposer de déclaration spéciale à l'impôt des sociétés pour la période qui s'étend du premier jour qui suit la période imposable précédente jusqu'à la date de mise en liquidation.

---

9 « Droit fiscal, Principes généraux et impôts sur les revenus », par Marc Dassesse et Pascal Minne, 4ème édition, 1996, p. 98.

10 Articles 12:2 à 12:8 du nouveau Code des sociétés et des associations.

11 Articles 12:2 à 12:8 du nouveau Code des sociétés et des associations.

Par contre, à la clôture de liquidation, la société doit déposer une déclaration « spéciale » pour la période qui correspond à la partie de l'année au cours de laquelle les conditions d'assujettissement à l'impôt des sociétés ont été réunies.

La société, son conseiller fiscal, ou son expert-comptable, peut solliciter, en vertu de l'article 311 du CIR, un délai supplémentaire pour la rentrée de sa déclaration.

A. Déclaration électronique

Les contribuables assujettis à l'impôt des sociétés doivent introduire leur déclaration par voie électronique à partir de l'exercice d'imposition 2015[12].

Cette introduction électronique est réalisée par l'utilisation de l'application informatique « BIZTAX »; les déclarations et les annexes peuvent être directement complétées en ligne.

Cependant, cette obligation ne s'applique pas dans la mesure où le contribuable ou, le cas échéant, la personne qu'il a mandatée pour l'introduction d'une telle déclaration, ne dispose pas des moyens informatiques nécessaires pour remplir cette obligation.

Si c'est effectivement le cas, la société doit introduire chaque année une demande écrite et signée auprès du bureau de contrôle compétent, en vue d'obtenir une déclaration papier. Cette démarche n'a pas pour effet de prolonger le délai dans lequel la déclaration doit être souscrite.

B. Prolongation du délai pour des motifs sérieux

Le Service de Taxation peut accorder une prolongation du délai de dépôt pour des motifs sérieux (la disparition de documents à la suite d'un vol, d'un incendie, de maladie grave, cas de force majeure).

C. Demande de prolongation de délai

Depuis l'exercice d'imposition 2013, la possibilité de dépôt d'une demande collective de prolongation du délai d'introduction pour les personnes ou organismes spécialisés dans la rédaction des déclarations des tiers (experts-comptables et comptables-fiscalistes agréés,...) est supprimée.

Ces personnes et organismes précités peuvent toutefois encore introduire une demande individuelle mais seulement si des motifs sérieux peuvent être invoqués.

Sous certaines conditions (reprises ci-après), une demande individuelle de délai supplémentaire pour les dépôt de la déclaration à l'impôt des sociétés peut être effectuée auprès du bureau de taxation compétent.

Pour bénéficier d'un délai supplémentaire d'un mois à compter du jour où a lieu l'assemblée générale statutaire, les trois conditions suivantes doivent être respectées :

a. la comptabilité doit être tenue autrement que par année civile;
b. l'assemblée générale statutaire doit avoir lieu au cours du 6ème mois qui suit l'exercice comptable;
c. l'exercice comptable doit être clôturé au plus tôt le 1er mars.

12 Article 307bis et l'arrêté royal du 7 février 2014 portant exécution de l'article 307bis, § 3, alinéa 3, du Code des impôts sur les revenus 1992 relative aux modalités pour l'introduction électronique des déclarations à l'impôt des sociétés, à l'impôt des personnes morales, à l'impôt des non-résidents/sociétés et à l'impôt des non-résidents/personnes morales.

IV. Conditions de formes à respecter

Articles 307 et 307*bis* du CIR.

Il existe deux manières valables de compléter et d'envoyer une déclaration à l'impôt des sociétés :

- via une déclaration papier traditionnelle, après en avoir fait la demande auprès du bureau de contrôle compétent;
- via un mode de souscription électronique utilisant l'application BizTax.

L'application BizTax est disponible sur le site du SPF Finances (www.minfin.fgov.be).

Pour pouvoir utiliser l'application BizTax, il est nécessaire :

- d'être mandaté par la société;
- d'obtenir préalablement un certificat digital de classe 3 ou de disposer d'une carte d'identité électronique (eID). Depuis l'exercice d'imposition 2018, il est également possible de s'identifier via l'application « itsme » qui est un ID digital personnel qui permet de se connecter en toute sécurité à Biztax via un smartphone uniquement.

Les utilisateurs doivent se connecter via FedIAM (Federal Identity en Access Management, https://eservices.minfin.fgov.be/mym-portal/public/citizen/welcome) en utilisant leur carte d'identité électronique (eID). Ce système permet de vérifier si le souscripteur dispose d'un mandat Biztax pour souscrire la déclaration à l'impôt des sociétés pour l'entreprise choisie.

Pour utiliser les mandats, il est nécessaire de se connecter avec sa carte d'identité électronique (eID) en ayant pris soin au préalable de se créer un mandat.

Cependant, Biztax peut toujours être utilisé via l'ancienne procédure de connexion qui ne requière pas la création d'un mandat préalable. Il est alors nécessaire d'utiliser son eID pour se connecter en son nom propre. Il faut alors être en mesure de produire, sur demande du service de taxation, un document (papier) attestant qu'on est mandaté pour souscrire une déclaration à l'impôt des sociétés pour le compte de la société concernée.

Les certificats de classe 3 (Globalsign, Isabel, Quovadis) qui permettent de souscrire une déclaration au nom d'une société, ne peuvent pas être utilisés dans le nouveau système de mandats. Si on désire se connecter en les utilisant, l'ancienne procédure de connexion reste d'application.

Nous vous renvoyons vers le site du SPF Finances pour plus d'explications (https://finances.belgium.be/fr/E-services/biztax/comment-utiliser-biztax).

Vous ne devez pas disposer de logiciels spécifiques pour utiliser BizTax.

Une fois ces conditions rencontrées, la déclaration et les annexes peuvent être remplies online. L'application offre la possibilité de calculer l'impôt dû.

Les données remplies sont sauvegardées de manière centrale et permettent ainsi une modification ou une finalisation ultérieure.

Il est également possible de déposer un paquet contenant une ou plusieurs déclarations (jusqu'à 25). Ces fichiers « .biztax » doivent répondre à des exigences techniques. Ils sont généralement générés à partir de logiciels comptables ou fiscaux.

Contrairement à l'ancienne application Vensoc, toutes les annexes légales sont traitées dans le formulaire de déclaration, y compris le tableau de dépenses non admises et le tableau d'amortissement. Les annexes que l'utilisateur crée lui-même sous forme de fichiers PDF (comptes annuels, comptes annuels internes, rapport d'assemblée générale et l'annexe « divers ») sont librement dénommées.

Il est indispensable que le formulaire ait été signé numériquement lors l'envoi de la déclaration et de ses annexes au SPF Finances. Suite à la bonne réception de la déclaration, l'administration envoie un accusé de réception électronique de dépôt.

Il est possible de corriger une fois la déclaration envoyée via Biztax avant le délai de rentrée de la déclaration pour autant que celle-ci n'ait pas encore été enrôlée.

La déclaration souscrite par la société (version papier ou version électronique) respecte les modalités de formes prescrites par la loi si les conditions suivantes sont simultanément réunies :

- la déclaration doit être faite sur le formulaire de déclaration délivré par l'administration (la société ne peut la remplacer par une copie, un modèle qu'elle a informatisé, etc.);
- le formulaire doit être rempli conformément aux indications qui y figurent, certifié exact, daté et signé par la personne ou les personnes habilitées en vertu des statuts;
- les documents qui font partie intégrante de la déclaration (les comptes annuels, les rapports à l'assemblée générale et les délibérations de celle-ci) doivent être joints à la déclaration.

La déclaration électronique est introduite par la signature digitale de celle-ci. Un accusé de réception au format PDF avec la signature digitale du Service public fédéral Finances est délivré comme preuve que la déclaration électronique a bien été introduite.

A. Conséquences fiscales résultant d'une déclaration valablement souscrite

Articles 353, 354, alinéa 1er et 359 du CIR.
Articles 201 à 202 de l'AR/CIR.

Si la déclaration est rentrée dans le délai et si elle respecte les conditions de formes, l'impôt dû pour un exercice d'imposition ne peut être établi valablement que jusqu'au 30 juin de l'année suivant celle dont le millésime désigne l'exercice d'imposition (ci-après dénommé délai ordinaire d'imposition).

Ce délai ordinaire d'imposition ne peut être inférieur à six mois à compter de la date à laquelle la déclaration est parvenue au service de taxation compétent.

L'impôt dû sur la base de revenus imposables recueillis par une **société dissoute sans liquidation**, jusque et y compris l'opération de dissolution, est enrôlée par le service compétent de la société dissoute, dans le respect des règles de procédure, au nom du contribuable intéressé c'est-à-dire en cas de fusion sans liquidation, la société absorbante, et en cas de scission sans liquidation, la société bénéficiaire.

Si la déclaration est valablement souscrite, l'impôt dû sur la base des revenus et autres éléments mentionnés par la société doit être établi, dans les deux cas mentionnés ci-dessous, au plus tard :

Exercice comptable	Exercice d'imposition	Période imposable	Date ultime de l'établissement de l'impôt
Allant du 1/01/2018 au 31/12/2018	2019	2018, c'est-à-dire l'année précédant celle dont le millésime désigne l'exercice d'imposition lorsque la comptabilité est tenue par année civile.	Le 30 juin 2020, c'est-à-dire le 30 juin de l'année qui suit celle dont le millésime désigne l'exercice d'imposition.
Allant du 31/12/2017 au 30/12/2018	2018	31/12/2017 au 30/12/2018, c'est-à-dire l'exercice comptable clôturé pendant l'année dont le millésime désigne l'exercice d'imposition lorsque la comptabilité est tenue autrement que par année civile.	En principe, le 30 juin 2019, c'est-à-dire le 30 juin de l'année qui suit celle dont le millésime désigne l'exercice d'imposition. Cependant ce délai ne peut être inférieur à six mois à compter de la date à laquelle la déclaration est parvenue au service de taxation compétent.

Si l'impôt n'a pas été enrôlé dans le délai ordinaire d'imposition, l'impôt n'est pas dû de telle sorte que le contribuable pourra exiger le remboursement de tous les précomptes (imputables et remboursables) et versements anticipés qui ont été retenus ou versés.

Cependant, l'administration dispose d'un délai d'imposition extraordinaire de trois ans[13] pour autant qu'elle démontre que l'impôt dû par la société est supérieur à celui qui se rapporte aux revenus imposables et aux autres éléments mentionnés dans la déclaration.

Pour pouvoir disposer de ce délai extraordinaire de trois ans, l'administration doit :

- reconnaître l'inexactitude des revenus et autres éléments déclarés par la société;
- aviser la société par lettre recommandée, des revenus et autres éléments qu'elle entend substituer à ceux qui ont été déclarés ou admis par écrit, en indiquant les motifs qui lui paraissent justifier la rectification;
- prouver que cette correction débouche, quelle que soit son importance, sur un impôt dû supérieur à celui qui se rapporte aux revenus et aux autres éléments déclarés.

En ce qui concerne cette dernière condition, il n'est pas requis que l'impôt supérieur résulte d'un acte ou d'une négligence du contribuable lorsqu'il a rempli la formule de déclaration. Il suffit que l'impôt légalement dû soit supérieur à l'impôt qui se rapporte aux revenus imposables et aux autres éléments mentionnés dans la déclaration régulière, sans que l'administration fiscale soit tenue de prouver que la déclaration est inexacte[14].

Si ces trois conditions sont respectées, dans ses arrêts du 9 septembre 2011[15] et 17 novembre 2016[16] la Cour de Cassation a précisé que l'administration est alors autorisée à imposer, dans le délai extraordinaire de trois ans, non seulement le supplément d'impôt (c'est-à-dire l'impôt qui est supérieur à celui qui se rapporte aux revenus et aux autres éléments mentionnés dans la déclaration) mais la totalité de l'impôt dû par le contribuable.

Autrement dit, lorsque la déclaration souscrite par la société doit être rectifiée et que cette rectification entraîne, quelle que soit son importance, un impôt dû supérieur à celui afférent aux revenus et aux autres éléments déclarés, l'administration dispose du délai extraordinaire de trois ans pour établir une cotisation sur l'ensemble des revenus imposables et des autres éléments, y compris ceux mentionnés dans une déclaration valablement souscrite (et éventuellement non enrôlée dans

13 La manière de déterminer le délai extraordinaire de trois ans est analysée en même temps que les conséquences fiscales d'une déclaration non valablement souscrite.

14 Cour de cassation de Belgique, Arrêt 20 février 2014 N° F.12.0181.N.

15 Numéro de rôle F100119F.

16 Numéro de rôle F140166F.

le délai ordinaire d'imposition). Ce délai extraordinaire de trois ans, peut être prolongé de quatre ans en cas d'infraction aux dispositions du code des impôts sur les revenus ou des arrêtés pris pour son exécution, pour autant que l'administration prouve que ces infractions ont été commises dans une intention frauduleuse ou à dessein de nuire.

B. Conséquences fiscales résultant d'une déclaration qui n'est pas valablement souscrite

Articles 342, 351, 354, 444 et 445 du CIR.
Articles 182, 225 et 229/1 de l'AR/CIR.

Les conséquences fiscales résultant de l'absence ou de la remise tardive d'une déclaration sont les suivantes :

1. l'administration dispose d'un délai d'imposition de trois ans pour établir l'impôt	cf. page n°25
2. l'administration peut recourir à la procédure de taxation d'office	cf. page n°27
3. l'administration peut recourir aux bénéfices forfaitaires minima des entreprises étrangères	cf. page n°27
4. le délai pour introduire un recours judiciaire est de neuf mois après la date de l'introduction du recours administratif[17] en cas d'absence de décision du directeur	cf. page n°28
5. l'administration peut appliquer des accroissements d'impôts	cf. page n°29
6. l'administration peut appliquer une amende administrative	cf. page n°30

1. *Délai d'imposition*

L'article 354, alinéa 1er du CIR mentionne notamment qu'en cas d'absence de déclaration ou de remise tardive de celle-ci, l'impôt peut être établi pendant trois ans à partir du 1er janvier de l'année qui désigne l'exercice d'imposition pour lequel l'impôt est dû[18].

Par absence de déclaration, il ne faut pas seulement entendre le défaut total de souscription de la formule de déclaration mais aussi les déclarations qui ne respectent pas les conditions de formes. Autrement dit, une déclaration qui ne respecte pas les conditions de forme est assimilée à une absence de déclaration.

Ainsi, dans son arrêt du 18 mai 1990[19] la Cour de Cassation a considéré que l'administration dispose du délai d'imposition extraordinaire de trois ans lorsque les documents, relevés et renseignements dont la production est demandée (comptes annuels, rapport de l'assemblée générale) manquent à la déclaration souscrite.

Lorsque la société tient une comptabilité autrement que par année civile, le délai extraordinaire de trois ans est prolongé d'une période égale à celle qui s'étend entre le 1er janvier de l'année dont le millésime désigne l'exercice d'imposition et la date de clôture des écritures de l'exercice comptable au cours de cette même année.

17 En cas de taxation d'office.

18 Si la société a introduit une réclamation dans ce délai, celui-ci est prolongé d'une période égale à celle qui s'étend entre la date d'introduction de la réclamation et celle de la décision du directeur ou du fonctionnaire délégué sans que cette prolongation puisse être supérieure à six mois.

19 Numéro de rôle F1770N.

Ceci peut être illustré par les exemples suivants.

CAS ENVISAGES		
• Absence de déclaration • Remise tardive de la déclaration • Impôt dû supérieur à celui qui se rapporte aux revenus imposables et aux autres éléments déclarés		
Exercice comptable	**Exercice d'imposition**	**Établissement de l'impôt**
Allant du 1/01/2018 au 31/12/2018	2019	Au plus tard le 31 décembre 2021, c'est-à-dire trois ans à partir de l'année qui désigne le millésime de l'exercice d'imposition[20]
Allant du 31/12/2017 au 30/12/2018	2018	Au plus tard le 30 décembre 2021, c'est-à-dire trois ans à partir de l'année qui désigne le millésime de l'exercice d'imposition, prolongé de la période qui s'étend entre le 1er janvier de l'année dont le millésime désigne l'exercice d'imposition et la date de clôture des écritures de l'exercice comptable au cours de cette même année. Dans ce cas, le délai de trois ans, qui commence le premier janvier 2018, est prolongé de onze mois et trente jours, ce qui nous mène jusqu'au 30 décembre 2021[21].

Ce délai extraordinaire de trois ans, peut être prolongé de quatre ans en cas d'infraction aux dispositions du code des impôts sur les revenus ou des arrêtés pris pour son exécution, pour autant que l'administration prouve que ces infractions ont été commises dans une intention frauduleuse ou à dessein de nuire. Il n'est pas requis que l'infraction frauduleuse ou à dessein de nuire ait été constatée au cours du délai extraordinaire de trois ans[22].

Pour pouvoir disposer de ce délai extraordinaire de sept ans[23], l'administration doit prouver que les deux conditions suivantes sont simultanément réunies :

- l'existence d'une intention, c'est-à-dire, d'un acte volontaire de la part du contribuable. Ceci exclut *de facto*, les infractions qui ne résultent que de simples négligences, d'erreurs matérielles, d'irrégularités commises de bonne foi, etc.;
- cette intention est commise dans le but de se procurer ou de procurer à un tiers un avantage illicite.

Dans son arrêt du 29 octobre 1999[24], la Cour de Cassation mentionne que l'administration n'est pas tenue de rapporter cette preuve avant d'établir l'impôt (enregistrement au rôle) ou le supplément d'impôt dans le délai ainsi prolongé.

La manière de calculer le délai extraordinaire de sept ans peut être illustré par les exemples suivants.

Intention frauduleuse ou dessein de nuire		
Exercice comptable	**Exercice d'imposition**	**Établissement de l'impôt**
Allant du 1/01/2018 au 31/12/2018	2019	Au plus tard le 31 décembre 2025, c'est-à-dire, sept ans à partir de l'année qui désigne le millésime de l'exercice d'imposition.
Allant du 31/12/2017 au 30/12/2018	2018	Au plus tard le 30 décembre 2025, c'est-à-dire, sept ans à partir de l'année qui désigne le millésime de l'exercice d'imposition, prolongé de la période qui s'étend entre le 1er janvier de l'année dont le millésime désigne l'exercice d'imposition et la date de clôture des écritures de l'exercice comptable au cours de cette même année.

20 Si la société a introduit une réclamation dans ce délai, celui-ci est prolongé d'une période égale à celle qui s'étend entre la date d'introduction de la réclamation et celle de la décision du directeur ou du fonctionnaire délégué sans que cette prolongation puisse être supérieure à six mois.

21 Si la société a introduit une réclamation dans ce délai, celui-ci est prolongé d'une période égale à celle qui s'étend entre la date d'introduction de la réclamation et celle de la décision du directeur ou du fonctionnaire délégué sans que cette prolongation puisse être supérieure à six mois.

22 cf. arrêt de la Cour de Cassation du 14 octobre 1999 (numéro de rôle F980077N).

23 Article 354, alinéa 2 du CIR modifié par l'article 189 de la loi-programme du 22 décembre 2008 applicable à partir du 29 décembre 2008.

24 Numéro de rôle F980101F.

2. Procédure de taxation

Si la déclaration n'est pas valablement souscrite, l'administration peut recourir à la procédure de taxation d'office.

Ce régime est facultatif, en ce sens que l'administration peut renoncer à recourir à cette procédure; cette renonciation n'a cependant aucune influence sur les délais d'imposition qui sont d'ordre public. En effet, contrairement à la procédure de taxation d'office, l'administration ne peut jamais renoncer au droit d'établir l'impôt dans le délai extraordinaire de trois ans suite à l'absence ou la rentrée tardive d'une déclaration.

La procédure de taxation d'office implique que l'administration avise par lettre recommandée la société du :

- motif du recours à cette procédure à savoir la société s'est abstenue :
  - soit de remettre une déclaration dans les délais prévus par les articles 307 à 311 ou par les dispositions prises en exécution de l'article 312;
  - soit d'éliminer, dans le délai consenti à cette fin, le ou les vices de forme dont serait attachée sa déclaration;
- montant des revenus et des autres éléments sur lesquels la taxation est basée;
- mode de détermination de ces revenus et autres éléments.

Cette procédure a pour conséquence que le revenu imposable déterminé par l'administration, bénéficie d'une présomption d'exactitude.

Cela signifie que si le recours à cette procédure est fondé, et que le mode de détermination de ses revenus n'est pas arbitraire, la société qui a été taxée d'office devra apporter au moyen d'éléments précis et contrôlables, la preuve du montant exact de ses revenus imposables. Cette preuve comprend celle du montant exact des revenus bruts et celle du montant exact des charges et des dépenses professionnelles déductibles. En se bornant à faire la preuve de certaines charges ou dépenses professionnelles, le contribuable n'apporte pas la preuve du chiffre exact de ses revenus imposables[25].

3. Bénéfices forfaitaires minima

La loi fixe, pour les entreprises, un minimum de bénéfices imposables en cas d'absence de déclaration ou de remise tardive[26] de celle-ci.

Le minimum des bénéfices imposables est fixé comme suit :

- exploitations agricoles, exploitations horticoles ou pépinières : barème forfaitaire établi pour les contribuables belges exerçant une profession similaire dans la même région agricole;
- entreprises appartenant à :
  a. l'industrie chimique : 22.000,00 EUR par membre du personnel [nombre moyen pour l'année envisagée];
  b. l'industrie alimentaire : 12.000,00 EUR par membre du personnel [nombre moyen pour l'année envisagée];
  c. l'industrie métallurgique, l'industrie de la mécanique de précision, les exploitations et les entreprises d'extraction et de transformation de minéraux non énergétiques, l'industrie de la

25 Arrêt de la Cour de Cassation du 15 septembre 1997 (cf. numéro de rôle F960092F).

26 La circulaire n° Ci.Rh.81/574.077 du 25 novembre 2006 précise que l'article 342, § 3 du CIR ne peut être appliqué que lorsque le contribuable a souscrit sa déclaration avec un retard conséquent sans avoir demandé aucun report et sans pouvoir démontrer sa bonne foi.

construction et toutes autres industries, exploitations et entreprises, non visées sub a et b ci-avant : 7.000,00 EUR par membre du personnel [nombre moyen pour l'année envisagée];

- entreprises des secteurs du commerce et de la fourniture de services :
  a. commerce en gros, commerce de détail, transports, horeca, bureaux d'ingénieurs et d'études, informatique et électronique et autres services aux entreprises : 2,50 EUR par 25,00 EUR de chiffre d'affaires avec un minimum de 7.000,00 EUR par membre du personnel [nombre moyen pour l'année envisagée];
  b. intermédiaires du commerce et des transports : 2,50 par 25,00 EUR de chiffre d'affaires, avec un minimum de 14.500,00 EUR par membre du personnel [nombre moyen pour l'année envisagée];
  c. banques, établissements de crédit et de change : 24.000,00 EUR par membre du personnel [nombre moyen pour l'année envisagée];
  d. assurances : 2,50 EUR par 25,00 EUR de primes encaissées;
  e. toutes autres exploitations et entreprises de commerce et de fourniture de services[27] : 2,50 EUR par 25,00 EUR de chiffre d'affaires, avec un minimum de 7.000,00 EUR par membre du personnel [nombre moyen pour l'année envisagée].

En aucun cas, le montant des bénéfices imposables ne peut être inférieur 34.000,00 EUR[28] [29]. Ce montant est majoré en cas d'infractions répétées selon une échelle dont les graduations sont déterminées par le Roi et allant de 25% minimum à 200% maximum.

La société qui a été taxée conformément à l'article 342, § 3 du CIR peut apporter au moyen d'éléments précis et contrôlables, la preuve du montant exact de ses revenus imposables.

La question se pose de savoir si les pertes professionnelles antérieures pouvaient être déduites du montant minimum de bénéfices imposables de 34.000,00 EUR[30]. La Cour de Cassation[31] a précisé que les pertes professionnelles transférables des périodes imposables antérieures dont l'existence est prouvée peuvent être déduites conformément à l'article 342, § 3 du Code des impôts sur les revenus du bénéfice minimum établi forfaitairement en application de l'article 182 du Code des impôts sur les revenus.

La cotisation distincte visée à l'article 219 du CIR ne s'applique pas aux minima imposables[32].

4. Introduction du recours judiciaire

Lorsqu'une décision a été rendue par le directeur des contributions, le délai dans lequel l'action doit être introduite devant le tribunal de première instance est de trois mois à compter de la date de réception de la notification de la décision relative au recours administratif.

Cependant, il n'est pas obligatoire d'attendre que le directeur ait pris sa décision pour saisir les tribunaux. En effet, l'action peut être introduite au plus tôt six mois après la date de réception du recours administratif en cas d'absence de décision du directeur. Ce délai de six mois est porté à neuf mois si l'administration a eu recours à la procédure de taxation d'office.

27 A savoir les secteurs qui ne font pas l'objet d'une règle particulière.

28 Ce montant est porté à 40.000,00 EUR à partir de l'exercice d'imposition 2021.

29 L'article 75 de la loi du 25 décembre 2017 portant réforme de l'impôt des sociétés prévoit que le Roi indexera le minimum absolu de bénéfices imposables selon les règles qu'il détermine, et ce à partir de l'exercice d'imposition 2022.

30 40.000,00 EUR à partir de l'exercice d'imposition 2021.

31 Cour de Cassation de Belgique, Arrêt 22 mai 2014 N° F.13.0111.N.

32 Question parlementaire orale posée par Dirk Van der Maelen - Crabv 51, Com 971 du 23 mai 2006.

5. Accroissements d'impôts

En cas d'absence de déclaration ou de remise tardive de celle-ci, les impôts dus sur la portion non déclarée des revenus sont majorés d'un accroissement d'impôts. Cet accroissement varie de 10% à 200% en fonction de la nature et de la répétition éventuelle de l'infraction. En l'absence de mauvaise foi, l'administration fiscale peut renoncer à appliquer l'accroissement d'impôts minimum de 10%.

On distingue quatre catégories d'infractions pour l'accroissement d'impôts à appliquer :

- les infractions imputables à la force majeure (celles-ci ne sont pas sanctionnées) ;
- les infractions sans intention d'éluder l'impôt ;
- les infractions avec intention d'éluder l'impôt ;
- les infractions accompagnées d'un usage de faux ou de corruption.

Ainsi, l'échelle des accroissements d'impôt applicables en cas d'absence de déclaration, autre qu'en matière de précomptes mobilier et professionnel, est fixée comme suit :

Nature des infractions	Accroissements
A. Absence de déclaration due à des circonstances indépendantes de la volonté du contribuable :	Néant
B. Absence de déclaration sans intention d'éluder l'impôt :	
• 1ère infraction (compte non tenu des absences de déclaration visées sub A) :	10 %
• 2e infraction :	20 %
• 3e infraction :	30 %
À partir de la 4e infraction, les infractions de cette nature sont classées sub C et sanctionnées comme telles.	
C. Absence de déclaration avec intention d'éluder l'impôt :	
• 1ère infraction :	50 %
• 2e infraction :	100 %
• 3e infraction et infractions suivantes :	200 %
D. Absence de déclaration accompagnée soit d'une inexactitude ou omission par faux ou d'un usage de faux au cours de la vérification de la situation fiscale, soit d'une corruption ou d'une tentative de corruption de fonctionnaire :	
dans tous les cas :	200 %

Chaque fois que l'administration adresse à un contribuable un avis (de rectification ou d'imposition d'office) sur lequel figure des accroissements d'impôt suite à une absence de déclaration, cet avis doit :

- indiquer les faits constitutifs de l'infraction et la référence aux textes légaux ou réglementaires dont il a été fait application;
- donner les motifs qui ont servi à déterminer l'échelle des accroissements (la gravité et le rang de l'infraction)[33].

Le rang de l'infraction est un élément essentiel pour fixer le taux de l'accroissement applicable. A cet égard, il convient de tenir compte des règles suivantes :

- les infractions antérieures ne doivent pas être prises en considération si, pour les quatre derniers exercices d'imposition, aucune infraction du même genre n'a été sanctionnée;
- il n'y a deuxième infraction ou infractions subséquentes que si, *au moment où une nouvelle infraction est commise*, il a été donné connaissance au contrevenant de l'accroissement qui a sanctionné l'infraction antérieure;
- lorsque des infractions de même nature et de même gravité sont constatées simultanément pour plusieurs exercices d'imposition dans le chef d'un même contribuable, il n'y a lieu de

33 Cf. notamment l'arrêt de la Cour de Cassation du 8 octobre 2011 (numéro de rôle F980075F).

retenir qu'une seule infraction et d'appliquer le pourcentage d'accroissement correspondant pour chacun des exercices d'imposition envisagés;

- lorsqu'il n'y a pas lieu à application d'accroissement (infraction imputable à la force majeure) ou lorsqu'il y a renonciation à l'application du minimum de 10% d'accroissement, il faut considérer qu'il n'y a pas infraction et que ces cas ne doivent pas entrer en ligne de compte pour déterminer le rang et le degré des infractions commises ultérieurement.

L'accroissement d'impôt est calculé sur les impôts dus avant toute imputation de précomptes, de crédits d'impôt, de quotité forfaitaire d'impôt étranger et de versements anticipés. L'accroissement ne s'applique pas si les revenus non déclarés sont inférieurs à 2.500,00 EUR.

6. Amende administrative

L'absence de déclaration ou la remise tardive de celle-ci peut entraîner l'application d'une amende administrative.

L'échelle des amendes administratives en cas d'absence de déclaration ou remise tardive de celle-ci, est fixée comme suit :

Absence de déclaration ou remise tardive de celle-ci		
	sans intention d'éluder l'impôt	*avec intention d'éluder l'impôt*
1ère infraction	50,00 EUR	1.250,00 EUR
2e infraction	125,00 EUR	
3e infraction	250,00 EUR	
4e infraction	625,00 EUR	
Infractions suivantes	1.250,00 EUR	

Chaque fois que l'administration adresse à un contribuable un avis (de rectification ou d'imposition d'office) sur lequel figure une amende administrative suite à une absence de déclaration, cet avis doit :

- indiquer les faits constitutifs de l'infraction et la référence aux textes légaux ou réglementaires dont il a été fait application;
- donner les motifs qui ont servi à déterminer l'échelle des accroissements (la gravité et le rang de l'infraction).

Le total des impôts dus sur la portion des revenus non déclarés et de l'accroissement d'impôt ne peut pas dépasser le montant des revenus non déclarés.

Dans le rapport de la Cour des Comptes[34], il est mentionné qu'une même infraction ou contravention à des dispositions fiscales peut donner lieu tant à un accroissement d'impôts qu'à une amende administrative. L'objet et la finalité des deux sanctions sont, en effet, différents. L'accroissement d'impôts constitue une indemnité destinée à garantir les droits du Trésor, tandis que l'amende administrative vise à promouvoir le sens civique des contribuables et à les inciter à remplir leurs obligations fiscales à l'avenir. Le principe du non bis in idem est donc respecté de son point de vue. Cependant, la Cour des Comptes indique que, dans sa réponse à l'avant-projet de rapport, l'administration fiscale souligne que cette vision est selon elle dépassée, bien qu'elle figure toujours dans les commentaires du code des impôts sur les revenus. Selon l'administration fiscale, les tribunaux condamnent en effet de plus en plus souvent le cumul d'un accroissement d'impôts

34 Politique de sanction en matière d'impôts directs, page 19. Rapport de la Cour des Comptes à la Chambre des représentants (Bruxelles, mai 2018).

et d'une amende administrative pour une même infraction fiscale. L'application simultanée de ces deux sanctions confèrerait un caractère pénal à la sanction et compromettrait ainsi le principe du non bis in idem.

Enfin, la Cour de Cassation[35] mentionne que l'amende et l'accroissement d'impôt ont un caractère répressif prédominant et constituent dès lors des sanctions de nature pénale au sens de l'article 4 du Septième protocole additionnel à la Convention européenne des droits de l'homme et de l'article 50 de la Charte des droits fondamentaux de l'Union européenne. Dès lors, il y a lieu d'appliquer l'une ou l'autre sanction en fonction de la gravité des faits imputés au contribuable, dans le respect du principe de proportionnalité applicable en matière pénale.

35 Arrêt n°7/2019 du 23 janvier 2019 (cf. point B.12.3).

Partie 2

Détermination du résultat fiscal

Le bénéfice ou la perte comptable (ci-après dénommé bénéfice comptable) constitue le point de départ du processus de la détermination de la base imposable à l'impôt des sociétés. Cette règle a été explicitement reconnue par la Cour de Cassation du 20 février 1997[36] lorsqu'elle énonce le principe selon lequel « sauf dérogation expresse de la loi fiscale, les bénéfices imposables des entreprises sont déterminés conformément aux règles du droit comptable ».

Dans cet arrêt, la Cour de Cassation raisonne de la manière suivante :

- premièrement, elle énonce le principe selon lequel sauf dérogation expresse de la loi fiscale, les bénéfices imposables des entreprises sont déterminés conformément aux règles du droit comptable;
- ensuite, elle vérifie pour les opérations contestées si les règles du droit comptable ont été respectées;
- finalement, elle vérifie s'il existe une règle fiscale dérogeant à la règle comptable envisagée.

Ce bénéfice comptable n'est que le début du processus de la détermination de la base imposable étant donné que celui-ci doit faire l'objet de diverses corrections, redressements et déductions avant d'aboutir au bénéfice fiscal imposable. Ces corrections, redressements et déductions font en sorte que le bénéfice comptable ne coïncidera que très exceptionnellement avec le bénéfice fiscal.

Ainsi, le bénéfice comptable doit être corrigé et redressé afin de tenir compte notamment :

- qu'une partie du bénéfice peut être exonéré (par exemple un certain pourcentage des plus-values sur les voitures, voitures mixtes et minibus, des plus-values sur actions et parts, etc.);
- que certaines dépenses comptabilisées ne peuvent pas être admises (en totalité ou partiellement) en raison de leur nature ou de dispositions expresses de la loi, parmi les charges professionnelles (par exemple : les impôts non déductibles, les amendes, etc.);
- que des éléments de l'actif peuvent être sous-évalués (par exemple, suite à des amortissements comptables qui ne correspondent pas aux amortissements admis en fiscalité);
- que des éléments du passif peuvent être surévalués (par exemple suite à la comptabilisation d'une dette fiscale estimée qui dépasse considérablement l'impôt qui sera effectivement enrôlé);
- que les réductions de valeur sur créances commerciales ou les provisions pour risques et charges ne sont pas nécessairement exonérées fiscalement.

36 Numéro de rôle F950097F.

À ces corrections, s'ajoutent les déductions fiscales à savoir :

- la prise en compte des éléments non imposables (les libéralités exonérées, l'exonération pour personnel supplémentaire P.M.E, etc.);
- la déduction des revenus définitivement taxés et des revenus mobiliers exonérés;
- la déduction pour revenus de brevets ;
- la déduction des intérêts notionnels sur le capital à risque;
- la déduction des pertes professionnelles antérieures;
- la déduction pour investissement;
- la déduction des intérêts notionnels sur le capital à risque reportée de périodes imposables antérieures.

Ces corrections, redressements et déductions ont été regroupés en « quatorze opérations » destinées à aboutir à la détermination de la base imposable.

Ces quatorze opérations sont les suivantes :

1ère opération	Cette opération consiste à déterminer le résultat fiscal de la période imposable qui est constitué par la somme du mouvement des réserves imposables, des dépenses non admises et des dividendes distribués.	Cf. pages n°36, 217 et 349.
2ème opération	La deuxième opération consiste à vérifier le résultat (positif ou négatif) obtenu lors de la première opération selon sa provenance géographique en : • un résultat réalisé en Belgique, appelé, s'il est positif, bénéfices belges ; • un résultat réalisé à l'étranger et non exonéré d'impôt, appelé, s'il est positif, bénéfices étrangers non exonérés ; • un résultat réalisé à l'étranger et exonéré d'impôt en vertu des conventions préventives de la double imposition, appelé, s'il est positif, bénéfices exonérés par convention .	Cf. page n°418.
3ème opération	Au cours de cette opération, on déduit les bénéfices exonérés par convention, du résultat fiscal obtenu au cours de la première opération et ventilé selon sa provenance lors de la seconde opération. Du solde des bénéfices subsistant après cette déduction sont soustraits par priorité, des bénéfices belges et l'excédent éventuel des bénéfices étrangers non exonérés : • la partie des libéralités exonérées ; • les autres éléments non imposables (les plus-values réalisées sur certains titres, etc.)[37].	Cf. page n°429.
4ème opération	Au cours de cette opération, on déduit les dividendes reçus qui ont été alloués ou attribués par une autre société au cours de la période imposable, du montant des bénéfices imposables subsistant après la troisième opération[38] (déduction des Revenus Définitivement Taxés de la période imposable en cours).	Cf. page n°449.
5ème opération	Cette opération consiste à déduire les revenus de brevets reçus pendant la période imposable provenant de brevets éligibles pour lesquels les demandes ont été introduites avant le 1er juillet 2016 ou, dans le cas des brevets ou droits de licence acquis dont les produits ou procédés brevetés sont améliorés, qui sont acquis avant le 1er juillet 2016[39].	Cf. page n°473.

37 Cf. les articles 202 à 205 du CIR à l'exclusion de l'article 205, § 3 du CIR qui concerne les revenus de dividendes alloués ou attribués par une société au cours d'une période imposable précédente qui n'ont pas pu être déduits des bénéfices de cette période.

38 Cf. article 543 du CIR.

39 Cf. articles 205/1 à 205/4 à l'exclusion de l'article 205/1, § 1er, alinéa 2, du CIR qui concerne les revenus provenant des droits de propriété intellectuelle perçus au cours d'une période imposable précédente qui n'ont pas pu être déduits des bénéfices de cette période.

6ème opération	Cette opération consiste à déduire les revenus d'innovation perçus au cours de la période imposable provenant des droits de propriété intellectuelle suivants : • les brevets et certificats complémentaires de protection ; • les droits d'obtention végétale ; • les médicaments orphelins ; • l'exclusivité des données ou l'exclusivité commerciale attribuée par les pouvoirs publics ; et • les softwares protégés par le droit d'auteur, y compris les créations dérivées ou les adaptations de software résultant de projets ou programmes de recherche et développement[40].	Cf. page n°479.
7ème opération	Cette opération consiste à déduire, du résultat subsistant après la 6ème opération, la déduction pour investissement[41].	Cf. page n°520.
8ème opération (applicable à partir de l'exercice d'imposition 2020)[55]	Cette opération consiste à déduire, du résultat subsistant après la 7ème opération, la déduction des transferts intragroupes[42].	Cf. page n°533.
9ème opération	Cette opération consiste à déduire du résultat subsistant après la 8ème opération, l'intérêt qu'aurait dû payer la société si elle avait assuré son financement non sur ses fonds propres, en ayant recours à des fonds de tiers[43] (Déduction des intérêts notionnels).	Cf. page n°487.
10ème opération	Cette opération consiste à déduire du résultat subsistant après la 9ème opération, les revenus de dividendes reçus qui ont été alloués ou attribués par une autre société au cours d'une période imposable précédente qui n'ont pas pu être déduits des bénéfices de cette période[44] (déduction des RDT reportés d'une période imposable précédente).	Cf. page n°471.
11ème opération	Cette opération consiste à déduire du résultat subsistant après la 10ème opération, les revenus d'innovation provenant des droits de propriété intellectuelle perçus au cours d'une période imposable précédente qui n'ont pas pu être déduits des bénéfices de cette période[45] (déduction pour revenus d'innovation reportée).	Cf. page n°479.
12ème opération	Cette opération consiste à déduire du résultat subsistant après la 11ème opération, les pertes professionnelles des périodes imposables antérieures[46].	Cf. page n°506.
13ème opération	Cette opération consiste à déduire du résultat subsistant après la 12ème opération, les intérêts notionnels qui au terme de l'exercice d'imposition 2012, n'ont pas pu être déduits suite à l'application de la règle du million[47] (report illimité dans le temps).	Cf. page n°502.
14ème opération	Cette opération consiste à déduire du résultat subsistant après la 13ème opération, les intérêts notionnels qui au terme de l'exercice d'imposition 2012, n'ont pas pu être déduits à défaut de bénéfices ou d'insuffisance de bénéfices[48] (report limité à sept périodes imposables).	Cf. page n°502.

40 Cf. les articles 200 à 201 du CIR.

41 Cf. article 205/5 du CIR.

42 Cf. les articles 205bis à 205octies du CIR.

43 Cf. article 205, § 3 du CIR.

44 Cf. article 205/1, § 1er, alinéa 2, du CIR.

45 Cf. article 206 du CIR.

46 Cf. article 536, alinéa 3.

47 Cf. article 536, alinéas 1 et 2 du CIR.

48 Article 86, B1 de la loi du 25 décembre 2017 portant réforme de l'impôt des sociétés.

I. Mouvement des bénéfices réservés imposables

La variation des bénéfices réservés imposables constitue la première étape qui permet d'établir la base imposable de la société.

Afin de calculer cette variation, il faut comparer le montant total de ces réserves au début et à la fin de la période imposable. Une variation positive correspondra à une augmentation de la base taxable et une variation négative à une diminution.

Voici un tableau représentant le cadre de la déclaration qui permet de calculer le montant de cette variation.

	Situation au début de la période imposable	Situation à la fin de la période imposable
Réserves incorporées au capital et primes d'émission imposables (1001 PN)		
Quotité imposable des plus-values de réévaluation (1004)		
Réserve légale (1005)		
Réserves indisponibles (1006)		
Réserves disponibles (1007)		
Résultat reporté (1008 PN)		
- Bénéfice		
- Perte		
Réserve de liquidation (1012)		
Provisions imposables (1009)		
Autres réserves figurant au bilan (1010)		
Autres réserves imposables (1011 PN)		
Réserves occultes		
- Réductions de valeur imposables (1020)		
- Excédents d'amortissements (1021)		
- Autres sous-évaluations d'actif (1022)		
- Surestimations du passif (1023)		
Sous-total de la situation au début de la période imposable (pour le premier exercice comptable, mentionner zéro (0) au code 1040 PN)		
- Positif	(Code 1040 PN)	(Code 1040 PN)
- Négatif	(Code 1040 PN)	(Code 1040 PN)
Majorations de la situation de début des réserves		
- Plus-values sur actions et parts	(Code 1051)	
- Reprises de réductions de valeur sur actions ou parts antérieurement imposées à titre de dépenses non admises	(Code 1052)	
- Exonération définitive œuvres audio-visuelles agréées tax shelter	(Code 1053)	
- Exonération définitive œuvres scéniques agréées tax shelter (Code 1059)		
- Exonération des primes et subsides en capital et en intérêts régionaux	(Code 1054)	
- Exonération définitive des bénéfices provenant de l'homologation d'un plan de réorganisation et de la constatation d'un accord amiable	(Code 1055)	
- Exonération définitive pour revenus d'innovation (Code 1058)		
- Correction négative en application du Régime Diamant (Code 1057)		
- Autres	(Code 1056)	
Diminutions de la situation de début des réserves	(Code 1061)	

Totaux		
Réserves imposables après adaptation de la situation de début des réserves (+) ou (-)	(Code 1070 PN)	
Mouvement de la période imposable		
Augmentation	(Code 1080 PN)	
Prélèvement	(Code 1080 PN)	

A. Contenu

Nous allons maintenant nous attacher à étudier en détail les différents postes que contient le tableau ci-dessus.

1. *Réserves apparaissant dans les réserves comptables*

Articles 183, 184 alinéas 1 et 2 et 25,5° du CIR.

Ce type de réserve est également appelé «Réserve apparente» car tous ces comptes ne portent pas forcément le nom de réserve mais y sont fiscalement assimilés.

Le mouvement de ces réserves recouvre :

- tous les postes des capitaux propres y compris ceux que la loi ou les statuts ne permettent pas de distribuer (par exemple la réserve légale, la réserve indisponible pour actions propres);
- les provisions pour impôts différés.

Cependant, il est à noter que parmi les capitaux propres se retrouvent les apports en espèces ou en nature faits à une société lors de sa constitution ou d'une augmentation de capital. Ces apports qui ont pour origine un financement extérieur à la société se distinguent des réserves qui trouvent en principe leur origine dans les bénéfices nets réservés par l'assemblée générale. Ces apports en espèces ou en nature qui constituent le capital réellement libéré par les associés ou par les actionnaires ne doivent pas être repris dans le mouvement des réserves.

De même, la prime d'émission qui constitue également un financement extérieur à la société est assimilée à du capital libéré si elle est, dès son origine, incorporée au capital ou portée à un compte de réserve de sorte qu'elle satisfasse à la même condition d'indisponibilité que le capital social. Dans cette hypothèse, elle ne doit pas être reprise dans le mouvement des réserves.

Sont également assimilées à du capital libéré, les sommes reçues en contrepartie de l'émission de parts bénéficiaires émises à partir du 1er janvier 2005 si les conditions suivantes sont respectées :

- être comptabilisées à un compte indisponible du passif qui, au même titre que le capital social, constitue la garantie des tiers;
- ne peuvent être réduites que par une décision régulière de l'assemblée générale, prise conformément aux dispositions du code des sociétés applicables pour une modification des statuts.

En dehors du capital, des primes d'émission et des sommes souscrites à l'occasion d'émission de parts bénéficiaires visés ci-dessus, certaines réserves échappent soit totalement soit partiellement à l'impôt : il s'agit des réserves exonérées fiscalement. Ces dernières ne font pas partie du mouvement des bénéfices réservés imposables pour autant que toutes les conditions d'exonération prévues en la matière soient respectées.

Parmi les capitaux propres, sont susceptibles d'être exonérés :

- certaines réserves incorporées au capital;
- la plus-value de réévaluation;
- les réserves immunisées (y compris les provisions pour impôts différés);
- la réserve indisponible pour actions propres;
- le subside en capital (y compris les provisions pour impôts différés).

Vous pourrez constater en étudiant le tableau ci-dessous que nous faisons souvent référence au fait que les comptes de fonds propres constituent des réserves taxables «sauf si les conditions d'exonérations sont respectées». Ces conditions d'exonération seront étudiées en détail lorsque nous aborderons l'étude des réserves immunisées (non-taxées).

Nous pouvons donc résumer le sort fiscal à réserver aux différents postes se trouvant dans les fonds propres d'une société en nous référant au tableau suivant :

N° PCMN	SORT FISCAL DES RÉSERVES APPARENTES	
10	**Capital**	
	les apports en nature et les apports en numéraires	Le capital libéré n'est pas imposable.
	la prime d'émission incorporée au capital	Elle est non imposable si elle peut être assimilée à du capital libéré.
	la plus-value de réévaluation incorporée au capital	Est considérée comme un bénéfice réservé imposable sauf si les conditions d'exonération sont respectées.
	la réserve incorporée au capital	Elle est considérée comme un bénéfice réservé imposable sauf si elle avait la nature d'une réserve exonérée et que les conditions d'exonération sont respectées.
11	**Prime d'émission**	Elle est non imposable si elle peut être assimilée à du capital libéré.
12	**Plus-values de réévaluation**	Elles seront considérées comme un bénéfice réservé imposable sauf si les conditions d'exonération sont respectées.
13	**Réserves**	
	la réserve légale	Elle est considérée comme un bénéfice réservé imposable.
	la réserve indisponible pour actions propres	Elle est considérée comme un bénéfice réservé imposable sauf si elle a été constituée via une réserve qui avait la nature d'une réserve exonérée et que les conditions d'exonération sont respectées.
	les autres réserves indisponibles	Elles sont considérées comme des bénéfices réservés imposables.
	les réserves immunisées y compris les impôts différés	Elles sont considérées comme des bénéfices réservés imposables sauf si les conditions d'exonération sont respectées.
	la réserve disponible	Elle est considérée comme un bénéfice réservé imposable.
	la réserve de liquidation	Elle est considérée comme un bénéfice réservé imposable.
14	**Bénéfice ou perte reportés**	Ce type de réserve est considéré comme un bénéfice réservé imposable.

15	Subside en capital y compris les impôts différés	L'article 193bis du CIR prévoit l'exonération d'impôt des subsides en capital octroyés par les régions en vue de l'acquisition ou de la constitution d'immobilisations incorporelles et corporelles.
		L'article 193ter du CIR prévoit l'exonération d'impôt des subsides en capital octroyés par les institutions régionales compétentes dans le respect de la réglementation européenne en matière d'aide d'état. en vue de l'acquisition ou de la constitution d'immobilisations incorporelles et corporelles.
		Pour les subsides non visés ci-dessus : les subsides, ou la partie de ceux-ci qui doivent être considérés comme des bénéfices des périodes imposables suivantes en vertu de l'article 362 du CIR, constituent des bénéfices réservés exonérés.
19	Avances aux associés sur répartition de l'actif net	Elles sont considérées comme un bénéfice réservé imposable.

2. *Provisions comptables*

Articles 183 et 25,5° du CIR.

Les provisions comptables sont assimilées à des réserves fiscales apparentes. A l'instar de certaines réserves apparentes, les provisions peuvent échapper à l'impôt pour autant que toutes les conditions d'exonération prévues en la matière soient respectées.

Sont également assimilées à des réserves apparentes susceptibles d'échapper à l'impôt, les « réductions de valeur actées sur des créances commerciales « douteuses » ou « litigieuses ». Une créance commerciale est « douteuse » lorsque la situation financière du débiteur est délicate de telle sorte que la créance commerciale est probablement irrécouvrable. Une créance commerciale (non encaissée) est litigieuse lorsque le créancier refuse de payer sa dette et engage un contentieux (cf. page n°193).

3. *Réserves n'apparaissant pas dans les réserves comptables (c'est-à-dire les réserves occultes)*

Articles 183, 24, alinéa 1er, 4° et 361 du CIR.

Le mouvement des réserves taxées recouvre également les sous-estimations d'actif et surestimations de passif.

Les sous-estimations d'actif concernent tant les actifs immobilisés (les frais d'établissement, les immobilisations incorporelles, corporelles et financières) que les actifs circulants (les stocks, les commandes en cours d'exécution, les créances à plus d'un an, les créances à un an au plus, les placements de trésorerie et les valeurs disponibles) pour lesquels la valeur fiscale nette est supérieure à la valeur reprise au bilan. La sous-estimation correspond à la différence entre ces deux valeurs.

La valeur fiscale nette d'un élément de l'actif peut en effet être supérieure à sa valeur comptable nette suite par exemple :

- à des amortissements comptabilisés en excédent de ceux admis fiscalement;
- à une valorisation des marchandises reprises à l'inventaire pour un montant inférieur à leur valeur d'acquisition, pour autant que cette baisse de valeur ne puisse pas être justifiée fiscalement;
- à des réductions de valeur comptabilisées mais non justifiées fiscalement.

Les surestimations d'un élément du passif concernent toutes les dettes (tant à plus d'un an que celles à un an au plus) pour lesquelles la valeur fiscale nette est inférieure à la valeur comptable nette (apparaissant au bilan). La surestimation correspond à la différence entre ces deux valeurs.

La valeur fiscale nette d'un élément du passif peut en effet être inférieure à sa valeur comptable nette pour différentes raisons.

Nous pouvons citer comme exemple :

- une double comptabilisation de dette envers un fournisseur (on a enregistré à la fois la note d'envoi et la facture);
- une non-comptabilisation d'une note de crédit adressée par le fournisseur;
- une comptabilisation d'une dette fiscale estimée qui dépasse considérablement l'impôt qui sera effectivement enrôlé.

En ce qui concerne les réserves qui n'apparaissent pas dans les réserves comptables (les réserves occultes), le législateur déroge au principe de l'annualité de l'impôt. En effet, les sous-estimations d'éléments de l'actif ou des surestimations d'éléments du passif sont considérées comme des bénéficies réservés imposables de la période imposable sur laquelle porte le contrôle (fiscale ou interne) qui a conduit à leur découverte, même si elles résultent d'écritures comptables se rapportant à des périodes antérieures.

Ainsi, si l'examen en février 2020 de la comptabilité relative à la période imposable 2017 faisait apparaître une dette fictive qui résulte d'écritures comptables passées en 2015, cette surestimation du passif serait considérée comme un bénéfice réservé imposable de la période imposable 2017 et non pas de la période au cours de laquelle elle aurait été constituée.

L'arrêt de la cour constitutionnelle[49] du 7 juillet 2011 précise :

« L'article 361 du CIR n'est applicable qu'aux sous-estimations d'éléments de l'actif ou aux surestimations d'éléments du passif provenant soit de manoeuvres frauduleuses, soit "du non-respect des règles d'évaluation admissibles du point de vue fiscal, que ce non-respect procède ou non de l'intention d'éluder l'impôt ou d'en énerver l'annualité", tant qu'elles apparaissent dans le bilan du contribuable, et non aux autres bénéfices ou aux autres éléments du passif qui n'auraient pas été correctement comptabilisés ou déclarés. Cet article ne peut en outre être invoquée par l'administration fiscale lorsque celle-ci a accepté, en connaissance de cause, les règles ou critères qui ont été utilisés par la société pour procéder aux estimations litigieuses. Enfin, ainsi que le rappelle le Conseil des ministres, cette disposition n'a ni pour objet ni pour effet de déroger aux délais d'investigation et d'imposition impartis à l'administration et elle ne lui permet pas de revoir la situation fiscale passée des contribuables ».

Cette dérogation au principe de l'annualité de l'impôt ne s'applique pas si le contribuable prouve qu'il a été tenu compte de ces réserves pour la détermination du bénéfice réservé imposable d'une période précédente.

49 Arrêt n°214/2011.

En résumé :

Les éléments de l'actif	Il y a sous-évaluation d'un compte de l'actif dès que la valeur fiscale nette est supérieure à la valeur comptable nette.	La différence entre la valeur fiscale nette et la valeur comptable nette est considérée comme un bénéfice imposable de la période sur laquelle porte le contrôle qui a conduit à la découverte de cette sous-évaluation.
Les dettes à plus d'un an et les dettes à un an au plus	Il y a surestimation d'un compte du passif dès que la valeur fiscale nette est inférieure à la valeur comptable nette.	La différence entre la valeur comptable nette et la valeur fiscale nette est considérée comme un bénéfice imposable de la période sur laquelle porte le contrôle qui a conduit à la découverte de cette surestimation.

4. *Synthèse*

En synthèse, nous pouvons dire que le mouvement des réserves taxables se compose de trois éléments :

LES RESERVES « APPARENTES »	Analyse des comptes de la classe 10 à 15 du passif. En ce qui concerne les réserves apparentes, il n'y a pas de dérogation au principe de l'annualité de l'impôt.
+	
LES PROVISIONS IMPOSABLES	Analyse des comptes de la classe 16. En ce qui concerne les provisions assimilées aux réserves apparentes, il n'y a pas de dérogation au principe de l'annualité de l'impôt.
+	
LES RESERVES « OCCULTES »	Analyse des éléments de l'actif et des éléments du passif (les dettes). En ce qui concerne les réserves occultes, l'article 361 du CIR prévoit une dérogation au principe de l'annualité de l'impôt.

5. Fonctionnement du mouvement des bénéfices réserves imposables

Comme nous vous l'avions déjà précisé, le mouvement des réserves se contente de calculer la variation, d'un exercice à l'autre, du montant des bénéfices réservés imposables.

Ce calcul s'effectue pour l'ensemble des réserves imposables et non pas pour chaque réserve imposable prise individuellement. Le mouvement des réserves imposables est obtenu en comparant la valeur de toutes les réserves faisant partie des bénéfices réservés imposables à la fin de la période (imposable) précédente avec la valeur desdites réserves à la fin de la période (imposable) envisagée.

Cependant, les bénéfices réservés imposables de la période précédente font l'objet de corrections (positives ou négatives) afin de tenir compte du fait que certaines opérations réalisées au cours de la période imposable doivent être « neutralisées » fiscalement. Une «neutralisation» fiscale revient à annuler l'impact que peuvent avoir sur la base imposable de la société certaines opérations enregistrées en comptabilité.

Les opérations suivantes sont notamment susceptibles de faire l'objet d'une correction positive :

- l'aliénation d'actions ou parts;
- la reprise comptable de réductions de valeur sur actions ou parts non admises fiscalement;
- le prélèvement opéré sur le capital libéré pour apurer des pertes comptables;
- le remboursement d'un impôt non déductible;
- l'aliénation d'une voiture, voiture mixte ou minibus (pour une quotité de la plus-value réalisée);
- l'exonération inconditionnelle et définitive de la « réserve exonérée tax shelter »;
- l'exonération de certaines primes de remise au travail et de transition professionnelle;
- l'exonération des subsides en capital et en intérêts attribués par les régions dans le cadre de la législation d'expansion économique en vue de l'acquisition ou de la constitution d'immobilisations incorporelles et corporelles;
- les primes de remise au travail et les primes de transition professionnelle, attribuées par les institutions régionales compétentes à des sociétés et qui répondent aux conditions prévues au Règlement (CE) n° 2204/2002 de la Commission européenne du 12 décembre 2002 concernant l'application des articles 87 et 88 du Traité CE aux aides d'Etat à l'emploi ou qui sont ou ont été admises par la Commission européenne;
- l'exonération des primes, subsides en capital et en intérêts attribués par les institutions régionales compétentes dans le cadre de l'aide à la recherche et au développement en vue de l'acquisition ou de la constitution d'immobilisations incorporelles et corporelles;
- l'exonération définitive des bénéfices provenant de l'homologation d'un plan de réorganisation et de la constatation d'un accord amiable;
- l'exonération définitive pour revenus d'innovation.

Pour ces opérations, la correction s'effectue via la majoration de la situation initiale de début des réserves, ce qui revient concrètement à diminuer la base imposable de la société du montant de la majoration et donc à « détaxer » ces opérations.

Les corrections négatives qui s'effectuent via la diminution de la situation initiale de début des réserves concernent notamment les prélèvements effectués par la suite du décès, de la démission ou de l'exclusion d'un ou de plusieurs associés d'une société de personnes, pour autant que le décès, la démission ou l'exclusion ait eu lieu avant le 1er janvier 1990. Cette diminution de la situation initiale de début des réserves revient à augmenter la base imposable de la société. Il est évident que ces cas deviennent rares de nos jours.

Illustrons le fonctionnement du mouvement des réserves en comparant les bilans d'une société, dont l'un représente la situation au 31/12/2017 et l'autre au 31/12/2018 :

ACTIF			PASSIF		
	31/12/2018	31/12/2017		31/12/2018	31/12/2017
Immobilisations corporelles	**105.000,00**	**120.000,00**	Capital	**100.000,00**	**100.000,00**
• Valeur d'acquisition	150.000,00	150.000,00	Réserve légale	**10.000,00**	**10.000,00**
• Amortissements comptabilisés	45.000,00	30.000,00	Réserve disponible	**11.000,00**	**8.000,00**
Stock	**20.000,00**	**10.000,00**	Bénéfice reporté	**20.000,00**	**15.000,00**
Créances	**50.000,00**	**31.000,00**	Provisions	**19.000,00**	**7.000,00**
Disponibles	**25.000,00**	**9.000,00**	Dettes	**40.000,00**	**30.000,00**
Total	*200.000,00*	*170.000,00*	*Total*	*200.000,00*	*170.000,00*

L'analyse fiscale des comptes fait apparaître que :

(1) le capital est constitué uniquement d'apports en numéraires;

(2) les amortissements comptabilisés au 31/12/2017 ne peuvent être admis fiscalement qu'à concurrence de 10.000,00 EUR (soit rejetés fiscalement à concurrence de 20.000,00 EUR);

(3) les amortissements comptabilisés au 31/12/2018 ne peuvent être admis fiscalement qu'à concurrence de 15.000,00 EUR (soit rejetés fiscalement à concurrence de 30.000,00 EUR);

(4) la valeur fiscale des stocks au 31/12/2018 s'élève à 26.000,00 EUR (soit une sous-évaluation de stock de 6.000,00 EUR);

(5) les provisions comptabilisées au 31/12/2017 (7.000,00 EUR) sont exonérées fiscalement;

(6) les provisions comptabilisées au 31/12/2018 ne sont exonérées fiscalement qu'à concurrence de 12.500,00 EUR (soit taxées à concurrence de 6.500 EUR);

(7) les dettes au 31/12/2018 (40.000,00 EUR) sont considérées comme fictives à concurrence de 9.000,00 EUR suite à la non-comptabilisation d'une note de crédit envoyée par un fournisseur.

Le mouvement des bénéfices réservés imposables se présente dès lors de la manière suivante :

	Situation au début de la période imposable	**Situation à la fin de la période imposable**
Réserves incorporées au capital et primes d'émission imposables (1001 PN)		
Quotité imposable des plus-values de réévaluation (1004)		
Réserve légale (1005)	10.000,00	10.000,00
Réserves indisponibles (1006)		
Réserves disponibles (1007)	8.000,00	11.000,00
Résultat reporté (1008 PN)		
- Bénéfice	15.000,00	20.000,00
Provisions imposables (1009)	0,00	6.500,00
Autres réserves figurant au bilan (1010)		
Autres réserves imposables (1011 PN)		

Réserves occultes	**20.000,00**	**45.000,00**
- Réductions de valeur imposables (1020)		
- Excédents d'amortissements (1021)	20.000,00 (amortissements non admis fiscalement)	30.000,00 (amortis-sements non admis fiscalement)
- Autres sous-évaluations d'actif (1022)		15.000,00 c'est-à-dire 6.000,00 (les stocks) + 9.000,00 (les dettes fictives)
- Surestimations du passif (1023)		
Sous-total de la situation au début de la période imposable (pour le premier exercice comptable, mentionner zéro (0) au code 1040 PN)		
- Positif	**53.000,00** (Code 1040 PN)	92.500,00 (Code 1040 PN)
- Négatif	(Code 1040 PN)	(Code 1040 PN)
Majorations de la situation de début des réserves		
- Plus-values sur actions et parts	(Code 1051)	
- Reprises de réductions de valeur sur actions ou parts antérieurement imposées à titre de dépenses non admises	(Code 1052)	
- Exonération définitive œuvres audio-visuelles agréées tax shelter	(Code 1053)	
- Exonération définitive œuvres scéniques agréées tax shelter (Code 1059)		
- Exonération des primes et subsides en capital et en intérêts régionaux	(Code 1054)	
- Exonération définitive des bénéfices provenant de l'homologation d'un plan de réorganisation et de la constatation d'un accord amiable	(Code 1055)	
- Exonération définitive pour revenus d'innovation (Code 1058)		
- Correction négative en application du Régime Diamant (Code 1057)		
- Autres	(Code 1056)	
Diminutions de la situation de début des réserves	(Code 1061)	
Totaux		
Réserves imposables après adaptation de la situation de début des réserves	**53.000,00** (Code 1070 PN)	
Mouvement de la période imposable		
Augmentation		**39.500,00** (Code 1080 PN) (92.500,00 - 53.000,00)

B. Analyse des réserves exonérées qui se trouvent dans les réserves apparentes

1. *Plus-values*

Le CIR envisage trois grands types de plus-values à savoir :

- les plus-values non exprimées et non réalisées (appelées également les « plus-values latentes » – cf. page n°112);
- les plus-values exprimées mais non réalisées (également nommées « plus-values de réévaluation » – cf. page n°47);
- les plus-values réalisées (appelées en comptabilité « plus-values de réalisation » – cf. page n°56).

Nous allons maintenant analyser en détail le sort que réserve le législateur à ces trois types de plus-values :

a. **Les plus-values latentes** : dans la majorité des cas, les plus-values latentes ne sont pas imposables. Il existe cependant une exception à cette règle avec l'application de l'article 24, alinéa 1er, 3° du CIR relatif aux immobilisations financières et autres titres en portefeuille.
b. **Les plus-values exprimées mais non réalisées** : ce type de plus-values est, quant à lui, généralement exonéré aussi longtemps que la condition d'intangibilité est respectée. Dans ce cas, on parle d'exonération conditionnelle et provisoire.
c. **Les plus-values réalisées** : elles sont généralement taxables. Elles peuvent cependant faire l'objet d'exonérations qui peuvent être dans l'ordre : totales ou partielles, temporaires ou permanentes et soumises ou non à conditions.

Ces exonérations sont obtenues en fonction de la nature de l'actif concerné et suivant l'une des trois méthodes d'exonération décrites ci-dessous :

- la première méthode consiste en l'exonération totale ou partielle de certains types de plus-values dans l'éventualité et dans la mesure où elles sont portées et maintenues à un ou plusieurs comptes distincts du passif (en général un compte de la classe 12).

  Elles ne peuvent également servir de base au calcul de la dotation annuelle de la réserve légale ou à des rémunérations et attributions quelconques.

  Cette méthode d'exonération est notamment appliquée :

  - à la quotité monétaire des plus-values réalisées sur des immobilisations incorporelles, corporelles et financières et autres valeurs en portefeuille;
  - aux plus-values obtenues ou constatées à l'occasion de l'apport d'une ou plusieurs branches d'activité ou d'une universalité de biens;
  - aux plus-values réalisées taxables selon le régime de la taxation étalée.

- la deuxième méthode consiste à exonérer inconditionnellement les plus-values réalisées en majorant la situation de début des réserves.

  Sont visées par cette méthode d'exonération :

  - les plus-values sur actions ou parts dont les revenus éventuels sont susceptibles d'être déduits des bénéfices en vertu des articles 202, § 1er et 203 du CIR. A partir de l'exercice d'imposition 2019, les revenus éventuels doivent être susceptibles d'être déduits des bénéfices en vertu des articles 202 et 203 du CIR;
  - une quotité des plus-values réalisées sur des véhicules automobiles visés à l'article 65 dudit code, c'est-à-dire les plus-values sur voitures, voitures mixtes, minibus et fausses camionnettes.

- la troisième méthode d'exonération, plus rarement rencontrée, consiste à déduire des bénéfices (en priorité belges) obtenus lors de la deuxième opération, les plus-values réalisées à l'occasion d'une cession sur des immeubles non bâtis situés en Belgique par les sociétés de logement visées à l'article 191 du CIR et cinq sixièmes des plus-values non monétaires réalisées sur certains titres publics dans la mesure où elles ne sont pas comptabilisées dans un compte distinct du passif (article 513 du CIR).

  Pour le premier type de plus-value visé ci-dessus, l'exonération est totale et inconditionnelle. En ce qui concerne les plus-values réalisées sur certains titres publics, nous verrons lors de l'analyse de la troisième opération que l'exonération est temporaire.

Dans le cadre de ce livre, nous n'aborderons pas :

- les plus-values visées aux articles 45 et 46, § 1er, 2° du CIR et qui concernent les restructurations de sociétés;
- les plus-values réalisées sur les navires par des sociétés résidentes qui exercent exclusivement des activités décrites à l'article 115, § 2 de la loi du 2 août 2002.

Quant aux plus-values visées aux articles 191 et 513 du CIR, elles sont abordées dans le cadre de l'analyse de la troisième opération.

Schématiquement, le régime fiscal des trois types de plus-values envisagées par le CIR peut se présenter de la manière suivante :

<table>
<tr><th colspan="3">PLUS-VALUES</th></tr>
<tr><th>Non exprimées et non réalisées (cf. page n°118)</th><th>Exprimées mais non réalisées (cf. page n°46)</th><th>Réalisées (cf. page n°55)</th></tr>
<tr><td rowspan="2">Elles ne sont pas imposables à l'exception de celles concernant des immobilisations financières et autres titres en portefeuille (article 24, alinéa 1er, 3° du CIR).</td><td colspan="2"><u>Le principe</u> :
Elles sont imposables sur la base des articles 183 et 24, alinéa 1er, 2° du CIR.</td></tr>
<tr><td><u>La règle</u> :
Elles sont exonérées en vertu des articles 190, alinéa 1er et 44, § 1er, 1° du CIR à l'exception :
• des stocks;
• des commandes en cours d'exécution;
• des droits de participation passant d'un compartiment de la société d'investissement à un autre compartiment de la même société.</td><td><u>La règle</u> :
La quotité monétaire est exonérée en vertu des articles 190, alinéa 1er et 44, § 1er, 2° du CIR.
Le solde de la plus-value est imposable sous réserve de l'application du régime fiscal :
• des plus-values sur véhicules visés à l'article 65 du CIR[50] (cf. page n°61);
• des plus-values sur véhicules d'entreprises[51] (cf. page n°75);
• des plus-values réalisées sur les bateaux de navigation intérieure destinés à la navigation commerciale (cf. page n°84);
• des plus-values réalisées sur des actions à l'occasion de la fusion, scission, transformation ou dissolution sans partage de l'avoir social de la société émettrice[52];
• des plus-values obtenues ou constatées à l'occasion de l'apport d'une ou plusieurs branches d'activité ou d'universalité de biens[53];
• de la taxation étalée des plus-values réalisées sur des immobilisations incorporelles et corporelles[54] (cf. page n°91);
• des plus-values sur actions ou parts[55] (cf. page n°65);
• des plus-values réalisées à l'occasion d'une cession sur des immeubles non bâtis situés en Belgique par les sociétés de logement visées à l'article 191du CIR[56];
• des plus-values sur certains titres publics[57].</td></tr>
</table>

50 Article 24, alinéa 3 du CIR.

51 Articles 190, alinéa 1er et 44bis du CIR.

52 Articles 190, alinéa 1er et 45 du CIR.

53 Articles 190 et 46, § 1er, 2° du CIR.

54 Articles 190, alinéa 1er et 47 du CIR.

55 Article 192 du CIR.

56 Article 191 du CIR. L'article 23 de la loi du 25 décembre 2017 portant réforme de l'impôt des sociétés abroge l'article 191 du CIR à partir de l'exercice d'imposition 2021.

57 Article 513 du CIR. Cet article est abrogé pour les plus-values réalisées à partir du 1er janvier 2020 (article 15 de la loi du 30 juillet 2018 portant des dispositions diverses en matière d'impôts sur les revenus).

a) Plus-values exprimées mais non réalisées

1) Exonération conditionnelle et provisoire de la plus-value exprimée

	Articles 183, 24 alinéa 1er, 2°, 190 alinéa 1er, 44 § 1er, 1° et 190 alinéas 2 et 4 du CIR.
Autre référence	**Ci. Rh. 421/355.961 du 20 juillet 1984.**

Les plus-values exprimées mais non réalisées correspondent le plus souvent à ce que l'on appelle en comptabilité des plus-values de réévaluation. Cela signifie concrètement que l'entreprise ne s'est pas séparée légalement de ces actifs mais s'est contentée de les réévaluer.

L'exonération de ces plus-values est conditionnelle et provisoire. Elle est conditionnelle dans la mesure où la plus-value ainsi exprimée doit satisfaire à la condition d'intangibilité.

Cette condition implique que cette plus-value :

- doit apparaître soit au compte de passif «plus-value de réévaluation» soit au compte de passif « capital »;
- ne doit pas intervenir dans la base de calcul de la dotation annuelle de la réserve légale ou des rémunérations ou attributions quelconques.

Elle est provisoire dans la mesure où les plus-values visées deviennent imposables au plus tard à la clôture de liquidation de la société.

En résumé :

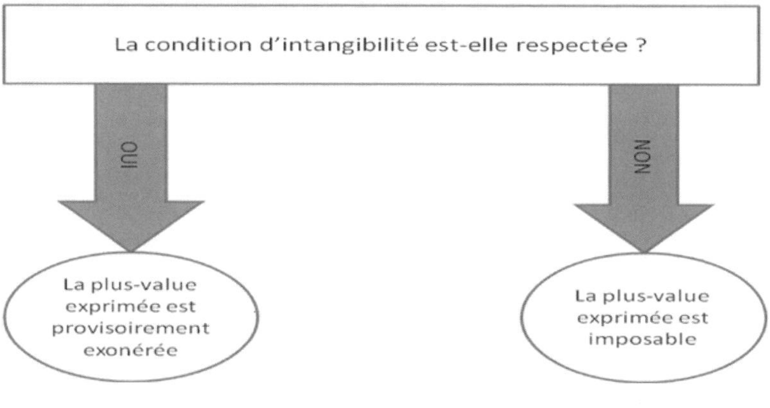

L'exonération n'est toutefois pas applicable :

- aux plus-values exprimées sur les stocks (car une variation des stocks a toujours un impact sur le résultat via les comptes de variation de stocks);
- aux plus-values exprimées sur les commandes en cours d'exécution (ici aussi l'impact sur le résultat est automatique);
- aux plus-values exprimées constatées à l'occasion de la conversion, dans le chef du même contribuable, de droits de participation dans un compartiment d'une société d'investissement en droits de participation dans un autre compartiment de la même société d'investissement.

2) *Régime fiscal des amortissements actés sur la plus-value de réévaluation*

	Articles 52, 6° et 61 du CIR.
Autre référence	**Avis CNC 2016/23 - Plus-values de réévaluation : implications des modifications à l'article 57 de l'AR C. Soc. introduites par l'arrêté royal du 18 décembre 2015[56].**

Le droit comptable[59] précise que lorsque la plus-value exprimée porte sur une immobilisation corporelle dont l'utilisation est limitée dans le temps, la valeur réévaluée doit faire l'objet d'amortissements calculés suivant un plan établi, afin d'en répartir la prise en charge sur la durée résiduelle d'utilisation probable de l'immobilisation.

L'amortissement acté sur la partie réévaluée de l'immobilisation n'est jamais admis fiscalement. En effet, le droit fiscal précise que les amortissements ne sont admis fiscalement comme des frais professionnels que dans la mesure où ils sont basés sur la valeur d'investissement (si on les a acquis) ou de revient (si on les a produits) desdites immobilisations.

Le montant des amortissements pratiqués sur la partie réévaluée des immobilisations doit être repris (et donc taxé) :

au code 1004 si la plus-value exprimée est reprise au compte « Plus-value de réévaluation »;
au code 1001 PN si la plus-value exprimée a été incorporée au capital.

Cette inscription permet d'augmenter le mouvement des réserves taxables à concurrence desdits amortissements, et donc d'augmenter la base imposable de la société.

En réalité, les amortissements comptables correspondant à la partie réévaluée du bien immobilisé, sont compensés par l'augmentation des réserves taxables à concurrence du même montant.

L'amortissement de la partie réévaluée du bien est donc «neutralisé» fiscalement en complétant la déclaration.

En résumé :

PLUS-VALUE EXPRIMEE NON REALISEE	
La plus-value exprimée est incorporée au compte "capital"	1. La quotité amortie de la plus-value de réévaluation est à reprendre au cadre I.A.a de la déclaration 2. Le solde est à reprendre au cadre I.B.c de la déclaration (Code 1103)
La plus-value exprimée est comptabilisée au compte "plus-value de réévaluation"	1. La quotité amortie de la plus-value de réévaluation est à reprendre au cadre I.A.b de la déclaration 2. Le solde est à reprendre au cadre I.B.c de la déclaration (Code 1103)

58 Les modifications introduites dans l'article 57 de l'AR C.Soc s'appliquent aux exercices commençant après le 31 décembre 2015.

59 Article 57 de l'arrêté royal du Code des sociétés.

Ceci peut être illustré par les exemples suivants.

Exemple n°1

Le bilan de la société SA Azur au 31/12/2017 se présente de la manière suivante :

ACTIF			*PASSIF*		
	31/12/2017	*31/12/2016*		*31/12/2017*	*31/12/2016*
Machines	**40.000,00**	**50.000,00**	Capital (apports en nature)	**30.000,00**	**30.000,00**
• Valeur d'acquisition	100.000,00	100.000,00	Réserve légale	**3.000,00**	**3.000,00**
• Amortissements comptabilisés	60.000,00	50.000,00	Réserve disponible	**20.000,00**	**16.000,00**
Valeurs disponibles	**17.000,00**	**9.000,00**	Dettes	**4.000,00**	**10.000,00**
Total	*57.000,00*	*59.000,00*	*Total*	*57.000,00*	*59.000,00*

La société décide en 2018 de comptabiliser une plus-value de réévaluation sur la machine de 20.000,00 EUR.

Cette opération est effectuée via l'écriture :

Faits comptables	**N° plan comptable**	**Intitulés des comptes**	**Somme débit**	**Somme crédit**
Constatation de la plus-value de réévaluation	2318	Plus-values actées sur machine	20 000,00	
	1210	à Plus-value de réévaluation		20 000,00

Le 31 décembre 2018, la société comptabilise un amortissement annuel qui s'élève à 10.000 EUR sur le prix d'acquisition et à 5.000,00 EUR sur le montant réévalué.

La plus-value est amortie sur la durée de vie résiduelle du bien (quatre ans) selon la méthode linéaire.

Cette opération est effectuée via l'écriture :

Faits comptables	**N° plan comptable**	**Intitulés des comptes**	**Somme débit**	**Somme crédit**
Amortissement de la plus-value de réévaluation	6302	Dotations aux amortissements sur immobilisations corporelles	15 000,00	
	2319	à Amortissement sur machine		15 000,00

Suite à ces deux seules opérations, le bilan de la SA Azur se présente de la manière suivante :

ACTIF			*PASSIF*		
	31/12/2018	*31/12/2017*		*31/12/2018*	*31/12/2017*
Machines	**45.000,00**	**40.000,00**	Capital (apports en nature)	**30.000,00**	**30.000,00**
			Plus-value de réévaluation	**20.000,00**	**0,00**
• Valeur d'acquisition	100.000,00	100.000,00	Réserve légale	**3.000,00**	**3.000,00**

• Amortissements comptabilisés	70.000,00	60.000,00	Réserve disponible	**20.000,00**	**20.000,00**
• Valeur réévaluée	20.000,00	0,00			
• Amortissements actés sur la valeur réévaluée	5.000,00	0,00	Perte reportée	**(15.000,00)**	**0,00**
Valeurs disponibles	**17.000,00**	**17.000,00**	Dettes	**4.000,00**	**4.000,00**
Total	***62.000,00***	***57.000,00***	*Total*	***62.000,00***	***57.000,00***

NB : le montant de 15.000 EUR de perte reportée correspond aux charges générées par les amortissements.

L'écriture d'affectation de la perte a été passée et correspond à l'écriture suivante :

Faits comptables	N° plan comptable	Intitulés des comptes	Somme débit	Somme crédit
Report de la perte	1410	Perte reportée	15 000,00	
	7930	à Perte à reporter		15 000,00

Dans les différents exemples de cet ouvrage, nous reporterons systématiquement le bénéfice ou la perte.

Le mouvement des réserves imposables se présente de la manière suivante :

	Situation au début de la période imposable	Situation à la fin de la période imposable
Quotité imposable des plus-values de réévaluation	**0,00**	**5.000,00** (la quotité amortie de la plus-value de réévaluation).
Réserve légale	**3.000,00**	3.000,00
Réserves disponibles	**20.000,00**	20.000,00
Résultat reporté		
- Perte	**0,00**	(15.000,00) Ce montant correspond au 15.000 EUR de charge d'amortissement total de la machine en 2017. L'écriture d'affectation de la perte a été passée.
Sous-total de la situation au début de la période imposable (pour le premier exercice comptable, mentionner zéro (0) au code 1040 PN)		
- Positif	23.000,00 (Code 1040 PN)	13.000,00 (Code 1040 PN)
Mouvement de la période imposable		
Bénéfices réserves imposables	**-10.000,00** (Code 1080 PN)	
	Le montant de 10.000,00 EUR correspond à l'amortissement calculé sur la valeur d'investissement de la machine : à savoir 10% de 100.000,00. Il comprend une diminution de base taxable de 15.000,00 EUR (les amortissements totaux) et une augmentation de 5.000,00 EUR de la même base taxable (la partie de l'annuité d'amortissement qui correspond à la plus-value de réévaluation).	

Le mouvement des réserves exonérées se présente de la manière suivante :

	Situation au début de la période imposable	Situation à la fin de la période imposable
Plus-values exprimées mais non réalisées	0,00 (Code 1103)	15.000,00 (Code 1103) (la quotité non amortie de la plus-value de réévaluation).
Total	*0,00*	*15.000,00*

Pour obtenir un bilan comptable qui coïncide avec la situation fiscale, nous conseillons, comme il est prévu à l'article 57 de l'arrêté royal du code des sociétés, de transférer la quotité amortie de la plus-value de réévaluation dans un compte de réserves disponibles.

Nous effectuons cette opération via l'écriture :

Faits comptables	N° plan comptable	Intitulés des comptes	Somme débit	Somme crédit
Transfert en réserve de la quotité amortie de la plus-value actée	1210	Plus-values de réévaluation sur immobilisations corporelles	5 000,00	
	1333	à Réserves disponibles		5 000,00

En effet, si le comptable fait usage de cette faculté, le bilan corrigé de la SA Azur se présente lors de la manière suivante :

ACTIF			PASSIF		
	31/12/2018	*31/12/2017*		*31/12/2018*	*31/12/2017*
Machines	**45.000,00**	**40.000,00**	Capital (apports en nature)	**30.000,00**	**30.000,00**
			Plus-value de réévaluation	**15.000,00**	**0,00**
• Valeur d'acquisition	100.000,00	100.000,00	Réserve légale	**3.000,00**	**3.000,00**
• Amortissements comptabilisés	70.000,00	60.000,00	Réserve disponible	**25.000,00**	**20.000,00**
• Valeur réévaluée	20.000,00	0,00			
• Amortissements actés sur la valeur réévaluée	5.000,00	0,00	Perte reportée	(15.000,00)	**0,00**
Valeurs disponibles	**17.000,00**	**17.000,00**	Dettes	4.000,00	**4.000,00**
Total	*62.000,00*	*57.000,00*	*Total*	*62.000,00*	*57.000,00*

Le mouvement des réserves imposables de la déclaration correspondant au bilan ainsi corrigé, est celui-ci :

	Situation au début de la période imposable	Situation à la fin de la période imposable
Quotité imposable des plus-values de réévaluation	0,00	0,00 (la quotité amortie de la plus-value de réévaluation a été transférée au compte « réserves disponibles »).
Réserve légale	3.000,00	3.000,00
Réserves disponibles	20.000,00	25.000,00
Résultat reporté		

- Perte	0,00	(15.000,00) Ce montant correspond au 15.000 EUR de charge d'amortissement total de la machine en 2017. L'écriture d'affectation de la perte a été passée.
Sous-total de la situation au début de la période imposable (pour le premier exercice comptable, mentionner zéro (0) au code 1040 PN)		
- Positif	23.000,00 (Code 1040 PN)	13.000,00 (Code 1040 PN)
Mouvement de la période imposable		
Bénéfices réservés imposables		-10.000,00 (Code 1080 PN)
	Ce montant correspond à l'amortissement calculé sur la valeur d'investissement de la machine à savoir 10% de 100.000,00.	

Le mouvement des réserves exonérées reste inchangé.

	Situation au début de la période imposable	**Situation à la fin de la période imposable**
Plus-values exprimées mais non réalisées	0,00 (Code 1103)	15.000,00 (Code 1103) (la quotité non amortie de la plus-value de réévaluation).
Total	*0,00*	*15.000,00*

Il est important de remarquer que la base taxable de la société n'a en rien été modifiée par cette opération, mais que dans ce cas, le bilan comptable fait clairement apparaître la situation fiscale (ce qui en était l'objectif initial).

Exemple n°2

Nous reprenons les mêmes données que dans l'exemple 1, mais dans ce cas, la société a, dans le respect des règles du droit des sociétés, augmenté son capital en incorporant la plus-value de réévaluation dans le compte « capital » à concurrence de 70,42%[60], c'est-à-dire le pourcentage restant après la déduction du taux d'imposition actuel à l'impôt des sociétés de 29,58%[61].

Nous effectuons cette opération via l'écriture :

Faits comptables	N° plan comptable	Intitulés des comptes	Somme débit	Somme crédit
Incorporation de la plus-value dans le compte capital	1210	Plus-values de réévaluation sur immobilisations corporelles	14 084,00	
	1000	à Capital		14 084,00

60 Le conseil d'administration décide du pourcentage à appliquer.

61 L'article 57, § 3 de l'arrêté royal du 30 janvier 2001 portant exécution du Code des sociétés introduit une limitation à l'incorporation au capital d'une plus-value de réévaluation en précisant q'une plus-value de réévaluation ne peut être incorporée au capital qu'à concurrence de la partie de la plus-value de réévaluation diminuée du montant estimé des impôts à payer lors de la réalisation de cette plus-value de réévaluation. Cette limitation s'applique aux plus-values de réévaluation incorporées au capital à partir du 1er janvier 2016.

Le bilan de la SA Azur se présente de la manière suivante :

ACTIF			PASSIF		
	31/12/2018	31/12/2017		31/12/2018	31/12/2017
Machines	**45.000,00**	**40.000,00**	Capital	**44 084,00**	**30.000,00** (apports en nature)
			Plus-value de réévaluation	**5 916,00**	**0,00**
• Valeur d'acquisition	100.000,00	100.000,00	Réserve légale	**3.000,00**	**3.000,00**
• Amortissements comptabilisés	70.000,00	60.000,00	Réserve disponible	**20.000,00**	**20.000,00**
• Valeur réévaluée	20.000,00	0,00			
• Amortissements actés sur la valeur réévaluée	5.000,00	0,00	Perte reportée	**(15.000,00)**	**0,00**
Valeurs disponibles	**17.000,00**	**17.000,00**	Dettes	**4.000,00**	**4.000,00**
Total	*62.000,00*	*57.000,00*	*Total*	*62.000,00*	*57.000,00*

Le mouvement des réserves imposables se présente de la manière suivante :

	Situation au début de la période imposable	**Situation à la fin de la période imposable**
Réserves incorporées au capital et primes d'émission imposables	**0,00**	**5.000,00** (la quotité amortie de la plus-value de réévaluation).
Réserve légale	**3.000,00**	**3.000,00**
Réserves disponibles	**20.000,00**	**20.000,00**
Résultat reporté		
- Perte	0,00	(15.000,00) Ce montant correspond au 15.000 EUR de charge d'amortissement total de la machine en 2018. L'écriture d'affectation de la perte a été passée.
Sous-total de la situation au début de la période imposable (pour le premier exercice comptable, mentionner zéro (0) au code 1040 PN)		
- Positif	23.000,00 (Code 1040 PN)	
Mouvement de la période imposable		
Bénéfices réservés imposables		-10.000,00 (Code 1080 PN)
	Ce montant correspond à l'amortissement calculé sur la valeur d'investissement de la machine à savoir 10% de 100.000,00.	

Le mouvement des réserves exonérées se présente de la manière suivante :

	Situation au début de la période imposable	**Situation à la fin de la période imposable**
Plus-values exprimées mais non réalisées	**0,00** (Code 1103)	**15.000,00** (Code 1103) (la quotité non amortie de la plus-value de réévaluation).
Total	*0,00*	*15.000,00*

Comme on peut le constater, la base imposable de la société n'a pas été modifiée par cette augmentation de capital.

3) Réalisation d'un élément de l'actif réévalué

Lorsqu'il s'avère que la plus-value de réévaluation actée sur un élément de l'actif est maintenue au passif après la vente de ce dernier (notamment parce que la plus-value de réévaluation a été incorporée au capital), la plus-value exprimée devient une plus-value réalisée. Cette plus-value réalisée est imposable au moment de la réalisation de l'actif aliéné même si la condition d'intangibilité est toujours respectée. Autrement dit, la plus-value de réévaluation doit être imposée comme bénéfice de l'exercice au cours duquel la réalisation de l'actif a eu lieu.

Illustrons ceci par l'exemple suivant.

Une société a réévalué la valeur de son terrain de 30.000,00 EUR et a incorporé, en 2015, ce montant dans son capital.

Le bilan de la SA Azur se présente de la manière suivante au 31 décembre 2017 :

ACTIF		PASSIF	
	31/12/2017		31/12/2017
Terrain :	**59.000,00**	Capital se décompose en :	**50.000,00**
• Valeur d'acquisition	29.000,00	• Apports en numéraires	20.000,00
• Plus-value actée	30.000,00	• Plus-value de réévaluation	30.000,00
		Réserve légale	**3.000,00**
		Réserve disponible	**5.000,00**
		Bénéfice reporté	**1.000,00**
Total	*59.000,00*	*Total*	*59.000,00*

Au cours de l'année 2018, la société SA Azur vend le terrain pour la somme de 90.000,00 EUR.

Les opérations suivantes ont été enregistrées :

Faits comptables	N° plan comptable	Intitulés des comptes	Somme débit	Somme crédit
Comptabilisation de la vente	5500	Compte Courant	90 000,00	
	7484	à Ventes d'immobilisés		90 000,00
Détermination du résultat comptable	7484	Ventes d'immobilisés	90 000,00	
	2200	à Terrain		29 000,00
	2208	à Plus-value actée sur terrain		30 000,00
	7631	à Plus-value réalisée sur immobilisations corporelles		31 000,00

La plus-value de réévaluation incorporée au capital a été maintenue au passif malgré l'aliénation du bien.

Suite à ces seules opérations, le bilan de la SA Azur se présente de la manière suivante :

ACTIF			PASSIF		
	31/12/2018	31/12/2017		31/12/2018	31/12/2017
Terrain :	**0,00**	**59.000,00**	Capital se décompose en :	**50.000,00**	**50.000,00**
			• Apports en numéraires	20.000,00	20.000,00
• Valeur d'acquisition	0,00	29.000,00	• Plus-value de réévaluation	30.000,00	30.000,00
			Réserve légale	**3.000,00**	**3.000,00**
• Plus-value actée	0,00	30.000,00	Réserve disponible	**5.000,00**	**5.000,00**
Banque	**90.000,00**	**0,00**	Bénéfice reporté	**32.000,00**	**1.000,00**
Total	*90.000,00*	*59.000,00*	*Total*	*90.000,00*	*59.000,00*

NB : le montant de 32.000,00 EUR de bénéfice reporté correspond aux 1.000,00 EUR s'y trouvant au 31/12/2017 auxquels on a ajouté les 31.000,00 de plus-value sur le terrain.

Les écritures d'affectation du résultat sont les suivantes :

Faits comptables	N° plan comptable	Intitulés des comptes	Somme débit	Somme crédit
Reprise du résultat reporté	1400	Bénéfice reporté	1 000,00	
	7900	à Bénéfice reporté de l'exercice précédent		1 000,00
Affectation du résultat	6930	Bénéfice à reporter	32 000,00	
	1400	à Bénéfice reporté		32 000,00

Le mouvement des réserves imposables se présente de la manière suivante :

	Situation au début de la période imposable	Situation à la fin de la période imposable
Réserves incorporées au capital et primes d'émission imposables	0,00	30.000,00 (la plus-value de réévaluation incorporée au capital devient imposable suite à l'aliénation du terrain).
Réserve légale	3.000,00	3.000,00
Réserves disponibles	5.000,00	5.000,00
Résultat reporté		
Bénéfice	1.000,00	32.000,00 (L'écriture d'affectation du bénéfice a été passée).
Perte		
Sous-total de la situation au début de la période imposable (pour le premier exercice comptable, mentionner zéro (0) au code 1040 PN)		
- Positif	9.000,00	70.000,00 (Code 1040 PN)
- Négatif	(Code 1040 PN)	
Mouvement de la période imposable		
Bénéfices réservés imposables	61.000,00 (Code 1080 PN)	
	Ce montant de 61.000,00 EUR correspond à la plus-value fiscale réalisée sur le terrain, à savoir la valeur de réalisation (90.000,00 EUR) diminuée de la valeur fiscale nette du terrain (29.000,00 EUR).	

Le mouvement des réserves exonérées se présente de la manière suivante :

	Situation au début de la période imposable	Situation à la fin de la période imposable
Plus-values exprimées mais non réalisées	30.000,00 (Code 1103)	0,00 (Code 1103) (la quotité non amortie de la plus-value de réévaluation).
Total	*30.000,00*	*0,00*

b) Plus-values réalisées

1) Détermination de la plus-value fiscale

	Article 43 du CIR.
Autre référence	**Ci. Rh. 241/576.972 du 6 avril 2006.**

La plus-value réalisée est égale à la différence positive entre d'une part l'indemnité perçue ou la valeur de réalisation du bien diminuée des frais de réalisation et d'autre part sa valeur d'acquisition ou d'investissement diminuée des réductions de valeur et amortissements admis antérieurement.

Les frais de réalisation sont tous les frais liés à l'opération de réalisation du bien dans son ensemble c'est-à-dire tant les frais supportés au moment de la réalisation du bien (frais de notaire, frais de courtage, frais bancaire, etc.) que les frais antérieurs directement liés à cette réalisation (frais de publicité, etc.).

Voici une liste non limitative des frais supportés par le vendeur à l'occasion de la réalisation d'un élément d'actif qui doivent, pour la détermination de la plus-value à prendre en considération, être portés en déduction de l'indemnité perçue ou de la valeur de réalisation :

- frais de publicité;
- frais de notaire;
- frais de courtage;
- frais financiers (par exemple les différences de change);
- escomptes financiers;
- taxes sur les opérations;
- impositions à l'exportation;
- frais d'assurance et de couverture;
- commissions;
- honoraires de conseillers;
- frais de transport;
- frais de contrôle technique;
- frais d'expertise, évaluation, étude;
- etc.

Cette opération permet de n'exonérer fiscalement (pour autant que les conditions d'exonération soient remplies) qu'un montant égal à la plus-value réalisée diminué du montant des frais de réalisation engagé pour générer cette plus-value.

Par valeur de réalisation, on entend :

• en cas de vente	le prix de vente
• en cas d'échange	la valeur du bien reçu en échange
• on cas d'apport en société	la valeur des actions ou parts reçues

Par valeur d'acquisition ou d'investissement, il faut entendre :

- *le* ***prix d'acquisition*** *qui comprend outre le prix d'achat, les frais accessoires tels que les impôts non récupérables et les frais de transport*[62]*;*
- *le* ***coût de revient*** *dans le cas où l'entreprise a produit elle-même le bien qui fait l'objet de la plus-value de réalisation; ce coût comprend :*

  ⇨ *le prix d'acquisition* — *des matières premières*
des matières consommables
des fournitures

  \+

  ⇨ *les coûts de fabrication directement imputables au produit ou groupe de produits*

  \+

  [FACULTATIF]

  ⇨ *la quote-part des coûts de fabrication qui ne sont qu'indirectement imputables au produit ou groupe de produits*[63]*.*
- *la* ***valeur d'apport*** *qui correspond à la valeur conventionnelle des apports. Cette valeur n'inclut pas les impôts et les frais relatifs aux apports qui peuvent, être soit portés en comptes de résultats au cours de l'année de l'apport soit portés sous la rubrique frais d'établissement*[64]*;*
- *lorsqu'il s'agit de droits d'usage dont l'entreprise dispose sur des immobilisations corporelles, en vertu de contrats crédit-bail ou de conventions d'emphytéose, de superficie ou de droits immobiliers similaires, les droits d'usage susvisés ci-dessus doivent être portés à l'actif, à concurrence de la* ***partie des versements échelonnés*** *prévus au contrat* ***représentant la reconstitution en capital de la valeur du bien,*** *objet du contrat*[65]*.*

Par amortissements et réductions de valeur admis antérieurement, on entend les amortissements et les réductions de valeur correspondant à une dépréciation réelle même si en vertu d'autres dispositions, ces amortissements (c'est le cas des voitures, voitures mixtes, minibus et fausses camionnettes), ou ces réductions de valeur (c'est le cas des réductions de valeur sur actions et parts), ne seront pas admis à titre de frais professionnels.

En résumé :

62 cf. article 36 de l'Arrêté royal du 30 janvier 2001 portant exécution du Code des sociétés.

63 cf. article 37 de l'Arrêté royal du 30 janvier 2001 portant exécution du Code des sociétés.

64 cf. article 39 de l'Arrêté royal du 30 janvier 2001 portant exécution du Code des sociétés.

65 cf. article 62 de l'Arrêté royal du 30 janvier 2001 portant exécution du Code des sociétés.

PLUS-VALUE	
REALISEE DE PLEIN GRE	**FORCEE**
= Valeur de réalisation - Frais de réalisation - Valeur fiscale nette	= Indemnité perçue - Frais de réalisation - Valeur fiscale nette

Valeur fiscale nette = Valeur d'acquisition ou d'investissement – Amortissements actés et admis fiscalement – Réductions de valeur actées et admises fiscalement

La plus-value fiscale n'est pas égale à la plus-value comptable dès que la valeur fiscale nette du bien aliéné est supérieure à sa valeur comptable nette.

Ceci peut être illustré par l'exemple suivant.

Le bilan de la SA Azur au 31/12/2017 se présente de la manière suivante :

ACTIF			*PASSIF*		
	31/12/2017	*31/12/2016*		*31/12/2017*	*31/12/2016*
Terrain	**17.000,00**	**17.000,00**	Capital (apports en nature)	**30.000,00**	**30.000,00**
• Valeur d'acquisition	26.000,00	26.000,00	Réserve légale	**3.000,00**	**3.000,00**
• Réductions de valeur actées	9.000,00	9.000,00	Réserve disponible	**20.000,00**	**20.000,00**
Machines	**20.000,00**	**40.000,00**			
• Valeur d'acquisition	100.000,00	100.000,00	Perte reportée	**(20.000,00)**	**0,00**
• Amortissements comptabilisés	80.000,00	60.000,00	Dettes	**4.000,00**	**4.000,00**
Total	*37.000,00*	*57.000,00*	*Total*	*37.000,00*	*57.000,00*

L'analyse fiscale des comptes fait apparaître que :

- la réduction de valeur comptabilisée au 31/12/2017 sur le terrain (9.000,00 EUR) ne peut être admise fiscalement qu'à concurrence de 4.000,00 EUR;
- les amortissements comptabilisés au 31/12/2017 (80.000,00 EUR) ne peuvent être admis fiscalement qu'à concurrence de 40.000,00 EUR.

En 2018, la SA Azur vend :

- le terrain pour un montant de 30.000,00 EUR;
- les machines pour un montant hors TVA (21 %) de 70.000,00 EUR.

Les écritures comptables générées sont les suivantes :

Faits comptables	N° plan comptable	Intitulés des comptes	Somme débit	Somme crédit
Comptabilisation de la vente du terrain	5500	Compte Courant	30 000,00	
	7484	à Ventes d'immobilisés		30 000,00
Détermination du résultat comptable	7484	Ventes d'immobilisés	30 000,00	
	2209	Réductions de valeur actées sur terrain	9 000,00	
	2200	à Terrain		26 000,00
	7631	à Plus-value réalisée sur immobilisations corporelles		13 000,00
Comptabilisation de la vente de la machine	5500	Compte Courant	84 700,00	
	7484	à Ventes d'immobilisés		70 000,00
	451	à TVA à payer		14 700,00
Détermination du résultat comptable	7484	Ventes d'immobilisés	70 000,00	
	2309	Amortissements actés sur machine	80 000,00	
	2300	à Machines		100 000,00
	7631	à Plus-value réalisée sur immobilisations corporelles		50.000,00
Reprise du résultat reporté	6900	Perte reportée de l'exercice précédent	20 000,00	
	1410	à Perte reportée		20 000,00
Affectation du résultat	6930	Bénéfice à reporter	43 000,00	
	1400	à Bénéfice reporté		43 000,00

DÉTERMINATION DE LA PLUS-VALUE				
	Comptable		Fiscale	
Terrain	Valeur de réalisation	30.000,00	Valeur de réalisation	30.000,00
	Frais de réalisation	0,00	Frais de réalisation	0,00
	Valeur comptable nette	17.000,00 c'est-à-dire (26.000,00 - 9.000,00).	Valeur fiscale nette	22.000,00 c'est-à-dire (26.000,00 - 4.000,00).
	Résultat comptable	13.000,00	Résultat fiscal	8.000,00
Le résultat fiscal est égal à la plus-value comptable diminuée des réductions de valeur qui ne correspondaient pas à une dépréciation réelle.				
Machine	Valeur de réalisation	70.000,00	Valeur de réalisation	70.000,00
	Frais de réalisation	0,00	Frais de réalisation	0,00
	Valeur comptable nette	20.000,00	Valeur fiscale nette	60.000,00
	Résultat comptable	50.000,00	Résultat fiscal	10.000,00
Le résultat fiscal est égal à la plus-value comptable diminuée des amortissements qui ne correspondaient pas à une dépréciation réelle.				

Suite à ces deux ventes, le bilan de la SA Azur se présente de la manière suivante :

ACTIF			PASSIF		
	31/12/2018	31/12/2017		31/12/2018	31/12/2017
Terrain	0,00	17.000,00	Capital (apports en nature)	30.000,00	30.000,00
• Valeur d'acquisition	0,00	26.000,00	Réserve légale	3.000,00	3.000,00
• Réductions de valeur actées	0,00	9.000,00	Réserve disponible	20.000,00	20.000,00
Machines	0,00	20.000,00			
• Valeur d'acquisition	0,00	100.000,00	Bénéfice reporté et Perte reportée (entre parenthèse)	43.000,00	(20.000,00)
• Amortissements comptabilisés	0,00	80.000,00	Dettes (y compris la TVA à payer)	18.700,00	4.000,00
Créances commerciales	114.700,00	0,00			
Total	*114.700,00*	*37.000,00*	*Total*	*114.700,00*	*37.000,00*

NB : le bénéfice reporté au 31/12/2018 (43.000,00 EUR) correspond aux 63.000,00 EUR de plus-values réalisées, diminués des 20.000,00 EUR de perte reportée au 31/12/2017.

Le mouvement des réserves suite à ces deux opérations se présente de la manière suivante :

	Situation au début de la période imposable	**Situation à la fin de la période imposable**
Réserve légale	**3.000,00**	**3.000,00**
Réserves disponibles	**20.000,00**	**20.000,00**
Résultat reporté		
Bénéfice		**43.000,00** (l'écriture d'affectation du bénéfice a été passée)
Perte	(20.000,00)	
Réserves occultes	**45.000,00**	**0,00**
• Réductions de valeur imposables	5.000,00	**0,00** (détaxation de la réduction de valeur imposable actée sur le terrain)
• Excédents d'amortissements	40.000,00	**0,00** (détaxation des excédents d'amortissements concernant les machines)
Sous-total de la situation au début de la période imposable (pour le premier exercice comptable, mentionner zéro (0) au code 1040 PN)		
- Positif	**48.000,00** (Code 1040 PN)	**66.000,00** (Code 1040 PN)
- Négatif	(Code 1040 PN)	
Négatifs		
Mouvement de la période imposable		
Bénérices réservés imposables	**18.000,00** (Code 1080 PN)	
	Le montant de 18.000,00 EUR correspond à la somme des plus-values fiscales réalisées sur le terrain et les machines durant la période. En effet, l'augmentation de 63.000,00 EUR du résultat reporté vient accroître la base taxable et la diminution de 45.000,00 EUR des réserves occultes réduit cette même base.	

2) Plus-values fiscales réalisées sur des voitures, voitures mixtes et minibus

Articles 185*ter* et 183 du CIR[66].
Articles 74, alinéa 2, 1, 1er tiret de l'AR/CIR.

➲ Véhicules visés

Par **voiture**, il faut entendre tout véhicule automobile dont l'habitacle est uniquement conçu et construit pour le transport de personnes et qui peut comprendre, en transport rémunéré de personnes, huit places au maximum, non compris le siège du conducteur.

À titre d'exemples, on peut citer les coupés, les berlines, les cabriolets, les voitures de sport, les voitures familiales.

Par **voiture mixte**, il faut entendre tout véhicule automobile conçu et construit pour le transport de personnes et de choses et qui peut comprendre, en transport rémunéré de personnes, huit places au maximum, non compris le siège du conducteur. A titre d'exemples, on peut citer les breaks, les stations wagons et monospaces dont l'espace derrière le siège du conducteur est aménagé de telle façon que des sièges peuvent y être placés.

Par **minibus**, il faut entendre tout véhicule automobile conçu et construit pour le transport rémunéré de personnes, comprenant huit places au maximum, non compris le siège du conducteur, et équipé d'une carrosserie d'un type analogue à celui de camionnettes ou d'autobus. À partir de l'exercice d'imposition 2007, l'article 24, alinéa 3 ou 185 ter du CIR s'applique également aux plus-values réalisées lors de la vente d'une « fausse camionnette » (par exemples un véhicule tout-terrain de luxe, un « 4 x 4 », ...) qui était inscrite en tant que camionnette dans le répertoire de la D.I.V mais qui ne correspond pas à la définition fiscale de la camionnette.

Au niveau fiscal, est considéré comme camionnette :

- tout véhicule conçu et construit pour le transport de choses dont la masse maximale autorisée n'excède pas 3.500 kg, formé d'une cabine unique complètement séparée de l'espace de chargement et comportant deux places au maximum, celle du conducteur non comprise, ainsi que d'un plateau de chargement ouvert;
- tout véhicule conçu et construit pour le transport de choses dont la masse maximale autorisée n'excède pas 3.500 kg, formé d'une cabine double complètement séparée de l'espace de chargement et comportant six places au maximum, celle du conducteur non comprise, ainsi que d'un plateau de chargement ouvert;
- tout véhicule conçu et construit pour le transport de choses dont la masse maximale autorisée n'excède pas 3.500 kg, formé simultanément d'un espace réservé aux passagers comportant deux places au maximum, celle du conducteur non comprise, et d'un espace de chargement séparé, dont la distance entre tout point de la cloison de séparation située derrière la rangée de sièges avant et le bord arrière intérieur de l'espace de chargement, mesuré dans l'axe longitudinal du véhicule, à une hauteur située à 20 cm au-dessus du plancher, atteint au moins 50 % de la longueur de l'empattement. En outre, cet espace de chargement doit être pourvu, sur toute sa surface, d'un plancher horizontal fixe faisant partie intégrante de la carrosserie ou y fixé de manière durable et exempt de tout point d'attache pour des banquettes, sièges ou ceintures de sécurité complémentaires;

66 Article 24, alinéa 3 du CIR à partir de l'exerice d'imposition 2021 (article 5 de la loi du 25 décembre 2017 portant réforme de l'impôt des sociétés).

- tout véhicule conçu et construit pour le transport de choses dont la masse maximale autorisée n'excède pas 3.500 kg, formé simultanément d'un espace réservé aux passagers comportant six places au maximum, celle du conducteur non comprise, et d'un espace de chargement complètement séparé, dont la distance entre tout point de la cloison de séparation située derrière la dernière rangée de sièges avant et le bord arrière intérieur de l'espace de chargement, mesuré dans l'axe longitudinal du véhicule, à une hauteur située à 20 cm au-dessus du plancher, atteint au moins 50 % de la longueur de l'empattement. En outre, cet espace de chargement doit être pourvu, sur toute sa surface, d'un plancher horizontal fixe faisant partie intégrante de la carrosserie ou y fixé de manière durable et exempt de tout point d'attache pour des banquettes, sièges ou ceintures de sécurité complémentaires.

Lorsque la camionnette ne répond pas à l'un des véhicules énumérés ci-dessus, elle est considérée comme une voiture, une voiture mixte ou un minibus.

➲ Régime fiscal de la plus-value

Les plus-values réalisées sur des voitures, voitures mixtes, minibus et fausses camionnettes ne sont reprises dans le résultat fiscal qu'à concurrence d'un taux égal au rapport exprimé en pour cent entre la somme des amortissements fiscalement admis antérieurement à l'aliénation et la somme des amortissements comptables pour les périodes imposables correspondantes.

Cette exonération partielle est due au fait que les amortissements professionnels concernant ces véhicules ne sont eux-mêmes déductibles qu'à concurrence d'un pourcentage qui dépend du type de carburant utilisé et du taux d'émission de CO_2 par kilomètre.

Pour connaître l'émission de CO_2 par kilomètre des véhicules, il faut toujours se référer à l'information dont dispose la Direction de l'Immatriculation des Véhicules (ci-après D.I.V.). Quand la D.I.V. dispose de cette information, celle-ci est alors en principe indiquée sur le certificat d'immatriculation du véhicule.

Même si cette information est également indiquée sur le certificat de conformité du véhicule qui a été délivré à la réception du véhicule, seule l'émission de CO_2 repris sur le certificat d'immatriculation est déterminant.

Il est également possible d'obtenir le taux de CO_2 de chaque véhicule en se connectant sur le site de la Direction générale environnement.

Ce régime ne s'applique pas aux plus-values réalisées sur des voitures, voitures mixtes, minibus et fausses camionnettes dont les frais (amortissements, entretiens, etc.) sont déductibles à 100 %.

Les voitures, voitures mixtes, minibus et fausses camionnettes concernés sont ceux qui sont :

- affectés exclusivement à un service de taxis ou à la location avec chauffeur et sont exemptés à ce titre de la taxe de circulation sur les véhicules automobiles;
- affectés exclusivement à l'enseignement pratique dans des écoles de conduite agréées et qui sont spécialement équipées à cet effet;
- donnés exclusivement en location à des tiers.

L'exonération de la quotité non imposable de la plus-value réalisée est inconditionnelle et définitive. Elle est inconditionnelle en ce sens que la quotité non imposable de la plus-value ne doit pas apparaître dans un ou plusieurs comptes distincts du passif.

Cette exonération s'effectue en majorant la situation de début des réserves (autres - code 1056) de la déclaration fiscale.

En résumé :

Plus-values réalisées sur des voitures, voitures mixtes, minibus ou fausses camionnettes	
Principe :	La plus-value est imposable à concurrence d'un taux égal au rapport exprimé en pour cent entre la somme des amortissements fiscalement admis antérieurement et la somme des amortissements comptables pour les périodes imposables correspondantes.
Exceptions : • Affectés exclusivement à un service de taxis ou à la location avec chauffeur et exemptés à ce titre de la taxe de circulation sur les véhicules automobiles; • Affectés exclusivement à l'enseignement pratique dans des écoles de conduite agréées et spécialement équipés à cet effet; • Donnés exclusivement en location à des tiers.	100% de la plus-value fiscale est imposable.

Ceci peut être illustré par l'exemple suivant.

Le bilan de la SA Azur au 31 mars 2018 se présente de la manière suivante :

ACTIF			*PASSIF*		
	31/12/2018	*31/12/2017*		*31/12/2018*	*31/12/2017*
Matériel roulant (voitures, voitures mixtes ou minibus)	**0,00**	**4.000,00**	Capital (apports en nature)	**30.000,00**	**30.000,00**
			Réserve légale	**3.000,00**	**3.000,00**
• Valeur d'acquisition	0,00	10.000,00	Réserve disponible	**20.000,00**	**20.000,00**
• Amortissements comptabilisés	0,00	6.000,00	Bénéfice reporté	**1.000,00**	**0,00**
• Créances	**59.050,00**	**53.000,00**	Dettes	**5.050,00**	**4.000,00**
Total	*59.050,00*	*57.000,00*	*Total*	*59.050,00*	*57.000,00*

Le 23 novembre 2017, la SA Azur a vendu la voiture pour la somme de 5.000,00 EUR (hors TVA).

Les écritures comptables générées sont les suivantes :

Faits comptables	N° plan comptable	Intitulés des comptes	Somme débit	Somme crédit
Comptabilisation de la vente du matériel roulant	5500	Compte Courant	6 050,00	
	7484	à Ventes d'immobilisés		5 000,00
	451	à TVA à payer		1 050,00
Détermination du résultat comptable	7484	Ventes d'immobilisés	5 000,00	
	2419	à Amortissements actés sur matériel roulant	6 000,00	
	2400	à Matériel roulant		10 000,00
	7631	à Plus-value réalisée sur immobilisations corporelles		1 000,00

Les amortissements fiscalement admis et les amortissements comptables pour les périodes imposables antérieures à l'aliénation se présentent de la manière suivante :

	Période allant du 1er avril 2014 au 31 mars 2015	Période allant du 1er avril 2015 au 31 mars 2016	Période allant du 1er avril 2016 au 31 mars 2017
Amortissements admis fiscalement après application de la limitation prévue aux articles 66 et 198bis du CIR	1.200,00 (c'est-à-dire 60% de 2.000,00)	1.200,00 (c'est-à-dire 60% de 2.000,00)	1.200,00 (c'est-à-dire 60% de 2.000,00)
Amortissements comptabilisés	2.000,00	2.000,00	2.000,00

La plus-value fiscale est imposable à concurrence d'un taux égal au rapport exprimé en pour cent entre la somme des amortissements fiscalement admis antérieurement à l'aliénation et la somme des amortissements comptables pour les périodes imposables correspondantes. Sur cette opération, la société a réalisé une plus-value fiscale de 1.000,00 EUR qui n'est imposable qu'à concurrence de 60% c'est-à-dire (3.600,00 / 6.000,00) x 100.

Le mouvement des réserves se présente de la manière suivante :

	Situation au début de la période imposable	Situation à la fin de la période imposable
Réserve légale	3.000,00	3.000,00
Réserves disponibles	20.000,00	20.000,00
Résultat reporté		
Bénéfice	0,00	1.000,00 (Ce qui correspond au montant de la plus-value. L'écriture d'affectation du bénéfice a été passée).
Perte		
Sous-total de la situation au début de la période imposable (pour le premier exercice comptable, mentionner zéro (0) au code 1040 PN)		
- Positif	23.000,00 (Code 1040 PN)	24.000,00 (Code 1040 PN)
- Négatif		
Majorations de la situation de début des réserves		
- Plus-values sur actions et parts	(Code 1051)	
- Reprises de réductions de valeur sur actions ou parts antérieurement imposées à titre de dépenses non admises	(Code 1052)	
- Exonération définitive œuvres audio-visuelles agréées tax shelter	(Code 1053)	
- Exonération des primes et subsides en capital et en intérêts régionaux	(Code 1054)	
- Exonération définitive des bénéfices provenant de l'homologation d'un plan de réorganisation et de la constation d'un accord amiable	(Code 1055)	
- Autres	400,00 (Code 1056)	
Réserves imposables après adaptation de la situation de début des réserves		
Positifs	23.400,00 (Code 1070 PN)	
Négatifs		

Mouvement de la période imposable		
Bénéfices réservés imposables		600,00 (Code 1080 PN)
	Ce montant de 600,00 EUR correspond à 60% de la plus-value fiscale réalisée sur la voiture. En effet, l'augmentation de 1.000,00 EUR du résultat reporté vient accroître la base taxable et la majoration de 400,00 EUR de la situation de début des réserves réduit cette même base.	

3) Plus-values fiscales réalisées sur des actions ou parts

Articles 183 et 192, § 1er du CIR.
Articles 74 alinéa 2, 2ème tiret de l'AR/CIR.

➲ Plus-values visées

Lorsque la société revend des actions d'une société tierce, sauf à les céder au même prix que leur valeur d'acquisition, elle réalise soit une plus-value dont la taxation dépend d'une série de paramètres, soit une moins-value. La manière dont la plus-value a été réalisée (une vente, un échange, un apport en société, etc.) n'a aucune d'influence sur le régime de taxation qui lui sera appliqué.

Les plus-values visées dans cette partie du livre sont les plus-values réalisées sur :

- des actions ou parts représentatives du capital social;
- des actions ou parts non représentatives du capital social (parts bénéficiaires, parts de fondateurs, etc.) qui procurent des revenus qui doivent être considérés comme des dividendes.

Il peut arriver qu'à l'occasion du partage de son avoir social, une société dissoute remette à ses actionnaires ou à ses associés des actions ou parts provenant d'autres sociétés et dont elle était propriétaire. La plus-value qui pourrait être constatée dans le chef de la société dissoute peut être considérée comme une plus-value réalisée pour l'application de l'article 192, § 1er du CIR (c'est-à-dire qu'elle sera exonérée si ces actions ou parts proviennent des revenus susceptibles d'être déduits à titre de revenus définitivement taxés). Autrement dit, la plus-value ainsi constatée est assimilée à une plus-value réalisée qui peut être exonérée si elle répond à certaines conditions.

Par contre, les plus-values qui se rapportent aux cas suivants ne bénéficient pas du régime d'exonération prévu par l'article 192, § 1er du CIR et font partie intégrante de la base imposable.

Il s'agit des plus-values réalisées sur :

- des droits de souscription;
- des droits de participation dans un fonds de placement;
- des warrants;
- des obligations convertibles;
- des options sur actions;
- des parts représentatives de droits sociaux soit dans des sociétés résidentes soit dans des sociétés qui ont leur siège social, leur principal établissement ou leur siège de direction ou d'administration dans un autre État membre de l'Union européenne quand elles sont obte¬nues ou constatées à l'occasion d'une fusion, scission ou dissolution sans partage de l'avoir social, à laquelle les articles 211 à 214 du CIR s'appliquent;

- des actions ou parts qu'une société obtient à l'occasion du partage total ou partiel de l'avoir social de la société émettrice (ces plus-values sont susceptibles d'être déduites à titre de RDT lors de la quatrième opération qui sera analysée plus loin dans cet ouvrage).

Les plus-values réalisées par les sociétés de « trading » sur des titres de leur portefeuille commer¬cial sont également exclues du régime d'exonération. Par société de « trading », on entend les établissements de crédit, les entreprises d'investissement et les sociétés de gestion d'organismes de placement collectif. Pour le calcul de la plus-value imposable, la valeur des actions ou parts arrêtée au 31 décembre 2011 est considérée comme étant la valeur d'acquisition ou d'investissement diminuée des réductions de valeurs admises antérieurement lorsque les actions ou parts concer¬nées sont déjà portées dans les comptes de la société à la date du 31 décembre 2011.

Nous allons à présent préciser les conditions auxquelles doivent répondre les plus-values sur actions ou parts afin d'être exonérées.

➲ Condition de taxation

Les plus-values réalisées sur des actions ou parts ne sont exonérées qu'à la condition que la totalité ou une partie[67] des revenus qui sont attribués à ces actions ou parts ou qui leur seraient éventuellement attribués, puisse être portée en déduction à titre de revenus définitivement taxés.

Ne respectent pas la condition de taxation (et les plus-values sont donc taxables normalement) les revenus alloués ou attribués par une société, si ces revenus proviennent d'une société :

- qui n'est pas assujettie à l'impôt des sociétés ou à un impôt étranger analogue à cet impôt ou qui est établie dans un pays dont les dispositions du droit commun en matière d'impôts sont notablement plus avantageuses qu'en Belgique;
- de financement, de trésorerie ou d'investissement qui, bien qu'assujettie, dans le pays de son domicile fiscal, à l'impôt des sociétés ou à un impôt analogue à l'impôt des sociétés, bénéficie dans celui-ci d'un régime fiscal exorbitant du droit commun;
- d'investissement à capital fixe en biens immobiliers, une société immobilière réglementée ou une société étrangère :
  - qui a pour objet principal l'acquisition ou la construction d'immeubles en vue de la mise à disposition d'utilisateurs, ou la détention directe ou indirecte de participations dans des entités dont l'objet social est similaire;
  - qui est soumise à des contraintes, tenant au moins à l'obligation de distribution d'une partie de ses revenus à ses actionnaires;
  - qui, bien qu'assujettie dans le pays de son domicile fiscal, à l'impôt des sociétés ou à un impôt analogue à l'impôt des sociétés, bénéficie dans celui-ci d'un régime fiscal exorbitant du droit commun;
- dans la mesure où les revenus qu'elle recueille, autres que des dividendes, trouvent leur source en dehors du pays de son domicile fiscal et bénéficient dans le pays du domicile fiscal d'un régime d'imposition distinct exorbitant du droit commun;
- dans la mesure où elle réalise des bénéfices par l'intermédiaire d'un ou de plusieurs établissements étrangers qui sont assujettis d'une manière globale à un régime de taxation notablement plus avantageux qu'en Belgique;
- autre qu'une société d'investissement, d'investissement à capital fixe en biens immobiliers, une société immobilière réglementée ou une société étrangère qui redistribue des dividendes concernés par les cas mentionnés ci-avant ;

67 Dans les cas où la déduction-RDT peut ne s'appliquer que partiellement, ce qui peut par exemple se passer avec les dividendes distribués par une SICAV ou une SIR, l'exonération des plus-values réalisées sur les actions ou parts concernées sera accordée dans la même proportion pour autant que les autres conditions sont réunies (cf. Doc 54 2864/001, page 52).

- dans la mesure où elle a déduit ou peut déduire ces revenus de ses bénéfices;
- qui perçoit des dividendes résultant d'un acte juridique ou un ensemble d'actes juridiques dont l'administration mis en place pour obtenir, à titre d'objectif principal ou au titre d'un des objectifs principaux, la déduction des dividendes perçus à titre de R.D.T.

La loi a cependant prévu certaines exceptions que nous n'analyserons pas dans ce chapitre. Cette matière fera l'objet d'une étude détaillée ultérieure lors de l'analyse de la quatrième opération cf. page n°455).

➲ Condition de participation

Les plus-values réalisées sur des actions ou parts ne sont exonérées que si à la date de réalisation de la plus-value, la société bénéficiaire détient :

- soit une participation représentant au moins 10% du capital de la société distributrice;
- soit une participation dont la valeur d'investissement atteint au moins 2.500.000,00 EUR.

Pour la détermination de la participation minimale de 10%, on ne doit tenir compte que des actions ou parts représentatives du capital social. Les parts de fondateur, les actions de jouissance, etc. qui ne représentent aucune part du capital social ne sont pas prises en considération pour déterminer si la limite de 10% est atteinte.

Pour la détermination de la valeur d'investissement de la participation, on doit reprendre la valeur historique avant application de toute réduction de valeur ou réévaluation. La valeur d'investissement d'actions ou parts qui ont été souscrites, mais non entièrement payées, est égale au montant total pour lequel l'actionnaire a souscrit l'action ou part et n'est donc pas limitée au montant qui est immédiatement et entièrement payé[68].

Ces seuils minimaux de participation ne s'appliquent toutefois pas :

- aux actions ou parts d'une société d'investissement ou d'une société immobilière réglementée ;
- aux actions ou parts détenues par une société d'investissement ou une société immobilière réglementée ;
- aux actions ou parts d'une intercommunale ou d'une autre structure visée à l'article 180, 1° du CIR;
- aux actions ou parts d'une PRICAF privée qui est considérée comme une société d'investissement pour l'application de l'article 202, § 2, alinéa 3, 3° du CIR[69];
- aux actions ou parts détenues par une PRICAF privée qui est considérée comme une société d'investissement pour l'application de l'article 202, § 2, alinéa 3, 3° du CIR[70].

De même, la condition de participation ne s'applique pas aux actions ou parts qui font en tant qu'actifs de couverture partie des « actifs circulants » d'une entreprise d'assurances, celles-ci doivent uniquement satisfaire à la condition de taxation et au délai de détention d'au moins un an pour être exonérées.

➲ Condition de permanence des actions ou parts

Les plus-values réalisées sur des actions ou parts ne sont exonérées que si les actions ou parts réalisées ont été détenues en pleine propriété pendant une période ininterrompue d'au moins un an.

---

68 Doc 54 2864/001, page 52.

69 Doc 54 2684/001, page 51.

70 Doc 54 2684/001, page 51.

Pour vérifier si la condition de permanence est satisfaite, une fiction de non réalisation des titres (c'est-à-dire de non interruption de la période minimale de détention) a été insérée à l'article 202, § 2, alinéa 3 du CIR lorsque l'échange, l'acquisition ou l'aliénation des titres s'est effectué à l'occasion :

- d'un apport d'universalité de biens ou d'une branche d'activité en exemption d'impôt;
- d'une fusion ou scission en exemption d'impôt;
- d'une transformation d'une société en exemption d'impôt.

La condition de permanence ne s'applique toutefois pas :

- aux actions ou parts d'une société d'investissement ou d'une société immobilière réglementée ;
- aux actions ou parts détenues par une société d'investissement ou une société immobilière réglementée ;
- aux actions ou parts d'une intercommunale ou d'une autre structure visée à l'article 180, 1° du CIR;
- aux actions ou parts d'une PRICAF privée qui est considérée comme une société d'investissement pour l'application de l'article 202, § 2, alinéa 3, 3° du CIR[71];
- aux actions ou parts détenues par une PRICAF privée qui est considérée comme une société d'investissement pour l'application de l'article 202, § 2, alinéa 3, 3° du CIR[72].

➲ Régime fiscal de la plus-value

A partir du moment où les conditions évoquées ci-dessus sont remplies, l'exonération de la plus-value réalisée sur des actions ou parts est inconditionnelle. Elle est inconditionnelle en ce sens que la plus-value ne doit pas apparaître dans un ou plusieurs comptes distincts du passif. Cette exonération s'effectue en majorant la situation de début des réserves (Plus-values sur actions ou parts - Code 1051) de la déclaration fiscale (ce qui revient à diminuer la base imposable).

Cependant, lorsque l'une des conditions ci-évoquées n'est pas remplie, la plus-value qui se rattache à un exercice d'imposition 2019 à 2020 est imposable au taux de :

- 25,50%[73] si la plus-value est imposable en raison du fait que les actions ou parts n'ont pas été détenues en pleine propriété pendant une période ininterrompue d'au moins un an[74];
- 29,58%[75] si la plus-value est imposable en raison du fait que les actions ou parts ne respectent pas la condition de taxation ou la condition de participation et que la société ne remplit pas les conditions pour bénéficier du taux réduit.

Lorsque la plus-value se rattache à l'exercice d'imposition 2021 ou à un exercice ultérieur, le taux est de 25% si la plus-value est imposable en raison du fait que les actions ou parts n'ont pas été détenues en pleine propriété pendant une période ininterrompue d'un moins un an.

Pour les sociétés qui, sur la base de l'article 15, §§ 1er à 6 du Code des sociétés[76], sont considérées comme petites sociétés (cf. page n°685), le taux de l'impôt sur la première tranche de 0 à 100.000,00 EUR est, en principe (cf. page n°544) fixé à 20,40%.

71 Doc 54 2684/001, page 51.

72 Doc 54 2684/001, page 51.

73 Si la plus-value a été réalisée ou constatée à partir de l'exercice d'imposition 2019 et se rattache à une période imposable qui débute au plus tôt le 1er janvier 2018.

74 Article 217, alinéa 1er, 4° du CIR.

75 Article 54 de la loi du 25 décembre 2017 portant réforme de l'impôt des sociétés.

76 Article 1:24 §§ 1 à 6 du nouveau Code des sociétés et des associations.

A partir de l'exercice d'imposition 2019[77]

<table>
<tr><th colspan="5">Actions ou parts détenues en plein propriété</th></tr>
<tr><td rowspan="4">Plus-values réalisées sur actions et parts</td><td rowspan="2"></td><td colspan="2">Les revenus éventuels des actions ou parts sont susceptibles de bénéficier du régime des revenus définitivement taxés (respect de la condition de participation et de la condition de taxation)</td><td rowspan="2">Les revenus éventuels des actions ou parts ne sont pas susceptibles de bénéficier du régime des revenus définitivement taxés (non-respect de la condition de participation ou de la condition de taxation)</td></tr>
<tr><td>Des réductions de valeurs réelles ont été actées sur ces actions ou parts avant le 24 juillet 1991</td><td>Aucune réduction de valeur n'a été actée sur ces actions ou parts avant le 24 juillet 1991</td></tr>
<tr><td>Période de détention < 1 an</td><td>La plus-value fiscale doit être scindée en deux parties :
1. La partie correspondante à ces réductions de valeurs est imposable :
PME : 20,40% (jusqu'à 100.000,00 €)
Pas PME : 29,58%
2. La partie représentant l'excèdent est :
Imposable
PME : 20,40% (jusqu'à 100.000,00 €)
Pas PME : 25,50 %</td><td>La totalité de la plus-value fiscale est imposable :
PME : 20,40% (jusqu'à 100.000,00 €)
Pas PME : 25,50%</td><td rowspan="2">La totalité de la plus-value fiscale est imposable.
PME : 20,40% (jusqu'à 100.000,00 €)
Pas PME : 29,58%</td></tr>
<tr><td>Période de détention ≥ 1 an</td><td>La plus-value fiscale doit être scindée en deux parties :
1. La partie correspondante à ces réductions de valeurs est imposable :
PME : 20,40% (jusqu'à 100.000,00 €)
Pas PME : 29,58%
2. La partie représentant l'excèdent est :
Exonérée</td><td>La totalité de la plus-value fiscale est exonérée.</td></tr>
</table>

77 Pour les exercices d'imposition 2019 et 2020 se rattachant à une période imposable qui débute au plus tôt le 1er janvier 2018.

A partir de l'exercice d'imposition 2021[78]

<table>
<tr><th colspan="5">Actions ou parts détenues en plein propriété</th></tr>
<tr><td rowspan="4">Plus-values réalisées sur actions et parts</td><td rowspan="2"></td><td colspan="2">Les revenus éventuels des actions ou parts sont susceptibles de bénéficier du régime des revenus définitivement taxés (respect de la condition de participation et de la condition de taxation)</td><td rowspan="2">Les revenus éventuels des actions ou parts ne sont pas susceptibles de bénéficier du régime des revenus définitivement taxés (non-respect de la condition de participation ou de la condition de taxation)</td></tr>
<tr><td>Des réductions de valeurs réelles ont été actées sur ces actions ou parts avant le 24 juillet 1991</td><td>Aucune réduction de valeur n'a été actée sur ces actions ou parts avant le 24 juillet 1991</td></tr>
<tr><td>Période de détention < 1 an</td><td>La plus-value fiscale doit être scindée en deux parties :
1. La partie correspondante à ces réductions de valeurs est imposable :
PME : 20,00% (jusqu'à 100.000,00 €)
Pas PME : 25,00%
2. La partie représentant l'excèdent est :
Imposable
PME : 20,00% (jusqu'à 100.000,00 €)
Pas PME : 25,00 %</td><td>La totalité de la plus-value fiscale est imposable :
PME : 20,00% (jusqu'à 100.000,00 €)
Pas PME : 25,00%</td><td rowspan="2">La totalité de la plus-value fiscale est imposable.
PME : 20,00% (jusqu'à 100.000,00 €)
Pas PME : 25,00%</td></tr>
<tr><td>Période de détention ≥ 1 an</td><td>La plus-value fiscale doit être scindée en deux parties :
1. La partie correspondante à ces réductions de valeurs est imposable :
PME : 20,40% (jusqu'à 100.000,00 €)
Pas PME : 25,00%
2. La partie représentant l'excèdent est :
Exonérée</td><td>La totalité de la plus-value fiscale est exonérée.</td></tr>
</table>

78 A partir l'exercice d'imposition 2021 se rattachant à une période imposable qui débute au plus tôt le 1er janvier 2020.

4) Quotité monétaire des plus-values réalisées

Articles 183, 24 alinéa 1er, 2°, 190 alinéa 1er, 44 § 1er, 2°, 2 § 6 et 190 alinéas 2 et 4 du CIR.

Si une plus-value réalisée n'a pas été exonérée sur la base des règles vues ci-dessus, il est possible, si on respecte certaines conditions, que tout ou une partie de celle-ci le soit sur la base de l'exonération de la quotité monétaire de la plus-value.

Nous allons maintenant étudier les conditions donnant droit à ce type d'exonération.

➲ Actifs visés

Les actifs visés sont les :

- immobilisations incorporelles;
- immobilisations corporelles;
- immobilisations financières;
- autres valeurs de portefeuille;

acquises ou constituées avant 1950.

➲ Régime fiscal de la quotité monétaire

La partie de l'indemnité perçue ou la valeur de réalisation qui n'excède pas la valeur réévaluée de l'actif réalisé, diminué des amortissements et réductions de valeur antérieurement admis, n'est pas taxable pour autant que la condition d'intangibilité soit satisfaite.

Par valeur réévaluée, il faut entendre la valeur attribuée aux biens affectés à l'exercice de l'activité professionnelle après revalorisation de la valeur d'acquisition par l'utilisation d'un coefficient dépendant de l'année d'acquisition du bien. Ces coefficients sont repris à l'article 2, § 6 du CIR.

ANNEES	COEFFICIENTS APPLICABLES
1918 et antérieurs	16,33
1919	11,49
1920	6,15
1921	6,30
1922	6,43
1923	4,37
1924	3,89
1925	4,02
1926	2,72
1927 à 1934 incluse	2,35
1935	1,86
1936 à 1943 incluse	1,70
1944 à 1948 incluse	1,14
1949	1,10
1950 et suivantes	1,00

L'exonération de la quotité monétaire des plus-values réalisées est conditionnelle et provisoire.

Elle est conditionnelle dans la mesure où la quotité monétaire de la plus-value réalisée doit satisfaire à la condition d'intangibilité.

Cette condition implique que la quotité monétaire :

- doit apparaître soit au compte «réserve immunisée» soit au compte «capital»;
- ne doit pas intervenir dans la base de calcul de la dotation annuelle de la réserve légale ou des rémunérations ou attributions quelconques.

Elle est provisoire dans la mesure où elle devient imposable au plus tard à la clôture de liquidation de la société.

La quotité monétaire ainsi exonérée est mentionnée au cadre bénéfices réservés exonérés (autres plus-values réalisées) de la déclaration fiscale à l'impôt des sociétés.

Si la condition d'intangibilité n'est pas respectée pour une partie de la plus-value monétaire, seule cette partie est imposée.

En résumé :

QUOTITE MONETAIRE DES PLUS-VALUES REALISEES	
La plus-value fiscale calculée conformément à l'article 43 du CIR doit être scindée en deux parties :	
A. La quotité non monétaire à savoir la partie de l'indemnité perçue ou la valeur de réalisation qui excède la valeur réévaluée des actifs réalisés, diminuée des amortissements et des réductions de valeur antérieurement admis.	La quotité non monétaire est imposable.
B. Le solde qui correspond à la quotité monétaire.	La quotité monétaire est exonérée sous réserve du respect de la condition d'intangibilité.

Ceci peut être illustré par l'exemple suivant.

Le bilan de la SA Azur au 31/12/2017 se présente de la manière suivante :

ACTIF		PASSIF	
	31/12/2017		31/12/2017
Terrain :	**57.000,00**	Capital (apports en nature)	**30.000,00**
• Valeur d'acquisition en 1949	66.000,00	Réserve légale	**3.000,00**
• Réductions de valeur actées	9.000,00	Réserve disponible	**24.000,00**
Total	*57.000,00*	*Total*	*57.000,00*

L'analyse fiscale des comptes fait apparaître que la réduction de valeur comptabilisée au 31/12/2017 sur le terrain (9.000,00 EUR) ne peut être admise fiscalement qu'à concurrence de 4.000,00 EUR.

En 2018, la SA Azur vend le terrain pour un montant de 80.000,00 EUR.

DÉTERMINATION DE LA PLUS-VALUE			
Comptable		Fiscale	
Valeur de réalisation	80.000,00	Valeur de réalisation	80.000,00
Frais de réalisation	0,00	Frais de réalisation	0,00
Valeur comptable nette	57.000,00 c'est-à-dire (66.000,00 - 9.000,00).	Valeur fiscale nette	62.000,00 c'est-à-dire (66.000,00 - 4.000,00).
Résultat comptable	23.000,00	Résultat fiscal	18.000,00
Le résultat fiscal est égal à la plus-value comptable diminuée des réductions de valeur qui ne correspondaient pas à une dépréciation réelle.			

DÉTERMINATION DE LA QUOTITÉ MONÉTAIRE DE LA PLUS-VALUE FISCALE			
Quotité non monétaire de la plus-value		Quotité monétaire de la plus-value	
Valeur de réalisation	80.000,00	Plus-value fiscale	18.000,00
Valeur fiscale nette réévaluée	68.600,00 c'est-à-dire (66.000,00 x 1,10 - 4.000,00).	Quotité non monétaire de la plus-value	11.400,00
Résultat	11.400,00	Résultat	6.600,00

Les écritures comptables générées par cette opération sont les suivantes :

Faits comptables	N° plan comptable	Intitulés des comptes	Somme débit	Somme crédit
Comptabilisation de la vente du terrain	5500	Compte Courant	80 000,00	
	7484	à Ventes d'immobilisés		80 000,00
Détermination du résultat comptable	7484	Ventes d'immobilisés	80 000,00	
	2209	Réductions de valeur actées sur terrain	9 000,00	
	2200	à Terrain		66 000,00
	7631	à Plus-value réalisée sur immobilisations corporelles		23 000,00
Transfert aux réserves immunisées	6890	Transfert aux réserves immunisées	6 600,00	
	1321	à Autres réserves immunisées		6 600,00

Suite à ces seules opérations, le bilan de la SA Azur se présente de la manière suivante :

ACTIF			*PASSIF*		
	31/12/2018	*31/12/2017*		*31/12/2018*	*31/12/2017*
Terrain :	**0,00**	**57.000,00**	Capital (apports en nature)	**30.000,00**	**30.000,00**
• Valeur d'acquisition en 1949	0,00	66.000,00	Réserve légale	**3.000,00**	**3.000,00**
• Réductions de valeur actées	0,00	9.000,00	Réserve immunisée	**6.600,00**	**0,00**
			Réserve disponible	24.000,00	24.000,00
Banque	**80.000,00**	**0,00**	Bénéfice reporté	**16.400,00**	**0,00**
Total	***80.000,00***	***57.000,00***	***Total***	***80.000,00***	***57.000,00***

NB : le bénéfice reporté (16.400,00) est égal à 23.000,00 de plus-value – 6.600,00 de transfert aux réserves immunisées.

Le mouvement des réserves imposables se présente de la manière suivante :

	Situation au début de la période imposable	**Situation à la fin de la période imposable**
Réserve légale	3.000,00	3.000,00
Réserves disponibles	24.000,00	24.000,00
Résultat reporté		
Bénéfice	0,00	16.400,00 (L'écriture d'affectation du bénéfice a été passée).
Perte		
Réserves occultes	5.000,00	0,00
• Réductions de valeur imposables	5.000,00	0,00 (détaxation de la réduction de valeur imposable actée sur le terrain).
Sous-total de la situation au début de la période imposable (pour le premier exercice comptable, mentionner zéro (0) au code 1040 PN)		
- Positif	32.000,00 (Code 1040 PN)	*43.400,00* (Code 1040 PN)
- Négatif		
Réserves imposables après adaptation de la situation de début des réserves		
Positifs	32.000,00 (Code 1070 PN)	
Négatifs		
Mouvement de la période imposable		
Bénéfices réservés imposables	11.400,00 (Code 1080 PN)	
	Ce montant correspond à la quotité non monétaire de la plus-value fiscale réalisée sur le terrain à savoir la valeur de réalisation (80.000,00 EUR) diminué de la valeur fiscale nette réévaluée du terrain (66.000,00 EUR X 1,10 – 4.000,00 EUR).	

Le mouvement des réserves exonérées se présente de la manière suivante :

	Situation au début de la période imposable	**Situation à la fin de la période imposable**
Autres plus-values réalisées	0,00 (Code 1103)	6.600,00 (Code 1103)
Total	*0,00*	*6.600,00*

5) Plus-values réalisées sur des véhicules d'entreprise

	Articles 183, 24 alinéa 1er, 2°, 190 alinéa 1er, 44bis, 190, alinéas 2 et 4 et 416 du CIR. **Article 20 de l'AR/CIR.**
Autre référence	**Ci. Rh. 242/569.066 (AFER 27/2006) du 18 juillet 2006**

➲ Plus-values visées

Le régime d'exonération s'applique aux plus-values réalisées sur des véhicules d'entreprise à l'occasion :

- d'un sinistre, d'une réquisition en propriété ou d'un autre événement analogue;
- d'une aliénation réalisée de plein gré à condition que le véhicule concerné ait la nature d'immobilisation depuis plus de trois ans.

Ces plus-values doivent avoir trait à l'une des deux catégories suivantes de véhicules d'entreprise :

- les véhicules affectés au transport rémunéré de personnes, notamment les autobus, les autocars et les voitures affectées exclusivement à un service de taxi ou à la location avec chauffeur;
- les véhicules affectés au transport de biens, notamment les tracteurs et camions, et les remorques et semi-remorques avec un poids maximal admis d'au moins 4 tonnes.

Les plus-values réalisées de plein gré doivent concerner des véhicules d'entreprise qui ont la nature d'immobilisation depuis plus de trois ans. Le délai de trois ans est calculé à partir de la date à laquelle les véhicules d'entreprise ont été investis dans l'entreprise jusqu'à la date de leur aliénation.

Schématiquement, les plus-values visées sont les suivantes :

Plus-values réalisées sur des véhicules d'entreprise				
	Véhicules affectés au transport rémunéré de personnes		Véhicules affectés au transport de biens	
Immobilisations détenues depuis :	3 ans ou moins de 3 ans	Plus de 3 ans	3 ans ou moins de 3 ans	Plus de 3 ans
Plus-values réalisées de plein gré	Ce régime ne peut pas s'appliquer.	Ce régime peut s'appliquer moyennant le respect de certaines conditions.	Ce régime ne peut pas s'appliquer.	Ce régime peut s'appliquer moyennant le respect de certaines conditions.
Plus-values forcées	Ce régime peut s'appliquer moyennant le respect de certaines conditions.			

➲ Conditions à respecter en vue de l'application du régime de la plus-value fiscale réalisée sur des véhicules d'entreprise

L'exonération de la plus-value fiscale faisant l'objet de ce régime est soumise à trois conditions :

- la condition d'intangibilité;
- la condition d'investissement;
- joindre un relevé à la déclaration à l'impôt des sociétés (le relevé 276N).

1. Condition d'intangibilité

L'exonération des plus-values fiscales visées ci-dessus est conditionnelle et provisoire. Elle est conditionnelle dans la mesure où la plus-value fiscale doit satisfaire à la condition d'intangibilité.

Cette condition implique que cette plus-value :

- doit apparaître soit au compte de passif «réserve immunisée» soit au compte de passif « capital »;
- ne doit pas intervenir dans la base de calcul de la dotation annuelle de la réserve légale ou des rémunérations ou attributions quelconques.

Elle est provisoire dans la mesure où elle deviendra imposable au plus tard à la clôture de liquidation de la société.

En conséquence, contrairement aux plus-values réalisées à taxer selon le régime de la taxation étalée, la plus-value fiscale réalisée sur des véhicules d'entreprises ne devient pas imposable au moment où la société a procédé à l'investissement de remplacement, au prorata des amortissements pratiqués sur ce bien de remplacement.

2. Condition d'investissement

✓ <u>Montant à remployer</u>

Pour bénéficier du régime fiscal des plus-values réalisées sur véhicules d'entreprise, le contribuable doit remployer dans les formes requises et dans le délai imparti une somme égale à la valeur de réalisation totale des éléments d'actifs réalisés ou au montant de l'indemnité perçue. Il est important de remarquer que, si à l'échéance du délai, seule une partie du montant de la valeur de réalisation ou du montant de l'indemnité perçue est remployée, l'ensemble de la plus-value devient immédiatement imposable (et ce même, s'il ne manque qu'un cent à ce remploi !).

✓ <u>Nature du remploi</u>

Le remploi doit revêtir la forme de véhicules d'entreprise qui répondent à des normes écologiques. Les véhicules d'entreprise en leasing peuvent être pris en considération comme remploi valable.

Les remorques et semi-remorques affectées au transport de marchandises désignées à titre de remploi doivent être :

- acquises à l'état neuf;
- équipées d'une suspension pneumatique ou reconnue équivalente;
- d'une masse maximale autorisée de quatre tonnes.

Les remorques tirées exclusivement par des autobus ou des autocars, désignées à titre de remploi doivent être :

- acquises à l'état neuf;
- d'une masse maximale autorisée de 750 kg.

Les tracteurs et camions affectés au transport de marchandises et les autobus et autocars affectés au transport rémunéré de personnes et désignés à titre de remploi doivent :

- être soit être acquis à l'état neuf soit ne pas compter au moment de l'acquisition plus de trois ans d'ancienneté à partir de leur première mise en circulation;
- répondre à l'une des normes écologiques fixées ci-dessous :
  a. le niveau d'émission d'azote (norme NOx) est inférieur à 4,9 gr/kWh;
  b. le véhicule est équipé d'une suspension pneumatique ou reconnue équivalente;
  c. le véhicule est constitué d'au moins 25 % de matériaux recyclables;
  d. la carrosserie du véhicule est recouverte d'une couche de laque ayant un effet neutre pour l'environnement;
  e. le véhicule fait usage, pour la transmission d'une boîte de vitesse électronique;
  f. le véhicule est équipé d'un rétroviseur anti-angle mort ou d'une surveillance caméra ou radar améliorant le champ de vision du conducteur;
  g. tous les sièges installés dans les autocars et autobus doivent être pourvus de ceintures de sécurité.

L'article 20, § 2 de l'AR d'exécution du CIR précise que les normes écologiques ne sont valables que pour autant que leur application ne soit pas légalement rendue obligatoire par un texte de loi.

Il en résulte que l'installation obligatoire à partir du 1er janvier 2003 d'un rétroviseur anti-angle mort sur un camion acquis à l'état neuf ne sera plus reconnue comme une norme complémentaire du fait qu'à partir de cette date un tel rétroviseur relève de l'équipement obligatoire des nouveaux camions.

Il en va de même à partir du 31 mars 2003 concernant la condition qui traite des ceintures de sécurité pour tous les sièges dans les autobus et autocars acquis à l'état neuf étant donné qu'une loi rend cette norme obligatoire.

Autrement dit, **à partir du 31 mars 2003**, les camions, tracteurs, autocars et autobus désignés à titre de remploi devront répondre à l'une des normes écologiques fixées ci-dessous :

a. le niveau d'émission d'azote (norme NOx) est inférieur à 4,9 gr/kWh;
b. le véhicule est équipé d'une suspension pneumatique ou reconnue équivalente;
c. le véhicule est constitué d'au moins 25 % de matériaux recyclables;
d. la carrosserie du véhicule est recouverte d'une couche de laque ayant un effet neutre pour l'environnement;
e. le véhicule fait usage pour la transmission, d'une boîte de vitesse électronique;
f. le véhicule est équipé d'une surveillance caméra ou radar améliorant le champ de vision du conducteur.

Pour pouvoir bénéficier de l'exonération, l'entreprise doit présenter au fonctionnaire chargé de l'établissement de l'impôt, les documents délivrés par le constructeur, l'importateur ou l'installateur qui prouvent qu'il est satisfait à l'une ou à plusieurs des conditions écologiques citées ci-dessus.

Pour les véhicules automobiles affectés soit à un service de taxis soit à la location avec chauffeur, l'unique condition consiste à acquérir ces véhicules à l'état neuf. En effet, dans le segment des voitures, voitures mixtes et minibus, l'évolution technologique est telle qu'un nouveau véhicule sera au moins aussi propre que celui qu'il remplace.

✓ Lieu du remploi

Le remploi de l'indemnité perçue ou la valeur de réalisation doit être effectué sous la forme d'un véhicule d'entreprise utilisé en Belgique c'est-à-dire dans un établissement belge dont dispose le contribuable.

✓ Délai du remploi

(1) La plus-value est réalisée à l'occasion d'un sinistre, d'une expropriation, d'une réquisition en propriété ou d'un autre événement analogue.

Le remploi doit être effectué, au plus tard, à la cessation de l'activité professionnelle et au maximum dans un délai expirant un an après la fin de la période imposable de perception de l'indemnité.

Si la date à laquelle expire le délai est expressément prévue par la loi, celle-ci est cependant muette en ce qui concerne la date à partir de laquelle ce délai prend cours.

À cet égard, il convient de remarquer que, dans certains cas, le contribuable a intérêt à reconstituer ses éléments d'actifs détruits ou disparus avant même qu'il ait reçu l'indemnité. Bien que le remploi implique l'idée de disposition effective et préalable de l'indemnité, on considère toutefois que le délai de remploi commence à courir à partir de la date du sinistre.

Ceci peut être illustré par l'exemple suivant.

En août 2018, l'autobus de la société SA Azur a été accidenté. L'indemnité est perçue le 3 juillet 2019. L'exercice comptable se clôture le 31 décembre.

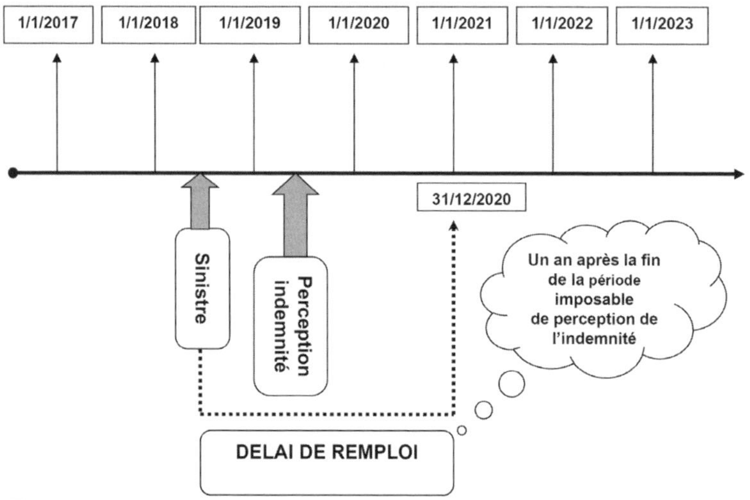

Date de perception de l'indemnité :	3 juillet 2019;
Dernier jour de la période imposable de perception de l'indemnité :	31 décembre 2019;
Date d'expiration du délai :	31 décembre 2020.

(2) La plus-value est réalisée à l'occasion d'un événement autre que ceux visés ci-dessus.

Le remploi doit être effectué au plus tard à la cessation de l'activité professionnelle et dans un délai de **deux ans prenant cours le premier jour de l'année civile de réalisation** des plus-values visées ci-dessus.

Ceci peut être illustré par les exemples suivants.

Exemple n°1

Le 4 mars 2017, la société SA Azur vend un autobus totalement amorti acquis en 2010. L'exercice comptable se clôture le 31 décembre.

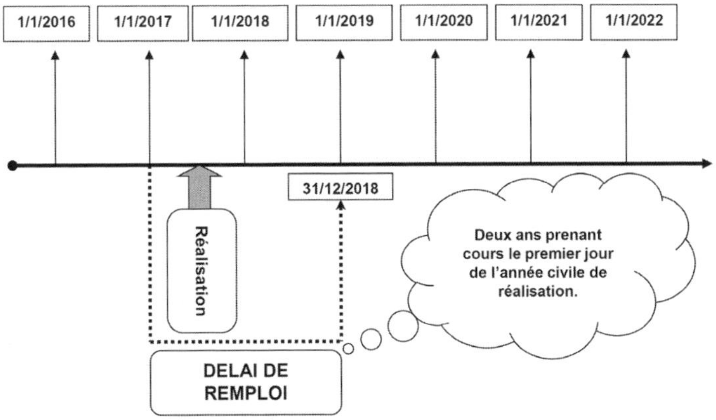

Date de réalisation de la plus-value :	4 mars 2017;
Premier jour de l'année civile de réalisation de la plus-value :	1er janvier 2017;
Date d'expiration du délai :	31 décembre 2018.

Exemple n°2

Le 4 mars 2017, la société SA Azur vend un autobus totalement amorti acquis en 2010. L'exercice comptable se clôture le 31 mars.

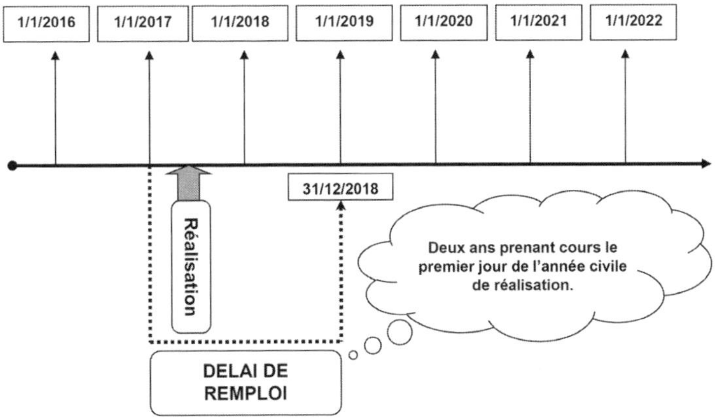

Date de réalisation de la plus-value :	4 mars 2017;
Premier jour de l'année civile de réalisation de la plus-value :	1er janvier 2017;
Date d'expiration du délai :	31 décembre 2018.

3. *Formalités*

La société qui opte pour le régime de l'exonération prévue à l'article 44bis du CIR, doit joindre un relevé 276 N à sa déclaration à l'impôt des sociétés. Elle doit le faire pour la période imposable de réalisation de la plus-value, mais également pour les exercices d'imposition suivants, et ce, jusqu'à l'exercice d'imposition afférent à la période imposable au cours de laquelle le délai de remploi est venu à expiration.

✓ <u>Conséquences du non-respect de remploi dans les formes et délais prévus</u>

1. **Retrait de l'exonération**

La plus-value ou la partie non encore imposée de celle-ci devient taxable pendant la période imposable au cours de laquelle : soit le délai de remploi est venu à expiration, soit le contribuable a omis de produire le relevé.

2. **Débition des intérêts de retard**

Des intérêts de retard sont dus sur la partie de l'impôt qui correspond à la plus-value, à partir du 1er janvier de l'exercice d'imposition pour lequel la plus-value aurait été imposée.

✓ Conséquence du non-respect de la condition d'intangibilité

A partir de l'exercice d'imposition 2019, des intérêts de retard sont également dus lorsque les conditions d'exonération ne sont pas encore remplies (la condition d'investissement et les formalités) et que la plus-value ou une partie de celle-ci devient imposable suite au non-respect de la condition d'intangibilité[79].

Ces intérêts de retard sont dus, à partir du 1er janvier de l'année portant le millésime de l'exercice d'imposition pour lequel l'exonération a été accordée, sur la partie de l'impôt qui correspond à la plus-value qui devient imposable.

4. ***Impossibilité de recourir au régime de la taxation étalée***

Lorsque le contribuable a demandé l'exonération, il ne peut plus, en cas de non-respect des conditions, revendiquer le régime de la taxation étalée pour la période imposable durant laquelle le délai de remploi est venu à expiration. Ceci implique qu'en cas d'aliénation de véhicules d'entreprise, le contribuable doit opter, dès le début, pour le système de l'exonération totale ou pour celui de la taxation étalée.

5. ***Exemple***

Le bilan de la société SA Azur au 31/12/2017 se présente de la manière suivante :

ACTIF			PASSIF		
	31/12/2017	31/12/2016		31/12/2017	31/12/2016
Camion affecté au transport de biens	10.400,00	15.600,00	Capital (apports en numéraires)	15.000,00	15.000,00
• Valeur d'acquisition (date d'acquisition le 4 mars 2015)	26.000,00	26.000,00	Réserve légale	1.500,00	1.500,00
• Amortissements actés	(15.600,00)	(10.400,00)	Réserves disponibles	2.000,00	7.600,00
Valeurs disponibles	11.600,00	12.000,00	Bénéfice reporté	3.500,00	3.500,00
Total	22.000,00	27.600,00	*Total*	22.000,00	27.600,00

79 Article 78 de la loi du 25 décembre 2017 portant réforme de l'impôt des sociétés.

La société SA Azur effectue les opérations suivantes en 2018 :

- elle cède, le 29 novembre 2018, le camion pour la somme de 15.000,00 EUR hors TVA;
- elle opte pour le régime de la taxation des plus-values réalisées sur les véhicules d'entreprises.

Les écritures comptables générées sont les suivantes :

Faits comptables	N° plan comptable	Intitulés des comptes	Somme débit	Somme crédit
Comptabilisation de la vente du camion	5500	Compte Courant	18 150,00	
	7484	à Ventes d'immobilisés		15 000,00
	4510	à TVA à payer		3 150,00
Détermination du résultat comptable	7484	Ventes d'immobilisés	15 000,00	
	2419	Amortissements actés sur matériel roulant	15 600,00	
	2410	à Matériel roulant (camion)		26 000,00
	7631	à Plus-value réalisée sur immobilisations corporelles		4 600,00
Transfert aux réserves immunisées	6890	Transfert aux réserves immunisées	4 600,00	
	1321	à Autres réserves immunisées		4 600,00

Suite à ces seules opérations, le bilan de la SA Azur au 31/12/2018 se présente de la manière suivante :

ACTIF			*PASSIF*		
	31/12/2018	*31/12/2017*		*31/12/2018*	*31/12/2017*
Camion affecté au transport de biens	0,00	10.400,00	Capital (apports en numéraires)	15.000 ,00	15.000,00
• Valeur d'acquisition (date d'acquisition le 4 mars 2015)	0,00	26.000,00	Réserve légale	1.500,00	1.500,00
			Réserve immunisée	4.600,00	0,00
• Amortissements actés	0,00	15.600,00	Réserves disponibles	2.000,00	2.000,00
Clients	18.150,00	0,00	Bénéfice reporté	3.500,00	3.500,00
Valeurs disponibles	11.600,00	11.600,00	TVA à payer	3.150,00	0,00
Total	*29.750,00*	*22.000,00*	*Total*	*29.750,00*	*22.000,00*

Le mouvement des réserves imposables se présente de la manière suivante :

	Situation au début de la période imposable	**Situation à la fin de la période imposable**
Réserve légale	1.500,00	1.500,00
Réserves disponibles	2.000,00	2.000,00
Résultat reporté		
Bénéfice	3.500,00	3.500,00
Perte		
Sous-total de la situation au début de la période imposable (pour le premier exercice comptable, mentionner zéro (0) au code 1040 PN)		
- Positif	7.000,00 (Code 1040 PN)	7.000,00 (Code 1040 PN)
- Négatif		
Réserves imposables après adaptation de la situation de début des réserves		

Positifs	7.000,00 (Code 1070 PN)	
Négatifs		
Mouvement de la période imposable		
Bénéfices réservés imposables		0,00 (Code 1080 PN)
	Ce montant de 0,00 EUR correspond au fait que la plus-value réalisée sur le véhicule d'entreprise est exonérée pour autant qu'un montant égal à l'indemnité ou à la valeur de réalisation soit remployé de la manière et dans les délais prévus conformément à l'article 44 bis du CIR.	

Le mouvement des réserves exonérées se présente de la manière suivante :

	Situation au début de la période imposable	Situation à la fin de la période imposable
Plus-values réalisées sur véhicules d'entreprises	0,00 (Code 1114)	4.600,00 (Code 1114)
Total	*0,00*	***4.600,00***

A défaut de remploi, la plus-value devient taxable pendant la période imposable au cours de laquelle le délai de remploi est venu à expiration c'est-à-dire le 31 décembre 2019.

Des intérêts de retard sont dus sur la partie de l'impôt qui correspond à la plus-value, à partir du 1er janvier de l'exercice d'imposition pour lequel la plus-value aurait été imposée s'il n'y avait pas eu choix de l'exonération de la plus-value, c'est-à-dire le 1er janvier 2019.

Le mouvement des réserves imposables se présente de la manière suivante si aucune écriture comptable n'est passée en 2019 :

	Situation au début de la période imposable	**Situation à la fin de la période imposable**
Réserve légale	1.500,00	1.500,00
Réserves disponibles	2.000,00	2.000,00
Résultat reporté		
- Bénéfice	3.500,00	3.500,00
- Perte		
Autres réserves figurant au bilan	0,00	4.600,00 (la réserve immunisée est considérée comme un bénéfice réservé imposable étant donné que la condition de remploi n'a pas été respectée).
Sous-total de la situation au début de la période imposable (pour le premier exercice comptable, mentionner zéro (0) au code 1040 PN)		
- Positif	7.000,00 (Code 1040 PN)	11.600,00 (Code 1040 PN)
- Négatif		
Réserves imposables après adaptation de la situation de début des réserves		
Positifs	7.000,00 (Code 1070 PN)	
Négatifs		

Mouvement de la période imposable	
Bénéfices réservés imposables	4.600,00 (Code 1080 PN)
	Le montant de 4.600,00 EUR correspond à la plus-value qui devient, à défaut de remploi, taxable pendant la période imposable au cours de laquelle le délai de remploi est venu à expiration.

Le mouvement des réserves exonérées se présente de la manière suivante :

	Situation au début de la période imposable	Situation à la fin de la période imposable
Plus-values réalisées sur véhicules d'entreprises	4.600,00 (Code 1114)	0,00 (Code 1114)
Total	*4.600,00*	*0,00*

Par contre, si on veut respecter le droit comptable, les écritures suivantes doivent être passées :

Faits comptables	N° plan comptable	Intitulés des comptes	Somme débit	Somme crédit
Prélèvements sur les réserves immunisées	1321	Autres réserves immunisées	4 600,00	
	7890	à Prélèvements sur les réserves immunisées		4 600,00
Affectation aux réserves	6921	Dotations aux autres réserves	4 600,00	
	1330	Réserves disponibles		4 600,00

Ces écritures ne modifient pas la base taxable de la société, mais cette fois, le bilan comptable fait apparaître clairement la nouvelle situation fiscale.

En effet, suite à ces seules opérations, le mouvement des réserves imposables se présente de la manière suivante :

	Situation au début de la période imposable	Situation à la fin de la période imposable
Réserve légale	1.500,00	1.500,00
Réserves disponibles	2.000,00	6.600,00
Résultat reporté		
Bénéfice	3.500,00	3.500,00
Perte		
Sous-total de la situation au début de la période imposable (pour le premier exercice comptable, mentionner zéro (0) au code 1040 PN)		
- Positif	7.000,00 (Code 1040 PN)	11.600,00 (Code 1040 PN)
- Négatif		
Réserves imposables après adaptation de la situation de début des réserves		
Positifs	7.000,00 (Code 1070 PN)	
Négatifs		
Mouvement de la période imposable		

Bénéfices réservés imposables	4.600,00 (Code 1080 PN)
	Le montant de 4.600,00 EUR correspond à la plus-value qui devient, à défaut de remploi, taxable pendant la période imposable au cours de laquelle le délai de remploi est venu à expiration.

Le mouvement des réserves exonérées se présente de la manière suivante :

	Situation au début de la période imposable	Situation à la fin de la période imposable
Plus-values réalisées sur véhicules d'entreprises	4.600,00 (Code 1114)	0,00 (Code 1114)
Total	*4.600,00*	*0,00*

6) Plus-values réalisées sur les bateaux de navigation intérieure destinés à la navigation commerciale

Articles 183, 24 alinéa 1er, 2°, 190 alinéa 1er, 44 ter, 190, alinéas 2 et 4 et 416 du CIR.
Article 21 de l'AR/CIR.

La plus-value réalisée sur des bateaux de navigation intérieure destinés à la navigation commerciale est entièrement exonérée, lorsqu'un montant égal à l'indemnité ou à la valeur de réalisation est remployé, par le contribuable, sous la forme de bateaux de navigation intérieure, répondant à des normes écologiques, utilisés en Belgique pour l'exercice de l'activité professionnelle.

➲ Plus-values visées

Le régime fiscal des plus-values réalisées sur les bateaux de navigation intérieure s'applique aux plus-values réalisées à l'occasion :

- d'un sinistre, d'une réquisition en propriété ou d'un autre événement analogue ;
- d'une aliénation non visée ci-dessus.

Les plus-values réalisées de plein gré doivent concerner des bateaux de navigation intérieure destinés à la navigation commerciale qui ont la nature d'immobilisation depuis plus de cinq ans. Le délai de cinq ans est calculé à partir de la date à laquelle les bateaux de navigation intérieure ont été investis dans l'entreprise jusqu'à la date de leur aliénation.

Les bateaux de navigation intérieure visés sont soit les bâtiments affectés au :

- transport de biens ou de personnes, tant pour compte propre que pour compte de tiers;
- poussage de bâtiments de navigation intérieure, tant pour compte propre que pour compte de tiers.

Schématiquement, les plus-values visées sont les suivantes :

Plus-values réalisées sur les bateaux de navigation intérieure destinés à la navigation commerciale				
	Bateaux affectés au transport de biens ou de personnes		Bateaux affectés au poussage de bâtiments de navigation intérieure	
Immobilisations détenues depuis :	5 ans ou moins de 5 ans	Plus de 5 ans	5 ans ou moins de 5 ans	Plus de 5 ans
Plus-values réalisées de plein gré	Ce régime ne peut pas s'appliquer.	Ce régime peut s'appliquer moyennant le respect de certaines conditions.	Ce régime ne peut pas s'appliquer.	Ce régime peut s'appliquer moyennant le respect de certaines conditions.
Plus-values forcées	Ce régime peut s'appliquer moyennant le respect de certaines conditions.			

➲ Conditions à respecter en vue de l'application du régime de la plus-value fiscale réalisée sur les bateaux de navigation

L'exonération de la plus-value fiscale faisant l'objet de ce régime est soumise à trois conditions :

- la condition d'intangibilité;
- la condition d'investissement;
- joindre un relevé à la déclaration à l'impôt des sociétés.

1. *Condition d'intangibilité*

L'exonération des plus-values fiscales visées ci-dessus est conditionnelle et provisoire. Elle est conditionnelle dans la mesure où la plus-value fiscale doit satisfaire à la condition d'intangibilité.

Cette condition implique que cette plus-value :

- doit apparaître soit au compte de passif « réserve immunisée » soit au compte de passif « capital »;
- ne doit pas intervenir dans la base de calcul de la dotation annuelle de la réserve légale ou des rémunérations ou attributions quelconques.

Elle est provisoire dans la mesure où elle deviendra imposable au plus tard à la clôture de liquidation de la société.

En conséquence, contrairement aux plus-values réalisées à taxer selon le régime de la taxation étalée, la plus-value fiscale réalisée sur les bateaux de navigation intérieure destinés à la navigation commerciale ne devient pas imposable au moment où la société a procédé à l'investissement de remplacement, au prorata des amortissements pratiqués sur ce bien de remplacement.

2. *Condition d'investissement*

✓ Montant à remployer

Pour bénéficier du régime fiscal des plus-values réalisées sur les bateaux de navigation intérieure destinés à la navigation commerciale, la société doit remployer dans les formes requises et dans le délai imparti une somme égale à la valeur de réalisation totale des éléments d'actifs réalisés ou au montant de l'indemnité perçue. Il est important de remarquer que, si à l'échéance du délai, seule une partie du montant de la valeur de réalisation ou du montant de l'indemnité perçue est remployée, l'ensemble de la plus-value devient immédiatement imposable (et ce même, s'il ne manque qu'un cent à ce remploi !).

✓ Nature du remploi

Le remploi doit revêtir la forme de bateaux de navigation intérieure qui :

1. répondent à une des normes écologiques suivantes :
   a. le bateau est équipé d'un type agréé de moteur de propulsion conforme au Règlement de Visite des Bateaux du Rhin ou à l'arrêté royal du 5 décembre 2004 concernant les normes relatives aux émissions de gaz et de particules polluants des moteurs à combustion interne, destinés aux engins mobiles non routiers;
   b. le bateau est équipé d'une installation technique réglementaire pour la prévention de l'écoulement de combustible à bord lors du remplissage des citernes à combustible;
   c. le bateau est équipé d'une commande active d'étrave, manœuvrable depuis le poste de gouverne;
   d. le bateau est équipé d'un radar réglementaire et d'une timonerie aménagée pour la conduite par une seule personne;
   e. le bateau est équipé d'un axe d'hélice étanche qui rend impossible le flux d'eau ou de lubrifiants dans le bateau et évite le reflux de lubrifiants polluant l'eau;
   f. le bateau a été construit ou adapté de telle manière que le plancher et les parois des cales sont constitués de surfaces lisses en acier de sorte que les membrures ne soient plus apparentes.

   L'article 21, § 2 de l'AR/CIR précise que, dès qu'une norme écologique devient obligatoire, le bateau de navigation intérieure doit satisfaire à au moins une des autres conditions pour entrer en considération comme un réinvestissement valable.

   Pour pouvoir bénéficier de l'exonération, les normes écologiques doivent être attestées par une mention dans les certificats techniques obligatoires ou par une déclaration d'une société de classification.

2. sont destinés à la navigation commerciale;
3. répondent simultanément à au moins deux des conditions suivantes :
   a. être d'une année de construction plus récente - de cinq ans au moins - que le bâtiment auquel se rapporte la plus-value;
   b. avoir au moins 25 % de capacité supplémentaire ou, dans le cas d'un pousseur, 25 % de force motrice supplémentaire, que le bâtiment auquel se rapporte la plus-value;
   c. avoir une ancienneté d'exploitation de vingt ans au maximum.

   Selon le secteur de la navigation intérieure, le fait de remplir impérativement deux des trois conditions (mentionnées ci-avant) pour bénéficier de l'exonération fiscale met en péril l'application de la disposition fiscale aux différentes catégories de bateaux inférieures à 1.500 tonnes de capacité.

   Dans cette catégorie, il n'existerait pas de bateaux automoteurs destinés au transport de cargaison sèche ou de produits liquides plus jeunes que 20 ans, à part quelques exceptions surtout dans le secteur du commerce de pétrole (avitaillement) avec pour conséquence que la mesure proposée ne serait dans ce cas applicable que si l'on respecte simultanément les deux autres conditions (simultanément plus jeune et de plus grande capacité).

   Par conséquent, le législateur a décidé que pour les bateaux de navigation intérieure de maximum 1.500 tonnes de capacité, la seule condition qui doit être remplie est celle visée au a) à savoir : être d'une année de construction plus récente - de cinq ans au moins - que le bâtiment auquel se rapporte la plus-value.

✓ <u>Lieu du remploi</u>

Le remploi de l'indemnité perçue ou la valeur de réalisation doit être effectué sous la forme de bateaux de navigation intérieure utilisés en Belgique, c'est-à-dire dans un établissement ou une base fixe dont dispose le contribuable en Belgique.

✓ <u>Délai du remploi</u>

Le délai dans lequel le remploi doit être effectué diffère selon le cas s'il s'agit d'une plus-value forcée ou d'une plus-value réalisée de plein gré.

(1) La plus-value est réalisée à l'occasion d'un sinistre, d'une expropriation, d'une réquisition en propriété ou d'un autre événement analogue

Le remploi doit être effectué, au plus tard, à la cessation de l'activité professionnelle et au maximum dans un délai expirant cinq ans après la fin de la période imposable de perception de l'indemnité.

Si la date à laquelle expire le délai est expressément prévue par la loi, celle-ci est cependant muette en ce qui concerne la date à laquelle ce délai prend cours. À cet égard, il convient de remarquer que, dans certains cas, le contribuable a intérêt à reconstituer ses éléments d'actifs détruits ou disparus avant même qu'il ait reçu l'indemnité. Bien que le remploi implique l'idée de disposition effective et préalable de l'indemnité, on considère toutefois que le délai de remploi commence à courir à partir de la date du sinistre.

Ceci peut être illustré par l'exemple suivant.

En août 2017, le bateau de navigation intérieure (destiné à la navigation commerciale) de la société SA Azur a été accidenté. L'indemnité est perçue le 3 juin 2018. L'exercice comptable se clôture le 31 décembre.

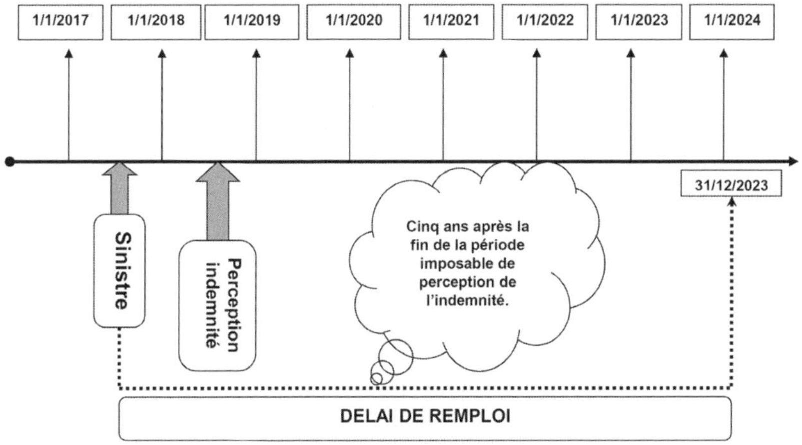

Date de perception de l'indemnité :	**3 juin 2018;**
Dernier jour de la période imposable de perception de l'indemnité :	**31 décembre 2018;**
Date d'expiration du délai :	**31 décembre 2023.**

(2) La plus-value est réalisée à l'occasion d'un événement autre que ceux visés ci-dessus.

Le remploi doit être effectué au plus tard à la cessation de l'activité professionnelle et dans un délai de cinq ans prenant cours le premier jour de la période imposable au cours de laquelle la plus-value a été réalisée ou le premier jour de la pénultième période imposable précédant celle au cours de laquelle la plus-value a été réalisée.

***1ère possibilité* : à compter du premier jour de la pénultième période imposable précédant celle au cours de laquelle la plus-value a été réalisée**

La SA Azur (qui clôture ses comptes le 31 décembre) réalise en septembre 2018 une plus-value à l'occasion de la vente d'un bateau de navigation intérieure. Elle a acquis en avril 2016 un bateau de navigation intérieure destiné à la navigation commerciale. Celui-ci peut être considéré comme un remploi valable au prix de réalisation du bateau aliéné en septembre 2018.

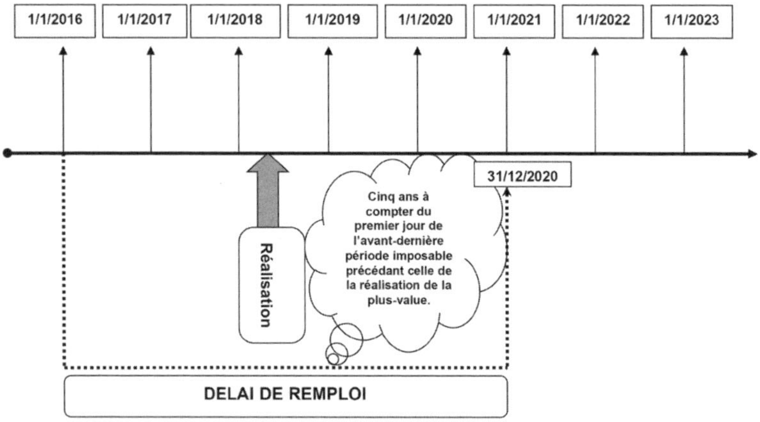

Date de réalisation de la plus-value :	septembre 2018;
Premier jour de la période imposable de réalisation de la plus-value :	1er janvier 2018;
Premier jour de la pénultième période imposable :	1er janvier 2016;
Date d'expiration du délai :	31 décembre 2020.

***2ème possibilité* : à compter du premier jour de la période imposable**

La SA Azur (qui clôture ses comptes le 31 décembre) réalise en septembre 2018 une plus-value à l'occasion de la vente d'un bateau de navigation intérieure. Elle s'engage à réinvestir en bateau de navigation intérieure destiné à la navigation commerciale le prix de réalisation du bateau aliéné en 2018.

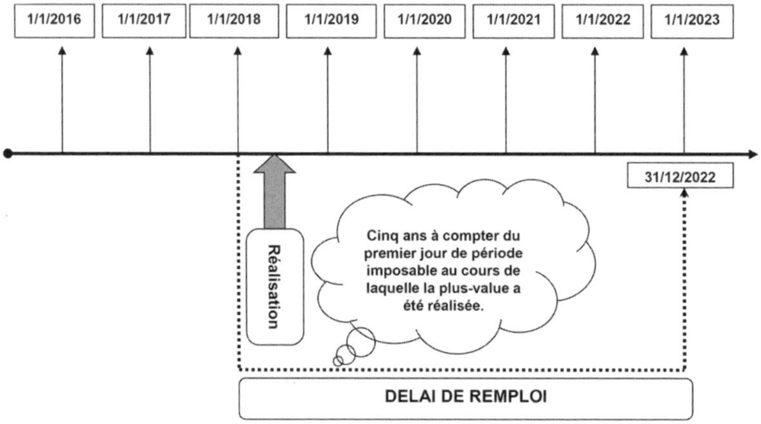

Date de réalisation de la plus-value :	septembre 2018;
Premier jour de la période imposable de réalisation de la plus-value :	1er janvier 2018;
Date d'expiration du délai :	31 décembre 2022.

3. *Formalités*

Pour bénéficier de ce régime, la société doit obligatoirement exprimer son choix au moyen d'un relevé. Ce relevé doit être joint à sa déclaration à l'impôt des sociétés afférente à la période imposable au cours de laquelle la plus-value a été réalisée et pour les exercices d'imposition suivants, et ce, jusqu'à l'exercice d'imposition afférent à la période imposable dans laquelle le délai de remploi est venu à expiration.

✓ Conséquences du non-respect de remploi dans les formes et délais prévus

1. **Retrait de l'exonération**

   La plus-value ou la partie non encore imposée de celle-ci devient taxable pendant la période imposable au cours de laquelle : soit le délai de remploi est venu à expiration, soit la société a omis de produire le relevé.

2. **Débition des intérêts de retard**

   Des intérêts de retard sont dus sur la partie de l'impôt qui correspond à la plus-value, à partir du 1er janvier de l'exercice d'imposition pour lequel la plus-value aurait été imposée si la société n'avait pas opté pour le régime de l'exonération de la plus-value réalisée.

✓ Conséquence du non-respect de la condition d'intangibilité

A partir de l'exercice d'imposition 2019, des intérêts de retard sont également dus lorsque les conditions d'exonération ne sont pas encore remplies (la condition d'investissement et les formalités) et que la plus-value ou une partie de celle-ci devient imposable suite au non-respect de la condition d'intangibilité[80].

Ces intérêts de retard sont dus, à partir du 1er janvier de l'année portant le millésime de l'exercice d'imposition pour lequel l'exonération a été accordée, sur la partie de l'impôt qui correspond à la plus-value qui devient imposable.

4. *Impossibilité de recourir au régime de la taxation étalée*

Lorsque la société a demandé l'exonération, il ne peut plus, en cas de non-respect des conditions, revendiquer le régime de la taxation étalée pour la période imposable durant laquelle le délai de remploi est venu à expiration. Ceci implique qu'en cas d'aliénation de bateaux de navigation intérieure, la société doit opter, dès le début, pour le système de l'exonération totale ou pour celui de la taxation étalée.

5. *Exemple*

Le bilan de la société SA Azur au 31/12/2017 se présente de la manière suivante :

ACTIF		PASSIF	
	31/12/2017		31/12/2017
Bateau pour la navigation intérieure destiné à la navigation commerciale (il est affecté au transport de biens)	**104.000,00**	Capital (apports en numéraires)	**100.000,00**
• Valeur d'acquisition (date d'acquisition le 4 mars 2015)	260.000,00	Réserve légale	**10.000,00**
• Amortissements actés	(156.000,00)	Réserves disponibles	**2.000,00**
Valeurs disponibles	**11.600,00**	Bénéfice reporté	**3.600,00**
Total	***115.600,00***	***Total***	***115.600,00***

80 cf. article 78 de la loi du 25 décembre 2017 portant réforme de l'impôt des sociétés.

La société SA Azur effectue les opérations suivantes en 2018 :

- elle cède, le 29 novembre 2018, le bateau pour la somme de 150.000,00 EUR hors TVA;
- elle opte pour le régime de la taxation des plus-values réalisées sur les bateaux pour la navigation intérieure.

Les écritures comptables générées sont les suivantes :

Faits comptables	N° plan comptable	Intitulés des comptes	Somme débit	Somme crédit
Comptabilisation de la vente du bateau	5500	Compte Courant	181 500,00	
	7484	à Ventes d'immobilisés		150 000,00
	4510	à TVA à payer		31 500,00
Détermination du résultat comptable	7484	Ventes d'immobilisés	150 000,00	
	2419	Amortissements actés sur matériel roulant	156 000,00	
	2410	à Matériel roulant (bateau)		260 000,00
	7631	à Plus-value réalisée sur immobilisations corporelles		46 000,00
Transfert aux réserves immunisées	6890	Transfert aux réserves immunisées	46 000,00	
	1321	à Autres réserves immunisées		46 000,00

Suite à ces seules opérations, le bilan de la SA Azur au 31/12/2018 se présente de la manière suivante :

ACTIF			*PASSIF*		
	31/12/2018	*31/12/2017*		*31/12/2018*	*31/12/2017*
Bateau pour la navigation intérieure destiné à la navigation commerciale (il est affecté au transport de biens)	0,00	104.000,00	Capital (apports en numéraires)	100.000 ,00	100.000,00
• Valeur d'acquisition (date d'acquisition le 4 mars 2015)	0,00	260.000,00	Réserve légale	10.000,00	10.000,00
			Réserve immunisée	46.000,00	0,00
• Amortissements actés	0,00	156.000,00	Réserves disponibles	2.000,00	2.000,00
Clients	181 500,00	*0,00*	Bénéfice reporté	3.600,00	3.600,00
Valeurs disponibles	11.600,00	11.600,00	TVA à payer	31 500,00	0,00
Total	*193.100,00*	*115.600,00*	*Total*	*193.100,00*	*115.600,00*

Le mouvement des réserves imposables se présente de la manière suivante :

	Situation au début de la période imposable	Situation à la fin de la période imposable
Réserve légale	10.000,00	10.000,00
Réserves disponibles	2.000,00	2.000,00
Résultat reporté		
Bénéfice	3.600,00	3.600,00
Perte		
Sous-total de la situation au début de la période imposable (pour le premier exercice comptable, mentionner zéro (0) au code 1040 PN)		

- Positif	15.600,00 (Code 1040 PN)	15.600,00 (Code 1040 PN)
- Négatif		
Réserves imposables après adaptation de la situation de début des réserves		
Positifs	15.600,00 (Code 1070 PN)	
Négatifs		
Mouvement de la période imposable		
Bénéfices réservés imposables		0,00 (Code 1080 PN)
	Ce montant de 0,00 EUR correspond au fait que la plus-value réalisée sur le bateau est exonérée pour autant qu'un montant égal à l'indemnité ou à la valeur de réalisation soit remployé de la manière et dans les délais prévus conformément à l'article 44ter du CIR.	

Le mouvement des réserves exonérées se présente de la manière suivante :

	Situation au début de la période imposable	Situation à la fin de la période imposable
Plus-values réalisées sur les bateaux de navigation intérieure	0,00 (code 1115)	46.000,00 (code 1115)
Total	*0,00*	*46.000,00*

7) Plus-values réalisées à taxer selon le régime de la taxation étalée

Articles 183, 24 alinéa 1er, 2°, 190 alinéa 1er, 47, 190, alinéas 2 et 4 et 416 du CIR.

Ce système de taxation a la particularité de transférer la plus-value réalisée dans la base imposable de manière progressive. Initialement, la société n'est redevable d'aucun impôt mais le devient au moment où elle a procédé à l'investissement de remplacement, au prorata des amortissements pratiqués sur ce bien de remplacement.

Le système s'applique aux montants non encore exonérés en vertu des principes d'exonération étudiés ci-dessus.

➲ Plus-values visées

Le régime de la taxation étalée s'applique à la quotité non exonérée des plus-values fiscales forcées ou réalisées de plein gré sur des immobilisations incorporelles ou corporelles, au sens de la législation comptable.

Autrement dit, dans l'hypothèse où la plus-value concerne une voiture, voiture mixte ou minibus, la taxation étalée ne peut s'appliquer qu'à concurrence d'une quotité de la plus-value fiscale. Cette quotité de la plus-value correspond au rapport exprimé en pour cent entre la somme des amortissements fiscalement admis antérieurement à l'aliénation et la somme des amortissements comptables pour les périodes imposables correspondantes (cf. page n°55).

De même, si la plus-value concerne une immobilisation corporelle ou incorporelle acquise avant le 1er janvier 1950, la taxation étalée ne peut s'appliquer que sur la quotité non monétaire de celle-ci, la quotité monétaire faisant déjà l'objet d'une exonération provisoire et conditionnelle (cf. page n°77).

Par plus-values forcées, il convient d'entendre les plus-values réalisées à la suite d'un sinistre, d'une expropriation, d'une réquisition en propriété ou d'un événement totalement indépendant de la volonté du bénéficiaire de l'indemnité : c'est-à-dire un événement qu'on ne peut ni empêcher ni prévenir et qu'on ne peut que subir. Les plus-values forcées ne concernent que les plus-values réalisées suite à des événements qui non seulement ont été subis à son corps défendant par le bénéficiaire des indemnités, mais qui doivent nécessairement aussi être le fait d'une autorité (expropriation, réquisition en propriété) ou avoir le caractère brutal, rapide et imprévisible d'un sinistre.

De tels événements ne peuvent, pour le contribuable, entraîner une charge fiscale qui le priverait de moyens de reconstruction de son patrimoine dans l'état antérieur au sinistre, à l'expropriation, à la réquisition ou à l'événement analogue.

C'est pour cette raison que le législateur n'a pas subordonné le bénéfice de la taxation étalée de la plus-value au fait que le bien qui a fait l'objet de la plus-value forcée soit investi depuis un certaine période dans la société. Ce n'est pas le cas pour les plus-values réalisées de plein gré.

En ce qui concerne les plus-values réalisées de plein gré, le régime de la taxation étalée s'applique aux plus-values réalisées à l'occasion d'une aliénation quelconque, notamment en cas de cession, d'échange ou d'apport en société. Pour pouvoir bénéficier du régime de la taxation étalée, les plus-values réalisées de plein gré doivent concerner des actifs qui ont la nature d'immobilisations corporelles ou incorporelles depuis plus de cinq ans.

En ce qui concerne les immobilisations incorporelles, seules peuvent donner lieu à l'application du régime de la taxation étalée, les immobilisations incorporelles sur lesquelles des amortissements ont été admis fiscalement. Le délai de cinq ans est calculé à partir de la date à laquelle les éléments d'actif ont été investis dans l'entreprise, jusqu'à la date de leur aliénation.

Enfin, en vue de garantir la perception immédiate de «l'exit tax», les plus-values soumises au régime de l'exit tax (suite à une opération à laquelle une société d'investissement à capital fixe en biens immobilisés ou une société immobilière réglementée est partie prenante) sont exclues de la possibilité d'une taxation étalée desdites plus-values.

Schématiquement, le système des plus-values visées par le régime de la taxation étalée est le suivant :

<table>
<tr><th colspan="7">Plus-values réalisées à taxer selon le régime de la taxation étalée</th></tr>
<tr><td rowspan="2"></td><td colspan="2">A. Immobilisations incorporelles détenues depuis 5 ans et moins</td><td rowspan="2">B. Immobilisations corporelles détenues depuis 5 ans et moins</td><td colspan="2">C. Immobilisations incorporelles détenues depuis plus de 5 ans</td><td rowspan="2">D. Immobilisations corporelles détenues depuis plus de 5 ans</td></tr>
<tr><td>Aucun amortissement n'a été admis fiscalement</td><td>Des amortissements ont été admis fiscalement</td><td>Aucun amortissement n'a été admis fiscalement</td><td>Des amortissements ont été admis fiscalement</td></tr>
<tr><td>Plus-values réalisées de plein gré</td><td colspan="4">Le régime de la taxation étalée ne peut pas s'appliquer.</td><td colspan="2">Le régime de la taxation étalée peut s'appliquer dans tous les cas moyennant le respect de certaines conditions.</td></tr>
<tr><td>Plus-values forcées</td><td colspan="6">Le régime de la taxation étalée peut s'appliquer dans tous les cas moyennant le respect de certaines conditions.</td></tr>
</table>

➲ Conditions à respecter en vue de l'application du régime de la taxation étalée

L'exonération de la plus-value fiscale faisant l'objet de la taxation étalée est soumise à trois conditions :

- la condition d'intangibilité;
- la condition d'investissement;
- joindre un relevé à la déclaration à l'impôt des sociétés (le relevé 276 K).

1. Condition d'intangibilité

L'exonération des plus-values fiscales, faisant l'objet de la taxation étalée, est conditionnelle et provisoire.

Elle est conditionnelle dans la mesure où elle doit satisfaire à la condition d'intangibilité.

Cette condition implique que le montant :

- de la plus-value réalisée est scindé entre, d'une part, l'impôt qui sera dû à l'avenir sur la plus-value provisoirement exonérée et, d'autre part, le montant net de celle-ci;
- de cet impôt est comptabilisé en débitant le compte « transferts aux impôts différés » par le compte de passif « impôts différés »;
- de la plus-value nette est comptabilisé en débitant le compte transferts aux réserves immunisées par le compte réserves immunisées.

Ce qui se traduit par l'écriture suivante :

Faits comptables	N° plan comptable	Intitulés des comptes	Somme débit	Somme crédit
Transfert aux réserves immunisées	6800	Transferts aux impôts différés	X	
	6890	Transferts aux réserves immunisées	X	
	1320	à Réserves immunisées (taxation étalée)		X
	168	à Impôts différés		X

Elle est provisoire dans la mesure où elle devient imposable :

- au plus tard, à la clôture de liquidation de la société;
- à mesure des amortissements admis sur les éléments acquis à titre de remploi (les comptes « réserves immunisées » et « impôts différés » sont proportionnellement imputés au compte de résultats, respectivement via les comptes prélèvements sur les réserves immunisées et prélèvements sur les impôts différés).

L'écriture comptable est la suivante :

Faits comptables	N° plan comptable	Intitulés des comptes	Somme débit	Somme crédit
Prélèvement sur les réserves immunisées	168	Impôts différés	X	
	1320	Réserves immunisées (taxation étalée)	X	
	7890	à Prélèvements sur les réserves immunisées		X
	7800	à Prélèvements sur les impôts différés		X

La quotité de la plus-value ainsi exonérée est mentionnée au cadre I.B,e de la déclaration fiscale à l'impôt des sociétés. Si la condition d'intangibilité n'est pas respectée pour une quotité de la plus-value, seule cette quotité est imposée.

2. *Condition d'investissement*

✓ Montant du remploi

Pour bénéficier de la taxation étalée, le contribuable doit remployer dans les formes requises et dans le délai imparti, une somme égale à la valeur de réalisation totale des éléments d'actifs réalisés ou au montant de l'indemnité perçue.

Il est important de remarquer que, si à l'échéance du délai, seule une partie du montant de la valeur de réalisation ou du montant de l'indemnité perçue est remployée (même s'il ne manque qu'un cent !), l'ensemble de la partie non encore taxée de la plus-value devient immédiatement imposable.

Lorsque la plus-value réalisée concerne un véhicule soumis à la limitation prévue à l'article 198bis ou 66 du CIR (voitures, voitures mixtes, minibus et fausses camionnettes), la valeur de réalisation ou l'indemnité perçue doit être remployée à concurrence d'un pourcentage qui correspond à la quote-part de la plus-value qui n'est pas exonérée de manière inconditionnelle.

✓ Nature du remploi

Le remploi doit être effectué en immobilisations incorporelles ou corporelles, neuves ou d'occasions, amortissables quel que soit leur mode d'amortissement (mode linéaire ou dégressif) et admis à titre de frais professionnels.

Le remploi en plusieurs éléments amortissables est permis.

Ne constituent pas des remplois valables :
- les frais d'établissement;
- les immobilisations incorporelles et corporelles dont l'usage n'est pas limité dans le temps (les terrains, ...);
- les immobilisations financières et les autres valeurs en portefeuille;
- les actifs circulants au sens de la législation comptable (les stocks, créances, ...);
- un pourcentage de la valeur d'acquisition des véhicules soumis à la limitation prévue à l'article 198bis ou 66 du CIR;
- un apport d'un immeuble en exemption d'impôt en vertu de l'article 46, § 1er, alinéa 1er, 2° du CIR (apport de branche d'activité ou universalité de biens à une société moyennant remise d'actions de cette société);
- un investissement dont le droit d'usage est cédé à un tiers, en vertu d'un contrat de leasing (par contre, pour le preneur (locataire), l'immobilisation acquise en location financement constitue un remploi valable);
- les «goodwill de fusion» : les amortissements comptabilisés ne peuvent, en aucun cas, être admis à titre de frais professionnels sur ces goodwill (de fusion), étant donné que ces éléments n'avaient aucune valeur amortissable dans le chef des sociétés disparues[81].

✓ Lieu du remploi

Le remploi de la valeur de réalisation ou de l'indemnité doit être effectué sous la forme d'immobilisations incorporelles ou corporelles amortissables, utilisées dans l'espace économique européen (c'est-à-dire dans un établissement dont le contribuable dispose en Belgique).

81 Ces amortissements ne sont effectivement pas admissibles fiscalement, étant donné que dans le chef des sociétés absorbées, ils ne correspondent pas à une dépréciation réellement survenue pendant la période imposable basée sur une valeur d'investissement ou de revient.

82 Circulaire n° Ci.RH.242/564.660 (AFER 36/2005) dd. 13.09.2005.

A cet égard, le Service de Décision anticipée[83] a précisé que l'investissement dans une machine qui sera louée à une société étrangère (non européenne) entre en ligne de compte comme «remploi valable» au motif que :

- la machine est reprise parmi les «éléments d'actif amortissables» de la société belge;
- les revenus provenant de la localisation de la machine feront partie du bénéfice de la société belge.

✓ <u>Délai de remploi</u>

- Les plus-values sont réalisées à l'occasion d'un sinistre, d'une expropriation, d'une réquisition en propriété ou d'un autre événement analogue

Le remploi doit être effectué, au plus tard, à la cessation de l'activité professionnelle et dans un délai expirant trois ans après la fin de la période imposable de perception de l'indemnité.

Si la date à laquelle expire le délai est expressément prévue par la loi, celle-ci est cependant muette en ce qui concerne la date à laquelle ce délai prend cours. À cet égard, il convient de remarquer que d'un point de vue économique, le contribuable aura intérêt à reconstituer ses éléments d'actifs détruits ou disparus avant même qu'il ait reçu l'indemnité. Bien que le remploi implique l'idée de disposition effective et préalable de l'indemnité, on considère toutefois que le délai de remploi commence à courir, à partir de la date du sinistre et, en cas d'expropriation, à partir de l'acte par lequel l'autorité expropriante a manifesté pour la première fois au propriétaire, son intention d'acquérir le bien exproprier.

Ceci peut-être illustré par l'exemple suivant.

Si l'indemnité est perçue en plusieurs fois, le délai de remploi se termine pour chaque quotité séparément, trois ans après la fin de la période imposable au cours de laquelle cette quotité a été perçue.

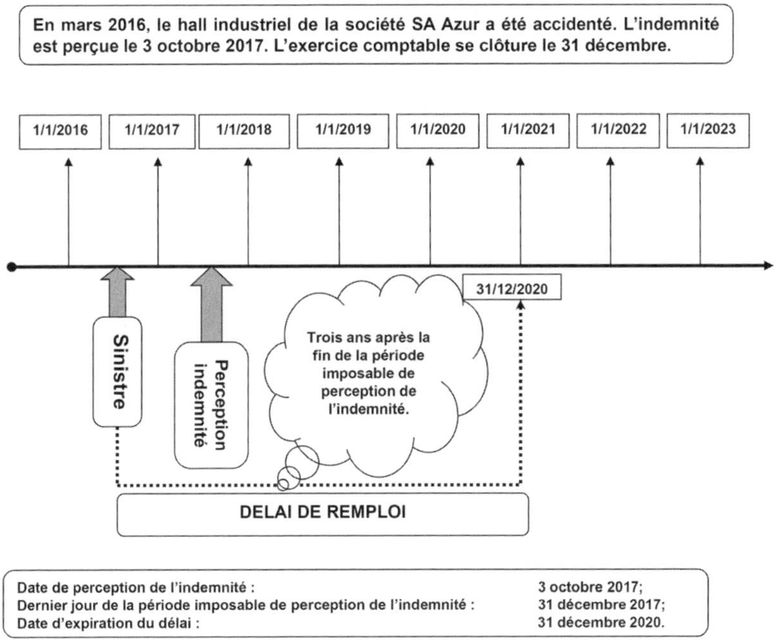

83 Décision anticipée n° 2016.408 du 6 septembre 2016.

- Les plus-values sont réalisées à l'occasion de la réalisation de biens qui ont la nature d'immobilisations depuis plus de cinq ans au moment de la réalisation

Le remploi doit être effectué au plus tard à la cessation de l'activité et dans un délai de trois ans, prenant cours le premier jour de la période imposable de réalisation des plus-values visées ci-dessus.

Ceci peut être illustré par l'exemple suivant.

La SA Azur (qui clôture ses comptes le 31 décembre) vend le 4 mars 2016, une machine totalement amortie acquise en 2007.

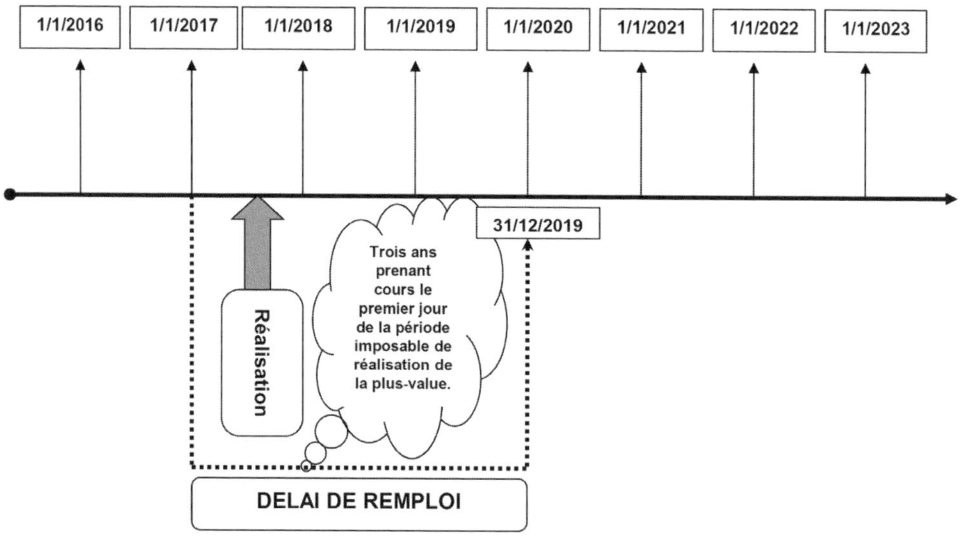

Date de réalisation de la plus-value :	**4 mars 2017;**
Premier jour de la période imposable de réalisation de la plus-value :	**1er janvier 2017;**
Date d'expiration du délai :	**31 décembre 2019.**

Lorsque le remploi revêt la forme d'un immeuble bâti, d'un navire ou d'un aéronef, le délai de remploi est porté à cinq ans, prenant cours le premier jour de la période imposable de réalisation de la plus-value ou le premier jour de l'avant-dernière période imposable précédant celle de réalisation de la plus-value. Le S.D.A.[84] accepte qu'un leasing immobilier puisse être qualifié de remploi en un « immeuble bâti » pour lequel s'applique le délai de cinq ans[85].

84 Décision anticipée n°2013.171 du 4 juin 2013.

85 Décision anticipée n°2013.171 du 4 juin 2013

1ère possibilité : Prolongation du délai de trois ans en amont

La SA Azur (qui clôture ses comptes le 31 décembre) réalise en septembre 2018 une plus-value à l'occasion de la vente d'une machine. Elle a acquis en avril 2016 un immeuble industriel. Celui-ci peut être considéré comme un remploi valable au prix de réalisation de la machine aliénée en septembre 2018.

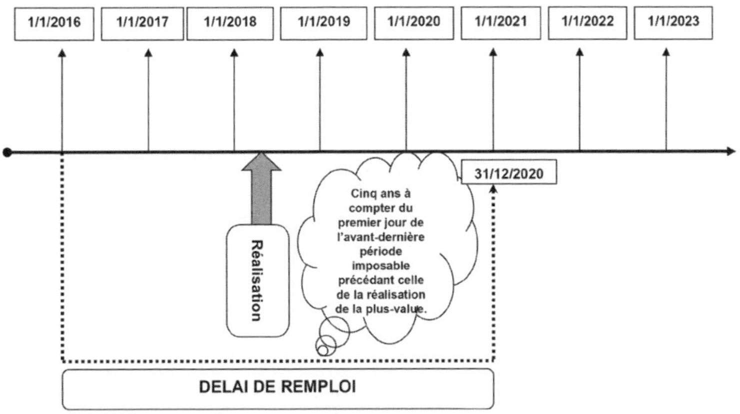

Date de réalisation de la plus-value :	septembre 2018;
Premier jour de la période imposable de réalisation de la plus-value :	1er janvier 2018;
Premier jour de la pénultième période imposable :	1er janvier 2016;
Date d'expiration du délai :	31 décembre 2020.

2ème possibilité : Prolongation du délai de trois ans en aval

La SA Azur (qui clôture ses comptes le 31 décembre) réalise en septembre 2018 une plus-value à l'occasion de la vente d'une machine. Elle s'engage à réinvestir en immeubles bâtis le prix de réalisation de la machine aliénée en 2018.

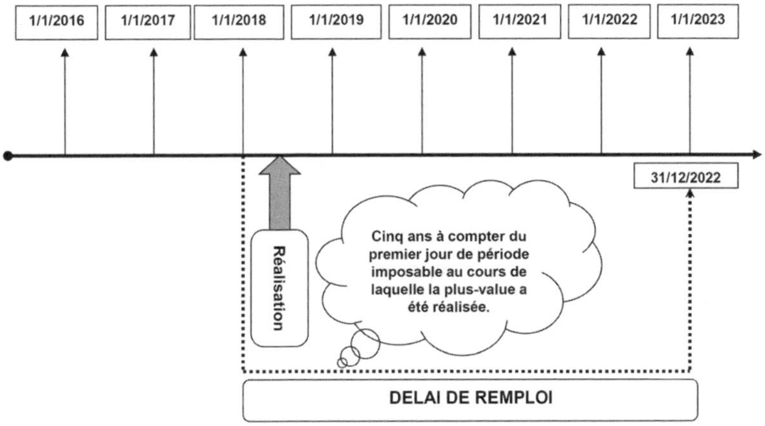

Date de réalisation de la plus-value :	septembre 2018;
Premier jour de la période imposable de réalisation de la plus-value :	1er janvier 2018;
Date d'expiration du délai :	31 décembre 2022.

Seuls les immeubles bâtis, navires et aéronefs acquis en propriété peuvent bénéficier d'un délai de remploi de cinq ans. Autrement dit, les immeubles bâtis, navires et aéronefs acquis en location-financement, bien que constituant des remplois valables pour le délai de trois ans, ne peuvent être désignés à titre de remploi valable pour le délai de cinq ans.

Selon le Tribunal de première instance d'Anvers, les travaux de transformation et de rénovation qui ont fourni un surcroît de valeur au bien immobilier et qui ont donné lieu à une augmentation du revenu cadastral, doivent être considérés comme un remploi en un immeuble bâti[86].

3. *Formalités*

La société qui opte pour le régime de la taxation étalée, doit joindre un relevé 276K à sa déclaration à l'impôt des sociétés. Elle doit le faire pour la période imposable de réalisation de la plus-value, mais également pour les exercices d'imposition suivants, et ce, jusqu'à la taxation complète de la plus-value. Si elle ne remplit pas, ou remplit tardivement cette formalité, le bénéfice de la taxation étalée lui sera refusé.

✓ Calcul de la quotité de la plus-value à imposer par période imposable

En principe, la quotité non monétaire de la plus-value à imposer pendant la période au cours de laquelle un amortissement est comptabilisé sur un remploi valable, se calcule de la manière suivante :

Quotité de la plus-value à imposer pour une période imposable déterminée	**=**	**Montant de la P.V x (Amortissements admis sur les actifs de remplacement / le prix de réalisation ou l'indemnité à remployer)**

Les amortissements des actifs de remplacement doivent le cas échéant :

- pour la période imposable de réalisation de la plus-value, être augmentés des amortissements qui ont déjà été admis sur les actifs de remplacement (c'est le cas si le remploi concerne un immeuble bâti, un navire ou un aéronef acquis au cours d'une période imposable précédant celle de la réalisation de la plus-value);
- pour la période imposable de mise hors d'usage ou d'aliénation d'un actif de remplacement, être augmentés de la valeur résiduelle fiscale de cet actif (la partie non encore imposable de la plus-value le devient alors entièrement);
- être diminués de la quotité des amortissements, proportionnellement afférente à la partie de l'actif de remplacement qui n'était pas nécessaire pour atteindre le montant d'investissement requis pour bénéficier de la taxation étalée.

✓ Conséquences du non-respect de remploi dans les formes et délais prévus

1. Retrait de l'exonération

La plus-value ou la partie non encore imposée de celle-ci devient taxable pendant la période imposable au cours de laquelle, soit le délai de remploi est venu à expiration, soit le contribuable a omis de produire le relevé 276 K.

A cet égard, le tribunal de première instance de Gand a rappelé que l'article 47, § 6 du code des impôts sur les revenus prescrit de manière suffisamment précise que la plus-value doit être considérée comme un revenu de la période imposable pendant laquelle le délai de remploi est venu à expiration, de sorte que la plus-value ne peut pas être traitée comme un revenu d'une autre période imposable (cf. le Fiscologue, n°1240, page 6).

86 Cf. le Jugement du 12 avril 2007, dans le Courrier Fiscal 2007/457.

2. Débition des intérêts de retard

Des intérêts de retard sont dus sur la partie de l'impôt qui correspond à la plus-value, à partir du 1er janvier de l'exercice d'imposition pour lequel la plus-value aurait été imposée s'il n'y avait pas eu choix du report de la taxation.

✓ Conséquence du non-respect de la condition d'intangibilité

A partir de l'exercice d'imposition 2019, des intérêts de retard sont également dus lorsque les conditions d'exonération ne sont pas encore remplies (la condition d'investissement et les formalités) et que la plus-value ou une partie de celle-ci devient imposable suite au non-respect de la condition d'intangibilité[87].

Ces intérêts de retard sont dus, à partir du 1er janvier de l'année portant le millésime de l'exercice d'imposition pour lequel l'exonération a été accordée, sur la partie de l'impôt qui correspond à la plus-value qui devient imposable.

4. Exemples

<u>*Exemple 1*</u>

Le bilan de la société SA Azur au 31/12/2017 se présente de la manière suivante :

ACTIF		PASSIF	
	31/12/2017		31/12/2017
Mobilier de bureau (durée de vie : 10 ans – acquis le 15 mars 2012) :	**10.400,00**	Capital (apports en nature)	**15.000,00**
• Valeur d'acquisition	26.000,00	Réserve légale	**1.500,00**
• Amortissements actés	15.600,00	Réserve immunisée	**0,00**
		Réserve disponible	**2.000,00**
Valeurs disponibles	***11.600,00***	Bénéfice reporté	**3.500,00**
Total	***22.000,00***	*Total*	***22.000,00***

La société SA Azur effectue les opérations suivantes en 2018 :

- elle cède le mobilier de bureau pour la somme de 15.000,00 EUR hors TVA;
- elle opte pour le régime de la taxation étalée de la plus-value (taux estimé = 20%).

Les écritures comptables engendrées par ces opérations sont les suivantes :

Faits comptables	N° plan comptable	Intitulés des comptes	Somme débit	Somme crédit
Comptabilisation de la vente du mobilier de bureau	5500	Compte Courant	18 150,00	
	7484	à Ventes d'immobilisés		15 000,00
	4510	à TVA à payer		3 150,00

87 cf. article 78 de la loi du 25 décembre 2017 portant réforme de l'impôt des sociétés.

Détermination du résultat comptable	7484	Ventes d'immobilisés	15 000,00	
	2419	Amortissements actés sur mobilier de bureau	15 600,00	
	2410	à Mobilier de bureau		26 000,00
	7631	à Plus-value réalisée sur immobilisations corporelles		4 600,00
Transfert aux réserves immunisées	6800	Transferts aux impôts différés (4.600,00 X 20%)	920,00	
	6890	Transferts aux réserves immunisées (4.600,00 – 920,00)	3 680,00	
	1320	à Réserves immunisées (taxation étalée)		3 680,00
	168	à Impôts différés		920,00

La société effectue ensuite des investissements qu'elle désigne à titre de remploi. Etant donné que ce point est susceptible d'entraîner différentes possibilités, nous étudierons trois hypothèses :

1ère hypothèse *:*

- un premier investissement (un camion – acheté le 4 septembre 2018) de 10.000,00 EUR hors TVA (taux d'amortissement : 20%) désigné à titre de remploi à concurrence de 10.000,00 EUR;
- un deuxième investissement (un mobilier de bureau – acheté le 9 novembre 2018) de 6.700,00 EUR hors TVA (taux d'amortissement : 20%) désigné à titre de remploi à concurrence de 5.000,00 EUR.

Les écritures générées sont les suivantes :

Faits comptables	N° plan comptable	Intitulés des comptes	Somme débit	Somme crédit
Comptabilisation de l'achat du camion	2410	Matériel roulant	10 000,00	
	4110	TVA à récupérer	2 100,00	
	4400	à Fournisseur		12 100,00
Comptabilisation de l'achat du mobilier de bureau	2400	Mobilier	6 700,00	
	4110	TVA à récupérer	1 407,00	
	4400	à Fournisseur		8 107,00

La quotité imposable de la plus-value réalisée qui s'élève à 4.600,00 (15.000,00 – 10.400,00) sera taxée de manière étalée à concurrence de :

Période imposable	Amortissements comptabilisés		Amortissements à prendre en considération pour le calcul de la quotité imposable de la plus-value		Quotité imposable de la plus-value
	Camion	Mobilier	Camion	Mobilier	
2018	2.000,00	1.340,00	2.000,00	1.000,00 = 1.340,00 x (5.000,00 / 6.700,00)	920,00 = 4.600,00 x (3.000,00 / 15.000,00)
2019	2.000,00	1.340,00	2.000,00	1.000,00 = 1.340,00 x (5.000,00 / 6.700,00)	920,00 = 4.600,00 x (3.000,00 / 15.000,00)

2020	2.000,00	1.340,00	2.000,00	1.000,00 = 1.340,00 x (5.000,00 / 6.700,00)	920,00 = 4.600,00 x (3.000,00 / 15.000,00)
2021	2.000,00	1.340,00	2.000,00	1.000,00 = 1.340,00 x (5.000,00 / 6.700,00)	920,00 = 4.600,00 x (3.000,00 / 15.000,00)
2022	2.000,00	1.340,00	2.000,00	1.000,00 = 1.340,00 x (5.000,00 / 6.700,00)	920,00 = 4.600,00 x (3.000,00 / 15.000,00)
TOTAL					4.600,00

Les écritures d'inventaire du 31/12/2018 sont les suivantes :

Faits comptables	N° plan comptable	Intitulés des comptes	Somme débit	Somme crédit
Comptabilisation des amortissements	6302	Dotations aux amortissements sur immobilisations corporelles	3 340,00	
	2419	à Amortissements actés sur Matériel roulant		2 000,00
	2409	à Amortissements actés sur mobilier		1 340,00
Prélèvement sur les réserves immunisées	168	Impôts différés	184,00	
	1320	Réserves immunisées (taxation étalée)	736,00	
	7890	à Prélèvements sur les réserves immunisées		736,00
	7800	à Prélèvements sur les impôts différés		184,00

Suite à ces seules opérations effectuées en 2018, le bilan de la SA Azur au 31/12/2018 se présente de la manière suivante :

ACTIF			*PASSIF*		
	31/12/2018	*31/12/2017*		*31/12/2018*	*31/12/2017*
Camion :	**8.000,00**	**0,00**	Capital (apports en numéraires)	**15.000,00**	**15.000,00**
• Valeur d'acquisition	10.000,00	0,00	Réserve légale	**1.500,00**	**1.500,00**
• Amortissements actés	2.000,00	0,00	Réserves immunisées (3.680,00 - 736,00 = 2.944,00)	**2.944,00**	**0,00**
Mobilier de bureau :	**5.360,00**	**10.400,00**			
• Valeur d'acquisition	6.700,00	26.000,00	Réserves disponibles	**2.000,00**	**2.000,00**
• Amortissements actés	1.340,00	15.600,00	Bénéfice reporté	**1.080,00**	**3.500,00**
Créances	**18.150,00**	**0,00**	Provisions pour impôts différés (taux estimé = 20%) (920,00 - 184,00 = 736,00)	**736,00**	**0,00**
TVA à récupérer	**3.507,00**	**0,00**	Fournisseur	**20.207,00**	**0,00**
Valeurs disponibles	**11.600,00**	**11.600,00**	TVA à payer	**3.150,00**	**0,00**
Total	*46.617,00*	*22.000,00*	*Total*	*46.617,00*	*22.000,00*

NB : Le bénéfice reporté (1.080,00) est égal à 3.500,00 – 3.340,00 + 920,00.

Le mouvement des réserves imposables se présente de la manière suivante :

	Situation au début de la période imposable	Situation à la fin de la période imposable
Réserve légale	1.500,00	1.500,00
Réserves disponibles	2.000,00	2.000,00
Résultat reporté		
Bénéfice	3.500,00	1.080,00 (L'écriture d'affectation de la perte de l'exercice a été passée).
Perte		
Sous-total de la situation au début de la période imposable (pour le premier exercice comptable, mentionner zéro (0) au code 1040 PN)		
- Positif	7.000,00 (Code 1040 PN)	4.580,00 (Code 1040 PN)
- Négatif		
Réserves imposables après adaptation de la situation de début des réserves		
Positifs	7.000,00 (Code 1070 PN)	
Négatifs		
Mouvement de la période imposable		
Bénéfices réservés imposables	-2.420,00 (Code 1080 PN)	
	Le montant de 2.420,00 EUR comprend une diminution de base taxable de 3.340,00 EUR (les amortissements totaux) et une augmentation de 920,00 EUR de la même base taxable (la partie de la plus-value qui devient imposable en 2018).	

Le mouvement des réserves exonérées présente de la manière suivante :

	Situation au début de la période imposable	Situation à la fin de la période imposable
Taxation étalée des plus-values sur immobilisations corporelles et incorporelles	0,00 (Code 1112)	3.680,00 (Code 1112) (la quotité provisoirement exonérée de la plus-value)
Total	*0,00*	*3.680,00*

2ème *hypothèse* :

- un premier investissement (un camion – acheté le 4 septembre 2018 de 10.000,00 EUR hors TVA (taux d'amortissement : 20%);
- un deuxième investissement (un mobilier de bureau – acheté le 9 novembre 2018 de 6.700,00 EUR hors TVA (taux d'amortissement : 20%) désigné à titre de remploi à concurrence de 5.000,00 EUR.

En 2019, le camion est déclassé et sort de l'entreprise sans aucune contrepartie financière.

Les écritures d'acquisition des biens et les écritures d'inventaire au 31/12/2018 sont les mêmes que dans la première hypothèse.

Les écritures comptabilisées en 2019 sont les suivantes :

Faits comptables	N° plan comptable	Intitulés des comptes	Somme débit	Somme crédit
Comptabilisation des amortissements exceptionnels suite au déclassement du camion en 2019	6602	Dotations aux amortissements Exceptionnels sur immobilisations corporelles	8.000,00	
	2419	à Amortissements actés sur matériel roulant		8 000,00
Sortie du camion	2419	Amortissements actés sur matériel roulant	10.000,00	
	2410	à Amortissements actés sur matériel roulant		10.000,00
Comptabilisation des amortissements au 31 décembre 2019	6302	Dotations aux amortissements sur immobilisations corporelles	1 340,00	
	2409	à Amortissements actés sur mobilier		1 340,00

La quotité imposable de la plus-value réalisée qui s'élève à 4.600,00 (15.000,00 – 10.400,00) est taxée de manière étalée à concurrence de :

Période imposable	Amortissements comptabilisés		Amortissements à prendre en considération pour le calcul de la quotité imposable de la plus-value		Quotité imposable de la plus-value
	Camion	Mobilier	Camion	Mobilier	
2018	2.000,00	1.340,00	2.000,00	1.000,00 = 1.340,00 x (5.000,00 / 6.700,00)	920,00 = 4.600,00 X (3.000,00 / 15.000,00)
2019	2.000,00	1.340,00	8.000,00 (la valeur résiduelle fiscale de l'actif déclassé)	1.000,00 = 1.340,00 x (5.000,00 / 6.700,00)	2.760,00 = 4.600,00 X (9.000,00 / 15.000,00)
2020	2.000,00	1.340,00	0,00	1.000,00 = 1.340,00 x (5.000,00 / 6.700,00)	306,67 = 4.600,00 X (1.000,00 / 15.000,00)
2021	2.000,00	1.340,00	0,00	1.000,00 = 1.340,00 x (5.000,00 / 6.700,00)	306,67 = 4.600,00 X (1.000,00 / 15.000,00)
2022	2.000,00	1.340,00	0,00	1.000,00 = 1.340,00 X (5.000,00 / 6.700,00)	306,66 = 4.600,00 X (1.000,00 / 15.000,00)
TOTAL					4.600,00

L'écriture de prélèvement sur les réserves est la suivante :

Faits comptables	N° plan comptable	Intitulés des comptes	Somme débit	Somme crédit
Prélèvement sur les réserves immunisées	168	Impôts différés	552,00	
	1320	Réserves immunisées (taxation étalée)	2.208,00	
	7890	à Prélèvements sur les réserves immunisées		2.208,00
	7800	à Prélèvements sur les impôts différés		552,00

Suite aux opérations effectuées en 2018 et 2019, le bilan de la SA Azur au 31/12/2019 se présente de la manière suivante :

ACTIF			*PASSIF*		
	31/12/2019	*31/12/2018*		*31/12/2019*	*31/12/2018*
Camion :	**0,00**	**8.000,00**	Capital (apports en numéraires)	**15.000,00**	**15.000,00**
• Valeur d'acquisition	0,00	10.000,00	Réserve légale	**1.500,00**	**1.500,00**
• Amortissements actés	0,00	2.000,00	Réserves immunisées	**736,00**	**2.944,00**[88]
Mobilier de bureau :	**4.020,00**	**5.360,00**			
• Valeur d'acquisition	6.700,00	6.700,00	Réserves disponibles	**2.000,00**	**2.000,00**
• Amortissements actés	2.680,00	1.340,00	Bénéfice reporté	**(5.500,00)**	**1.080,00**
Créances	**18.150,00**	**18.150,00**	Provisions pour impôts différés (taux estimé = 20%)	**184,00**	**736,00**[89]
TVA à récupérer	**3.507,00**	**3.507,00**	Fournisseur	**20.207,00**	**20.207,00**
Valeurs disponibles	**11.600,00**	**11.600,00**	TVA à payer	**3.150,00**	**3.150,00**
Total	***37.277,00***	***46.617,00***	*Total*	***37.277,00***	***46.617,00***

NB : la perte reportée (5.500,00) est égale à 1.080,00 – 8.000,00 – 1.340,00 + 2.760,00.

Le mouvement des réserves imposables se présente de la manière suivante :

	Situation au début de la période imposable	**Situation à la fin de la période imposable**
Réserve légale	1.500,00	1.500,00
Réserves disponibles	2.000,00	2.000,00
Résultat reporté		
Bénéfice	1.080,00	
Perte		(5.500,00) (L'écriture d'affectation de la perte de l'exercice a été passée).
Sous-total de la situation au début de la période imposable (pour le premier exercice comptable, mentionner zéro (0) au code 1040 PN)		
- Positif	4.580,00 (Code 1040 PN)	
- Négatif		-2.000,00 (Code 1040 PN)
Réserves imposables après adaptation de la situation de début des réserves		
Positifs	4.580,00 (Code 1070 PN)	
Négatifs		
Mouvement de la période imposable		
Bénéfices réservés imposables		-6.580,00 (Code 1080 PN)
	Le montant de 6.580,00 EUR comprend une diminution de base taxable de 9.340,00 EUR (l'amortissement sur le mobilier et l'amortissement exceptionnel sur le camion) et une augmentation de 2.760,00 EUR de la même base taxable (la partie de la plus-value qui devient imposable en 2019).	

88 3.680,00 - 736,00

89 920,00 - 184,00

Le mouvement des réserves exonérées se présente de la manière suivante :

	Situation au début de la période imposable	Situation à la fin de la période imposable
Taxation étalée des plus-values réalisées sur immobilisations corporelles et incorporelles	3.680,00 (Code 1112) (la quotité provisoirement exonérée de la plus-value)	920,00 (Code 1112)
Total	*3.680,00*	*920,00*

<u>**3ème hypothèse**</u> :

- un camion (acheté le 4 septembre 2018) de 10.000,00 EUR hors TVA (taux d'amortissement : 20%);
- aucun autre bien d'investissement n'est désigné par la suite au titre de remploi.

L'écriture d'acquisition du camion est la suivante :

Faits comptables	N° plan comptable	Intitulés des comptes	Somme débit	Somme crédit
Comptabilisation de l'achat du camion	2410	Matériel roulant	10 000,00	
	4110	TVA à récupérer	2 100,00	
	4400	à Fournisseur		12 100,00

La quotité imposable de la plus-value réalisée qui s'élève à 4.600,00 (15.000,00 – 10.400,00) est taxée de manière étalée à concurrence de :

Période imposable	Amortissements comptabilisés	Amortissements à prendre en considération pour le calcul de la quotité imposable de la plus-value	Quotité imposable de la plus-value
2018	2.000,00	2.000,00	613,33 = 4.600,00 x (2.000,00 / 15.000,00)
2019	2.000,00	2.000,00	613,33 = 4.600,00 x (2.000,00 / 15.000,00)
2020	2.000,00	0,00	La quotité non encore imposée de la plus-value (3.373,34) devient imposable étant donné que la somme de 15.000,00 n'a pas été remployée sous la forme d'immobilisations incorporelles ou corporelles amortissables au plus tard le 31 décembre 2019.
2021	2.000,00	0,00	
2022	2.000,00	0,00	
TOTAL			4.600,00

Les écritures d'inventaire du 31/12/2018 sont les suivantes :

Faits comptables	N° plan comptable	Intitulés des comptes	Somme débit	Somme crédit
Comptabilisation des amortissements	6302	Dotations aux amortissements sur immobilisations corporelles	2 000,00	
	2419	à Amortissements actés sur Matériel roulant		2 000,00

Prélèvement sur les réserves immunisées	168	Impôts différés	122,67	
	1320	Réserves immunisées (taxation étalée)	490,66	
	7890	à Prélèvements sur les réserves immunisées		490,66
	7800	à Prélèvements sur les impôts différés		122,67

Les mêmes écritures d'inventaire sont passées en 2019.

En 2020, les écritures d'inventaires sont les suivantes :

Faits comptables	N° plan comptable	Intitulés des comptes	Somme débit	Somme crédit
Comptabilisation des amortissements	6302	Dotations aux amortissements sur immobilisations corporelles	2 000,00	
	2419	à Amortissements actés sur Matériel roulant		2 000,00
Prélèvement sur les réserves immunisées	168	Impôts différés	674,66	
	1320	Réserves immunisées (taxation étalée)	2.698,68	
	7890	à Prélèvements sur les réserves immunisées		2.698,68
	7800	à Prélèvements sur les impôts différés		674,66

Suite aux opérations effectuées en 2019 et 2020, le bilan de la SA Azur au 31/12/2020 se présente de la manière suivante :

ACTIF			*PASSIF*		
	31/12/2020	*31/12/2019*		*31/12/2020*	*31/12/2019*
Camion :	**4.000,00**	**6.000,00**	Capital (apports en numéraires)	15.000,00	15.000,00
• Valeur d'acquisition	10.000,00	10.000,00	Réserve légale	1.500,00	1.500,00
• Amortissements actés	6.000,00	4.000,00	Réserves immunisées	0,00	2.698,68
			Réserve disponible	2.000,00	2.000,00
Créances	18.150,00	18.150,00	Bénéfice reporté	2.100,00	726,66
			Provisions pour impôts différés (taux estimé = 20%)	0,00	674,66
TVA à récupérer	2.100,00	2.100,00	Fournisseur	12.100,00	12.100,00
Valeurs disponibles	11.600,00	11.600,00	TVA à payer	3.150,00	3.150,00
Total	*35.850,00*	*37.850,00*	*Total*	*35.850,00*	*37.850,00*

NB : le bénéfice reporté (2.100,00) est égal à 726,66 + 3.373,34 – 2.000,00.

Le mouvement des réserves imposables se présente de la manière suivante :

	Situation au début de la période imposable	Situation à la fin de la période imposable
Réserve légale	1.500,00	1.500,00
Réserves disponibles	2.000,00	2.000,00
Résultat reporté		
Bénéfice	726,66	2.100,00 (L'écriture d'affectation du bénéfice a été passée).

Perte		
Sous-total de la situation au début de la période imposable (pour le premier exercice comptable, mentionner zéro (0) au code 1040 PN)		
- Positif	4.226,66 (Code 1040 PN)	5.600,00 (Code 1040 PN)
- Négatif		
Réserves imposables après adaptation de la situation de début des réserves		
Positifs	4.226,66 (Code 1070 PN)	
Négatifs		
Mouvement de la période imposable		
Bénéfices réservés imposables		1.373,34 (Code 1080 PN)
	Le montant de 1.373,34 EUR comprend une diminution de base taxable de 2.000,00 EUR (l'amortissement sur le camion) et une augmentation de 3.373,34 EUR de la même base taxable (la quotité non encore imposée de la plus-value qui devient imposable en 2020).	

Le mouvement des réserves exonérées se présente de la manière suivante :

	Situation au début de la période imposable	Situation à la fin de la période imposable
Taxation étalée des plus-values réalisées sur immobilisations corporelles et incorporelles	3.373,34 (Code 1112) (la quotité provisoirement exonérée de la plus-value)	0,00 (Code 1112)
Total	*3.373,34*	*0,00*

Exemple 2

L'exemple ci-dessous, concerne une société dans laquelle une réserve immunisée apparaît au passif du bilan, mais cette société n'a pas remployé un montant égal à la valeur de réalisation dans le délai de trois ans qui prenait cours le 1er janvier 2017.

Le bilan de la société SA Azur au 31/12/2019 se présente de la manière suivante :

ACTIF			PASSIF		
	31/12/2019	31/12/2018		31/12/2019	31/12/2018
Mobilier de bureau (durée de vie : 10 ans – acquis le 15 mars 2014) :	10.400,00	13.000,00	Capital (apports en nature)	15.000,00	15.000,00
• Valeur d'acquisition	26.000,00	26.000,00	Réserve légale	1.500,00	1.500,00
• Amortissements actés	15.600,00	13.000,00	Réserve immunisée	2.400,00	2.400,00
			Réserve disponible	2.000,00	2.000,00
Valeurs disponibles	*14.600,00*	*14.600,00*	Bénéfice reporté	3.500,00	6.100,00
			Provisions pour impôts différés (taux estimé = 20%)	600,00	600,00
Total	*25.000,00*	*27.600,00*	*Total*	*25.000,00*	*27.600,00*

La réserve immunisée et la provision pour impôts différés concernent une plus-value (de 3.000,00 EUR) réalisée en 2017 sur une immobilisation corporelle affectée depuis plus de cinq ans à l'exercice de l'activité professionnelle. La société Azur a opté, en 2017 (exercice d'imposition 2018), pour le régime de la taxation étalée. Le 31 décembre 2019 aucun remploi n'a été effectué.

À défaut de remploi, la plus-value devient taxable pendant la période imposable au cours de laquelle le délai de remploi est venu à expiration, c'est-à-dire le 31 décembre 2019 (sauf si l'entreprise s'engage à effectuer un remploi au plus tard le 31 décembre 2021 sous la forme d'un immeuble bâti, d'un aéronef ou d'un navire).

Dans ce cas de figure, on imagine que la comptabilité, en contradiction avec le droit comptable, n'enregistre aucune opération de régularisation.

Des intérêts de retard sont dus sur la partie de l'impôt afférente à la plus-value, à partir du 1er janvier de l'exercice d'imposition pour lequel la plus-value aurait été imposée s'il n'y avait pas eu choix du report de la taxation, c'est-à-dire le 1er janvier 2018.

Le mouvement des réserves imposables se présente de la manière suivante :

	Situation au début de la période imposable	**Situation à la fin de la période imposable**
Réserve légale	1.500,00	1.500,00
Réserves disponibles	2.000,00	2.000,00
Résultat reporté		
Bénéfice	6.100,00	3.500,00 (L'écriture d'affectation du bénéfice a été passée).
Perte		
Autres réserves figurant au bilan	0,00	3.000,00 (la réserve immunisée y compris l'impôt différé est considérée comme un bénéfice réservé imposable étant donné que la condition de remploi n'a pas été respectée).
Sous-total de la situation au début de la période imposable (pour le premier exercice comptable, mentionner zéro (0) au code 1040 PN)		
- Positif	9.600,00 (Code 1040 PN)	10.000,00 (Code 1040 PN)
- Négatif		
Réserves imposables après adaptation de la situation de début des réserves		
Positifs	9.600,00 (Code 1070 PN)	
Négatifs		
Mouvement de la période imposable		
Bénéfices réservés imposables		400,00 (Code 1080 PN)
	Le montant de 400,00 EUR comprend une diminution de base taxable de 2.600,00 EUR (l'amortissement sur le mobilier de bureau) et une augmentation de 3.000,00 EUR de la même base taxable (la quotité non encore imposée de la plus-value qui devient imposable en 2019).	

Le mouvement des réserves exonérées se présente de la manière suivante :

	Situation au début de la période imposable	Situation à la fin de la période imposable
Taxation étalée des plus-values réalisées sur immobilisations corporelles et incorporelles	3.000,00 (Code 1112) (la quotité provisoirement exonérée de la plus-value)	0,00 (Code 1112)
Total	*3.000,00*	*0,00*

➲ Transfert du remploi ou de la plus-value à l'occasion d'un apport d'une branche d'activité ou d'une universalité de biens

Article 192, § 2 du CIR.

L'application des textes existant avant la loi du 22 décembre 1998 pouvait conduire à ce que les biens acquis en remploi par la société apporteuse passent à la société bénéficiaire de l'apport.

Une telle situation impliquait que la plus-value bénéficiant du régime de la taxation étalée devait être taxée dans le chef de l'apporteur à concurrence des amortissements (admis fiscalement) que la société bénéficiaire de l'apport comptabilisait sur les actifs remployés.

Un problème similaire pouvait également surgir lorsque la société bénéficiaire de l'apport se chargeait expressément et irrévocablement de réaliser le remploi en lieu et place de la société apporteuse.

L'article 192, § 2 du CIR prévoit un transfert du «montant imposable» de la plus-value, qui n'est pas encore taxée au moment de l'apport, dans le chef de la société bénéficiaire de l'apport si les conditions suivantes sont réunies :

- il doit s'agir d'un apport d'une branche d'activité ou d'une universalité de biens en exemption d'impôt;
- la société apporteuse a réalisé, dans le passé, une plus-value qui bénéficie du régime de la taxation étalée prévue à l'article 47 du CIR :
  - soit elle a déjà effectué le remploi au moment de l'apport :

    ➔ **l'actif remployé doit faire partie de l'apport.**
  - soit elle n'a pas encore effectué le remploi au moment de l'apport :

    ➔ **la société bénéficiaire doit s'engager expressément et irrévocablement de le réaliser.**

Si ces conditions sont réunies[90] :

- la partie provisoirement non encore imposée de la plus-value devient totalement exonérée dans le chef de la société apporteuse : le bénéfice qui apparaît dans le bilan de la société

90 M. De Wolf, « Modifications 2001 en impôt des sociétés », p. 11.

apporteuse suite au transfert de la plus-value dans les comptes de résultats est neutralisé par une majoration d'un montant équivalent de la situation initiale des réserves taxées[91];

- la technique de la taxation étalée de la plus-value est dorénavant mise en œuvre dans le chef de la société bénéficiaire de l'apport[92] : la partie provisoirement non encore imposée de la plus-value doit être reprise et maintenue dans un compte distinct du passif[93] sans quoi elle sera imposée.

  Le respect de la condition d'intangibilité peut être obtenu de deux manières :

  - soit par le transfert, à charge du résultat comptable, de la partie provisoirement non encore imposée de la plus-value aux comptes « 132 Réserves exonérées » et « 168 Impôts différés »;
  - soit en reprenant la partie provisoirement non encore imposée de la plus-value aux comptes « 132 Réserves exonérées » et « 168 Impôts différés » parallèlement à la création d'une réserve taxée négative incorporée au capital. Cette méthode ne peut cependant pas avoir une influence sur la détermination du montant du capital libéré de la société bénéficiaire.

    Dans les deux cas envisagés, l'opération est fiscalement neutralisée en rejetant en dépenses non admises la partie provisoirement non encore imposée de la plus-value[94].

Par contre si les conditions mentionnées ci-dessus ne sont pas remplies, la plus-value est taxée (éventuellement de manière étalée) dans le chef de la société apporteuse.

Ceci peut être illustré par l'exemple suivant. En 2018, la « SA Azur » apporte une branche d'activité en exonération d'impôt à la société « SA Phenix ». Cet apport comprend :

- des actifs divers non amortissables pour un montant de 225.000,00 EUR (la valeur comptable et la valeur fiscale des actifs coïncident);
- des dettes pour un montant de 75.000,00 EUR.

La « SA Azur » a réalisé en 2017 une plus-value (25.000,00 EUR) pour laquelle elle a opté pour l'application du régime de la taxation étalée. Aucun remploi n'a encore été effectué au moment de l'apport.

La « SA Phénix » s'engage expressément et irrévocablement à effectuer le(s) remploi(s) nécessaire(s) au plus tard le 31 décembre 2019.

En vue de rémunérer l'apport, la société « SA Phenix » procède à une augmentation de capital de 150.000,00 EUR.

Suite à cette opération :

a. le mouvement des réserves imposables de la société « SA Azur » se présente de la manière suivante :

	Situation au début de la période imposable	Situation à la fin de la période imposable
Résultat reporté		
Bénéfice	0,00	25.000,00 (Il s'agit du résultat comptable qui apparaît suite au transfert de la plus-value dans les comptes de résultats).
Perte		
Sous-total de la situation au début de la période imposable (pour le premier exercice comptable, mentionner zéro (0) au code 1040 PN)		

91 L'article 74 de l'arrêté royal d'exécution du CIR n'a pas encore été adapté dans ce sens.

92 L'article 46, § 2, alinéa 3 du CIR précise que dans les cas visés à l'article 47du CIR, l'opération de continuation d'activité ou d'apport ne peut avoir pour effet une prolongation du délai de remploi au-delà du terme initialement prévu.

93 Il s'agit de la condition d'intangibilité prévue à l'article 190, alinéa 2 du CIR.

94 L'article 74 de l'arrêté royal d'exécution du CIR n'a pas encore été adapté dans ce sens.

- Positif	0,00 (Code 1040 PN)	25.000,00 (Code 1040 PN
- Négatif		
Majorations de la situation de début des réserves		
- Autres (Code 1056)	25.000,00	
Réserves imposables après adaptation de la situation de début des réserves		
Positifs	25.000,00 (Code 1070 PN)	
Négatifs		
Mouvement de la période imposable		
Bénéfices réservés imposables		0,00 (Code 1080 PN)

b. le mouvement des réserves imposables de la société « SA Phenix » se présente de la manière suivante :

1ère méthode : Transfert, à charge du résultat comptable, de la partie provisoirement non encore imposée de la plus-value aux comptes «132 Réserves exonérées» et «168 Impôts différés»

	Situation au début de la période imposable	**Situation à la fin de la période imposable**
Résultat reporté		
Bénéfice	0,00	
Perte		-25.000,00
Sous-total de la situation au début de la période imposable (pour le premier exercice comptable, mentionner zéro (0) au code 1040 PN)		
- Positif	0,00 (Code 1040 PN)	-25.000,00 (Code 1040 PN)
- Négatif		
Réserves imposables après adaptation de la situation de début des réserves		
Positifs	0,00 (Code 1070 PN)	
Négatifs		
Mouvement de la période imposable		
Bénéfices réservés imposables		-25.000,00 (Code 1080 PN)

L'opération est fiscalement neutralisée en rejetant en dépenses non admises (code 1239) la partie provisoirement non encore imposée de la plus-value à savoir 25.000,00 EUR.

__2ème méthode__ : Reprise de la partie provisoirement non encore imposée de la plus-value aux comptes « 132 Réserves exonérées » et « 168 Impôts différés » parallèlement à la création d'une réserve taxée négative incorporée au capital à concurrence de 25.000,00 EUR.

	Situation au début de la période imposable	Situation à la fin de la période imposable
Réserves incorporées au capital et primes d'émission imposables		(25.000,00)
Sous-total de la situation au début de la période imposable (pour le premier exercice comptable, mentionner zéro (0) au code 1040 PN)		
- Positif	0,00 (Code 1040 PN)	-25.000,00 (Code 1040 PN)
- Négatif		
Réserves imposables après adaptation de la situation de début des réserves		
Positifs	0,00 (Code 1070 PN)	
Négatifs		
Mouvement de la période imposable		
Bénéfices réservés imposables		-25.000,00 (Code 1080 PN)

L'opération est fiscalement neutralisée en rejetant en dépenses non admises (code 1239 - Autres dépenses non admises) la partie provisoirement non encore imposée de la plus-value à savoir 25.000,00.

Le mouvement des réserves exonérées de la société « SA Phenix » se présente de la manière suivante (peu importe la méthode utilisée) :

	Situation au début de la période imposable	Situation à la fin de la période imposable
Taxation étalée des plus-values réalisées sur immobilisations corporelles et incorporelles	0,00 (Code 1112)	*25.000,00* (Code 1112)
Total	*0,00*	*25.000,00*

c) Plus-values latentes

Articles 183 et 24, alinéa 1er, 2° et 3° du CIR.

Avant le 24 juillet 1991, les sociétés actaient des réductions de valeur (admises par l'administration fiscale lorsque celles-ci étaient prouvées) sur des immobilisations financières et des autres titres en portefeuille. Mais, une fois la réduction de valeur actée, elles se gardaient généralement de procéder à une rectification lorsque la valeur de ces titres s'accroissait à nouveau. L'administration fiscale devait alors attendre la réalisation des titres par la société avant de soumettre à l'impôt la récupération des réductions de valeur actées antérieurement.

Pour remédier à cette situation, l'article 24, alinéa 1er, 3° du CIR précise que si l'entreprise n'a pas enregistré en comptabilité une reprise des réductions de valeur sur des immobilisations financières et autres titres en portefeuille, les plus-values latentes qui en découlent deviennent imposables dans la mesure où ces plus-values compensent totalement ou partiellement des réductions de valeurs admises au cours des périodes imposables antérieures, sans cependant pouvoir dépasser la valeur d'investissement des avoirs en question.

Il convient de noter toutefois que la disposition légale visée à l'alinéa précédent ne s'applique qu'aux plus-values qui trouvent leur origine dans des dépréciations admises du point de vue fiscal pour déterminer les revenus professionnels (c'est-à-dire des réductions de valeurs actées avant le 24 juillet 1991) :

- soit à partir de l'année 1976, pour les contribuables qui clôturent leur comptabilité par année civile;
- soit à partir de l'exercice comptable clôturé au cours de l'année 1977, pour les contribuables qui tiennent leurs écritures autrement que par année civile.

Pour l'application du présent article, les réductions de valeur relatives aux immobilisations financières et autres titres en portefeuille, sont considérées comme provenant par priorité des dernières réductions de valeur comptabilisées sur ces actifs.

Ceci peut être illustré par l'exemple suivant.

Le bilan de la SA Azur au 31/12/2018 se présente de la manière suivante :

ACTIF			PASSIF		
	31/12/2018	*31/12/2017*		*31/12/2018*	*31/12/2017*
Actions de la société « X » (100 actions) :	**8.750,00**	**8.750,00**	Capital (apports en nature)	**30.000,00**	**30.000,00**
• Valeur d'acquisition	15.000,00	15.000,00			
• Réductions de valeur actées et déduites fiscalement	6.250,00	6.250,00	Réserve légale	**3.000,00**	**3.000,00**
Valeurs disponibles	**48.250,00**	**48.250,00**	Réserve disponible	**24.000,00**	**24.000,00**
Total	***57.000,00***	***57.000,00***	***Total***	***57.000,00***	***57.000,00***

Au bilan de la SA Azur, les actions de la société X n'apparaissent plus que pour 8.750,00 EUR à la suite de comptabilisation des réductions de valeur ci-après admises au point de vue fiscal :

- 3.750,00 EUR pour l'année 1976;
- 2.500,00 EUR pour l'année 1989.

La valeur unitaire en bourse de l'action A était respectivement de 87,50 EUR au 31 décembre 2017 et 145,00 EUR le 31 décembre 2018.

Le mouvement des réserves imposables se présente de la manière suivante :

	Situation au début de la période imposable	**Situation à la fin de la période imposable**
Réserve légale	3.000,00	3.000,00
Réserves disponibles	24.000,00	24.000,00
Résultat reporté		
Bénéfice	0,00	0,00

Perte		
Autres réserves imposables	0,00	2.500,00 (le montant de 2.500,00 EUR correspond à la plus-value latente sur les actions suite à une réduction de valeur actée en 1988 qui n'a pas fait l'objet au cours de l'exercice comptable d'une reprise alors qu'elle n'était plus justifiée ni en comptabilité ni en fiscalité).
Sous-total de la situation au début de la période imposable (pour le premier exercice comptable, mentionner zéro (0) au code 1040 PN)		
- Positif	27.000,00 (Code 1040 PN)	29.500,00 (Code 1040 PN
- Négatif		
Réserves imposables après adaptation de la situation de début des réserves		
Positifs	27.000,00 (Code 1070 PN)	
Négatifs		
Mouvement de la période imposable		
Bénéfices réservés imposables		2.500,00 (Code 1080 PN)

2. *Autres éléments exonérés*

Outre les plus-values analysées ci-dessus, on peut trouver dans les réserves apparentes, les réserves exonérées suivantes :

- la quotité de 20% des frais exposés dans le cadre du transport collectif des membres du personnel entre le domicile et le lieu de travail organisé par l'employeur (cf. page n°115);
- la quotité de 20% de certains frais spécifiques en matière de sécurisation pour lesquels la déduction pour investissement n'est pas applicable (cf. page n°119);
- la quotité de 20% des frais faits ou supportés spécifiquement en vue de favoriser l'usage d'un cycle ou d'un speed pedelec par les membres du personnel de leur domicile à leur lieu de travail (cf. page n°122);
- la quotité de 20% des frais concernant les voitures, voitures mixtes, minibus et fausses camionnettes qui émettent 0 gramme de CO_2 par kilomètre (cf. page n°126);
- les subsides en capital ou la partie de ceux-ci qui doivent être considérés comme des bénéfices des périodes imposables suivantes (cf. page n°129);
- les œuvres audio-visuelles agréées Tax-shelter (cf. page n°591);
- la réserve d'investissement à présent supprimée par la réforme de l'impôt des sociétés;
- la provision pour passif social (cf. page n°446);
- le montant des amortissements admis fiscalement qui excède la valeur d'acquisition ou de revient;
- la réserve d'investissement visée à l'article 511, § 1er du CIR;
- le bénéfice consacré par des actionnaires privés d'une société de reconversion proprement dite à l'achat d'actions représentant l'apport FRI[95];

95 Fonds de rénovation industrielle.

- les bénéfices exonérés en vertu de l'article 67 de la loi du 26 mars 1999 qui sont maintenus dans le patrimoine d'une entreprise d'insertion reconnue (cf. page n°683);
- le bénéfice maintenu dans le patrimoine d'une société novatrice;
- les provisions techniques des entreprises d'assurances qui sont exonérées dans les limites et aux conditions mentionnées aux articles 73^{1} à 73^{4} de l'arrêté royal d'exécution du code des impôts sur les revenus;
- le montant de l'actualisation des stocks par les diamantaires agréés visés à l'article 2 de la loi du 26 novembre 2006, qui est repris dans un compte de réserve indisponible distinct au passif du bilan.

Seules les six premières réserves exonérées feront l'objet d'une étude dans le cadre du présent ouvrage. La réserve d'investissement instaurée par la réforme de l'impôt des sociétés ainsi que les œuvres audio-visuelles agréées Tax-shelter sont cependant analysées dans le cadre de l'exercice récapitulatif se trouvant à la fin de ce livre.

Les autres réserves exonérées mentionnées ci-dessus, concernent soit des dispositions aujourd'hui abrogées (c'est le cas de la provision pour passif social[96], des amortissements au-delà de la valeur d'investissement[97] et de la réserve d'investissement visée à l'article 511, § 1er du CIR[98]) soit des mesures temporaires dont l'expiration prochaine est maintenue (c'est le cas des mesures adoptées en faveur de la promotion du capital novateur[99] et des mesures adoptées en vue de la promotion de la reconversion industrielle[100]).

Nous allons maintenant étudier les réserves exonérées concernant les frais exposés dans le cadre du transport collectif et les subsides en capital.

a) Frais exposés dans le cadre du transport collectif organisé

	Articles 64ter, alinéa 1er, 1°, 190bis et 194octies du CIR
Autres références	**Ci. Rh. 243/559.035 (AFER 33/2006) du 4 août 2006** **Circulaire n° Ci.Rh.243/559.035 (AFER N° 41/2010) du 18 mai 2010**

Cet article a été rédigé en vue :

- de favoriser l'usage des transports collectifs entre le domicile et le lieu de travail;
- de diminuer la pollution et de fluidifier le trafic.

Dans cette optique, il a été décidé d'augmenter de 20 % les charges concernant ce type de transport afin d'en rendre l'organisation par l'employeur, plus intéressante fiscalement.

Le fait qu'un travailleur verse à l'employeur une contribution dans le cadre d'un tel transport collectif, ne fait en principe pas obstacle à l'application de l'article 64ter du CIR. Dans tel cas, la déduction majorée n'est cependant d'application que sur le coût du transport collectif supporté par l'employeur, diminué du montant de la cotisation du travailleur.

96 Abrogée par la loi du 22 décembre 1989.

97 Mesure abrogée à partir de l'exercice d'imposition 1983.

98 Mesure abrogée à partir de l'exercice d'imposition 1983.

99 Article 68 et suivants de la loi de redressement du 31 juillet 1984.

100 Article 50 et suivants de la loi de redressement du 31 juillet 1984.

La prise en charge par l'employeur des frais d'un abonnement, nominatif ou non, des pass, des tickets de navettes, des cartes de voyage, etc., auprès d'une société de transport public en commun en vue de permettre à son personnel d'utiliser par exemple une ligne régulière d'autobus, ne peut bénéficier de la déduction majorée même si le travailleur utilise ce moyen de transport pour effectuer les déplacements entre son domicile et son lieu de travail. On ne peut en effet prétendre que le transport public en commun constitue un transport collectif organisé par l'employeur pour le transport des membres du personnel.

➲ Investissements et frais à prendre en considération

Sont visés :

- les investissements en **minibus** (cf. la définition page n°61), **autobus** et **autocars**;
- les frais qui ont trait directement à ces véhicules à l'exclusion des frais de financement et des frais ayant trait au conducteur de ces moyens de transport quand le transport collectif n'est pas sous-traité à des tiers ;

lorsque ces véhicules sont affectés à un transport collectif organisé (ci-après dénommé TCO) par l'employeur ou conjointement avec d'autres employeurs pour effectuer les trajets entre le domicile et le lieu de travail.

Il est important de noter que :

- le transport collectif doit être organisé par l'employeur ou un groupe d'employeurs qui doit, d'une part, fixer et gérer les modalités d'utilisation du TCO et doit, d'autre part, superviser son utilisation par les travailleurs;
- l'employeur ou le groupe d'employeurs peut également faire appel à une entreprise de transport de personnes qui organise les déplacements entre le domicile et le lieu de travail ou partie de ces déplacements. Dans cette hypothèse, les dépenses supportées par l'employeur sont également visées par l'article 64 ter du CIR.

> Les « monovolumes » ne sont pas visés par ce régime, étant donné qu'en principe ils n'ont pas de carrosserie du même type qu'une camionnette ou qu'un autobus.

➲ Régime fiscal des frais et des amortissements

Les frais qui ont trait directement à ces véhicules (assurances, taxe de circulation, entretiens, réparations, carburant, amortissements, ...) ne sont déductibles à 120% :

- que dans la mesure où ces véhicules sont utilisés pour les déplacements visés ci-dessus;
- si la condition d'intangibilité est respectée pour la quotité de 20% des frais et amortissements majorés.

Cette condition implique que la quotité de 20% des frais et amortissements majorés :

- doit apparaître au compte « réserve immunisée » ou au compte « capital »;
- ne doit pas intervenir dans la base de calcul de la dotation annuelle de la réserve légale, ainsi que pour le calcul des rémunérations ou attributions quelconques.

Cette exonération est provisoire dans la mesure où cette quotité devient imposable au plus tard, à la clôture de liquidation de la société.

On remarque :

- que la limitation des frais relatifs aux minibus n'est pas applicable dans ce cas;
- qu'il ne doit pas être tenu compte de l'amortissement majoré de 20% pour le calcul des plus-values ou moins-values ultérieures;
- que cette règle est sans influence sur l'application de l'article 24, alinéa 3 ou 185ter du CIR qui mentionne notamment que les plus-values réalisées sur des minibus ne sont prises en considération qu'à concurrence d'un taux égal au rapport exprimé en pour cent entre la somme des amortissements fiscalement admis antérieurement à l'aliénation et la somme des amortissements comptables pour les périodes imposables correspondantes dans les autres cas (cf. page n°61).

Ceci peut être illustré par l'exemple suivant.

L'analyse du compte de résultats de l'année 2018 de la SA Azur fait apparaître que les frais relatifs au matériel roulant s'élèvent, avant majoration de 20%, à :

• Amortissements	5.000,00
• Entretiens	1.105,00
• Réparations	1.242,02
• Assurances	1.052,09
• Carburant	2.671,89
• Taxe de circulation	1.229,00
Total	12.300,00

L'exercice comptable au 31/12/2018 dégage une perte de l'exercice égale à 14.760,00 € qui correspond à 120% des dépenses relatives au TCO par la SA Azur.

L'écriture comptable à passer est la suivante :

Faits comptables	N° plan comptable	Intitulés des comptes	Somme débit	Somme crédit
Transfert aux réserves immunisées	6800	Transferts aux impôts différés (20% de 12.300,00)	2 460,00	
	1320	à Réserves immunisées		2 460,00

Suite à ces opérations, le bilan de SA Azur au 31/12/2018, se présente de la manière suivante :

ACTIF			PASSIF		
	31/12/2018	31/12/2017		31/12/2018	31/12/2017
Matériel roulant (minibus affecté exclusivement au transport collectif des travailleurs du domicile au lieu de travail) :	**10.000,00**	**15.000,00**	Capital (apports en numéraires)	15.000,00	15.000,00
• Valeur d'acquisition	25.000,00	25.000,00	Réserve légale	**1.500,00**	**1.500,00**
• Amortissements actés	15.000,00	10.000,00	Réserves immunisées	**2.460,00** (à savoir 20% de 12.300,00)	0,00
Valeurs disponibles	**6.700,00**	**14.000,00**	Réserves disponibles	**2.000,00**	**2.000,00**
			Bénéfice reporté	**(4.260,00)**	**10.500,00**
Total	***16.700,00***	***29.000,00***	*Total*	***16.700,00***	***29.000,00***

NB : la perte reportée (4.260,00 EUR) correspond à 10.500,00 EUR de bénéfice reporté en 2017 diminué de 14.760,00 EUR de perte en 2018.

Le mouvement des réserves imposables se présente de la manière suivante :

	Situation au début de la période imposable	**Situation à la fin de la période imposable**
Réserve légale	1.500,00	1.500,00
Réserves disponibles	2.000,00	2.000,00
Résultat reporté		
Bénéfice	10.500,00	
Perte		(4.260,00) (L'écriture d'affectation de la perte de l'exercice a été passée)
Sous-total de la situation au début de la période imposable (pour le premier exercice comptable, mentionner zéro (0) au code 1040 PN)		
- Positif	14.000,00 (Code 1040 PN)	760,00 (Code 1040 PN)
- Négatif		
Réserves imposables après adaptation de la situation de début des réserves		
Positifs	14.000,00 (Code 1070 PN)	
Négatifs		
Mouvement de la période imposable		
Bénéfices réservés imposables	-14.760,00 (Code 1080 PN)	
	Le montant négatif de 14.760,00 EUR correspond au fait que les frais exposés par l'employeur dans le cadre du transport collectif des membres du personnel entre le domicile et le lieu de travail (12.300,00 EUR) sont déductibles à concurrence de 120%.	

Le mouvement des réserves exonérées se présente de la manière suivante :

	Situation au début de la période imposable	**Situation à la fin de la période imposable**
Autres éléments exonérés	0,00 (Code 1124)	2.460,00 (c'est-à-dire 20% des frais exposés par l'employeur dans le cadre du transport collectif des membres du personnel entre le domicile et le lieu de travail) (Code 1124)
Total	*0,00*	*2.460,00*

➲ Abrogation

La déductibilité à 120% des frais faits ou supportés lorsqu'un employeur ou un groupe d'employeurs a organisé le transport collectif des membres du personnel entre le domicile et le lieu de travail, reprise à l'article 64ter du CIR est abrogée à partir de l'exercice d'imposition 2021 se rattachant à une période imposable qui débute au plus tôt le 1er janvier 2020[101].

101 Article 10, 1° de la loi du 25 décembre 2017 portant réforme de l'impôt des sociétés.

Pour le maintien de la déduction des frais admis au-delà du montant des coûts réellement faits ou supportés, les conditions suivantes restent applicables :

- la quotité de 20% des frais et amortissements qui ont été admis au-delà du montant des coûts réellement faits ou supportés doivent continuer à apparaître au compte « réserve immunisée » ou au compte « capital » ;
- la quotité de 20% des frais et amortissements majorés qui ont été admis au-delà du montant des coûts réellement faits ou supportés ne doivent pas intervenir dans la base de calcul de la dotation annuelle de la réserve légale, ainsi que pour le calcul des rémunérations ou attributions quelconques[102].

b) Frais de sécurisation

	Articles 64ter, alinéa 1er, 2°, 185quater et 190bis et 194octies du CIR.
Autre référence	**Ci.RH.242/596.157 du 13 février 2009.**

L'article 64ter, alinéa 1er, 2° du CIR rend déductibles à concurrence de 120 % certains frais très spécifiques en matière de sécurisation pour lesquels la déduction pour investissement n'est pas applicable.

➲ Frais à prendre en considération

Les frais déductibles à concurrence de 120 % dans le domaine de la sécurisation sont les suivants :

a. Les frais d'abonnement pour le raccordement à une centrale d'alarme autorisée pour la gestion d'alarmes qui proviennent de systèmes installés dans des **biens immobiliers** afin de prévenir ou de combattre des délits contre des personnes ou des biens.

   Il doit s'agir d'alarmes provenant de systèmes installés dans des biens immobiliers afin de prévenir ou de combattre des délits contre des personnes ou des biens.

   N'entrent donc pas en ligne de compte les systèmes d'alarmes :

   - pour les biens qui ne sont pas installés dans un bien immobilier;
   - pour les véhicules;
   - qui signalent exclusivement le déclenchement d'un incendie, les fuites de gaz ou le dégagement de fumée.

   La liste des centrales d'alarme autorisées peut être consultée sur le site web du SPF Intérieur (https://vigilis.ibz.be/upload/documents/bs_alarmcent-centralarm.pdf).

   La date à laquelle l'autorisation a été accordée se trouve à droite en bas dans le cadre de l'entreprise concernée.

   Les abonnements « intervention après alarme » et les factures d'intervention n'entrent pas en ligne de compte pour la déduction fiscale à concurrence de 120 %.

   A défaut de ventilation entre les frais d'abonnements concernant le raccordement à une centrale d'alarme autorisée, et les frais d'abonnement en matière d'assistance ou d'intervention après alarme, la déduction fiscale à concurrence de 120 % ne peut pas être octroyée. Rien ne s'oppose cependant à ce que ces frais soient des frais professionnels déductibles pour leur montant total aux conditions générales de l'article 49 du CIR (cf. page n°220).

102 Article 22 de la loi du 25 décembre 2017 portant réforme de l'impôt des sociétés.

b. Les frais en cas de recours à une entreprise de gardiennage autorisée pour effectuer du transport protégé tel que visé à l'article 8, § 1er, 2°, de l'arrêté royal du 7 avril 2003 réglant certaines méthodes de surveillance et de protection du transport de valeurs et relatif aux spécificités techniques des véhicules de transport de valeurs.

   Le transport mentionné à l'article 8, § 1er, 2°, de l'arrêté royal du 7 avril 2003 concerne le transport protégé de valeurs avec une valise intelligente légère (appelé officiellement conteneur) équipée d'un système de neutralisation dit de « type B ».

   La liste des entreprises de gardiennage autorisées peut être consultée sur le site web du S.P.F Intérieur (https://vigilis.ibz.be/upload/documents/bg_ondern-entrep.pdf). Cette liste est régulièrement mise à jour. Etant donné que la période de validité de l'autorisation n'est pas mentionnée, il est loisible, en cas de doute, d'effectuer une recherche dans le Moniteur belge, soit via le nom de l'entreprise soit via le N° de l'autorisation (à taper dans la rubrique « Mot(s) du texte » de la « Recherche avancée »).

c. les frais en cas de recours collectif par un groupe d'entreprises à une entreprise de gardiennage autorisée pour l'exécution de missions de gardiennage relative à la surveillance et protection de biens mobiliers ou immobiliers, comme par exemple un groupe de commerçants dans une rue commerçante qui font ensemble appel à une entreprise de gardiennage pendant des périodes très actives.

   La liste des entreprises de gardiennage autorisées peut être consultée sur le site web du SPF Intérieur (https://vigilis.ibz.be/upload/documents/bg_ondern-entrep.pdf). Cette liste est régulièrement mise à jour. Vu que la période de validité de l'autorisation n'est pas mentionnée, il est loisible, en cas de doute, d'effectuer une recherche dans le Moniteur belge, soit via le nom de l'entreprise soit via le N° de l'autorisation (à taper dans la rubrique « Mot(s) du texte » de la « Recherche avancée »).

➲ Sociétés visées

Cette déduction à 120% des frais de sécurisation mentionnés ci-avant est seulement applicable aux sociétés qui, sur la base de l'article 15 du Code des sociétés, sont considérées comme petites sociétés (la notion de « PME » est définie à la page n°685) pour la période imposable durant laquelle les coûts sont faits ou supportés[103].

➲ Condition d'intangibilité

Cette condition implique que la quotité de 20% des frais majorés :

- doit apparaître au compte «réserve immunisée» ou au compte «capital»;
- ne doit pas intervenir dans la base de calcul de la dotation annuelle de la réserve légale, ainsi que pour le calcul des rémunérations ou attributions quelconques.

Cette exonération est provisoire dans la mesure où cette quotité devient imposable au plus tard, à la clôture de liquidation de la société.

Ceci peut être illustré par l'exemple suivant.

L'analyse du compte de résultats de l'année 2018 de la SA Azur (dont les actions sont détenues uniquement par des personnes physiques) fait apparaître que les frais d'abonnement pour le raccordement à une centrale d'alarme s'élèvent, avant majoration de 20%, à 615,00 EUR.

103 Articles 88 et 90 de la loi du 26 décembre 2015 relative aux mesures concernant le renforcement de la création d'emplois et du pouvoir d'achat.

L'écriture comptable à passer est la suivante :

Faits comptables	N° plan comptable	Intitulés des comptes	Somme débit	Somme crédit
Transfert aux réserves immunisées	6800	Transferts aux impôts différés (20% de 615,00)	123,00	
	1320	à Réserves immunisées		123,00

Suite à ces opérations, le bilan de SA Azur au 31/12/2018, se présente de la manière suivante :

ACTIF			*PASSIF*		
	31/12/2018	*31/12/2017*		*31/12/2018*	*31/12/2017*
Immobilisations corporelles	**10.000,00**	**15.000,00**	Capital (apports en numéraires)	**15.000,00**	**15.000,00**
• Valeur d'acquisition	25.000,00	25.000,00	Réserve légale	**1.500,00**	**1.500,00**
• Amortissements actés	15.000,00	10.000,00	Réserves immunisées	**123,00** (à savoir 20% de 615,00)	**0,00**
Valeurs disponibles	**13.385,00**	**14.000,00**	Réserves disponibles	**2.000,00**	**2.000,00**
			Bénéfice reporté	**4.762,00**	**10.500,00**
Total	*23.385,00*	*29.000,00*	*Total*	*23.385,00*	*29.000,00*

Le mouvement des réserves imposables se présente de la manière suivante :

	Situation au début de la période imposable	Situation à la fin de la période imposable
Réserve légale	1.500,00	1.500,00
Réserves disponibles	2.000,00	2.000,00
Résultat reporté		
Bénéfice	10.500,00	4.762,00
Sous-total de la situation au début de la période imposable (pour le premier exercice comptable, mentionner zéro (0) au code 1040 PN)		
- Positif	14.000,00 (Code 1040 PN)	8.262,00 (Code 1040 PN)
Réserves imposables après adaptation de la situation de début des réserves		
Positifs	14.000,00 (Code 1070 PN)	
Mouvement de la période imposable		
Bénéfices réservés imposables	-5.738,00 (Code 1080 PN)	
	Le montant de 5.738,00 € qui correspond à l'amortissement admissible à titre de frais professionnels acté sur l'immobilisation corporelle (5.000,00 EUR) majoré de 120% des dépenses relatives aux frais d'abonnement pour le raccordement à une centrale d'alarme (738,00 EUR).	

Le mouvement des réserves exonérées se présente de la manière suivante :

	Situation au début de la période imposable	Situation à la fin de la période imposable
Autres éléments exonérés	0,00 (Code 1124)	123,00 (c'est-à-dire 20% des frais d'abonnement pour le raccordement à une centrale d'alarme) (Code 1124)
Total	*0,00*	*123,00*

➲ Abrogation

La déductibilité à 120% des frais de sécurisation mentionnés ci-avant est abrogée à partir de l'exercice d'imposition 2021 se rattachant à une période imposable qui débute au plus tôt le 1er janvier 2020[104].

c) Frais en vue de favoriser l'usage d'un cycle ou d'un speed pedelec

Articles 64ter, alinéa 1er, 3°, 190bis et 194octies du CIR.

L'article 64ter du CIR est complété pour prévoir que la déduction des frais supportés par un employeur en vue d'encourager ses travailleurs à utiliser un cycle ou un speed pedelec pour le déplacement de leur domicile à leur lieu de travail est portée à concurrence de 120% du montant de ces frais.

➲ Cycles et speed pedelecs visés

Sont visés les cycles, les cycles motorisés ou les speed pedelecs, tels que définis dans le règlement général sur la police de la circulation routière, étant entendu que les cycles motorisés et les speed pedelecs n'entrent en considération que lorsqu'ils sont propulsés de façon électrique.

Par « cycle », on entend tout véhicule à deux roues ou plus qui est actionné avec des pédales ou des poignées avec la force musculaire ou équipé d'un moteur à assistance électrique jusqu'à 250 W qui n'offre plus de soutien à partir de 25 km à l'heure, ou plus tôt si le conducteur arrête de pédaler.

Les vélos classiques, les vélos de course, les VTT, les vélos de ville, les triporteurs, les cycles adaptés aux moins valides (trois roues, actionné via des poignées, etc.), les cycles pliables, avec propulsion électrique tombent sous la définition précitée.

Par contre, les hoverboards, les patins à roulettes, les skateboards, les monocycles et les segways ne sont pas visés. Il s'agit ici d'engins de déplacement motorisés ou non.

Par « cycle motorisé », on entend tout véhicule à deux, trois ou quatre roues à pédales, équipé d'un mode de propulsion électrique auxiliaire dans le but premier d'aider au pédalage et dont l'alimentation du système auxiliaire de propulsion est interrompue lorsque le véhicule atteint une vitesse maximale de 25 km à l'heure, à l'exclusion des cycles visés ci-dessus.

104 Article 5 de la loi du 30 juillet 2018 portant des dispositions diverses en matière d'impôts sur les revenus.

La puissance nominale continue maximale du moteur électrique s'élève à maximum 1 kW.

Par speed pedelec, on entend tout véhicule à deux roues à pédales, à l'exception des cycles motorisés, équipé d'un mode de propulsion auxiliaire électrique dans le but premier d'aider au pédalage et dont l'alimentation du système auxiliaire de propulsion est interrompue lorsque le véhicule atteint une vitesse maximale de 45 km à l'heure.

Le moteur électrique a une puissance nominale continue maximale de 4 kW.

Les cycles, les cycles motorisés ou les speed pedelecs peuvent être équipés d'un bouton garage (aussi appelé Walk Assist, Park Assist, une assistance au démarrage, parking, etc.) ce qui leur permet, avec une autonomie limitée, de se déplacer, par exemple pour faciliter le déplacement du vélo poussé à la main à côté de soi.

En ce qui concerne ledit e-bike, il ne peut entrer en ligne de compte en raison de la propulsion électrique que s'il peut être repris dans une des trois catégories en question (cycle, cycle motorisé et speed pedelec).

➲ Frais à prendre en considération

La déduction majorée est uniquement applicable dans la mesure où les frais sont supportés spécifiquement en vue :

- d'**acquérir**, de **construire** ou de **transformer** un bien immeuble destiné directement à l'entreposage des cycles ou des speed pedelecs pendant les heures de travail des travailleurs ou à mettre un vestiaire ou des sanitaires composés ou non de douches à la disposition des travailleurs.

  En conséquence, les frais qui sont faits en vue de louer un bien immobilier n'entrent pas en ligne de compte pour la déduction à concurrence de 120%, même si le bien en question est destiné à l'entreposage des cycles ou des speed pedelecs ou à mettre à disposition un vestiaire ou des sanitaires. De tels frais locatifs entrent en ligne de compte pour la déduction à titre de frais professionnels (à 100%) au sens de l'article 49 du CIR.

  Les frais d'un leasing financier, activés sur le plan comptable par le preneur en leasing, entrent bien en ligne de compte pour la déduction majorée à concurrence de 120%. Par contre, les frais d'un leasing opérationnel n'entrent pas en ligne de compte pour cette déduction majorée.

  Sont également exclus de la déduction majorée les frais visant à acquérir des biens mobiliers (par exemple, pour l'ameublement des locaux);

- d'**acquérir** des cycles ou des speed pedelecs et des accessoires, de les **entretenir** ou de les **réparer**, afin de les mettre à la disposition des travailleurs.

  En conséquence, les frais qui sont faits en vue de louer des cycles ou des speed pedelecs n'entrent pas en ligne de compte pour la déduction à concurrence de 120%, même si ces cycles ou des speed pedelecs sont destinées aux déplacements domicile-lieu de travail du personnel. De tels frais locatifs entrent bien en ligne de compte pour la déduction à titre de frais professionnels (à 100%) au sens de l'article 49 du CIR.

  Les frais d'un leasing financier, activés sur le plan comptable par le preneur en leasing, entrent bien en ligne de compte pour la déduction majorée à concurrence de 120%. Par contre, les frais d'un éventuel leasing opérationnel n'entrent pas en ligne de compte pour cette déduction majorée.

Les cycles ou les speed pedelecs doivent être amorties par annuités fixes dont le nombre ne peut être inférieur à trois.

L'amortissement déductible est égal au montant des amortissements admissibles à titre de frais professionnels majoré de 20%.

➲ Condition d'intangibilité

Cette condition implique que la quotité de 20% des frais majorés :

- doit apparaître au compte « réserve immunisée » ou au compte « capital »;
- ne doit pas intervenir dans la base de calcul de la dotation annuelle de la réserve légale, ainsi que pour le calcul des rémunérations ou attributions quelconques.

Cette exonération est provisoire dans la mesure où cette quotité devient imposable au plus tard, à la clôture de liquidation de la société.

➲ Détermination de la plus-value ou moins-value

En outre, pour la détermination de la plus-value ou de la moins-value de ces investissements, il n'est pas tenu compte de la majoration des amortissements précitée.

Ceci peut être illustré par l'exemple suivant.

L'analyse du compte de résultats de l'année 2018 de la SA Azur fait apparaître que les frais d'amortissements des cycles ou des speed pedelecs mis à la disposition des travailleurs pour leurs déplacements du domicile au lieu de travail, avant majoration de 20%, s'élève à 615,00 EUR (1.845,00 EUR x 33,33%).

L'écriture comptable à passer est la suivante :

Faits comptables	N° plan comptable	Intitulés des comptes	Somme débit	Somme crédit
Transfert aux réserves immunisées	6800	Transferts aux impôts différés (20% de 615,00)	123,00	
	1320	à Réserves immunisées		123,00

Suite à ces opérations, le bilan de SA Azur au 31/12/2018, se présente de la manière suivante :

ACTIF			*PASSIF*		
	31/12/2018	*31/12/2017*		*31/12/2018*	*31/12/2017*
Immobilisations incorporelles	10.000,00	15.000,00	Capital (apports en numéraires)	15.000,00	15.000,00
• Valeur d'acquisition	25.000,00	25.000,00	Réserve légale	1.500,00	1.500,00
• Amortissements actés	15.000,00	10.000,00			
Immobilisations corporelles (bicyclette)	1.230,00	0,00	Réserves immunisées	123,00 (à savoir 20% de 615,00)	0,00
• Valeur d'acquisition	1.845,00	0,00			
• Amortissements actés	615,00	0,00	Réserves disponibles	2.000,00	2.000,00
Valeurs disponibles	12.155,00	14.000,00	Bénéfice reporté	4.762,00	10.500,00
Total	*23.385,00*	*29.000,00*	*Total*	*23.385,00*	*29.000,00*

Le mouvement des réserves imposables se présente de la manière suivante :

	Situation au début de la période imposable	Situation à la fin de la période imposable
Réserve légale	1.500,00	1.500,00
Réserves disponibles	2.000,00	2.000,00
Résultat reporté		
Bénéfice	10.500,00	4.762,00
Sous-total de la situation au début de la période imposable (pour le premier exercice comptable, mentionner zéro (0) au code 1040 PN)		
- Positif	14.000,00 (Code 1040 PN)	8.262,00 (Code 1040 PN)
Réserves imposables après adaptation de la situation de début des réserves		
Positifs	14.000,00	
Mouvement de la période imposable		
Bénéfices réservés imposables	-5.738,00 (Code 1080 PN)	
	Le montant de 5.738,00 € qui correspond à l'amortissement admissible à titre de frais professionnels acté sur l'immobilisation incorporelle (5.000,00 EUR) majoré de 120% des dépenses relatives aux frais d'amortissement des cycles ou des speed pedelecs mis à la disposition des travailleurs (738,00 EUR).	

Le mouvement des réserves exonérées se présente de la manière suivante :

	Situation au début de la période imposable	Situation à la fin de la période imposable
Autres éléments exonérés	0,00 (Code 1124)	123,00 (c'est-à-dire 20% des frais d'amortissement des cycles ou des speed pedelecs) (Code 1124)
Total	*0,00*	*123,00*

➲ Abrogation

La déductibilité à 120% des frais en vue de favoriser l'usage d'un cycle ou d'un speed pedelec est abrogée à partir de l'exercice d'imposition 2021 se rattachant à une période imposable qui débute au plus tôt le 1er janvier 2020[105].

105 Article 5 de la loi du 30 juillet 2018 portant des dispositions diverses en matière d'impôts sur les revenus.

d) Frais concernant les voitures, voitures mixtes, minibus et fausses camionnettes qui émettent 0 gramme de CO_2 par kilomètre

Articles 198bis et 190bis du CIR.

➲ Frais à prendre en considération

Les frais auxquels s'applique cette déduction à 120% sont tous les frais directs et indirects afférents à l'utilisation, en Belgique et à l'étranger, des voitures, voitures mixtes, minibus et fausses camionnettes qui émettent 0 gramme de CO_2 par kilomètre.

Il s'agit principalement :

- de l'amortissement du véhicule et de tous les accessoires et équipements tels que la radio, le système d'alarme, etc.;
- des frais d'assurance y compris les taxes et autres frais annexes;
- de la taxe de circulation, de la taxe de mise en circulation, etc.;
- de la location ou de l'amortissement d'un garage;
- des frais de parking, de péages;
- des frais d'entretien;
- des frais de réparation;
- des frais de contrôle technique;
- des frais d'expertise et de justice (y compris les honoraires d'avocats) en rapport avec l'usage de la voiture;
- des cotisations payées à des organisations qui assurent le dépannage;
- des frais de dépannage ou de remorquage du véhicule en panne;
- des frais d'électricité (en effet, dans le « Dictionnaire des sciences et techniques du pétrole », le carburant est défini comme une matière susceptible de brûler en produisant une quantité de chaleur utilisable) ;
- etc.

Cette déduction majorée ne s'applique pas aux frais de carburant et de financement.

➲ Condition d'intangibilité

Cette condition implique que la quotité de 20% des frais majorés :

- doit apparaître au compte « réserve immunisée » ou au compte « capital »;
- ne doit pas intervenir dans la base de calcul de la dotation annuelle de la réserve légale, ainsi que pour le calcul des rémunérations ou attributions quelconques.

Cette exonération est provisoire dans la mesure où cette quotité devient imposable au plus tard à la clôture de liquidation de la société.

➲ Détermination de la plus-value ou moins-value

En outre, pour la détermination de la plus-value ou de la moins-value ultérieure afférente à ces véhicules, il n'est pas tenu compte de la majoration des amortissements précitée.

Ceci peut être illustré par l'exemple suivant.

L'analyse du compte de résultats de l'année 2018 de la SA Azur fait apparaître que les frais relatifs au matériel roulant qui émettent 0 gramme de CO_2 par kilomètre s'élèvent, avant majoration de 20%, à :

Amortissements	**6.600,89**
Entretiens	**1.105,00**
Réparations	**1.242,02**
Assurances	**1.052,09**
Electricité	**2.300,00**
Total	12.300,00

L'exercice comptable au 31/12/2018 dégage une perte de l'exercice égale à 14.760,00 EUR qui correspond à 120% des dépenses relatives aux frais relatifs au matériel roulant émettant 0 gramme de CO_2 par kilomètre.

L'écriture comptable à passer est la suivante :

Faits comptables	N° plan comptable	Intitulés des comptes	Somme débit	Somme crédit
Transfert aux réserves immunisées	6800	Transferts aux réserves immunisées (20% de 12.300,00).	2.460,00	
	1320	à Réserves immunisées		2.460,00

Suite à ces opérations, le bilan de SA Azur au 31/12/2018 se présente de la manière suivante :

ACTIF			PASSIF		
	31/12/2018	*31/12/2017*		*31/12/2018*	*31/12/2017*
Matériel roulant	**19.802,67**	**26.403,56**	Capital (apports en numéraires)	**15.000,00**	**15.000,00**
• Valeur d'acquisition	33.004,45	33.004,45	Réserve légale	**1.500,00**	**1.500,00**
• Amortissements actés	13.201,78	6.600,89	Réserves immunisées	**2.460,00** (à savoir 20% de 12.300,00)	**0,00**
Valeurs disponibles	**6.897,33**	**12.596,44**	Réserves disponibles	**2.000,00**	**2.000,00**
			Bénéfice reporté	**5.740,00**	**20.500,00**
Total	*26.700,00*	*39.000,00*	*Total*	*26.700,00*	*39.000,00*

Le mouvement des réserves imposables se présente de la manière suivante :

	Situation au début de la période imposable	**Situation à la fin de la période imposable**
Réserve légale	1.500,00	1.500,00
Réserves disponibles	2.000,00	2.000,00
Résultat reporté		
Bénéfice	20.500,00	5.740,00
Sous-total de la situation au début de la période imposable (pour le premier exercice comptable, mentionner zéro (0) au code 1040 PN)		
- Positif	24.000,00 (Code 1040 PN)	9.240,00 (Code 1040 PN)
- Négatif		
Réserves imposables après adaptation de la situation de début des réserves		
Positifs	24.000,00 (Code 1070 PN)	
Négatifs		
Mouvement de la période imposable		
Bénéfices réservés imposables		-14.760,00 (Code 1080 PN)
	Le montant négatif de 14.760,00 EUR correspond au fait que les frais (12.300,00 EUR) sont déductibles à concurrence de 120%.	

Le mouvement des réserves exonérées se présente de la manière suivante :

	Situation au début de la période imposable	Situation à la fin de la période imposable
Autres éléments exonérés	0,00 (Code 1124)	2.460,00 (c'est-à-dire 20% des frais relatifs au matériel roulant émettant 0 gramme de CO_2 par kilomètre) (Code 1124)
Total	*0,00*	*2.460,00*

➲ Abrogation

La déductibilité à 120% des frais concernant les voitures mixtes, minibus et fausses camionnettes qui émettent 0 gramme de CO_2 par kilomètre est abrogée à partir de l'exercice d'imposition 2021 se rattachant à une période imposable qui débute au plus tôt le 1er janvier 2020[106].

Pour le maintien de la déduction des frais admis au-delà du montant des coûts réellement faits ou supportés, les conditions suivantes restent applicables :

- la quotité de 20% des frais et amortissements qui ont été admis au-delà du montant des coûts réellement faits ou supportés doivent continuer à apparaître au compte « réserve immunisée » ou au compte « capital » ;
- la quotité de 20% des frais et amortissements majorés qui ont été admis au-delà du montant des coûts réellement faits ou supportés ne doivent pas intervenir dans la base de calcul de la dotation annuelle de la réserve légale, ainsi que pour le calcul des rémunérations ou attributions quelconques[107].

106 Article 41,5° de la loi du 25 décembre 2017 portant réforme de l'impôt des sociétés.

107 Article 22 de la loi du 25 décembre 2017 portant réforme de l'impôt des sociétés.

e) Subsides en capital et en intérêts

	Articles 183, 193*bis*, 193*ter*, 198, alinéa 1er, 14°, 24 alinéa 1er, 1° et 362, alinéa 1er du CIR. **Article 74, alinéa 2, 1 de l'AR/CIR.**
Autre référence	**Circulaire n° Ci. RH. 421/597.225 (AFER N° 40/2009) du 4 août 2009.**

Les articles 193bis et 193ter du CIR vise à exonérer :

- les primes de remise au travail et les primes de transition professionnelle, attribuées par les institutions régionales compétentes;
- les subsides en capital et en intérêt attribués par les Régions dans le cadre de la législation d'expansion économique, qui font l'objet d'une notification (c'est-à-dire le moment ou le droit à l'obtenir est acquis) à partir du 1er janvier 2006 et pour autant que la date de notification se rapporte au plus tôt à la période imposable qui se rattache à l'exercice d'imposition 2007;
- les primes et les subsides attribués par les régions dans le but d'encourager la recherche et le développement qui font l'objet d'une notification (c'est-à-dire le moment ou le droit à l'obtenir est acquis) à partir du 1er janvier 2007 et pour autant que la date de notification se rapporte au plus tôt à la période imposable qui se rattache à l'exercice d'imposition 2008.

Les subsides précités sont exonérés dans la mesure où ils deviennent taxables en vertu de l'article 362 du CIR qui prévoit que : « les subsides en capital obtenus des pouvoirs publics en vue de l'acquisition ou de la constitution d'immobilisations incorporelles ou corporelles, sont considérés comme des bénéfices de la période imposable au cours de laquelle ils ont été alloués et de chaque période imposable subséquente et ce, proportionnellement aux amortissements ou réductions de valeur afférents auxdites immobilisations qui ont été pris en considération comme frais professionnels respectivement à la fin de ladite période imposable et de chaque période imposable suivante et, le cas échéant, à concurrence du solde subsistant lors de l'aliénation ou de la mise hors d'usage desdites immobilisations ».

1. Primes de remise au travail et les primes de transition professionnelle

Les primes visées reprennent toutes les interventions financières des **Régions** en faveur de l'engagement de travailleurs défavorisés. Ces primes doivent répondre aux conditions prévues au Règlement (CE) n°2204/2002 de la commission du 12 décembre 2002 concernant l'application des articles 87 et 88 du traité CE aux aides d'Etat à l'emploi, ou avoir été admises par la Commission européenne dans ce cadre.

Le présent règlement vise deux catégories d'aides à l'emploi :

- les aides à la création d'emplois;
- les aides favorisant l'embauche de personnes défavorisées et handicapées.

Ce règlement ne s'applique pas :

- aux aides à l'exportation, à savoir aux aides directement liées aux quantités exportées, à l'établissement et à l'exploitation d'un réseau de distribution ou aux autres dépenses courantes liées à l'activité d'exportation;
- aux aides favorisant la production intérieure par rapport aux produits importés.

En ce qui concerne les aides à la création d'emplois, les plafonds suivants doivent être respectés :

- pour les régions et les secteurs ne bénéficiant pas d'aides à finalité régionale, l'intensité brute de l'aide ne doit pas excéder les plafonds de 15% et 7,5% respectivement pour les petites et moyennes entreprises;
- pour les régions et les entreprises bénéficiant d'aide à finalité régionale, les plafonds correspondant à ceux mentionnés sur les cartes d'aides à finalité régionale ainsi que dans l'encadrement multisectoriel des aides à finalité régionale.

Dans le cas des petites et moyennes entreprises, sous réserve de dispositions contraires prévues par la carte d'aides à finalité régionale, le plafond est majoré de :

- 10 points de pourcentage brut dans les régions couvertes par l'article 87, paragraphe 3, point c) du traité CE, pour autant que l'intensité nette totale de l'aide n'excède pas 30%;
- 15 points de pourcentage brut dans les régions couvertes par l'article 87, paragraphe 3, point a) du traité CE, pour autant que l'intensité nette totale de l'aide n'excède pas 75%.

L'octroi de l'aide prévoit une durée maximale de deux ans à condition que les emplois créés :

- représentent une augmentation nette du nombre de salariés;
- soient maintenus pour une durée minimale de trois ans (deux dans le cas des PME);
- bénéficient aux travailleurs n'ayant jamais travaillé ou étant en chômage.

En ce qui concerne les aides favorisant l'embauche de personnes défavorisées et handicapées, l'aide accordée peut atteindre 50% (pour les personnes défavorisées) ou 60% (pour les personnes handicapées) des coûts salariaux et des cotisations sociales obligatoires sur une année.

Le contribuable qui revendique l'exonération doit apporter la preuve que les primes de remise au travail et/ou les primes de transition professionnelle répondent aux conditions prévues par le présent règlement.

La Région flamande connaît, par exemple, les primes de remise au travail (tewerkstellingspremies) applicables aux PME et de nombreuses autres formes d'aides : la « groepremie », le « gratis opstart », la « groeikapitaal », etc.

La Région de Bruxelles - Capitale octroie une prime de « transition professionnelle ».

2. Subsides octroyés par les régions dans le cadre de la législation d'expansion économique

Sont exonérés de l'impôt des sociétés dans la mesure où ils deviennent imposables en vertu de l'article 362 du CIR, les subsides en capital et en intérêt qui sont :

- attribués par les Régions dans le cadre de la législation d'expansion économique;
- notifiés à partir du 1er janvier 2006 pour autant que la date de notification se rapporte au plus tôt à la période imposable qui se rattache à l'exercice d'imposition 2007;
- octroyés en vue de l'acquisition ou de la constitution d'immobilisations incorporelles ou corporelles amortissables ou non amortissables.

Ceci peut être illustré par l'exemple suivant.

Le bilan de la société SA Azur au 31/12/2017 se présente de la manière suivante :

ACTIF			PASSIF		
	31/12/2017	31/12/2016		31/12/2017	31/12/2016
Valeurs disponibles	22.000,00	20.000,00	Capital (apports en numéraires)	15.000,00	15.000,00
			Réserve légale	1.500,00	1.500,00
			Réserves disponibles	2.000,00	2.000,00
			Bénéfice reporté	3.500,00	1.500,00
Total	22.000,00	20.000,00	*Total*	22.000,00	20.000,00

La société SA Azur effectue les opérations suivantes en 2018 :

- elle achète une machine pour la somme de 25.000,00 EUR hors TVA (durée de vie estimée 5 ans);
- elle reçoit (le 29 juin 2018) un subside en capital octroyé par la Région Wallonne (dans le cadre de la législation d'expansion économique) s'élevant à 10% de 20.000,00 EUR c'est-à-dire 2.000,00 EUR; concernant le dépassement aucun subside n'est octroyé. Ce subside a été notifié à la SA Azur le 28 mars 2018.

Il faut par conséquent passer les écritures suivantes :

Faits comptables	N° plan comptable	Intitulés des comptes	Somme débit	Somme crédit
Comptabilisation de l'achat de la machine	2410	Matériel roulant	25 000,00	
	4110	TVA à récupérer	5 250,00	
	4400	à Fournisseur		30 250,00
Réception de la notification d'octroi du subside	4163	Subsides en capital à recevoir	2 000,00	
	1500	à Subsides en capital		2 000,00
Paiement du subside	5500	Compte Courant	2 000,00	
	4163	à Subsides en capital à recevoir		2 000,00
Comptabilisation des amortissements	6302	Dotations aux amortissements sur immobilisations corporelles	5 000,00	
	2309	à Amortissements actés sur machine		5 000,00
Transfert du subside en capital dans le compte de résultat	1500	Subsides en capital	400,00	
	753	à Subsides en capital et en intérêts		400,00

Suite à ces seules opérations effectuées en 2018, le bilan de la SA Azur au 31/12/2018 se présente de la manière suivante :

ACTIF			PASSIF		
	31/12/2018	31/12/2017		31/12/2018	31/12/2017
Machine	**20.000,00**	0,00	Capital (apports en numéraires)	15.000,00	15.000,00
• Valeur d'acquisition	25.000,00	0,00	Réserve légale	1.500,00	1.500,00
• Amortissements actés	5.000,00	0,00	Réserves disponibles	2.000,00	2.000,00
TVA à récupérer	5.250,00	0,00	Bénéfice reporté	(1.100,00)	3.500,00
			Subside en capital	1.600,00	0,00
Valeurs disponibles	24.000,00	22.000,00	Fournisseurs	30.250,00	0,00
Total	49.250,00	22.000,00	*Total*	49.250,00	22.000,00

NB : la perte reportée (1.100,00) est obtenue via le calcul : 3.500,00 (bénéfice reporté 2017) – 5.000,00 (dotations aux amortissements) + 400,00 (transfert du subside en capital dans le compte de résultat).

Le mouvement des réserves imposables se présente de la manière suivante :

	Situation au début de la période imposable	**Situation à la fin de la période imposable**
Réserve légale	1.500,00	1.500,00
Réserves disponibles	2.000,00	2.000,00
Résultat reporté		
Bénéfice	3.500,00	
Perte		(1.100,00) (L'écriture d'affectation de la perte de l'exercice a été passée)
Sous-total de la situation au début de la période imposable (pour le premier exercice comptable, mentionner zéro (0) au code 1040 PN)		
- Positif	7.000,00 (Code 1040 PN)	2.400,00 (Code 1040 PN)
- Négatif		
Majorations de la situation de début des réserves		
- Exonération des primes et subsides en capital et en intérêts régionaux	400,00 (exonération de la partie du subside imposable en vertu de l'article 362 du CIR). (Code 1054)	
Réserves imposables après adaptation de la situation de début des réserves		
Positifs	7.400,00 (Code 1070 PN)	
Négatifs		
Mouvement de la période imposable		
Bénéfices réservés imposables		-5.000,00 (Code 1080 PN)

Le mouvement des réserves exonérées se présente de la manière suivante :

	Situation au début de la période imposable	**Situation à la fin de la période imposable**
Autres éléments exonérés	0,00 (Code 1124)	1.600,00 (la quotité provisoirement exonérée du subside en capital) (Code 1124)
Total	*0,00*	*1.600,00*

En cas d'aliénation volontaire, dans les trois premières années de l'acquisition ou de la constitution de l'immobilisation incorporelle ou corporelle pour lesquelles un subside en capital ou en intérêt a été accordé, le montant des subsides exonérés antérieurement est considéré comme un bénéfice de la période imposable (à reprendre au code 1222 de la déclaration) au cours de laquelle l'aliénation a eu lieu.

Par contre, si l'aliénation résulte d'un sinistre, d'une expropriation, d'une réquisition en propriété ou d'un événement totalement indépendant de la volonté du bénéficiaire, il n'y a pas lieu de reprendre le montant des subsides exonérés antérieurement parmi les bénéfices de la période imposable au cours de laquelle l'aliénation a eu lieu.

La partie des subsides en capital et en intérêt, qui a été antérieurement exonérée définitivement et qui doit être remboursée ultérieurement aux régions n'est pas déductible comme frais professionnels. Le montant non déductible doit être repris au code 1222 de la déclaration.

3. Primes et subsides attribués par les Régions dans le but d'encourager la recherche et le développement

Sont exonérés de l'impôt des sociétés dans la mesure où ils deviennent imposables en vertu de l'article 362 du CIR, les primes et les subsides en capital et en intérêt :

- attribués à des sociétés dans le cadre de l'aide à la recherche et au développement par les institutions régionales compétentes, dans le respect de la réglementation européenne en matière d'aide d'état;
- notifiés à partir du 1er janvier 2007 pour autant que la date de notification se rapporte au plus tôt à la période imposable qui se rattache à l'exercice d'imposition 2008;
- octroyés en vue de l'acquisition ou de la constitution d'immobilisations incorporelles ou corporelles amortissables ou non amortissables.

Les primes et subsides concernés reprennent les interventions financières pour la recherche et le développement qui sont prévues pour la Région :

- flamande par le décret du 18 mai 1999;
- wallonne par le décret du 5 juillet 1990 et les arrêtés du 29 septembre 1994 et du 7 juillet 2005;
- de Bruxelles-Capitale par l'ordonnance du 21 février 2002 et l'arrêté du 18 juillet 2002.

En cas d'aliénation volontaire, dans les trois premières années de l'acquisition ou de la constitution de l'immobilisation incorporelle ou corporelle pour lesquelles une prime ou un subside a été accordé, le montant des primes ou des subsides exonérés antérieurement est considéré comme un bénéfice de la période imposable (à reprendre au code 1222 de la déclaration) au cours de laquelle l'aliénation a eu lieu.

Par contre, si l'aliénation résulte d'un sinistre, d'une expropriation, d'une réquisition en propriété ou d'un événement totalement indépendant de la volonté du bénéficiaire, il n'y a pas lieu de reprendre le montant des primes ou subsides exonérés antérieurement parmi les bénéfices de la période imposable au cours de laquelle l'aliénation a eu lieu.

La partie des primes ou des subsides, qui a été antérieurement exonérée définitivement et qui doit être remboursée ultérieurement aux régions n'est pas déductible comme frais professionnels. Le montant non déductible doit être repris au code 1222 de la déclaration.

L'AR du 18 décembre 2015 transposant la Directive 2013/34/UE du Parlement européen et du Conseil du 26 juin 2013 relative aux états financiers annuels, aux états financiers consolidés et aux rapports y afférents de certaines formes d'entreprises, modifiant la Directive 2006/43/CE du Parlement européen et du Conseil et abrogeant les Directives 78/660/CEE et 83/349/CEE du Conseil (ci-après « AR du 18 décembre 2015 ») a supprimé l'activation des frais de recherche engagés à partir du 1er janvier 2016.

Autrement dit, ces derniers ne peuvent plus apparaitre au bilan.

Or, en application de l'article 193ter du CIR, la société peut demander l'exonération des subsides si les dépenses subsidiées concourent à l'acquisition d'immobilisations corporelles ou incorporelles dans le cadre de l'aide à la recherche (et au développement).

Dès lors que l'activation des frais de recherche en immobilisations corporelles ou incorporelles n'est plus admise, se pose la question de l'application de cette mesure fiscale.

Le rapport au Roi de l'AR du 18 décembre 2015 précise néanmoins que les entreprises peuvent encore porter ces frais à l'actif pour autant qu'ils soient immédiatement et totalement amortis lors d'un seul exercice. Les entreprises peuvent traiter, le cas échéant, les frais concernés via un excédent d'amortissement dans la déclaration d'impôt[108].

Ce traitement comptable permet d'écarter l'effet fiscal défavorable engendré par l'interdiction imposée par la Directive de reprendre les frais de recherche au bilan des comptes annuels. Lorsque cette méthode est appliquée, ils pourront continuer à bénéficier de la déduction pour investissement visée aux article 69 à 77 et 201 du CIR ou du crédit d'impôt pour investissement prévus par les articles 289quater à 289novies du même code. En effet, les dispositions de l'article 63 du code précité imposent que les investissements en recherche soient amortis en 3 ans minimum, de sorte que l'exclusion prévue par l'article 75, 4°, du même code ne leur est pas applicable.

De même, la circulaire AGFlsc n°18/2016 (n°Ci.701.947) du 15 juin 2016 précise au point 5 que pour les nouveaux frais de recherche (à savoir ceux effectués au cours d'un exercice comptable débutant après le 31 décembre 2015) qui, avant la transposition de la Directive [2013/34/UE], répondaient aux conditions permettant leur reprise parmi les immobilisations incorporelles, leur comptabilisation parmi les immobilisations incorporelles reste toujours autorisée, pour autant qu'ils soient amortis immédiatement et intégralement durant l'exercice au cours duquel ils ont été portés à l'actif, évitant de la sorte que ces montants figurent au bilan des comptes annuels. Ce traitement comptable permet d'écarter l'effet fiscal défavorable engendré par l'interdiction imposée par la Directive [2013/34/UE] de reprendre les frais de recherche au bilan des comptes annuels.

Par conséquent, la circulaire confirme que les frais de recherche peuvent être activés parmi les immobilisations incorporelles et ensuite immédiatement et intégralement amortis.

L'amortissement comptabilisé à hauteur de 100 % excédant l'amortissement fiscalement admis[109] entraine l'apparition d'une réserve occulte conformément à l'article 24, alinéa 1er, 4° du CIR. Cette réserve occulte est progressivement ramenée à zéro proportionnellement aux amortissements qui sont admis fiscalement pour chaque période imposable de la durée d'amortissement.

On peut donc conclure que pour autant que les frais de recherche subsidiés soient portés à l'actif du bilan et soient intégralement amortis au cours du même exercice comptable, l'article 193ter CIR est applicable aux subsides régionaux.

4. Primes et subsides non visés ci-dessus

En principe, ces primes et subsides doivent être considérés comme des éléments imposables de l'exercice comptable au cours duquel ils ont été obtenus.

Une prime ou un subside ne doit pas être comptabilisé au moment de son paiement effectif mais au moment où le droit de l'entreprise à l'obtenir est certain et qu'il peut raisonnablement être évalué. La question de savoir quand le droit à l'obtention de la prime ou du subside acquiert un caractère certain, est une question de fait qui doit être tranchée au cas par cas.

C'est l'examen de la nature de l'engagement qui doit permettre à l'organe d'administration d'apprécier le caractère certain ou non du droit à l'obtention de la prime ou du subside. La naissance du droit à l'obtention de la prime ou du subside peut en effet faire l'objet de modalités qui affectent son degré de réalisation.

108 Moniteur Belge du 30 décembre 2015, 80384, commentaire de l'article 14.

109 Cf article 63 du CIR (amortissement linéaire sur 3 ans).

Si l'octroi d'un subside à l'investissement est subordonné à certaines conditions - par exemple en matière d'emploi - l'existence d'une telle condition suspensive empêche la comptabilisation du subside obtenu.

En revanche, si le maintien du subside obtenu par l'entreprise est subordonné à certaines conditions, une telle condition résolutoire n'empêche pas la comptabilisation dudit subside[110].

Cependant, l'article 362 du CIR déroge à ce principe en prévoyant une taxation échelonnée des subsides en capital visés ci-dessus.

La partie des primes ou des subsides, qui a été antérieurement repris dans les bénéfices imposables et qui doit être remboursée ultérieurement aux régions est déductible comme frais professionnels.

Contrairement aux subsides en intérêts ou d'exploitation qui constituent des éléments imposables de la période au cours de laquelle ils ont été obtenus, les subsides en capital sont taxés selon le rythme de l'admission à titre de frais professionnels des amortissements ou réductions de valeur afférentes aux immobilisations subsidiées.

En résumé :

<table>
<tr><td>Quotité du subside en capital taxable pour une période imposable déterminée</td><td>=</td><td>Montant du subside en capital x (Amortissements admis sur les actifs subsidiés / la valeur d'investissement ou de revient des actifs subsidiés)</td></tr>
<tr><td colspan="3">Les amortissements des actifs subsidiés doivent le cas échéant :
a) être augmentés des amortissements qui ont déjà été admis sur les actifs subsidiés pour la période au cours de laquelle le subside a été obtenu (les amortissements antérieurs à la réception du subside);
b) pour la période imposable de mise hors d'usage ou d'aliénation de l'actif subsidié, être augmentés de la valeur résiduelle fiscale de cet actif;
c) être diminués de la quotité des amortissements proportionnellement afférente à la partie de la valeur d'investissement ou de revient des actifs subsidiés qui n'a pas été prise en considération pour le calcul des subsides octroyés.</td></tr>
</table>

Ceci peut être illustré par les exemples suivants.

Exemple n°1

Le bilan de la société SA Azur au 31/12/2017 se présente de la manière suivante :

ACTIF			PASSIF		
	31/12/2017	*31/12/2016*		*31/12/2017*	*31/12/2016*
Valeurs disponibles	22.000,00		Capital (apports en numéraires)	15.000,00	
			Réserve légale	1.500,00	
			Réserves disponibles	2.000,00	
			Bénéfice reporté	3.500,00	
Total	22.000,00		*Total*	22.000,00	

110 Cf. avis CNC 2011/13.

La société SA Azur effectue les opérations suivantes en 2018 :

- elle achète une machine pour la somme de 25.000,00 EUR hors TVA (durée de vie estimée 5 ans);
- elle reçoit de la part d'une institution internationale un subside en capital s'élevant à 10% de 20.000,00 EUR c'est-à-dire 2.000,00 EUR; concernant le dépassement aucun subside n'est octroyé. Le taux estimé d'impôts pour les périodes futures est de 20,00%.

Il faut par conséquent passer les écritures suivantes :

Faits comptables	N° plan comptable	Intitulés des comptes	Somme débit	Somme crédit
Comptabilisation de l'achat de la machine	2310	Machine	25 000,00	
	4110	TVA à récupérer	5 250,00	
	4400	à Fournisseur		30 250,00
Réception de la notification d'octroi du subside	4163	Subsides en capital à recevoir	2 000,00	
	1500	à Subsides en capital		1 600,00
	1680	à Impôts différés afférents à des subsides en capital (20,00% de 2 000,00)		400,00
Paiement du subside	5500	Compte Courant	2 000,00	
	4163	à Subsides en capital à recevoir		2 000,00

Le subside en capital est taxé de manière échelonnée à concurrence de :

Période imposable	Amortissements comptabilisés	Amortissements à prendre en considération pour le calcul de la quotité imposable du subside	Quotité imposable du subside
2018	5.000,00	4.000,00	400,00 = 2.000,00 x (4.000,00 / 20.000,00)
2019	5.000,00	4.000,00	400,00 = 2.000,00 x (4.000,00 / 20.000,00)
2020	5.000,00	4.000,00	400,00 = 2.000,00 x (4.000,00 / 20.000,00)
2021	5.000,00	4.000,00	400,00 = 2.000,00 x (4.000,00 / 20.000,00)
2022	5.000,00	4.000,00	400,00 = 2.000,00 x (4.000,00 / 20.000,00)
TOTAL			2.000,00

Cela génère les écritures d'inventaire suivantes :

Faits comptables	N° plan comptable	Intitulés des comptes	Somme débit	Somme crédit
Comptabilisation des amortissements	6302	Dotations aux amortissements sur immobilisations corporelles	5 000,00	
	2319	à Amortissements actés sur machine		5 000,00

Transfert du subside en capital dans le compte de résultat	1500	Subsides en capital	320,00	
	168	Impôts différés afférents à des subsides en capital (20,00% de 400,00)	80,00	
	753	à Subsides en capital et en intérêts		320,00
	7800	à Prélèvements sur les impôts différés		80,00

Suite à ces seules opérations effectuées en 2018, le bilan de la SA Azur au 31/12/2018 se présente de la manière suivante :

ACTIF			*PASSIF*		
	31/12/2018	*31/12/2017*		*31/12/2018*	*31/12/2017*
Machine	20.000,00	0,00	Capital (apports en numéraires)	15.000,00	15.000,00
• Valeur d'acquisition	25.000,00	0,00	Réserve légale	1.500,00	1.500,00
• Amortissements actés	5.000,00	0,00	Réserves disponibles	2.000,00	2.000,00
TVA à récupérer	5.250,00	0,00	Bénéfice reporté	(1.100,00)	3.500,00
			Subside en capital	1.280,00	0,00
Valeurs disponibles	24.000,00	22.000,00	Provisions pour impôts différés (taux estimé = 20,00%)	320,00	0,00
			Fournisseurs	**30.250,00**	**0,00**
Total	***49.250,00***	***22.000,00***	***Total***	***49.250,00***	***22.000,00***

NB : la perte reportée (1.100,00) est obtenue via le calcul : 3.500,00 (bénéfice reporté 2017) – 5.000,00 (dotations aux amortissements) + 80,00 (impôts différés) + 320,00 (prélèvement sur les réserves immunisées).

Le mouvement des réserves imposables se présente de la manière suivante :

	Situation au début de la période imposable	**Situation à la fin de la période imposable**
Réserve légale	**1.500,00**	**1.500,00**
Réserves disponibles	**2.000,00**	**2.000,00**
Résultat reporté		
Bénéfice	**3.500,00**	
Perte		(1.100,00) (L'écriture d'affectation de la perte de l'exercice a été passée)
Sous-total de la situation au début de la période imposable (pour le premier exercice comptable, mentionner zéro (0) au code 1040 PN)		
- Positif	7.000,00 (Code 1040 PN)	2.400,00 (Code 1040 PN)
- Négatif		
Réserves imposables après adaptation de la situation de début des réserves		
Positifs	7.000,00 (Code 1070 PN)	
Négatifs		
Mouvement de la période imposable		

Bénéfices réservés imposables	**-4.600,00** (Code 1080 PN)
	Le montant négatif de 4.600,00 EUR comprend une diminution de base taxable de 5.000,00 EUR (les amortissements sur la machine) et une augmentation de 400,00 EUR de la même base taxable (la partie du subside qui devient imposable en 2018).

Le mouvement des réserves exonérées se présente de la manière suivante :

	Situation au début de la période imposable	**Situation à la fin de la période imposable**
Autres éléments exonérés	0,00 (Code 1124)	1.600,00 (la quotité provisoirement exonérée du subside en capital) (Code 1124)
Total	***0,00***	***1.600,00***

Exemple n°2

Nous reprenons les mêmes données que dans l'exemple 1, mais la société SA Azur vend la machine, le 4 décembre 2019, pour la somme de 19.000,00 EUR hors TVA.

Le bilan de la société SA Azur au 31/12/2018 se présente de la manière suivante :

ACTIF			*PASSIF*		
	31/12/2018	*31/12/2017*		*31/12/2018*	*31/12/2017*
Machine	**20.000,00**	**0,00**	Capital (apports en numéraires)	**15.000,00**	**15.000,00**
• Valeur d'acquisition	25.000,00	0,00	Réserve légale	**1.500,00**	**1.500,00**
• Amortissements actés	5.000,00	0,00	Réserves disponibles	**2.000,00**	**2.000,00**
TVA à récupérer	**5.250,00**	**0,00**	Bénéfice reporté	**(1.100,00)**	**3.500,00**
			Subside en capital	1.280,00	0,00
Valeurs disponibles	**24.000,00**	**22.000,00**	Provisions pour impôts différés (taux estimé = 20,00%)	*320,00*	*0,00*
			Fournisseurs	30.250,00	0,00
Total	*49.250,00*	*22.000,00*	Total	49.250,00	22.000,00

L'aliénation de la machine en 2019 donne lieu aux écritures suivantes :

Faits comptables	N° plan comptable	Intitulés des comptes	Somme débit	Somme crédit
Comptabilisation de la vente de la machine	4000	Client	22 990,00	
	7484	à Ventes d'immobilisés		19 000,00
	4510	à TVA à payer		3 990,00
Détermination du résultat comptable	7484	Ventes d'immobilisés	19 000,00	
	2309	Amortissements actés sur machine	5 000,00	
	6630	Moins-value réalisée sur réalisation d'actifs immobilisés	1 000,00	
	2300	à Machine		25 000,00

Le comptable n'a pas transféré le solde du subside afférent à la machine dans le compte de résultats, de telle sorte que le bilan au 31/12/2019 après ces seules opérations se présente de la manière suivante :

ACTIF			*PASSIF*		
	31/12/2019	*31/12/2018*		*31/12/2019*	*31/12/2018*
Machine	0,00	20.000,00	Capital (apports en numéraires)	15.000,00	15.000,00
• Valeur d'acquisition	0,00	25.000,00	Réserve légale	1.500,00	1.500,00
• Amortissements actés	0,00	5.000,00	Réserves disponibles	2.000,00	2.000,00
Clients	22.990,00	0,00	Bénéfice reporté	(2.100,00)	(1.100,00)
TVA à récupérer	5.250,00	5.250,00	Subside en capital	1.280,00	1.280,00
Valeurs disponibles	24.000,00	24.000,00	Provisions pour impôts différés (taux estimé = 20,00%)	320,00	320,00
			Fournisseurs	**30.250,00**	**30.250,00**
			TVA à payer	**3.990,00**	**0,00**
Total	*52.240,00*	*49.250,00*	*Total*	*52.240,00*	*49.250,00*

Le mouvement des réserves imposables se présente de la manière suivante :

	Situation au début de la période imposable	**Situation à la fin de la période imposable**
Réserve légale	1.500,00	1.500,00
Réserves disponibles	2.000,00	2.000,00
Résultat reporté		
Bénéfice		
Perte	(1.100,00)	(2.100,00) (L'écriture d'affectation de la perte de l'exercice a été passée).
Autres réserves figurant au bilan	0,00	1.600,00 (le subside en capital est repris parmi les réserves imposables étant donné qu'il figure toujours au passif du bilan bien que l'investissement auquel il se rapporte ait été aliéné).
Sous-total de la situation au début de la période imposable (pour le premier exercice comptable, mentionner zéro (0) au code 1040 PN)		
- Positif	2.400,00 (Code 1040 PN)	3.000,00 (Code 1040 PN)
- Négatif		
Réserves imposables après adaptation de la situation de début des réserves		
Positifs	2.400,00 (Code 1070 PN)	
Négatifs		
Mouvement de la période imposable		
Bénéfices réservés imposables	600,00 (Code 1080 PN)	
	Le montant de 600,00 EUR comprend une diminution de base taxable de 1.000,00 EUR (la moins-value réalisée sur la machine) et une augmentation de 1.600,00 EUR de la même base taxable (la partie du subside qui devient imposable en 2019).	

Le mouvement des réserves exonérées se présente de la manière suivante :

	Situation au début de la période imposable	Situation à la fin de la période imposable
Autres éléments exonérés	1.600,00 (la quotité provisoirement exonérée du subside en capital) (Code 1124)	0,00 (Code 1124)
Total	*1.600,00*	*0,00*

NB : l'écriture suivante aurait dû être passée lors de la vente du bien ayant donné droit au subside :

Faits comptables	N° plan comptable	Intitulés des comptes	Somme débit	Somme crédit
Transfert du subside en capital dans le compte de résultat	1500	Subsides en capital	1.280,00	
	168	Impôts différés afférents à des subsides en capital (20,00% de 1.600,00)	320,00	
	753	à Subsides en capital et en intérêts		1.280,00
	7800	à Prélèvements sur les impôts différés		320,00

Dans ce cas, nous n'aurions pas retrouvé 1.600,00 EUR au code 1010 « Autres réserves figurant au bilan » de la déclaration. En effet, l'écriture ci-dessus augmente directement la base imposable de 1.600,00 EUR.

5. Traitement fiscal des subsides en capital comptabilisés de manière excédentaire en produits

Lorsqu'une société porte de manière excédentaire en produits un subside en capital, il convient de limiter le montant imposable à la quotité proportionnelle du subside qui correspond aux amortissements admis pour la période imposable.

La partie excédentaire du subside en capital qui figure dans les produits comptables est neutralisée par une réserve négative.

Dans l'hypothèse d'un subside en capital visé à l'article 193bis ou 193ter du CIR, il y a lieu de limiter la majoration de la situation du début des réserves à la partie du subside qui est considérée comme un bénéfice de la période imposable sur la base de l'article 362 du CIR.

Ceci peut être illustré par l'exemple suivant.

Le bilan de la société SA Azur au 31/12/2017 se présente de la manière suivante :

ACTIF			*PASSIF*		
	31/12/2017	*31/12/2016*		*31/12/2017*	*31/12/2016*
Valeurs disponibles	22.000,00	20.000,00	Capital (apports en numéraires)	15.000,00	15.000,00
			Réserve légale	1.500,00	1.500,00
			Réserves disponibles	2.000,00	2.000,00
			Bénéfice reporté	3.500,00	1.500,00
Total	*22.000,00*	*20.000,00*	*Total*	*22.000,00*	*20.000,00*

La société SA Azur effectue les opérations suivantes en 2018 :

- elle achète une machine pour la somme de 25.000,00 EUR hors TVA (durée de vie estimée 5 ans);
- elle reçoit (le 29 juin 2018) un subside en capital octroyé par la Région Wallonne (dans le cadre de la législation d'expansion économique) s'élevant à 10% de 20.000,00 EUR c'est-à-dire 2.000,00 EUR; concernant le dépassement aucun subside n'est octroyé. Ce subside a été notifié à la SA Azur le 28 mars 2018.

Il faut par conséquent passer les écritures suivantes :

Faits comptables	N° plan comptable	Intitulés des comptes	Somme débit	Somme crédit
Comptabilisation de l'achat de la machine	2310	Machine	25 000,00	
	4110	TVA à récupérer	5 250,00	
	4400	à Fournisseur		30 250,00
Réception de la notification d'octroi du subside	4163	Subsides en capital à recevoir	2 000,00	
	1500	à Subsides en capital		2 000,00
Paiement du subside	5500	Compte Courant	2 000,00	
	4163	à Subsides en capital à recevoir		2 000,00
Comptabilisation des amortissements	6302	Dotations aux amortissements sur immobilisations corporelles	5 000,00	
	2319	à Amortissements actés sur machine		5 000,00
Transfert du subside en capital dans le compte de résultat	1500	Subsides en capital	2.000,00	
	753	à Subsides en capital et en intérêts		2.000,00

Suite à ces seules opérations effectuées en 2018, le bilan de la SA Azur au 31/12/2018 se présente de la manière suivante :

ACTIF			PASSIF		
	31/12/2018	31/12/2017		31/12/2018	31/12/2017
Machine	**20.000,00**	**0,00**	Capital (apports en numéraires)	**15.000,00**	**15.000,00**
• Valeur d'acquisition	25.000,00	0,00	Réserve légale	**1.500,00**	**1.500,00**
• Amortissements actés	5.000,00	0,00	Réserves disponibles	**2.000,00**	**2.000,00**
TVA à récupérer	**5.250,00**	**0,00**	Bénéfice reporté	**500,00**	**3.500,00**
			Subside en capital	**0,00**	**0,00**
Valeurs disponibles	**24.000,00**	**22.000,00**	Fournisseurs	**30.250,00**	**0,00**
Total	*49.250,00*	*22.000,00*	*Total*	*49.250,00*	*22.000,00*

NB : le bénéfice reporté (500,00) est obtenu via le calcul : 3.500,00 (bénéfice reporté 2017) – 5.000,00 (dotations aux amortissements) + 2.000,00 (transfert du subside en capital dans le compte de résultat).

Le mouvement des réserves imposables se présente de la manière suivante :

	Situation au début de la période imposable	Situation à la fin de la période imposable
Réserve légale	1.500,00	1.500,00
Réserves disponibles	2.000,00	2.000,00
Résultat reporté		

Bénéfice	**3.500,00**	**500,00** (L'écriture d'affectation de la perte de l'exercice a été passée)
Autres réserves imposables		**(1.600,00)** c'est-à-dire la quotité du subside qui ne doit pas être taxée en vertu de l'article 362 du CIR.
Sous-total de la situation au début de la période imposable (pour le premier exercice comptable, mentionner zéro (0) au code 1040 PN)		
- Positif	7.000,00 (Code 1040 PN)	2.400,00 (Code 1040 PN)
- Négatif		
Majorations de la situation de début des réserves		
- Exonération des primes et subsides en capital et en intérêts régionaux	400,00 (exonération de la partie du subside imposable en vertu de l'article 362 du CIR). (Code 1054)	
Réserves imposables après adaptation de la situation de début des réserves		
Positifs	7.400,00 (Code 1070 PN)	
Négatifs		
Mouvement de la période imposable		
Bénéfices réservés imposables	-5.000,00 (Code 1080 PN)	
	Le montant de 5.000,00 EUR correspond à l'amortissement acté sur la machine.	

Le mouvement des réserves exonérées se présente de la manière suivante :

	Situation au début de la période imposable	**Situation à la fin de la période imposable**
Autres éléments exonérés	0,00 (Code 1124)	1.600,00 (la quotité provisoirement exonérée du subside en capital) (Code 1124)
Total	***0,00***	***1.600,00***

La réserve négative constituée en vue de neutraliser l'excédent de subside repris en produits (1.600,00 EUR) est ramenée progressivement à zéro en proportion des amortissements admissibles fiscalement pour chaque période imposable ultérieure :

	31/12/2018	*31/12/2019*	*31/12/2020*	*31/12/2021*	*31/12/2022*
Autres réserves imposables	(1.600,00)	(1.200,00)	(800,00)	(400,00)	0,00

6. Transfert de l'actif subsidié à l'occasion d'un apport d'une branche d'activité ou d'une universalité de biens

Article 362, alinéa 2 du CIR.

L'application des textes existant avant la loi du 22 décembre 1998 pouvait conduire à ce que des actifs subsidiés fassent partie des biens apportés à l'occasion d'un apport d'une branche d'activité ou d'universalité de biens.

Une telle situation impliquait que le subside en capital devait être taxé dans le chef de l'apporteur à concurrence des réductions de valeur ou amortissements comptabilisés par la société bénéficiaire de l'apport.

Le législateur a voulu mettre fin à cette situation pas très logique en modifiant l'article 362 du CIR.

L'article 362 du CIR prévoit un transfert du « montant imposable » du subside en capital, qui n'est pas encore taxé au moment de l'apport, dans le chef de la société bénéficiaire de l'apport si les conditions suivantes sont réunies :

- il doit s'agir d'une opération visée à l'article 46, § 1er, alinéa 1er, 2° du CIR;
- la société apporteuse a obtenu, dans le passé, un subside en capital qui au moment de l'apport n'est pas encore totalement taxé;
- l'actif subsidié fait partie de l'apport.

Si ces conditions sont réunies :

- la partie provisoirement non encore imposée du subside en capital deviendra totalement exonérée dans le chef de la société apporteuse :

  ➔ **le résultat qui apparaît dans les comptes de la société apporteuse suite au transfert du subside en capital dans les comptes de résultats est neutralisé par une majoration d'un montant équivalent de la situation initiale des réserves taxées**[111].

- la technique de la taxation étalée du subside en capital de l'article 362, alinéa 1er du CIR est dorénavant mise en œuvre dans le chef de la société bénéficiaire de l'apport :

  ➔ **soit la partie non encore provisoirement imposée du subside en capital est transférée, à charge du résultat comptable, aux comptes « 15 Subsides en capital » et 168 « Impôts différés ». L'opération est fiscalement neutralisée en rejetant en dépenses non admises la partie provisoirement non encore imposée du subside en capital**[112];

  ➔ **soit la partie non encore provisoirement imposée du subside en capital est reprise aux comptes «15 Subsides en capital» et 168 «Impôts différés» via une réduction du capital à due concurrence. La différence négative entre le capital social et le capital libéré est considérée comme une réserve taxée négative ; dans la mesure où cette réserve négative est la conséquence de l'apport du subside en capital exonéré en cause, elle doit être reprise parmi les dépenses non admises.**

Par contre si les conditions mentionnées ci-dessus ne sont pas remplies, le subside en capital est taxé dans le chef de la société apporteuse.

---

111 L'article 74 de l'arrêté royal d'exécution du CIR n'a pas encore été adapté dans ce sens.

112 *Idem*.

Ceci peut être illustré par l'exemple suivant. En 2018, la « SA Azur » apporte une branche d'activité en exonération d'impôt à la société « SA Phenix ». Cet apport comprend :

- des actifs divers non amortissables pour un montant de 225.000,00 EUR (la valeur comptable et la valeur fiscale des actifs coïncident);
- des dettes pour un montant de 75.000,00 EUR.

La « SA Azur » a obtenu en 2016 un subside en capital (25.000,00 EUR). Les actifs subsidiés font partie de l'apport.

En vue de rémunérer l'apport, la société « SA Phenix » procède à une augmentation de capital de 150.000,00 EUR.

Suite à cette opération :

a. le mouvement des réserves imposables de la société « SA Azur » se présente de la manière suivante :

	Situation au début de la période imposable	**Situation à la fin de la période imposable**
Résultat reporté		
Bénéfice	**0,00**	**25.000,00** (Il s'agit du résultat comptable qui apparaît suite au transfert du subside en capital dans les comptes de résultats).
Perte		
Sous-total de la situation au début de la période imposable (pour le premier exercice comptable, mentionner zéro (0) au code 1040 PN)		
- Positif	0,00 (Code 1040 PN)	25.000,00 (Code 1040 PN)
- Négatif		
Majorations de la situation de début des réserves		
- Exonération des primes et subsides en capital et en intérêts régionaux	(Code 1054)	
Réserves imposables après adaptation de la situation de début des réserves		
Positifs	25.000,00 (Code 1070 PN)	
Négatifs		
Mouvement de la période imposable		
Bénéfices réservés imposables		0,00 (Code 1080 PN)

b. le mouvement des réserves imposables de la société « SA Phenix » se présente de la manière suivante :

1ère possibilité : transfert, à charge du résultat comptable, de la partie provisoirement non encore imposée du subside en capital aux comptes «15 Subsides en capital » et « 168 Impôts différés ».

	Situation au début de la période imposable	Situation à la fin de la période imposable
Résultat reporté		
Bénéfice	0,00	
Perte		-25.000,00
Sous-total de la situation au début de la période imposable (pour le premier exercice comptable, mentionner zéro (0) au code 1040 PN)		
- Positif	0,00 (Code 1040 PN)	0,00 (Code 1040 PN)
- Négatif		
Réserves imposables après adaptation de la situation de début des réserves		
Positifs	0,00 (Code 1070 PN)	
Négatifs		-25.000,00 (Code 1040 PN)
Mouvement de la période imposable		
Bénéfices réservés imposables		-25.000,00 (Code 1080 PN)

L'opération est fiscalement neutralisée en rejetant en dépenses non admises (code 1239) la partie provisoirement non encore imposée du subside en capital à savoir 25.000,00 EUR.

2ème possibilité : reprise de la partie provisoirement non encore imposée du subside en capital aux comptes «15 Subsides en capital » et « 168 Impôts différés » parallèlement à la création d'une réserve taxée négative incorporée au capital à concurrence de 25.000,00 EUR.

	Situation au début de la période imposable	Situation à la fin de la période imposable
Réserves incorporées au capital et primes d'émission imposables		(25.000,00)
Sous-total de la situation au début de la période imposable (pour le premier exercice comptable, mentionner zéro (0) au code 1040 PN)		
- Positif	0,00 (Code 1040 PN)	0,00 (Code 1040 PN)
- Négatif		
Réserves imposables après adaptation de la situation de début des réserves		
Positifs	0,00 (Code 1070 PN)	
Négatifs		-25.000,00 (Code 1040 PN)
Mouvement de la période imposable		
Bénéfices réservés imposables		-25.000,00 (Code 1080 PN)

L'opération est fiscalement neutralisée en rejetant en dépenses non admises (code 1239 - Autres dépenses non admises) la partie provisoirement non encore imposée du subside en capital à savoir 25.000,00 EUR.

Le mouvement des réserves exonérées de la société « SA Phenix »se présente de la manière suivante (peu importe la méthode utilisée) :

	Situation au début de la période imposable	**Situation à la fin de la période imposable**
Autres éléments exonérés	0,00 (Code 1124)	25.000,00 (Code 1124)
Total	*0,00*	*25.000,00*

C. Analyse des provisions comptables

Articles 183, 25, 5° et 48 du CIR, articles 28 et 29 de la loi du 25 décembre 2017 portant réforme de l'impôt des sociétés[111].

Articles 24 à 27 de l'AR/CIR.

Circulaire 2018/C/118 du 26 octobre 2018.

En règle générale, les provisions que comptabilise la société et qui représentent une anticipation de charge, sont taxables. Cependant, elles peuvent être exonérées fiscalement si elles respectent un certain nombre de conditions.

1. Définition

Le droit comptable définit les provisions pour risques et charges de la manière suivante :

« les provisions pour risques et charges ont pour objet de couvrir des pertes ou charges nettement circonscrites quant à leur nature, mais qui, à la date de clôture de l'exercice, sont probables ou certaines mais indéterminées quant à leur montant. A la date de clotûre du bilan, et sans préjudice de l'application de l'article 33, § 1er, une provision représente la meilleure estimation des charges qui sont considérées comme probables, ou dans le cas d'une obligation, la meilleure estimation du montant nécessaire pour l'honorer à la date de clotûre du dossier. Elles ne peuvent avoir pour objet de corriger la valeur des éléments portés à l'actif du bilan[114] ».

L'article 50 de l'AR du code des sociétés établit une distinction entre les provisions pour pertes (risques) et les provisions pour charges sans toutefois en expliciter la différence.

La provision pour charges ne peut être comptabilisée que si le produit auquel se rattachent les charges futures a été enregistré ; en revanche, la provision pour pertes (risques) peut être comptabilisée quel que soit l'exercice au cours duquel le produit correspondant doit être comptabilisé, et donc alors même que l'opération en question n'aurait encore généré aucun produit.

Autrement dit, l'exigence de la constatation d'un produit renvoie à la condition fondamentale en matière de provisions pour charges, qui est celle de rattachement à un exercice donné, non seulement des produits constatés, mais aussi des charges qui seront générées par l'opération à l'origine de ce produit. Il s'impose, en termes d'enregistrements au sein du compte de résultats, d'attribuer à chaque exercice comptable les charges (certaines et probables) et les produits qui y sont relatifs.

De la définition de l'article 50 de l'AR du code des sociétés, on peut conclure que sont donc exclues des provisions admises par le droit comptable :

- les provisions pour investissement destinées à couvrir les dépenses relatives à l'acquisition d'immobilisations amortissables ou non amortissables : en effet, la législation comptable n'envisage que deux grandes catégories de provisions, à savoir les provisions pour risques ou pertes et les provisions pour charges.

  Autrement dit, les dépenses auxquelles la provision est destinée à faire face ne peuvent pas avoir pour contrepartie un accroissement de l'actif;

113 Article 194 du CIR.

114 Article 50 de l'arrêté royal du code des sociétés.

- les provisions pour dépréciations qui sont destinées à faire face à des pertes sur des éléments d'actifs : en cas de dépréciation d'un élément d'actif, la législation comptable prévoit en effet de recourir soit à la technique de l'amortissement soit à celle de la réduction de valeur suivant qu'il s'agit de biens dont l'utilisation est ou n'est pas limitée dans le temps;
- les provisions qui sont destinées à couvrir des risques ou des charges futures qui sont :
  - liquides (c'est-à-dire dont les montants sont effectivement dus) : un passif dont le montant est fixé de manière précise et définitive est une dette;
  - probables et dont le montant ne peut pas être déterminé approximativement.

Par contre, on constituera des provisions pour faire face :

- soit à des charges futures mais certaines;
- soit à des risques de pertes ou de charges qui ont pris naissance au cours de l'exercice;
- mais qui sont indéterminées quant à leur montant.

2. *Régime fiscal des provisions*

a) <u>Principe</u>

Sur la base de l'article 25, 5° du CIR, les provisions sont imposables. Cependant, si toutes les conditions d'exonération prévues aux articles 48 du CIR et articles 24 à 27 de l'AR d'exécution du CIR sont réunies, les provisions pourront bénéficier d'une exonération fiscale.

Autrement dit, l'article 48 du CIR constitue une exception à l'article 25, 5° du CIR.

b) <u>Conditions d'exonération</u>

Il n'existe pratiquement pas de divergence entre la législation comptable et la législation fiscale. Toutes deux ont en commun d'admettre les provisions qui sont comptabilisées pour faire face à des charges nettement circonscrites (précisées) et que les événements en cours rendent, soit certaines, soit probables. Cela signifie que les deux législations visent des charges concrètes et bien définies pour lesquelles on peut prévoir avec une très grande certitude (probabilité) qu'elles auront lieu et dont le montant peut être évalué approximativement.

Les conditions communes entre le droit comptable et le droit fiscal sont les suivantes :

- la charge « future » probable, ou certaine, doit être nettement précisée quant à sa nature et à son montant;
- la charge doit apparaître dans les écritures de la période imposable à un ou plusieurs comptes distincts;
- le sort qui est réservé ultérieurement à ces provisions (admises fiscalement) est similaire dans les deux types de droit.

Les conditions spécifiques au droit fiscal sont les suivantes :

- la charge « future » probable ou certaine doit être admissible à titre de frais professionnels;
- la charge « future » probable ou certaine doit trouver son origine dans l'exercice en cours;
- la provision doit être reprise dans un relevé 204.3;
- le caractère facultatif de la constitution des provisions.

Nous allons maintenant nous attacher à étudier en détail les différentes conditions citées ci-dessus.

1. Analyse des conditions communes entre le droit comptable et le droit fiscal

➲ La charge « future » probable ou certaine doit être nettement précisée quant à sa nature et à son montant

Cela implique :

- qu'il doit y avoir une individualisation précise de la nature de la charge à prévoir;
- que le montant de la charge soit susceptible d'être évalué avec une approximation suffisante (l'évaluation de la charge ne peut pas être arbitraire); l'individualisation de la charge implique une évaluation séparée de son montant probable (ainsi, les provisions constituées sur des bases forfaitaires en application d'un pourcentage uniforme sur le chiffre d'affaires, etc. ne peuvent pas être exonérées fiscalement);
- que la charge doit être probable (c'est-à-dire qu'elle doit avoir beaucoup de chances de se produire, elle est vraisemblable; le terme probable est beaucoup plus précis que le terme possible qui signifie peut exister, se produire) et non fondée sur des risques purement éventuels : elle ne doit pas résulter d'un risque hypothétique ou d'ordre général.

La jurisprudence a notamment considéré que les cas suivants résultent d'un risque hypothétique ou purement général et sont donc imposables :

- une provision constituée par une agence hippique en vue de faire face au paiement de gains importants réalisés par des parieurs[115];
- la constitution d'une provision par une entreprise pour les fluctuations du prix des matières qu'elle met en œuvre et/ou des produits qu'elle fabrique[116];
- la situation de crise ou la régression économique qui touche le secteur de la construction, entraînant une réduction de travail pour l'entreprise requérante, constitue un risque d'ordre général, inhérent à la profession de cette dernière, et ne peut être considérée en soi comme un événement de nature à démontrer la probabilité d'une perte ou charge au cours de la période imposable visée[117];
- une provision constituée pour couvrir la responsabilité décennale des entrepreneurs et architectes en vertu des articles 1792 et 2270 du Code Civil et de l'article 6 de la loi du 9 juillet 1971[118];
- dans le cadre du financement de ses contrats avec une SA française, une SA belge avait signé envers une banque un cautionnement de 3% de la somme principale que la SA française devait à chaque échéance à cette banque. La banque ne devrait faire appel à ce cautionnement qu'en cas de risque politique ou de non paiement. Par risque de non paiement, l'on entendait la défaillance ou l'arbitraire d'un débiteur public. Le risque politique se composait :
  - de tout acte ou décision d'un gouvernement étranger, empêchant l'exécution du contrat;
  - d'événements politiques ou de difficultés économiques survenus en dehors de Belgique, ou des mesures légales ou administratives prises en dehors de Belgique et susceptibles d'empêcher ou de retarder le transfert des montants versés en vertu du contrat;
  - d'une guerre, guerre civile, révolution ou émeute éclatant en dehors de Belgique;
  - de mesures ou de décisions prises par le gouvernement belge et affectant en particulier le commerce extérieur, une interdiction d'exportation par exemple, au cas où ces mesures ou décisions résultent de causes situées à l'étranger.

---

115 Arrêt du 1er juin 1989 de la Cour d'appel de Mons, FJF, n°89/152.

116 Bulletin de la C.N.C., n° 5, mai 1979, pp. 7-9.

117 Arrêt du 18 novembre de la Cour d'appel de Gand.

118 cf. notamment l'arrêt du 27 juin 1989 de la Cour d'appel d'Anvers, Bulletin des Contributions directes n°705, pp. 1146-1151; arrêt du 17 décembre 1993 de la Cour d'appel de Gand, FJF, n°93/139; arrêt du 20 juin 1986 de la Cour d'appel de Gand, FJF, n°87/146.

La Cour d'Appel d'Anvers n'a pas admis la déductibilité fiscale de ce type de provision jugeant son caractère trop hypothétique et trop général (« Pas de provisions pour risques hypothétiques et généraux[119].

➲ **La charge doit apparaître dans les écritures de la période imposable à un ou plusieurs comptes distincts**

L'exonération de la provision est subordonnée à la tenue d'une comptabilité. La mauvaise classification d'une provision (par exemple son transfert à un compte de réserve ou un compte de dettes) entraîne l'imposition de cette provision.

Les provisions constituées doivent se trouver dans les comptes suivants à la rubrique « 16 » du passif :

1. 1600 Provisions pour pensions et obligations similaires (sont portées sous cette rubrique les provisions constituées par l'entreprise pour couvrir les pensions de retraite et de survie, les prépensions et autres pensions et rentes dont le paiement lui incombe en vertu d'engagements stipulés en faveur des membres ou anciens membres de son personnel ou en faveur de ses dirigeants ou anciens dirigeants);
2. 1610 Provisions pour charges fiscales (sont portées sous cette rubrique les provisions constituées pour couvrir les charges fiscales pouvant résulter de la rectification de la base imposable ou du calcul de l'impôt);
3. 1620 Provisions pour grosses réparations et gros entretiens;
4. 1630 Provisions pour obligations environnementales;
5. 1640 à 1650 Provisions pour autres risques et charges.

➲ **Sort ultérieur des provisions admises fiscalement**

Tant la législation comptable que la législation fiscale obligent la société à effectuer une utilisation ou une reprise de la provision lorsque cette provision est devenue sans objet par la disparition ou la diminution du risque.

L'exonération est maintenue aussi longtemps que le contribuable justifie à la fin de la période imposable concernée le maintien du caractère probable de la provision (cadre II, A du relevé 204.3). A défaut de pareille justification, la provision est considérée comme un bénéfice de la période imposable concernée et est incorporée aux réserves taxées à ce titre.

2. Analyse des conditions spécifiques au droit fiscal

➲ **Les provisions visées par l'exonération[120]**

Pour être exonérées, les provisions constituées à partir du 1er janvier 2018, y compris les dotations aux provisions effectuées à partir de cette date pour des provisions existantes doivent concerner des provisions découlant :

- d'engagements contractés par l'entreprise pendant la période imposable ou une des périodes imposables précédentes;
- d'obligations légales ou réglementaires, autres que les obligations découlant uniquement de l'application d'une réglementation comptable ou de dispositions réglementaires en matière de comptes annuels.

119 Arrêt du 23 novembre 1993 de la Cour d'appel d'Anvers) », Le Fiscologue n°457, pp 7-8

120 Article 29 de la loi du 25 décembre 2017 portant réforme de l'impôt des sociétés. Cet article entre en vigueur le 1er janvier 2018 et n'est pas applicable aux provisions ou dotations aux provisions qui ont été constituées pendant des périodes imposables qui ont commencé avant le 1er janvier 2018.

Cela signifie que l'exonération des provisions pour faire face à une charge « future » probable ou certaine continue à s'appliquer aux provisions visant à faire face à des obligations contractuelles (par exemple les obligations liées à des garanties ou à des litiges en cours) ou à des obligations légales ou réglementaires[121] (par exemple les allocations de licenciement après la notification de licenciement).

Les travaux parlementaires[122] précisent que cette nouvelle condition n'apporte aucune modification aux dispositions fiscales existantes par lesquelles une indemnité perçue pendant l'exercice comptable en raison de sinistres, d'expropriations, de réquisitions en propriété ou d'autres événements similaires est compensée par la constitution d'une provision exonérée, du moins à concurrence des montants qui correspondent au coût estimé des réparations.

L'exemple suivant illustre ce qui précède: un travailleur cause un sinistre, à ses torts, à un camion de l'entreprise. Les dégâts occasionnés au camion s'élèvent à 20 000,00 EUR mais ils sont couverts par une assurance. L'indemnité est liquidée à la fin de l'exercice comptable mais la réparation ne sera effectuée qu'au cours de l'exercice comptable suivant. Au lieu de comptabiliser une moins-value déductible (amortissement exceptionnel) à concurrence de la moins-value réelle, l'entreprise peut constituer une provision exonérée fiscalement à concurrence du coût estimé de la réparation.

➲ La charge « future », probable ou certaine, doit être admissible à titre de frais professionnels

Pour être exonérée fiscalement, la provision doit être destinée à faire face à une charge qui, si elle était intervenue au cours de l'exercice, aurait été normalement déductible des bénéfices imposables de cet exercice, en vertu de l'article 49 du CIR. Il en résulte que la provision n'est pas exonérée fiscalement si la dépense à laquelle elle est destinée à faire face n'est pas admissible à titre de frais professionnels.

➲ La charge « future », probable ou certaine, doit trouver son origine dans l'exercice en cours

La charge « future », probable ou certaine, doit se rattacher précisément à des opérations déterminées effectuées au cours de l'exercice.

A titre exemplatif, la Cour de Cassation[123] souligne qu'en énonçant que le risque général de garantie prenant naissance lors de la conclusion et de l'exécution d'un contrat ou de la réception d'un bâtiment ne peut être considéré en soi comme un événement en cours qui démontre la probabilité d'une perte ou de frais, la Cour d'appel de Liège justifie légalement sa décision de rejeter l'exonération des sommes litigieuses à titre de provision pour risques et charges.

A ce niveau, on constate qu'il existe une divergence entre l'approche du droit comptable et celle du droit fiscal en ce qui concerne le fait générateur de la charge à laquelle la provision est destinée à faire face.

En comptabilité, il doit être tenu compte de tous les risques prévisibles, des pertes éventuelles et des dépréciations qui ont pris naissance au cours de l'exercice auquel les comptes annuels se rapportent ou au cours d'exercices antérieurs, même si ces risques, pertes ou dépréciations ne sont connus qu'entre la date de clôture des comptes annuels et la date à laquelle ils sont arrêtés par l'organe d'administration de l'entreprise. Par contre en fiscalité, l'article 25 de l'AR/CIR mentionne que sont considérées comme grevant normalement les résultats de la période imposable, les charges qui résultent de l'activité professionnelle ou d'événements survenus pendant cette période (...).

121 Autres que les obligations découlant uniquement de l'application d'une réglementation comptable ou de dispositions réglementaires en matière de comptes annuels.

122 Cf. doc 54 2864/001, page 58.

123 Arrêt du 12 septembre 2002, numéro de rôle F010004F.

Il en résulte qu'une provision n'est pas exonérée fiscalement si elle trouve son origine dans un événement :

- ayant pris naissance après la clôture de l'exercice comptable;
- survenu au cours d'un exercice précédent;
- ayant pris naissance au cours de l'exercice comptable mais ne subsistant pas à la clôture de celui-ci.

➲ La provision doit être reprise dans un relevé 204.3

Dans le relevé 204.3, au cadre II, B, colonne 4 on demande au contribuable d'indiquer de manière succincte mais précise, les événements survenus pendant l'exercice comptable, qui rendent probables les pertes ou les charges auxquelles les provisions se rapportent.

L'omission de déclarer à l'annexe 204.3, dans une mention succincte mais précise, les événements qui se sont produits et par lesquels les pertes invoquées deviennent probables, suffit à exclure les provisions du régime d'exonération.

De même, on demande au cadre II, B, colonne 2 d'établir une distinction nette entre les charges :

- qui résultent de l'activité professionnelle exercée pendant l'exercice comptable ou d'événements survenus pendant l'exercice comptable;
- qui sont couvertes de manière anticipée par des indemnités obtenues pendant l'exercice comptable du chef de sinistres, expropriations, réquisitions en propriété ou autres événements analogues (c'est le cas à l'occasion d'une expropriation, le contribuable reçoit une indemnité en compensation de frais de déménagement de son entreprise);
- qui se rapportent, dans une mesure proportionnelle à la durée de l'exercice comptable, à de grosses réparations d'immeubles, matériel et outillage (à l'exclusion de tout renouvellement) à effectuer périodiquement à des intervalles réguliers n'excédant pas 10 ans.

Le relevé 204.3 doit normalement être remis conjointement avec la déclaration à l'impôt sur les revenus. Aucune provision ne peut être exonérée si elle ne figure pas dans un relevé 204.3, mais le délai dans lequel ledit relevé doit être remis n'est pas fixé dans la réglementation ad hoc. Il en résulte que le relevé 204.3 peut être introduit, remplacé ou complété à n'importe quel moment de la procédure lorsqu'il apparaît que la provision peut être exonérée.

➲ Le caractère facultatif des provisions

La législation comptable impose la constitution d'une provision pour risques et charges dès la naissance d'un risque prévisible, au cours de l'exercice auquel les comptes annuels se rapportent.

En matière fiscale, par contre, une liberté est laissée aux entreprises de demander ou non l'exonération de la provision ainsi comptabilisée. A cet effet, il suffit à l'entreprise de ne pas reprendre celle-ci au relevé 204.3.

On peut donc conclure que la constitution d'une provision pour risques et charges a, en comptabilité, un caractère obligatoire, mais que, d'un point de vue fiscal, son exonération a un caractère facultatif.

➲ Présentation du mouvement des réserves

Nous allons à présent partir d'un exemple concret afin de passer en revue les différents cas pouvant se présenter lors de la constitution ou l'utilisation d'une provision pour risques et charges.

Exemple

La SA Azur constitue une provision pour litiges en cours de 70,00 EUR le 31 décembre 2017.

(1) La constitution de la provision

L'écriture comptable à passer est la suivante :

Faits comptables	N° plan comptable	Intitulés des comptes	Somme débit	Somme crédit
Constitution de la provision	6370	Provisions pour autres risques et charges (Dotations)	70,00	
	1690	à Provisions pour litiges en cours		70,00

1ère hypothèse : la provision constituée (70,00) n'est pas exonérée

Le mouvement des réserves taxées après cette seule opération est le suivant :

	Situation au début de la période imposable	Situation à la fin de la période imposable
Bénéfice	*0,00*	**(70,00)** (L'écriture d'affectation de la perte de l'exercice a été passée)
Provisions imposables	**0,00**	**70,00**
Sous-total de la situation au début de la période imposable (pour le premier exercice comptable, mentionner zéro (0) au code 1040 PN)		
Positif	0,00 (Code 1040 PN)	0,00 (Code 1040 PN)
Négatif		
Mouvement de la période imposable		
Bénéfices réservés imposables	**0,00** (Code 1080 PN)	
	Le montant de 0,00 EUR comprend une diminution de base taxable de 70,00 EUR (la constitution de la provision) et une augmentation de 70,00 EUR de la même base taxable (la provision est considérée comme une réserve fiscale imposable).	

Le mouvement des réserves exonérées est le suivant :

	Situation au début de la période imposable	Situation à la fin de la période imposable
Provisions pour risques et charges	0,00 (Code 1102)	0,00 (Code 1102)
Total	**0,00**	**0,00**

2ème hypothèse : la provision constituée (70,00) est exonérée

Le mouvement des réserves taxées après cette seule opération est le suivant :

	Situation au début de la période imposable	Situation à la fin de la période imposable
Bénéfice	0,00	(70,00) (L'écriture d'affectation de la perte de l'exercice a été passée)
Provisions imposables	0,00	0,00
Sous-total de la situation au début de la période imposable (pour le premier exercice comptable, mentionner zéro (0) au code 1040 PN)		
Positif	0,00 (Code 1040 PN)	0,00 (Code 1040 PN)
Négatif		
Mouvement de la période imposable		
Bénéfices réservés imposables	**-70,00** (Code 1080 PN)	
	Ce montant traduit le fait que l'entreprise a fiscalement anticipé une charge admise au titre de frais professionnel à concurrence de 70,00 EUR.	

Le mouvement des réserves exonérées est le suivant :

	Situation au début de la période imposable	Situation à la fin de la période imposable
Provisions pour risques et charges	0,00 (Code 1102)	70,00 (Code 1102)
Total	*0,00*	*70,00*

(2) La perte ou la charge en prévision de laquelle la provision a été constituée se réalise

Durant l'année 2018, le litige trouve son dénouement. Différentes possibilités sont envisageables, nous allons les analyser ci-dessous.

Quel que soit le montant de la charge réelle l'écriture à passer concernant la provision est la suivante :

Faits comptables	N° plan comptable	Intitulés des comptes	Somme débit	Somme crédit
Utilisation et reprise de la provision	1690	Provisions pour litiges en cours	70,00	
	6371	à Provisions pour autres risques et charges (Utilisations et reprises)		70,00

1ère hypothèse : la provision constituée initialement était exonérée

- Il y correspondance entre la provision (70,00) et le montant réel de la charge (70,00)

L'écriture correspondant à la charge pourrait être :

Faits comptables	N° plan comptable	Intitulés des comptes	Somme débit	Somme crédit
Comptabilisation de la charge	6680	Autres charges exceptionnelles	70,00	
	4890	à Autres dettes diverses		70,00

Le mouvement des réserves taxées après ces deux opérations est le suivant :

	Situation au début de la période imposable	Situation à la fin de la période imposable
Bénéfice	**(70,00)**	**(70,00)**
Provisions imposables	**0,00**	**0,00**
Sous-total de la situation au début de la période imposable (pour le premier exercice comptable, mentionner zéro (0) au code1040 PN)		
Positif		
Négatif	-70,00 (Code 1040 PN)	-70,00 (Code 1040 PN)
Mouvement de la période imposable		
Bénéfices réservés imposables		0,00 (Code 1080 PN)
	La base imposable découlant du mouvement des réserves est nulle. Ce montant correspond au fait que la charge de 70,00 EUR avait fiscalement été anticipée à concurrence de 70,00 EUR via la constitution de la provision.	

Le mouvement des réserves exonérées est le suivant :

	Situation au début de la période imposable	**Situation à la fin de la période imposable**
Provisions pour risques et charges	70,00 (Code 1102)	0,00 (Code 1102)
Total	***70,00***	***0,00***

- La provision constituée (70,00) est d'un montant inférieur à la charge (100,00)

L'écriture correspondant à la charge pourrait être :

Faits comptables	**N° plan comptable**	**Intitulés des comptes**	**Somme débit**	**Somme crédit**
Comptabilisation de la charge	6680	Autres charges exceptionnelles	100,00	
	4890	à Autres dettes diverses		100,00

Le mouvement des réserves taxées après ces deux opérations est le suivant :

	Situation au début de la période imposable	**Situation à la fin de la période imposable**
Bénéfice	(70,00)	**(100,00)**
Provisions imposables	0,00	0,00
Sous-total de la situation au début de la période imposable (pour le premier exercice comptable, mentionner zéro (0) au code 1040 PN)		
Positif		
Négatif	70,00 (Code 1040 PN)	100,00 (Code 1040 PN)
Mouvement de la période imposable		
Bénéfices réservés imposables		**-30,00** (Code 1080 PN)
	Cette diminution de 30,00 EUR correspond au fait que la charge de 100,00 EUR avait fiscalement été anticipée à concurrence de 70,00 EUR via la constitution de la provision. Seule la différence entre la charge réelle et la provision influence le résultat de la période imposable étant donné que la constitution de la provision avait quant à elle déjà influencé le résultat de la période imposable précédente.	

Le mouvement des réserves exonérées est le suivant :

	Situation au début de la période imposable	Situation à la fin de la période imposable
Provisions pour risques et charges	70,00 (Code 1102)	0,00 (Code 1102)
Total	*70,00*	*0,00*

- La provision constituée (70,00) est d'un montant supérieur à la charge (50,00)

L'écriture correspondant à la charge pourrait être :

Faits comptables	N° plan comptable	Intitulés des comptes	Somme débit	Somme crédit
Comptabilisation de la charge	6680	Autres charges exceptionnelles	50,00	
	4890	à Autres dettes diverses		50,00

Le mouvement des réserves taxées après ces deux opérations est le suivant :

	Situation au début de la période imposable	Situation à la fin de la période imposable
Bénéfice	(70,00)	(50,00)
Provisions imposables	0,00	0,00
Sous-total de la situation au début de la période imposable (pour le premier exercice comptable, mentionner zéro (0) au code 1040 PN)		
Positif		
Négatif	-70,00 (Code 1040 PN)	-50,00 (Code 1040 PN)
Mouvement de la période imposable		
Bénéfices réservés imposables	20,00 (Code 1080 PN)	
	L'augmentation de la base imposable de 20,00 EUR correspond au fait que la charge de 50,00 EUR avait fiscalement été anticipée à concurrence de 70,00 EUR via la constitution de la provision. Seule la différence (20,00 EUR) entre la charge réelle (50,00 EUR) et la provision (70,00 EUR) influence le résultat de la période imposable étant donné que la constitution de la provision avait quant à elle déjà influencé le résultat de la période imposable précédente.	

Le mouvement des réserves exonérées est le suivant :

	Situation au début de la période imposable	Situation à la fin de la période imposable
Provisions pour risques et charges	70,00 (Code 1102)	0,00 (Code 1102)
Total	*70,00*	*0,00*

2ème hypothèse : la provision initialement constituée **n'était pas exonérée**[124]

L'écriture d'utilisation ou de reprise est la même que dans l'hypothèse précédente.

- Il y correspondance entre la provision (70,00) et le montant réel de la charge (70,00)

L'écriture correspondant à la charge pourrait être :

Faits comptables	N° plan comptable	Intitulés des comptes	Somme débit	Somme crédit
Comptabilisation de la charge	6680	Autres charges exceptionnelles	70,00	
	4890	à Autres dettes diverses		70,00

Le mouvement des réserves taxées après ces deux opérations est le suivant :

	Situation au début de la période imposable	Situation à la fin de la période imposable
Bénéfice	(70,00)	(70,00)
Provisions imposables	70,00	0,00
Sous-total de la situation au début de la période imposable (pour le premier exercice comptable, mentionner zéro (0) au code 1040 PN)		
Positif	0,00 (Code 1040 PN)	70,00 (Code 1040 PN)
Négatif		
Mouvement de la période imposable		
Bénéfices réservés imposables	**-70,00** (Code 1080 PN)	
	Le mouvement négatif des réserves (70,00 EUR) correspond à la charge à laquelle la provision non exonérée était destinée à faire face. Il y a donc une diminution du mouvement des réserves de 70,00 EUR alors qu'en comptabilité la charge est nulle (car neutralisée par l'utilisation de la provision) et la perte reportée reste de 70,00 EUR.	

Le mouvement des réserves exonérées est le suivant :

	Situation au début de la période imposable	Situation à la fin de la période imposable
Provisions pour risques et charges	0,00 (Code 1102)	0,00 (Code 1102)
Total	*0,00*	*0,00*

- La provision constituée (70,00) est d'un montant inférieur à la charge (100,00)

L'écriture correspondant à la charge pourrait être :

Faits comptables	N° plan comptable	Intitulés des comptes	Somme débit	Somme crédit
Comptabilisation de la charge	6680	Autres charges exceptionnelles	100,00	
	4890	à Autres dettes diverses		100,00

124 Pour le traitement de la charge fiscale, nous renvoyons le lecteur à la page 222.

Le mouvement des réserves taxées après ces deux opérations est le suivant :

	Situation au début de la période imposable	Situation à la fin de la période imposable
Bénéfice	(70,00)	(100,00)
Provisions imposables	70,00	0,00
Sous-total de la situation au début de la période imposable (pour le premier exercice comptable, mentionner zéro (0) au code 1040 PN)		
Positif	**0,00** (Code 1040 PN)	100,00 (Code 1040 PN)
Négatif		
Mouvement de la période imposable		
Bénéfices réservés imposables	**-100,00** (Code 1080 PN)	
	Le mouvement des réserves (100,00 EUR) correspond à la charge à laquelle la provision était destinée à faire face. Il y a donc une diminution du mouvement des réserves de 100,00 EUR alors qu'en comptabilité la charge globale est de 30,00 EUR (car les 100,00 de charge effective sont neutralisés par l'utilisation de la provision de 70,00 EUR) et la perte reportée passe de 70,00 EUR à 100,00 EUR.	

Le mouvement des réserves exonérées est le suivant :

	Situation au début de la période imposable	Situation à la fin de la période imposable
Provisions pour risques et charges	0,00 (Code 1102)	0,00 (Code 1102)
Total	*0,00*	*0,00*

- La provision constituée (70,00) est d'un montant supérieur à la charge (50,00)

L'écriture correspondant à la charge pourrait être :

Faits comptables	N° plan comptable	Intitulés des comptes	Somme débit	Somme crédit
Comptabilisation de la charge	6680	Autres charges exceptionnelles	50,00	
	4890	à Autres dettes diverses		50,00

Le mouvement des réserves taxées après ces deux opérations est le suivant :

	Situation au début de la période imposable	Situation à la fin de la période imposable
f. Bénéfice	(70,00)	(50,00)
g. Provisions imposables	**70,00**	**0,00**
Sous-total de la situation au début de la période imposable (pour le premier exercice comptable, mentionner zéro (0) au code 1040 PN)		
Positif	0,00 (Code 1040 PN)	50,00 (Code 1040 PN)
Négatif		
Mouvement de la période imposable		

Bénéfices réservés imposables	**-50,00** (Code 1080 PN)
	Le mouvement des réserves (50,00 EUR) correspond à la charge à laquelle la provision était destinée à faire face. Il y a donc eu un mouvement des réserves de 50,00 EUR alors qu'en comptabilité la charge globale est de – 20 EUR (car les 50,00 de charge effective sont plus que compensés par l'utilisation de la provision de 70,00 EUR) et la perte reportée diminue donc de 20,00 EUR en passant de 70,00 EUR à 50,00 EUR.

Le mouvement des réserves exonérées est le suivant :

	Situation au début de la période imposable	Situation à la fin de la période imposable
b) Provisions pour risques et charges	0,00 (Code 1102)	0,00 (Code 1102)
Total	*0,00*	*0,00*

3. *Aspects fiscaux de quelques provisions*

Les principes généraux d'exonération applicables à toutes les provisions pour risques et charges analysées ci-après peuvent être résumés sous la forme de l'arbre décisionnel suivant :

➲ Provisions constituées avant le 1er janvier 2018

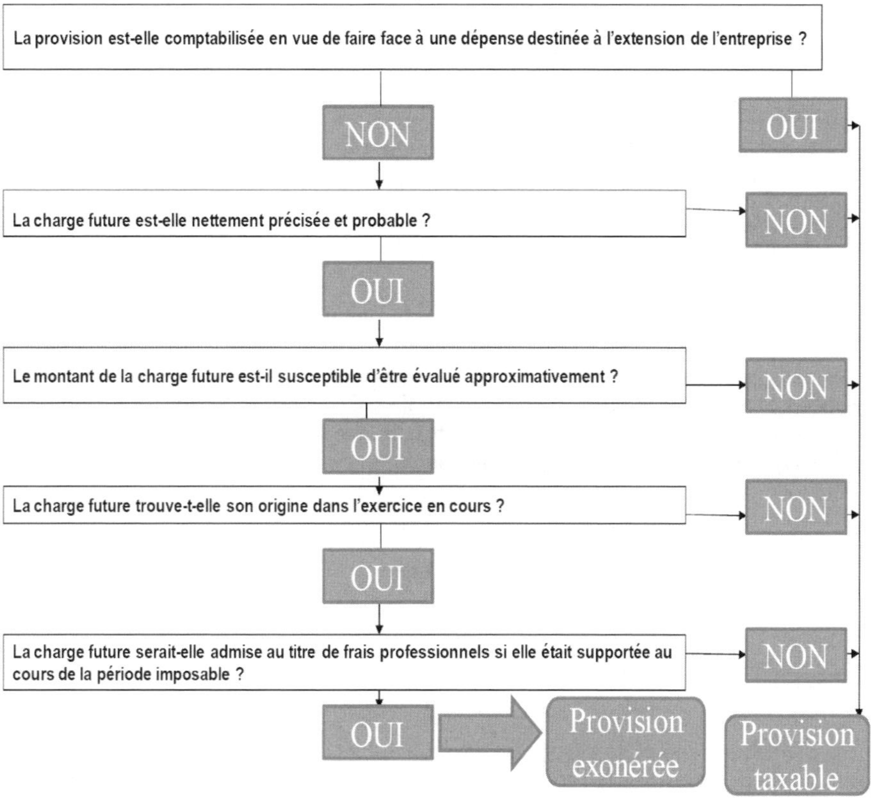

➲ Provisions constituées à partir du 1er janvier 2018

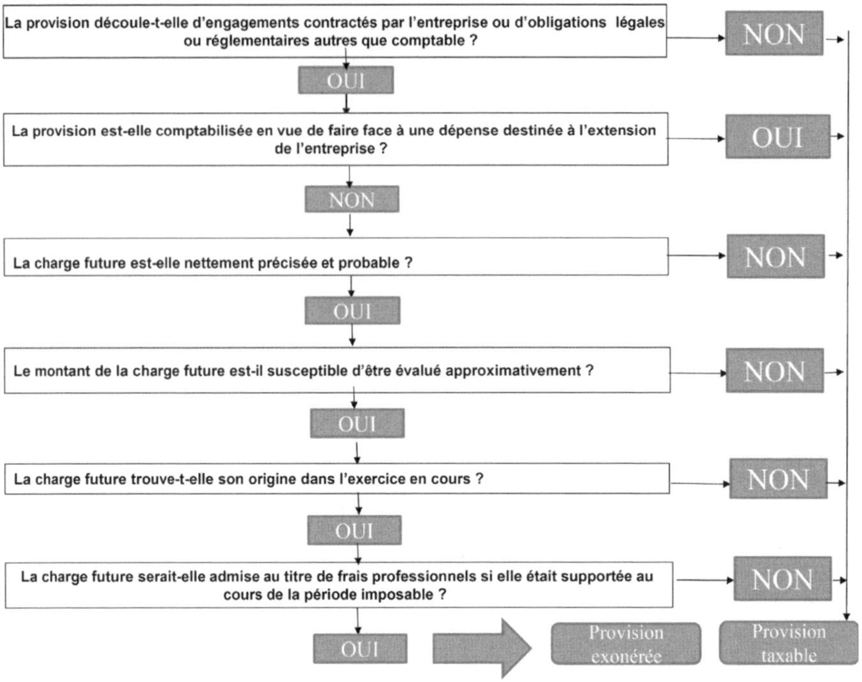

a) Assainissement des sols pollués

En ce qui concerne les provisions pour risques et charges découlant d'obligations environnementales, celles-ci pourraient être visées par l'exonération pour autant qu'une réglementation (autre que celle relevant du droit comptable) prévoie ce type d'obligation. Ce serait par exemple le cas de provisions pour désamiantage ou assainissement des sols occupés par des stations-service de carburants qui pourraient être exonérées si un décret ou arrêté d'un gouvernement régional prévoit ce type d'obligation.

Lorsqu'une pollution du sol a été constatée sur un terrain et fait naître, dans le chef de la société, une obligation contractuelle, légale ou réglementaire d'assainissement, la provision pour risques et charges constituée peut, sur le plan fiscal, être exonérée en tout ou en partie, en application de l'article 48 du CIR et des articles 24 et 25 de l'AR/CIR, pour autant qu'une étude du sol ait été effectuée par un expert en pédologie, constatant la pollution du sol et impliquant effectivement une obligation de procéder à un assainissement. Il doit être satisfait à ces deux conditions simultanément.

L'estimation du montant de la provision susceptible d'être exonéré dans ce cas de figure doit être faite dans le respect des principes généraux de prudence, de sincérité et de bonne foi et doit reposer sur des calculs sérieux et contrôlables.

b) Garanties liées à la vente de biens ou à la prestation de services

En principe, le risque général de garantie prenant naissance lors de la conclusion et de l'exécution d'un contrat n'est pas considéré en soi comme un événement en cours qui démontre la probabilité d'une perte ou de frais.

Cependant, l'administration s'alignant sur l'arrêt du 23 décembre 1971 de la Cour de Cassation[125], considère que les provisions constituées par des entreprises pour faire face à des dépenses futures découlant de garanties accordées à leurs clients (sur des appareils radios, des télévisions, des appareils électroménagers, du matériel sanitaire, du matériel informatique, ...) sont exonérées fiscalement dans la mesure où elles sont basées sur des normes ou des coefficients raisonnables déterminés par l'expérience dans ce domaine. Seule l'utilisation de données statistiques établies dans le cadre de la gestion de l'entreprise, permet de déterminer la charge ou la perte probable de façon aussi exacte que possible.

La Cour de Cassation considère que les événements rendant la charge probable, sont les ventes dont les contrats, étalés tout au long de l'année, s'accompagnent d'une obligation de garantie et non les demandes effectives d'application de la garantie. Etant donné que l'obligation de constituer une provision est directement liée à la naissance de l'engagement de garantie, c'est au moment où le bien est vendu ou que la prestation est fournie que la provision doit être constituée. C'est le compte de résultat de l'exercice qui bénéficie du produit de la vente, qui doit supporter simultanément les charges relatives à cette vente et donc les charges afférentes à cette garantie.

La réforme de l'impôt des sociétés n'apporte aucune modification aux règles actuelles applicables aux provisions visant à faire face à des garanties liées à la vente de biens ou à la prestation de services.

c) Grosses réparations et gros entretiens

➲ Provisions constituées avant le 1er janvier 2018

En sus des conditions ordinaires d'exonération reprises à l'article 48 du CIR et à l'article 24 de l'AR d'exécution du CIR, la constitution d'une provision pour charges probables en vue de la réparation d'immeubles, matériel ou outillages, est exonérée d'impôt s'il est satisfait aux conditions suivantes :

- il doit s'agir de grosses réparations à l'exclusion des renouvellements;
- dont la nécessité se fait sentir avec une périodicité de 10 ans au plus.

1) Grosses réparations à l'exclusion des renouvellements

Il y a lieu ici de bien distinguer les dépenses dites de renouvellement, des dépenses dites d'entretien.

Fiscalement, les dépenses de renouvellement peuvent être définies comme des dépenses consacrées, soit à l'extension de l'entreprise, soit à l'amélioration de certaines immobilisations.

Par grosses réparations et gros entretiens, on doit entendre les dépenses qui n'apparaissent pas lors de chaque exercice, mais toutes les x années. Ces travaux sont effectués en vue de la conservation, de l'entretien ou du maintien en bon état des immeubles, du matériel ou des outillages. Ces frais n'augmentent pas la valeur des immobilisations concernées.

2) Périodicité de 10 ans au plus

La constitution d'une provision pour grosses réparations et gros entretiens, doit concerner des grosses réparations et gros entretiens effectués périodiquement à des intervalles réguliers n'excédant pas dix ans au maximum.

125 cf. Pasicrisie belge, 1972, page 415.

Le montant à provisionner doit être réparti proportionnellement sur les exercices couverts par l'utilisation des immeubles, du matériel ou des outillages. Le montant affecté à la provision ne doit pas nécessairement être déterminé, compte tenu des coefficients ou normes que l'expérience des années antérieures aura permis de dégager. Il peut être ainsi déterminé et calculé sur l'avis, par exemple, d'un architecte, qui de par sa profession, est évidemment le mieux placé pour formuler concrètement un pronostic fiable quant aux grosses réparations à prévoir pour une période inférieure à 10 ans, en ce qui concerne un bien immobilier.

1. Quel est le régime fiscal d'une provision constituée en vue de couvrir des gros entretiens programmés sur une périodicité de six ans, lorsque le compte de provisions n'est pas mouvementé au cours des deux premiers exercices comptables et est mouvementé à concurrence de 25 % du montant estimé des coûts des travaux au cours des quatre exercices suivants ?
2. Doit-on considérer que :
   - seule la partie de la dotation qui excède la dotation annuelle qui aurait été admise si la provision avait commencé à être constituée dès le premier exercice comptable constitue un bénéfice de la période imposable;
   - ou la totalité de la dotation doit être considérée comme un bénéfice de la période imposable[124] ?

Conformément à l'article 24, 1°, de l'AR/CIR, sont exclues des bénéfices de la période imposable les provisions pour risques et charges constituées à l'expiration de la période imposable lorsque les charges auxquelles les provisions sont destinées à faire face sont admissibles par nature à titre de frais professionnels et sont considérées comme grevant normalement les résultats de cette période.

En vertu de l'article 25, alinéa 1er de l'AR/CIR, sont notamment considérées comme grevant normalement les résultats de la période imposable les charges qui se rapportent, dans une mesure proportionnelle à la durée de ladite période, à de grosses réparations d'immeubles, matériel et outillages, à l'exclusion de tout renouvellement, effectuées périodiquement à des intervalles réguliers n'excédant pas 10 ans.

Il ressort de ce qui précède que dans le cas envisagé par l'honorable membre, seule la dotation annuelle correspondant à un sixième du montant présumé des grosses réparations peut, en principe, être exonérée.

Il en résulte, que l'exonération de la provision pour grosses réparations et gros entretiens implique de la part de l'entreprise :

- une programmation détaillée des travaux à entreprendre;
- une estimation précise de leur coût.

Ceci peut être illustré par l'exemple suivant.

Le 22 janvier 2017, la SA Azur a acquis un complexe immobilier situé Avenue Louise à Bruxelles.

Sur l'avis de deux architectes, la SA Azur a constitué une provision pour grosses réparations qui a été scindée en quatre parties à savoir :

- les ascenseurs;
- le chauffage central;
- la climatisation;
- les constructions.

Cette provision est composée de la manière suivante :

126 Question n° 458 de M. Eerdekens du 21.09.2000, Questions et Réponses, Chambre, 2000-2001, n° 61, p. 6892.

	Date prévue des gros entretiens	Périodicité des gros entretiens	Estimation du coût hors TVA	Dotations aux provisions constituées au cours de la période imposable 2017	Dotations aux provisions constituées au cours de la période imposable 2018
1. Constructions				10.300,00	**10.300,00**
Peintures extérieures	2025	8 ans	4.800,00	600,00	600,00
Rigoles d'écoulement	2023	6 ans	3.000,00	500,00	500,00
Ventilateurs	2021	4 ans	1.600,00	400,00	400,00
Peinture intérieure	2023	6 ans	12.000,00	2.000,00	2.000,00
Moquette	2022	5 ans	3.000,00	600,00	600,00
Couverture de toit	2029	12 ans	36.000,00	3.000,00	3.000,00
Revêtements de sol	2022	5 ans	10.000,00	2.000,00	2.000,00
Conduites sanitaires	2025	8 ans	9.600,00	1.200,00	1.200,00
2. Ascenseurs	2020	3 ans	6.000,00	2.000,00	**2.000,00**
3. Chauffage central	2020	3 ans	8.700,00	2.900,00	**2.900,00**
4. Climatisation	2021	4 ans	1.200,00	300,00	**300,00**
Total				15.500,00	15.500,00

Période imposable 2017

La provision constituée (15.500,00 EUR) est exonérée à concurrence de 12.500,00 EUR (15.500,00 EUR – 3.000,00 EUR). La provision concernant la « couverture de toit » (3.000,00 EUR) n'est pas exonérée étant donné qu'elle se rapporte à de grosses réparations à effectuer périodiquement à des intervalles réguliers excédant 10 ans.

Le mouvement des réserves taxées se présente de la manière suivante :

	Situation au début de la période imposable	Situation à la fin de la période imposable
Provisions imposables (Code 1009)	0,00	3.000,00

Le mouvement des réserves exonérées est le suivant :

	Situation au début de la période imposable	Situation à la fin de la période imposable
Provisions pour risques et charges	0,00 (Code 1102)	12.500,00 (Code 1102)
Total	*0,00*	*12.500,00*

Provisions constituées à partir du 1er janvier 2018[127]

Sont exclues de l'exonération, les provisions pour risques et charges constituées en vertu d'obligations qui découlent uniquement de l'application de la législation relative à la comptabilité et aux comptes annuels.

Lorsque les grosses réparations ou les gros entretiens « futurs » ne trouvent pas leur origine dans un engagement contractuel de la société concernée ou encore dans des dispositions légales ou réglementaires autres que comptables, les dotations effectuées à partir du 1er janvier 2018 pour des provisions existantes au 31 décembre 2017 ne sont pas exonérées.

127 Y compris les dotations effectuées à partir du 1er janvier 2018.

Par conséquent, sur la base de l'exemple mentionné ci-avant, le mouvement des réserves taxées de la période imposable 2018 se présente comme suit :

	Situation au début de la période imposable	Situation à la fin de la période imposable
Provisions imposables (Code 1009)	3.000,00	18.500,00

Le mouvement des réserves exonérées se présente de la manière suivante :

	Situation au début de la période imposable	Situation à la fin de la période imposable
Provisions pour risques et charges	12.500,00 (Code 1102)	12.500,00 (Code 1102)
Total	*12.500,00*	*12.500,00*

d) Indemnisation d'une faute contractuelle

Pour qu'une provision pour indemnisation d'une faute contractuelle puisse être exonérée, il faut notamment que les conditions suivantes soient réunies :

- les dommages et intérêts à payer suite à une faute contractuelle doivent être admissibles au titre de frais professionnels;
- la provision doit avoir été constituée en vue de faire face à des charges grevant normalement les résultats de l'exercice, à savoir des charges qui résultent d'événements survenus pendant la période imposable.

En ce qui concerne la première condition, l'administration s'aligne sur un arrêt de la Cour de Cassation du 27 février 1987 qui considère que les dommages et intérêts (conséquence de la violation d'une loi civile) ont le caractère d'une charge professionnelle lorsqu'ils sont dus en raison de fautes commises dans l'exercice de la profession.

Exemple :

La société « SA Azur », exerçant des activités de bureau-conseil, fournit un avis fiscal à la société « SA Yes ».

La légalité de l'opération effectuée sur la base de cet avis est cependant contestée par l'Administration fiscale, si bien que la société « SA Yes » se voit infliger un important accroissement d'impôt. La société « SA Yes » introduit une réclamation.

La société « SA Azur », craignant de devoir indemniser la société « SA Yes » si celle-ci se trouve contrainte de payer l'accroissement d'impôt, peut constituer une provision exonérée à la condition que l'indemnisation susvisée ne soit pas couverte par une assurance professionnelle qu'elle aurait souscrite.

e) Mise en conformité à des nouvelles normes

Une entreprise peut, du fait d'une loi ou d'un règlement, devoir mettre en conformité ses machines ou installations avec de nouvelles normes (hygiène, sécurité, pollution).

Généralement, l'entreprise dispose d'un délai lui permettant d'adapter son immobilisation à la nouvelle norme sans interrompre immédiatement son utilisation. A défaut de se conformer à la nouvelle norme, l'entreprise s'expose aux risques de condamnation prévue par le texte.

Les choix s'offrant à l'entreprise sont les suivants :

- *Arrêt de l'utilisation du matériel non conforme*

  Si l'entreprise choisit de ne pas adapter le matériel non conforme, la valeur nette comptable de celui-ci doit alors être amortie sur sa durée d'utilisation résiduelle limitée par la date butoir de mise en application de la nouvelle norme ou, le cas échéant, par la date de mise en service du matériel de remplacement.

- *Adaptation du matériel non conforme*

  L'adaptation permet au matériel existant d'être utilisé conformément à la nouvelle norme.

  La dépense occasionnée par l'adaptation permet d'utiliser le matériel au-delà de la date butoir de mise en application de la norme.

  Si l'adaptation prolonge durablement la durée d'utilisation initialement prévue du matériel, la dépense est à comptabiliser en immobilisation. Cette dépense ne peut pas être anticipée via la constitution d'une provision.

  Si la dépense ne fait que maintenir cette durée, elle constitue une charge de la période. Cette dépense future peut être anticipée via la constitution d'une provision.

f) Pensions complémentaires : régime applicable aux provisions comptabilisées au plus tard à la fin de la dernière année comptable se clôturant avant le 1er janvier 2012

Certaines promesses de pensions complémentaires peuvent être financées par un fonds interne à l'entreprise.

Les cas suivants peuvent se présenter :

<table>
<tr><th>Le régime de pension est :</th><th colspan="3">Législation sur les assurances</th></tr>
<tr><td>Organisé systématiquement</td><td>L'organisation systématique du régime de pension se déduira de l'existence d'un règlement de pension qui précise les droits et obligations de tous les membres du personnel ou d'une ou plusieurs catégories de ce personnel (une catégorie de personnel déterminée pouvant comprendre qu'une seule personne).</td><td colspan="2">Ce type de pensions complémentaires ne peut jamais être financé de manière interne.

L'entreprise doit toujours recourir :
• à un fonds de pension;
• à une assurance groupe;
• à une assurance dirigeant d'entreprise.</td></tr>
<tr><td rowspan="2">Non organisé systématiquement</td><td rowspan="2">La promesse de pension a, par opposition aux régimes de pensions systématiquement organisés, un caractère sélectif, non systématique et occasionnel. Elle est octroyée à une personne bien déterminée, pour des motifs liés à celle-ci.</td><td>Promesses individuelles de pensions conclues avant le 1er janvier 2004</td><td>Promesses individuelles de pensions conclues à partir du 1er janvier 2004</td></tr>
<tr><td>Un financement interne via la constitution d'une provision interne est permis peu importe que le bénéficiaire soit un travailleur salarié ou dirigeant indépendant.</td><td>Le financement doit être confié à une institution de prévoyance sociale (fonds de pension) ou à une entreprise d'assurance-vie lorsque le bénéficiaire de la pension est :
1. un travailleur salarié;
2. un dirigeant autre qu'un mandataire social.

Autrement dit, un financement interne via la constitution d'une provision interne ne peut s'effectuer que si le bénéficiaire est un mandataire social (administrateur ou gérant de société).</td></tr>
</table>

Il en résulte fiscalement que, seuls les régimes de pensions complémentaires non organisés de manière systématique peuvent faire l'objet d'une provision interne lorsque le bénéficiaire est :

- un mandataire social si la promesse de pension individuelle a été conclue avant ou à partir du 1er janvier 2004;
- un travailleur salarié ou un dirigeant indépendant si la promesse individuelle a été conclue avant le 1er janvier 2004.

Exemples :

- Le capital pension est octroyé « étant donné que la société SA Azur se félicite du travail réalisé par Monsieur Stas (gérant), elle a décidé, afin de l'encourager et de le gratifier pour ses mérites personnels, de lui attribuer à titre exceptionnel un capital pension ».

  La convention étant personnelle et individuelle et ne concernant donc que Monsieur Stas et non d'éventuels autres mandataires sociaux, on peut admettre que ce capital est un avantage accordé « de manière occasionnelle et non systématique » au sein de l'entreprise.
- L'assemblée générale extraordinaire de la société SA Azur décide de constituer « une réserve de pension extralégale », afin de pouvoir garantir une pension extralégale, sous certaines conditions, à tous ses mandataires sociaux.

  Il ne s'agit pas d'une promesse de pension revêtant un caractère « occasionnel et non systématique ». Par conséquent, la constitution d'une provision pour pension interne n'est pas autorisée.

1) Montant à comptabiliser

Le montant de la provision à constituer doit tenir compte de plusieurs facteurs :

- le montant des versements échelonnés de la prépension;
- le risque de mortalité;
- le facteur d'actualisation;
- le taux d'inflation.

La dotation à la provision pour pension doit être étalée sur le nombre d'années encore à prester par le bénéficiaire jusqu'à sa retraite. Une telle provision ne peut être constituée en une seule fois.

En effet, dans ses arrêts du 19 février 1998[128] et du 19 novembre 1998[129], la Cour de Cassation a considéré qu'il ne découle pas nécessairement de la combinaison des articles 24 et 25 de l'AR/CIR qu'une charge qui est la conséquence d'un événement se produisant au cours d'un exercice, affecte toujours et pleinement le résultat de cet exercice. C'est au juge du fond qu'il appartient de déterminer la période sur les résultats de laquelle pèse une telle charge. Ainsi, dans ses arrêts du 26 juin 1995[130] et du 8 mai 1995, la cour d'appel d'Anvers a décidé que la provision constituée pour couvrir un engagement de pension complémentaire devait être étalée sur la durée de la carrière restant à courir des gérants, et n'était déductible que proportionnellement à cette durée.

Autrement dit, une provision couvrant la totalité du montant du capital de pension que la société s'est engagée à verser aux bénéficiaires respectifs au moment de leur décès ou à l'âge de leur retraite, n'est pas exonérée dans sa totalité pour l'exercice au cours duquel la convention de pension a été conclue. Chaque année, seule une partie (le montant total de la pension divisé par le nombre d'années restant à prester par les bénéficiaires) de la pension peut être constituée en exemption d'impôt.

---

128 *Le Fiscologue* n°655, p. 9 et FJF n°99/104, pp. 256-259. Arrêt attaqué rendu le 26 juin 1995 par la Cour d'appel d'Anvers.

129 FJF n°99/74, pp 180-182 et RGF n°2, février 1999 avec une note de Benoît Philippart de Foy, pp. 64-68. Arrêt attaqué rendu le 8 mai 1995 par la Cour d'appel d'Anvers.

130 *Le Fiscologue* n° 535, p. 5.

2) *Cotisation de rattrapage (back-service)*

Lorsqu'un « back service » est prévu dans la promesse de pension, la partie du capital qui concerne la carrière passée au sein et en dehors de l'entreprise doit être provisionnée l'année de la conclusion du contrat. Une ventilation entre le capital relatif à la carrière passée et la carrière future doit donc être expressément stipulée dans le contrat régissant le plan de pension.

Il en résulte que la provision interne pour pension doit donc être scindée en deux parties : celle afférente à la carrière passée, qui peut faire l'objet d'une provision exonérée l'année de la conclusion du contrat pour un montant qui doit être calculé sur une base actualisée, et le solde, qui doit faire l'objet d'une provision étalée également pour un montant actualisé.

Décision anticipée n° 600.555 (du 10 juillet 2007)
La provision pour risques et charges constituée en 2006 en prévision du paiement d'une pension complémentaire à Monsieur « X », gérant de la SPRL « W » répond-t-elle aux prescrits légaux de l'article 48 du CIR et des articles 24 à 27 de l'AR/CIR et peut-elle donc bénéficier de l'exonération fiscale ?
A la question de savoir si des provisions constituées dans le cadre d'un engagement individuel de pension accordé à un administrateur peuvent bénéficier de l'exonération fiscale, le Collège du SDA décide, qu'en l'espèce, la provision constituée afin d'octroyer un capital pension au gérant pourra bénéficier de l'exonération prévue à l'article 48 du CIR et aux articles 24 à 27 de l'AR/CIR pour autant que la convention prévoyant l'octroi de ce capital pension scinde expressément le montant relatif à la carrière passée qui pourra faire l'objet d'une provision immunisée sur 2006 pour un montant actualisé, du montant relatif à la carrière restant encore à courir qui devra faire l'objet d'une provision étalée également pour un montant actualisé. Autrement dit, cette provision interne doit être scindée en deux parties : celle afférente à la carrière passée doit faire l'objet d'une provision exonérée en 2006 (exercice d'imposition 2007) pour un montant actualisé, le solde devant faire l'objet d'une provision étalée également pour un montant actualisé.

3) *A quel moment faut-il appliquer de la règle des « 80% » ?*

Par exception à l'article 52, 5° du CIR, l'article 60 du CIR dispose, pour rappel, que « les pensions, rentes ou allocations en tenant lieu ne sont considérées comme frais professionnels que si elles sont attribuées à des personnes ayant bénéficié antérieurement de rémunérations en raison desquelles la législation concernant la sécurité sociale des travailleurs ou des indépendants a été appliquée, ou aux ayants droit desdites personnes, et pour autant que ces sommes ne dépassent pas celles qui seraient obtenues par le versement de cotisations visées à l'article 59 du CIR ».

En application de l'article 60 CIR, il y a donc clairement application de la règle des « 80% » lors du paiement de la pension. La chose n'est pas discutable. Toute autre est cependant la question de savoir si cette règle des « 80 % » doit également s'apprécier annuellement, lors des variations à apporter à la provision pour pension.

Dans un premier arrêt (le 28 juin 2001), la cour d'appel de Liège a précisé qu'il est requis, pour l'exonération de la provision pour pension, que la limite des 80% soit respectée. Lorsque la société n'établit pas qu'il est satisfait à cette limite, la provision ainsi constituée n'est pas exonérée fiscalement[131].

Par son arrêt du 7 décembre 2005, la Cour d'appel de Liège revient sur la position adoptée précédemment en confirmant la non-application immédiate de la règle des « 80% » à une promesse individuelle de pension.

Bien que cet arrêt n'ait pas fait l'objet d'un pourvoi en cassation par l'Etat belge, l'administration maintient néanmoins sa position : sur la base de l'application conjointe de l'article 24 de l'AR/CIR et des articles 52, 5° et 59 du CIR, la provision ainsi constituée n'est exonérée que pour autant que

131 *Le Fiscologue* n°902 du 5 septembre 2003, pp 10-11.

les pensions et allocations en tenant lieu, attribuées en exécution d'une obligation contractuelle à d'anciens membres du personnel ou à leurs ayants-droit, soient déductibles à titre de frais professionnels dans la limite de 80%[132].

4) Caractère déraisonnable

La cour d'appel de Bruxelles du 8 septembre 1994[133] a, sur la base de l'application simultanée de l'article 24 de l'AR d'exécution du CIR et de l'article 53, 10° du CIR, refusé la déduction d'une provision pour pensions parce qu'elle excédait de manière vraiment déraisonnable les besoins professionnels de l'exercice en question.

5) Engagement visant l'hypothèse du décès

Le fait que la convention de pension prévoit qu'en cas de décès prématuré des bénéficiaires le capital doit être versé à la veuve du bénéficiaire ou, à défaut, à ses descendants a-t-il pour effet que l'entreprise puisse comptabiliser intégralement le montant prévu par les conventions ?

En effet, le risque de décès du membre du personnel de ladite société sur la tête duquel est conventionnellement garanti le versement d'une allocation tenant lieu de pension suffit-il à identifier un risque « nettement précisé » et que « les événements en cours rendent probable » ?

Il paraît indiscutable que le risque du décès du membre du personnel concerné est un risque nettement défini. Mais il est tout aussi indiscutable que rien ne permet de le qualifier de « probable », et, *a fortiori* d'événements en cours. Comme le souligne Isabelle Brévière[134], une provision constituée en vue de couvrir un engagement de pension visant exclusivement l'hypothèse du décès, avant l'âge de 65 ans, de la tête assurée ne pourrait pas être exonérée fiscalement. La charge que la provision est censée couvrir ne peut pas être qualifiée de charge probable. En effet, les statistiques permettent de penser qu'une personne a de grandes chances d'atteindre cet âge en vie et que les risques de décéder avant cet âge ne sont que de l'ordre de 10% à 15%.

Ainsi, dans son arrêt du 18 décembre 2001, la cour d'appel d'Anvers a précisé que le décès prématuré du bénéficiaire n'étant pas connu, aucune provision ne peut être constituée. Il n'existe en effet aucune vraisemblance raisonnable quant au moment et ou à l'exercice comptable au cours duquel le risque se produira[135].

La simple possibilité du décès des bénéficiaires constitue certes un risque (non probable) susceptible d'être couvert à charge de la société. Mais la seule possibilité légale d'y parvenir est la conclusion d'un contrat d'assurance décès sur sa tête.

g) Pensions complémentaires : régime applicable à partir du 1er janvier 2012

Depuis le 1er janvier 2012, les engagements individuels de pension complémentaire en faveur des dirigeants d'entreprises ne peuvent plus être constitués via une provision interne dans l'entreprise. Tous les engagements individuels de pension complémentaire doivent dorénavant être externalisés,c'est-à-dire être financés auprès d'une entreprise d'assurances ou d'un organisme de pension visés à l'article 2, § 1er ou § 3, de la loi du 9 juillet 1975 relative au contrôle des entreprises d'assurances, ou d'une institution de retraite professionnelle visée à l'article 2, 1°, de la loi du 27 octobre 2006 relative à la surveillance des institutions de retraite professionnelle. Il en résulte fiscalement que la constitution d'une provision interne n'est plus possible.

132 « Provisions pour pensions d'administrateurs délégués : confirmation de l'exonération d'impôt (Cour d'appel de Gand du 16 juin 1994) », in *Le Fiscologue* n° 479, pp 5-7.

133 « L'immunisation de provisions pour pensions déraisonnables peut-elle être rejetée ? », in *Le Fiscologue* n° 486, pp 3-4.

134 « De l'autofinancement par une société de ses engagements de pension complémentaire », Isabelle Brévière, in *Comptabilité et fiscalité pratiques*, Avril 2000, p. 242.

135 FJF n°2002/72.

Les montants provisionnés à la fin de la dernière année comptable se clôturant avant le 1er janvier 2012 peuvent être :

1. soit maintenus au sein de l'entreprise ;
2. soit transférés au profit du bénéficiaire ou de ses ayants-droit, à une entreprise d'assurance, à une institution de prévoyance ou à une institution de retraite professionnelle. En vue d'encourager ce transfert, les montants "transférés" bénéficient d'une exemption illimitée dans le temps de la taxe annuelle sur les opérations d'assurance (autrement dit, les montants externalisés ne sont pas soumis à la taxe sur les contrats d'assurances de 4,4%).

h) <u>Prépension</u>

Selon la législation fiscale, l'entreprise doit comptabiliser une provision pour prépension à la date à laquelle naît dans son chef, l'obligation de verser une indemnité complémentaire à l'allocation de chômage. Selon la commission des normes comptables, cette obligation naît au moment où le congé est notifié au travailleur.

Le montant de la provision à constituer doit tenir compte de plusieurs facteurs :

- le montant des versements échelonnés de la prépension;
- le risque de mortalité;
- le facteur d'actualisation;
- le taux d'inflation.

L'administration adhère strictement à la position de la commission des normes comptables et admet dès lors, l'exonération de la provision ainsi constituée.

D. Analyse des réserves occultes

1. *Amortissements*

Articles 52, 6°, 61 et 196 § 2 du CIR.

En principe, les biens immobilisés dont l'usage est limité dans le temps sont amortissables. Il peut cependant arriver que l'amortissement pratiqué en comptabilité ne soit pas conforme aux règles fiscales.

Dans ce cas, l'amortissement excédentaire pratiqué en comptabilité s'apparente à une réserve « cachée » ou « occulte » et doit être taxé.

Nous allons à présent passer en revue cette législation.

a) <u>Introduction</u>

Les dispositions fiscales concernant la nature des éléments amortissables ne s'écartent pas des règles comptables.

En effet, comme en comptabilité, seules les immobilisations corporelles et incorporelles dont l'usage est limité dans le temps, sont amortissables.

Les frais d'établissements, qui représentent des frais portés à l'actif, peuvent également être amortis.

Pour être admis à titre de frais professionnels :

- l'amortissement doit être nécessaire;
- cette dépréciation doit être réellement survenue pendant la période imposable;
- l'amortissement doit être calculé sur la valeur d'investissement ou de revient des éléments amortissables[136].

La loi ne précise pas ce qu'elle entend par amortissements nécessaires. Le commentaire des impôts sur les revenus[137] mentionne que par nécessaire, il convient d'entendre que l'amortissement doit correspondre à une ***dépréciation réelle***.

Parmi les facteurs qui contribuent à la dépréciation d'une immobilisation, on distingue :

⇨ l'usure ou la dépréciation physique dont l'importance dépend :

- du degré d'utilisation du bien;
- du degré d'entretien;
- des circonstances dans lesquelles les éléments de l'actif doivent être utilisés.

Ceci peut être illustré par les décisions anticipées et jurisprudences suivantes.

Décision anticipée n° 500.034 du 04 mars 2005
La demande vise à obtenir une décision anticipée portant sur le fait de savoir si une **camionnette** peut être amortie sur une période de 3 ans.
Le Collège du SDA décide que la durée d'amortissement d'un véhicule doit être déterminée sur la base de la durée normale d'utilisation du véhicule. Vu le type de voiture que le contribuable souhaite acquérir et compte tenu de la jurisprudence en la matière, la durée normale d'amortissement du véhicule doit être fixée à 5 ans. Les amortissements sont considérés comme des frais professionnels dans la mesure où ils sont basés sur la valeur d'investissement ou de revient, où ils sont nécessaires et où ils correspondent à une dépréciation réellement survenue pendant la période imposable. Pour déterminer cette dépréciation, il faut tenir compte de la durée normale d'utilisation de l'élément de l'actif. En l'espèce, le véhicule acquis est neuf et aucun élément justifiant un usage d'une grande intensité n'est apporté par le demandeur. Pour ces motifs, le Collège décide que la durée d'amortissement du véhicule dont question, doit être déterminée sur base de la durée normale d'utilisation de celui-ci. Vu le type de véhicule que le demandeur souhaite acquérir et compte tenu de la jurisprudence en la matière, la durée normale d'utilisation doit être fixée à 5 ans.
Décision anticipée n° 500.015 du 14 mars 2005.
La demande vise à obtenir une décision anticipée portant sur le fait de savoir si un **élévateur de chantier** peut être amorti sur une période de 6 ans.
Le Collège du SDA a décidé que la réponse à cette question était positive. Les amortissements constituent des frais professionnels dans la mesure où ils correspondent à une dépréciation réellement survenue pendant la période. Pour déterminer cette dépréciation, il faut tenir compte de la durée normale d'utilisation de l'élément de l'actif. En l'espèce, l'élévateur de chantier est un outil indispensable à l'exercice quotidien de l'activité même du demandeur. Son utilisation sera donc intensive. Il fera en outre l'objet d'une exposition aux aléas climatiques (intempéries, humidité, ...).

136 Cette notion a été analysée dans le cadre de la détermination de la plus-value fiscale (cf. page n°51).

137 N° 61/10.

Décision anticipée n° 400.124 du 21 juin 2004
La demande vise à savoir si un **goodwill**, dont le prix d'acquisition sera déterminé selon un certain pourcentage du chiffre d'affaires futur pendant trois ans, est amortissable sur trois ans, avec la première tranche amortie sur trois ans, la deuxième tranche sur deux ans et la troisième tranche immédiatement.
Le Collège du SDA a décidé que la réponse à cette question est négative étant donné que, conformément aux dispositions expresses de l'article 63 du CIR/92, les immobilisations incorporelles (comme le goodwill) doivent être amortis par annuités fixes dont le nombre ne peut être inférieur à cinq (cf. page n°183). Les amortissements annuels doivent être basés sur la valeur d'investissement ou de revient. Etant donné qu'au moment de l'acquisition du goodwill, le prix d'acquisition n'est pas encore connu définitivement parce qu'il dépend d'événements futurs, la base des amortissements n'apparaît que lorsque le prix d'acquisition est définitivement dû. Ceci a pour conséquence que, le pourcentage d'amortissement linéaire doit être appliqué séparément sur chaque partie du prix d'acquisition ainsi constitué. Cet avis est généralement partagé par la jurisprudence (cf. Cour d'Appel de Gand 13.2.1997 et 18.6.2003 et Cour d'Appel de Liège 26.9.2001). A cet égard, la Cour de Cassation du 23 avril 2010 a mentionné qu'en considérant qu'une société pouvait directement prendre en charge le coût des redevances annuelles constituant la partie variable du prix d'acquisition de la clientèle payé par elle, la Cour d'appel de Mons du 10 octobre 2008 ne justifie pas légalement sa décision d'ordonner le dégrèvement des cotisations litigieuses (dans la mesure où elles ne tiennent pas compte, parmi les charges professionnelles déductibles, des redevances annuelles fixées à 20% des recettes brutes).

Arrêt de la Cour d'appel de Bruxelles du 27 septembre 2006
Société usufruitière du terrain et pleine-propriétaire des constructions
Etant donné qu'en l'occurrence, la requérante était à la fois usufruitière du terrain et pleine-propriétaire des constructions pendant la durée de son droit de superficie, c'est-à-dire durant 15 ans, c'est à bon droit qu'elle a décidé d'amortir les constructions qu'elle a érigées en 15 ans, et ce même si la durée d'utilisation économique de ces constructions dépasse les 15 ans. . Si les constructions érigées sur le terrain doivent être amorties en fonction de leur durée d'utilisation économique, celle-ci ne pourra en l'espèce en aucun cas dépasser 15 ans, puisque, passé ce délai, la requérante ne pourra plus exercer de droits réels sur ces biens, qui n'auront plus aucune valeur économique pour elle et, par conséquent, les constructions cesseront d'exister tant sur le plan comptable que sur le plan fiscal dans son chef. Conformément au droit comptable, lorsque la durée d'utilisation économique des bâtiments érigés par un superficiaire ou usufruitier dépasse la durée du **droit de superficie** ou **d'usufruit**, les amortissements doivent être effectués en fonction de la durée de ce droit (cf. les avis de la Commission des Normes Comptables numéros 150/3 et 162/2).

⇨ la désuétude ou dépréciation économique ou technologique dont l'importance dépend :

- de la rapidité avec laquelle l'outillage ou les installations se démodent;
- des changements ou des renouvellements que l'entreprise doit raisonnablement envisager de faire pour se tenir à la hauteur des progrès et des découvertes techniques ou pour pouvoir tenir compte des modifications des circonstances économiques;
- de la valeur d'utilisation des éléments pour l'entreprise.

Aux termes de l'article 61 de l'AR du code des sociétés, il est procédé, en ce qui concerne les immobilisations amortissables, à des amortissements complémentaires ou exceptionnels lorsque leur valeur comptable excède leur valeur d'utilisation pour l'entreprise, en raison d'altération ou de modification des circonstances économiques ou technologiques. Dans de telles circonstances, le plan d'amortissement antérieur peut être accéléré, en fonction du raccourcissement de la durée d'utilité ou d'utilisation économique future probable de l'actif concerné et ceci à partir du moment où est constaté ce raccourcissement.

Cette disposition s'applique notamment aux immobilisations amortissables existantes, rendues obsolètes à la suite de l'introduction d'une nouvelle technologie.

La Commission des normes comptables est d'avis que le droit de nue-propriété ne peut faire l'objet d'amortissements durant la période du démembrement que dans l'hypothèse où, à la suite d'un fait nouveau ou d'un événement imprévu, la valeur d'acquisition dépasserait la valeur d'usage au terme de l'usufruit, auquel cas il y aurait lieu d'acter un amortissement exceptionnel[138].

Par dérogation à ce qui précède, les immobilisations incorporelles (à l'exception des investissements en œuvres audiovisuelles) ne peuvent, dans l'état actuel de la législation fiscale, être amorties sur le plan fiscal que par annuités fixes (cf. page n°179).

b) <u>Début des amortissements</u>

➲ Immobilisations acquises ou constituées avant le 1er janvier 2020

Une société qui est une P.M.E. sur la base de l'article 15 §§ 1 à 6[139] du Code des Sociétés (cf. page n°685) peut déduire une annuité complète d'amortissement pour l'année de l'acquisition de l'immobilisation en dépit du fait qu'elle n'a pas été propriétaire de ladite immobilisation que pendant une partie de l'année.

1) Société « PME » au sens du code des sociétés

Le premier amortissement est admis pour l'année pendant laquelle les immobilisations amortissables ont été acquises ou constituées. Un amortissement annuel complet peut être accordé pour cette première année, que ces immobilisations aient été acquises ou constituées au commencement ou à la fin de ladite année.

Cela signifie que l'amortissement n'est pas dans ce cas réduit *prorata temporis*.

Ainsi, un bien acquis le dernier jour d'une période imposable peut être amorti comme si le bien avait été détenu par l'entreprise durant toute cette période.

Toutefois, l'année de la constitution de la société, l'annuité d'amortissement afférente aux immobilisations affectées à cette société, doit toujours être réduite ou augmentée proportionnellement au nombre de mois de l'exercice comptable. En d'autres termes, l'amortissement est, dans ce cas, réduit ou augmentée *prorata temporis*; le mois de début de l'activité professionnelle étant compté pour un mois entier.

Il en est de même si suite à une modification de la date de clôture des comptes, le premier exercice comptable se clôturant à cette nouvelle date, a une durée inférieure ou supérieure à un an. Dans cette hypothèse, l'amortissement doit être diminué ou augmenté proportionnellement à la durée de l'exercice comptable.

Illustrons ces notions par l'exemple suivant.

La société SA Azur fait l'acquisition le 9 septembre 2018 d'un ordinateur (1.500,00 EUR hors TVA). L'ordinateur a une durée d'utilisation estimée à 4 ans et la société décide de l'amortir selon la méthode linéaire à 25 % l'an. La société SA Azur est une société « PME » au sens du code des sociétés.

---

138 Cf. Bulletin C.N.C., n° 26, Mars 1991, pages 14 à 25.

139 Article 1:24 §§ 1 à 6 du nouveau Code des sociétés et des associations.

Les amortissements, concernant cet ordinateur, sont calculés en tenant compte des deux possibilités évoquées ci-dessus : un exercice comptable normal ou raccourci.

ANNEE	1ère hypothèse	2ème hypothèse
	• la société SA Azur a été constituée le 1er août 2018; • le premier exercice comptable se clôture le 31 décembre 2018.	• la société SA Azur a été constituée en 2014; • l'exercice comptable dure 12 mois.
2018	**156,25** c'est-à-dire 1.500,00 x 25% x **5/12**	**375,00** c'est-à-dire 1.500,00 x 25%
2019	**375,00** c'est-à-dire 1.500,00 x 25%	**375,00** c'est-à-dire 1.500,00 x 25%
2020	**375,00** c'est-à-dire 1.500,00 x 25%	**375,00** c'est-à-dire 1.500,00 x 25%
2021	**375,00** c'est-à-dire 1.500,00 x 25%	**375,00** c'est-à-dire 1.500,00 x 25%
2022	**218,75** c'est-à-dire le solde	**0,00**

2) Société non «PME» au sens du code des sociétés

L'année au cours de laquelle l'entreprise a acquis ou constitué des immobilisations amortissables, l'annuité d'amortissement de ces immobilisations devra être réduite *prorata temporis* (calculer en jours).

Cette règle du *prorata temporis* est applicable à toutes les immobilisations incorporelles et corporelles amortissables, et ce, sans être influencée par les méthodes d'amortissement qui leurs sont appliquées (c'est-à-dire amortissements linéaires, doublement des amortissements linéaires et amortissements dégressifs).

La durée d'amortissement à prendre en considération dépend de la :

- durée de l'exercice comptable (qui peut-être égale, supérieure ou inférieure à douze mois);
- date d'acquisition ou de constitution de l'immobilisation.

Le terme « annuité » repris dans l'article 196, § 2, 1° du CIR, implique un montant sur une base annuelle. Par conséquent, l'annuité d'amortissement doit être réduite ou majorée dans la mesure nécessaire dans tous les cas où la période d'amortissement réelle est supérieure ou inférieure à douze mois.

Il est important de remarquer, que les deux règles concernant l'annuité d'amortissement (durée de l'exercice comptable et date d'acquisition ou de constitution de l'immobilisation) se cumulent. Vous trouverez un cas d'application du cumul de ces deux règles dans la 1ère hypothèse de l'exemple ci-dessus.

Lorsqu'un investissement est effectué en plusieurs phases étalées sur plus d'une période imposable, l'article 196, § 2, 1° du CIR s'applique séparément pour chacun des exercices d'imposition pris en considération, suivant que la société qui effectue l'investissement bénéficie ou non des taux progressifs à l'impôt des sociétés, pour l'exercice d'imposition auquel se rattache la tranche d'investissement qui est envisagée.

Reprenons l'exemple précédent dont l'énoncé était :

La société SA Azur fait l'acquisition le 9 septembre 2018 d'un ordinateur (1.500,00 EUR hors TVA). L'ordinateur à une durée d'utilisation estimée à 4 ans et la société décide de l'amortir selon la méthode linéaire à 25 % l'an. La société SA Azur n'est pas une « PME » au sens du code des sociétés. Ici également, nous allons envisager deux hypothèses.

ANNEE	1ère hypothèse • la société SA Azur a été constituée le 2 avril 2018; • le premier exercice comptable se clôture le 31 décembre 2018.	2ème hypothèse • la société SA Azur a été constituée en 2014; • l'exercice comptable dure 12 mois.
2018	117,19 c'est-à-dire 1.500,00 x 25% x 114/152 x 5/12	**117,12** c'est-à-dire 1.500,00 x 25% x 114/**365**
2019	375,00 c'est-à-dire 1.500,00 x 25%	375,00 c'est-à-dire 1.500,00 x 25%
2020	375,00 c'est-à-dire 1.500,00 x 25%	375,00 c'est-à-dire 1.500,00 x 25%
2021	375,00 c'est-à-dire 1.500,00 x 25%	375,00 c'est-à-dire 1.500,00 x 25%
2022	257,81 c'est-à-dire le solde	**257,88** c'est-à-dire le solde

Les 117,19 EUR correspondant à l'annuité d'amortissement de 2018 de la première hypothèse, se calculent en tenant compte de la durée de l'exercice comptable : 152 jours (la période allant du 1er août 2018 au 31 décembre 2018). Les 114 jours du numérateur correspondent au nombre de jours entre la date d'acquisition du bien (le 9 septembre 2018) et la date de clôture des comptes (le 31 décembre 2018).

Le montant obtenu doit être ensuite, pour une société constituée le 1er août 2018, multiplié par 5/12ème. Cela correspond à la règle énoncée ci-dessus, qui précise que l'année de la constitution de la société, l'annuité d'amortissement afférente aux immobilisations devra toujours être réduite proportionnellement au nombre de mois de l'exercice comptable.

Les 117,12 EUR qui concernent l'annuité d'amortissement 2018 de la deuxième hypothèse se calculent quant à eux sur la base d'une année complète de 365 jours.

On remarque que les montants des deux annuités d 'amortissement de 2018 sont presque égaux. Si dans la première hypothèse, nous n'avions pas multiplié l'annuité obtenue par 5/12ème, nous aurions avantagé la société ayant un exercice comptable plus court.

➲ Immobilisations acquises ou constituées à partir du 1er janvier 2020

L'article 196, § 2 du CIR est modifié de telle sorte que dorénavant toutes les sociétés seront obligées de « proratiser » leurs premières annuités d'amortissement[140].

L'année au cours de laquelle l'entreprise a acquis ou constitué des immobilisations amortissables, l'annuité d'amortissement de ces immobilisations devra être réduite *prorata temporis* (calculer en jours).

Cette règle du *prorata temporis* est applicable à toutes les immobilisations incorporelles et corporelles amortissables, et ce, sans être influencée par les méthodes d'amortissement qui leurs sont appliquées (c'est-à-dire amortissements linéaires ou doublement des amortissements linéaires).

La durée d'amortissement à prendre en considération dépend de la :

- durée de l'exercice comptable (qui peut être égale, supérieure ou inférieure à douze mois);
- date d'acquisition ou de constitution de l'immobilisation.

Le terme « annuité » repris dans l'article 196, § 2 du CIR, implique un montant sur une base annuelle. Par conséquent, l'annuité d'amortissement doit être réduite ou majorée dans la mesure nécessaire dans tous les cas où la période d'amortissement réelle est supérieure ou inférieure à douze mois.

140 Article 38 de la loi du 25 décembre 2017 portant réforme de l'impôt des sociétés.

Il est important de remarquer, que les deux règles concernant l'annuité d'amortissement (durée de l'exercice comptable et date d'acquisition ou de constitution de l'immobilisation) se cumulent. Vous trouverez un cas d'application du cumul de ces deux règles dans la 1ère hypothèse de l'exemple ci-dessus.

Lorsqu'un investissement est effectué en plusieurs phases étalées sur plus d'une période imposable, l'article 196, § 2 du CIR s'applique séparément pour chacun des exercices d'imposition pris en considération pour l'exercice d'imposition auquel se rattache la tranche d'investissement qui est envisagée.

Pour illustrer ceci, prenons l'exemple suivant.

La société SA Azur fait l'acquisition le 9 septembre 2020 d'un ordinateur (1.500,00 EUR hors TVA). L'ordinateur à une durée d'utilisation estimée à 4 ans et la société décide de l'amortir selon la méthode linéaire à 25 % l'an. La société SA Azur n'est pas ou est une « PME » au sens du code des sociétés. Ici également, nous allons envisager deux hypothèses.

ANNEE	*1ère hypothèse* • la société SA Azur a été constituée le 2 août 2020; • le premier exercice comptable se clôture le 31 décembre 2020.	*2ème hypothèse* • la société SA Azur a été constituée en 2014; • l'exercice comptable dure 12 mois.
2020	117,19 c'est-à-dire 1.500,00 x 25% x 114/152 x 5/12	116,80 c'est-à-dire 1.500,00 x 25% x 114/366
2021	375,00 c'est-à-dire 1.500,00 x 25%	375,00 c'est-à-dire 1.500,00 x 25%
2022	375,00 c'est-à-dire 1.500,00 x 25%	375,00 c'est-à-dire 1.500,00 x 25%
2023	375,00 c'est-à-dire 1.500,00 x 25%	375,00 c'est-à-dire 1.500,00 x 25%
2024	257,81 c'est-à-dire le solde	258,20 c'est-à-dire le solde

Le montant obtenu doit être ensuite, pour une société constituée le 1er août 2020, multiplié par 5/12ème. Cela correspond à la règle énoncée ci-dessus, qui précise que l'année de la constitution de la société, l'annuité d'amortissement afférente aux immobilisations devra toujours être réduite proportionnellement au nombre de mois de l'exercice comptable. Le mois de début de l'activité professionnelle étant toujours compté pour un mois entier.

Les 116,80 EUR qui concernent l'annuité d'amortissement 2020 de la deuxième hypothèse se calculent quant à eux sur la base d'une année complète de 366 jours.

On remarque que les montants des deux annuités d 'amortissement de 2020 sont presque égaux. Si dans la première hypothèse, nous n'avions pas multiplié l'annuité obtenue par 5/12ème, nous aurions avantagé la société ayant un exercice comptable plus court.

c) Méthodes d'amortissement

1) Amortissement linéaire

L'amortissement linéaire est la méthode suivant laquelle l'amortissement est évalué annuellement à un montant fixe, obtenu par l'application d'un certain pourcentage constant de dépréciation, à la valeur d'investissement ou de revient de l'élément à amortir.

Ce pourcentage est obtenu en divisant le chiffre 100 par le nombre d'années de la durée normale d'utilisation des immobilisations amortissables. Par mesure de simplification, les pourcentages d'amortissement linéaire peuvent être arrondis à l'unité supérieure ou inférieure suivant que la première décimale est au moins égale ou inférieure à 5[141].

141 Commentaire des impôts sur les revenus n° 61/172.

Pour illustrer ceci, prenons l'exemple suivant :

Valeur d'acquisition d'un ordinateur	1.500,00 EUR hors TVA
Durée d'utilisation estimée	4 ans
Taux d'amortissement linéaire	25% = (100 / 4)
Annuité d'amortissement linéaire	375,00 c'est-à-dire 25% de 1.500,00

On peut se poser la question de savoir si l'amortissement, fixé de manière forfaitaire en fonction de la durée normale d'utilisation de l'élément de l'actif, n'est pas contraire à l'application de l'article 61 du CIR qui stipule notamment, que les amortissements sont considérés comme des frais professionnels dans la mesure où ils correspondent à une dépréciation réellement survenue au cours de la période imposable ?

En effet selon le CIR, l'amortissement à admettre annuellement à titre de frais professionnels, ne peut dépasser la dépréciation réellement survenue pendant la période imposable, c'est-à-dire, la perte effective de valeur marchande que les biens, investis dans l'entreprise, ont subi au cours de la période imposable.

Vu l'impossibilité de déterminer avec une précision mathématique, l'importance d'une dépréciation des éléments de l'actif d'une entreprise, l'administration a adopté le système de pourcentages forfaitaires annuels qui, par catégories d'éléments de l'actif, sont fixés de commun accord avec l'inspecteur des contributions directes.

2) Amortissements accélérés

Articles 63, 64 et 64bis du CIR.
Articles 36 à 43 de l'AR/CIR.

➲ L'amortissement dégressif

❍ Immobilisations acquises ou constituées avant le 1er janvier 2020

1. Détermination du taux d'amortissement dégressif

Pour déterminer le taux d'amortissement dégressif, on raisonne de la manière suivante :

a. on calcule le taux d'amortissement linéaire;

b. on détermine le taux d'amortissement dégressif :
   - celui-ci ne peut excéder le double du taux d'amortissement linéaire correspondant à la durée normale d'utilisation de l'immobilisation concernée;
   - celui-ci doit être supérieur au taux d'amortissement linéaire correspondant à la durée normale d'utilisation de l'immobilisation concernée;

     Il en résulte que la société peut fixer librement un taux d'amortissement dégressif à un taux inférieur au double du taux de l'amortissement linéaire[142].

c. ce taux ne peut pas être modifié pour les années ultérieures.

Voici un tableau reprenant les taux maximum dégressif en fonction de la durée d'utilisation du bien :

142 En règle générale, la société choisira le taux le plus élevé, à savoir le taux doublé.

Tableau des taux d'amortissement dégressif admissibles pour les durées d'utilisation de 4 à 20 ans			
Durée d'utilisation (en années)	*Taux linéaire*		*Taux maximum dégressif*
	Non arrondi	*Arrondi*	
4	25	25	50
5	20	20	40
6	16,66	17	34
7	14,28	14	28,56
8	12,50	13	26
9	11,11	11	22,22
10	10	10	20
11	9,09	9	18,18
12	8,33	8	16,66
13	7,69	8	16
14	7,14	7	14,28
15	6,66	7	14
16	6,25	6	12,5
17	5,88	6	12
18	5,55	6	12
19	5,26	5	10,52
20	5	5	10

2. Détermination de l'annuité d'amortissement dégressif

Pour déterminer l'annuité d'amortissement dégressif, on applique le taux d'amortissement dégressif à la « valeur fiscale résiduelle » des éléments de l'actif. Cette valeur résiduelle est égale à la valeur d'investissement ou de revient, diminuée des amortissements effectués et admis jusqu'à la fin de la période imposable antérieure.

Lors de l'exercice comptable pour lequel l'annuité d'amortissement dégressif n'excède plus l'amortissement linéaire, la société **peut passer** de l'amortissement dégressif à l'amortissement linéaire. Pour rappel, l'annuité d'amortissement linéaire est calculée sur la valeur d'investissement ou de revient.

Cependant, l'annuité d'amortissement dégressif ne peut en aucun cas, dépasser 40% de la valeur d'investissement ou de revient des immobilisations. Le terme « annuité » utilisé dans l'article 64 du CIR implique un montant sur une base annuelle; l'annuité d'amortissement limitée à 40% de la valeur d'investissement ou de revient doit par conséquent être réduite ou majorée (d'une manière proportionnelle) dans tous les cas où la période d'amortissement réelle est supérieure ou inférieure à douze mois.

On peut constater que cette limitation ne porte pas sur le pourcentage de l'amortissement, mais uniquement sur l'annuité d'amortissement. Le taux d'amortissement peut donc être supérieur à 40; cependant, l'amortissement dégressif qui en résulte ne peut jamais être supérieur à 40% de la valeur d'investissement.

Illustrons ceci par l'exemple suivant.

La société SA Azur fait l'acquisition le 9 septembre 2018 d'un ordinateur (1.500,00 EUR hors TVA). L'ordinateur a une durée d'utilisation estimée à 4 ans. Elle opte pour le régime de l'amortissement dégressif. Le taux de l'amortissement dégressif s'élève à 50 %.

Pour rappel, les écritures comptables sont les suivantes :

Faits comptables	N° plan comptable	Intitulés des comptes	Somme débit	Somme crédit
Comptabilisation de l'achat de l'ordinateur	2400	Mobilier	1 500,00	
	4110	TVA à récupérer	315,00	
	4400	à Fournisseur		1 815,00
Comptabilisation de l'amortissement en 2017	6302	Dotations aux amortissements sur immobilisations corporelles	Voir tableau suivant selon le cas	
	2409	à Amortissements actés sur mobilier		Voir tableau suivant selon le cas

1ère hypothèse : la société SA Azur est une société « PME » au sens du code des sociétés

ANNEE	*1ère hypothèse* • La société SA Azur a été constituée le 2 août 2018. • Le premier exercice comptable se clôture le 31 décembre 2018.	*2ème hypothèse* • La société SA Azur a été constituée en 2014. • L'exercice comptable est un exercice comptable de 12 mois.
2018	En principe, l'amortissement s'élève à 312,50 c'est-à-dire 1.500,00 x 50% x 5/12. Cependant, ce montant excède 250,00 c'est-à-dire 40% de 1.500,00 x 5/12. Le montant admis fiscalement en vertu de l'article 64 du CIR s'élève à 250,00.	En principe, l'amortissement s'élève à 750,00 c'est-à-dire 1.500,00 X 50%. Cependant, ce montant excède 600,00 c'est-à-dire 40% de 1.500,00. Le montant admis fiscalement en vertu de l'article 64 du CIR s'élève à 600,00.
2019	Valeur résiduelle du bien : 1.250,00 (1.500,00 – 250,00). En principe, l'amortissement s'élève à 625,00 c'est-à-dire 1.250,00 x 50%. Ce montant excède 600,00 c'est-à-dire 40% de 1.500,00. Le montant admis fiscalement en vertu de l'article 64 du CIR s'élève à 600,00.	Valeur résiduelle du bien : 900,00 (1.500,00 – 600,00). L'amortissement s'élève à 450,00 c'est-à-dire 900,00 x 50%. Ce montant n'excède pas 600,00 c'est-à-dire 40% de 1.500,00 = 600,00. Le montant admis fiscalement s'élève à 450,00.
2020	Valeur résiduelle du bien : 650,00 (1.250,00 – 600,00). En principe, l'amortissement s'élève à 325,00 c'est-à-dire 650,00 x 50%. Ce montant n'excède pas : 40% de 1.500,00 = 600,00 mais il est inférieur à l'amortissement linéaire (375,00). Le montant admis fiscalement s'élève à 375,00 si la société applique l'amortissement linéaire.	Valeur résiduelle du bien : 450,00 (900,00 – 450,00). L'amortissement s'élève à 225,00 c'est-à-dire 450,00 x 50%. Ce montant est inférieur à l'amortissement linéaire (375,00). Le montant admis fiscalement s'élève à 375,00 si la société applique l'amortissement linéaire.
2021	Le solde c'est-à-dire 275,00.	Le solde c'est-à-dire 75,00.

2ème hypothèse : la société SA Azur n'est pas une « PME » au sens du code des sociétés

ANNEE	*1ère hypothèse* • La société SA Azur a été constituée le 2 août 2018. • Le premier exercice comptable se clôture le 31 décembre 2018.	*2ème hypothèse* • La société SA Azur a été constituée en 2014. • L'exercice comptable est un exercice comptable de 12 mois.
2018	En principe, l'amortissement s'élève à 234,37 c'est-à-dire 1.500,00 x 50% x 114/152 x 5/12. Cependant, ce montant excède 187,50 c'est-à-dire 40% de 1.500,00 x 114/152 x 5/12. Le montant admis fiscalement en vertu de l'article 64 du CIR s'élève à 187,50.	En principe, l'amortissement s'élève à 234,25 c'est-à-dire 1.500,00 X 50% x 114/365. Cependant, ce montant excède 187,40 c'est-à-dire 40% de 1.500,00 x 114/365. Le montant admis fiscalement en vertu de l'article 64 du CIR s'élève à **187,40**.
2019	Valeur résiduelle du bien : 1.312,50 (1.500,00 - 187,50). En principe, l'amortissement s'élève à 656,25 c'est-à-dire 1.312,50 x 50%. Ce montant excède 600,00 c'est-à-dire 40% de 1.500,00. Le montant admis fiscalement en vertu de l'article 64 du CIR s'élève à 600,00.	Valeur résiduelle du bien : 1.312,60 (1.500,00 - **187,40**). L'amortissement s'élève à 656,30 c'est-à-dire 1.312,60 x 50%. Ce montant excède 600,00 c'est-à-dire 40% de 1.500,00. Le montant admis fiscalement s'élève à 600,00.
2020	Valeur résiduelle du bien : 712,50 (1.312,50 – 600,00). En principe, l'amortissement s'élève à 356,25 c'est-à-dire 712,50 x 50%. Ce montant n'excède pas 600,00 c'est-à-dire 40% de 1.500,00, mais il est inférieur à l'amortissement linéaire (375,00). Le montant admis fiscalement s'élèvera à 375,00 si la société applique l'amortissement linéaire.	Valeur résiduelle du bien : 712,60 (1.312,60 – 600,00). L'amortissement s'élève à 356,30 c'est-à-dire 712,60 x 50%. Ce montant est inférieur à l'amortissement linéaire (375,00). Le montant admis fiscalement s'élèvera à 375,00 si la société applique l'amortissement linéaire.
2021	Le solde c'est-à-dire 337,50.	Le solde c'est-à-dire **337,60**.

3. Immobilisations exclues du régime de l'amortissement dégressif

Le régime des amortissements dégressifs ne s'applique pas aux :

a. immobilisations incorporelles, à l'exception des investissements en œuvres audiovisuelles (l'article 63 du CIR précise que la durée d'utilisation probable des investissements en recherche et développement ne peut être inférieure à 3 ans, cette durée d'utilisation probable est de minimum 5 ans en ce qui concerne les autres immobilisations incorporelles);

b. immobilisations dont l'usage a fait l'objet d'une cession au profit de tiers (par exemple une location ou une mise à disposition) par le contribuable qui amortit les immobilisations (peu importe en l'occurrence combien de temps, à qui ou sous quelle forme, l'usage des immobilisations est cédé);

   Remarques :

   - En cas de simple location, la personne qui cède l'usage à des tiers (le bailleur) est en effet également celle qui amortit le bien. Par contre, en cas de leasing c'est le preneur de leasing qui amortit (et non l'entreprise de leasing). Il en résulte que l'amortissement dégressif est applicable aux biens donnés en leasing.
   - Les immobilisations acquises ou constituées pendant les exercices comptables clôturés au plus tôt le 31/12/1991, sont exclues du régime de l'amortissement dégressif dès que leur usage fait l'objet, par le contribuable qui les amortit, d'une cession au profit de tiers, c'est-à-dire à partir de la période imposable au cours de laquelle cette cession a eu lieu, même si lesdites immobilisations ont été amorties antérieurement suivant le régime dégressif[143].

143 cf. le commentaire des impôts sur les revenus n°61/168.

- La quotité de l'immobilisation dont l'usage n'a pas fait l'objet d'une cession au profit de tiers peut quant à elle faire l'objet d'un amortissement dégressif[144].

c. voitures, voitures mixtes et minibus, tels que ces véhicules sont définis par la réglementation relative à l'immatriculation des véhicules à moteur[145], sauf s'il s'agit de véhicules qui sont affectés exclusivement à un service de taxis ou à la location avec chauffeur et qui sont exemptés, à ce titre, de la taxe de circulation sur les véhicules automobiles.

   Afin de respecter l'intention du législateur de voir les fausses camionnettes (cf. page n°61) soumises aux mêmes règles que les voitures, voitures mixtes et minibus en matière de déduction des frais professionnels, l'article 43, 1° de l'AR/CIR a été modifié pour exclure du régime d'amortissements dégressifs les camionnettes susvisées à partir de l'exercice d'imposition 2008.

d. bicyclettes mises à disposition des travailleurs pour le déplacement de leur domicile à leur lieu de travail (cf. page n°122).

e. navires amortis conformément au régime spécial d'option prévu par l'article 121, § 4 de la loi du 2 août 2002.

4. Formalités (le relevé 328 K)

Les sociétés qui, pour des immobilisations amortissables acquises ou constituées à partir d'une période imposable quelconque, optent pour le régime d'amortissements dégressifs, doivent notifier cette option au contrôle des contributions du ressort de l'endroit où elles sont taxées. Elles doivent effectuer cette démarche dans le délai prescrit pour la remise de la déclaration à l'impôt des sociétés afférente à cette période.

Cette notification doit être annexée à la déclaration.

lle doit être accompagnée du relevé 328 K indiquant, pour chaque groupe d'immobilisations de nature analogue amortissables au même taux dégressif, acquises ou constituées pendant ladite période, les renseignements suivants :

- la nature des diverses immobilisations ainsi groupées;
- leur valeur d'investissement ou de revient;
- leur durée normale probable d'utilisation;
- le taux d'amortissement dégressif.

Sauf renonciation expresse du contribuable, l'option choisie est irrévocable à l'égard de chaque groupe d'immobilisations acquises ou constituées pendant la période imposable visée ci-dessus. Il en sera de même à l'égard des groupes d'immobilisations de nature analogue, amortissables au même taux dégressif, acquises ou constituées pendant les périodes imposables suivantes.

Il est possible de modifier le système d'amortissement, si avant l'expiration d'une des périodes, le contribuable a notifié au contrôle des contributions, sa décision de renoncer au régime d'amortissements dégressifs.

Il peut faire enregistrer ce renoncement sur l'ensemble des immobilisations, ou sur une partie nettement précisée desdits groupes d'immobilisations acquises ou constituées à partir de la même période.

Cette renonciation reste valable aussi longtemps que le contribuable n'aura pas notifié une nouvelle option dans les formes et délais prévus à l'article 41 de l'AR/CIR.

❍ Immobilisations acquises ou constituées à partir du 1er janvier 2020

Le régime d'amortissements dégressifs n'est plus applicable à l'impôt des sociétés aux immobilisations acquises ou constituées à partir du 1er janvier 2020[146].

---

144 cf. la question parlementaire du Sénateur Hatry, Bulletin questions et réponses n°112 du 14 juin 1994, Sénat, session 1993-1994, p.5930.

145 Y compris, à partir de l'exercice d'imposition 2007, la camionnette qui était inscrite en tant que camionnette dans le répertoire de la D.I.V mais qui ne correspond pas à la définition fiscale de la camionnette.

146 Article 38 de la loi du 25 décembre 2017 portant réforme de l'impôt des sociétés.

➲ Doublement des amortissements linéaires

Il est possible, pour une entreprise, de recevoir l'autorisation de pratiquer un doublement de l'amortissement linéaire de la part de la région dans laquelle elle se trouve[147].

L'aide aux entreprises, dans le cadre de l'expansion économique régionale, est devenue maintenant une matière entièrement régionalisée. L'autorisation de pratiquer le doublement des amortissements linéaires est donc accordée exclusivement par les exécutifs régionaux. Ce régime ne peut s'appliquer qu'au matériel, à l'outillage et aux bâtiments industriels.

Les autorisations de doublement temporaire de l'annuité d'amortissement linéaire normal, sont notifiées à l'administration des contributions directes par l'exécutif régional compétent (ou le Membre de l'exécutif désigné à cet effet) qui a accordé, conformément aux dispositions de l'article 64bis du CIR, le droit de pratiquer ledit régime.

L'entreprise obtient de l'exécutif régional l'autorisation de pratiquer, sur certaines immobilisations, pendant un maximum de 3 périodes imposables successives, un amortissement annuel égal au double de l'annuité d'amortissement linéaire normal.

En ce qui concerne les éléments de l'actif pour lesquels le doublement de l'amortissement linéaire a été appliqué, le régime optionnel d'amortissement dégressif peut être utilisé après la période pour laquelle le doublement a été appliqué.

Il faut cependant, pour pouvoir repasser à l'amortissement dégressif, que ce régime soit demandé pour les investissements concernés dans les formes et les délais imposés.

Néanmoins, il n'est pas nécessaire de refaire une demande, si les investissements ayant bénéficié du taux doublé, peuvent être rangés dans un groupe d'éléments de nature analogue, amortissables au même taux dégressif que ceux qui ont été acquis ou constitués durant une période imposable antérieure et, pour lesquels, on avait opté directement pour l'amortissement dégressif.

➲ Navires

Article 121 de loi-programme du 2 août 2002.

Les pourcentages d'amortissement suivants sont admis pour les :

- navires neufs;
- parts de copropriété de navires neufs;
- parts de navire dans des navires neufs;

pour l'exercice comptable de la mise en service	20%
pour chacun des deux exercices comptables suivants	15%
ensuite, par exercice comptable	10%

Les navires, les parts de copropriété de navires et les parts de navire dans des navires qui ne sont pas acquis à l'état neuf, peuvent bénéficier de l'amortissement précités lorsque ces navires entrent

147 A titre exemplatif, l'article 8 de l'ordonnance du 3 mai 2018 relative aux aides par le développement économique des entreprises prévoit que le gouvernement (de la Région Bruxelles-Capitale) peut, conformément à l'article 64bis du CIR, autoriser un amortissement annuel égal au double de l'annuité d'amortissement linéaire normal pour les investissements en immobilisations corporelles pour lesquels une aide a été octroyée en vertu de l'article 5 de la même ordonnance.

pour la première fois en la possession d'un contribuable belge. Par conséquent, on ne peut pas opter pour le régime avantageux d'amortissements pour des navires qui sont cédés par d'autres contribuables belges.

Les navires qui sont amortis conformément au régime visé ci-avant, ne peuvent bénéficier du régime d'option d'amortissements dégressifs prévu à l'article 64 du CIR.

Ce régime avantageux ne peut être cumulé avec le régime de détermination forfaitaire des bénéfices en fonction du tonnage (cf. page n°411).

3) *Frais accessoires*

Articles 62, 65 et 196 § 2, 2° du CIR.

Les frais accessoires, relatifs aux immobilisations acquises ou constituées, peuvent être selon les cas : les droits d'enregistrement, les frais d'expertises, les divers honoraires et frais liés à l'achat, etc.

Il existe deux possibilités les concernant : soit ils sont directement et intégralement pris en charge, soit ils doivent faire l'objet d'un amortissement. Le droit fiscal précise quand il est possible d'utiliser l'une ou l'autre de ces possibilités.

➲ La société est considérée comme une « PME »[148] au sens du code des sociétés

❍ Immobilisations acquises ou constituées avant le 1er janvier 2020

La société a le choix d'amortir les frais accessoires :

- soit intégralement pendant la période imposable;
- soit par annuités fixes échelonnées sur un nombre d'années déterminé par la société (ce nombre d'annuités <u>peut</u> être basé sur le rythme d'amortissement des immobilisations auxquelles il se rapporte).

Ce régime facultatif ne s'applique cependant pas aux voitures, voitures mixtes et minibus, autres que ceux utilisés exclusivement pour le transport rémunéré de personnes, tels que ces véhicules sont définis par la réglementation relative à l'immatriculation des véhicules à moteur[149]. En effet, pour ce type d'immobilisation, les frais accessoires doivent toujours être amortis de la même manière que la valeur d'investissement ou de revient de ces véhicules[150].

Ceci peut être illustré par l'exemple suivant.

La société SA Azur fait l'acquisition :

- le 9 septembre 2018 d'une machine (100.000,00 EUR hors TVA);
- le 30 décembre 2018 d'un véhicule mixte (13.000,00 EUR hors TVA).

---

148 cf. page n°741 pour la notion de PME.

149 Y compris, à partir de l'exercice d'imposition 2007, la camionnette qui était inscrite en tant que camionnette dans le répertoire de la D.I.V mais qui ne correspond pas à la définition fiscale de la camionnette.

150 Article 65 du CIR.

Les frais d'installation de la machine s'élèvent à 3.000,00 EUR hors TVA. La machine et le véhicule mixte ont respectivement une durée d'utilisation estimée à 10 ans et 5 ans.

FRAIS ACCESSOIRES		
LA MACHINE	1ère possibilité : L'amortissement en une fois des frais accessoires pendant la période imposable au cours de laquelle ils ont été exposés.	Le 31/12/2018 sont admis à titre de frais professionnels, les amortissements actés sur la machine à concurrence de 13.000,00 EUR c'est-à-dire 10.000,00 EUR pour le principal majoré de 3.000,00 EUR pour les frais accessoires.
	2ème possibilité : L'amortissement des frais accessoires au même rythme que le principal c'est-à-dire au taux linéaire de 10%.	Le 31/12/2018 sont admis à titre de frais professionnels, les amortissements actés sur la machine à concurrence de 10.300,00 EUR c'est-à-dire 10.000,00 EUR pour le principal majoré de 300,00 EUR pour les frais accessoires.
	3ème possibilité : L'amortissement des frais accessoires à un rythme différent que celui pratiqué pour le principal (par exemple au taux linéaire de 25%).	Le 31/12/2018 sont admis à titre de frais professionnels, les amortissements actés sur la machine à concurrence de 10.750,00 EUR c'est-à-dire 10.000,00 EUR pour le principal majoré de 750,00 EUR pour les frais accessoires.
LE VEHICULE MIXTE	En ce qui concerne le véhicule mixte, aucun choix ne s'offre à la société, les frais accessoires relatifs à ces véhicules doivent toujours être amortis au même rythme que le principal.	Le 31/12/2018, le montant des amortissements correspondant à une dépréciation réelle au sens de l'article 61 du CIR s'élève à : • pour le principal : 2.600,00 EUR (20% de 13.000,00 EUR); • pour les frais accessoires (la TVA non déductible) : 273,00 EUR (20% de 1.365,00 EUR). En vertu de l'article 198bis du CIR, l'amortissement comptabilisé (2.873,00 EUR) n'est déductible qu'à concurrence d'un pourcentage qui dépend du type de carburant utilisé et du taux d'émission de CO_2 par kilomètre.

❍ Immobilisations acquises ou constituées à partir du 1er janvier 2020

La société a le choix d'amortir les frais accessoires :

- soit intégralement pendant la période imposable;
- soit de la même manière que le montant en principal.

La différence existant par rapport au régime fiscal précédent est qu'il n'est plus possible pour la société de déterminer librement le rythme d'amortissement des frais accessoires.

Ce régime facultatif ne s'applique cependant pas aux voitures, voitures mixtes et minibus, autres que ceux utilisés exclusivement pour le transport rémunéré de personnes, tels que ces véhicules sont définis par la réglementation relative à l'immatriculation des véhicules à moteur[151]. En effet, pour ce type d'immobilisation, les frais accessoires doivent toujours être amortis de la même manière que la valeur d'investissement ou de revient de ces véhicules[152].

Ceci peut être illustré par l'exemple suivant.

La société SA Azur fait l'acquisition le 30 décembre 2020 :

- d'une machine (100.000,00 EUR hors TVA);
- d'un véhicule mixte (13.000,00 EUR hors TVA, la TVA de 21% est récupérable à concurrence de 50%).

151 Y compris, à partir de l'exercice d'imposition 2007, la camionnette qui était inscrite en tant que camionnette dans le répertoire de la D.I.V mais qui ne correspond pas à la définition fiscale de la camionnette.

152 Article 65 du CIR.

Les frais d'installation de la machine s'élèvent à 3.000,00 EUR hors TVA. La machine et le véhicule mixte ont respectivement une durée d'utilisation estimée à 10 ans et 5 ans.

FRAIS ACCESSOIRES		
LA MACHINE	1ère possibilité : L'amortissement en une fois des frais accessoires pendant la période imposable au cours de laquelle ils ont été exposés.	Le 31/12/2020 sont admis à titre de frais professionnels, les amortissements actés sur la machine à concurrence de 3.054,64 EUR c'est-à-dire 10% de 100.000,00 EUR * (2/366) pour le principal majoré de 3.000,00 EUR pour les frais accessoires.
	2ème possibilité : L'amortissement des frais accessoires au même rythme que le principal c'est-à-dire au taux linéaire de 10%.	Le 31/12/2020 sont admis à titre de frais professionnels, les amortissements actés sur la machine à concurrence de 56,28 EUR. c'est-à-dire 10% de 100.000,00 EUR * (2/366) pour le principal majoré de 10% de 3.000,00 EUR * (2/366) EUR pour les frais accessoires.
LE VEHICULE MIXTE	En ce qui concerne le véhicule mixte, aucun choix ne s'offre à la société, les frais accessoires relatifs à ces véhicules doivent toujours être amortis au même rythme que le principal.	Le 31/12/2020, le montant des amortissements correspondant à une dépréciation réelle au sens de l'article 61 du CIR s'élève à : • pour le principal : 14,21 EUR (20% de 13.000,00 EUR *(2/366); • pour les frais accessoires (la TVA non déductible) : 1,49 EUR (20% de 1.365,00 EUR * (2/366)).

➲ La société n'est pas considérée comme une « PME » au sens du code des sociétés

Les frais accessoires ne sont considérés comme des frais professionnels que pour autant qu'ils soient amortis de la même manière et selon le même rythme que le montant principal. Cela implique que les frais accessoires ne peuvent plus être considérés, pour leur montant total, comme des frais professionnels, et ce durant l'exercice comptable au cours duquel ils ont été exposés.

Cette règle s'applique à toutes les immobilisations incorporelles et corporelles amortissables et à toutes les méthodes d'amortissement.

Lorsqu'un investissement est effectué en plusieurs phases, et que ces différentes phases portent sur plus d'une période imposable, l'article 196, § 2, 2° du CIR s'applique séparément pour chacun des exercices d'imposition pris en considération. En effet, suivant que la société qui effectue l'investissement, est ou n'est pas considérée comme une « PME » au sens du code des sociétés pour l'exercice d'imposition auquel se rattache la tranche d'investissement qui est envisagée, elle pourra ou non choisir la méthode d'amortissement appliquée aux frais accessoires.

Voici un exemple d'acquisition d'immobilisés par une société n'étant pas considérée comme une « PME » au sens du code des sociétés.

Durant l'exercice comptable 2018, la société SA Azur fait l'acquisition des éléments suivants :

- le 9 septembre 2018, une machine (100.000,00 EUR hors TVA);
- le 30 décembre 2018, un véhicule mixte (13.000,00 EUR hors TVA).

Les frais d'installation de la machine s'élèvent à 3.000,00 EUR hors TVA. La machine et le véhicule mixte ont respectivement une durée d'utilisation estimée à 10 et 5 ans.

Les méthodes d'amortissement à appliquer pour les prix d'acquisitions et les frais accessoires sont les suivantes :

LA MACHINE	Le 31/12/2018 sont admis à titre de frais professionnels les amortissements actés sur la machine à concurrence de : • pour le principal : 3.114,75 EUR (10% de 100.000,00 EUR x 114 / 365); • pour les frais accessoires : 93,44 EUR (10% de 3.000,00 x 114 / 365).
LE VEHICULE MIXTE	Le 31/12/2018, le montant des amortissements correspondant à une dépréciation réelle au sens de l'article 61 du CIR s'élève à : • pour le principal : 14,21 EUR (20% de 13.000,00 EUR x 2 / 365; • pour les frais accessoires (la TVA non déductible) : 1,50 EUR (20% de 1.365,00 EUR x 2 / 365). En vertu de l'article 198bis du CIR, l'amortissement comptabilisé (15,75 EUR) n'est déductible qu'à concurrence d'un pourcentage qui dépend du type de carburant utilisé et du taux d'émission de CO_2 par kilomètre.

➲ Les frais d'établissement

Contrairement aux frais accessoires, le régime fiscal des frais d'établissement n'est pas lié à la possibilité pour la société, d'être ou pas une « PME » au sens du code des sociétés.

La législation fiscale suit la législation comptable[153], en mentionnant que les frais d'établissement peuvent être amortis :

- soit intégralement pendant la période imposable au cours de laquelle ces frais ou coûts sont exposés;
- soit par annuités fixes, échelonnées sans interruption, sur un nombre d'années déterminé par le contribuable.

Ceci peut être illustré par l'exemple suivant.

À la constitution de la SA « Azur » le 10 mai 2018, les frais suivants ont été engagés :

honoraires du réviseur d'entreprise	1.000,00 EUR hors TVA
frais de notaire (acte, enregistrement, hypothèque)	3.200,00 EUR
publication des statuts au Moniteur Belge	400,00 EUR hors TVA

Le premier exercice comptable de la SA Azur se clôture le 31 décembre 2018.

Les écritures comptabilisant ces divers frais sont :

Faits comptables	N° plan comptable	Intitulés des comptes	Somme débit	Somme crédit
Comptabilisation des frais de constitution	2001	Frais de constitution et d'augmentation de capital (Frais portés à l'actif)	1 000,00	
	4110	TVA à récupérer	210,00	
	4400	à Fournisseur		1 210,00
Comptabilisation des frais de constitution	2001	Frais de constitution et d'augmentation de capital (Frais portés à l'actif)	3 600,00	
	4110	TVA à récupérer	84,00	
	4400	à Fournisseur		3 684,00

153 Article 58 de l'arrêté du code des sociétés.

<table>
<tr><th colspan="3">FRAIS D'ÉTABLISSEMENT</th></tr>
<tr><td></td><td>1ère possibilité :
Amortissement en une fois des frais d'établissement pendant la période imposable au cours de laquelle ils ont été exposés</td><td>2ème possibilité :
Amortissement des frais accessoires à un rythme déterminé par la société (par exemple au taux linéaire de 25%)</td></tr>
<tr><td>La société n'est pas une « PME » au sens du code des sociétés.</td><td rowspan="2">Le 31 décembre 2018, seront admis à titre de frais professionnels, les amortissements actés sur les frais d'établissement à concurrence de 4.600,00 EUR.</td><td rowspan="2">Le 31 décembre 2018, seront admis à titre de frais professionnels, les amortissements actés sur les frais d'établissement à concurrence de 1.150,00 EUR c'est-à-dire 25% de 4.600,00 EUR.</td></tr>
<tr><td>La société est une « PME » au sens du code des sociétés.</td></tr>
</table>

Les amortissements relatifs à la 1ère possibilité donnent lieu à l'écriture suivante :

Faits comptables	N° plan comptable	Intitulés des comptes	Somme débit	Somme crédit
Comptabilisation des amortissements	6300	Dotations aux amortissements sur frais d'établissement	4 600,00	
	2010	à Frais de constitution et d'augmentation de capital (Amortissements actés)		4 600,00

➲ Les excédents d'amortissements

Les excédents d'amortissements sont constitués par la comptabilisation excessive d'une charge (en tant que frais ou dotation d'amortissement) concernant des biens ou des frais devant être amortis.

Les excédents d'amortissements peuvent résulter :

- soit de la valorisation d'un actif amortissable qui ne respecte pas la législation comptable suite par exemple :
  - à la comptabilisation dans un compte de charges d'un élément de l'actif;
  - à l'amortissement d'un élément de l'actif sur une durée inférieure à sa durée de vie probable;
- soit de divergences entre la législation comptable et fiscale.

Ces divergences juridiques ou de valorisation ont pour conséquence, que la valeur fiscale nette des éléments de l'actif est supérieure à la valeur comptable nette des éléments envisagés. Cette différence doit être mentionnée au cadre bénéfices réservés imposables (Réserves occultes - excédents d'amortissements) de la déclaration fiscale.

Illustrons ceci par les exemples suivants.

<u>Exemple n° 1</u> :

La société SA Azur fait l'acquisition le 9 septembre 2018, d'un ordinateur (1.500,00 EUR hors TVA). L'ordinateur a été comptabilisé dans un compte de résultats de telle sorte qu'il n'apparaît pas, le 31 décembre 2018, au bilan de la SA Azur. Il s'agit de la seule écriture comptable qui a affecté le compte de résultats de l'année 2018; l'exercice se clôturant par une perte de 1.500,00 EUR.

L'ordinateur a une durée d'utilisation estimée à 4 ans. La société SA Azur est une « PME » au sens du code des sociétés. La société n'a évidemment pas opté pour la méthode dégressive.

L'écriture erronée de prise en charge de l'acquisition de l'ordinateur, pourrait être la suivante :

Faits comptables	N° plan comptable	Intitulés des comptes	Somme débit	Somme crédit
Comptabilisation de l'acquisition de l'ordinateur	6112	Petit matériel	1 500,00	
	4110	TVA à récupérer	315,00	
	4400	à Fournisseur		1 815,00

Le tableau suivant établit une comparaison entre le traitement comptable et fiscal de l'ordinateur.

Année	Amortissements admis fiscalement	Valeur		Traitement fiscal
		Fiscale nette	Comptable nette	
2018	375,00 c'est-à-dire 1.500,00 x 25%	1.125,00	0,00	Sous-évaluation d'un élément de l'actif : **1.125,00 EUR.** La charge enregistrée (1.500,00 EUR) ne peut fiscalement être admise qu'à concurrence de l'amortissement normal du bien (375,00 EUR). Une réserve occulte «Excédents d'amortissements» doit être imposée à concurrence de 1.125,00 EUR.
2019	375,00 c'est-à-dire 1.500,00 x 25%	750,00	0,00	La sous-évaluation d'un élément de l'actif est égale à 750,00 EUR. Fiscalement, l'amortissement admissible sur l'ordinateur pour l'année 2019 s'élève à 375,00 EUR. Etant donné qu'aucune écriture n'est passée en comptabilité, l'équivalent fiscal de la charge d'amortissement est obtenu via la détaxation (diminution) de la réserve occulte «Excédents d'amortissements» à concurrence de l'amortissement admis. De telle sorte que la réserve ne s'élève plus qu'à 750,00 EUR.
2020	375,00 c'est-à-dire 1.500,00 x 25%	375,00	0,00	Sous-évaluation d'un élément de l'actif : 375,00 EUR. Fiscalement, l'amortissement admissible sur l'ordinateur pour l'année 2020 s'élève à 375,00 EUR. Etant donné qu'aucune écriture n'est passée en comptabilité, l'équivalent fiscal de la charge d'amortissement est obtenu via la détaxation (diminution) de la réserve occulte « Excédents d'amortissements » à concurrence de l'amortissement admis. De telle sorte que la réserve ne s'élève plus qu'à 375,00 EUR.
2021	375,00 c'est-à-dire 1.500,00 x 25%	0,00	0,00	Sous-évaluation d'un élément de l'actif : 0,00 EUR. Fiscalement, l'amortissement admissible sur l'ordinateur pour l'année 2021 s'élève à 375,00 EUR. Etant donné qu'aucune écriture n'est passée en comptabilité, l'équivalent fiscal de la charge d'amortissement est obtenu via la détaxation de la réserve occulte « Excédents d'amortissements » à concurrence de l'amortissement admis. De telle sorte que la réserve ne s'élève plus qu'à 0,00 EUR.

Le mouvement des réserves imposables relatif à l'exercice d'imposition 2019 (année comptable 2018) suite à cette seule opération, se présente de la manière suivante :

	Situation au début de la période imposable	Situation à la fin de la période imposable
Résultat reporté		
• Bénéfice	0,00	
• Perte		-1.500,00 Cette perte de 1 500,00 EUR se justifie par la prise en charge immédiate de l'ordinateur dans la comptabilité. L'écriture d'affectation de la perte a été passée.
Réserves occultes		
Excédents d'amortissements	0,00	1.125,00
Sous-total de la situation au début de la période imposable (pour le premier exercice comptable, mentionner zéro (0) au code 1040 PN)		
Positif	0,00 (Code 1040 PN)	-375,00 (Code 1040 PN)
Négatif		
Mouvement de la période imposable		
Bénéfices réservés imposables	-375,00 (Code 1080 PN)	
	Ce montant négatif de 375,00 EUR correspond à l'amortissement admis fiscalement sur le bien.	

La réserve constituée en vue de neutraliser la sous-évaluation d'un élément de l'actif est ramenée progressivement à zéro en proportion des amortissements admissibles fiscalement pour chaque période imposable ultérieure :

	31/12/2018	*31/12/2019*	*31/12/2020*	*31/12/2021*
Réserves occultes	1.125,00	750,00	375,00	0,00

<u>Exemple n° 2</u> *:*

La société SA Azur fait l'acquisition, le 9 septembre 2018, d'un ordinateur (1.500,00 EUR hors TVA). L'ordinateur est amorti au taux linéaire de 50%. L'acquisition et l'amortissement de l'ordinateur sont les seules écritures comptables qui affectent le compte de résultats de l'année 2018; l'exercice se clôturant par une perte de 750,00 EUR. La société SA Azur est « PME » au sens du code des sociétés.

Fiscalement, le taux d'amortissement réel de l'ordinateur compte tenu de sa durée d'utilisation probable, est de 25%.

Les écritures comptables générées par ces deux opérations sont les suivantes :

Faits comptables	N° plan comptable	Intitulés des comptes	Somme débit	Somme crédit
Comptabilisation de l'acquisition	2400	Mobilier et matériel de bureau (Valeur d'acquisition)	1 500,00	
	4110	TVA à récupérer	315,00	
	4400	à Fournisseur		1 815,00

Comptabilisation des amortissements	6302	Dotations aux amortissements sur immobilisations corporelles	750,00	
	2409	à Mobilier et matériel de bureau (amortissements actés)		750,00

Le tableau suivant établit une comparaison entre le traitement comptable et fiscal de l'ordinateur :

Année	Amortissements admis fiscalement	Valeur		Traitement fiscal
		Fiscale nette	Comptable nette	
2018	375,00 c'est-à-dire 1.500,00 x 25%	1.125,00	750,00	Sous-évaluation d'un élément de l'actif : **375,00 EUR**. La charge enregistrée (750,00 EUR) ne peut fiscalement être admise qu'à concurrence de l'amortissement normal du bien (375,00 EUR). Une réserve occulte « Excédents d'amortissements » doit être imposée à concurrence de 375,00 EUR.
2019	375,00 c'est-à-dire 1.500,00 x 25%	750,00	0,00	Sous-évaluation d'un élément de l'actif : **750,00 EUR**. La charge enregistrée (750,00 EUR) ne peut fiscalement être admise qu'à concurrence de l'amortissement normal du bien (375,00 EUR). La réserve occulte « Excédents d'amortissements » doit être augmentée à concurrence de 375,00 EUR. De telle sorte qu'elle s'élève au terme de la période à 750,00 EUR.
2020	375,00 c'est-à-dire 1.500,00 x 25%	375,00	0,00	Sous-évaluation d'un élément de l'actif : 375,00 EUR. Fiscalement, l'amortissement admissible sur l'ordinateur pour l'année 2020 s'élève à 375,00 EUR. Etant donné qu'aucune écriture n'est passée en comptabilité, l'équivalent fiscal de la charge d'amortissement est obtenu via la détaxation (diminution) de la réserve occulte «Excédents d'amortissements» à concurrence de l'amortissement admis. De telle sorte que la réserve ne s'élève plus qu'à 375,00 EUR.
2021	375,00 c'est-à-dire 1.500,00 x 25%	0,00	0,00	Sous-évaluation d'un élément de l'actif : 0,00 EUR. Fiscalement, l'amortissement admissible sur l'ordinateur pour l'année 2021 s'élève à 375,00 EUR. Etant donné qu'aucune écriture n'est passée en comptabilité, l'équivalent fiscal de la charge d'amortissement est obtenu via la détaxation de la réserve occulte «Excédents d'amortissements» à concurrence de l'amortissement admis. De telle sorte que la réserve ne s'élève plus qu'à 0,00 EUR.

Le mouvement des réserves imposables relatif à l'exercice d'imposition 2019 (année comptable 2018) se présente, suite à ces seules opérations comptables, de la manière suivante :

	Situation au début de la période imposable	Situation à la fin de la période imposable
Résultat reporté		
• Bénéfice	0,00	
• Perte		-750,00 Cette perte est due à l'amortissement comptable de l'ordinateur qui de 750,00 EUR. L'écriture d'affectation de la perte a été passée.
Réserves occultes		
Excédents d'amortissements	0,00	375,00
Sous-total de la situation au début de la période imposable (pour le premier exercice comptable, mentionner zéro (0) au code 1040 PN)		
Positif	0,00 (Code 1040 PN)	-375,00 (Code 1040 PN)
Négatif		
Mouvement de la période imposable		
Bénéfices réservés imposables	-375,00 (Code 1080 PN)	
	Ce montant négatif de 375,00 EUR correspond à l'amortissement admis fiscalement sur le bien.	

➲ Les reprises d'amortissements

Lorsqu'au vu d'éléments nouveaux, des amortissements actés au cours d'exercices antérieurs à charge du compte de résultats s'avèrent excédentaires, l'entreprise peut acter une reprise d'amortissements.

Cette reprise d'amortissements comptabilisés antérieurement (et admis fiscalement) sur des actifs non réalisés a pour conséquence de les rendre immédiatement imposables.

Le commentaire des impôts sur les revenus[154] précise que les amortissements pratiqués ultérieurement à concurrence de ladite reprise constituent des réserves imposables, étant donné que le total de l'amortissement fiscal ne peut jamais excéder la valeur d'investissement ou de revient de l'élément envisagé.

Autrement dit, la valeur d'investissement ou de revient d'une immobilisation dont l'usage est limitée dans le temps ne peut pas jamais être amortie plusieurs fois successivement.

154 Cf. n°61/99.

2. *Réductions de valeur*

a) <u>Loi du 31 janvier 2009 relative à la continuité des entreprises</u>

	Articles 183, 25, 5°, 48, alinéa 2 et 48/1 du CIR. **Article 27/1 de l'AR/CIR**
Autre référence	**Avis CNC 2011/9 - Influence de l'accord amiable extrajudiciaire et de la réorganisation judiciaire sur les dettes et les créances.**

L'article 48, alinéa 2 du CIR prévoit que « donnent lieu à une exonération fiscale pour réduction de valeur et provision, les créances sur les cocontractants pour lesquels un plan de réorganisation a été homologué ou un accord amiable a été constaté par le tribunal en vertu de la loi du 31 janvier 2009 relative à la continuité des entreprises, et ce, durant les périodes imposables jusqu'à l'exécution intégrale du plan ou de l'accord amiable ou jusqu'à la clôture de la procédure ».

Cette loi prévoit la possibilité en vue d'éviter la faillite de l'entreprise :

- soit d'un accord amiable (sans l'intervention d'un juge) entre le débiteur et ses créanciers ou deux ou plusieurs d'entre eux en vue de l'assainissement de sa situation financière ou de la réorganisation de son entreprise;
- soit d'une réorganisation judiciaire en vue de permettre un accord (amiable ou collectif) des créanciers sur un plan de réorganisation ou permettre le transfert sous autorité de justice, de tout ou partie de l'entreprise ou de ses activités.

Cette exonération est applicable si, durant la période imposable, le jugement qui homologue le plan de réorganisation ou qui constate l'accord amiable est publié au Moniteur belge.

1) Dans le chef du créancier

Lorsque l'accord amiable ou la réorganisation judiciaire prévoit une remise totale ou partielle des dettes du débiteur (avec ou sans condition résolutoire de retour à meilleure fortune), le créancier doit acter une réduction de valeur ou une moins-value (lorsqu'il s'agit de l'exécution intégrale de l'accord amiable ou du plan de réorganisation) à concurrence de la remise accordée.

L'article 48, alinéa 2 du CIR prévoit une exonération fiscale explicite de ces réductions de valeur, à reprendre au code 1101 des bénéfices réservés exonérés (réductions de valeur sur créances commerciales) tant que la perte n'est pas considérée comme définitive.

2) Dans le chef du débiteur

Lorsque l'accord amiable ou la réorganisation judiciaire prévoit une remise totale ou partielle des dettes du débiteur (avec ou sans condition résolutoire de retour à meilleure fortune), l'annulation de la dette dans le chef du débiteur doit se traduire par un amoindrissement de la valeur des éléments du passif. Cette modification de la situation patrimoniale de la société est exprimée dans le compte de résultats sous le poste « Autres produits exceptionnels ».

Faits comptables	N° plan comptable	Intitulés des comptes	Somme débit	Somme crédit
Abandon total ou partiel de la créance par le créancier	1750	Dettes commerciales (fournisseurs)	xxx	
	Ou 440	Fournisseurs	xxx	
	764 - 769	A Autres produits d'exploitation non récurrents		xxx

Principe de base : « exonération » définitive (plan intégralement exécuté)

Cet amoindrissement de la valeur de l'élément du passif qui résulte de l'abandon de la créance constitue un bénéfice exonéré fiscalement pour l'exercice d'imposition afférent à la période imposable au cours de laquelle le plan de réorganisation ou l'accord amiable est intégralement exécuté.

À cette fin, la société doit :

- transmette une copie du jugement publié au *Moniteur belge* qui, en exécution de l'article 55 de la loi du 31 janvier 2009 relative à la continuité des entreprises, homologue le plan de réorganisation ou qui, en exécution de l'article 43 de ladite loi, constate l'accord amiable;
- démontrer que le plan ou l'accord a été intégralement exécuté.

Dérogation au principe de base : exonération temporaire (plan non intégralement exécuté)

Lorsque le plan ou l'accord n'a pas été intégralement exécuté, l'amoindrissement de la valeur de l'élément du passif qui résulte de l'abandon de la créance est exonéré temporairement pour l'exercice d'imposition afférent à la période imposable au cours de laquelle le jugement en exécution des articles 43 ou 55 de la loi du 31 janvier 2009 est publié au *Moniteur belge*.

Cette exonération est maintenue pour les exercices d'imposition ultérieurs pour autant que les quatre conditions suivantes soient respectées :

- les bénéfices exonérés sont et restent comptabilisés à un compte distinct au passif du bilan jusqu'à la date à laquelle le plan de réorganisation ou l'accord amiable est intégralement exécuté.

  L'écriture comptable est la suivante :

Faits comptables	N° plan comptable	Intitulés des comptes	Somme débit	Somme crédit
Constitution d'une réserve immunisée à concurrence du montant des produits exceptionnels.	689	Transfert aux réserves immunisées	xxxxx	
	132	A Réserves immunisées		xxxxx

- les bénéfices exonérés ne servent pas de base au calcul de rémunérations ou attributions quelconques jusqu'à la date à laquelle le plan de réorganisation ou l'accord amiable est intégralement exécuté;
- la société qui revendique l'exonération transmette une copie du jugement en cause publié au Moniteur belge ;
- la société qui revendique le maintien de l'exonération pour quelque période imposable transmette un document démontrant que le plan de réorganisation ou l'accord amiable n'est pas encore intégralement exécuté et est toujours respecté à la date de clôture de la période imposable concernée (à reprendre au code 1123 du cadre des bénéfices réservés exonérés : bénéfices provenant de l'homologation d'un plan de réorganisation et de la constatation d'un accord à l'amiable).

Lorsque l'une ou l'autre de ces conditions cesse d'être observée ou fait défaut pendant une période imposable quelconque, les bénéfices antérieurement exonérés sont considérés comme des bénéfices obtenus au cours de cette période imposable.

Les sommes temporairement exonérées deviennent définitivement exonérées à partir de l'exercice d'imposition afférent à la période imposable au cours de laquelle le plan de réorganisation ou l'accord amiable est intégralement exécuté. Dans cette hypothèse, le bénéfice imposable qui résulte de la remise du total ou partielle des dettes du débiteur est neutralisée dans le chef du débiteur par une majoration de la situation initiale de début des réserves (Exonération définitive des bénéfices provenant de l'homologation d'un plan de réorganisation et de la constatation d'un accord amiable - Code 1055 de la déclaration).

b) Réductions de valeur sur les autres créances commerciales

Articles 183, article 25, 5° du CIR et 48, alinéa 1er du CIR.
Articles 22, 23 et 27 de l'AR/CIR.

Le régime que nous allons étudier à présent ne concerne que les pertes probables sur créances. En effet, lorsque la perte s'avère certaine et définitive, celle-ci n'est plus soumise aux conditions d'exonération des articles 48 du CIR et 22, 23 et 27 de l'AR/CIR.

Autrement dit, l'article 48 du CIR ne vise que les créances commerciales devenues douteuses au cours d'un exercice et pour lesquelles la perte n'est pas encore exactement établie.

Une perte est, en effet, définitive lorsque la société est en mesure de prouver de manière incontestable le caractère irrécouvrable de la créance. La créance est alors représentée par une valeur intrinsèque, dont la perte totale ou partielle, lorsqu'elle est certaine et permanente, peut être déduite du bénéfice de l'entreprise. Elle ne perd de sa valeur qu'en raison de circonstances qui doivent toujours être justifiées.

C'est notamment le cas :

- lorsque le débiteur est en faillite et que la société dispose d'une attestation du curateur établissant, à suffisance, le caractère irrécouvrable de la créance (par exemple l'attestation mentionne que la créance sera écartée de toute possibilité de paiement lors de la liquidation). Par contre, une attestation se bornant à stipuler que l'actif ne permet aucune distribution de dividendes en faveur des créanciers chirographaires, n'établit pas à suffisance, le caractère irrécouvrable de la créance car cette attestation n'est pas individualisée. Selon la cours de cassation, il n'y a pas, dans ce cas, de perte définitive et il faut donc acter une réduction de valeur;
- au moment de la clôture de liquidation de la faillite du débiteur.

Dans son arrêt du 21 janvier 2003, la Cour d'appel de Gand a rappelé que le problème de la perte d'une créance se situe au niveau de la constatation du bénéfice brut et non au niveau des frais professionnels déductibles. Autrement dit, une telle perte ne constitue pas une dépense au sens de l'article 49 du CIR, de sorte que les conditions fixées à cet article, pour la déduction des dépenses et charges professionnelles, ne s'applique pas à de telles pertes professionnelles. La perte d'une créance constitue nécessairement une perte professionnelle qui doit être exprimée, à l'occasion de l'évaluation de cette créance, à la fin de la période imposable au cours de laquelle cette perte est devenue réelle et définitive[155].

155 cf. l'arrêt du 28 janvier 1982 de la Cour de Cassation).

Cette position est conforme à l'article 22, § 1er, 2 de l'AR/CIR qui précise que pour être exonérée fiscalement, la réduction de valeur doit notamment être admissible au titre de pertes professionnelles.

1) Principe

Seules les créances qui ont été incluses dans le bénéfice imposable sont susceptibles d'être déduites lorsque le contribuable prouve que son recouvrement est incertain soit parce le client n'est pas solvable, soit parce qu'il existe un litige sur le règlement de la créance. En effet, la commission des normes comptables dans son avis n°107/11 mentionne que l'incertitude qui affecte l'encaissement d'un produit (acté en tant que résultat) doit se traduire par la constitution, à charge du compte de résultats, d'une réduction de valeur ou le cas échéant d'une provision pour risques ou charges.

Les pertes probables sur créances commerciales qui ne répondent pas aux conditions d'exonération que nous allons étudier ci-dessous, constituent des bénéfices réservés imposables à reprendre au cadre I.A.i de la déclaration fiscale (réductions de valeur imposables).

2) Conditions d'exonération

Il n'existe pratiquement pas de divergence entre la législation comptable et la législation fiscale concernant ces réductions de valeur. Les deux types de droit ont en commun de viser les réductions de valeur qui sont comptabilisées pour faire face à des pertes nettement circonscrites (précisées) et que les événements en cours rendent probables. Cela signifie de fait, des pertes concrètes et bien définies pour lesquelles on peut prévoir avec une très grande certitude, qu'elles auront lieu et dont le montant peut être évalué approximativement.

Les conditions communes entre le droit comptable et le droit fiscal sont les suivantes :

- la perte « future » probable doit être nettement précisée quant à sa nature et à son montant;
- la perte « future » probable doit apparaître dans les écritures de la période imposable à un ou plusieurs comptes distincts;
- le sort ultérieur des réductions de valeur (admises fiscalement) qui doivent faire l'objet d'une reprise si elles ne se justifient plus.

Les conditions spécifiques au droit fiscal sont les suivantes :

- la perte « future » probable doit être admissible au titre de perte professionnelle;
- la perte « future » doit se rapporter uniquement à des créances non représentées par des obligations ou autres titres analogues, nominatifs ou au porteur;
- la perte « future » probable doit trouver son origine dans l'exercice en cours;
- la réduction de valeur doit être reprise dans un relevé 204.3;
- le caractère facultatif de la constitution des réductions de valeur.

Nous allons maintenant nous attacher à étudier en détail les différentes conditions citées ci-dessus.

➲ Analyse des conditions communes entre le droit comptable et le droit fiscal

1. La perte « future » probable doit être nettement précisée quant à sa nature et à son montant

Cela implique :

- qu'il doit y avoir une individualisation précise de la nature de la perte à prévoir : autrement dit, le risque de non-recouvrement doit être justifié créance par créance;

- que le montant de la perte soit susceptible d'être évalué avec une approximation suffisante (l'évaluation de la perte ne peut pas être arbitraire); l'individualisation de la perte implique une évaluation séparée de son montant probable (ainsi, les réductions de valeur, constituées sur des bases forfaitaires en application d'une évaluation statistique basée sur l'expérience, etc. ne peuvent pas être exonérées fiscalement);

  A cet égard, la commission des normes comptables[156] précise que pour les entreprises qui travaillent avec une clientèle très nombreuse (par exemple les entreprises de distribution) et qui fournissent des prestations payables ou remboursables ultérieurement, l'évaluation individuelle des créances et la constitution de réductions de valeur spécifiques individuelles est pratiquement impossible en fait.

  Dés lors, la commission considère que pour ces entreprises, la constitution de réductions de valeur forfaitaires répond mieux « à la vérité économique » pour autant que le taux retenu soit justifié effectivement par le niveau des pertes réelles subies par les entreprises elles-mêmes, au cours d'une période d'observation appropriée (chaque année mise à jour) sur des créances de ce type; le cas échéant, ces créances sont subdivisées pour obtenir des échantillons statistiques homogènes.

  La Cour de Cassation du 22 avril 2010[157] mentionne que les dispositions reprises à l'article 22, § 1er, 2° de l'AR/CIR (à savoir que pour être exclues des bénéfices, les pertes doivent être nettement précisées et leur probabilité doit résulter, pour chaque créance, non d'un simple risque d'ordre général mais bien de circonstances particulières survenues au cours de la période imposable et subsistant à l'expiration de celle-ci) font obstacle à l'exclusion du bénéfice d'une réduction de valeur globale et non individualisée sur les créances, basée sur des données statistiques du passé.

  Autrement dit, la règle fiscale prévue à l'article 22, § 1er, 2° de l'AR/CIR déroge expressément aux normes comptables[158] applicables aux réductions de valeur sur les créances, qui autorisent les réductions de valeur forfaitaires.

- que la perte doit être probable (c'est-à-dire qu'elle doit avoir beaucoup de chances de se produire, elle est vraisemblable; le terme probable est beaucoup plus précis que le terme possible qui signifie peut exister, se produire) et non fondée sur des risques purement éventuels : elle ne doit pas résulter d'un risque hypothétique ou d'ordre général (ainsi la crise économique qui permet de penser que certains clients vont éprouver des difficultés ne peut justifier la déduction d'une réduction de valeur pour créances douteuses).

Autrement dit, le contribuable doit établir que le montant de la réduction de valeur actée sur la créance commerciale douteuse est raisonnable sur la base de renseignements suffisamment précis comme :

- la situation financière et les perspectives d'avenir du débiteur;
- la réputation de solvabilité du débiteur à la fois à son égard et à l'égard d'autres créanciers;
- la valeur des garanties acquises;
- les éléments permettant de juger des possibilités et de la volonté de remboursement du débiteur.

Le risque de non-recouvrement d'une créance doit être nettement précisé ; le seul défaut du paiement de la créance à l'échéance ne justifie pas la déduction d'une dépréciation si le débiteur est solvable.

Une dépréciation pour créance douteuse peut être justifiée dans son principe, indépendamment de :

- la poursuite de relations commerciales;
- l'absence de tentatives de recouvrement autres qu'amiables.

156 cf. l'avis n°127/1.

157 cf. F08.0094N, Pasicrisie, April 2010, Nummer 275, p.1138.

158 cf. l'avis n°127/1.

La déduction de dépréciations pour créances douteuses n'est en effet pas nécessairement subordonnée à l'engagement de poursuites judiciaires, en particulier s'il est établi que l'entreprise n'avait pas intérêt à engager de telles poursuites, compte tenu par exemple du faible montant des créances et des relations entretenues avec le débiteur.

2. La perte future probable doit apparaître dans les écritures de la période imposable à un ou plusieurs comptes distincts

L'exonération de la réduction de valeur est subordonnée à la tenue d'une comptabilité.

3. Sort ultérieur des réductions de valeur (admises fiscalement)

Tant la législation comptable que la législation fiscale, obligent à une utilisation ou à une reprise de la réduction de valeur lorsqu'elle est devenue sans objet par la disparition ou la diminution du risque.

L'exonération est maintenue aussi longtemps que le contribuable justifie, à la fin de la période imposable concernée, le maintien du caractère probable de la perte à laquelle la réduction de valeur correspond (cadre I, A du relevé 204.3). A défaut de pareille justification, la réduction de valeur sera considérée comme un bénéfice de la période imposable concernée et sera incorporée à ce titre aux réserves taxées.

➲ Analyse des conditions spécifiques au droit fiscal

1. La charge « future » probable doit être admissible au titre de perte professionnelle

Pour être exonérée fiscalement, la réduction de valeur doit être destinée à faire face à une perte qui, si elle était intervenue au cours de l'exercice, aurait été normalement admise au titre de perte professionnelle.

Il en résulte que la réduction de valeur ne sera pas exonérée fiscalement si la perte à laquelle elle est destinée à faire face n'est pas admissible au titre de perte professionnelle.

Exemple : une société prête de l'argent à un actionnaire sans qu'il y ait d'intérêt professionnel dans ce prêt. La perte générée par le défaut de remboursement de la part de l'actionnaire, risque de ne pas être admise en tant que perte professionnelle, pas plus, d'ailleurs, que la réduction de valeur qui la précède.

2. La perte « future » doit se rapporter uniquement à des créances non représentées par des obligations ou autres titres analogues, nominatifs ou au porteur

La réduction de valeur doit être destinée à faire face à des pertes se rapportant uniquement à des créances non représentées par des obligations ou autres titres analogues, nominatifs ou au porteur.

Ainsi, dans son arrêt du 13 mai 2002[159] la Cour de Cassation a décidé qu'une réduction de valeur (destinée à faire face à une perte probable) sur une créance obligataire, ne pouvait pas être exonérée fiscalement.

159 Numéro de rôle F.980095F.

3. La perte « future » probable doit trouver son origine dans l'exercice en cours

La réduction de valeur doit se rattacher précisément à des événements survenus pendant la période imposable.

À ce niveau, on constate qu'il existe une divergence entre l'approche du droit comptable et celle du droit fiscal en ce qui concerne le fait générateur de la perte probable à laquelle la réduction de valeur est destinée à faire face :

- en comptabilité, il doit être tenu compte de tous les risques prévisibles : des pertes éventuelles qui ont pris naissance au cours de l'exercice auquel les comptes annuels se rapportent ou au cours d'exercices antérieurs, mêmes si ces pertes ne sont connues qu'entre la date de clôture des comptes annuels et la date à laquelle ils sont arrêtés par l'organe d'administration de l'entreprise;
- l'article 22 de l'AR/CIR mentionne que ces pertes doivent résulter de circonstances particulières survenues au cours de la période imposable et subsistant à l'expiration de celle-ci.

Il en résulte qu'une réduction de valeur ne sera pas exonérée fiscalement si elle trouve son origine dans un événement :

- ayant pris naissance après la clôture de l'exercice comptable;
- survenu au cours d'un exercice précédent;
- ayant pris naissance au cours de l'exercice comptable mais ne subsistant pas à la clôture de celui-ci.

Du point de vue fiscal, il est essentiel que l'entreprise apprécie correctement les risques de non recouvrement d'une créance existant à la date de clôture des comptes et d'en conserver toute la chronologie en vue de justifier la réduction éventuellement comptabilisée. Les renseignements permettant de justifier la réduction de valeur doivent concernés uniquement des éléments disponibles à la clôture des comptes.

Autrement dit, des créances non échues et pour lesquelles aucun risque avéré n'apparaît à la date de clôture de l'exercice, ne peuvent faire l'objet d'une dépréciation exonérée fiscalement, quand bien même leur non-recouvrement apparaît compromis après la date de clôture de l'exercice comptable.

4. La perte probable doit être reprise dans un relevé 204.3

Dans le relevé 204.3, au cadre I, B, colonne 4, on demande au contribuable d'indiquer de manière succincte mais précise, les événements survenus pendant l'exercice comptable, qui rendent probables les pertes auxquelles les réductions de valeur se rapportent.

L'omission de déclarer à l'annexe 204.3, de manière succincte mais précise, les événements qui se sont produits et en fonction desquels les pertes invoquées deviennent probables, suffit à exclure les réductions de valeur du régime d'exonération.

Le relevé 204.3 doit normalement être remis conjointement avec la déclaration à l'impôt sur les revenus. Aucune réduction de valeur ne peut être exonérée si elle ne figure pas dans un relevé 204.3, mais le délai dans lequel ledit relevé doit être remis, n'est pas fixé dans la réglementation ad hoc. Il en résulte que le relevé 204.3 peut être introduit, remplacé ou complété à n'importe quel moment de la procédure lorsqu'il apparaît que la réduction de valeur peut être exonérée.

5. Le caractère facultatif des réductions de valeur

La législation comptable impose la constitution d'une réduction de valeur dès la naissance, au cours de l'exercice auquel les comptes annuels se rapportent, d'une perte prévisible.

En matière fiscale, par contre, les entreprises sont libres de demander ou de ne pas demander l'exonération de la réduction de valeur ainsi comptabilisée. A cet effet, il suffit à l'entreprise de ne pas reprendre celle-ci au relevé 204.3.

On peut donc conclure que la constitution d'une réduction de valeur a, en comptabilité, un caractère obligatoire, alors que du point de vue fiscal, son exonération a un caractère facultatif.

3) Présentation du mouvement des réserves

➲ La constitution de la réduction de valeur

La société Azur reçoit des informations fiables provenant d'une société spécialisée dans le renseignement commercial. Celle-ci lui annonce qu'un de ses clients, la société « Xess », est en faillite et que selon le curateur, l'actif ne sera pas suffisant pour honorer complètement les dettes commerciales que cette société a contractées.

Sur la base de cette information, la société Azur décide d'acter une réduction de valeur de 70,00 EUR alors que montant total de sa créance sur cette société est de 100,00 EUR (HTVA de 21 %).

Les écritures à effectuer sont les suivantes :

Faits comptables	N° plan comptable	Intitulés des comptes	Somme débit	Somme crédit
Comptabilisation de la créance douteuse	4071	Créance douteuse Xess	121,00	
	4000	à Client		121,00
Comptabilisation de la réduction de valeurs	6340	Dotations aux réductions de valeur sur créances commerciales à un an au plus	70,00	
	4090	à Réductions de valeur actées		70,00

NB : vous remarquerez que la réduction de valeur est toujours calculée sur le montant HTVA.

1ère hypothèse : la réduction de valeur constituée (70,00) n'est pas exonérée.

Après ces deux écritures (auxquelles il faut ajouter l'écriture du report de la perte), le mouvement des réserves de la société Azur se présente comme suit :

	Situation au début de la période imposable	Situation à la fin de la période imposable
Résultat reporté		
• Bénéfice	*0,00*	
• Perte		*-70,00* *(L'écriture du report de la perte a été passée).*
Autres réserves figurant au bilan	*0,00*	*70,00*

• Réductions de valeur imposables	*0,00*	*70,00*
Sous-total de la situation au début de la période imposable (pour le premier exercice comptable, mentionner zéro (0) au code 1040 PN)		
Positif	0,00 (Code 1040 PN)	0,00 (Code 1040 PN)
Négatif		
Mouvement de la période imposable		
Bénéfices réservés imposables	**0,00** (Code 1080 PN)	
	Le montant de 0,00 EUR comprend une diminution de base taxable de 70,00 EUR (la constitution de la réduction de valeur) et une augmentation de 70,00 EUR de la même base taxable (la réduction de valeur est considérée comme une réserve fiscale imposable).	

Le mouvement des réserves exonérées de la société Azur se présente comme suit :

	Situation au début de la période imposable	**Situation à la fin de la période imposable**
Réductions de valeur sur créances commerciales	0,00 *(Code 1101)*	0,00 *(Code 1101)*
Total	*0,00*	*0,00*

<u>2ème hypothèse</u> : la réduction de valeur constituée (70,00) est exonérée.

Après ces deux écritures (auxquelles il faut ajouter l'écriture du report de la perte), le mouvement des réserves de la société Azur se présente comme suit :

	Situation au début de la période imposable	**Situation à la fin de la période imposable**
Résultat reporté		
• Bénéfice	*0,00*	
• Perte		*-70,00* *(L'écriture du report de la perte a été passée).*
Autres réserves figurant au bilan		
• Réductions de valeur imposables	*0,00*	*0,00*
Sous-total de la situation au début de la période imposable (pour le premier exercice comptable, mentionner zéro (0) au code 1040 PN)		
Positif	0,00 (Code 1040 PN)	
Négatif		-70,00 (Code 1040 PN)
Mouvement de la période imposable		
Bénéfices réservés imposables	-70,00 (Code 1080 PN)	
	Ce montant traduit le fait que l'entreprise a fiscalement anticipé une perte probable admissible à titre de frais professionnels à concurrence de 70,00 EUR.	

Le mouvement des réserves exonérées de la société Azur se présente comme suit :

	Situation au début de la période imposable	Situation à la fin de la période imposable
Réductions de valeur sur créances commerciales	0,00 *(Code 1101)*	70,00 *(Code 1101)*
Total	*0,00*	*70,00*

➲ La perte en prévision de laquelle la réduction de valeur a été constituée se réalise

<u>1ère hypothèse</u> : la réduction de valeur constituée initialement était exonérée

- Il y correspondance entre la réduction de valeur (70,00) et le montant réel de la perte (70,00)

Les écritures correspondant à la perte partielle de la créance et au paiement de 36,30 EUR de la part du curateur seront les suivantes :

Faits comptables	N° plan comptable	Intitulés des comptes	Somme débit	Somme crédit
Dénouement de l'opération	4090	Réductions de valeur actées	70,00	
	4111	TVA à récupérer : restitutions de la TVA[158]	14,70	
	4000	Client	36,30	
	4071	à Créance douteuse Xess		121,00
Paiement	5500	Compte courant	36,30	
	4000	à Client		36,30

Après ces deux écritures le mouvement des réserves de la société Azur se présente comme suit :

	Situation au début de la période imposable	Situation à la fin de la période imposable
Résultat reporté		
• Bénéfice		
• Perte	*(70,00)*	*(70,00)*
Autres réserves figurant au bilan	*0,00*	*0,00*
• Réductions de valeur imposables	*0,00*	*0,00*
Sous-total de la situation au début de la période imposable (pour le premier exercice comptable, mentionner zéro (0) au code 1040 PN)		
- Positif		
- Négatif	-70,00 (Code 1040 PN)	-70,00 (Code 1040 PN)
Mouvement de la période imposable		
Bénéfices réservés imposables		**0,00** (Code 1080 PN)
	Ce montant correspond au fait que la perte de 70,00 EUR avait fiscalement été anticipée à concurrence de 70,00 EUR via la constitution de la réduction de valeur.	

160 Article 77 du Code de la TVA.

Le mouvement des réserves exonérées de la société Azur se présente comme suit :

	Situation au début de la période imposable	Situation à la fin de la période imposable
Réductions de valeur sur créances commerciales	70,00 *(Code 1101)*	0,00 *(Code 1101)*
Total	*70,00*	*0,00*

- La réduction de valeur constituée (70,00) est d'un montant inférieur à la perte (100,00)

L'écriture correspondant à la perte totale de la créance est la suivante :

Faits comptables	N° plan comptable	Intitulés des comptes	Somme débit	Somme crédit
Dénouement de l'opération	4090	Réductions de valeur actées	70,00	
	4111	TVA à récupérer : restitutions de la TVA[161]	21,00	
	6420	Moins-values sur réalisation de créances commerciales	30,00	
	4071	à Créance douteuse Xess		121,00

Après cette écriture (à laquelle il faut ajouter l'écriture du report de la perte) le mouvement des réserves de la société Azur se présente comme suit :

	Situation au début de la période imposable	Situation à la fin de la période imposable
Résultat reporté		
• Bénéfice		
• Perte	*-70,00*	*-100,00* (L'écriture du report de la perte a été actée)
Autres réserves figurant au bilan	*0,00*	*0,00*
• Réductions de valeur imposables	*0,00*	*0,00*
Sous-total de la situation au début de la période imposable (pour le premier exercice comptable, mentionner zéro (0) au code 1040 PN)		
- Positif		
- Négatif	-70,00 (Code 1040 PN)	-100,00 (Code 1040 PN)
Mouvement de la période imposable		
Bénéfices réservés imposables		**-30,00** (Code 1080 PN)
	Ce montant (-30,00 EUR) correspond au fait que la perte de 100,00 EUR avait fiscalement été anticipée à concurrence de 70,00 EUR via la constitution de la réduction de valeur. Seule la différence entre la perte réelle et la réduction de valeur (30,00 EUR) influence le résultat de la période imposable étant donné que la constitution de la réduction de valeur avait quant à elle, déjà influencé le résultat de la période imposable précédente.	

161 Article 77 du Code de la TVA.

Le mouvement des réserves exonérées de la société Azur se présente comme suit :

	Situation au début de la période imposable	Situation à la fin de la période imposable
Réductions de valeur sur créances commerciales	70,00 *(Code 1101)*	0,00 *(Code 1101)*
Total	*70,00*	*0,00*

- La réduction de valeur constituée (70,00) est d'un montant supérieur à la perte (50,00)

Les écritures correspondant à la perte partielle de la créance et au paiement de 60,50 EUR de la part du curateur sont les suivantes :

Faits comptables	N° plan comptable	Intitulés des comptes	Somme débit	Somme crédit
Dénouement de l'opération	4090	Réductions de valeur actées	70,00	
	4111	TVA à récupérer : restitutions de la TVA[162]	10,50	
	4000	Client	60,50	
	4071	à Créance douteuse Xess		121,00
	6341	à Reprises réductions de valeur sur créances commerciales		20,00
Paiement	5500	Compte courant	60,50	
	4000	à Client		60,50

Après ces deux écritures (auxquelles il faut ajouter les écritures de l'affectation bénéficiaire) le mouvement des réserves de la société Azur se présente comme suit :

	Situation au début de la période imposable	Situation à la fin de la période imposable
Résultat reporté		
• Bénéfice		
• Perte	*-70,00*	*-50,00* *(Les écritures d'affectation bénéficiaire ont été passées).*
Autres réserves figurant au bilan	*0,00*	*0,00*
• Réductions de valeur imposables	*0,00*	*0,00*
Sous-total de la situation au début de la période imposable (pour le premier exercice comptable, mentionner zéro (0) au code 1040 PN)		
- Positif		
- Négatif	-70,00 (Code 1040 PN)	-50,00 (Code 1040 PN)
Mouvement de la période imposable		
Bénéfices réservés imposables	**20,00** (Code 1080 PN)	
	Ce montant correspond au fait que la perte finale de 50,00 EUR avait fiscalement été anticipée à concurrence de 70,00 EUR via la constitution de la réduction de valeur. Seule la différence entre la perte réelle et la réduction de valeur (une diminution de charge de 20,00 EUR) influence le résultat de la période imposable étant donné que la constitution de la réduction de valeur avait quant à elle déjà influencé le résultat de la période imposable précédente.	

162 Article 77 du Code de la TVA.

Le mouvement des réserves exonérées de la société Azur se présente comme suit :

	Situation au début de la période imposable	Situation à la fin de la période imposable
Réductions de valeur sur créances commerciales	70,00 *(Code 1101)*	0,00 *(Code 1101)*
Total	*70,00*	*0,00*

<u>2ème hypothèse</u> : la réduction de valeur initialement constituée n'était pas exonérée

- Il y correspondance entre la réduction de valeur (70,00) et le montant réel de la perte (70,00)

Les écritures correspondant à la perte partielle de la créance et au paiement de 36,30 EUR de la part du curateur sont les suivantes :

Faits comptables	N° plan comptable	Intitulés des comptes	Somme débit	Somme crédit
Dénouement de l'opération	4090	Réductions de valeur actées	70,00	
	4111	TVA à récupérer : restitutions de la TVA[163]	14,70	
	4000	Client	36,30	
	4071	à Créance douteuse Xess		121,00
Paiement	5500	Compte courant	36,30	
	4000	à Client		36,30

Après ces deux écritures le mouvement des réserves de la société Azur se présente comme suit :

	Situation au début de la période imposable	Situation à la fin de la période imposable
Résultat reporté		
• Bénéfice		
• Perte	*(70,00)*	*(70,00)*
Autres réserves figurant au bilan	*70,00*	*0,00*
• Réductions de valeur imposables	*70,00*	*0,00*
Sous-total de la situation au début de la période imposable (pour le premier exercice comptable, mentionner zéro (0) au code 1040 PN)		
- Positif	0,00 (Code 1070 PN)	
- Négatif		-70,00 (Code 1040 PN)
Mouvement de la période imposable		
Bénéfices réservés imposables		**-70,00** (Code 1080 PN)
	Le mouvement des réserves (- 70,00 EUR) correspond à la perte à laquelle la réduction de valeur était destinée à faire face. Etant donné que la perte est certaine, elle est admise fiscalement et vient diminuer le mouvement des réserves.	

163 Article 77 du Code de la TVA.

Le mouvement des réserves exonérées de la société Azur se présente comme suit :

	Situation au début de la période imposable	Situation à la fin de la période imposable
Réductions de valeur sur créances commerciales	0,00 *(Code 1101)*	0,00 *(Code 1101)*
Total	***0,00***	***0,00***

- La réduction de valeur constituée (70,00) est d'un montant inférieur à la perte (100,00)

L'écriture correspondant à la perte totale de la créance est la suivante :

Faits comptables	N° plan comptable	Intitulés des comptes	Somme débit	Somme crédit
Dénouement de l'opération	4090	Réductions de valeur actées	70,00	
	4111	TVA à récupérer : restitutions de la TVA[164]	21,00	
	6420	Moins-values sur réalisation de créances commerciales	30,00	
	4071	à Créance douteuse Xess		121,00

Après cette écriture (à laquelle il faut ajouter l'écriture du report de la perte) le mouvement des réserves de la société Azur se présente comme suit :

	Situation au début de la période imposable	Situation à la fin de la période imposable
Résultat reporté		
• Bénéfice		
• Perte	*-70,00*	*-100,00* *(L'écriture du report de la perte a été actée).*
Autres réserves figurant au bilan	*70,00*	*0,00*
• Réductions de valeur imposables	*70,00*	*0,00*
Sous-total de la situation au début de la période imposable (pour le premier exercice comptable, mentionner zéro (0) au code 1040 PN)		
- Positif	0,00 (Code 1070 PN)	
- Négatif		-100,00 (Code 1040 PN)
Mouvement de la période imposable		
Bénéfices réservés imposables	**-100,00** (Code 1080 PN)	
	Le mouvement des réserves (- 100,00 EUR) correspond à la moins-value comptable de 30,00 EUR augmentée de 70,00 EUR. En effet, la réduction de valeur de 70,00 EUR qui avait été actée préalablement est à présent admise fiscalement et vient diminuer la base imposable.	

Le mouvement des réserves exonérées de la société Azur se présente comme suit :

164 Article 77 du Code de la TVA.

	Situation au début de la période imposable	Situation à la fin de la période imposable
Réductions de valeur sur créances commerciales	0,00 *(Code 1101)*	0,00 *(Code 1101)*
Total	*0,00*	*0,00*

- La réduction de valeur constituée (70,00) est d'un montant supérieur à la perte (50,00)

Les écritures correspondant à la perte partielle de la créance et au paiement de 60,50 EUR de la part du curateur sont les suivantes :

Faits comptables	N° plan comptable	Intitulés des comptes	Somme débit	Somme crédit
Dénouement de l'opération	4090	Réductions de valeur actées	70,00	
	4111	TVA à récupérer : restitutions de la TVA[165]	10,50	
	4000	Client	60,50	
	4071	à Créance douteuse Xess		121,00
	6341	à Reprises réductions de valeur sur créances commerciales		20,00
Paiement	5500	Compte courant	60,50	
	4000	à Client		60,50

Après ces deux écritures (auxquelles il faut ajouter les écritures de l'affectation bénéficiaire) le mouvement des réserves de la société Azur se présente comme suit :

	Situation au début de la période imposable	Situation à la fin de la période imposable
Résultat reporté		
• Bénéfice		
• Perte	*-70,00*	*-50,00* (Les écritures d'affectation bénéficiaire ont été passées).
Autres réserves figurant au bilan	*70,00*	*0,00*
• Réductions de valeur imposables	*70,00*	*0,00*
Sous-total de la situation au début de la période imposable (pour le premier exercice comptable, mentionner zéro (0) au code 1040 PN)		
- Positif	0,00 (Code 1040 PN)	
- Négatif		-50,00 (Code 1040 PN)
Mouvement de la période imposable		
Bénéfices réservés imposables	-50,00 (Code 1080 PN)	
	Le mouvement des réserves (- 50,00 EUR) correspond à la perte réelle sur la créance. Cette baisse de 50,00 EUR de la base imposable provient en partie de la diminution de 20,00 EUR de la perte reportée due à la reprise partielle de la réduction de valeur (ce qui augmente la base imposable). Elle provient également de la disparition de la réserve occulte de 70,00 EUR qui correspondait à la réduction de valeur non-exonérée (ce qui diminue la base imposable).	

165 Article 77 du Code de la TVA.

Le mouvement des réserves exonérées de la société Azur se présente comme suit :

	Situation au début de la période imposable	Situation à la fin de la période imposable
Réductions de valeur sur créances commerciales	0,00 *(Code 1101)*	0,00 *(Code 1101)*
Total	*0,00*	*0,00*

c) Réductions de valeur autres que celles pour pertes probables sur créances

Articles 183, 24, alinéa 1er, 4° et 361 du CIR.

En règle générale, les réductions de valeur actées sur des éléments de l'actif autres que les créances (à savoir les immobilisations incorporelles et corporelles dont l'utilisation n'est pas limitée dans le temps, les stocks et les valeurs en portefeuille) ne constituent pas des bénéfices réservés imposables si elles ont été actées conformément à la législation comptable en vigueur (elles sont donc admises fiscalement en tant que charge). Cependant, dans le cadre de l'analyse des dépenses non admises, nous étudierons le cas des réductions de valeur sur actions et parts actées en conformité à la législation comptable et qui ne sont toutefois pas admises en tant que frais professionnels par le CIR (cf. page n°278).

L'administration fiscale, s'alignant sur la position jurisprudentielle[166], admet que les réductions de valeur sur les frais accessoires à l'acquisition d'un terrain comptabilisées au terme de l'exercice comptable de l'acquisition du terrain en question constituent des pertes professionnelles en dépit de l'absence d'éléments de fait justifiant au cas par cas la dépréciation effective du bien immobilisé.

Nous allons maintenant analyser le cas d'une réduction de valeur fiscalement admise qui, bien qu'elle ne se justifie plus, n'a pas fait l'objet d'une reprise de réduction de valeur en comptabilité. Dans le cadre de ce cas de figure, à la question parlementaire n°534 posée par Monsieur Eerdekens le 8 décembre 2000, le Ministre des Finances a répondu que dans l'hypothèse où une entreprise acte conformément à la législation comptable, une réduction de valeur (admise fiscalement) sur des actifs immobilisés autres que des immobilisations financières ou sur des actifs circulants autres que des créances commerciales ou des titres en portefeuille, la quotité de la réduction de valeur qui ne serait plus justifiée par la suite et n'aurait pas fait l'objet d'une reprise en vertu de l'article 49 de l'AR du 30 janvier 2001 portant exécution du code des sociétés, constitue un bénéfice imposable visé à l'article 24, alinéa 1er, 4° du CIR.

Ceci peut être illustré par l'exemple suivant.

Le bilan de la SA Azur se présente de la manière suivante au 31 décembre 2017 :

ACTIF		*PASSIF*	
	31/12/2017		*31/12/2017*
Terrain :	**59.000,00**	Capital	**50.000,00**
		• Apports en numéraires	20.000,00
		• Plus-value de réévaluation	30.000,00
• Valeur d'acquisition	159.000,00	Réserve légale	**5.000,00**
• Réduction de valeur actée	100.000,00	Réserve disponible	**3.000,00**
		Bénéfice reporté	**1.000,00**
Total	*59.000,00*	*Total*	*59.000,00*

166 Cour de cassation du 22 juin 2000.

La réduction de valeur a été actée suite à une modification du plan de secteur qui a fait passer le terrain à bâtir dans une zone verte, lui faisant par conséquent perdre une grande valeur marchande.

En 2018, une nouvelle modification du plan de secteur refait passer le terrain dans une zone à bâtir. Suite à ce nouveau changement, la réduction de valeur n'a plus aucune raison d'être. Cependant, aucune écriture comptable n'est passée pour tenir compte de cette modification.

Par conséquent, le bilan de la SA Azur au 31 décembre 2018 est identique à celui du 31 décembre 2017.

TERRAIN			
Année	**Valeur comptable nette**	**Valeur fiscale nette**	**Traitement fiscal**
2017	**59.000,00** EUR c'est-à-dire la différence entre la valeur d'acquisition (159.000,00 EUR) et la réduction de valeur comptabilisée (100.000,00 EUR).	**59.000,00** EUR c'est-à-dire la différence entre la valeur d'acquisition (159.000,00 EUR) et la réduction de valeur admise fiscalement (100.000,00 EUR).	Il n'y a pas de sous-estimation d'un compte de l'actif étant donné que la valeur fiscale nette équivaut à la valeur comptable nette
2018	**59.000,00** EUR c'est-à-dire la différence entre la valeur d'acquisition (159.000,00 EUR) et la réduction de valeur comptabilisée (100.000,00 EUR).	**159.000,00** EUR c'est-à-dire la différence entre la valeur d'acquisition (159.000,00 EUR) et la réduction de valeur admise fiscalement (0,00 EUR).	Une sous-estimation d'un compte de l'actif doit être imposée à concurrence de **100.000,00** EUR c'est-à-dire la différence entre la valeur fiscale nette (159.000,00 EUR) et la valeur comptable nette du terrain (59.000,00 EUR).

Le mouvement des réserves imposables se présente de la manière suivante :

	Situation au début de la période imposable	**Situation à la fin de la période imposable**
Réserve légale	**5.000,00**	**5.000,00**
Réserves disponibles	**3.000,00**	**3.000,00**
Résultat reporté		
• Bénéfice	**1.000,00**	**1.000,00**
• Perte		
Réserves occultes	***0,00***	**100.000,00**
• Réductions de valeur imposables	***0,00***	**100.000,00** (Ce montant correspond à la réduction de valeur actée sur le terrain et qui n'a pas fait l'objet d'une reprise suite à une nouvelle modification du plan de secteur).
Sous-total de la situation au début de la période imposable (pour le premier exercice comptable, mentionner zéro (0) au code 1040 PN)		
- Positif	9.000,00 (Code 1040 PN)	109.000,00 (Code 1040 PN)
- Négatif		
Mouvement de la période imposable		
Bénéfices réservés imposables	**100.000,00** (Code 1080 PN)	
	L'augmentation de 100.000,00 EUR de la base imposable correspond à la réduction de valeur actée sur le terrain qui devient imposable suite à la disparition du motif de cette réduction.	

Si en 2019, le comptable acte une reprise de réductions de valeur sur le terrain, l'écriture comptable est la suivante :

Faits comptables	N° plan comptable	Intitulés des comptes	Somme débit	Somme crédit
Reprise de la réduction de valeur	2209	Réductions de valeurs actées sur terrains	100 000,00	
	7601	à Reprises de réductions de valeur sur immobilisations corporelles		100 000,00

Suite à cette seule écriture (à laquelle il faut ajouter les écritures d'affectation bénéficiaire), le bilan de la SA Azur au 31/12/2019 se présente de la manière suivante :

ACTIF			*PASSIF*		
	31/12/2019	*31/12/2018*		*31/12/2019*	*31/12/2018*
Terrain :	159.000,00	59.000,00	Capital	**50.000,00**	**50.000,00**
			• Apports en numéraires	20.000,00	20.000,00
			• Plus-value de réévaluation	30.000,00	30.000,00
• Valeur d'acquisition	159.000,00	159.000,00	Réserve légale	**5.000,00**	**5.000,00**
• Réduction de valeur actée	0,00	100.000,00	Réserve disponible	**3.000,00**	**3.000,00**
			Bénéfice reporté	**101.000,00**	**1.000,00**
Total	*159.000,00*	*59.000,00*	*Total*	*159.000,00*	*59.000,00*

TERRAIN			
Année	**Valeur comptable nette**	**Valeur fiscale nette**	**Traitement fiscal**
2018	**59.000,00** EUR c'est-à-dire la différence entre la valeur d'acquisition (159.000,00 EUR) et la réduction de valeur comptabilisée (100.000,00 EUR)	**159.000,00** EUR c'est-à-dire la différence entre la valeur d'acquisition (159.000,00 EUR) et la réduction de valeur admise fiscalement (0,00 EUR)	Sous-estimation d'un compte de l'actif : **100.000,00** EUR. Une sous-estimation d'un compte de l'actif doit être imposée à concurrence de 100.000,00 EUR c'est-à-dire la différence entre la valeur fiscale nette (159.000,00 EUR) et la valeur comptable nette (59.000,00 EUR) du terrain
2019	**159.000,00** EUR c'est-à-dire la différence entre la valeur d'acquisition (159.000,00 EUR) et la réduction de valeur comptabilisée (0,00 EUR)	**159.000,00** EUR c'est-à-dire la différence entre la valeur d'acquisition (159.000,00 EUR) et la réduction de valeur admise fiscalement (0,00 EUR)	Sous-estimation d'un compte de l'actif : **0,00** EUR. La reprise de réduction de valeur influence le résultat de l'exercice à concurrence de 100.000,00 EUR. Ce bénéfice est « neutralisé » par la détaxation de la réserve occulte « réductions de valeur imposables » à concurrence de 100.000,00 EUR.

Le mouvement des réserves imposables se présente de la manière suivante :

	Situation au début de la période imposable	Situation à la fin de la période imposable
Réserve légale	5.000,00	5.000,00
Réserves disponibles	3.000,00	3.000,00
Résultat reporté		
• Bénéfice	1.000,00	101.000,00
• Perte		
Réserves occultes	100.000,00	0,00
• Réductions de valeur imposables	100.000,00 (la réduction de valeur actée sur le terrain qui n'a pas fait l'objet d'une reprise suite à la disparition du motif de cette réduction)	0,00 (suite à la reprise de la réduction de valeur, la réserve occulte doit être détaxée)
Sous-total de la situation au début de la période imposable (pour le premier exercice comptable, mentionner zéro (0) au code 1040 PN)		
- Positif	109.000,00 (Code 1040 PN)	109.000,00 (Code 1040 PN)
- Négatif		
Mouvement de la période imposable		
Bénéfices réservés imposables	0,00 (Code 1080 PN)	
	Le montant de 0,00 EUR comprend une augmentation de base taxable de 100.000,00 EUR via le bénéfice reporté (cela correspond à la reprise de réduction de valeur actée sur le terrain) et une diminution de 100.000,00 EUR de cette même base taxable (via la détaxation de la réserve occulte).	

3. *Autres sous-évaluations d'actif et surestimations du passif*

a) Provision pour pécule de vacances des membres du personnel

Malgré le fait qu'elles portent la dénomination « provisions », les sommes comptabilisées chaque année pour faire face au paiement du pécule de vacances que l'entreprise devra supporter au cours de la période imposable suivante, sont considérées par l'administration fiscale comme des frais professionnels qui, à la clôture de l'exercice comptable, ont acquis le caractère de dettes certaines et liquides à concurrence d'un montant minimum.

L'administration fiscale s'aligne sur l'arrêt du 12 mai 1960 de la Cour de Cassation[167] qui considère que pour qu'une dette soit déductible, à titre de dépense ou de charge professionnelle, du montant brut des revenus professionnels, il faut notamment qu'elle soit liquide, ce qui implique que son montant puisse être déterminé, tout au moins à concurrence d'une quotité minimum, de manière certaine et non conjecturale.

Autrement dit, la provision pour pécules de vacances sera admise au titre de dépenses professionnelles dans la mesure où elle correspond au montant minimum que l'entreprise devra effectivement supporter ultérieurement. Cette position est conforme à la législation comptable qui reprend la provision à la Rubrique IX, E, 2, du passif du bilan.

167 cf. Pasicrisie belge, 1960, page 182.

Ce montant minimum a été fixé pour l'année 2018 à :

- 18,20%[168] des rémunérations fixes et variables allouées en 2018 au personnel employé admis au bénéfice de la législation sur les vacances annuelles des travailleurs salariés diminués du pécule de vacances supplémentaire[169] attribué en 2018;
- 10,27% des 108/100 des salaires accordés en 2018 aux ouvriers et apprentis admis au bénéfice de la même législation.

La partie de la provision pour pécule de vacances qui excède le montant minimum fixé ci-dessus, doit être traitée fiscalement comme une réserve occulte à reprendre au cadre bénéfices réservés imposables de la déclaration fiscale (autres sous-évaluations d'actif et surestimations du passif).

Le flexi-salaire et le flexi-pécule de vacances octroyés en 2018 aux travailleurs occupés dans le cadre d'un flexi-job ne sont pas inclus dans la base de calcul[170].

La circulaire n°Ci.RH.243/349.099 du 14 juillet 1994 a apporté les précisions suivantes quant à la base de calcul pour le montant déductible du pécule de vacances non encore payé :

- ne font pas partie de la base de calcul des employés pour l'application du pourcentage de 18,20%; le pécule de vacances lui-même, les primes de fin d'année, le treizième mois et les autres rétributions analogues. On sera attentif au fait que ce type d'exclusion n'est pas applicable aux ouvriers et apprentis.
- les rémunérations des employés qui ont quitté l'entreprise, doivent être exclues de la base de calcul; par contre les salaires des ouvriers et apprentis qui ont quitté l'entreprise doivent être inclus dans la base de calcul.

Si la société clôture son exercice comptable à une autre date que le 31 décembre, les rémunérations à prendre en considération pour le calcul du pécule de vacances dépendra de la date de clôture de l'exercice comptable par rapport à la date de versement à l'ONSS des cotisations pour le pécule de vacance des ouvriers et de la date de paiement du pécule de vacances des employés.

Trois hypothèses sont à envisager :

---

168 Circulaire 2019/C/6 concernant les sommes comptabilisées dans les bilans établis au 31 décembre 2018 pour le paiement en 2019 du pécule de vacances du personnel.

169 Au sens de l'article 62bis de l'AR du 30 mars 1967 déterminant les modalités générales d'exécution des lois relatives aux vacances annuelles des travailleurs.

170 En effet, l'employeur doit payer le flexi-pécule de vacances avec le flexi-salaire.

1ère hypothèse :

L'exercice comptable (allant du 1er octobre 2018 au 30 septembre 2019) est clôturé après le paiement du pécule de vacances des employés et des ouvriers.

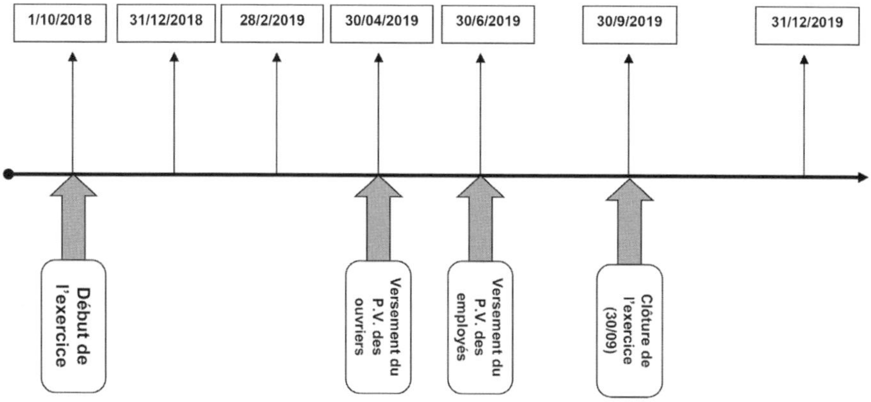

Base de calcul du pécule de vacances à provisionner au 30/09/2019 :

Les salaires et rémunérations attribués aux ouvriers et aux employés à partir du 1er janvier de l'année civile de clôture de l'exercice comptable (c'est-à-dire le 1er janvier 2019) jusqu'à la date de clôture des comptes (c'est-à-dire le 30 septembre 2019).

Le pécule de vacances des ouvriers et des employés payé en 2019 a été calculé sur la base des rémunérations et salaires versés en 2018. Ceux-ci ne peuvent dès lors pas être pris en considération pour le pécule de vacances à provisionner le 30 septembre 2019.

2ème hypothèse :

L'exercice comptable (allant du 1er juin 2018 au 31 mai 2019) est clôturé avant le versement des cotisations pour le pécule de vacances des employés (et après le versement de celui des ouvriers à l'ONSS).

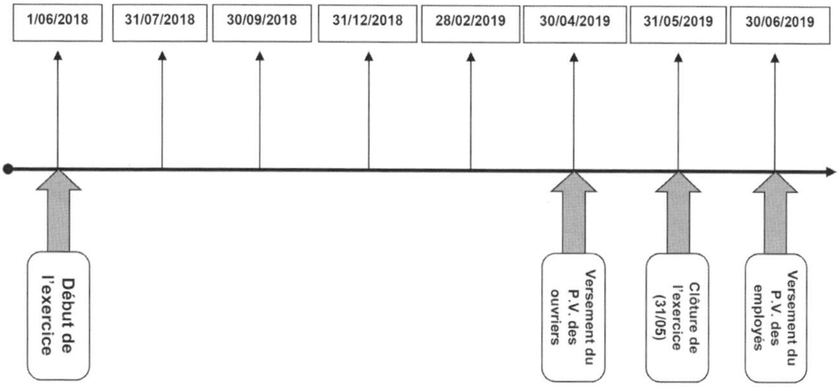

Base de calcul du pécule de vacances à provisionner au 31/05/2019 :

Les salaires attribués aux ouvriers à partir du 1er janvier de l'année civile de clôture de l'exercice comptable (c'est-à-dire le 1er janvier 2019) jusqu'à la date de clôture des comptes (c'est-à-dire le 31 mai 2019) + les rémunérations attribuées aux employés pendant tout l'exercice comptable (c'est-à-dire du 1er juin 2018 jusqu'au 31 mai 2019).

Le pécule de vacances des ouvriers payé en 2019 a été calculé sur la base des salaires versés en 2018. Ceux-ci ne peuvent dès lors pas être pris en considération pour le pécule de vacances à provisionner le 31 mai 2019.

3ème hypothèse :

L'exercice comptable (allant du 1er avril 2018 au 31 mars 2019) est clôturé avant le versement à l'ONSS des cotisations pour le pécule de vacances des ouvriers et le paiement direct par l'entreprise de celui des employés.

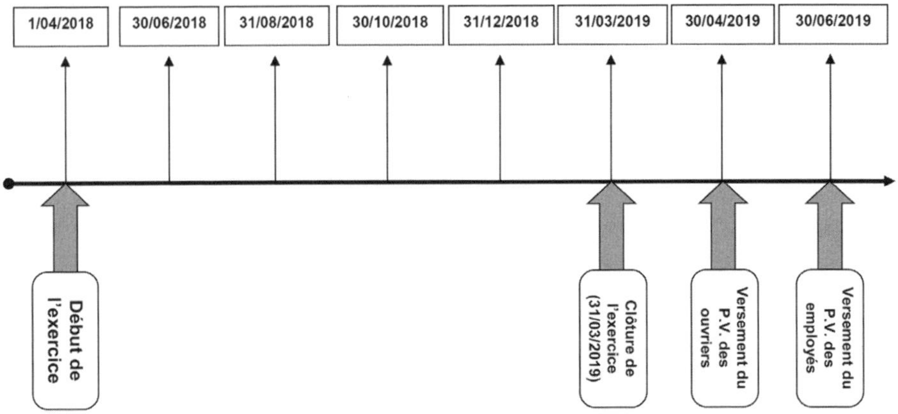

Base de calcul du pécule de vacances à provisionner au 31/03/2019 :

Les rémunérations attribuées aux ouvriers et aux employés pendant tout l'exercice comptable (c'est-à-dire du 1er avril 2018 jusqu'au 31 mai 2019).

b) Intérêts des capitaux non représentés par des actions ou parts

Article 362bis du CIR.

En règle générale, les intérêts des capitaux doivent être considérés comme des revenus de la période imposable au cours de laquelle ils ont été encaissés ou recueillis. Cependant, l'article 362bis du CIR déroge à ce principe. En effet, cet article précise que les bénéfices de la période imposable doivent reprendre la partie des intérêts courus au cours de cette période lorsque les deux conditions suivantes sont réunies :

- les intérêts doivent concerner des capitaux mobiliers non représentés par des actions ou parts (par exemple les intérêts de titres à revenus fixes (obligations, certificats de trésorerie, bons de caisse, zéro-bonds, etc.), les intérêts de créances non représentées par des titres (avances consenties à une société, etc.), les intérêts provenant de dépôts d'argent);
- les intérêts n'ont pas encore été encaissés ou recueillis à la date de clôture de l'exercice comptable.

Autrement dit, la partie des intérêts courus de ces capitaux pendant une période imposable déterminée, doit être considérée comme un revenu de cette période même si ces intérêts ne seront encaissés ou recueillis qu'au cours d'une période imposable ultérieure.

Ceci peut être illustré par l'exemple suivant.

La société SA Azur a fait l'acquisition le 1er novembre 2018 d'un bon de capitalisation pour 33.429,60 EUR lors de son émission (le 1er novembre 2018) lequel est remboursable après 3 ans à 36.000,00 EUR. L'écart entre le prix d'émission et le prix de remboursement correspond à un rendement actuariel de 2,5%.

Période	Valeur	Traitement fiscal
31 décembre 2018	33.565,80	Les intérêts courus entre le 1er novembre 2018 et 31 décembre 2018 s'élèvent à 136,20 EUR c'est-à-dire 33.565,80 EUR – 33.429,60 EUR. Ce montant constitue un bénéfice imposable de l'exercice d'imposition 2019.
31 décembre 2019	34.405,12	Les intérêts courus entre le 1er janvier 2019 et 31 décembre 2019 s'élèvent à 839,32 EUR c'est-à-dire 34.405,12 EUR – 33.565,80 EUR. Ce montant constitue un bénéfice imposable de l'exercice d'imposition 2020.
31 décembre 2020	35.265,60	Les intérêts courus entre le 1er janvier 2020 et 31 décembre 2020 s'élèvent à 860,48 EUR c'est-à-dire 35.265,60 EUR – 34.405,12 EUR. Ce montant constitue un bénéfice imposable de l'exercice d'imposition 2021.
1er novembre 2021	36.000,00	Les intérêts courus entre le 1er janvier 2021 et 1er novembre 2021 s'élèvent à 734,40 EUR c'est-à-dire 36.000,00 EUR - 35.265,60 EUR. Ce montant constitue un bénéfice imposable de l'exercice d'imposition 2022.

Le mouvement des réserves de l'exercice d'imposition 2019 se présente de la manière suivante si les intérêts courus (136,20 EUR) de la période imposable 2018 n'ont pas été comptabilisés :

	Situation au début de la période imposable	Situation à la fin de la période imposable
Réserves occultes	0,00	136,20
• Réductions de valeur imposables	0,00	136,20
Sous-total de la situation au début de la période imposable (pour le premier exercice comptable, mentionner zéro (0) au code 1040 PN)		
- Positif	0,00	
- Négatif		
Totaux		
Positifs	0,00 (Code 1040 PN)	136,20 (Code 1040 PN)
Mouvement de la période imposable		
Bénéfices réservés imposables		136,20 (Code 1080 PN)
	Le montant de 136,20 EUR correspond aux intérêts courus de la période, qui n'ont pas été repris parmi les résultats comptables de l'exercice.	

c) Créances à terme ne portant pas un intérêt normal

Article 363 du CIR.

En règle générale, les bénéfices compris dans des créances sont imposables pour la période au cours de laquelle ces créances sont nées, c'est-à-dire au moment où elles ont acquis un caractère liquide et certain.

Pour tomber dans le champ d'application de l'article 363 du CIR, la créance doit respecter les trois conditions suivantes :

- avoir une incidence sur le compte de résultats c'est-à-dire trouver son origine dans des ventes réalisées dans le cadre de l'exercice de l'activité professionnelle ordinaire, dans la réalisation d'une immobilisation, de titres et valeurs en portefeuille ou dans des indemnités obtenues;
- n'être exigible que dans un délai d'au moins un an à compter de la date à laquelle elle est née;
- ne pas être productive d'intérêt ou être productive d'un intérêt anormalement faible.

Si ces trois conditions sont réunies, le régime fiscal de la créance sera le suivant :

Créances tombant dans le champ d'application de l'article 363 du CIR	
A. La partie non financière du bénéfice compris dans la créance (elle est déterminée compte tenu de la valeur escomptée de la créance).	B. La partie financière qui est censée être implicitement comprise dans la créance.
Constitue un bénéfice imposable de la période au cours de laquelle la créance est née.	La partie financière qui a été déduite des bénéfices de l'exercice au cours duquel la créance est née, devient imposable pour les exercices comptables ultérieurs proportionnellement au délai déjà couru de la créance.

L'escompte doit faire l'objet d'une écriture comptable pour pouvoir être déduit des bénéfices de l'exercice au cours duquel la créance est née. Il est calculé en tenant compte du délai prenant cours le premier jour de l'exercice comptable suivant celui au cours duquel la créance est née et expirant à la date d'exigibilité convenue de cette créance.

Le taux d'escompte maximum à prendre en considération est égal au taux d'intérêt de la facilité de dépôt de la Banque Centrale Européenne augmenté de 0,75% (ce taux est indiqué journellement dans « L'Echo de la Bourse »).

L'escompte est calculé en utilisant la formule suivante :

$$N - N \times (1/(1+i)^n) \times (1/(1+i)^t)$$

N	=	la valeur nominale de la créance
i	=	le taux d'escompte à appliquer (ou la différence entre le taux d'escompte et le taux d'intérêt)
n	=	le nombre d'années entières de la durée restant à courir de la créance
T	=	fraction d'une année de cette durée restant à courir.

Ceci peut être illustré par l'exemple suivant.

Le 1er février 2018, un client achète à la SA Azur des marchandises pour 24.200,00 EUR (TVA de 21% comprise) payables le 30 juin 2019. Il n'est pas fait mention d'intérêts ni dans le contrat de vente, ni dans la facture. Le taux à prendre en considération s'élève à 3%.

Période	Valeur actualisée	Traitement fiscal
1er février 2018	23.209,13 EUR c'est-à-dire 24.200,00 / { (1+3 %) X (1+3 %) $^{5/12}$ }	La partie non financière du bénéfice compris dans la créance s'élève à 19.009,13 EUR c'est-à-dire 20.000,00 EUR – (24.200,00 EUR – 23.209,13 EUR).
31 décembre 2018	23.844,26 EUR c'est-à-dire 24.200,00 / (1+3 %) $^{6/12}$	La partie financière qui est censée être implicitement comprise dans la créance s'élève à 990,87 EUR c'est-à-dire 24.200,00 EUR - 23.209,13 EUR. La partie non financière du bénéfice comprise dans la créance constitue un bénéfice imposable de la période au cours de laquelle la créance est née c'est-à-dire la période imposable 2018. En ce qui concerne la partie financière de la créance, seule celle afférente à la période imposable 2018 (c'est-à-dire la période allant du 1er février 2018 au 31 décembre 2018) se rattache à l'exercice d'imposition 2019. Ce montant s'élève à 635,13 EUR c'est-à-dire 23.844,26 EUR - 23.209,13 EUR.
30 juin 2019	24.200,00 EUR	La partie financière de la créance afférente à la période imposable 2019 (c'est-à-dire la période allant du 1er janvier 2019 au 30 juin 2019) s'élève à 355,74 EUR c'est-à-dire 24.200,00 EUR - 23.844,26 EUR.

Faits comptables	N° plan comptable	Intitulés des comptes	Somme débit	Somme crédit
Comptabilisation de la vente	4000	Client	24 200,00	
	7003	à Ventes TVA 21 %		20 000,00
	4510	à TVA sur ventes et prestations de services		4 200,00
Comptabilisation du produit à reporter	7080	Remises, ristournes et rabais accordés	990,87	
	4930	à Produits à reporter		990,87

Lors de l'inventaire, la société doit passer l'écriture suivante :

Faits comptables	N° plan comptable	Intitulés des comptes	Somme débit	Somme crédit
Comptabilisation de la vente	4930	Produits à reporter	635,13	
	7510	à Produits des actifs circulants		635,13

Si la société ne passe pas cette écriture d'inventaire, elle diminue son bénéfice comptable. Dans ce cas, le mouvement des réserves de l'exercice d'imposition 2019 se présente de la manière suivante :

	Situation au début de la période imposable	Situation à la fin de la période imposable
Résultat reporté		
• Bénéfice	**0,00**	**19.009,13** (la partie non financière du bénéfice compris dans la créance).
• Perte		
Réserves occultes	**0,00**	**635,13**
• Autres	0,00	635,13 (la partie financière de la créance afférente à la période imposable 2017 et non comptabilisée par une écriture comptable).
Sous-total de la situation au début de la période imposable (pour le premier exercice comptable, mentionner zéro (0) au code 1040 PN)		
- Positif	0,00 (Code 1040 PN)	19.644,26 (Code 1040 PN)
- Négatif		
Mouvement de la période imposable		
Bénéfices réservés imposables	19.644,26 (Code 1080 PN)	
	Le montant de 19.644,26 EUR correspond au bénéfice compris dans la créance (20.000,00 EUR) diminué de la partie financière implicitement comprise dans la créance qui est relative à la période imposable 2019 (355,74 EUR).	

II. Dépenses non admises

A. Frais professionnels

Articles 183, 49, 194octies et 195/1 du CIR.

L'article 183 du CIR renvoie, pour la détermination du montant des revenus soumis à l'impôt des sociétés ou exonérés dudit impôt, aux règles qui sont applicables aux bénéfices pris en compte pour l'impôt des personnes physiques et parmi lesquelles figure l'article 49 du CIR.

L'article 49 du CIR prévoit que pour être admises à titre de frais professionnels, les dépenses engagées par la société doivent répondre simultanément aux quatre conditions suivantes :

- elles doivent se rattacher nécessairement à l'exercice de l'activité professionnelle (critère de causalité);
- elles doivent avoir été faites ou supportées pendant la période imposable (critère d'annualité);
- elles doivent avoir été faites ou supportées en vue d'acquérir ou de conserver des revenus imposables (critère de finalité);
- elles doivent être justifiées quant à leur réalité et leur montant par le contribuable.

Il ne découle ni de l'article 49 du CIR, ni d'une quelconque autre disposition légale qu'il y a lieu de considérer une dépense en tant que frais professionnel si elle intervient dans la détermination des revenus imposables de celui qui a reçu le paiement concordant[171].

Sur la base de l'article 49 du CIR, l'administration fiscale ne peut pas reprocher au contribuable de ne pas respecter le droit comptable qui prescrit que les prorata de charges exposées au cours de l'exercice ou d'un exercice antérieur mais qui sont à rattacher à un ou plusieurs exercices ultérieurs doivent être inscrits à un compte de régularisation comme actif provisoire (en l'occurrence le compte 490 Charges à reporter).

En prévoyant expressément que les frais liés aux activités ou aux revenus de l'exercice comptable suivant sont uniquement déductibles dans cet exercice comptable suivant et par l'exigence plus générale que les frais ne sont déductibles que dans la mesure où ils se rapportent à la période imposable concernée, l'article 195/1 du CIR a pour effet que les frais en question ne sont déductibles au titre de frais professionnels de l'année ou de l'exercice comptable de leur paiement ou de leur comptabilisation comme dette, ainsi que des années ou exercices comptables suivants, que dans la proportion des charges de l'année ou de l'exercice comptable auquel lesdites charges se rapportent.

Autrement dit, l'article 195/1 du CIR a pour conséquence que l'administration fiscale pourra reprocher au contribuable de ne pas avoir respecté le droit comptable qui prescrit que les prorata de charges exposées au cours de l'exercice ou d'un exercice antérieur mais qui sont à rattacher à

171 Rapport annuel de la Cour de Cassation de Belgique, 2009, p. 34.

un ou plusieurs exercices ultérieurs doivent être inscrits à un compte de régularisation comme actif provisoire.

Cette modification a par exemple pour objectif d'empêcher l'utilisation de la technique d'optimisation fiscale qui consistait en reprendre intégralement en charge durant un exercice comptable le paiement d'un loyer dont le montant portait sur une période répartie sur plusieurs exercices comptables.

Par contre, si une prime complémentaire de pension extra-légale est versée en une seule fois par le biais d'un « back-service », celle-ci est intégralement déductible au titre de frais professionnels de la période imposable au cours de laquelle la prime est versée[172].

Enfin, l'article 194octies du CIR a pour effet que la règle relative au forfait de charges pour les bénéfices[173] ne s'applique pas à l'impôt des sociétés[174].

1. Dépenses se rattachant nécessairement à l'exercice de l'activité professionnelle

Cette condition implique qu'il doit y avoir un lien direct et nécessaire entre la dépense et l'exercice de l'activité professionnelle.

Autrement dit, les dépenses qui ne sont pas inhérentes à l'exercice de l'activité professionnelle, ne sont pas admises au titre de dépenses professionnelles.

2. Dépenses faites ou supportées pendant la période imposable

Seuls, sont déductibles à titre de frais professionnels, les frais que le contribuable a effectués ou supportés personnellement en vue d'acquérir ou conserver des revenus imposables.

Sont considérées comme ayant été effectuées ou supportées pendant la période imposable, les dépenses qui, durant cette période, ont été :

- payées ou supportées;
- ou à défaut, ont acquis le caractère de dettes, ou de pertes liquides et certaines, et sont enregistrées comme telles dans la comptabilité.

Une dette possède un caractère certain lorsque son existence est certaine; elle est liquide lorsque son montant est connu. En principe, sont exclues des dettes certaines et liquides, les dettes ou pertes conditionnelles ou éventuelles, c'est-à-dire celles dont le principe et/ou le montant sont soumis à des conditions non encore réalisées ou dépendant encore d'un jugement, d'une expertise, etc.

Le Ministre des Finances considère qu'en vertu du principe de l'annualité de l'impôt visé à l'article 360 du CIR, les frais justifiés par une facture qui n'aurait pas été comptabilisée au moment de sa réception ne peuvent être déduits à titre de frais professionnels de la période imposable ultérieure, au cours de laquelle est effectué le paiement de ces frais, lorsque ceux-ci se rattachent à la période imposable au cours de laquelle la facture a été reçue[175].

---

172 Réponse du Ministre des Finances à la question posée par Luk Van Biesen, Crabu 54 Com 812, page 7.

173 Article 51, alinéa 2, 5° du CIR.

174 Article 57 de la loi du 26 mars 2018 relative au renforcement de la croissance économique et de la cohésion sociale. L'article 57 produit ses effets le 1er janvier 2018 et est applicable à partir de l'exercice d'imposition 2019.

175 Bulletin des contributions directes n°787, pp 2429-2431.

Cette position est conforme avec les dispositions du droit comptable ; celles-ci impliquent qu'une dette doit être actée au moment de sa naissance, c'est-à-dire au moment où elle acquiert un caractère certain et liquide.

Il ressort de cette réponse que l'article 49, alinéa 2 du CIR ne déroge pas au droit comptable. Cela implique que le contribuable n'a pas le choix de considérer une dépense comme un frais professionnel soit pour la période imposable au cours de laquelle le frais a acquis la nature d'une dette certaine et liquide, soit pour la période imposable au cours de laquelle ce frais a été payé.

La Cour d'appel de Gand (arrêt du 5 octobre 2004) a ainsi refusé la déduction, à titre de frais professionnels, d'une charge l'année au cours de laquelle celle-ci avait été payée et comptabilisée, au motif que cette charge avait acquis le caractère d'une dette certaine et liquide au cours d'une année antérieure.

De même, la Cour de Cassation[176] a précisé que la perte de valeur d'une immobilisation incorporelle qui, eût-elle dû l'être en vertu des règles comptables d'évaluation et du critère de prudence auxquels celle-ci doit répondre, n'a pas été prise en charge par le compte de résultats afférent à la période de sa survenance, n'est pas déductible à titre de frais professionnels pour l'exercice d'imposition dont ladite période relève.

L'article 52bis du CIR instaure un régime fiscal spécifique qui assimile le versement des sommes en faveur d'un milieu d'accueil collectif de la petite enfance à des frais professionnels moyennant le respect des conditions suivantes :

1. le milieu d'accueil doit être agréé, autorisé, subsidié par l'Office de la naissance et de l'enfance, Kind en Gezin ou l'Exécutif de la Communauté germanophone;
2. les sommes doivent être versées au milieu d'accueil directement ou par l'intermédiaire de l'institution compétente mentionnée au 1°, conformément à la réglementation applicable de la communauté concernée;
3. les sommes doivent être affectées par le milieu d'accueil au financement de frais de fonctionnement et de dépenses d'infrastructure ou d'équipement, nécessaires à la création, à partir du 1er janvier 2003, de places d'accueil pour enfants de moins de trois ans, qui remplissent les conditions prévues par la communauté concernée, ou au maintien des places ainsi créées;
4. les sommes ne peuvent pas être utilisées pour le paiement de l'intervention normale des parents pour la garde de leurs enfants;
5. les sommes pouvant être considérées comme des frais professionnels, ne peuvent pas dépasser, par période imposable 5.250,00 € (montant non indexé-montant indexé : 8.220,00 € pour l'exercice d'imposition 2018 et 8.400,00 € pour l'exercice d'imposition 2019) par place d'accueil visée au 3°;
6. l'institution compétente doit remettre annuellement un document par milieu d'accueil au contribuable qui a versé les sommes, par lequel elle atteste que les conditions énoncées dans le présent article sont respectées et dans lequel elle précise le montant qui a été affecté à la création ou au maintien de places d'accueil visées au 3° ainsi que le nombre de places concernées.

Compte tenu de cette assimilation, les dettes relatives à de tels versements futurs et qui sont comptabilisés via le résultat en fin d'exercice comptable ne peuvent pas encore être considérées comme des frais professionnels[177]. Sur la base de l'article 52bis, elles ne seront admises à titre de frais professionnels qu'au moment du versement effectif desdites sommes.

176 Arrêt du 11 mai 2017, numéro de rôle F160008F.

177 Document parlementaire 50, 2343/001 p.49. Les travaux parlementaires précisent que des provisions pour risques et charges liées à des versements futurs ne peuvent également pas être constituées en exonération d'impôt.

3. Dépenses faites ou supportées en vue d'acquérir ou de conserver des revenus imposables

Dans l'arrêt n°191/2009 du 26 novembre 2009, la Cour Constitutionnelle mentionne :

« de ce que l'ensemble du patrimoine d'un contribuable soumis à l'impôt des sociétés forme une masse unique affectée à l'activité de la société, il suit que c'est le montant total de ses bénéfices qui constitue la base de l'impôt. Il ne se déduit cependant ni de cette circonstance ni de ce que la société est une personne morale constituée en vue d'une activité lucrative que le montant de toutes ses dépenses peut être déduit de celui de ses bénéfices ».

En effet, l'article 49 du CIR subordonne la déductibilité en cause à la condition que les frais qu'il vise soient faits ou supportés en vue d'acquérir ou de conserver des revenus imposables, ce qui exclut les frais faits ou supportés à d'autres fins telles que notamment celle :

- d'agir dans un but désintéressé;
- de procurer sans contrepartie un avantage à un tiers.

C'est toujours au juge qu'il appartient de vérifier si la dépense a été exposée en vue de l'acquisition ou de la conservation d'un revenu.

Il en résulte, que ce n'est pas parce qu'une société est nécessairement et exclusivement un être moral créé en vue de l'exercice d'une activité lucrative, que toutes ses dépenses ont nécessairement une nature professionnelle.

La cour constitutionnelle a donc établi, qu'on ne peut admettre qu'une société puisse bénéficier d'un renversement de la charge de la preuve, uniquement en raison de son but lucratif.

Ceci est conforme à la jurisprudence de la Cour de Cassation qui a précisé :

- que, même si une société commerciale est un être moral exclusivement créé en vue d'une activité lucrative, il ne peut être forcément déduit de cet état de fait, que toutes ses dépenses ont un caractère professionnel et peuvent être déduites de son bénéfice brut[178] ;
- qu'en vertu de l'article 49, alinéa premier, du code des impôts sur les revenus, sont seuls déductibles à titre de charges professionnelles les frais que le contribuable (personne morale assujettie à l'impôt des sociétés) a faits ou supportés pendant la période imposable en vue d'acquérir ou de conserver les revenus imposables et dont il justifie la réalité et le montant au moyen de documents probants ou, quand cela n'est pas possible, par tous autres moyens de preuve admis par le droit commun, sauf le serment[179].

Par contre, la jurisprudence de la Cour de Cassation ne lie plus la déductibilité des frais qu'une société consent en vue d'acquérir ou de conserver des revenus professionnels à la poursuite de l'objet social ou statutaire de la société.

A cet égard, la Cour de Cassation[180] opère un revirement de sa jurisprudence lorsqu'elle mentionne :

« Aux termes de l'article 49 du Code des impôts sur les revenus, les charges que le contribuable a faites ou supportées pendant la période imposable en vue d'acquérir ou de conserver les revenus imposables, sont déductibles à titre de frais professionnels.

En vertu de l'article 183 dudit code, cette disposition s'applique aux sociétés commerciales.

178 Arrêt du 3 mai 2001 - N° F.99.0159.F.

179 Arrêt du 15 octobre 2015 - F.14.0161.N.

180 Arrêt du 12 juin 2015 - F.13.0163.N/1.

Il ne résulte pas de cette disposition que la déduction de dépenses ou de charges professionnelles est subordonnée à la condition qu'elles soient inhérentes à l'activité sociale de la société commerciale telle qu'elle ressort de son objet social.

Les circonstances qu'il n'y ait aucun rapport entre une opération d'une société et son activité ou son objet statutaire et qu'une opération ait été effectuée dans le seul but d'obtenir un avantage fiscal, n'excluent pas en tant que telles que les frais concernant de telles opérations puissent être qualifiés de frais professionnels déductibles ».

De même, la jurisprudence de la Cour de Cassation ne lie pas la déductibilité à titre de frais professionnels des rémunérations ou des avantages de toute nature versés au caractère imposable desdites rémunérations ou desdits avantages de toute nature.

Ainsi, dans les arrêts du 18 octobre 1960 et du 6 octobre 1964, la Cour de Cassation a précisé que ni l'administration ni la cour d'appel n'ont le pouvoir de contester « l'opportunité » ou « l'utilité d'une dépense professionnelle, notamment en ce qui concerne le personnel du redevable, son nombre, ses mérites ou ses capacités et la répercussion de ces éléments sur les rémunérations.

L'administration fiscale a cependant :

- *le droit de vérifier si ces dépenses ont été effectivement faites et de contrôler si et dans quelle mesure elles sont nécessitées par l'exercice de la profession;*
- *le pouvoir de prouver ou de constater que telle dépense faite au profit du personnel, n'a pas le caractère d'une dépense professionnelle parce qu'il n'est pas établi qu'elle rémunère des prestations effectives.*

De même, dans deux arrêts récents, datés du 14 octobre 2016[181], la Cour de Cassation rappelle que les frais exposés pour l'octroi d'une rémunération ou d'un avantage de toute nature ne constituent pas automatiquement des frais professionnels déductibles. Pour être déductible, la société doit, conformément aux conditions mentionnées à l'article 49 du code des impôts sur les revenus, démontrer que les frais exposés constituent la contrepartie de prestations réelles effectivement fournies au profit de la société. Autrement dit, il faut apporter la preuve que frais exposés ont été faits ou supportés en vue d'acquérir ou de conserver des revenus imposables. A défaut d'apporter cette preuve, les frais exposés ne seront pas déductibles à titre de frais professionnels.

Pour apporter cette preuve, la société ne peut pas se contenter de démontrer que la rémunération ou l'avantage de toute nature a été repris sur une fiche 281 et/ou que le bénéficiaire a été effectivement imposé.

En matière de « management fees », la Cour de Cassation précise, dans un arrêt daté du 15 octobre 2015[182], que l'article 49 du code des impôts sur les revenus ne permet pas de déduire des frais qui ne correspondent pas à des prestations réelles. Le contribuable doit prouver que les frais dont il demande la déduction répondent à des prestations réellement fournies. L'existence d'une convention non simulée n'implique pas en soi la preuve que les frais qui sont facturés par le cocontractant du contribuable sont effectivement la contrepartie de prestations réellement fournies.

Même en dehors de toute simulation rien ne s'oppose à ce que des frais engagés en exécution d'une telle convention et facturés au contribuable soient exclus des frais déductibles si les conditions de l'article 49 du code des impôts sur les revenus ne sont pas réunies.

4. Dépenses justifiées par le contribuable quant à leur réalité et leur montant

Le contribuable doit justifier la réalité et le montant de ces frais au moyen de documents probants ou, quand cela n'est pas possible par tous les moyens de preuve admis par le droit commun à l'exception du serment.

181 Rôles n° F.15.0103.N et n° F.14.0203.N.

182 Rôle n° F.14.0161.N.

Les documents probants à fournir, peuvent être constitués par exemple, par des factures, des reçus ou toute autre pièce imposée par une disposition légale ou réglementaire quelconque.

Ce n'est que, lorsqu'il est pratiquement impossible de produire ce type de pièces, que l'Administration peut se contenter des moyens de preuve admis par le droit commun, y compris les présomptions de l'homme à l'exclusion du serment.

Cette impossibilité concerne les frais professionnels :

- dont les documents probants ont été détruits, volés ou égarés par inadvertance;
- pour lesquels il n'est pas de pratique courante, d'exiger ou d'obtenir des documents justificatifs[183].

5. Dépenses non admises

Certaines dépenses comptabilisées ne peuvent pas être admises parmi les charges professionnelles (en totalité ou partiellement) en raison de leur nature ou de dispositions expresses de la loi.

Voici un tableau reprenant les charges comptables dont la déduction est partiellement ou totalement annulée par la législation fiscale :

DEPENSES NON ADMISES		
Impôts non déductibles	Code 1201	Cf. page n°223.
Impôts, taxes et rétributions régionaux	Code 1202	Cf. page n°236.
Amendes, pénalités et confiscations de toute nature	Code 1203	Cf. page n°293.
Pensions, capitaux, cotisations et primes patronales non déductibles	Code 1204	Cf. page n°297.
Frais de voiture et moins-values sur véhicules automobiles non déductibles	Code 1205	Cf. page n°307.
Frais de voiture à concurrence d'une quotité de l'avantage de toute nature	Code 1206	Cf. page n°318.
Frais de réception et de cadeaux d'affaires non déductibles	Code 1207	Cf. pages n°327 & 330.
Frais de restaurant non déductibles	Code 1208	Cf. page n°326.
Frais de vêtements professionnels non spécifiques	Code 1209	Cf. page n°331.
Intérêts exagérés	Code 1210	Cf. page n°247.
Intérêts relatifs à une partie de certains emprunts	Code 1211	Cf. page n°251.
Avantages anormaux ou bénévoles	Code 1212	Cf. page n°264.
Avantages sociaux	Code 1214	Cf. page n°333.
Avantages de titres-repas, chèques sport/culture ou éco-chèques	Code 1215	Cf. page n°336
Libéralités	Code 1216	Cf. page n°344.
Réductions de valeur et moins-values sur actions ou parts	Code 1217	Cf. page n°277.
Reprises d'exonérations antérieures	Code 1218	
Participation des travailleurs et primes bénéficiaires	Code 1233	Cf. page n°290.
Indemnité pour coupon manquant	Code 1220	Cf. page n°292.
Frais œuvres agréées tax shelter	Code 1232	Cf. page n°591.
Primes, subsides en capital et en intérêts régionaux	Code 1222	Cf. page n°129.
Paiements non déductibles vers certains états	Code 1223	Cf. page n°249.
Dépenses non justifiées	Code 1225	Cf. page n°573.
Reprise de déduction pour revenus d'innovation en cas d'étalement des frais historiques	Code 1230	
Reprise de déduction pour revenus d'innovation suite au non remploi en dépenses qualifiantes	Code 1231	
Corrections positives en application du Régime Diamant		
Différence positive entre le bénéfice brut déterminé forfaitairement et le bénéfice brut déterminé comptablement	Code 1226	
Réduction de valeur sur stock et frais non déductibles	Code 1227	
Différence positive entre la rémunération de référence pour un dirigeant d'entreprise et la rémunération de dirigeant d'entreprise la plus élevée	Code 1228	

183 Commentaire des impôts sur les revenus n°49/20.

Correction en fonction du montant minimum du revenu net imposable issu du commerce de diamants	Code 1229	
Autres dépenses non admises	Code 1239	Cf. pages n°292 & 345.
Total des dépenses non admises	Code 1240	

Les reprises d'exonérations antérieures concernant :

- le personnel supplémentaire affecté à la recherche scientifique et aux exportations (cf. page n°438);
- le personnel supplémentaire PME (cf. page n°441);
- la déduction pour investissement opérée en une fois en raison d'investissements pour la recherche et le développement (cf. page n°530);

sont analysées en même temps que le régime d'exonération qui y est associé, lors de l'étude de la troisième et de la huitième opération[184].

De même, les reprises concernant la déduction pour revenus d'innovation sont analysées en même temps que le régime de déduction qui y est associé, lors de l'étude de la 6ème opération (cf. page 479).

Dans le cadre de ce livre, nous n'aborderons pas le Régime Diamant.

B. Frais professionnels non déductibles propres à l'impôt des sociétés

1. *Impôts non déductibles (code 1201 de la déclaration sauf pour les impôts, taxes et rétributions régionaux à reprendre au code 1202 de la déclaration)*

Articles 198, § 1er, alinéa 1er, 1°, 2°, et 5° et 463bis, alinéa 3 du CIR.

Comme nous l'avons vu, le montant du bénéfice, sur lequel les sociétés sont en principe imposées, est établi conformément aux règles du droit comptable, sauf si la loi fiscale y déroge expressément[185].

Le bénéfice comptable est le résultat obtenu après déduction de l'impôt des sociétés, estimé ou ayant fait l'objet de versements anticipés. D'un point de vue fiscal, cet impôt constitue certes une dépense, mais pas une charge effectuée en vue d'acquérir des revenus. Si cet impôt était déduit de la base imposable, la part des revenus qui y correspond échapperait à l'impôt des sociétés[186].

184 La sixième opération à partir de l'exercice d'imposition 2019.

185 Cour de Cassation, Arrêt du 20 février 1997.

186 Cour Constitutionnelle, Arrêt du 20 octobre 2016, rôle n° 135/2016.

Pour éviter cela, la majorité des impôts et précomptes, payés ou pris en charge par une société, sont expressément considérés par la loi comme des charges non admissibles à titre de frais professionnels.

Ils sont généralement considérés comme des « avances » sur l'impôt et sont donc imputables (déductibles) sur le montant de l'impôt dû.

Nous allons maintenant analyser individuellement les différents types d'impôts considérés comme des dépenses non admises.

a) Impôt des sociétés

L'impôt des sociétés, y compris les accroissements, les frais et les intérêts de retard y afférents payés sur les bénéfices des exercices antérieurs, ne constitue jamais une dépense déductible à titre de frais professionnels.

Il en va de même pour les charges fiscales estimées (afférentes au même impôt des sociétés) sur le résultat de l'exercice ou des exercices antérieurs.

Cependant, s'il s'avère que la dette fiscale estimée est fixée arbitrairement et dépasse considérablement l'impôt à enrôler par l'administration fiscale, la partie exagérée de la dette fiscale estimée doit être reprise parmi les bénéfices réservés imposables (cadre I.A.i réserves occultes) tandis que la partie non exagérée de la charge fiscale estimée est prise en considération à titre de dépenses non admises (code 1201 de la déclaration).

La contribution complémentaire de crise (3 centimes additionnels à l'impôt des sociétés) n'est pas non plus déductible à titre de frais professionnels.

Les intérêts relatifs à des fonds empruntés pour payer à l'échéance normale l'impôt des sociétés peuvent être admis à titre de frais professionnels.

b) Sommes versées à valoir sur l'impôt des sociétés

Il s'agit des versements anticipés et des précomptes imputables à l'impôt des sociétés. Ces versements et précomptes ont été pris en charge par la comptabilité au cours de l'exercice comptable, mais ne sont pas déductibles fiscalement.

Cependant, si tout ou une partie de ces versements et précomptes ont été portés à l'actif du bilan en tant que créances d'impôts récupérables à charge de l'administration fiscale, la somme de ces transferts vient diminuer le montant de la dépense non admise.

C'est le cas, lorsque, lors de l'estimation de l'impôt au moment des écritures d'inventaire, la société juge avoir effectué trop de versements anticipés. On passe alors l'écriture suivante :

Faits comptables	N° plan comptable	Intitulés des comptes	Somme débit	Somme crédit
Impôts à récupérer	412100	Impôts à récupérer	X	
	670100	à Excédents de versements d'impôts et de précomptes portés à l'actif		X

NB : le montant se trouvant dans le compte 412 peut servir de versements anticipés pour l'exercice suivant ou être remboursé par l'administration à la demande de la société.

On sera attentif au fait que, le précompte immobilier dû par les sociétés pour les immeubles dont elles sont propriétaires, n'est jamais imputable à l'impôt des sociétés. Il en résulte que le précompte immobilier y compris les accroissements, les frais et intérêts de retard y afférents, constitue une dépense admise à titre de frais professionnels.

1) Versements anticipés

Les versements anticipés pris en charge par la société constituent des dépenses non admises à titre de frais professionnels à reprendre au code 1201 de la déclaration.

De même, la majoration en cas d'absence ou d'insuffisance de versements anticipés, ne constitue pas une dépense déductible à titre de frais professionnels.

Il est important de remarquer que la case du code 1810 de la déclaration (versements anticipés et précomptes imputables) doit reprendre l'ensemble des versements anticipés versés au cours de l'exercice comptable, et ce même si une partie des versements anticipés a été portée au titre de créance parmi les impôts récupérables à charge de l'administration fiscale en tant qu'excédent de versements.

Dans le cas où l'on comptabilise un excédent de versement et donc une créance fiscale, le montant du compte «Excédents de versements» diminue la somme des dépenses non admises en code 1201 mais le montant de ces versements anticipés reste imputable à l'impôt dû car ils ont été supportés durant la période imposable.

Cependant, si sur la base de l'extrait de compte des versements anticipés, on demande expressément le remboursement ou le report de tout ou une partie du montant de ceux-ci en tant que versements anticipés de l'exercice suivant, la somme qui a fait l'objet de ce report ou remboursement, doit être déduite du code 1810 de la déclaration.

Les intérêts relatifs à des fonds empruntés pour effectuer des versements anticipés, peuvent être admis à titre de frais professionnels.

2) Précomptes imputables à l'impôt des sociétés

Articles 279 à 284 du CIR.

Les précomptes imputables à l'impôt des sociétés (et qui viennent donc diminuer le montant de l'impôt dû) sont constitués notamment :

- des précomptes mobiliers retenus suite au paiement ou à l'attribution de revenus de capitaux et biens mobiliers au profit de la société;
- du précompte mobilier fictif afférents aux revenus recueillis pendant la période imposable et provenant de certains titres émis avant le 1er décembre 1962.

Seuls les précomptes mobiliers retenus suite au paiement ou à l'attribution de revenus de capitaux et biens mobiliers au profit de la société, font l'objet d'une étude dans le cadre du présent ouvrage.

➲ Le précompte mobilier

Dans les travaux préparatoires de la loi du 20 novembre 1962 (portant sur la réforme des impôts sur les revenus) qui crée le régime d'un impôt global perçu par voie de précomptes, le législateur précise que les précomptes constituent des avances à valoir sur l'impôt définitif.

Ces travaux préparatoires distinguent deux catégories de précomptes :

- le précompte imputable non remboursable;
- le précompte imputable et remboursable.

En conséquence, une retenue non remboursable et non imputable ne constitue pas une avance à valoir sur l'impôt.

Sur la base des règles énoncées ci-dessus, seuls les précomptes mobiliers imputables à l'impôt des sociétés (y compris les accroissements, frais et intérêts de retard y afférents) constituent des dépenses non admises à titre de frais professionnels. Par contre, les précomptes non imputables doivent être admis comme des frais professionnels de la société.

Le législateur a cependant prévu dans la loi des cas où l'imputation du précompte mobilier était limitée à certains montants ou pourcentages.

➲ Le précompte mobilier sur les intérêts perçus

En ce qui concerne les revenus de capitaux et biens mobiliers (autres que les dividendes et revenus de la location, de l'affermage, de l'usage et de la concession de biens mobiliers), l'imputation du précompte mobilier n'est accordée que, prorata temporis, et ce pour la période au cours de laquelle la société a eu la pleine propriété des capitaux et biens mobiliers concernés.

Illustrons ceci par un exemple.

La société SA Azur achète le 30 décembre 2018, une obligation à 5 ans émise le 31 décembre 2016. La valeur nominale de l'obligation s'élève à 1.000,00 EUR. Le taux d'intérêt est de 5% et est payable chaque année le 31 décembre contre remise d'un coupon.

Le précompte mobilier retenu à la source par le débiteur des revenus (le 31 décembre 2018) 15,00 EUR (30% de 5% de 1.000,00 EUR) constitue une somme à valoir sur l'impôt des sociétés à concurrence de 0,08 EUR[187], c'est-à-dire la période au cours de laquelle la société a eu la pleine propriété de l'obligation.

La déclaration fiscale se présente de la manière suivante :

CADRE DE LA DÉCLARATION : DÉPENSES NON ADMISES		
Impôts non déductibles	**0,08**	Code 1201

CADRE DE LA DÉCLARATION : PRÉCOMPTES IMPUTABLES	
Précomptes remboursables	
Autre précompte mobilier remboursable	**0,08** (Code 1846)

Le solde du précompte mobilier 14,92 EUR constitue une dépense admise à titre de frais professionnels.

187 15,00 EUR X (2/365).

➲ Le précompte mobilier sur les dividendes perçus

En ce qui concerne les dividendes, l'imputation du précompte mobilier est subordonnée à deux conditions :

- avoir la pleine propriété des titres au moment de l'attribution ou de la mise en paiement des dividendes; à partir du 22 janvier 2019, la condition est la suivante : avoir la pleine propriété des titres à la date à laquelle les ayants droit des dividendes sont identifiés[188];
- l'attribution ou la mise en paiement des dividendes n'entraîne pas une moins-value ou une réduction de valeur des actions ou parts (comptabilisée ou non) auxquelles ils se rapportent.

Pour pouvoir imputer le précompte mobilier retenu sur des dividendes, le contribuable doit avoir la pleine propriété des titres sous-jacents au moment où les dividendes sont attribués ou mis en paiement. Dans les cas où la règle standard du marché pour le règlement des transactions sur titres est respectée, laquelle s'élève à deux jours ouvrables (article 5 du Règlement (UE) n° 909/2014 du Parlement européen et du Conseil du 23 juillet 2014), cela ne pose aucun problème. Le contribuable qui a acheté les titres avec le coupon attaché, aura les titres en sa possession, à la date à laquelle les ayants-droit des dividendes sont identifiés, à savoir deux jours ouvrables après le dernier jour au cours duquel les titres avec coupon sont cotés, et il sera donc considéré comme l'ayant-droit des dividendes. Le paiement effectif du dividende se produit le jour suivant. Lorsqu'au contraire l'on déroge, involontairement ou sciemment, à la règle standard du marché, il se pourrait, incidemment, qu'un contribuable qui a acheté des titres avec coupon ne soit pas encore « propriétaire » à la date à laquelle les ayants-droit sont identifiés, mais bien le jour qui suit celui au cours duquel les dividendes sont payés. Dans ce cas, il recevra de la part du vendeur une « créance de marché » (« market claim ») qui doit compenser le dividende perdu. Le contribuable pourrait considérer fiscalement cette « créance de marché » comme un dividende et appliquer une imputation de précompte mobilier parce qu'il détenait les titres sous-jacents en pleine propriété au moment où les dividendes ont été payés[189].

Pour éviter l'imputation du précompte dans le cas d'une « créance de marché », l'article 281 du Code des impôts sur les revenus a été modifié de telle sorte que le contribuable doit déjà avoir la pleine propriété des titres le jour précédant la mise en paiement du dividende, à savoir le jour auquel les ayants-droit sont identifiés. La possibilité d'imputation est de cette façon octroyée sans équivoque à la partie qui est considérée comme l'ayant-droit du dividende. Une « créance de marché » sera encore uniquement considérée comme une simple indemnité pour perte d'un dividende[190].

Pour l'administration, il n'est question d'une réduction de valeur que lorsque la valeur réelle de l'action ou part, à la date de clôture de l'exercice au cours duquel le dividende a été attribué ou mis en paiement, est inférieur à la valeur fiscale de ladite action ou part à la date de clôture de l'exercice précédent[191].

En ce qui concerne la deuxième condition, on notera que la non imputation du précompte mobilier est « proportionnelle » à la réduction de valeur ou à la moins-value résultant de l'attribution ou de la mise en paiement des dividendes. Si le montant de la réduction de valeur ou la moins-value est supérieur au montant du dividende brut recueilli, la totalité du précompte mobilier constitue un précompte non imputable sur l'impôt des sociétés.

Par contre si la réduction de valeur ou la moins-value est inférieure au montant du dividende brut recueilli, le précompte mobilier n'est imputable sur l'impôt des sociétés qu'à concurrence du rapport existant entre :

---

188 Article 4 de la loi du 11 janvier 2019 portant des mesures de lutte contre la fraude et l'évasion fiscales en matière de précompte mobilier.

189 Document parlementaire 54 / 3400 / 001, page 7.

190 Document parlementaire 54 / 3400 / 001, pages 7 et 8.

191 Commentaire des impôts sur les revenus n°276/30.

$$\frac{\text{le montant de la réduction de valeur ou la moins-value}}{\text{le montant du dividende brut recueilli}}$$

La limitation de l'imputation du précompte mobilier ne s'applique cependant pas, pour autant que les actions ou parts aient été détenues en pleine propriété pendant une période ininterrompue de douze mois, par une ou plusieurs sociétés assujetties à l'impôt des sociétés, précédant l'attribution ou de la mise en paiement des dividendes.

Illustrons ceci par un exemple.

La société SA Azur a acquis une action au prix de 270,00 EUR. Cette action a été revendue au prix de 252,50 EUR après détachement du coupon net 14,00 EUR (soit un dividende brut de 20,00 EUR). Dans ce cas, la société enregistre une moins-value comptable de 17,50 EUR.

Le précompte mobilier retenu à la source par le débiteur des revenus (6,00 EUR)[192] constitue un précompte mobilier non imputable sur l'impôt des sociétés à concurrence de :

6,00 EUR x (17,50 EUR / 20,00 EUR) = 5,25 EUR

Ce montant constitue cependant une dépense admise à titre de frais professionnels.

La déclaration fiscale se présente de la manière suivante :

CADRE DE LA DÉCLARATION : DÉPENSES NON ADMISES		
Impôts non déductibles	0,75	Code 1201

CADRE DE LA DÉCLARATION : PRÉCOMPTES IMPUTABLES	
Précomptes remboursables	
Précompte mobilier sur autres dividendes	0,75 (Code 1845)

En résumé, le régime fiscal du précompte mobilier est le suivant :

192 30% x 20,00 EUR

REVENUS DE CAPITAUX ET BIENS MOBILIERS PERCUS	
Revenus de la location, de l'affermage, de l'usage et de la concession de biens mobiliers	En ce qui concerne les revenus de la location, de l'affermage, de l'usage ou de la concession de biens mobiliers, il est renoncé totalement à la perception du précompte mobilier lorsque les bénéficiaires sont des sociétés résidentes (article 111 de l'arrêté royal d'exécution du code).
Intérêts	Le précompte mobilier n'est imputable, au *prorata temporis*, que pour la période au cours de laquelle la société a eu la pleine propriété des capitaux et biens mobiliers. Seule la partie imputable du précompte mobilier constitue une dépense non admise à titre de frais professionnels sauf s'il a été porté au titre de créance parmi les impôts récupérables à charge de l'administration fiscale. Par contre, la partie non imputable du précompte mobilier constitue une dépense admise à titre de frais professionnels.
Dividendes	Le précompte mobilier est imputable si en plus d'avoir eu la pleine propriété des titres au moment de l'attribution ou de la mise en paiement des dividendes, la société rencontre au moins une des deux hypothèses suivantes : 1ère hypothèse : l'attribution ou la mise en paiement des dividendes n'a pas entraîné une moins-value ou une réduction de valeur des actions ou parts. 2ème hypothèse : les actions ou parts sont détenues en pleine propriété depuis une période ininterrompue de douze mois par une ou plusieurs sociétés résidentes. Il constitue une dépense non admise à titre de frais professionnels sauf s'il a été porté au titre de créance parmi les impôts récupérables à charge de l'administration fiscale. Si une de ces deux conditions n'est pas réunie, la partie du précompte mobilier non imputable constitue une dépense admise à titre de frais professionnels.

Il convient de noter qu'aucun précompte mobilier n'est imputé à raison des dividendes lorsque le bénéficiaire, dont l'objet social consiste uniquement ou principalement en la gestion et le placement de fonds récoltés dans le but de servir des retraites légales ou complémentaires, n'a pas détenu en pleine propriété pendant une période ininterrompue d'au moins 60 jours les titres qui produisent les dividendes[193].

Le fait qu'un fonds de pension belge ou étranger n'a pas détenu au moins 60 jours les titres d'où proviennent des dividendes pour lesquels il bénéfice d'une exemption ou d'une imputation du précompte mobilier constitue dorénavant une présomption que l'acte juridique ou l'ensemble d'actes juridiques auquel les dividendes sont liés, n'est pas authentique.

Le fonds de pension doit démontrer qu'il n'y a pas d'acte juridique ou d'ensemble d'actes juridiques non authentique qui servait de base pour pouvoir prétendre à l'exemption ou à l'imputation du précompte mobilier.

3) *Quotité forfaitaire d'impôt étranger*

Articles 285 à 289 du CIR.

La quotité forfaitaire d'impôt étranger (ci-après dénommée Q.F.I.E.) est imputable sur l'impôt des sociétés mais non remboursable (à l'opposé des précomptes vus ci-dessus). Elle doit être déclarée parmi les revenus taxables à titre d'impôts non déductibles.

193 Article 281/1. Cet article entre en vigueur à partir du 22 janvier 2019.

Elle concerne les revenus et produits de capitaux et biens mobiliers d'origine étrangère, autres que les dividendes[194], qui ont été soumis à un impôt analogue à l'impôt des personnes physiques, à l'impôt des sociétés ou à l'impôt des non-résidents.

Pour bénéficier de la Q.F.I.E., les revenus de capitaux et biens mobiliers visés ci-dessus doivent avoir été affectés à l'exercice de l'activité professionnelle en Belgique. Cela implique que si les capitaux et biens mobiliers ont été investis dans un établissement étranger dont dispose la société belge, les revenus y afférents ne bénéficieront pas de la Q.F.I.E.

À l'exception des revenus provenant de la location, de l'affermage, de l'usage et de la concession de biens mobiliers, la Q.F.I.E n'est imputable qu'en proportion de la période au cours de laquelle la société a eu la pleine propriété des capitaux et biens mobiliers.

La Q.F.I.E n'est pas imputée, si les fonds nécessaires au financement de l'opération proviennent de tiers qui en assument les risques en tout ou en partie.

➲ Les revenus provenant de la location, de l'affermage, de l'usage et de la concession de biens mobiliers

Pour ces revenus, la Q.F.I.E. correspond à 15/85 du revenu frontière.

> L'article 286 alinéa 2 du CIR prévoit que la quotité forfaitaire d'impôt étranger, pour ce qui concerne les revenus de brevets pour lesquels une déduction pour revenus de brevets est accordée, est limitée suivant le produit d'une fraction dont le numérateur est égal à l'impôt étranger effectivement retenu exprimé en pour cent du revenu auquel il se rapporte, sans pouvoir excéder 15% de ce revenu, et dont le dénominateur est égal à 100, diminué du chiffre du numérateur.
>
> La quotité forfaitaire de l'impôt étranger au sens de l'alinéa précédent n'est imputable qu'à concurrence de l'impôt sur ces mêmes revenus de brevets qui ont bénéficié d'une déduction pour revenus de brevets.
>
> Lorsque le débiteur du revenu supporte l'impôt étranger à décharge du bénéficiaire, le dénominateur visé ci-avant est fixé à 100.

Le revenu frontière est égal au revenu net recueilli (avant déduction des frais d'encaissement ou de garde et des frais analogues) après déduction de l'impôt étranger mais avant déduction du précompte mobilier belge éventuel[195].

Ceci peut être illustré par l'exemple suivant.

Le 26 mars 2018, la SA Azur recueille la somme de 850,00 EUR provenant de la location, au Pays-Bas, d'un bien meuble affecté en Belgique à l'exercice de l'activité professionnelle.

La déclaration fiscale de la SA Azur se présente de la manière suivante :

CADRE DE LA DÉCLARATION : DÉPENSES NON ADMISES		
Impôts non déductibles	**150,00** c'est-à-dire 15/85 de 850,00 EUR.	Code 1201

194 A l'exception des dividendes alloués ou attribués par des sociétés d'investissement, et dans la mesure où il est établi que ces dividendes proviennent de revenus qui satisfont aux conditions définies à l'article 285, alinéa 1er et à l'article 289 du CIR.

195 Pour rappel, en ce qui concerne les revenus de la location, de l'affermage, de l'usage ou de la concession de biens mobiliers, il est renoncé totalement à la perception du précompte mobilier lorsque les bénéficiaires sont des sociétés résidentes (article 111 de l'AR/CIR).

CADRE DE LA DÉCLARATION : PRÉCOMPTES IMPUTABLES	
Précomptes remboursables	
Quotité forfaitaire d'impôt étranger	150,00 (Code 1832)

➲ Les intérêts

En ce qui concerne les intérêts, le taux n'est plus uniforme mais dépend de l'impôt étranger effectivement retenu.

Ce taux est obtenu par la fraction suivante :

- le numérateur est égal à l'impôt réellement payé à l'étranger exprimé en pour cent du revenu auquel il se rapporte sans pouvoir excéder 15% de ce même revenu;
- le dénominateur est égal à la différence entre 100 et le chiffre obtenu au numérateur.

Le taux obtenu est ensuite multiplié par la fraction suivante :

- au numérateur : la différence entre le montant total du dénominateur et le montant total des revenus de capitaux et biens mobiliers, à l'exclusion des dividendes, que la société a supportés pendant la période imposable;
- au dénominateur : la somme du montant total des revenus de biens immobiliers, de capitaux et biens mobiliers et du montant brut total des revenus professionnels à l'exclusion des plus-values réalisées ou non.

Dans le chef des sociétés qui tiennent leurs écritures conformément à la législation sur la comptabilité et les comptes annuels des entreprises, le dénominateur de la deuxième fraction peut être déterminé de la manière suivante :

Ventes et prestations	+	On doit tenir compte des corrections «fiscales» apportées à ces éléments (par exemple une majoration du chiffre d'affaires, une sous-estimation des stocks ou une reprise d'une sous-estimation antérieure des stocks, une sous-facturation à une société sœur étrangère, etc.).
• chiffre d'affaires		
• variation des en-cours de fabrication, des produits finis et des commandes en cours d'exécution		
• production immobilisée		
• autres produits d'exploitation à l'exclusion des plus-values réalisées		
Approvisionnements et marchandises	-	
• achats		
• variation des stocks		
Réductions de valeurs sur stocks et commandes en cours d'exécution	- ou +	
Produits financiers à l'exclusion des plus-values réalisées	+	
Autres produits exceptionnels	+	
Total	Positif ou 0	

Ceci peut être illustré par l'exemple suivant.

La SA Azur a recueilli en 2018 des intérêts étrangers pour la somme de 16.500,00 EUR donnant droit à l'imputation d'une Q.F.I.E.

Dans cet exemple, cette Q.F.I.E. s'élève, en fonction de l'impôt réellement payé à l'étranger à :

- 15/85èmes d'un montant de 7.000,00 EUR c'est-à-dire 1.235,29 EUR;
- 12/88èmes d'un montant de 4.000,00 EUR c'est-à-dire 545,45 EUR;
- 10/100èmes d'un montant de 5.500,00 EUR c'est-à-dire 550,00 EUR.

Le montant total des revenus de biens immobiliers, de capitaux et biens mobiliers et du montant brut total des revenus professionnels à l'exclusion des plus-values, réalisées ou non, s'élève à 120.300,00 EUR.

Ventes et prestations	208.000,00
Approvisionnements et marchandises	(90.900,00)
Réductions de valeurs sur stocks et commandes en cours d'exécution	800,00
Produits financiers à l'exclusion des plus-values réalisées	2.200,00
Autres produits exceptionnels	200,00
Total	120.300,00

Les revenus de capitaux et biens mobiliers, à l'exclusion des dividendes que la société a supportés pendant la période imposable s'élève à 3.600,00 EUR.

La Q.F.I.E. imputable s'élève à :

$$(1.235,29 + 545,45 + 550,00) \times \frac{(120.300,00 - 3.600,00)}{120.300,00} = 2.260,99 \text{ EUR}$$

La déclaration fiscale de la SA Azur se présente de la manière suivante :

CADRE DE LA DÉCLARATION : DÉPENSES NON ADMISES		
Impôts non déductibles	**2.260,99**	Code 1201

CADRE DE LA DÉCLARATION : PRÉCOMPTES IMPUTABLES	
Précomptes remboursables	
Quotité forfaitaire d'impôt étranger	**2.260,99** (Code 1832)

c) Provision pour charges fiscales

La provision pour charges fiscales a pour objectif de couvrir une rectification de la base imposable ou une erreur dans le calcul de l'impôt. Il est également utile de préciser que cette provision constitue un bénéfice réservé imposable quant elle a pour origine des impôts non déductibles.

Les impôts non déductibles enrôlés ultérieurement (et portés au débit de ce compte de provision) doivent être repris parmi les dépenses non admises.

Ceci peut être illustré par l'exemple suivant.

Suite à la constitution d'une provision pour charge fiscale ayant trait à un impôt non déductible (70,00 EUR), l'écriture suivante est actée :

Faits comptables	N° plan comptable	Intitulés des comptes	Somme débit	Somme crédit
Constitution de la provision	671200	Provisions fiscales constituées	70,00	
	161000	à Provisions pour charges fiscales		70,00

Le mouvement des réserves taxées suite à cette seule opération se présente de la manière suivante :

	Situation au début de la période imposable	Situation à la fin de la période imposable
Bénéfice	*0,00*	**(70,00)** (L'écriture d'affectation de la perte de l'exercice a été passée)
Provisions imposables	**0,00**	**70,00**
Sous-total de la situation au début de la période imposable (pour le premier exercice comptable, mentionner zéro (0) au code 1040 PN)		
- Positif	0,00 (Code 1040 PN)	0,00 (Code 1040 PN)
- Négatif		
Mouvement de la période imposable		
Bénéfices réservés imposables		**0,00** (Code 1080 PN)

L'impact de cette opération sur la base imposable de la société est donc nul.

Le mouvement des réserves exonérées est le suivant :

	Situation au début de la période imposable	Situation à la fin de la période imposable
Provisions pour risques et charges	0,00 (Code 1102)	0,00 (Code 1102)
Total	*0,00*	*0,00*

Les trois cas suivants peuvent se présenter au moment où la charge, en prévision de laquelle la provision a été constituée, se réalise :

- <u>1er cas</u> : il y a correspondance entre la provision (70,00 EUR) et le montant réel de la charge (70,00 EUR)

L'écriture comptable à passer est alors :

Faits comptables	N° plan comptable	Intitulés des comptes	Somme débit	Somme crédit
Dénouement de l'opération	161000	Provisions pour charges fiscales	70,00	
	452100	à Impôts à payer		70,00

La déclaration fiscale de la SA Azur se présente de la manière suivante :

	Situation au début de la période imposable	Situation à la fin de la période imposable
Bénéfice	(70,00)	(70,00)
Provisions imposables	70,00	0,00
Sous-total de la situation au début de la période imposable (pour le premier exercice comptable, mentionner zéro (0) au code 1040 PN)		
- Positif	0,00 (Code 1040 PN)	70,00 (Code 1040 PN)
- Négatif		
Mouvement de la période imposable		
Bénéfices réservés imposables		-70,00 (Code 1080 PN)

CADRE DE LA DÉCLARATION : DÉPENSES NON ADMISES		
Impôts non déductibles	*70,00* L'impôt non déductible enrôlé (70,00 EUR), porté au débit de la provision pour charges fiscales, est à reprendre parmi les dépenses non admises.	Code 1201

RESULTAT FISCAL GLOBAL
0,00 (+ 70,00 de DNA – 70,00 de variation des réserves imposables)

- <u>2ème cas</u> : la provision constituée (70,00 EUR) est d'un montant inférieur à la charge (100,00 EUR)

L'écriture comptable à passer est alors :

Faits comptables	N° plan comptable	Intitulés des comptes	Somme débit	Somme crédit
Dénouement de l'opération	161000	Provisions pour charges fiscales	70,00	
	671000	Suppléments d'impôts dus ou versés	30,00	
	452100	à Impôts à payer		100,00

La déclaration fiscale de la SA Azur se présente de la manière suivante :

	Situation au début de la période imposable	Situation à la fin de la période imposable
Bénéfice	(70,00)	(100,00)
Provisions imposables	70,00	0,00
Sous-total de la situation au début de la période imposable (pour le premier exercice comptable, mentionner zéro (0) au code 1040 PN)		
- Positif	0,00 (Code 1040 PN)	100,00 (Code 1040 PN)
- Négatif		
Mouvement de la période imposable		
Bénéfices réservés imposables		-100,00 (Code 1080 PN)

CADRE DE LA DÉCLARATION : DÉPENSES NON ADMISES		
Impôts non déductibles	***100,00*** Le montant de 100,00 EUR se décompose de la manière suivante : • le supplément d'impôts dus ou versés de 30,00 EUR • l'impôt non déductible enrôlé (70,00 EUR), porté au débit de la provision pour charges fiscales.	Code 1201

RESULTAT FISCAL GLOBAL
0,00 (+ 100,00 de DNA – 100,00 de variation des réserves imposables)

- **3ème cas** : la provision constituée (70,00 EUR) est d'un montant supérieur à la charge (50,00 EUR)

L'écriture comptable à passer est alors :

Faits comptables	N° plan comptable	Intitulés des comptes	Somme débit	Somme crédit
Dénouement de l'opération	161000	Provisions pour charges fiscales	70,00	
	771200	à Reprises de provisions fiscales		20,00
	452100	à Impôts à payer		50,00

La déclaration fiscale de la SA Azur se présente de la manière suivante :

	Situation au début de la période imposable	Situation à la fin de la période imposable
Bénéfice	(70,00)	(50,00)
Provisions imposables	70,00	0,00
Sous-total de la situation au début de la période imposable (pour le premier exercice comptable, mentionner zéro (0) au code 1040 PN)		
- Positif	0,00 (Code 1040 PN)	50,00 (Code 1040 PN)
- Négatif		
Mouvement de la période imposable		
Bénéfices réservés imposables		-50,00 (Code 1080 PN)

CADRE II DE LA DÉCLARATION : DÉPENSES NON ADMISES		
Impôts non déductibles	***50,00*** L'impôt non déductible enrôlé (50,00 EUR), porté au débit de la provision pour charges fiscales, est à reprendre parmi les dépenses non admises.	Code 1201

RESULTAT FISCAL GLOBAL
0,00 (+ 50,00 de DNA – 50,00 de variation des réserves imposables)

d) Impôts régionaux

Les impôts, taxes et rétributions régionaux y compris les accroissements, majorations, frais et intérêts de retard y afférents, constituent des dépenses qui ne sont pas déductibles à titre de frais professionnels.

Le législateur a justifié comme suit le choix de reprendre en dépenses non admises les impôts régionaux :

« Admettre la déduction de ces impôts, taxes et rétributions des bénéfices imposables à l'impôt des sociétés atténuerait l'impact final de ces prélèvements et serait dès lors de nature à contrecarrer indirectement l'efficacité des instruments fiscaux adoptés de manière autonome par les Régions [...]. »[196]

Les travaux parlementaires[197] précisent que par impôts, taxes et rétributions régionaux, il faut entendre tout prélèvement, quelles qu'en soient la dénomination et les modalités d'établissement et de perception, appliqué par voie d'autorité aux contribuables soumis à l'impôt des sociétés, par les Régions, pour être affecté aux services d'utilité générale.

Cependant, les redevances exigées par les Régions en contrepartie directe et proportionnelle au coût de la prestation de service particulière effectuée pour les seuls contribuables bénéficiaires, restent entièrement déductibles fiscalement.

Autrement dit, l'impôt (la taxe ou la rétribution) dont le paiement correspond à un service déterminé rendu par l'autorité et proportionnel à sa valeur réelle, continuera à être admis à titre de frais professionnels.

Les taxes et redevances provinciales et communales qui sont supportées par les sociétés continuent à être admises à titre de frais professionnels.

De même, les impôts régionaux visés par l'article 3 de la loi spéciale du 16 janvier 1989 relative au financement des Communautés et des Régions, continuent à être admises à titre de frais professionnels.

Ces impôts régionaux déductibles à titre de frais professionnels sont :

- la taxe sur les jeux et paris;
- la taxe sur les appareils automatiques de divertissement;
- la taxe d'ouverture de débits de boissons fermentées;
- les droits de succession d'habitants du Royaume et les droits de mutation par décès de non-habitants du Royaume;
- le précompte immobilier;
- les droits d'enregistrement sur les transmissions à titre onéreux de biens immeubles situés en Belgique, à l'exclusion des transmissions résultant d'un apport dans une société, sauf dans la mesure où il s'agit d'un apport, fait par une personne physique, dans une société belge, d'une habitation;
- les droits d'enregistrement sur :
    a. la constitution d'une hypothèque sur un bien immeuble situé en Belgique;
    b. les partages partiels ou totaux de biens immeubles situés en Belgique, les cessions à titre onéreux, entre copropriétaires, de parties indivises de tels biens, et les conversions prévues aux articles 745quater et 745quinquies du Code civil, même s'il n'y a pas indivision;

196 Document parlementaire, Chambre, 2001-2002, DOC 50-1918/001, p. 44.

197 Document parlementaire 50 n°1918/001, p. 43.

- les droits d'enregistrement sur les donations entre vifs de biens meubles ou immeubles;
- la redevance radio et télévision;
- la taxe de circulation sur les véhicules automobiles;
- la taxe de mise en circulation.

Les impôts, taxes et rétributions régionaux non déductibles à titre de frais professionnels sont notamment :

- **en région de Bruxelles-Capitale** :
  - la taxe régionale autonome à charge des entreprises et des indépendants;
  - la taxe régionale autonome à charge des titulaires de droits réels sur les surfaces non-résidentielles;
  - la taxe régionale sur les services de taxis et de limousine;
  - la taxe régionale sur les établissements bancaires et financiers et les distributeurs automatiques de billets;
  - la taxe régionale sur les dépôts de mitraille ou de véhicules usages;
  - la taxe régionale sur les panneaux d'affichage;
  - la taxe régionale sur les appareils distributeurs de carburants liquides ou gazeux;
  - la taxe régionale sur les agences de paris aux courses de chevaux;
  - la taxe régionale sur les installations soumises à un permis de classe 1 ou de classe 2;
  - la taxe sur l'incinération des déchets;
  - la taxe sur le déversement des eaux usées;
  - la taxe régionale sur les sites d'activité économique inexploités ou abandonnés;
  - la taxe régionale sur les séjours touristiques;
- **en région flamande** :
  - la redevance sur la pollution des eaux de surface;
  - la redevance sur l'enlèvement des déchets solides;
  - la taxe de dossier sur les demandes d'autorisation anti-pollution;
  - les redevances sur les engrais;
  - la redevance visant à lutter contre la désaffection et la dégradation des bâtiments ou habitations;
  - la redevance visant à lutter contre et à prévenir la désaffection et l'abandon des sites d'activités économiques;
  - la taxe sur l'exploitation du gravier;
  - la redevance sur le captage d'eaux;
  - la vignette de navigation;
  - la taxe sur la délivrance des permis de chasse et des licences de chasses;
  - la rétribution pour usage privative du domaine de la voirie, des voies d'eau et de leurs accessoires;
  - les accises sur les concessions de plages;
- **en région wallonne** :
  - la taxe sur la mise des déchets en centre d'enfouissement;
  - la taxe sur l'incinération des déchets;
  - la taxe sur la co-incinération des déchets;
  - la taxe subsidiaire sur la collecte et la gestion des déchets;

- la taxe sur les déchets soumis à une obligation de reprise;
- la taxe favorisant la collecte sélective de déchets ménagers;
- la taxe sur la détention des déchets;
- la taxe sur l'abandon de déchets;
- la taxe sur les sites d'activités économiques désaffectés;
- la taxe sur le déversement des eaux usées industrielles et domestiques;
- la redevance et la contribution sur la capitation des eaux souterraines ou de surface;
- la taxe sur les automates.

La non-déductibilité à titre de frais professionnels des impôts[198] régionaux ne s'applique que dans le chef des redevables légaux.

Autrement dit, l'impôt régional est non déductible dans le chef de la société au nom de laquelle il est enrôlé ou établi (celui qui doit le payer). Si cette société le refacture, cet impôt constitue une charge professionnelle déductible pour le tiers impliqué (dans son chef, l'impôt régional refacturé perd le caractère d'impôt pour acquérir celui de frais liés à une prestation de service ou à une livraison de biens).

e) <u>Précompte mobilier pris en charge</u>

Les précomptes mobiliers que les sociétés débitrices de revenus de capitaux et biens mobiliers prennent à leur charge, au lieu de les retenir à la source, ne constituent pas des dépenses déductibles à titre de frais professionnels.

La Cour de Cassation[199] mentionne que pour que la disposition prévue à l'article 268 du CIR (à savoir que le précompte mobilier éventuellement supporté par le débiteur à la décharge du bénéficiaire des revenus est ajouté au montant de ceux-ci pour le calcul du précompte mobilier) soit applicable, il faut que l'administration prouve que le débiteur des revenus soumis au précompte mobilier avait pris l'engagement de supporter lui-même le précompte mobilier.

Le seul fait que le débiteur n'a pas retenu de précompte mobilier à la source, parce qu'il le considérait, fût-ce à tort, comme n'étant pas dû, n'implique pas que, pour le cas où il serait dû, il se soit engagé à le supporter à la décharge du bénéficiaire et ait renoncé à en exiger le remboursement par celui-ci, à titre de répétition de l'indu.

Si le précompte mobilier est mis à charge du bénéficiaire des revenus (par exemple par le débit de son compte courant), celui-ci constituera une dépense admise à titre de frais professionnels dans le chef de la société.

Ceci peut être illustré par l'exemple suivant.

La SA Azur paie (le 30 juin 2019) des intérêts 1.000,00 EUR à une personne physique. Aucun précompte mobilier n'a été retenu à la source par la SA Azur. Cette dernière s'était engagée à supporter, à la décharge du bénéficiaire, le précompte mobilier dû sur les intérêts.

En vertu de l'article 268 du CIR, le précompte mobilier supporté par la SA Azur, à la décharge du bénéficiaire, doit être ajouté au montant des intérêts versés pour le calcul du précompte mobilier.

198 Question n°637 de M. Goris du 3 février 2005, Questions et Réponses, 2004-2005, n°66, p. 10633-10634.

199 Arrêt du 14 janvier 1993, F1218F.

Montant net attribué à la personne physique	1.000,00 EUR
Base de calcul du précompte mobilier[200]	1.428,57 EUR c'est-à-dire 1.000,00 EUR x (100 / 70)
Précompte mobilier dû par la société Azur	428,57 EUR c'est-à-dire 30% de 1.428,57 EUR

Le montant de 428,57 EUR ne constitue pas une dépense admise à titre de frais professionnels et doit être repris au code 1201 de la déclaration.

f) Taxe et taxe additionnelle sur les participations prises en charge

Dans le cadre de la participation des travailleurs au capital et aux bénéfices des sociétés, il est prévu, aux articles 112 à 119 du code des taxes assimilées aux impôts sur les revenus, que la société doit retenir une taxe de :

- 15% sur le montant affecté à l'attribution de la participation au capital;
- 15% sur le montant en espèces attribué pour les participations aux bénéfices faisant l'objet d'un plan d'épargne d'investissement;
- 25% sur le montant en espèces, attribué pour les participations aux bénéfices autres que celles faisant l'objet d'un plan d'épargne d'investissement, sous déduction d'une cotisation sociale de solidarité de 13,07%;
- 23,29%[201] en cas de non respect de la condition d'indisponibilité des actions, imposée par le plan de participation (après déduction de la taxe de base de 15%).

Les taxes visées ci-dessus que les sociétés prennent à leur charge au lieu de les retenir à la source ne constituent pas des dépenses déductibles à titre de frais professionnels (et se retrouvent donc au code 1201).

g) Cotisations distinctes

Articles 197, 219, 219bis à 219*quater* et 463bis, § 1er, alinéa 3 du CIR.

❍ *Applicable aux exercices d'imposition antérieur à l'exercice d'imposition 2021*

Doivent toujours être reprises parmi les impôts non déductibles, les cotisations distinctes, y compris la cotisation complémentaire de crise, établies en vertu de l'article 219bis du CIR dans le chef :

- des associations de crédit et des sociétés de cautionnement mutuel, membres du réseau du crédit professionnel;
- des caisses de crédit agréées par la SA Crédit agricole;
- des sociétés commerciales locales et les fédérations régionales ou professionnelles de ces sociétés, admises à fournir des crédits à l'outillage artisanal en vertu du statut de la SA Crédit professionnel;
- des sociétés de logement visées à l'article 216, 2° du CIR.

200 Pour trouver le revenu brut à taxer, on multiplie le revenu attribué (net) par la fraction 100 / (100 – taux du précompte mobilier).

201 Le taux de cette taxe a été calculé pour correspondre au prélèvement global, sécurité sociale comprise, en cas d'attribution en numéraire.

L'analyse de ces cotisations distinctes déborde du cadre du présent ouvrage.

De même, doivent être reprises parmi les impôts non déductibles, les cotisations distinctes établies en vertu de l'article 219quater du CIR, à savoir la cotisation distincte due en application de la constitution d'une réserve de liquidation (cf. page n°669).

Par contre, la cotisation distincte visée à l'article 219[202] (cf. page n°573) constitue une dépense admise à titre de frais professionnels.

❍ ***Applicable à partir de l'exercice d'imposition 2021***

Doivent toujours être reprises parmi les impôts non déductibles, les cotisations distinctes, y compris la cotisation complémentaire de crise, établies en vertu de l'article 219bis du CIR dans le chef :

- des associations de crédit et des sociétés de cautionnement mutuel, membres du réseau du crédit professionnel;
- des caisses de crédit agréées par la SA Crédit agricole;
- des sociétés commerciales locales et les fédérations régionales ou professionnelles de ces sociétés, admises à fournir des crédits à l'outillage artisanal en vertu du statut de la SA Crédit professionnel;
- des sociétés de logement visées à l'article 216, 2° du CIR.

L'analyse de ces cotisations distinctes déborde du cadre du présent ouvrage.

De même, doivent être reprises parmi les impôts non déductibles, les cotisations distinctes établies en vertu des articles 219 et 219quater du CIR, à savoir :

- la cotisation distincte sur les dépenses non justifiées et les bénéfices dissimulés[203] (cf. page n°573) ;
- la cotisation distincte due en application de la constitution d'une réserve de liquidation (cf. page n°669).

h) Remboursements d'impôts ou régularisation de dettes fiscales estimées

Article 74, alinéa 2, 1, 4ème tiret de l'AR/CIR.

Le montant des impôts non déductibles doit être diminué :

- des remboursements obtenus pendant la période imposable sur des impôts compris antérieurement parmi les dépenses non admises;
- des régularisations de dettes fiscales estimées qui ont été taxées précédemment comme une dépense non admise.

Le commentaire des impôts sur les revenus[204] précise en effet que le montant total des impôts non déductibles à titre de charges professionnelles, doit être diminué des remboursement obtenus, pendant la période imposable, sur des impôts qui ont été compris dans les dépenses non admises d'une période imposable antérieure.

202 Il s'agit de la cotisation distincte sur les dépenses non justifiées et les bénéfices dissimulés.

203 Article 39, 2° de la loi du 25 décembre 2017 portant réforme de l'impôt des sociétés. Cet article entre en vigueur le 1er janvier 2020 et est applicable à partir de l'exercice d'imposition 2021 se rattachant à une période imposable qui débute au plus tôt le 1er janvier 2020.

204 cf. n°195/57.

La partie des remboursements ou des régularisations, citée ci-dessus, qui ne peut être défalquée des impôts non déductibles supportés pendant la période imposable, doit être reprise en majoration de la situation de début des réserves (Cadre bénéfices réservés imposables, «autres majorations de la situation de début des réserves – code 1056).

Ceci peut être illustré par l'exemple suivant.

Le bilan et le compte de résultats de la SA Azur se présente de la manière suivante au 31 décembre 2018 :

ACTIF			PASSIF		
	31/12/2018	*31/12/2017*		*31/12/2018*	*31/12/2017*
Créances fiscales estimées	2.007,56 (exercice d'imposition 2019	2.400,00 (exercice d'imposition 2018)	Capital	60.000,00	60.000,00
Placements de trésorerie	48.000,00	48.000,00	Réserve légale	6.000,00	6.000,00
			Bénéfice reporté	5.330,67	2.000,00
Banque	21.323,11	20.083,00	Provisions fiscales (impôt des sociétés exercice d'imposition 2017)	0,00	1.000,00
			Impôts estimés (exercice d'imposition 2016)	0,00	1.483,00
Total	*71.330,67*	70.483,00	Total	*71.330,67*	*70.483,00*

Les opérations suivantes ont été effectuées en 2018 :

a. paiement d'un versement anticipé	2.000,00 EUR
b. réception de l'AER relatif à l'exercice d'imposition 2016	A payer : 991,89 EUR
c. réception de l'AER relatif à l'exercice d'imposition 2018	A rembourser : 3.596,00 EUR
d. perception de dividendes	Montant brut : 800,00 EUR
e. précompte mobilier :	240,00[205] EUR
f. perception de dividendes	Montant brut : 1.000,00 EUR
g. précompte mobilier	300,00[206] EUR
h. clôture du litige concernant l'exercice d'imposition 2017	A payer : 624,00 EUR
i. estimation de la créance fiscale de l'exercice d'imposition 2019	2.007,56 EUR

➲ **lors du paiement des versements anticipés de la période imposable 2018, la société passe l'écriture suivante :**

Faits comptables	N° plan comptable	Intitulés des comptes	Somme débit	Somme crédit
Versements anticipés effectués	67000	Impôts ou précomptes dus ou versés	2 000,00	
	55000	à CCB		2 000,00

205 30% de 800,00 EUR.

206 30% de 1.000,00 EUR.

➲ lors de l'encaissement des dividendes avec retenue du précompte mobilier :

Faits comptables	N° plan comptable	Intitulés des comptes	Somme débit	Somme crédit
Encaissement du dividende	550000	CCB	1 260,00	
	670000	Impôts ou précomptes dus ou versés	540,00	
	750000	à Produits des immobilisations financières		1 800,00

➲ lors de la réception de l'AER relatif à l'exercice d'imposition 2016 (la société doit payer 991,89 EUR alors que la dette fiscale estimée était de 1.483,00 EUR) :

Faits comptables	N° plan comptable	Intitulés des comptes	Somme débit	Somme crédit
Réception de l'AER	450000	Dettes fiscales estimées	1 483,00	
	771100	à Régularisation d'impôts estimés		491,11
	452000	à Impôts à payer		991,89

➲ lors de la réception de l'extrait de compte enregistrant le paiement en faveur des contributions :

Faits comptables	N° plan comptable	Intitulés des comptes	Somme débit	Somme crédit
Paiement de l'impôt	452000	Impôts à payer	991,89	
	550000	à CCB		991,89

➲ lors de la réception de l'AER relatif à l'exercice d'imposition 2018 (la société se voit rembourser 3.596,00 EUR alors que la créance fiscale estimée était de 2.400,00 EUR) :

Faits comptables	N° plan comptable	Intitulés des comptes	Somme débit	Somme crédit
Réception de l'AER	412000	Impôts à récupérer	1 196,00	
	771100	à Régularisation d'impôts estimés		1 196,00

➲ lors de la réception de l'extrait de compte enregistrant le paiement en faveur de la société :

Faits comptables	N° plan comptable	Intitulés des comptes	Somme débit	Somme crédit
Paiement de l'impôt	550000	CCB	3 596,00	
	412000	à Impôts à récupérer		3 596,00

➲ lors de la clôture du litige concernant l'exercice d'imposition 2017 (la société doit payer 624,00 EUR alors qu'elle avait provisionné 1.000,00 EUR) :

Faits comptables	N° plan comptable	Intitulés des comptes	Somme débit	Somme crédit
Dénouement de l'opération	161000	Provisions pour charges fiscales	1 000,00	
	771200	à Reprises de provisions fiscales		376,00
	452000	à Impôts à payer		624,00

➲ lors de la réception de l'extrait de compte enregistrant le paiement en faveur des contributions :

Faits comptables	N° plan comptable	Intitulés des comptes	Somme débit	Somme crédit
Paiement de l'impôt	452000	Impôts à payer	624,00	
	550000	à CCB		624,00

➲ lors des écritures d'inventaire passées au 31 décembre 2018, concernant l'exercice d'imposition 2019, la société estime, sur la base du résultat de l'exercice, qu'elle a effectué un excédent de versements anticipés de 2.007,56 EUR. Ce montant correspond à 2.540,00 EUR de VA et précomptes retenus diminués de 532,44 EUR d'impôts estimés sur le résultat (1.800,00 EUR de base imposable multiplié 29,58 %).

Elle passe alors l'écriture suivante :

Faits comptables	N° plan comptable	Intitulés des comptes	Somme débit	Somme crédit
Estimation de la créance fiscale	412000	Impôts à récupérer	2.007,56	
	670100	à Excédent de versements d'impôts et de précomptes		2.007,56

Le compte de résultats au 31 décembre 2018 se présente alors de la manière suivante :

CHARGES		PRODUITS	
Charges autres que les impôts sur les résultats	**0,00**	**Produits financiers**	**1.800,00**
Impôts sur le résultat de l'exercice	**532,44**	**Régularisations d'impôts et reprises de provisions fiscales (total des comptes « 77 »**	**2.063,11** (1196,00 + 491,11+ 376,00)
Impôts et précomptes dus ou versés	2.540,00 (2.000,00 + 240,00 + 300,00)		
Excédents de versements d'impôts et de précomptes portés à l'actif	(2.007,56)[207] (créance fiscale estimée pour exercice imposition 2019)		
Charges fiscales estimées	0,00		
Suppléments d'impôts dus ou versés (exercices antérieurs)	0,00	Régularisations d'impôts dus ou versés (exercices antérieurs)	1196,00
Suppléments d'impôts estimés (exercices antérieurs)	0,00	Régularisations d'impôts estimés (exercices antérieurs)	491,11
Provisions fiscales constituées	0,00	Reprises de provisions fiscales	376,00 (1000,00 de provisions - 624,00 d'utilisation)
TOTAL	532,44	TOTAL	3.863,11
BÉNÉFICE DE L'EXERCICE	3.330,67		

207 Soit 532,44 EUR moins 2.540,00 EUR.

Le résultat fiscal de la société SA Azur se détermine de la manière suivante :

	Situation au début de la période imposable	Situation à la fin de la période imposable
Réserve légale	**6.000,00**	**6.000,00**
Résultat reporté		
• Bénéfice	2.000,00	5.330,67
• Perte		
Provisions imposables	1.000,00	0,00
Sous-total de la situation au début de la période imposable (pour le premier exercice comptable, mentionner zéro (0) au code 1040 PN)		
- Positif	9.000,00 (Code 1040 PN)	11.330,67 (Code 1040 PN)
- Négatif		
Majorations de la situation de début des réserves		
• Autres	530,67 (Code 1056)	
Réserves imposables après adaptation de la situation de début des réserves	9.530,67 (Code 1070 PN)	
Mouvement de la période imposable		
Bénéfices réservés imposables		**1.800,00** (Code 1080 PN)

CADRE DE LA DÉCLARATION : DÉPENSES NON ADMISES		
Impôts non déductibles	00,00	Code 1201
	Précomptes (à reprendre au code 1845 de la déclaration)	+ 540,00
	Versements anticipés (à reprendre au code 1810 de la déclaration)	+ 2.000,00
	Excédent de versements d'impôts et de précompte porté à l'actif	(2.007,56)
	Impôt des sociétés, majoration, accroissement, intérêts de retard	0,00
	Montant estimé des dettes d'impôts	0,00
	Précompte mobilier supporté par la société sur dividendes distribués et sur autres revenus attribués	0,00
	Provision fiscale (montant enrôlé)	+ 624,00[208]
	Autres (Q.F.I.E; etc.).	0,00
	Total	+ 1.156,44
	Remboursements et régularisations	(1.687,11)[209]
	Différence positive ou rien	0,00 (Code 1201)
	Différence négative à reprendre en majoration de la situation de début des réserves	**- 530,67**

RÉSULTAT FISCAL GLOBAL
+ 1.800,00 (Code 1410 PN). Ce montant correspond aux dividendes bruts perçus par la société SA Azur. Les charges comptabilisées par la société (versements anticipés, précompte mobilier, etc.) n'influencent pas le résultat fiscal étant donné qu'elles ne sont pas admises au titre de dépenses professionnelles.

208 Annulation de 1.000,00 EUR de provisions imposables et comptabilisation d'une reprise de provisions fiscales à concurrence de 376,00 EUR, l'impact négatif global sur le résultat est de 624,00 EUR. Ce montant vient augmenter le montant des D.N.A. relatives aux impôts non déductibles. Ce montant de 624,00 EUR correspond également au montant final enrôlé.

209 -491,11 EUR et -1.196,00 EUR de régularisation d'impôt estimé.

2. *Intérêts*

Articles 52, 2°, 18 alinéa 1er, 4°, 54 à 56 et 198, § 1er, alinéa 1er, 11° du CIR.

En principe, les intérêts des capitaux empruntés à des tiers et engagés dans l'exploitation sont déductibles à titre de frais professionnels. Cependant, le législateur a prévu des dérogations au principe de la déductibilité des intérêts.

Il s'agit des intérêts :

- assimilés à des dividendes;
- payés à des personnes bénéficiant à l'étranger d'un « régime fiscal favorable »;
- exagérés;
- relatifs à une partie de certains « emprunts litigieux ».

a) Intérêts assimilés à des dividendes (code 1301 de la déclaration)

Ces intérêts sont analysés en même temps que les dividendes distribués (cf. page n°349).

b) Intérêts payés à des personnes bénéficiant à l'étranger d'un «régime fiscal favorable» (code 1239 de la déclaration)

L'article 54 du CIR établit une présomption légale de simulation et donc de non déductibilité professionnelle à l'égard de tous les paiements qui sont visés par cet article.

Cette présomption légale du caractère fictif des charges n'est cependant pas irréfragable. S'il veut éviter que ces dépenses ne soient réintégrées dans son bénéfice imposable, le contribuable peut apporter la preuve contraire en établissant que les dépenses concernées ne dépassent pas la rémunération normalement appliquée pour le type d'opérations effectuées.

1) Opérations visées

Pour que l'article 54 du CIR trouve à s'appliquer, il faut qu'un ensemble de conditions soient rencontrées simultanément.

La première condition précise que les montants incriminés doivent être relatifs aux dépenses suivantes :

- les intérêts d'emprunts;
- les redevances pour la concession de l'usage de brevets d'invention, procédés de fabrication et autres droits analogues;
- les rémunérations de prestations ou de services.

Ces dépenses doivent également être attribuées directement ou indirectement :

- soit à un contribuable non-résident;
- soit à un établissement situé à l'étranger.

Cette notion « directement ou indirectement » a pour but de combattre les mécanismes qui consistent à transférer des bénéfices vers des personnes intermédiaires qui ne sont pas établies dans des pays dont le régime fiscal est favorable.

Il est également nécessaire que le bénéficiaire final de ces dépenses :

- ne soit pas soumis à un impôt sur les revenus en ce qui concerne les intérêts d'emprunts les redevances pour la concession de l'usage de brevets d'invention, procédés de fabrication et autres droits analogues ou les rémunérations de prestations ou de services;
- ou soit soumis à un régime fiscal notablement plus avantageux que celui auquel lesdites sommes seraient taxées en Belgique.

2) Déduction à titre de frais professionnels

La présomption légale de simulation n'est pas irréfragable étant donné que le contribuable peut apporter la preuve que les dépenses visées à l'article 54 du CIR constituent des frais professionnels. Pour cela, le contribuable doit prouver que les montants versés répondent à des opérations réelles et sincères et qu'ils ne dépassent pas les limites normales.

Cette preuve suppose que l'on puisse établir non seulement la matérialité de l'emprunt accordé, des droits incorporels concédés ou des services rendus au contribuable belge mais également, que leur utilisation par ce dernier est justifiée par des nécessités industrielles, commerciales ou financières. Autrement dit, le contribuable doit prouver qu'un paiement a eu lieu et qu'il existait un motif sérieux qui le justifiait.

Ainsi, une société établie en Belgique qui a versé des commissions à une société établie au Liechtenstein doit démontrer, en vue de leur déduction à titre de frais professionnels, la réalité du service rendu par la société du Liechtenstein. Cette preuve peut être apportée par le fait que ce contrat d'entremise avec cette société lui a permis de réaliser des ventes importantes à un client suisse auprès duquel la société du Liechtenstein s'était entremis.

En ce qui concerne le caractère normal des paiements effectués, on se réfère aux conditions qui seraient appliquées pour des transactions entre parties indépendantes, en prenant en considération les prestations effectuées, les conditions et circonstances de ces opérations[210]. Pour faire la preuve de l'absence de caractère anormal ou exagéré, le contribuable belge doit faire la démonstration de l'équilibre du contrat, c'est-à-dire l'importance de la part réelle des avantages qu'il a retirés du contrat en contrepartie des charges engagées qui doivent représenter un juste prix des services effectivement obtenus.

Lorsque le caractère anormal d'une dépense est établi, c'est l'ensemble de la dépense (et pas uniquement la partie anormale) qui doit être rejetée des frais généraux.

3) Précompte mobilier

Le rejet des frais professionnels des intérêts et redevances visés à l'article 54 du CIR, ne fait pas perdre à ceux-ci la nature de revenus mobiliers subissant leur régime de taxation propre dans le chef du bénéficiaire.

Il en résulte que le précompte mobilier versé relativement aux intérêts et redevances écartés des frais professionnels en vertu de l'article 54 du CIR, ne peut donner lieu à restitution pour cause de double emploi en application de l'article 376 du CIR (dégrèvement d'office). En effet, le rejet de ces frais dans le chef du débiteur ne leur fait pas perdre ipso facto la nature de revenus des capitaux et biens mobiliers dans le chef du bénéficiaire.

---

210 « Droit fiscal, Principes généraux et impôts sur les revenus », par Marc Dassesse et Pascal Minne, 4ème édition, pp 650-651.

c) Intérêts exagérés (code 1210 de la déclaration)

En vertu de l'article 55 du CIR, les intérêts d'obligations, de prêts, de créances, de dépôts et d'autres titres constitutifs d'emprunts ne sont considérés comme représentant des frais professionnels que dans la mesure où ils ne dépassent pas un montant correspondant au taux pratiqué sur le marché.

Il est néanmoins nécessaire de tenir compte, pour évaluer le caractère exagéré des intérêts, des éléments particuliers propres aux risques liés à l'opération, et notamment à la situation financière du débiteur et à la durée du prêt.

L'article 55 du CIR n'est pas applicable lorsque les intérêts payés par la société aux personnes visées à l'article 18, alinéa 2 du CIR, ont déjà été assimilés à des dividendes et réintégrés comme tels dans la base imposable.

1) Détermination du taux

Intérêts qui se rapportent à des périodes imposables antérieures au 1er janvier 2020

Sur la base de l'article 55 du CIR, le contribuable doit prouver que les intérêts payés n'excèdent pas un montant correspondant au taux du marché, compte tenu des circonstances dans lesquelles le crédit a été obtenu.

Le taux du marché doit être déterminé concrètement pour chaque opération de crédit en tenant compte notamment :

- de la nature du crédit;
- de son montant et de sa durée;
- des caractéristiques propres à l'emprunteur (à savoir les garanties à fournir, de son degré de solvabilité);
- des éléments propres à la monnaie dans laquelle la créance est exprimée;
- etc.

Pour l'application de l'article 55 du CIR, les intérêts comprennent non seulement les intérêts au sens strict du terme, mais aussi les primes d'émission ou de remboursement, la distribution gratuite de titres ainsi que tout autre avantage.

Intérêts qui se rapportent à des périodes imposables après le 31 décembre 2019

A partir du 1er janvier 2020, une distinction doit être effectuée selon que les intérêts payés concernent des prêts non-hypothécaires sans terme ou d'autres types de prêts.

Si les intérêts payés concernent des prêts non hypothécaires sans terme, le taux à prendre en considération est le taux d'intérêt IFM publié par la Banque nationale de Belgique pour les prêts d'un montant inférieur ou égal à 1 000 000 d'Euros assortis d'un taux variable et fixation initiale du taux d'une durée inférieure ou égale à 1 an octroyés aux sociétés non financières pour les contrats conclus au mois de novembre de l'année civile précédant l'année civile à laquelle les intérêts se rapportent, augmenté de 2,5%.

Les taux IFM sont calculés mensuellement par la Banque nationale de Belgique et communiqués à la Banque Centrale Européenne dans le cadre de l'application du Règlement (EU) n°1072/2013 de la Banque Centrale Européenne du 24 septembre 2013 concernant les statistiques sur les taux d'intérêt appliqués par les institutions financières monétaires. Ils sont également publiés sur le site de la Banque nationale de Belgique (https://www.nbb.be/doc/dq/mir/fr/data/mir_statmir.htm).

Pour l'application de cette règle, ne sont pas considérés comme des prêts hypothécaires sans terme les intérêts payés à une entreprise liée dans le cadre d'une convention-cadre pour la gestion centralisée de la trésorerie au sein d'un groupe.

Pour les autres intérêts y compris les intérêts payés à une entreprise liée dans le cadre d'une convention-cadre pour la gestion centralisée de la trésorerie au sein d'un groupe, sur la base de l'article 55, alinéa 1, 2° du CIR, le contribuable doit prouver que les intérêts payés n'excèdent pas un montant correspondant au taux du marché, compte tenu des circonstances dans lesquelles le crédit a été obtenu.

Le taux du marché doit être déterminé concrètement pour chaque opération de crédit en tenant compte notamment :

- de la nature du crédit;
- de son montant et de sa durée;
- des caractéristiques propres à l'emprunteur (à savoir les garanties à fournir, de son degré de solvabilité);
- des éléments propres à la monnaie dans laquelle la créance est exprimée;
- etc.

Pour l'application de l'article 55 du CIR, les intérêts comprennent non seulement les intérêts au sens strict du terme, mais aussi les primes d'émission ou de remboursement, la distribution gratuite de titres ainsi que tout autre avantage.

2) *Date d'appréciation du taux du marché*

Le taux pratiqué sur le marché (article 55, alinéa 1, 2° du CIR) à prendre en considération pour fixer dans quelle mesure la limite de déductibilité des intérêts est éventuellement dépassée, est selon le cas :

- soit, le taux pratiqué le jour à partir duquel les sommes empruntées ou reçues en dépôt commencent à produire des revenus[211];
- soit, lorsque la convention stipule un intérêt variable ou une clause d'indexation, le taux pratiqué à l'échéance des revenus ou les taux qui, éventuellement, ont été successivement pratiqués au cours de la période à laquelle se rapportent les revenus.

3) *Cas ou l'article 55 du CIR ne doit pas être appliqué*

Conformément à l'article 56 du CIR, aucune limitation n'est applicable aux intérêts payés :

- par certaines banques (les banques belges et les établissements belges de banques étrangères), certains établissements de crédit (les établissements publics belges de crédit) et certaines caisses d'épargne privées[212] (les caisses d'épargnes privées soumises au contrôle de la Commission bancaire et financière);
- en raison d'obligations émises publiquement et d'autres titres analogues constitutifs d'emprunts[213] (par exemple les certificats immobiliers);
- à certaines banques (belges) et à certains établissements (belges) de crédit[214].

4) *Mesure « anti-abus »*

L'article 56, § 1er du CIR dispose qu'aucune limitation n'est applicable en ce qui concerne les intérêts payés par les établissements de crédit soumis à la loi du 25 avril 2014 relative au statut et au contrôle des établissements de crédit.

---

211 Une prorogation ou une reconduction tacite de la convention au-delà du terme initialement prévu est assimilée à la conclusion d'une nouvelle convention.

212 Cf. l'article 56, § 1er du CIR.

213 Cf. l'article 56, § 2, 1° du CIR.

214 Cf. l'article 56, § 2, 2° du CIR.

De même l'article 56, § 2, 2°, du CIR dispose qu'aucune limitation de la déduction des intérêts n'est applicable en ce qui concerne les intérêts payés aux établissements qui y sont visés.

Enfin, l'article 56, § 3 prévoit que la limitation de la déduction des intérêts prévue à l'article 55 du CIR s'applique bel et bien aux intérêts payés aux établissements visés à l'article 56, § 2, 2°, du CIR à la condition que le débiteur des sommes soit directement ou indirectement lié au sens de l'article 11 du code des sociétés ou d'une disposition analogue en vigueur dans un autre Etat membre de l'Espace économique européen.

Imaginons qu'un établissement de crédit paie des intérêts à un autre établissement de crédit ou une autre société visée à l'article 56, § 2, 2°, du CIR.

1ère possibilité : les deux établissements ne sont pas des entreprises liées

La limitation prévue à l'article 55 du CIR ne s'applique pas : en effet, l'intérêt est payé par un établissement de crédit.

2ème possibilité : les deux établissements sont des entreprises liées

Conformément à l'article 56, § 3 du CIR, la limitation prévue à l'article 55 du CIR s'applique : en effet, l'intérêt est payé à un établissement de crédit lié ou à une autre société visée à l'article 56, § 2, 2°, du CIR.

d) Paiements effectués vers des « paradis fiscaux » (code 1223 de la déclaration)

	Articles 198, alinéa 1er, 10° et 307, § 1er du CIR. **Article 179 de l'AR d'exécution.**
Autre référence	**Circulaire Ci.RH.421/607.890 (AGFisc 64/2010) et AAF n°13/2010 du 30/11/2010 (complétée par l'Addendum du 28.07.2011, par l'Addendum du 22.11.2012, par l'Addendum du 07.12.2015 et l'addendum du 03.09.2015 à la circulaire** **Circulaires 2017/C/14 et 2017/C/6.**

Les sociétés sont tenues de déclarer tous les paiements[215] effectués directement ou indirectement à des personnes ou des établissements stables qui sont établis dans un Etat, sur des comptes bancaires qui sont gérés ou détenus par une de ces personnes ou établissements stables, ou sur des comptes bancaires qui sont gérés ou détenus auprès d'établissements de crédit établis ou avec établissement stable dans un Etat qui :

- soit au moment où le paiement a eu lieu, est considéré par le Forum mondial de l'O.C.D.E. sur la transparence et l'échange d'informations comme un Etat n'ayant pas mis effectivement ou substantiellement en œuvre ce standard.
- soit figure sur la liste des Etats à fiscalité inexistante ou peu élevée.

215 Il n'est pas exigé que le paiement couvre des frais ou qu'il y ait une contrepartie. Il peut s'agir de paiements de loyers, d'intérêts, de remboursements du capital, de redevances, d'achats de biens ou d'actifs fixes, de prestations de services, de rémunérations, de commissions, de frais de courtage, d'honoraires,... (Circulaire Ci.Rh. 421/607.890).

La conclusion finale du Forum Mondial émise le 4 novembre 2016 a débouché sur une évaluation « non conforme » pour les juridictions suivantes :

- Guatemala ;
- Iles Marshall ;
- Micronésie (les Etats fédérés de) ;
- Panama ;
- Trinité-et-Tobago.

Par conséquent, les cinq juridictions susmentionnées ont été qualifiées à partir du 4 novembre 2016 d'Etats qui ne mettent pas effectivement et substantiellement en œuvre la norme dans le domaine de l'échange de renseignements. L'obligation de déclaration vis-à-vis de personnes établies dans l'une de ces juridictions s'applique aux paiements effectués à partir du 4 novembre 2016, indépendamment de la période imposable ou de l'exercice comptable où ce paiement a eu lieu.

Il convient de noter que les Iles Marshall et la Micronésie se trouvent également dans la liste des Etats à fiscalité inexistante ou peu élevée.

A partir du 22 juin 2017, seule la juridiction Trinité-et-Tobago est considérée comme non conforme par le Forum mondial de l'O.C.D.E.

Les États à fiscalité inexistante ou dont le taux nominal de l'impôt est inférieur à 10% sont énumérés dans une liste fixée par arrêté royal délibéré en Conseil des Ministres. Cette liste est mise à jours tous les deux ans par arrêté royal[216]. La société débitrice des paiements « litigieux » doit se référer à la liste en vigueur au 1er janvier de l'exercice d'imposition qui est liée à la période imposable au cours de laquelle les opérations de paiements ont été effectuées en vue de vérifier l'obligation de déclaration.

A l'heure actuelle, sont repris dans la liste des Etats à fiscalité inexistante ou peu élevée : Abu Dhabi, Ajman, Anguilla, Bahams, Bahreïn, Bermudes, Îles Vierges Britaniques, Îles Cayman, Dubaï, Fujairah, Guenerssey, Jersey, Île de Man, Îles Marshall, Fédération de Micronésie, Monaco, Monténégro, Nauru, Ouzbékistan, Palau, Îles Pitcain, Ras al Khai mak, Saint-Barthélémy, Charjah, Somalie, Turkménistan, Îles Turques et Caïcos, Umm al Qaiwain, Vanuatu et Wallis-et- Futuna.

Cette déclaration doit être faite uniquement si la totalité des paiements effectués au cours de la période imposable atteint un montant minimum de 100.000,00 EUR. Elle doit être faite sur un formulaire dont le modèle est fixé par le Roi et est annexée à la déclaration fiscale (le relevé 275 F).

La déductibilité des paiements effectués (pour lesquels la société revendique la déduction à titre de charges professionnelles) directement ou indirectement vers les Etats mentionnés ci-dessus est refusée :

- en cas d'omission de déclaration;
- lorsque la société ne justifie pas que les paiements déclarés sont effectués dans le cadre d'opérations réelles et sincères autres que des constructions artificielles.

Par « construction artificielle », on entend toute opération, activité ou ensemble d'opérations dépourvues de toute réalité économique créées dans le but d'éluder l'impôt dû en Belgique.

216 Article 179 de l'AR d'exécution.

e) Intérêts relatifs à une partie de certains emprunts « litigieux » (code 1211 de la déclaration)

1) *Intérêts visés*

Sont visés par la limitation tous les intérêts payés ou attribués à des bénéficiaires effectifs qui :

- soit, ne sont pas soumis à un impôt sur les revenus ou y sont soumis, pour ces revenus, à un régime de taxation notablement plus avantageux que celui résultant des dispositions du droit commun applicables en Belgique;
- soit, font partie d'un groupe auquel appartient le débiteur. Les sociétés suivantes qui font partie d'un groupe auquel appartient le débiteur sont cependant préservées du régime de la sous-capitalisation :
  a. les sociétés actives dans le leasing mobilier agréées dans le cadre de l'AR n° 55 et les sociétés dont l'activité principale consiste en factoring ou leasing immobilier, à condition que ces entreprises appartiennent au secteur financier et dans la mesure où les sommes empruntées sont effectivement utilisés pour les activités de leasing et de factoring ;
  b. les entreprises dont l'activité principale consiste en la réalisation d'un projet de partenariat public-privé, attribué suite à une mise en concurrence conformément à la législation en matière de marchés publics; cette exception ne s'applique pas aux projets de partenariat entre une société de droit privé détenue par une entreprise publique autonome et une entité fédérée, par exemple (dans les faits, il s'agit d'un partenariat public-public).
  c. les sociétés financières visées à l'article 56, § 2, 2° du CIR[217] : celles-ci sont, entre autres, les institutions financières visées par le droit belge, ainsi que les institutions financières régies par un autre État membre de l'Espace économique européen (EEE).

     Par contre, les prêts accordés par des institutions similaires situées en dehors de l'EEE ne sont pas préservés du régime de la sous-capitalisation.

     Ainsi, la règle de sous-capitalisation s'applique :
     - à une institution financière soumise à l'impôt des sociétés en Belgique qui fait partie d'un groupe d'institutions financières dont le siège principal ne se trouve pas dans l'Espace économique européen (EEE);
     - aux sociétés belges ou succursales qui contractent un emprunt auprès d'une société du groupe qui est aussi une institution financière qui n'est pas située dans l'EEE.

     Dans le cadre de l'application des règles anti-abus en ce qui concerne les pays tiers, la commission[218] mentionne :

     « *Les règles SEC (sociétés étrangères contrôlées) déterminent le traitement fiscal des bénéfices réalisés par une société étrangère qui se trouve sous le contrôle d'une société résidente. Étant donné que ces règles visent et donc n'affectent que les actionnaires résidents exerçant une influence certaine sur une société étrangère (généralement une société apparentée appartenant au même groupe), elles ont pour centre de gravité la capacité des sociétés (ou, le cas échéant, des individus) à s'établir dans d'autre pays par l'intermédiaire de filiales. De même, les règles des États membres en matière de sous-capitalisation visent exclusivement les arrangements de financement par l'emprunt au sein d'un même groupe, c'est-à-dire qu'elles ne s'appliquent qu'aux cas dans lesquels un actionnaire étranger détient une participation substantielle dans la filiale résidente. Pour ce qui est des règles en matière de sous-capitalisation, le centre de gravité s'établit lui aussi clairement au niveau de la liberté d'établissement; comme dans le cas des règles SEC, il convient donc d'en examiner l'application dans la seule perspective de l'article 43 du traité CE.*

     Étant donné que le droit communautaire n'oblige pas les États membres à éviter toute discrimination en ce qui concerne l'établissement de leurs ressortissants hors de la Com-

---

217 Les paiements effectués, à partir du 1er janvier 2014, à la Banque européenne d'investissement bénéficient du même régime que les paiements effectués à la Banque Nationale de Belgique ou les établissements de crédit de droit belge, agréés conformément à la loi du 22 mars 1993 relative au statut et au contrôle des établissements de crédit.

218 Cf. Communication de la Commission au Conseil, au Parlement européen et au Comité économique et social européen - L'application des mesures de lutte contre les abus dans le domaine de la fiscalité directe – au sein de l'Union européenne et dans les rapports avec les pays tiers (http://eur-lex.europa.eu/LexUriServ/LexUriServ.do?uri=CELEX:52007DC0785:FR:NOT).

munauté ou l'établissement de ressortissants des pays tiers dans un État membre, la question de la discrimination ne se pose pas dans le cas d'une société dépendante ou d'un créancier/actionnaire résidant dans un pays tiers. Il n'y a donc pas lieu d'empêcher les États membres d'appliquer les règles en matière de SEC et de sous-capitalisation en ce qui concerne les pays tiers. Le droit communautaire n'impose aucune exigence particulière en ce qui concerne la légitimité de l'application de la législation concernée en dehors de l'Union européenne. »

La notion de « bénéficiaire effectif » des intérêts vise aussi bien les paiements directs qu'indirects d'intérêts. Le terme « groupe » désigne l'ensemble des sociétés liées au sens de l'article 11 du Code des sociétés.

2) *Montant total des emprunts litigieux excède cinq fois la somme arithmétique du capital libéré augmenté des réserves taxées*

Les intérêts octroyés par les bénéficiaires cités ci-dessus, sont susceptibles d'être considérés comme une dépense non admise si le montant total desdits emprunts, autres que des obligations ou autres titres analogues émis par appel public à l'épargne, excède cinq fois la somme des réserves taxées au début de la période imposable et du capital libéré à la fin de cette période.

Seule une partie des intérêts octroyés par les bénéficiaires cités ci-dessus, est susceptible d'être considérée comme une dépense non admise. Afin de calculer le montant qui sera repris dans les dépenses non admises, il faut appliquer une formule dont l'explication se trouve ci-dessous.

Le terme de référence sur lequel cette formule se base est constitué par la somme arithmétique du capital libéré augmenté des réserves taxées.

L'article 198, alinéa 1er, 11° du CIR mentionne une période de référence pour la détermination des réserves imposables et du capital libéré, mais pas pour le montant total des emprunts litigieux.

Ainsi, le capital libéré doit être pris en considération au terme de la période imposable tandis que les réserves taxées doivent être appréciées au début de la période imposable c'est-à-dire avant d'éventuelles adaptations positives ou négatives.

Si le montant total des réserves taxées est négatif, il n'y a pas lieu de les déduire du capital libéré. L'article 198, alinéa 1er, 11° du CIR s'applique dès que le montant total du solde des emprunts pris en considération excède, à un moment quelconque de la période à laquelle les intérêts payés ou attribués se rapportent, cinq fois la somme des réserves taxées au début de la période imposable et du capital libéré à la fin de la période imposable durant laquelle cette attribution a lieu. Les intérêts relatifs à ces emprunts ne seront repris en dépenses non admises au code 1211 de la déclaration que lorsque la limite visée ci-dessus sera dépassée et ce, dans la mesure de ce dépassement.

Le calcul s'effectue de la manière suivante :

$$R \times \frac{EL - 5 \times (CL + RT)}{EL}$$

Avec :

- R = Le solde des intérêts relatifs aux emprunts litigieux non encore imposés.
- EL = Le montant total des emprunts litigieux.
- CL = Le capital libéré au terme de la période imposable.
- RT = Les réserves taxées au début de la période imposable.

Ceci peut être illustré par l'exemple suivant.

La SA Azur a conclu, en 2015, les emprunts suivants :

- un emprunt auprès d'une entreprise liée : 80.000,00 EUR;
- un emprunt auprès d'un non-résident situé dans un paradis fiscal : 70.000,00 EUR.

Les intérêts payés (qui correspondent au taux normal du marché) pendant la période imposable s'élèvent à :

- 4.000,00 EUR pour le premier emprunt;
- 3.500,00 EUR pour le second emprunt.

En ce qui concerne le deuxième emprunt, l'article 54 du CIR ne s'applique pas parce que l'opération est réelle et sincère et qu'elle ne dépasse pas les limites normales.

Au terme de la période imposable, le capital libéré de la SA Azur se monte à 6.000,00 EUR et les réserves taxées au début de la période imposable s'élevaient à un montant de 1.000,00 EUR.

Une partie des intérêts sur les emprunts conclus soit auprès du non-résident situé dans un paradis fiscal soit auprès d'une entreprise liée, n'est pas déductible à titre de frais professionnels étant donné que le montant de l'emprunt (150.000,00 EUR) excède cinq fois la somme des réserves taxées au début de la période imposable et du capital libéré à la fin de la même période imposable (5 X 7.000,00 EUR = 35.000,00 EUR).

Le montant à reprendre en dépenses non admises au code 1211 de la déclaration s'élève à :

Intérêts relatifs à une partie de certains emprunts	**5.750,00**	Code 1211
7.500,00 x ((150.000,00 – 35.000,00)/150.000,00) = 5.750,00		

3) Gestion de trésorerie au jour le jour (cash pooling) des entreprises d'un groupe

En ce qui concerne les opérations de financement à court terme réalisées dans le cadre d'une convention de gestion centralisée de la trésorerie d'un groupe, on entend par intérêts d'emprunts payés ou attribués par la société chargée de cette gestion centralisée, la différence positive entre :

- d'une part, les intérêts payés ou attribués afférents à des sommes mises à sa disposition par des sociétés du groupe;
- et d'autre part, les intérêts reçus ou obtenus afférents à des sommes qu'elle met effectivement à la disposition de sociétés du groupe dans le cadre de cette convention-cadre de gestion centralisée de trésorerie à l'exception des établissements visés à l'article 56, § 2, 2° (les établissements financières), et des sociétés visées au § 3, alinéa 3 ou établies dans un autre Etat membre de l'Espace économique européen et exerçant des activités analogues à ces dernières.

Pour la détermination de la différence positive susmentionnée, il n'est pas tenu compte des intérêts reçus ou obtenus afférents à des sommes que la société chargée de la gestion centralisée met à la disposition de sociétés du groupe qui ne sont pas assujetties à l'impôt des sociétés ou à un impôt étranger analogue ou qui sont établies dans un pays dont les dispositions du droit commun en matière d'impôt sont notablement plus avantageuses qu'en Belgique.

La société doit établir que tant les intérêts payés ou attribués que les intérêts reçus ou obtenus sont afférents à la gestion centralisée de trésorerie et résultent de la convention-cadre de cette gestion centralisée de trésorerie.

Pour l'application du présent paragraphe, il faut entendre par :

1. gestion centralisée de trésorerie, la gestion au jour le jour de la trésorerie ou la gestion à court terme de la trésorerie, ou exceptionnellement à plus long terme pour tenir compte des circonstances spécifiques dans le cadre de la gestion normale de trésorerie;
2. convention-cadre, la convention dans laquelle les sociétés qui font partie d'un groupe, précisent le modèle de financement utilisé et les activités au sein de la gestion centralisée de trésorerie.

Cette convention doit définir entre autres :

a. les activités qui sont liées à la gestion quotidienne de la trésorerie et que la société effectue pour les membres du groupe;
b. le mode de compensation de créances et de dettes entre les sociétés affiliées à la susdite convention-cadre;
c. les modalités d'intervention des sociétés et les taux d'intérêt pratiqués.

Ceci peut être illustré par les exemples suivants :

Soit le bilan suivant de la SA Azur :

ACTIF		PASSIF	
Immobilisations	125.000,00	Capital	100.000,00
Créances (long terme)	100.000,00	Bénéfice reporté	25.000,00
Créances (court terme)	1.000.000,00	Dettes	1.100.000,00
• Entreprises liées	700.000,00	• Entreprises liées	800.000,00
• Entreprises associées	300.000,00	• Entreprises associées	200.000,00
• Banques	0,00	• Banques	100.000,00
Total	*1.225.000,00*	*Total*	*1.225.000,00*

Les fonds propres s'élèvent à : 125.000,00 € (le capital : 100.000,00 + le bénéfice reporté : 25.000,00 €).

Les emprunts visés par la disposition de sous-capitalisation s'élèvent à : 800.000,00 €.

Le ratio 1/5 est dépassé : 800.000,00 € excède 625.000,00 € (à savoir 5 x 125.000,00 €).

1ère hypothèse :

Charges Financières		Produits Financiers	
Entreprises liées	4.000,00	Entreprises liées	3.500,00
Entreprises associées	1.000,00	Entreprises associées	1.000,00
Banques	500,00	Banques	0,00

Toutes les sommes mises à disposition sont effectivement utilisées par la centrale de trésorerie dans le cadre de cet accord de trésorerie.

En absence d'une règle particulière pour les opérations de financement à court terme réalisées dans le cadre d'une convention de gestion centralisée de la trésorerie d'un groupe, on aurait dû reprendre en dépenses non admises : 4.000,00 € x (800.000,00 € - 625.000,00 €) / 800.000,00 € = 875,00 €.

L'existence d'une telle règle a pour effet que le montant à reprendre en dépenses non admises s'élève à 109,375 € ((4.000,00 € - 3.500,00 €) x (800.000,00 € - 625.000,00 €) / 800.000,00 €) au lieu de 875,00 €.

2ème hypothèse :

Charges Financières		*Produits Financiers*	
Entreprises liées	4.000,00	Entreprises liées (utilisées dans le cadre de l'accord)	3.000,00
		Entreprises liées (pas utilisées dans le cadre de l'accord)	500,00
Entreprises associées	1.000,00	Entreprises associées	1.000,00
Banques	500,00	Banques	0,00

Toutes les sommes mises à disposition **ne sont pas** effectivement utilisées par la centrale de trésorerie dans le cadre de cet accord de trésorerie.

En absence d'une règle particulière pour les opérations de financement à court terme réalisées dans le cadre d'une convention de gestion centralisée de la trésorerie d'un groupe, on aurait dû reprendre en dépenses non admises : 4.000,00 € x (800.000,00 € - 625.000,00 €) / 800.000,00 € = 875,00 €.

L'existence d'une telle règle a pour effet que le montant à reprendre en dépenses non admises s'élève à 218,75 € ((4.000,00 € - 3.000,00 €) x (800.000,00 € - 625.000,00 €) / 800.000,00 €) au lieu de 875,00 €.

3ème hypothèse :

Charges Financières		*Produits Financiers*	
Entreprises liées	4.000,00	Entreprises liées (pas des banques)	3.000,00
		Entreprises liées (banques)	500,00
Entreprises associées	1.000,00	Entreprises associées	1.000,00
Banques	500,00	Banques	0,00

Toutes les sommes mises à disposition sont effectivement utilisées par la centrale de trésorerie dans le cadre de cet accord de trésorerie.

En absence d'une règle particulière pour les opérations de financement à court terme réalisées dans le cadre d'une convention de gestion centralisée de la trésorerie d'un groupe, on aurait dû reprendre en dépenses non admises : 4.000,00 € x (800.000 € - 625.000,00 €) / 800.000,00 € = 875,00 €.

L'existence d'une telle règle a pour effet que le montant à reprendre en dépenses non admises s'élève à 218,75 € ((4.000,00 € - 3.000,00 €) x (800.000,00 € - 625.000,00 €) / 800.000,00 €.

4ème hypothèse :

Charges Financières		*Produits Financiers*	
Entreprises liées	4.000,00	Entreprises liées (pas des banques)	3.000,00
		Entreprises liées (banques)	300,00
		Entreprises liées (paradis fiscaux)	200,00
Entreprises associées	1.000,00	Entreprises associées	1.000,00
Banques	500,00	Banques	0,00

Toutes les sommes mises à disposition sont effectivement utilisées par la centrale de trésorerie dans le cadre de cet accord de trésorerie.

En absence d'une règle particulière pour les opérations de financement à court terme réalisées dans le cadre d'une convention de gestion centralisée de la trésorerie d'un groupe, on aurait dû reprendre en dépenses non admises : 4.000,00 € x (800.000 € - 625.000,00 €) / 800.000,00 € = 875,00 €.

L'existence d'une telle règle a pour effet que le montant à reprendre en dépenses non admises s'élève à 218,75 € ((4.000,00 € - 3.000,00 €) x (800.000,00 € - 625.000,00 €) / 800.000,00 €.

f) Non déductibilité des intérêts (nets) qui dépassent 30 % de l'EBITDA taxable[219]

L'article 198/1 du CIR transpose la mesure limitant la déduction des fonds de tiers, telle que prévue à l'article 4 de la directive (UE) 2016/1164 du Conseil du 12 juillet 2016 établissant des règles pour lutter contre les pratiques d'évasion fiscale qui ont une incidence directe sur le fonctionnement du marché intérieur (directive ATAD).

Il a pour objectif de rejeter les coûts des intérêts de prêts lorsque ces coûts, après déduction des revenus d'intérêts de prêts, sont excessifs en comparaison avec l'EBITDA de cette société[220].

Cette mesure concerne les (très) grandes sociétés et/ou les (très) grands groupes de sociétés.

1) Surcoût d'emprunt

Le surcoût d'emprunt n'est pas considéré comme un frais professionnel dans la mesure où le montant total des intérêts est plus élevé que le montant le plus élevé des deux montants suivants :

- 3.000.000,00 €;
- 30 % de l'EBITDA.

Dans le cas où le contribuable fait partie intégrante d'un groupe de sociétés, le montant de 3.000.000,00 € est divisé au prorata, conformément à la méthode déterminée par le Roi pour les sociétés résidentes et établissements belges qui durant une période imposable font partie de ce groupe et qui ne sont pas exclues de l'application du présent article.

Le « surcoût d'emprunt » correspond à la différence positive entre :

- d'une part, la part des intérêts et autres coûts décrits par le Roi comme étant économiquement similaires à des intérêts, qui sont considérés comme des frais professionnels de la période imposable, conformément aux articles 49, 52, 2°, 54 et 55 du CIR et qui ne sont pas liés à un établissement stable dont les bénéfices sont exonérés en vertu d'une convention préventive de la double imposition;
- et d'autre part, la part des intérêts et autres coûts décrits par le Roi comme étant économiquement similaires à des intérêts, qui sont compris dans les bénéfices de la période imposable et qui ne sont pas exonérés en vertu d'une convention préventive de la double imposition.

Si les modalités fixées par le Roi sont respectées, les surcoûts d'emprunt des intérêts relatifs aux emprunts suivants ne sont pas pris en considération pour la détermination du surcoût d'emprunt :

219 Article 198/1 du CIR. Loi du 30 juillet 2018 portant des dispositions diverses en matière d'impôts sur les revenus et loi du 30 juillet 2018 relative aux zones d'aide. Ces dispositions légales entrent en vigueur le 1er janvier 2019 et sont applicables à partir de l'exercice d'imposition 2020 se rattachant à une période imposable qui débute au plus tôt le 1er janvier 2019.

220 Document parlementaire 54, 2864/001, page 70.

- les emprunts dont le contribuable a démontré que le contrat a été conclu avant le 17 juin 2016 et qu'aucune modification fondamentale n'a été apportée depuis cette date;
- les emprunts qui sont conclus pour mettre en œuvre un projet de partenariat public-privé attribué suite à une mise en concurrence conformément à la législation en matière de marchés publics, lorsque l'opérateur du projet, les coûts d'emprunt, les actifs et les revenus se situent tous dans l'Union européenne.

Dans le cas où le contribuable fait partie d'un groupe de sociétés, les intérêts et autres coûts ou produits d'avoirs mobiliers décrits par le Roi comme étant économiquement similaires à des intérêts et qui sont dus à ou par une société résidente ou un établissement belge qui fait partie de ce groupe et qui ne sont pas exclus de l'application du présent article, n'entrent pas en compte pour la détermination des surcoûts d'emprunt.

2) EBITDA

L'EBITDA est composé du résultat de la période imposable (le résultat de la période imposable après la 1ère opération[221]) augmenté :

- des amortissements et réductions de valeur qui sont considérés comme des frais professionnels de la période imposable ;
- la partie du surcoût d'emprunt qui est considérée comme un frais professionnel.

Ensuite, le montant obtenu est diminué :

- du montant du transfert intra-groupe qui vient en déduction de la période imposable (cf. page n°533);
- des RDT et RME de la période imposable qui peuvent être déduits des bénéfices de la période imposable en cours ou d'une période imposable suivante (cf. page n°466) ;
- de 85% des revenus d'innovation de la période imposable qui peuvent être déduits des bénéfices de la période imposable en cours ou d'une période imposable (cf. page n°479) ;
- de 80% des revenus de brevets qui sont pris en compte en vue d'être déduits des bénéfices de la période imposable (cf. page n°473) ;
- de la partie des bénéfices de la période imposable qui est exonérée en vertu d'une convention préventive de la double imposition (cf. page n°430) ;
- des bénéfices réalisés dans la mise en œuvre d'un projet de partenariat public-privé attribué suite à une mise en concurrence conformément à la législation en matière de marchés publics, lorsque l'opérateur du projet, les coûts d'emprunt, les actifs et les revenus se situent tous dans l'Union européenne.

Enfin, dans le cas où le contribuable fait partie intégrante d'un groupe de sociétés, le montant obtenu au terme de ces opérations est augmenté ou diminué des montants qui sont respectivement dus à ou dus par une société résidente ou un établissement belge qui durant toute la période imposable a fait partie de ce groupe de sociétés et qui ne sont pas exclus de l'application du présent article.

221 Document parlementaire 54, 2864/001, page 70.

3) *Contribuables non visés*

Ne sont pas visés par cette disposition :

- les établissements de crédit[222];
- les entreprises d'investissement[223];
- les gestionnaires d'organismes de placement collectif alternatifs[224];
- les sociétés de gestion d'organismes de placement collectif[225];
- les entreprises d'assurance[226];
- les entreprises de réassurance[227];
- les institutions de retraite professionnelle[228];
- les institutions de retraite gérant des régimes de retraite[229], ainsi que toute entité juridique créée aux fins d'investissements de tels régimes;
- les organismes de placement collectif alternatifs[230];
- les organismes de placement collectif qui répondent aux conditions de la directive 2009/65/CE[231];
- les contreparties centrales[232];
- les dépositaires centraux de titres[233];
- les sociétés dont l'activité consiste exclusivement en la réalisation d'un projet de partenariat public-privé attribué suite à une mise en concurrence conformément à la législation en matière de marchés publics, lorsque l'opérateur du projet, les coûts d'emprunt, les actifs et les revenus se situent tous dans l'Union européenne ;
- les sociétés qui ne font pas partie d'un groupe des sociétés et qui ne disposent pas d'établissements étrangers et qui:
  - ne détiennent pas, directement ou indirectement, une participation dans une société d'au moins 25% des droits de vote ou du capital de cette société, ou qui donne droit à au moins 25% des bénéfices de cette société ;
  - n'ont pas pour actionnaire ou associé une personne physique ou une personne morale qui détient, directement ou indirectement, une participation dans cette société et dans une autre de chacune au moins 25% des droits de vote ou du capital de ces sociétés, ou qui donne droit à au moins 25% des bénéfices de chacune de ces deux sociétés.

---

222 Au sens de l'article 1er, § 3, de la loi du 25 avril 2014 relative au statut et au contrôle des établissements de crédit.

223 Au sens de l'article 3, § 1er, de la loi du 25 octobre 2016 relative à l'accès à l'activité de prestation de services d'investissement et au statut et au contrôle des sociétés de gestion de portefeuille et de conseil en investissement.

224 Au sens de l'article 3, 13°, de la loi du 19 avril 2014 relative aux organismes de placement collectif alternatifs et à leurs gestionnaires.

225 Au sens de l'article 3, 12°, de la loi du 3 août 2012 relative aux organismes de placement collectif qui répondent aux conditions de la directive 2009/65/CE et aux organismes de placement en créances.

226 Au sens de l'article 5, 1°, de la loi du 13 mars 2016 relative au statut et au contrôle des entreprises d'assurance ou de réassurance.

227 Au sens de l'article 5, 2°, de la loi du 13 mars 2016 relative au statut et au contrôle des entreprises d'assurance ou de réassurance.

228 Au sens de l'article 2, 1°, de la loi du 27 octobre 2006 relative au contrôle des institutions de retraite professionnelle.

229 Qui sont considérés comme des régimes de sécurité sociale relevant du règlement (CE) n° 883/2004 du Parlement européen et du Conseil et du règlement (CE) n° 987/2009 du Parlement européen et du Conseil.

230 Au sens de l'article 3, 2°, de la loi du 19 avril 2014 relative aux organismes de placement collectif alternatifs et à leurs gestionnaires.

231 Au sens de l'article 3, 8°, de la loi du 3 août 2012 relative aux organismes de placement collectif qui répondent aux conditions de la directive 2009/65/CE et aux organismes de placement en créances.

232 Au sens de l'article 2, point 1, du règlement (UE) n° 648/2012 du Parlement européen et du Conseil.

233 Au sens de l'article 2, alinéa 1er, point 1, du règlement (UE) n° 909/2014 du Parlement européen et du Conseil.

g) Escompte de dettes[234]

L'article 77 de l'arrêté royal portant exécution du code des sociétés prévoit que l'inscription au bilan des dettes à leur valeur nominale s'accompagne de l'inscription en comptes de régularisation de l'actif et de la prise en résultats prorata temporis sur la base des intérêts (...) composés de l'escompte de dettes qui ne sont pas productives d'intérêts ou qui sont assorties d'un intérêt anormalement faible, lorsque ces dettes :

- sont remboursables à une date éloignée de plus d'un an, à compter de leur entrée dans le patrimoine de la société, et
- sont afférentes soit à des montants actés en tant que charges au compte de résultats, soit au prix d'acquisition d'immobilisations ou de branches d'activités.

Ceci revient à considérer que pour ce type de dettes (ou de créances), une partie du montant nominal de la dette (ou de la créance) représente des intérêts qui ne sont pas payés par le débiteur mais qui seront finalement comptabilisés comme tels prorata temporis, et ce en utilisant les comptes de régularisation adaptés.

A cet égard, la commission des normes comptables[235] précise que :

- l'inscription au bilan à leur valeur nominale des dettes (créances) remboursables à une date éloignée de plus d'un an s'accompagne, lorsqu'elles ne sont pas productives d'intérêts ou lorsqu'elles sont assorties d'un intérêt anormalement faible, de l'inscription en comptes de régularisation de l'actif (du passif) et de la prise en résultats prorata temporis d'un escompte, calculé au taux du marché applicable à de telles dettes (créances) au moment de leur entrée dans le patrimoine de l'entreprise ;
- lorsque la dette (créance) est afférente soit à des montants actés en tant que charges (produits) au compte de résultats, soit au prix d'acquisition (de cession) d'immobilisations, l'escompte doit être considéré comme une régularisation du résultat accusé à ce titre ou comme une réduction du prix d'acquisition ou du prix de cession de l'immobilisation en cause.

L'article 198, alinéa 1er, 8° du CIR a pour effet que la prise en compte, dans le résultat, d'un escompte sur des dettes relatives aux actifs non amortissables n'est plus acceptée à titre de charges déductibles, pour autant que le prix d'achat soit inférieur à la valeur réelle augmentée de l'escompte.

h) Redevable du précompte mobilier

Articles 261 et 268 du CIR.

Les sociétés doivent retenir, à la source, un précompte mobilier sur le montant brut des intérêts qu'elles attribuent.

Le précompte mobilier, éventuellement supporté par le débiteur du revenu (en l'occurrence la société) à la décharge du bénéficiaire, est ajouté au montant de ce revenu pour le calcul du précompte mobilier.

Le tableau ci-dessous reprend les principaux cas où une société résidente pourra s'abstenir de retenir un précompte mobilier sur les intérêts qu'elle distribue.

234 Article 198, alinéa 1er, 8° du CIR (article 39, 4° de la loi du 25 décembre 2017 portant réforme de l'impôt des sociétés qui entre en vigueur le 1er janvier 2018 et est applicable à partir de l'exercice d'imposition 2019 se rattachant à une période imposable qui débute au plus tôt le 1er janvier 2018).

235 Avis CNC 137-4 - Créances et dettes à plus d'un an non productives d'intérêts ou assorties d'un intérêt anormalement faible.

	1. DÉBITEUR(S) 2. BÉNÉFICIAIRE(S)	CONDITIONS
Articles 266 du CIR, 105, 6°, 107, § 6, 117, § 6bis et § 15 de l'AR/CIR.	1. Au moment de l'attribution ou de la mise en paiement des revenus, le **débiteur** doit être une « société associée » belge. 2. Au moment de l'attribution ou de la mise en paiement des revenus, le **bénéficiaire** doit être une « société associée » d'un Etat membre de l'union européenne autre que la Belgique. Par « sociétés associées », on entend deux sociétés établies dans l'Union européenne qui répondent aux conditions suivantes : • soit qu'une des deux sociétés détient une participation directe ou indirecte d'au moins 25% dans le capital de l'autre pendant une période ininterrompue d'au moins un an; • soit qu'une société tierce établie dans l'Union européenne, détient une participation directe ou indirecte d'au moins 25% dans le capital de chacune de ces sociétés pendant une période ininterrompue d'au moins un an. Par « société d'un Etat membre », on entend les sociétés telles qu'elles sont définies dans la directive du Conseil de l'Union européenne du 3 juin 2003 (2003/49/CE) concernant un régime fiscal commun applicable aux paiements d'intérêts et de redevances effectués entre des sociétés associées d'Etats membres différents. A titre exemplatif, une société par actions simplifiée de droit français (la SAS) n'est pas visée par cette Directive de sorte qu'elle ne peut bénéficier de la renonciation à la perception du précompte mobilier en cause.	Les revenus concernés sont les revenus soit d'obligations, bons de caisse ou autres titres analogues, soit de créances et prêts[236] qui sont alloués ou attribués en exécution de conventions conclues à partir du 1er décembre 1962. La renonciation à la perception du précompte mobilier est subordonnée à la condition que le débiteur des revenus soit mis en possession d'une attestation par laquelle il est certifié que : • le bénéficiaire est une société d'un Etat membre; • le cas échéant que la société tierce visée à l'article 105, 6°, b est une société d'un Etat membre de l'Union européenne; • que, selon le cas, le débiteur, le bénéficiaire ou la société tierce a conservé en pleine propriété, pendant une période ininterrompue d'au moins un an au moment de l'attribution ou de la mise en paiement des revenus, une participation directe ou indirecte d'au moins 25% respectivement dans le capital du bénéficiaire ou du débiteur ou dans le capital de l'une et l'autre de ces sociétés; • que le bénéficiaire des revenus est propriétaire ou usufruitier des titres, droits ou biens productifs des revenus et que ces titres, droits ou biens n'ont été compris, à aucun moment de la période productive de ces revenus, parmi les avoirs d'un établissement dont il dispose en dehors du territoire de l'Union européenne. Lorsque la période de détention d'au moins un an mentionnée au litera c de l'alinéa ci-avant n'est pas encore atteinte au moment de l'attribution ou la mise en paiement des revenus, l'attestation à fournir par le bénéficiaire ou la société tierce au débiteur des revenus doit en outre comprendre : • la date à partir de laquelle une participation d'au moins 25% est détenue de manière ininterrompue; • l'engagement que cette participation minimale sera détenue jusqu'à ce que la période de détention d'au moins un an soit atteinte et que le respect de celui-ci sera signalé immédiatement au débiteur des revenus; • l'engagement que, si la participation devenait inférieure à la limite de 25% avant la fin de la période d'un an, ce fait sera signalé immédiatement au débiteur des revenus. Dans cette dernière hypothèse, le débiteur des revenus doit s'engager à retenir à titre provisoire sur les revenus, au moment de l'attribution ou de la mise en paiement de ceux-ci, un montant qui correspond au précompte mobilier qui serait en principe dû sur ces revenus, et à verser ce montant à titre définitif au titre de précompte mobilier, majoré des intérêts de retard éventuellement dus, lorsqu'il n'est pas satisfait à la condition de détention de la participation d'au moins 25% pendant une période ininterrompue d'au moins un an.

236 A l'exclusion des revenus visés à l'article 266, alinéa 2 du CIR.

	1. DÉBITEUR(S) 2. BÉNÉFICIAIRE(S)	CONDITIONS
Articles 266 du CIR, 105, 6°, 107, § 6, 117, § 6bis et § 15 de l'AR/CIR.	1. Au moment de l'attribution ou de la mise en paiement des revenus, le **débiteur** doit être une « société associée » belge. 2. Au moment de l'attribution ou de la mise en paiement des revenus, le **bénéficiaire** doit être une « société associée » résidente. Par « sociétés associées », on entend deux sociétés établies dans l'Union européenne qui répondent aux conditions suivantes : • soit qu'une des deux sociétés détient une participation directe ou indirecte d'au moins 25% dans le capital de l'autre pendant une période ininterrompue d'au moins un an; • soit qu'une société tierce établie dans l'Union européenne, détient une participation directe ou indirecte d'au moins 25% dans le capital de chacune de ces sociétés pendant une période ininterrompue d'au moins un an. Par « société d'un Etat membre », on entend les sociétés telles qu'elles sont définies dans la directive du Conseil de l'Union européenne du 3 juin 2003 (2003/49/CE) concernant un régime fiscal commun applicable aux paiements d'intérêts et de redevances effectués entre des sociétés associées d'Etats membres différents.	Les revenus concernés sont les revenus soit d'obligations, bons de caisse ou autres titres analogues, soit de créances et prêts[237] qui sont alloués ou attribués en exécution de conventions conclues à partir du 1er décembre 1962. La renonciation à la perception du précompte mobilier est subordonnée à la condition que le débiteur des revenus soit mis en possession d'une attestation par laquelle il est certifié que : • le bénéficiaire est une société résidente; • le cas échéant que la société tierce visée à l'article 105, 6°, b est une société d'un Etat membre de l'Union européenne; • que, selon le cas, le débiteur, le bénéficiaire ou la société tierce a conservé en pleine propriété, pendant une période ininterrompue d'au moins un an au moment de l'attribution ou de la mise en paiement des revenus, une participation directe ou indirecte d'au moins 25% respectivement dans le capital du bénéficiaire ou du débiteur ou dans le capital de l'une et l'autre de ces sociétés; • que le bénéficiaire des revenus est propriétaire ou usufruitier des titres, droits ou biens productifs des revenus et que ces titres, droits ou biens n'ont été compris, à aucun moment de la période productive de ces revenus, parmi les avoirs d'un établissement dont il dispose en dehors du territoire de l'Union européenne. Lorsque la période de détention d'au moins un an mentionnée au litera c de l'alinéa ci-avant n'est pas encore atteinte au moment de l'attribution ou la mise en paiement des revenus, l'attestation à fournir par le bénéficiaire ou la société tierce au débiteur des revenus doit en outre comprendre : • la date à partir de laquelle une participation d'au moins 25% est détenue de manière ininterrompue; • l'engagement que cette participation minimale sera détenue jusqu'à ce que la période de détention d'au moins un an soit atteinte et que le respect de celui-ci sera signalé immédiatement au débiteur des revenus; • l'engagement que, si la participation devenait inférieure à la limite de 25% avant la fin de la période d'un an, ce fait sera signalé immédiatement au débiteur des revenus. Dans cette hypothèse, le débiteur des revenus doit s'engager à retenir à titre provisoire sur les revenus, au moment de l'attribution ou de la mise en paiement de ceux-ci, un montant qui correspond au précompte mobilier qui serait en principe dû sur ces revenus, et à verser ce montant à titre définitif au titre de précompte mobilier, majoré des intérêts de retard éventuellement dus, lorsqu'il n'est pas satisfait à la condition de détention de la participation d'au moins 25% pendant une période ininterrompue d'au moins un an.

237 A l'exclusion des revenus visés à l'article 266, alinéa 2 du CIR.

	1. DÉBITEUR(S) 2. BÉNÉFICIAIRE(S)	CONDITIONS
Article 266 du CIR, 107, § 2, 1° de l'AR/ CIR.	1. Le **débiteur** est une société résidente. 1. Quel que soit le **bénéficiaire**.	Les revenus concernés sont les primes d'émission afférentes à des obligations, bons de caisse ou autres titres analogues émis par appel public. Il est requis que la prime d'émission, réparties sur toute la durée des titres auxquelles elles se rapportent, n'aient pas pour effet de porter le rendement réel annuel de ceux-ci à un taux dépassant de plus de 75 centimes le taux nominal.
Article 266 du CIR, 107, § 2, 7° de l'AR/ CIR.	1. **Le débiteur** est une société résidente. 2. Le **bénéficiaire** est : • un établissement financier ou une entreprise assimilée[238]; • un organisme paraétatique de sécurité sociale ou un organisme y assimilé[239]; • un investisseur professionnel[240]; • un épargnant privé[241].	Les revenus concernés sont les intérêts de créances hypothécaires sur des immeubles situés en Belgique ou sur des navires et bateaux immatriculés à la conservation des hypothèques d'Anvers, à l'exclusion des obligations hypothécaires.
Article 266 du CIR, 107, § 2, 8° de l'AR/ CIR.	1. Le **débiteur** est une société résidente. 2. Le **bénéficiaire** est : • un établissement financier ou une entreprise assimilée; • un organisme paraétatique de sécurité sociale ou un organisme y assimilé.	Les revenus concernés sont les revenus d'obligations, bons de caisse ou autres titres analogues.
Article 266 du CIR, 107, § 2, 9° de l'AR/ CIR.	1. Le débiteur est une société résidente. 2. Le bénéficiaire est : • un établissement financier ou une entreprise assimilée ; • un organisme paraétatique de sécurité sociale ou un organisme y assimilé ; • un investisseur professionnel.	Les revenus concernés sont les revenus de créances et prêts non représentés par des titres ou représentés par des titres revêtant la forme d'effets de commerce. Les intérêts sur compte-courant (entre deux sociétés commerciales) sont à ranger parmi les « revenus de créances et prêts »[242].

238 Article 105, alinéa 1, 1° de l'AR/CIR.

239 Article 105, alinéa 1, 2° de l'AR/CIR.

240 Article 105, alinéa 1, 3° de l'AR/CIR.

241 Article 105, alinéa 1, 4° de l'AR/CIR.

242 Circulaire n°Ci.Rh.231/577.952 (AGFisc n° 32/2011) du 17 juin 2011.

g) Taux du précompte mobilier

Articles 269, § 1er, 1° du CIR.

Pour les intérêts attribués ou mis en paiement à partir du 1er janvier 2017, le taux du précompte mobilier est fixé à 30%.

h) Déclaration et versement du précompte mobilier

Articles 267, 312 et 412, alinéa 1er du CIR.

La société doit remettre, au receveur des contributions directes du ressort dans lequel elle est établie, une formule de déclaration en matière de précompte mobilier (formulaire 273) dans les quinze jours de la date d'attribution ou de mise en paiement des intérêts.

Les redevables du précompte mobilier peuvent introduire leur déclaration (273) via l'application en ligne www.prm-on-web.be.

Lors de l'introduction électronique de la déclaration, une communication structurée est fournie au redevable du précompte mobilier pour effectuer le paiement sur le numéro de compte unique suivant, valable pour toute la Belgique : BE79 6792 0022 1033, PCHQ BE BB du receveur du précompte mobilier, boulevard du Roi Albert II 33 bte 42 à 1030 Bruxelles.

Si le redevable du précompte mobilier choisit quand même d'introduire sur papier sa déclaration de précompte mobilier (273), seuls les quatre services suivants sont compétents à partir de cette date pour la réception et le traitement de celle-ci :

Le domicile fiscal de la société se trouve :	Envoi des déclarations papier au :
Région wallonne (à l'exception de la région de langue allemande)	Centre PME Liège - Cellule précompte mobilier Rue de Fragnée 2, boîte 71 4000 Liège Tél. 0257/884 00 pme.liege.pm@minfin.fed.be
Région de Bruxelles-Capitale	Centre PME Bruxelles I - Cellule précompte mobilier Boulevard du Jardin Botanique 50, boîte 3402 1000 Bruxelles Tél. 0257/712 80 kmo.ru.bru1.pm.pme@minfin.fed.be
Région de langue allemande[243]	Centre polyvalent Eupen - Cellule précompte mobilier Rue de Verviers 8 4700 Eupen Tél. 0257/886 20 p.eupen.prm@minfin.fed.be
Région flamande	KMO Centrum Gent - Cel roerende voorhefhing Gaston Crommenlaan 6, bus 302 9050 Ledeberg Tel. 0257/922 90 kmo.gent.ru@minfin.fed.be

243 Amblève, Bullange, Burg-Reuland, Butgenbach, Eupen, La Calamine, Lontzen, Raeren et Saint-Vith.

Le paiement du précompte mobilier dû conformément à une déclaration papier doit aussi être effectué sur le numéro de compte unique BE79 6792 0022 1033, PCHQ BE BB du receveur du Précompte Mobilier, Boulevard du Roi Albert II 33 bte 42, 1030 Bruxelles.

i) Sanction administrative

Le redevable du précompte mobilier qui manque à ses obligations en matière de précompte mobilier peut en principe être sanctionné par l'application d'amendes administratives pour non-respect des dispositions visées aux articles 261, alinéa 1er, 1°, 312 et 412 du CIR.

3. *Avantages anormaux ou bénévoles et prix de transfert entre entreprises liées (Code 1212 de la déclaration)*

	Articles 26 du CIR et 185, § 2 du CIR.
Autres références	**Circulaires n°AAF/Intern ISR/98-0170 du 7 juillet 7 2000 et n°Ci.Rh.421/569.019 (AFER 25/2006) du 4 juillet 2006.**

a) Avantages anormaux ou bénévoles

L'article 26 du CIR permet à l'administration de redresser le bénéfice réalisé par une société lorsque cette dernière a consenti à d'autres personnes, des avantages qui répondent à certaines conditions.

Cet article constitue une exception au principe qui veut qu'une société ayant agi sans fraude, n'est pas imposable sur des bénéfices qu'elle aurait pu obtenir si elle avait géré ses affaires autrement. Il a pour objectif d'éviter des transferts de bénéfice (de société belge vers des bénéficiaires personnes physiques ou morales) qui permettront à ces bénéfices de connaître un sort fiscal plus favorable. Il vise entre autres, les transferts de bénéfice, directs ou indirects (via des personnes relais ou des sociétés écrans), vers des contribuables se trouvant dans des «paradis fiscaux» pour le type de revenu qui constitue ces bénéfices.

Pour être visés par cet article, les avantages consentis par la société doivent être soit anormaux, soit bénévoles.

Le code des impôts sur les revenus ne définit pas la notion d'avantage ni le caractère anormal ou bénévole de l'avantage. En l'absence de définition, le terme « avantage » s'interprète au sens usuel du terme : il désigne un profit, un gain.

La notion d'avantage anormal ou bénévole peut être définie de la manière suivante :

- **avantage** : enrichissement du bénéficiaire, et pour la personne qui octroi l'avantage, l'absence d'une contrepartie effective équivalente à l'avantage octroyé;
- **anormal** : qui, eu égard aux circonstances économiques du moment, est contraire à l'ordre habituel des choses, aux règles ou aux usages commerciaux établis[244]; il est en opposition avec ce qui est d'usage dans des cas semblables. Suite à cet avantage, le bénéficiaire s'enrichit sans qu'il y ait en retour de sa part, une prestation effective correspondante;

244 cf. arrêt de la Cour de Cassation du 27 avril 2017 (numéro de rôle F150173F).

- **bénévole** : peut être défini comme un avantage accordé sans qu'il constitue l'exécution d'une obligation, ou sans aucune contrepartie[245]. Autrement dit, doit être considéré comme bénévole ce qui est fait sans obligation, ou à titre gracieux sans contrepartie.

Pour apprécier l'anormalité ou la normalité des avantages consentis ou leur caractère bénévole, il convient de se référer aux circonstances économiques du moment, à la situation respective des parties et aux éléments de faits de la cause (cf. notamment les arrêts du 3 novembre 1989 et du 10 mai 1994 de la Cour d'appel de Mons et l'arrêt de la Cour d'appel d'Anvers).

La charge de la preuve repose sur l'administration qui doit :

- apporter la preuve d'un avantage consenti;
- déterminer le montant de l'avantage consenti;
- selon les cas envisagés, apporter la preuve soit du lien de dépendance soit que le bénéficiaire effectif de l'avantage consenti n'est pas soumis à un impôt sur les revenus ou y est soumis à un régime fiscal notablement plus avantageux que celui auquel est soumise la société établie en Belgique.

Cette présomption légale n'est cependant pas irréfragable. S'il veut éviter que l'avantage ne soit réintégré dans son bénéfice imposable, la société peut apporter la preuve, selon les cas envisagés, que l'opération incriminée :

- ne constitue pas un avantage anormal ou bénévole;
- ou intervient dans la détermination des revenus imposables du bénéficiaire.

Ces avantages anormaux ou bénévoles peuvent se manifester de diverses façons :

- soit la société renonce à un bénéfice (par exemple; elle facture des marchandises au prix de revient, elle octroie un prêt sans intérêt, elle vend un actif immobilisé à un prix inférieur à sa valeur de marché, etc.);
- soit la société accepte de supporter des charges plus lourdes (par exemple; elle accepte de payer des marchandises à un prix surfait, elle achète un actif immobilisé à un prix supérieur à sa valeur de marché, etc.).

Un abandon de créances peut constituer une charge totalement ou partiellement déductible des résultats imposables de l'entreprise qui l'a consenti si les circonstances de faits le justifient. Pour être déductible à titre de frais professionnels, l'abandon de créances doit être conforme à l'intérêt propre de l'entreprise qui l'a consenti.

Cet intérêt peut être de nature :

- commerciale lorsque l'abandon de créances, trouvant son origine dans les relations commerciales entre deux entreprises, est consenti soit pour maintenir des débouchés[246], soit pour préserver des sources d'approvisionnement, soit pour défendre le renom commercial;
- financière lorsque l'abandon de créances a pour objectif de maintenir la valeur du portefeuille des participations.

Ainsi, dans la décision anticipée n°300.382 du 9 juin 2004, l'administration fiscale a considéré que l'abandon d'une créance qu'une société détenait sur une autre société appartenant au même groupe, dans le souci d'éviter la faillite de cette dernière ne constituait pas un avantage anormal.

245 cf. arrêt de la Cour de Cassation du 27 avril 2017 (numéro de rôle F150173F).

246 Par exemple, pour maintenir en activité une société commercialisant ses produits.

Décision anticipée n° 700.384 du 2 octobre 2007
L'abandon de créance de « G » au profit de « D » sera-t-il considéré comme une dépense déductible en vertu de l'article 49 du CIR dans le chef de « G » et ne sera-t-il pas considéré comme un avantage anormal et bénévole visé aux articles 79 et 207 du CIR dans le chef de « D » ?
La recapitalisation de « D » opérée par « G » essentiellement par cet abandon de créance, permettra : • d'éviter toute action d'un concurrent sur base de l'article 634 du Code des Sociétés ; et • d'assurer le maintien de la crédibilité de « D » auprès des organismes bancaires. En outre, cet abandon de créance fait partie intégrante d'un plan d'assainissement global comprenant un volet opérationnel visant à améliorer la rentabilité de « D ». L'abandon de créance que consent « G » au profit de « D » ne met pas en danger sa situation économique; au contraire il permet à « G » de conserver sa participation dans « D », de percevoir ultérieurement des dividendes et de faire renaître sa créance.
Enfin, l'abandon de créance fait l'objet d'une convention qui contient une clause de retour à meilleure fortune stipulant que la créance/dette abandonnée pourrait ainsi renaître, dans le chef de « D » pour autant que le bénéfice comptable avant impôts (et avant renaissance) soit positif et ce à concurrence du « free cash flow », limité cependant à la moitié du bénéfice susvisé. Le business plan prévoit un retour aux bénéfices de « G » et « D » après une période de trois à six ans, rendant ainsi cette clause pleinement opérante. Eu égard à ce qui précède, le Collège du SDA décide que : Sous la condition de clause de retour à meilleure fortune, • l'abandon de créance envisagé ne constitue pas un avantage anormal ou bénévole au sens des articles 79 et 207 du CIR ; et • la charge exceptionnelle consentie par « G » suite à l'abandon de créance au profit de « D » est bien destinée à maintenir ou acquérir des revenus imposables au sens de l'article 49 du CIR.

1) Règle générale

Les avantages anormaux ou bénévoles consentis par une société sont imposables dans son chef au titre de dépenses non admises sauf si cette société prouve que ces avantages interviennent pour déterminer les revenus imposables des bénéficiaires.

L'article 26, alinéa 1er du CIR n'identifie pas le bénéficiaire des avantages anormaux ou bénévoles. Autrement dit, cet article s'applique aussi bien aux avantages consentis à une personne physique ou morale établie à l'étranger, qu'à une personne physique ou morale établie en Belgique.

Ceci peut être illustré par les exemples suivants.

1ère hypothèse

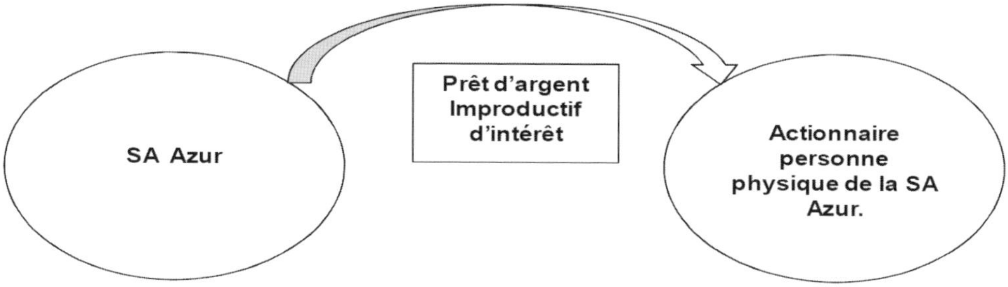

L'actionnaire n'exerce aucune activité au sein de la SA Azur.

La SA Azur est imposable au titre de dépenses non admises, à concurrence des intérêts auxquels elle a renoncé étant donné que l'avantage octroyé à l'actionnaire, personne physique, n'intervient pas dans la détermination de ses revenus imposables.

2ème hypothèse

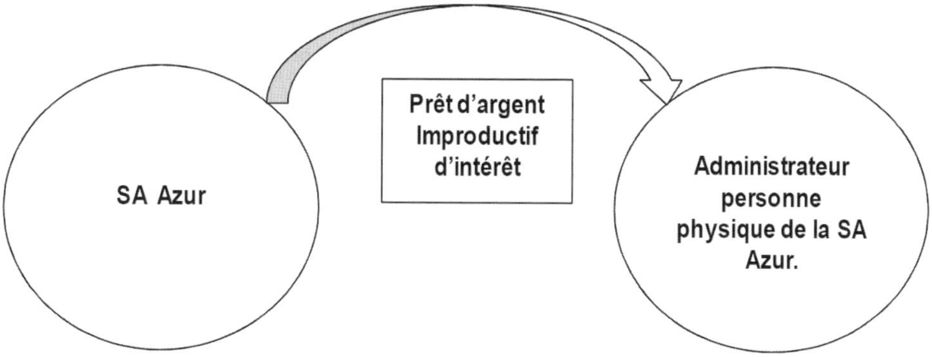

La SA Azur n'est pas imposable au titre de dépenses non admises étant donné que l'avantage octroyé à l'administrateur, personne physique, intervient dans la détermination de ses revenus imposables au titre d'avantage de toute nature, obtenu en raison ou à l'occasion de l'exercice de son activité professionnelle.

3ème hypothèse

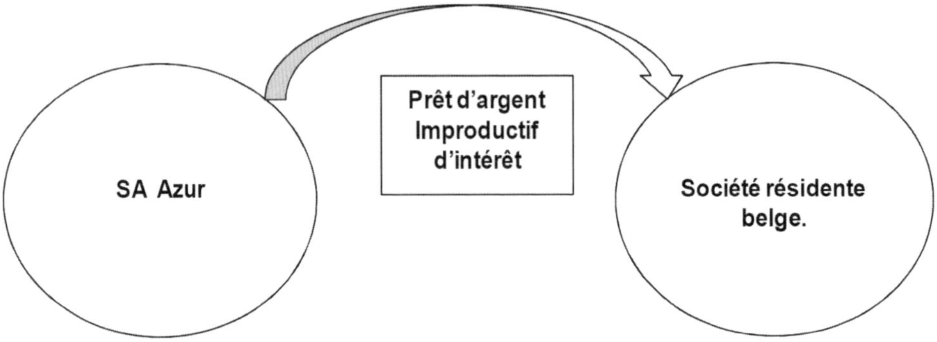

La SA Azur n'est pas imposable au titre de dépenses non admises étant donné que l'avantage octroyé à la société belge intervient dans la détermination de ses revenus imposables via la non comptabilisation de la charge financière. En principe, l'avantage consenti par une société résidente à une autre société résidente n'est pas imposable au titre de dépenses non admises étant donné que celui-ci intervient toujours dans la détermination des revenus imposables de la société résidente bénéficiaire.

2) Exceptions à la règle générale

➲ **Première exception**

Les avantages anormaux ou bénévoles, consentis par une société, sont imposables au titre de dépenses non admises lorsque le bénéficiaire est un non-résident avec lequel il existe des liens d'interdépendance direct ou indirect. Il est sans importance de savoir si l'avantage intervient ou n'intervient pas dans la détermination de la base imposable du bénéficiaire.

Le critère de lien d'interdépendance est une question de faits, qui dépend des circonstances de l'espèce. Il peut s'agir d'un contrôle juridique, mais aussi d'un contrôle économique, entraînant la dépendance d'une entreprise à l'égard d'une autre.

Ainsi, ces liens d'interdépendance peuvent être révélés soit par la constatation d'une intervention prépondérante dans la constitution du capital ou par la désignation des membres du conseil d'administration de la société, soit par le fait que l'une des entreprises, quelle qu'en soit la forme, ne peut normalement fonctionner que grâce :

- aux capitaux (actions ou parts, avances, crédits, etc.) de l'autre entreprise;
- aux matières premières, produits, etc., dont l'autre entreprise a le monopole de droit ou de fait;
- à l'étroite coopération technique ou aux garanties (par exemple bancaires) fournies par l'autre entreprise;
- aux relations familiales étroites entre les exploitants (père et fils, mari et femme, etc.).

L'interdépendance indirecte vise essentiellement à englober les situations triangulaires. De cette manière sont également visés les avantages anormaux ou bénévoles entre entreprises apparemment indépendantes. Il peut s'agir par exemple :

- de deux filiales d'une même société mère;
- d'une personne physique, d'un côté, détenant une participation dans une société en mesure de les mettre dans des liens d'interdépendance directe, et d'un autre côté, cette société détenant elle-même des participations dans une société filiale.

Les liens d'interdépendance doivent s'analyser au moment où ont eu lieu des opérations litigieuses dont des avantages ou bénévoles auraient été retirés.

Pour se prévaloir de cette disposition, l'administration doit notamment établir l'existence de liens de dépendance entre la société belge qui a consenti l'avantage et le bénéficiaire non résident. Autrement dit, elle doit démontrer :

- soit que la société belge est placée par exemple sous la dépendance d'une entreprise étrangère;
- soit que la société belge a par exemple sous sa dépendance une entreprise étrangère;
- soit que la société belge est placée par exemple, en même temps qu'une ou plusieurs entreprises étrangères, sous la commune dépendance d'une entreprise, d'un groupe ou d'un consortium.

Ce lien de dépendance peut être de nature juridique (par exemple une société étrangère détient une part prépondérante du capital d'une société belge) ou de fait (par exemple la société belge est liée par un contrat avec une société étrangère qui lui impose, sous peine de cessation d'activité, d'effectuer ses achats auprès d'une entreprise déterminée).

<u>Exemple</u>

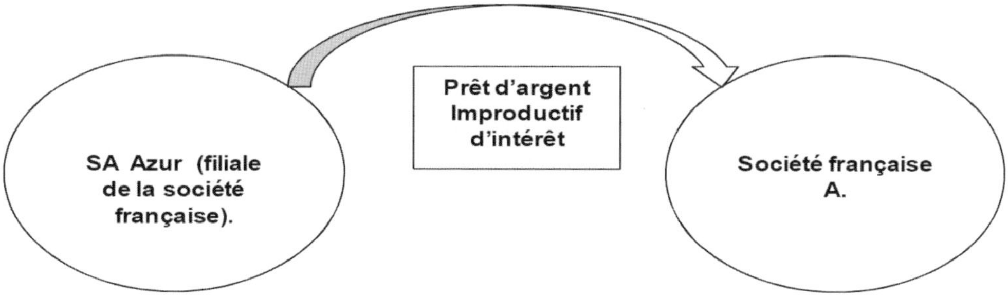

La SA Azur est imposable au titre de dépenses non admises à concurrence des intérêts auxquels elle a renoncé étant donné qu'il existe des liens directs d'interdépendance entre la SA Azur et le bénéficiaire de l'avantage.

➲ Deuxième exception

Les avantages anormaux ou bénévoles, consentis par une société, sont imposables au titre de dépenses non admises lorsque le bénéficiaire est un non-résident ou un établissement étranger qui, en vertu des dispositions de la législation du pays où il est établi, n'y est pas soumis à un impôt sur les revenus ou y est soumis à un régime fiscal notablement plus avantageux que celui auquel est soumise la société établie en Belgique. Il est sans importance de savoir s'il existe ou pas des liens quelconques d'interdépendance directs ou indirects entre la société qui a consenti l'avantage et celle qui en est le bénéficiaire.

Exemple

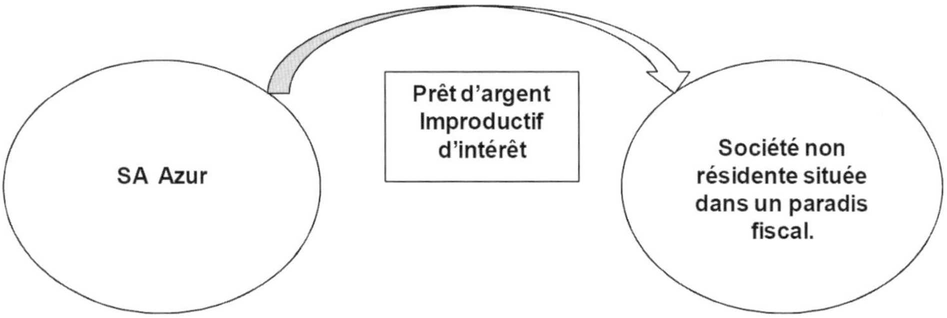

La SA Azur est imposable au titre de dépenses non admises, à concurrence des intérêts auxquels elle a renoncé étant donné que le bénéficiaire n'est pas soumis à un impôt sur les revenus ou est soumis à un régime fiscal notablement plus avantageux que celui résultant des dispositions du droit commun applicables en Belgique.

➲ Troisième exception

Les avantages anormaux ou bénévoles consentis par une société sont imposables au titre de dépenses non admises lorsque le bénéficiaire est un non-résident qui a des intérêts communs avec le contribuable (personne physique ou société) visé aux deux précédentes hypothèses. Cette exception a pour objectif que la société qui a consenti l'avantage, n'échappe aux deux premières exceptions en plaçant un « écran » (c'est-à-dire une personne ou une société également établies à l'étranger, mais qui n'ont pas de lien d'interdépendance avec la société belge) entre elle et le bénéficiaire final de l'avantage.

3) Charge professionnelle

Sous l'empire de l'ancien article 26 du CIR, il existait un courant jurisprudentiel selon lequel l'article 26 du CIR primait l'article 49 du même Code : si l'article 26, alinéa 1er du CIR était appliqué, la déductibilité au titre de frais professionnels ne pouvait être refusée sur la base de l'article 49 du CIR.

La section de législation du Conseil d'Etat décrit ainsi la situation de l'époque :

« [...] l'article 49 subordonne la déduction des frais professionnels à la condition qu'ils soient engagés pour acquérir ou conserver des revenus, en sorte que des dépenses faites pour avantager un tiers ne sont pas déductibles au titre de frais professionnels.

L'application de l'article 49 pourrait aboutir à la conséquence que si une entreprise A accorde un avantage anormal ou bénévole à une entreprise B, la valeur de cet avantage n'est pas déductible par l'entreprise A à titre de frais professionnels, alors que cet avantage grossit le bénéfice imposable de l'entreprise B, de sorte que la valeur de l'avantage est soumise à une double imposition ».

Comme l'article 26, alinéa 1er, dans sa rédaction actuelle, a été introduit dans le CIR, lorsque l'article 49 du CIR existait déjà, certains auteurs soutenaient qu'en pareil cas, il y avait lieu d'appliquer uniquement l'article 26 : l'avantage anormal n'était pas ajouté aux bénéfices de l'entreprise A parce qu'il intervenait pour déterminer les revenus imposables de l'entreprise B. La jurisprudence récente était en ce sens.

Le ministre des Finances s'était toutefois prononcé en sens contraire dans une réponse à une question parlementaire du 17 janvier 1995[247].

Le législateur a voulu s'opposer au courant jurisprudentiel précité. En ajoutant à l'article 26, alinéa 1er, du CIR les termes « Sans préjudice de l'application de l'article 49 », le législateur a expressément confirmé l'application de l'article 49 du CIR, même dans le cas où l'article 26, alinéa 1er du CIR est applicable.

Autrement dit, le législateur a opté pour une application autonome des deux articles.

À l'instar du législateur, la Cour de Cassation[248] a également opté pour telle application lorsqu'elle mentionne que « l'article 49 du CIR clarifie les conditions auxquelles les frais faits ou supportés par le contribuable pendant la période imposable, sont déductibles en tant que frais professionnels. Cet article est une disposition autonome par rapport à l'article 26 du CIR (ancienne version) ».

Cette application autonome des deux articles a pour effet que le rejet d'une dépense déterminée au titre de frais professionnels (en vertu de l'article 49 du CIR) ne fait pas obstacle à la taxation du revenu qui apparaît dans le chef d'un autre contribuable du fait de cette dépense. Autrement dit, l'article 49 du CIR prime sur l'article 26 du CIR, dans le chef de la société qui supporte les frais.

Cela signifie concrètement que, par exemple, les indemnités de management, payées à une société liée pour laquelle il n'y a pas eu réellement de prestations, ne sont pas déductibles dans le chef de la société d'exploitation et sont taxables dans le chef de la société de management.

b) Prix de transfert entre entreprises liées

Lorsque des entreprises indépendantes concluent entre elles des transactions, les conditions régissant leurs relations commerciales ou financières (par exemple le prix des biens transférés ou des services et les conditions de transfert ou de livraison) sont normalement fixées conformément aux mécanismes de marché.

Lorsque des entreprises liées concluent des transactions entre elles, il arrive que leurs relations commerciales ou financières ne soient pas influencées de la même manière directement par les mécanismes de marché externes. Lorsque les prix de transfert entre des entreprises liées ne re-

247 cf. Document parlementaire, Chambre, 2006-2007, DOC 51-3058/001, p. 157.

248 Arrêt du 12 juin 2009.

flètent pas les mécanismes de marché et le principe de pleine concurrence, cela peut avoir une influence positive ou négative sur les bénéfices réalisés, d'une part, et les obligations fiscales qui en résultent, d'autre part.

Pour ces raisons, les États membres de l'Organisation de Coopération et de Développement Economiques (OCDE) se sont accordés sur le fait que les bénéfices d'entreprises liées peuvent être adaptés à des fins fiscales pour corriger de telles influences et garantir ainsi le respect du principe de pleine concurrence. Les États membres de l'OCDE en ont conclu qu'une juste révision peut être opérée en appliquant aux relations commerciales ou financières des conditions identiques à celles qui auraient existé entre des entreprises indépendantes effectuant des transactions comparables dans des circonstances comparables. L'article 185, § 2 du CIR avait pour objectif que la base imposable résultant de relations transfrontalières intra-groupes entre des sociétés liées ou des établissements belges faisant partie d'un groupe multinational puisse être adaptée positivement ou négativement afin de tenir compte du principe de «pleine concurrence».Dorénavant, compte tenu de la primauté du droit de l'Union européenne, la décision de la Commission européenne du 11 janvier 2016 emporte que les dispositions de droit interne relatives au droit aux aides d'État concernées sont illégales et ne peuvent par conséquent plus être appliquées.

Etant donné que cette aide d'État est illégale, le législateur a décidé de supprimer le « régime d'exonération des bénéfices excédentaires », qui se fonde sur l'article 185, paragraphe 2, point b), du CIR, en vertu duquel la Belgique a émis des décisions anticipées en faveur d'entités belges de groupes d'entreprises multinationaux, par lesquelles elle accorde auxdites entités le bénéfice d'une exonération de l'impôt sur les sociétés pour une partie du bénéfice qu'elles réalisent.

Cet article s'applique par décision anticipée, sans préjudice de l'application de la Convention 90/436 CEE du 23 juillet 1990 relative à l'élimination des doubles impositions en cas de corrections des bénéfices d'entreprises associées («Convention d'arbitrage») ou de conventions internationales préventives de la double imposition reprenant les mêmes principes (principe de pleine concurrence et ajustement corrélatif). Cette condition est abrogée[249].

Le principe de pleine concurrence et l'ajustement corrélatif inscrits à l'article 185, § 2 du code des impôts sur les revenus, ne portent pas préjudice à l'application des articles 26 et 207, alinéa 2, du code des impôts sur les revenus. Ces dernières dispositions restent d'application, le cas échéant, aux situations qui n'ont pas bénéficié d'une décision favorable du service des décisions anticipées.

1) *Sociétés liées*

En l'absence de définition spécifique dans le code des impôts sur les revenus, ce sont les dispositions du droit commun qui s'appliquent, en l'occurrence le Code des sociétés. Aux termes de l'article 11 du Code des sociétés (cf. page n°739), on entend par « sociétés liées à une société » :

- les sociétés qu'elle contrôle ;
- les sociétés qui la contrôlent ;
- les sociétés avec lesquelles elle forme consortium;
- les autres sociétés qui, à la connaissance de son organe d'administration, sont contrôlées par les sociétés visées ci-avant.

Concrètement, l'article 185, § 2 du CIR s'applique exclusivement aux relations commerciales ou financières transfrontalières entre :

- une société résidente et une société étrangère faisant partie d'un même groupe multinational de sociétés liées;
- un établissement établi en Belgique et un établissement étranger d'une autre société du même groupe multinational de sociétés liées;

249 Article 4 de la loi du 17 décembre 2017 portant des dispositions fiscales diverses II (Moniteur belge du 22 décembre 2017).

- une société résidente et l'établissement étranger d'une autre société résidente faisant partie du même groupe multinational de sociétés liées;
- un établissement belge et son siège social étranger;
- un établissement belge et un établissement à l'étranger de la même société situés dans un pays autre que celui du siège social.

L'application de l'article 185, § 2 du CIR est limitée aux sociétés établies dans des Etats avec lesquels la Belgique a conclu une convention préventive de la double imposition[250].

2) *Ajustement positif*

Les bénéfices que la société résidente aurait dû réaliser à l'occasion d'une transaction donnée dans un contexte de pleine concurrence peuvent être inclus dans ses bénéfices. En ne réalisant pas lesdits bénéfices, la société liée concernée accorde en fait un avantage anormal ou bénévole qui peut être incorporé dans sa base imposable.

Ces avantages sont ajoutés à la base imposable par une reprise en dépenses non admises (Code 037 de la déclaration).

3) *Ajustement négatif*

L'ajustement négatif des bénéfices de la société résidente belge se fait au moyen d'une augmentation de la situation de début des réserves dans la rubrique « autres » (Code 1056 de la déclaration).

Il ne faut procéder à un tel ajustement que si l'administration fiscale ou le service des décisions anticipées estime que l'ajustement réalisé dans l'État partenaire est justifié en ce qui concerne le principe et le montant. En d'autres termes, la disposition ne s'applique pas si le bénéfice réalisé dans l'État partenaire est majoré de telle façon qu'il est supérieur à celui qui serait obtenu en cas d'application du principe de pleine concurrence.

A cet égard, les travaux parlementaires[251] mentionnent qu'il est essentiel que l'administration fiscale ou le service des décisions anticipées ne puisse être contraint d'accepter les conséquences d'un ajustement arbitraire ou unilatéral dans l'État partenaire. Il ne peut s'agir en effet de faire subsidier par la Belgique les rentrées fiscales d'un autre État.

4) *Aide d'Etat*[252]

En février 2015, la Commission européenne a ouvert une enquête approfondie concernant la disposition fiscale reprise à l'article 185, paragraphe 2, point b), du Code des impôts sur les revenus qui prévoit la possibilité de déduire les bénéfices dits « excédentaires » de la base imposable d'une société. Il s'agit des bénéfices enregistrés dans les comptes de l'entité belge et découlant prétendument de l'avantage consistant à faire partie d'un groupe multinational.

Comme nous venons de le voir, pour que la déduction lui soit applicable, l'entreprise devait en obtenir la confirmation préalable de la part de l'administration fiscale belge au moyen d'une décision fiscale anticipée (appelée « Excess Profit Ruling » en anglais).

Pour la Commission Européenne, le « système de décisions fiscales anticipées relatives aux bénéfices excédentaires » appliqué en Belgique a permis aux entités belges de groupes multinationaux de réduire leur base d'imposition de façon substantielle (de plus de moitié dans la plupart des cas) sans répondre en cela à un ajustement positif effectué préalablement par un autre État.

---

250 Article 4 de la loi du 17 décembre 2017 portant des dispositions fiscales diverses II (Moniteur Belge du 22 décembre 2017).

251 Cf. Document parlementaire n°51/1079/001 page 12.

252 SA.37667 Excess Profit exemption in Belgium.

La Commission européenne a considéré que l'article 185, paragraphe 2, point b), du code des impôts sur les revenus et la pratique cohérente observée en matière de décisions anticipées forment un régime qui confère un avantage équivalant à une aide d'État. Cet avantage résulte d'une réduction de la base d'imposition et de l'impôt dû en raison d'une application incorrecte du principe de pleine concurrence. L'ajustement est opéré anticipativement et unilatéralement, sans tenir compte d'un éventuel risque réel de double imposition.

Le 11 janvier 2016, la Commission européenne a conclu que les avantages fiscaux sélectifs octroyés par la Belgique au titre de son régime d'exonération des bénéfices excédentaires sont illégaux au regard des règles de l'UE en matière d'aides d'État.

L'enquête approfondie de la Commission européenne a montré qu'en excluant les « bénéfices excédentaires » de la base imposable réelle d'une société, le régime dérogeait à la fois :

- à la pratique ordinaire prévue par les règles belges d'imposition des sociétés. Le régime accorde aux sociétés multinationales en mesure d'obtenir une telle décision fiscale anticipée une subvention préférentielle et sélective par rapport aux autres sociétés. En particulier, Au moins 35 sociétés ont bénéficié d'un avantage fiscal concurrentiel indu par rapport, par exemple, à tous leurs concurrents autonomes tenus de payer l'impôt sur leurs bénéfices réels enregistrés sur le territoire national en vertu des règles ordinaires d'imposition des sociétés en Belgique; et
- au principe dit « de pleine concurrence » consacré par les règles de l'UE en matière d'aides d'État. En supposant même qu'une multinationale réalise de tels bénéfices excédentaires, ces derniers seraient, selon le principe de pleine concurrence, répartis entre les sociétés du groupe d'une manière qui traduit la réalité économique, et imposés ensuite là où ils sont générés. Toutefois, le régime belge d'exonération des bénéfices excédentaires permet d'exclure simplement et unilatéralement ces bénéfices de la base imposable d'une entreprise faisant partie d'un groupe unique.

Dans sa décision, la Commission européenne a exigé que la Belgique cesse d'appliquer le régime d'exonération des bénéfices excédentaires à l'avenir également.

En outre, pour mettre fin à l'avantage indu conféré aux bénéficiaires du régime et rétablir une concurrence loyale, la Belgique a dû récupérer l'intégralité des impôts impayés auprès d'au moins 35 sociétés multinationales qui ont bénéficié du régime illégal.

Il incombe désormais aux autorités fiscales belges de déterminer les sociétés qui ont réellement bénéficié du régime fiscal illégal ainsi que le montant exact de l'impôt à récupérer auprès de chacune d'entre elles.

La Commission européenne estime que le montant total à récupérer s'élève à quelque 700 millions d'euros.

5) Récupération des aides

Article 100 à 117 de la loi-programme du 25 décembre 2016.

Articles 15 à 20 de la loi du 17 décembre 2017 portant des dispositions fiscales diverses II.

Le régime de récupération des aides d'Etat s'applique à toutes les périodes imposables pour lesquelles une aide a été ou est revendiquée par les bénéficiaires de l'aide concernée.

Le montant de l'aide à récupérer est déterminé par le montant d'impôt non versé du fait de l'ensemble des décisions anticipées adaptées en faveur du bénéficiaire sur la base de l'article 185, paragraphe 2, point b), du code des impôts sur les revenus majoré de l'intérêt composé sur ce montant, calculé à compter de la date d'octroi de l'aide jusqu'à la date du remboursement effectif.

Pour déterminer la partie de l'aide qui correspond au montant d'impôt non versé du fait de l'ensemble des décisions anticipées, on effectue un nouveau calcul de l'impôt en faisant abstraction desdites décisions anticipées.

Ce calcul est effectué pour chaque périose imposable à partir de la période imposable pour laquelle l'aide à été octroyée en appliquant la législation fiscale telle qu'elle existait pour cette période imposable. Le cas échéant, le nouveau calcul doit tenir compte des seuls éléments déductibles reportés d'une période imposable précédente résultant du calcul de l'impôt afférent à la période imposable précédente qui est effectué en ne tenant pas compte de l'aide.

Le montant de la partie de l'aide correspondant à l'impôt à récupérer pour une période imposable déterminée est égal à la différence entre :

- d'une part, le nouvel impôt calculé sans tenir compte de la majoration en cas d'absence ou d'insuffisance de versements anticipés;
- d'autre part, l'impôt dû initialement sans tenir compte de la majoration en cas d'absence ou d'insuffisance de versements anticipés.

Cette dispense de majoration pour absence ou insuffisance de versements anticipés s'applique uniquement aux suppléments résultant de la récupération des aides d'Etat :

- pour les exercices d'imposition 2015 et antérieurs;
- pour l'exercice d'imposition 2016 lorsque la période imposable se rattache à cet exercice et que l'exercice comptable est clôturé au plus tard le 11 janvier 2016.

Pour le calcul des intérêts, la différence obtenue est considérée comme ayant été octroyée à partir du 20 décembre de l'année précédant celle dont le millésime désigne l'exercice d'imposition qui se rattache à la période imposable concernée. Pour les exercices d'imposition 2016 et suivants qui se rattachent à des périodes imposables clôturées à partir du 12 janvier 2016, les intérêts sont calculés à partir du premier jour du deuxième mois qui suit la date d'envoi du premier avertissement extrait de rôle afférent à l'exercice d'imposition concerné.

Les montants remboursés à titre d'aide à récupérer (à l'exception des intérêts[253]) ne constituent pas des frais professionnels déductibles au sens des articles 49 et 198, alinéa 1er, 1°, du code des impôts sur les revenus.

253 La déductibilité à tritre de frais professionnels a été admise par la Commission européenne dans un courrier adressé à l'Etat belge en date du 22 novembre 2016.

6) Arrêt du Tribunal de l'UE (septième chambre élargie) du 14 février 2019[254]

Le Tribunal annule la décision de la Commission relative aux exonérations fiscales accordées par la Belgique par la voie de rulings.

S'agissant de l'ingérence dans les compétences exclusives de la Belgique, le Tribunal rappelle que, même si la fiscalité directe relève, en l'état actuel du développement du droit de l'Union, de la compétence des États membres, ceux-ci doivent néanmoins exercer cette compétence dans le respect du droit de l'Union. Dès lors, une mesure par laquelle les autorités publiques accordent à certaines entreprises un traitement fiscal avantageux qui, bien que ne comportant pas un transfert de ressources d'État, place les bénéficiaires dans une situation financière plus favorable que les autres contribuables est susceptible de constituer une aide d'État. La Commission étant compétente pour veiller au respect des règles concernant les aides d'État, il ne peut pas lui être reproché d'avoir outrepassé ses compétences en l'occurrence. Le Tribunal rejette donc l'argument invoqué par la Belgique et Magnetrol International.

Quant à l'existence d'un régime d'aides, le Tribunal constate que la Commission a erronément qualifié le système d'exonération des bénéfices excédentaires de régime d'aides, au sens de l'article 1er, sous d), du règlement (UE) 2015/1589 du Conseil, du 13 juillet 2015, portant modalités d'application de l'article 108 du traité sur le fonctionnement de l'Union européenne.

En effet, tout d'abord, les dispositions identifiées par la Commission comme constituant la base du prétendu régime d'aides ne prévoyaient pas tous les éléments essentiels de celui-ci. Partant, la mise en œuvre de ces dispositions et donc l'octroi des prétendues aides dépendaient nécessairement de l'adoption de mesures d'application supplémentaires, ce qui exclut l'existence d'un régime d'aides.

Ensuite, le Tribunal constate que les autorités fiscales belges disposaient d'un pouvoir d'appréciation sur l'ensemble des éléments essentiels du système d'exonération en question, leur permettant d'influencer les caractéristiques, le montant et les conditions dans lesquelles l'exonération était accordée, ce qui exclut également l'existence d'un régime d'aides.

Enfin, le Tribunal juge qu'il ne peut pas être conclu que les bénéficiaires du prétendu régime d'aides sont identifiés de manière générale et abstraite et qu'une ligne systématique de conduite des autorités fiscales belges ait effectivement existé concernant l'ensemble des décisions anticipées concernées.

La Commission a donc considéré à tort que le système belge relatif aux bénéfices excédentaires constituait un régime d'aides.

254 T-131/16 - Belgique / Commission.

4. *Réductions de valeur et les moins-values sur actions et parts actées à partir du 24 juillet 1991 (Code 1217 de la déclaration)*

	Article 198, alinéas 1er, 7° et 2 du CIR.
Autres références	**Circulaire n°Ci.Rh.421/439.105 du 27 septembre 1993.**

Les réductions de valeur et moins-values sur actions et parts sont considérés comme des dépenses non-admises depuis le 24 juillet 1991. Nous allons analyser en détail quels sont les actifs visés par ces mesures et les conditions pratiques d'application de la loi.

a) Actifs visés

La loi vise les réductions de valeur et les moins-values (la manière dont elles ont été réalisées - une vente, un échange, un apport en société, etc. - étant sans aucune importance en la matière) sur :

- des actions ou parts représentatives du capital social;
- des actions ou parts non représentatives du capital social (parts bénéficiaires, parts de fondateurs, etc.) qui procurent des revenus qui doivent être considérés comme des dividendes.

Par contre, ne tombent pas dans le champ d'application de l'article 198, alinéa 1er, 7° du CIR les réductions de valeur et les moins-values qui se rapportent à :

- des droits de souscription;
- des warrants;
- des obligations convertibles;
- des options sur actions.

Les moins-values et réductions de valeur sur les actions et parts faisant partie d'un portefeuille commercial ne constituent pas des dépenses non admises, dans le chef des établissements visés à l'article 1er de l'arrêté royal du 23 septembre 1992, relatif aux comptes annuels des établissements de crédit, des entreprises d'investissement et des sociétés de gestion d'organismes de placement collectif. Pour le calcul de la réduction de valeur, la valeur des actions ou parts arrêtée au 31 décembre 2011 sera considérée comme étant la valeur d'acquisition ou d'investissement diminuée des réductions de valeurs admises antérieurement lorsque les actions ou parts concernées sont déjà portées dans les comptes de la société à la date du 31 décembre 2011. L'attention est attirée sur le fait que ce régime spécifique s'applique aux moins-values et aux réductions de valeur sur actions ou parts résultant de certaines activités de « trading » réalisées ou comptabilisées à partir du 28 novembre 2011 au cours d'une période imposable clôturée au plus tôt à la date de publication de la Loi-programme (I) du 29 mars 2012 au *Moniteur belge*.

Contrairement aux plus-values réalisées sur actions et parts (qui sont exonérées sous conditions), le régime fiscal des réductions de valeur et moins-values sur actions et parts, ne dépend pas du respect de la « condition de taxation » applicable aux revenus définitivement taxés. Ceci a pour conséquence qu'il n'existe pas un parallélisme parfait entre le régime des plus-values par rapport à celui des réductions de valeur et moins-values sur actions et parts.

Les tableaux repris ci-dessous illustrent ce manque de parallélisme entre les deux régimes :

➲ **A partir de l'exercice d'imposition 2019**

<table>
<tr><th colspan="5">Actions ou parts détenues en plein propriété</th></tr>
<tr><td rowspan="4">Plus-values réalisées sur actions et parts</td><td rowspan="2"></td><td colspan="2">Les revenus éventuels des actions ou parts sont susceptibles de bénéficier du régime des revenus définitivement taxés (respect de la condition de participation et de la condition de taxation)</td><td rowspan="2">Les revenus éventuels des actions ou parts ne sont pas susceptibles de bénéficier du régime des revenus définitivement taxés (non-respect de la condition de participation ou de la condition de taxation)</td></tr>
<tr><td>Des réductions de valeurs réelles ont été actées sur ces actions ou parts avant le 24 juillet 1991</td><td>Aucune réduction de valeur n'a été actée sur ces actions ou parts avant le 24 juillet 1991</td></tr>
<tr><td>Période de détention < 1 an</td><td>La plus-value fiscale doit être scindée en deux parties :
1. La partie correspondante à ces réductions de valeurs est imposable :
PME : 20,40% (jusqu'à 100.000,00 €)
Pas PME : 29,58%
2. La partie représentant l'excèdent est :
Imposable
PME : 20,40% (jusqu'à 100.000,00 €)
Pas PME : 25,50%</td><td>La totalité de la plus-value fiscale est imposable :
PME : 20,40% (jusqu'à 100.000,00 €)
Pas PME : 25,50 %</td><td rowspan="2">La totalité de la plus-value fiscale est imposable.
PME : 20,40% (jusqu'à 100.000,00 €)
Pas PME : 29,58%</td></tr>
<tr><td>Période de détention ≥ 1 an</td><td>La plus-value fiscale doit être scindée en deux parties :
1. La partie correspondante à ces réductions de valeurs est imposable :
PME : 20,40% (jusqu'à 100.000,00 €)
Pas PME : 29,58%
2. La partie représentant l'excèdent est :
Exonérée</td><td>La totalité de la plus-value fiscale est exonérée.</td></tr>
<tr><td colspan="2">Réductions de valeur et moins-values sur actions et parts</td><td colspan="3">Les réductions de valeur et moins-values (sous réserve de ce qui suit) sont imposables au titre de dépenses non admises.</td></tr>
</table>

➲ A partir de l'exercice d'imposition 2021

<table>
<tr><th colspan="5">Actions ou parts détenues en plein propriété</th></tr>
<tr><td rowspan="4">Plus-values réalisées sur actions et parts</td><td rowspan="2"></td><td colspan="2">Les revenus éventuels des actions ou parts sont susceptibles de bénéficier du régime des revenus définitivement taxés (respect de la condition de participation et de la condition de taxation)</td><td rowspan="2">Les revenus éventuels des actions ou parts ne sont pas susceptibles de bénéficier du régime des revenus définitivement taxés (non-respect de la condition de participation ou de la condition de taxation)</td></tr>
<tr><td>Des réductions de valeurs réelles ont été actées sur ces actions ou parts avant le 24 juillet 1991</td><td>Aucune réduction de valeur n'a été actée sur ces actions ou parts avant le 24 juillet 1991</td></tr>
<tr><td>Période de détention < 1 an</td><td>La plus-value fiscale doit être scindée en deux parties :
1. La partie correspondante à ces réductions de valeurs est imposable :
PME : 20,00% (jusqu'à 100.000,00 €)
Pas PME : 25,00%
2. La partie représentant l'excèdent est :
Imposable
PME : 20,00% (jusqu'à 100.000,00 €)
Pas PME : 25,00%</td><td>La totalité de la plus-value fiscale est imposable :
PME : 20,00% (jusqu'à 100.000,00 €)
Pas PME : 25,00 %</td><td rowspan="2">La totalité de la plus-value fiscale est imposable.
PME : 20,00% (jusqu'à 100.000,00 €)
Pas PME : 25,00%</td></tr>
<tr><td>Période de détention ≥ 1 an</td><td>La plus-value fiscale doit être scindée en deux parties :
1. La partie correspondante à ces réductions de valeurs est imposable :
PME : 20,00% (jusqu'à 100.000,00 €)
Pas PME : 25,00%
2. La partie représentant l'excèdent est :
Exonérée</td><td>La totalité de la plus-value fiscale est exonérée.</td></tr>
<tr><td colspan="2">Réductions de valeur et moins-values sur actions et parts</td><td colspan="3">Les réductions de valeur et moins-values (sous réserve de ce qui suit) sont imposables au titre de dépenses non admises.</td></tr>
</table>

b) <u>Réductions de valeur</u>

En ce qui concerne les réductions de valeur sur actions et parts, il peut être parfois malaisé de savoir si elles doivent être traitées comme des réserves occultes ou des dépenses non admises.

En réalité, seules tombent dans le champ d'application de l'article 198, alinéa 1er, 7° du CIR, les réductions de valeur sur actions et parts (exprimées dans la comptabilité) qui correspondent réellement à une diminution de la valeur patrimoniale des éléments de l'actif sur lesquels les réductions de valeur portent.

Autrement dit, lorsque la réduction de valeur sur actions et parts ne correspond pas à une diminution réelle de la valeur patrimoniale de l'élément de l'actif sur lequel elle porte, il en résulte une sous-évaluation des actions et parts qui fiscalement doit être traitée comme une réserve occulte.

Par contre, si la réduction de valeur correspond à une diminution réelle de la valeur du bien, elle sera considérée comme une dépense non admise.

En résumé :

Réductions de valeur sur actions et parts	
Les réductions de valeur correspondent à une diminution réelle de la valeur des actions ou parts	**Les réductions de valeur ne correspondent pas à une diminution réelle de la valeur des actions ou parts**
Elles sont imposables au titre de dépenses non admises. La réduction de valeur doit être taxée l'année au cours de laquelle elle a été exprimée dans la comptabilité.	Elles sont imposables au titre de réserves occultes. Pour rappel, les réserves occultes sont considérées comme des bénéfices réservés imposables de la période imposable sur laquelle porte le contrôle qui a conduit à leur découverte, même si elles résultent d'écritures comptables se rapportant à des périodes antérieures. Ainsi, si l'examen, en février 2017, de la comptabilité relative à la période imposable 2014, fait apparaître une réserve occulte, celle-ci sera considérée comme un bénéfice réservé imposable de la période imposable 2014 et non de la période imposable au cours de laquelle elle aurait été constituée.

Ceci peut être illustré par l'exemple suivant.

Le bilan de la SA Azur au 31 décembre 2018 se présente de la manière suivante :

ACTIF			*PASSIF*		
	31/12/2018	*31/12/2017*		*31/12/2018*	*31/12/2017*
Actions et parts :	**35.000,00**	**57.000,00**	Capital	**30.000,00**	**30.000,00**
a. émises par la société X	**14.000,00**	**30.000,00**			
• Valeur d'acquisition	30.000,00	30.000,00	Réserve légale	**3.000,00**	**3.000,00**
• Réduction de valeur actée	16.000,00	0,00			
b. émises par la société Y	**21.000,00**	**27.000,00**	Réserve disponible	**20.000,00**	**20.000,00**
• Valeur d'acquisition	27.000,00	27.000,00			
• Réduction de valeur actée	6.000,00	0,00	Bénéfice reporté	**(18.000,00)**	**4.000,00**
Total	***35.000,00***	***57.000,00***	***Total***	***35.000,00***	***57.000,00***

L'analyse fiscale des réductions de valeurs actées en 2018 (qui sont les seules opérations qui ont été passées en 2018) fait apparaître que :

- la réduction de valeur actée sur les actions X est réelle;
- la réduction de valeur actée sur les actions Y n'est pas réelle.

Les écritures comptables sont alors les suivantes :

Faits comptables	N° plan comptable	Intitulés des comptes	Somme débit	Somme crédit
Dotation à la réduction de valeur (actions X)	651000	Dotations aux réductions de valeur sur placements de trésorerie	16 000,00	
	510900	à Réductions de valeur actées sur actions et parts		16 000,00
Dotation à la réduction de valeur (actions Y)	651000	Dotations aux réductions de valeur sur placements de trésorerie	6 000,00	
	510900	à Réductions de valeur actées sur actions et parts		6 000,00

L'analyse fiscale du traitement de ces réductions de valeur peut être résumée sur la base du tableau suivant :

	Valeur comptable nette	Valeur fiscale nette	Traitement fiscal
ACTIONS X	**14.000,00 EUR** c'est-à-dire la différence entre la valeur d'acquisition (30.000,00 EUR) et la réduction de valeur comptabilisée (16.000,00 EUR)	**14.000,00 EUR** c'est-à-dire la différence entre la valeur d'acquisition (30.000,00 EUR) et la réduction de valeur qui est réelle (16.000,00 EUR)	Il n'y a pas de sous-estimation d'un compte de l'actif étant donné que la valeur fiscale nette équivaut à la valeur comptable nette. Cependant, l'article 198, alinéa 1er, 7° du CIR rejette la totalité de la réduction de valeur en tant que frais professionnels admissibles. Dès lors, la réduction de valeur devra être reprise dans les dépenses non admises.
ACTIONS Y	**21.000,00 EUR** c'est-à-dire la différence entre la valeur d'acquisition (27.000,00 EUR) et la réduction de valeur comptabilisée (6.000,00 EUR)	**27.000,00 EUR** c'est-à-dire la différence entre la valeur d'acquisition (27.000,00 EUR) et la réduction de valeur qui est réelle (0,00 EUR)	Une sous-estimation d'un compte de l'actif doit être imposée à concurrence de 6.000,00 EUR c'est-à-dire la différence entre la valeur fiscale nette (27.000,00 EUR) et la valeur comptable nette (21.000,00 EUR) des actions Y et ce, en tant que réserve occulte.

Le résultat fiscal de la société SA Azur après ces deux seules opérations comptables se détermine de la manière suivante :

	Situation au début de la période imposable	Situation à la fin de la période imposable
Réserve légale	**3.000,00**	**3.000,00**
Réserves disponibles	**20.000,00**	**20.000,00**
Résultat reporté		
• Bénéfice	**4.000,00**	
• Perte		**-18.000,00** (4.000,00 de bénéfice reporté - 22.000,00 de réductions de valeur comptable)
Réserves occultes	**0,00**	**6.000,00**
• Réductions de valeur imposables	0,00	6.000,00

Sous-total de la situation au début de la période imposable (pour le premier exercice comptable, mentionner zéro (0) au code 1040 PN)		
- Positif	27.000,00 (Code 1040 PN)	11.000,00 (Code 1040 PN)
- Négatif		
Totaux		
Mouvement de la période imposable		
Bénéfices réservés imposables		-16.000,00 (Code 1080 PN)

Réductions de valeur et moins-values sur actions ou parts	**16.000,00** (la réduction de valeur actée sur les actions X)	Code 1217

RESULTAT DE LA PÉRIODE IMPOSABLE
0,00 (Code 1410 PN)
Le résultat de 0,00 EUR correspond au fait que les réductions de valeur actées sur les actions et parts n'ont aucune influence sur le résultat fiscal étant donné que : • si elles sont réelles, elles doivent être imposées au titre de dépenses non admises; • si elles ne sont pas réelles, elles doivent être imposées au titre de réserves occultes.

c) Reprises de réductions de valeur

Article 74, alinéa 3, 2ème tiret de l'AR/CIR.

Lorsque les réductions de valeur, actées sur les actions et parts, s'avèrent ne plus être nécessaires, l'entreprise doit conformément à la législation comptable, effectuer une reprise de ladite réduction.

Le régime fiscal de la reprise de réduction de valeur dépend de la manière dont la réduction de valeur initiale a été traitée fiscalement.

Si la réduction de valeur a été initialement imposée au titre de dépenses non admises, la reprise est « exonérée » fiscalement. Cette exonération s'effectue en majorant la situation de début des réserves (Code 1056 – autres majorations de la situation de début des réserves).

Par contre, si la réduction a été initialement imposée au titre de réserves occultes, la reprise entraîne la détaxation de cette réserve à concurrence du montant effectivement repris.

En résumé :

Réductions de valeur sur actions ou parts	Reprise des réductions de valeur sur actions ou parts
A. Elle a été imposée au titre de dépenses non admises	La reprise n'est pas imposable. « L'exonération » est obtenue en majorant la situation de début des réserves (Code 1052 de la déclaration fiscale)
B. Elle a été imposée au titre de réserves occultes	La reprise n'est pas imposable. La non imposition de la reprise est obtenue en diminuant la réserve occulte à due concurrence.

Ceci peut être illustré par l'exemple suivant.

Le bilan de la SA Azur au 31 décembre 2018 se présente de la manière suivante :

ACTIF			*PASSIF*		
	31/12/2018	*31/12/2017*		*31/12/2018*	*31/12/2017*
Actions et parts :	30.000,00	14.000,00	Capital (apports en nature)	10.000,00	10.000,00
Valeur d'acquisition	30.000,00	30.000,00	Réserve légale	1.000,00	1.000,00
Réduction de valeur actée	0,00	16.000,00	Bénéfice reporté	19.000,00	3.000,00
Total	***35.000,00***	***14.000,00***	***Total***	***30.000,00***	***14.000,00***

L'analyse fiscale de la réduction de valeur actée en 2017, fait apparaître que celle-ci est réelle à concurrence 7.400,00 EUR. Le solde de la réduction de valeur (8.600,00 EUR) ne respecte pas la législation comptable.

En 2018, la SA Azur a constaté que la totalité de la réduction de valeur n'était plus justifiée et elle a décidé d'effectuer une reprise de la réduction de valeur à concurrence de 16.000,00 EUR. Il s'agit de la seule opération effectuée en 2018 par cette société.

L'écriture comptable est alors la suivante :

Faits comptables	N° plan comptable	Intitulés des comptes	Somme débit	Somme crédit
Reprise réduction de valeur	510900	Réductions de valeur actées sur actions et parts	16 000,00	
	651100	à Reprises de réductions de valeur sur placements de trésorerie		16 000,00

	Valeur comptable nette	Valeur fiscale nette	Traitement fiscal
2017	**14.000,00 EUR** c'est-à-dire la différence entre la valeur d'acquisition (30.000,00 EUR) et la réduction de valeur comptabilisée (16.000,00 EUR).	**22.600,00 EUR** c'est-à-dire la différence entre la valeur d'acquisition (30.000,00 EUR) et la réduction de valeur qui est réelle (7.400,00 EUR).	Une sous-estimation d'un compte de l'actif doit être imposée à concurrence de 8.600,00 EUR c'est-à-dire la différence entre la valeur fiscale nette (22.600,00 EUR) et la valeur comptable nette (14.000,00 EUR) des actions. Cependant, l'article 198, alinéa 1er, 7° du CIR rejette la partie de la réduction de valeur réelle (7.400,00 EUR) en tant que frais professionnels admissibles. Dés lors, la réduction de valeur doit être reprise dans les dépenses non admises à concurrence de 7.400,00 EUR.
2018	**30.000,00 EUR** c'est-à-dire la différence entre la valeur d'acquisition (30.000,00 EUR) et la réduction de valeur comptabilisée (0,00 EUR).	**30.000,00 EUR** c'est-à-dire la différence entre la valeur d'acquisition (30.000,00 EUR) et la réduction de valeur qui est réelle (0,00 EUR).	Nous avons alors une annulation de la sous-estimation d'un compte de l'actif. La reprise de réduction de valeur influence le résultat comptable de l'exercice à concurrence de 16.000,00 EUR. Ce bénéfice est «neutralisé» fiscalement par : • la détaxation de la réserve occulte « réductions de valeur imposables » à concurrence de 8.600,00 EUR; • la majoration de la situation de début des réserves à concurrence de 7.400,00 EUR.

Le résultat fiscal de la société SA Azur se détermine de la manière suivante :

	Situation au début de la période imposable	Situation à la fin de la période imposable
Réserve légale	1.000,00	1.000,00
Résultat reporté		
• Bénéfice	3.000,00	19.000,00
• Perte		
Réserves occultes	8.600,00	0,00
• Réductions de valeur imposables	8.600,00	0,00
Sous-total de la situation au début de la période imposable (pour le premier exercice comptable, mentionner zéro (0) au code 1040 PN)		
- Positif	12.600,00 (Code 1040 PN)	20.000,00 (Code 1040 PN)
- Négatif		
Majorations de la situation de début des réserves		
• Reprises de réductions de valeur sur actions ou parts antérieurement imposées à titre de dépenses non admises	7.400,00 (Code 1052)	
• Exonération définitive oeuvres audiovisuelles agréées tax shelter		
Réserves imposables après adaptation de la situation de début des réserves	20.000,00 (Code 1070 PN)	
Bénéfices réservés imposables		0,00 (Code 1080 PN)
	Le montant de 0,00 EUR comprend une augmentation de base taxable de 16.000 EUR (la reprise de réduction de valeur) et une diminution de la même base taxable à concurrence de 16.000,00 (une diminution de la réserve occulte à concurrence de 8.600,00 EUR et une majoration de la situation du début des réserves à concurrence de 7.400,00 EUR).	

d) Moins-values

L'article 198, alinéa 1er, 7° du CIR mentionne que les moins-values réalisées sur les actions ou parts, ne sont pas considérées comme des frais professionnels.

Cependant, lorsque la moins-value est actée à l'occasion du partage total de l'avoir social d'une société, elle est déductible au titre de frais professionnel à concurrence de la perte du capital libéré (non revalorisé) représenté par ces actions ou parts[255].

Autrement dit, pour qu'il y ait déduction à titre de frais professionnels, d'une partie ou de la totalité de la moins-value, il faut que les sommes distribuées à l'occasion du partage total de l'avoir social de la société émettrice (à la clôture de sa liquidation) soient inférieures au capital libéré représenté par les dites actions.

Ceci peut être illustré par l'exemple suivant.

Le bilan de la SA Azur au 31/12/2018 se présente de la manière suivante :

ACTIF			PASSIF		
	31/12/2018	31/12/2017		31/12/2018	31/12/2017
Participation dans des entreprises liées. Actions émises par la société X (le capital libéré représenté par ces actions ou parts s'élève à 20.000,00 EUR)	33.000,00	33.000,00	Capital (apports en nature)	**30.000,00**	**30.000,00**
			Réserve légale	**3.000,00**	**3.000,00**
Total	*33.000,00*	*33.000,00*	*Total*	*30.000,00*	*33.000,00*

Suite à la clôture de liquidation de la société X le 26 juin 2019, la SA Azur a obtenu la somme de 10.000,00 EUR.

La moins-value réalisée sur ces actions et parts par la SA Azur, s'élève à 23.000,00 EUR.

Les écritures comptables correspondant à cette opération pourraient être les suivantes :

Faits comptables	N° plan comptable	Intitulés des comptes	Somme débit	Somme crédit
Vente des actions	416000	Créances diverses	10 000,00	
	663000	Moins-values sur la réalisation d'actifs immobilisés	23 000,00	
	280000	à Participations dans des entreprises liées (valeur d'acquisition)		33 000,00
Encaissement	550000	CCB	10 000,00	
	416000	à Créances diverses		10 000,00

Schématiquement, le régime fiscal de cette moins-value peut être représenté de la manière suivante :

255 En cas de partage total de l'avoir social d'une société étrangère, la notion de capital libéré doit s'entendre au sens de ce qui est prévu par les dipositions du code des impôts sur les revenus en matière d'impôt des sociétés, conformément à la disposition générale de la notion de capital libéré contenue à l'article 2, paragraphe 1er, 6°, du code des impôts sur les revenus.

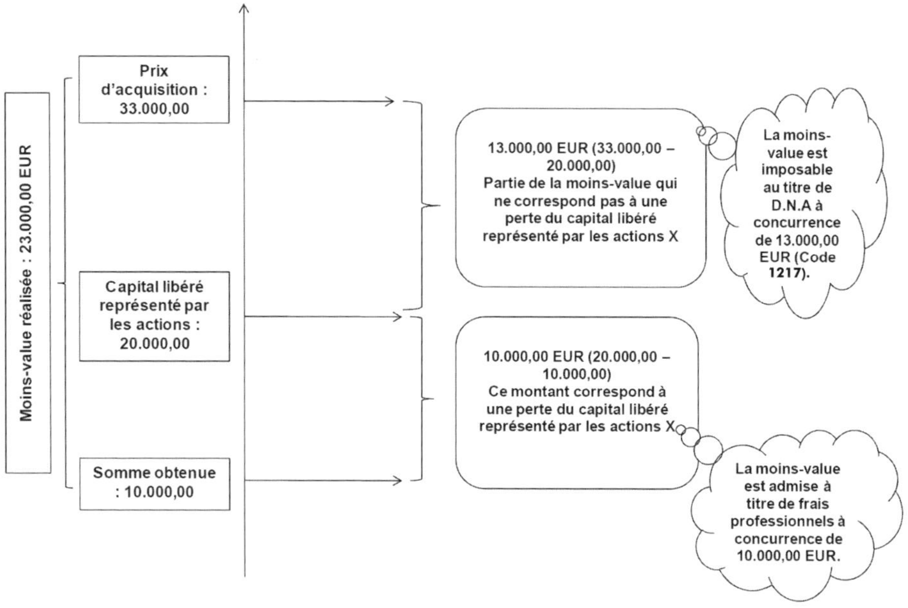

On note enfin que lorsque, conformément à la législation comptable en vigueur, les actions ou parts ont fait l'objet de réductions de valeur, la notice explicative à la déclaration à l'impôt des sociétés mentionne qu'il y a lieu d'indiquer au code 1051 de la déclaration (Majoration de la situation du début des réserves), le montant de ces réductions de valeur dans la mesure où celui-ci correspond à une perte en capital libéré survenue à l'occasion du partage final de l'avoir social de la société émettrice.

Ceci peut être illustré par l'exemple suivant.

Le bilan de la SA Azur au 31 décembre 2018 se présente de la manière suivante :

ACTIF			PASSIF		
	31/12/2018	31/12/2017		31/12/2018	31/12/2017
Participation dans des entreprises liées. Actions émises par la société X (le capital libéré représenté par ces actions ou parts s'élève à 20.000,00 EUR)	13.000,00	13.000,00	Capital (apports en nature)	**30.000,00**	**30.000,00**
			Réserve légale	3.000,00	3.000,00
• Valeur d'acquisition	33.000,00	33.000,00	Perte reportée	(20.000,00)	(20.000,00)
• Réductions de valeur actées (réelle)	20.000,00	20.000,00			
Total	*13.000,00*	*13.000,00*	*Total*	*13.000,00*	*13.000,00*

Suite à la clôture de liquidation de la société X le 26 juin 2019, la SA Azur a obtenu la somme de 10.000,00 EUR.

La moins-value, réalisée sur ces actions et parts par la SA Azur, s'élève à 3.000,00 EUR et peut se traduire par l'écriture suivante :

Faits comptables	N° plan comptable	Intitulés des comptes	Somme débit	Somme crédit
Partage total de l'avoir social de la société X	416000	Créances diverses	10.000,00	
	663000	Moins-values sur la réalisation d'actifs immobilisés	3.000,00	
	280900	Participations dans des entreprises liées (Réductions de valeur actées)	20.000,00	
	280000	à Participations dans des entreprises liées (valeur d'acquisition)		33.000,00
Encaissement	550000	CCB	10 000,00	
	416000	à Créances diverses		10 000,00

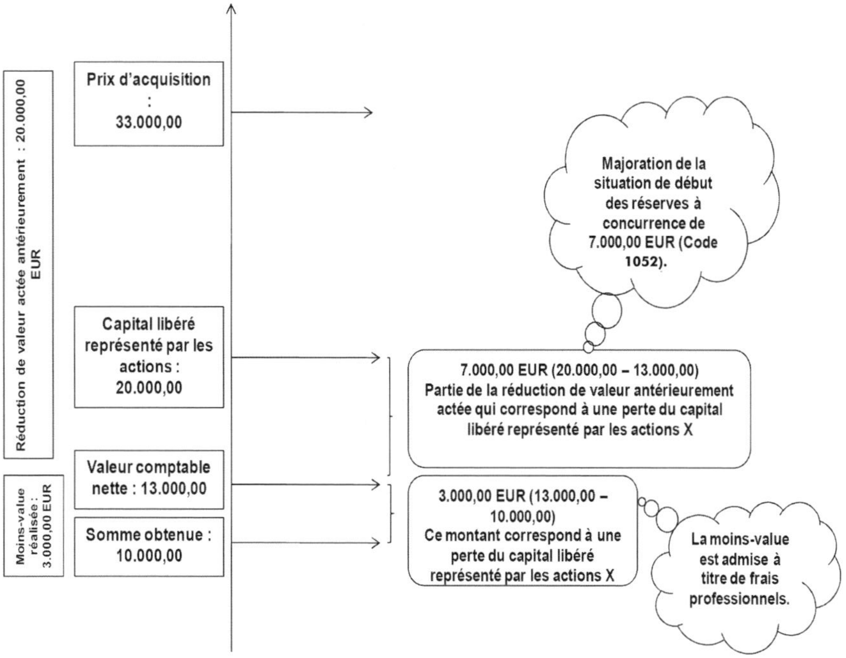

Le résultat fiscal de la société SA Azur se détermine de la manière suivante s'il s'agit de la seule opération réalisée en 2019 :

	Situation au début de la période imposable	Situation à la fin de la période imposable
Réserve légale	3.000,00	3.000,00
Résultat reporté		
• Bénéfice		
• Perte	-20.000,00	-23.000,00
Sous-total de la situation au début de la période imposable (pour le premier exercice comptable, mentionner zéro (0) au code 1040 PN)		
- Positif		
- Négatif	17.000,00 (Code 1040 PN)	20.000,00 (Code 1040 PN)
Majorations de la situation de début des réserves		

• Reprises de réductions de valeur sur actions ou parts antérieurement imposées à titre de dépenses non admises	7.000,00 (Code 1051)	
Réserves imposables après adaptation de la situation de début des réserves	**-10.000,00** (Code 1070)	
Mouvement de la période imposable		
Bénéfices réservés imposables		**-10.000,00** (Code 1080 PN)
	Le montant négatif de 10.000,00 EUR correspond au montant qui aurait été admis à titre de frais professionnels si la société n'avait pas acté antérieurement une réduction de valeur conformément à la législation comptable en vigueur (7.000,00 EUR). A ce montant de 7.000,00 EUR, l'écriture comptable ajoutera 3.000,00 EUR de moins-value comptable fiscalement admise.	

1) Moment de la déduction des moins-values réalisées sur des actions ou parts à l'occasion du partage total de l'avoir social de la société qui a émis les titres

Il est utile de savoir quand une moins-value, réalisée sur des actions ou parts à l'occasion du partage de l'avoir social, est effectivement déductible fiscalement.

Suite à la question parlementaire posée par le Représentant Kempinaire[256], le Ministre des Finances a répondu que la perte effective pour l'actionnaire ne peut être définitivement connue qu'au moment où il ne reste plus rien à partager ce qui est notamment le cas lors de la clôture de liquidation visée à l'article 195 du droit des sociétés.

Compte tenu du fait que cette disposition s'applique également aux filiales étrangères de sociétés belges qui ne connaissent pas nécessairement le même régime juridique de liquidation, il faudra et il suffira pour ces filiales, d'établir le caractère définitif de la cessation d'activité par partage des actifs et le montant de l'avoir net[257].

2) Détermination du capital libéré de la société émettrice des actions ou parts

La législation fiscale a prévu une disposition afin de mettre fin à toute discrimination pouvant exister entre les actionnaires d'une société ayant apuré ses pertes par rapport aux actionnaires d'une société dans la même situation mais qui ne s'est jamais souciée de ses pertes comptables. L'article 198 alinéa 2 du CIR précise en effet que les réductions de capital libéré opérées, au plus tôt le 24 juillet 1991, pour l'apurement comptable de pertes éprouvées ou pour la constitution d'une réserve destinée à couvrir une perte prévisible et utilisée à l'apurement comptable de la perte éprouvée, sont considérées comme du capital libéré.

Illustrons ceci par un exemple.

L'origine du capital libéré de la SA «X», qui se compose de 5.000 actions, se présente de la manière suivante :

ANNÉE COMPTABLE	OPÉRATIONS	CAPITAL LIBÉRÉ
1987	Constitution	150.000,00[258]
1990	Remboursement du capital libéré	- 30.000,00
		= 120.000,00
1999	Apurement comptable des pertes	- 20.000,00
		=100.000,00

256 Bulletin des Contributions n°740, pp 1511-1512.

257 Chambre, session ordinaire 1991-1992, Documents parlementaires, n°1784/1, page 8.

258 5.000 actions à 30,00 EUR.

La société « SA Azur » a acheté en 1996, 1.500 actions de la société « X » pour le prix de 60.000,00 EUR. La société « X » est mise en liquidation le 24 février 2017. A l'occasion du partage total de l'avoir social qui se réalise le 31 décembre 2018, la société SA Azur reçoit pour solde de tout compte la somme de 32.000,00 EUR.

L'écriture comptable à passer lorsque la société Azur reçoit les 32.000 EUR est la suivante :

Faits comptables	N° plan comptable	Intitulés des comptes	Somme débit	Somme crédit
Partage total de l'avoir social de la société X	416000	Créances diverses	32 000,00	
	663000	Moins-values sur la réalisation d'actifs immobilisés	28 000,00	
	280000	à Participations dans des entreprises liées (valeur d'acquisition)		60 000,00
Encaissement	550000	CCB	32 000,00	
	416000	à Créances diverses		32 000,00

La quote-part du capital libéré représenté par les actions ou parts de la SA « X » détenues par la SA « Azur » s'élève à :

120.000,00 EUR[259] x (1.500 / 5.000) = 36.000,00 EUR.

La moins-value de 28.000,00 EUR (60.000,00 EUR - 32.000,00 EUR) est traitée fiscalement de la manière suivante :

- la partie du prix d'acquisition qui excède la quote-part du capital libéré représenté par les actions ou parts de la SA « X » détenues par la SA Azur : 60.000,00 – 36.000,00 EUR = 24.000,00 EUR constitue une dépense non admise à reprendre au code 1217 de la déclaration;

Réductions de valeur et moins-values sur actions ou parts	**24.000,00**	Code 1217

- la différence entre la somme obtenue à l'occasion du partage total de l'avoir social et la quote-part du capital libéré représenté par les actions ou parts de la SA « X » détenues par la SA Azur : 36.000,00 EUR – 32.000,00 EUR = 4.000,00 EUR constitue une charge professionnelle admise fiscalement.

5. *Participation des travailleurs (Code 1233 de la déclaration)*

Article 198, § 1er, alinéa 1er, 12° du CIR et la loi du 22 mai 2001.

Il peut arriver que dans le but de motiver ses travailleurs, une société décide de faire participer ceux-ci aux résultats de l'entreprise en leur distribuant une part du capital.

Les sommes attribuées par la société dans le cadre de ces participations au capital ne constituent pas des dépenses admises à titre de frais professionnels.

259 Pour le calcul du capital libéré, on ne doit pas tenir compte des réductions de capital libéré opérées antérieurement pour l'apurement comptable de pertes éprouvées ou pour la constitution d'une réserve destinée à couvrir une perte prévisible et utilisée à l'apurement comptable de la perte éprouvée.

Les lignes de force des différents régimes de participation au capital peuvent être présentées comme suit :

- le régime de participation doit être organisé par une convention collective de travail spécifique ou, pour les entreprises ne comptant pas de délégation syndicale, par un acte d'adhésion établi à l'initiative de l'employeur;
- le régime de participation doit être proposé à l'ensemble des travailleurs au sein de l'entreprise;
- le montant total des participations au capital accordées aux travailleurs ne peut, à la clôture de l'exercice comptable concerné, excéder l'une des limites suivantes :
  - 10% de la masse salariale brute (montant repris à la rubrique 102 du bilan social);
  - 20% du bénéfice de l'exercice après impôts.
- le régime de participation ne peut être instauré dans le but de remplacer ou de convertir des rémunérations, primes, avantages en nature prévus dans des conventions individuelles ou collectives;
- le travailleur perçoit l'avantage sous la forme d'actions (une taxe de 15% est retenue à la source);
- les travailleurs peuvent placer leurs participations au capital dans une société coopérative de participation.
- en cas de participation au capital, les actions sont indisponibles pendant une période fixée par la convention allant de 2 à 5 ans.

6. *Prime bénéficiaire (Code 1233 de la déclaration)*

Articles 49 à 54 de la loi-programme du 25 décembre 2017.

Depuis le 1er janvier 2018, les sociétés peuvent décider d'octroyer à leurs travailleurs une prime bénéficiaire. Il s'agit d'un avantage collectif qui peut être octroyé à tous les travailleurs. Les dirigeants d'entreprise-personnes physiques exerçant un mandat d'administrateur, de gérant, de liquidateur ou des fonctions analogues ne peuvent pas bénéficier de l'avantage d'une prime bénéficiaire.

Par prime bénéficiaire, il convient de comprendre une prime versée en espèces dans le cas où la société ou un groupe de sociétés décide d'attribuer par décision de son assemblée générale la totalité ou une partie de son bénéfice aux travailleurs.

Par « bénéfice de l'exercice », on entend le montant positif indiqué au code 9905 du modèle complet des comptes annuels, Bénéfice de l'exercice à affecter[260].

Le montant total de la prime octroyée ne peut être supérieur à 30 % de la masse totale des rémunérations brutes telle qu'elle ressort des comptes annuels (frais de personnel repris à la « rubrique 102 - frais de personnel » dans le bilan social).

---

260 Cette interprétation poursuit un double objectif. D'une part, elle vise à permettre aux sociétés de répondre à la condition d'intangibilité fiscale prévue à l'article 190 du Code des impôts sur les revenus. Cette condition empêche que certains produits exonérés puissent être inclus dans la base de toute rémunération ou indemnité. D'autre part, elle vise à permettre de pouvoir inclure ces produits, lors de leur prélèvement ultérieur sur les réserves immunisées, dans le calcul du montant maximum des primes bénéficiaires à octroyer. Le bénéfice ou la perte de l'exercice (Code 9904) est ainsi corrigé au moyen des prélèvements (et/ou transferts) sur les (aux) réserves immunisées afin d'obtenir le « Bénéfice de l'exercice à affecter » (Code 9905).
Cette interprétation de la notion de « bénéfice de l'exercice » est celle formulée par le ministre de l'Emploi, de l'Economie et des Consommateurs dans sa réponse à une question posée par la CNC.
Avis CNC 2018/19 du 12 septembre 2018 – Le traitement comptable des primes bénéficiaires.

Cette prime bénéficiaire peut prendre la forme soit d'une prime identique soit d'une prime catégorisée.

Il convient de comprendre par :

- prime bénéficiaire identique, une prime dont le montant ou le pourcentage de la rémunération est le même pour tous les travailleurs.
- prime bénéficiaire catégorisée, une prime bénéficiaire qui est différente pour chaque catégorie de travailleurs. La catégorie est déterminée selon des critères objectifs (l'ancienneté, le grade, la fonction, le niveau barémique, le niveau de rémunération et le niveau de formation).

La procédure qui doit être suivie afin de pouvoir octroyer une prime bénéficiaire identique est la suivante.

Elle est octroyé sur décision de l'Assemblée générale, le quorum décisionnel ayant été fixé à la majorité des voix, c'est-à-dire 50 % plus une voix des actions représentées.

Le procès-verbal de cette assemblée générale doit contenir au moins les mentions suivantes :

- le montant identique de la prime bénéficiaire ou le pourcentage identique de la rémunération qui est attribué aux travailleurs;
- [2]la manière dont la rémunération sur laquelle le pourcentage est fixé est calculé dans le cas où une telle option est prise;
- les règles d'attribution qui sont prises en compte dans le cas où une condition d'ancienneté est prévue (on ne peut prévoir qu'une ancienneté d'un an maximum). Il sera tenu compte de tous les contrats successifs pris en considération ensemble pour le calcul de l'ancienneté du travailleur qui était en service sur base des contrats successifs;
- le mode de calcul prorata temporis du montant de la prime unique, en cas de suspension volontaire ou de résiliation du contrat de travail, sauf en cas de motifs graves imputables au travailleur.

L'employeur doit informer les travailleurs de l'octroi et des modalités de la prime identique. Cette information doit se faire de façon écrite, c'est-à-dire par un écrit, un courrier électronique, une publication sur son intranet, ou tout autre moyen écrit qui lui convient.

La prime catégorisée peut être introduite soit par une convention collective d'entreprise dans le cas où il existe une délégation syndicale, soit via un acte d'adhésion en l'absence de la délégation syndicale.

Afin de limiter les différentes procédures, le législateur a décidé d'appliquer la même marche à suivre pour l'octroi d'une prime catégorisée que pour l'établissement d'un plan de participation.

Les petites sociétés au sens du code des sociétés ont la possibilité de mettre sur pied un régime spécifique de participations aux bénéfices, dénommé plan d'épargne d'investissement. Ce régime prévoit que les bénéfices attribués aux travailleurs par la société, sont mis à la disposition de l'entreprise dans le cadre d'un prêt non subordonné, comptabilisé sous une rubrique distincte des dettes de l'entreprise. Le remboursement des sommes prêtées doit être effectué au terme d'une période qui ne peut être ni inférieure à deux ans ni être supérieure à cinq ans. La société est tenue dans le même délai d'affecter les sommes reçues à des investissements en immobilisations.

Le régime fiscal de la prime bénéficiaire est le suivant :

- dans le chef du travailleur, cette prime est soumise à une taxe de 7% ; le taux est porté à 15% pour les primes bénéficiaires attribuées dans le cadre d'un plan d'épargne d'investissement qui font l'objet d'un prêt non subordonné;

- dans le chef de l'employeur, cette prime est considérée comme une dépense non admise à l'impôt des sociétés.

Cette prime est exonérée de cotisations de sécurité sociale. Seule une cotisation de solidarité de 13,07% à charge du travailleur est due.

7. *Indemnités pour coupons manquants (Code 1220 de la déclaration)*

Article 198, § 1er, alinéa 1°, 13° CIR.

Ne sont pas considérées comme des frais professionnels, les indemnités pour coupon manquant payées ou attribuées en exécution de conventions de sûreté réelle ou de prêts portant sur des actions ou parts, à concurrence d'un montant égal à la différence entre d'une part, le montant total du dividende brut payé ou attribué pour les actions ou parts auxquelles ces indemnités pour coupon manquant se rapportent et d'autre part, le montant total brut des dividendes soit effectivement recueillis soit par rapport auxquels une indemnité pour coupon manquant a été recueillie pour ces actions ou parts.

8. *Autres dépenses non admises (Code 1239 de la déclaration)*

Articles 189 et 198, § 1er, alinéa 1°, 4° et 8° CIR.

Doivent notamment être repris parmi les autres dépenses non admises :

- les ristournes taxables dans les sociétés coopératives de consommation;
- la taxe annuelle sur les participations bénéficiaires attachées aux contrats d'assurance-vie;
- la taxe annuelle sur les versements effectués à une épargne à long terme[261].

L'analyse de ces dépenses déborde du cadre du présent ouvrage.

261 L'article 39, 4° de la loi du 25 décembre 2017 portant réforme de l'impôt des sociétés abroge l'article 198, § 1er, alinéa 1er, 8° du CIR. Cette abrogation entre en vigueur le 1er janvier 2020 et est applicable à partir de l'exercice d'imposition 2021 se rattachant à une période imposable qui débute au plus tôt le 1er janvier 2020.

C. Frais professionnels non déductibles communs à l'impôt des personnes physiques et à l'impôt des sociétés

1. *Amendes, pénalités et confiscations de toute nature (code 1203 de la déclaration)*

	Article 53, 6° du CIR.
Autres références	**Circulaires n° Ci.Rh.243/588.588 (AFER 25/2008) du 13 août 2008, Ci.Rh.243/574.458 (AFER 12/2007) du 18 avril 2007 et 2018/C/12 du 30 janvier 2018.**

➲ Exercices d'imposition antérieurs à l'exercice d'imposition 2021

Les amendes y compris les amendes transactionnelles, les confiscations et les pénalités de toute nature, même si elles sont encourues par une personne qui perçoit des rémunérations de la société (en tant que travailleurs ou dirigeants d'entreprise) ne sont pas déductibles à titre de frais professionnels.

Sont notamment visées les amendes :

- administratives;
- transactionnelles ou judiciaires;

de nature fiscale ou relatives à d'autres dispositions légales.

Ainsi les amendes administratives applicables en cas d'infraction à certaines lois sociales, les amendes infligées pour infraction au code de la route, à la législation sur l'environnement, pour violation des règles de la concurrence, etc. ne sont pas déductibles à titre de frais professionnels.

Sont donc, entre autres, exclues de la déduction au titre de frais professionnels :

- toutes les amendes fixes mentionnées dans le CIR 92, aussi bien les amendes administratives (article 445 du CIR) que les amendes pénales (entre autres, articles 449, 450, 452 et 456 du CIR);
- les amendes TVA non-proportionnelles ou fixes (entre autres art. 70, § 4, du Code TVA);
- les amendes de roulage (mais pas, par exemple, les accroissements d'impôt appliqués suite au paiement tardif de la taxe de circulation);
- les amendes judiciaires transactionnelles;
- les amendes encourues par les travailleurs et qui incombent à l'employeur;
- les amendes pour violation de la réglementation des prix ou de la qualité, de la législation de l'environnement ;
- etc.

De même, ne sont pas déductibles à titre de frais professionnels, eu égard aux dispositions expresses de l'article 53, 6° du CIR, les amendes qui sont infligées aux entreprises pour violation des règles de concurrence, telles que stipulées aux articles 81 et 82 du Traité instituant l'Union européenne, ainsi que pour violation des règles de concurrence, telles que stipulées dans la législation belge.

Il résulte de ce qui précède que les amendes infligées par la Commission européenne poursuivent un objectif tant punitif que dissuasif. Ainsi qu'il ressort de la jurisprudence de la Cour de justice et du Tribunal de première instance de l'Union européenne, le droit de l'Union s'oppose à la possibilité de déduire fiscalement ces amendes : cette non déduction permet d'éviter que l'entreprise sanctionnée puisse reporter partiellement la charge financière de l'amende sur l'Etat membre de résidence de la société[262].

a) Amendes proportionnelles

En matière de TVA, la Cour de Cassation a considéré que les amendes administratives proportionnelles fixées par l'arrêté royal n°41 du 30 janvier 1987 sont déductibles à titre de frais professionnels. De même, les amendes « proportionnelles » appliquées en matière de cotisations sociales, d'eurovignette et de droits d'enregistrement sont également déductibles à titre de frais professionnels[263].

b) Dépôts tardif des comptes annuels

Le dépôt tardif des comptes annuels et consolidés entraîne le paiement d'une contribution aux frais exposés par les autorités fédérales de surveillance en vue de dépister et de contrôler les entreprises en difficultés. Cette contribution ne constituant pas une amende au sens de l'article 53, 6° du CIR, peut être considérée comme une charge professionnelle déductible.

c) Non-paiement de redevances de parking

L'administration fiscale est d'avis que ces rétributions, pour autant qu'elles recouvrent la notion de « stationnement payant » conformément à l'article 2.33 de l'arrêté royal portant règlement général sur la police de la circulation routière, peuvent en principe être prises en considération comme frais professionnels déductibles dans la mesure où elles concernent des déplacements professionnels[264].

d) Amendes conventionnelles

Enfin, les amendes conventionnelles dues entre parties en cas d'inexécution d'une obligation contractuelle constituent des dépenses déductibles à titre de frais professionnels.

262 cf. arrêt n° 161/2012 du 20 décembre 2012 de la cour constitutionnelle.

263 Tribunal de Mons, 28 février 2006, FJF 2006/259, Actualités fiscales, 2006, n°5, pp 1-3.

264 Question n° 190 de M. Claes du 22 décembre 2003, Questions et Réponses, Chambre, 2003-2004, n°17, pages 2403-2404.

e) Remboursement d'amendes encourues par les travailleurs[265]

Le remboursement par l'employeur d'amendes (de roulage ou autres) qui ont été encourues par les travailleurs dans le cadre de leur vie privée (y compris celles encourues dans le cadre des déplacements du domicile au lieu de travail) sont toujours imposables à titre d'avantage de toute nature dans le chef du travailleur.

Sont également imposables à titre d'avantage de toute nature les montants qu'un employeur paie ou rembourse à son travailleur pour une amende :

- encourue pendant l'exercice de sa fonction;
- et qui n'est pas la conséquence de l'observation de certaines instructions impératives de l'employeur.

Par contre, les montants qu'un employeur paie ou rembourse à son travailleur pour une amende que celui-ci encourt pendant l'exécution de son contrat de travail et qui est la conséquence de l'observation de certaines instructions impératives de l'employeur ne sont pas considérés comme un avantage de toute nature dans le chef du travailleur.

Les amendes (de roulage ou autres) ne peuvent en principe pas être considérées comme des frais professionnels déductibles, ni dans le chef de l'employeur, ni dans le chef du travailleur. Cette disposition n'est toutefois pas applicable dans le chef de l'employeur lorsqu'une amende qu'il a prise en charge et qui a été encourue par un travailleur, donne lieu à un avantage de toute nature imposable dans le chef de ce travailleur. En pareil cas, l'employeur peut déduire l'avantage attribué à titre de frais professionnels.

L'employeur est redevable d'une cotisation sociale de solidarité de 33 % sur toutes les sommes que l'employeur paie à la place de son travailleur ou qu'il lui rembourse dans le cadre :

- d'une amende de roulage;
- d'un accord à l'amiable concernant une amende de roulage;
- ou d'une perception immédiate concernant une amende de roulage.

Sont soumises à la cotisation de solidarité de 33% :

- les amendes de roulage découlant d'une infraction grave à la circulation (infractions des troisième et quatrième degrés) et les amendes de roulage de minimum 150,00 EUR venant du non-respect de la vitesse autorisée (par exemple : brûler un feu rouge, ne pas respecter une interdiction de dépassement, se livrer à des courses sur la voie publique, faire demi-tour sur une autoroute);
- les amendes de roulage pour excès de vitesse inférieures à 150,00 EUR et les amendes de roulage découlant d'une infraction légère à la circulation (par exemple : ne pas mettre sa ceinture de sécurité, rouler sur la bande de circulation réservée aux bus ou sur la bande des pneus crevés, ne pas utiliser les clignoteurs quand c'est obligatoire, utiliser en conduisant un GSM sans kit main libre, se parquer de manière dangereuse ou en entravant la circulation, dépasser par la droite lorsque c'est interdit) lorsqu'elles dépassent 150,00 EUR par an et par travailleur.

f) Remboursements de revenus illicites – Confiscation

La Cour de Cassation[266] considère que les remboursements de revenus d'origines illicites qui ont été obtenus au cours de l'exercice de l'activité professionnelle et qui ont été initialement soumis à l'impôt, constituent des frais professionnels déductibles au sens de l'article 49, alinéa 1er du

265 Cf. Question parlementaire n° 469 de Madame Jenne De Potter du 14 mai 2009.

266 Arrêt du 24 mars 2017 (F.15.0155.N).

CIR. En vertu de l'article 53, 6°, du CIR, ne constituent pas des frais professionnels les amendes, y compris les amendes transactionnelles, les confiscations et les pénalités de toute nature, même si ces amendes ou pénalités sont encourues par une personne qui perçoit du contribuable des rémunérations visées à l'article 30. Selon la Cour de Cassation, cette disposition ne fait pas obstacle à ce que des remboursements réels et établis en faveur d'une personne lésée, de revenus illicites obtenus lors de l'exercice d'une activité professionnelle et qui ont été soumis à l'impôt, constituent des frais professionnels déductibles, ces revenus eussent-ils été confisqués et attribués à la personne lésée par une décision pénale[267].

➲ A partir de l'exercice d'imposition 2021[268]

Les amendes, y compris les amendes transactionnelles, les amendes administratives infligées par des autorités publiques, les confiscations et les pénalités de toute nature, de même que les majorations des cotisations sociales ne constituent pas des frais professionnels déductibles.

Ainsi, ne constituent pas des frais professionnels déductibles :

- les amendes administratives et pénales prévues par le CIR ;
- les amendes prévues par le Code de la TVA ;
- les amendes infligées en matière de douanes et accises ;
- les amendes transactionnelles administratives ou judiciaires ;
- les amendes de roulage ;
- les amendes pour violation de la réglementation des prix ou de la qualité, de la législation de l'environnement, des règles de concurrence, etc. ; les amendes encourues par les travailleurs et qui incombent à l'employeur ;
- les amendes administratives infligées aux fournisseurs d'électricité qui ne satisfont pas à l'obligation de soumettre le nombre de certificats d'électricité écologique (Ci.RH.421/592.487, 30.03.2010) ;
- les majorations de cotisations sociales ;
- etc.

Toutes les amendes administratives infligées par les autorités publiques ne constituent pas des frais professionnels déductibles même lorsque ces amendes n'ont pas le caractère d'une sanction pénale et même lorsque leur montant est calculé sur la base d'un impôt déductible. Ainsi, les amendes proportionnelles à un impôt déductible (par exemple les amendes en matière de TVA, de droits d'enregistrement, de précompte immobilier, de précompte professionnel, etc.) ne constituent également pas des frais professionnels déductibles.

2. *Pensions complémentaires (code 1204 de la déclaration)*

Il est de plus en plus courant qu'une société décide d'offrir à son personnel et à ses dirigeants une pension complémentaire à la pension légale. Se pose alors pour elle la question de connaître le sort que l'administration fiscale réservera à ce mode de rémunération différée.

La loi relative à ce type de pension a été récemment modifiée par la loi du 28 avril 2003 applicable aux cotisations payées à partir du premier janvier 2004.

Voici un bref aperçu de cette législation extrêmement complexe.

---

267 Rapport annuel de la Cour de Cassation 2017, page 51.

268 cf. articles 8 et 86, B2 de la loi du 25 décembre 2017 portant réforme de l'impôt des sociétés. L'article 8 entre en vigueur le 1er janvier 2020 et est applicable à partir de l'exercice d'imposition 2021 se rattachant à une période imposable qui débute au plus tôt le 1er janvier 2020.

a) Cotisations constitutives de pensions complémentaires

Articles 52, 3°, a, 59, 195 du CIR et 34 à 35 de l'AR/CIR.

Les cotisations relatives aux pensions complémentaires peuvent concerner différents types de versements.

C'est ainsi que la législation fiscale précise, que seront admis à titre de frais professionnels, les cotisations et primes patronales versées en exécution :

- d'une assurance complémentaire contre la vieillesse et le décès prématuré, en vue de la constitution d'une rente ou d'un capital en cas de vie, ou en cas de décès;
- d'un engagement collectif ou individuel de pension complémentaire de retraite et/ou de survie, en vue de la constitution d'une rente ou d'un capital en cas de vie, ou en cas de décès;
- d'un engagement de solidarité visé aux articles 10 et 11 de la loi du 28 avril 2003 relative aux pensions complémentaires, à leur régime fiscal, ainsi qu'au régime de certains avantages complémentaires en matière de sécurité sociale ;

et ce, dans la mesure où elles remplissent les conditions prévues à l'article 59 du CIR.

Par engagement de pension complémentaire, il convient d'entendre :

- les régimes de pensions complémentaires au profit des travailleurs, organisés au niveau de la branche d'activité par les commissions paritaires (pensions dites sectorielles);
- les régimes de pensions complémentaires au profit des travailleurs, organisés au niveau de l'entreprise ou d'un groupe d'entreprises (pensions d'entreprise);
- l'engagement individuel de pension au profit des travailleurs, c'est-à-dire un engagement de pension occasionnel et non systématique pris par un employeur au profit d'un seul travailleur et de ses ayants droit. Un engagement individuel de pension ne peut être octroyé qu'à la condition qu'un régime de pension complémentaire existe dans l'entreprise pour tous les travailleurs. Il doit être accordé à une personne bien déterminée, pour des motifs liés à la personne, et non à la catégorie du personnel à laquelle cette personne appartient. La loi du 28 avril 2003 relative aux pensions complémentaires et au régime fiscal de celles-ci et de certains avantages complémentaires en matière de sécurité sociale impose aux organisateurs de communiquer annuellement à la C.B.F.A. (Commission bancaire, financière et des assurances) le nombre d'engagements individuels de pension octroyés au cours de l'année écoulée, par catégorie de travailleurs, ainsi que la preuve qu'il existe dans l'entreprise un régime de pension pour tous les travailleurs.

  Cette obligation légale de communication vise uniquement les engagements individuels octroyés aux travailleurs salariés;
- les régimes de pensions complémentaires et les engagements individuels de pension au profit des mandataires d'entreprises (administrateur ou gérant d'entreprise).

Par engagement de solidarité, on entend les régimes de pensions complémentaires au profit des travailleurs (que ce soit au niveau du secteur ou de l'entreprise) qui prévoient un « volet pension » (contenant des garanties en cas de retraite, parfois en cas décès ou d'invalidité) et un « volet solidarité » destiné à faire face à d'autres situations de besoin social pas nécessairement assurables et dont les effets seront supportés par tous (par exemple le financement de la constitution de l'engagement de pension pendant certaines périodes d'inactivité telle que le chômage ou interruption de carrière ou en cas de faillite de l'employeur, etc.).

L'article 195 du CIR assimile les dirigeants d'entreprise à des travailleurs pour les dispositions relatives aux frais professionnels, de telle manière que les primes et versements effectués pour ce type de personne ne seront déductibles fiscalement que via le respect des règles décrites dans le tableau ci-dessous.

Pour être déductibles à titre de frais professionnels, les cotisations et primes patronales visées ci-dessus doivent être :

Des cotisations et primes patronales versées en exécution de :				
	Une assurance complémentaire contre la vieillesse et le décès prématuré	Un engagement collectif de pension complémentaire	Un engagement individuel de pension complémentaire[269] octroyé à partir du premier janvier 2004.	Un engagement de solidarité (« volet pension »)
Article 59, § 1er, 1° du CIR	Etre versées à titre définitif (à aucun moment la société ne peut avoir la faculté de récupérer les sommes versées) en exécution : • soit d'un règlement d'assurance groupe répondant aux conditions déterminées par la réglementation relative au contrôle de ces règlements; • soit d'un contrat d'assurance relatif à l'octroi d'avantages extra-légaux aux travailleurs salariés visés par la réglementation concernant la pension de retraite et de survie des travailleurs salariés; • soit d'un règlement d'un fond de pension institué au profit du personnel de l'entreprise et enregistré à l'office de contrôle des assurances; • soit d'un engagement de pension complémentaire qui répond aux conditions prévues par la loi du 28 avril 2003; • soit d'un engagement de solidarité visé aux articles 10 et 11 de la loi du 28 avril 2003.			
	Être versées à un établissement de prévoyance sociale ou à une société d'assurance établis en Belgique.			
Article 53, 22° du CIR			<u>Uniquement pour les travailleurs salariés</u> : La déductibilité à titre de frais professionnels est plafonnée à concurrence de 2.440,00 EUR (montant annuel à indexer)[270] par an. Lorsque ce montant est dépassé, la déduction est limitée à ce montant maximum. L'excédent n'est pas déductible. Ce montant maximum est applicable par travailleur et doit, le cas échéant, être réparti entre les différents employeurs que le travailleur a eus durant la même année.	
Articles 38, alinéa 1er, 19° et 195, § 1er, 2° du CIR.	Ne sont pas imposables à titre d'avantage de toute nature dans le chef du dirigeant d'entreprise, les avantages résultant du paiement incombant à l'entreprise de cotisations et primes visées à l'article 52, 3°, b, lorsque le dirigeant a bénéficié au cours de la période imposable de rémunérations : • régulières, ce qui suppose une répartition uniforme des rémunérations au cours de l'année; • au moins une fois par mois; • avant la fin de la période imposable, ce qui exclut les attributions lors de l'assemblée générale imputées sur les résultats de la période (par exemple les tantièmes). Suite à la modification des articles 38 et 195 du CIR, les primes et cotisations versées par la société sont déductibles à titre de rémunération (avantage de toute nature) lorsque le dirigeant d'entreprise ne perçoit pas de rémunérations périodiques et régulières. Cette condition ne s'applique pas aux contrats qui prévoient uniquement des avantages en cas de décès.			

269 On suppose qu'un régime de pension complémentaire existe dans l'entreprise pour tous les travailleurs.

270 2.490,00 EUR pour l'exercice d'imposition 2018 - 2.440,00 EUR pour l'exercice d'imposition 2020.

Article 59, § 1er, 2° du CIR	Les prestations légales et extralégales, en cas de retraite uniquement, exprimées en rentes annuelles : • ne peuvent pas dépasser 80% de la dernière rémunération brute annuelle normale Par rémunération brute annuelle normale, il convient d'entendre le montant global brut de toutes les sommes qui, avant déduction des retenues obligatoirement effectuées en exécution de la législation sociale ou d'un statut légal ou réglementaire y assimilé, sont attribuées ou payées au travailleur pendant une année déterminée, autrement qu'à titre exceptionnel ou occasionnel. L'utilisation de l'adjectif «normal» a pour objectif d'écarter tout paiement ou attribution abusif qui n'aurait d'autre but que de contourner la limite des 80%. À cet égard, les primes de fin d'année, le pécule de vacances et autres rétributions analogues ne doivent pas être considérés comme des paiements ou attributions exceptionnels ou occasionnels[271] et font donc partie des rémunérations brutes normales ; • doivent tenir compte d'une durée normale d'activité professionnelle (la durée normale d'activité professionnelle est fixée à 40 ans. Cette durée peut être raccourcie ou allongée lorsque l'employeur et le travailleur intéressé établissent que la carrière complète s'étend sur moins ou plus de 40 ans). Cette limite se calcule sur la base suivante : PL x (N/D) + PEL < ou = à 80% x T x (N/D) ou PEL < ou = à (80% x T – PL) x (N/D) avec : PL = la pension légale de retraite; PEL = les pensions extra-légales, c'est-à-dire, les pensions financées : • en exécution d'un engagement individuel; • en exécution de la continuation individuelle d'un engagement de pension; • par une réserve appropriée de l'entreprise (provision pour pension); • par le nouveau régime des pensions complémentaires de travailleurs indépendants; • par des prestations de solidarité. T = la rémunération brute normale de l'année concernée; N = le nombre d'années de la durée normale d'activité professionnelle, réellement accomplies et restant à accomplir par le travailleur intéressé dans l'entreprise; D = le nombre d'années de la durée normale d'activité professionnelle. Le dépassement de la limite constitue une dépense non admise dans le chef de la société. Cette limite doit être calculée chaque année en tenant compte de la rémunération du travailleur pour l'année concernée. Cette limite ne s'applique pas aux cotisations versées en vue de : a. compenser d'une insuffisance de versements antérieurs résultant de l'augmentation des rémunérations ou de l'amélioration des prestations constituées («back service»); b. pallier les années prestées dans l'entreprise avant que ne soit instauré un régime d'assurance ou de pension; c. rattraper les années prestées en dehors de l'entreprise avec un maximum de 10 ans; d. concéder un accroissement des rentes différées dans la limite de 2% par an à compter de leur prise de cours, ainsi que des rentes en cours, sans que cet accroissement n'excède celui qui est obtenu en indexant ces rentes conformément aux règles applicables en matière d'indexation des pensions du secteur public.

Le calcul de la limite des 80% fait référence au montant de la pension légale. Le montant exact de cette pension n'est toutefois connu qu'au moment de la retraite. C'est pourquoi l'administration se base sur une estimation qui s'élève :

- pour les salariés : la pension légale peut être estimée à 50 % des rémunérations brutes éventuellement plafonnées.

  Pour l'année 2018, le plafond des rémunérations brutes intervenant pour calculer la pension légale s'élève à 57.602,62 EUR[272].
- Pour les dirigeants d'entreprise, soumis au statut social des indépendants, le montant retenu s'élève à 25% de leur rémunération annuelle brute, sans que, pour l'année 2018, la pension légale minimale ne puisse être inférieure à 14.548,22 EUR et la pension maximale ne puisse être supérieure à 16.975,65 EUR[273].

271 Commentaire des impôts sur les revenus n°59/21.

272 Circulaire 2019/C/27 du 10 avril 2019 concernant les montants plafonnés en matière de pension complémentaire.

273 Circulaire 2019/C/27 du 10 avril 2019 concernant les montants plafonnés en matière de pension complémentaire.

La règle des 80% peut être illustrée par l'exemple suivant.

La rémunération brute du dirigeant de la SA Azur (Monsieur Lucien Pick) s'élève pour l'année 2018 à 60.000,00 EUR.

Le nombre d'années de la durée normale d'activité professionnelle, réellement accomplies et restant à accomplir par Monsieur Lucien Pick s'élève à 415 mois :

- 10 ans hors de la société Azur ;
- 13 ans déjà presté dans la société Azur au 1er janvier 2019 ;
- 11 ans et 7 mois à prester jusqu'à ses 67 ans le 23 juillet 2030.

La pension extra-légales (PEL) est égale à 28.531,25 EUR à savoir (80% * 60.000,00 EUR – 25% de 60.000,00 EUR) * (415 / 480).

Si le contrat ou le règlement prévoit une indexation de 2 % et une réversibilité de 80 % au profit du conjoint survivant, la rente de 28.531,25 EUR pour être convertie en capital doit être multipliée par 16,1004[274]. Par conséquent, la rente convertie en capital s'élève à 459.364,54 EUR.

La fraction des primes et cotisations versées par la SA Azur qui correspondrait au dépassement de la rente calculée (28.531,25 EUR) ne peut pas être déduite fiscalement.

Le capital de 459.364,54 EUR comprend les participations bénéficiaires estimées forfaitairement à 20%, soit un capital hors participations bénéficiaires de 382.803,78 EUR.

Les règlements ou contrats visés ci-dessus doivent notamment avoir les caractéristiques suivantes[275] :

En ce qui concerne les membres du personnel assuré	En ce qui concerne le plan des prestations assurées
Le contrat/règlement doit mentionner clairement les membres du personnel / les catégories du personnel qui sont assurés. ***Exemples*** : • la totalité du personnel; • une catégorie spécifique du personnel définie par la loi (ouvriers, employés) ou définie par une convention collective du travail (cette catégorie doit constituer un groupe homogène au sein de l'entreprise eu égard à la nature de l'activité exercée).	Les assurés doivent jouir des mêmes avantages tant sur le plan du but à atteindre que sur celui des cotisations de rattrapage. ***Exemple*** : Les prestations payées seront proportionnelles aux rémunérations des affiliés.

Les primes et cotisations versées par les sociétés dans le cadre d'un contrat d'assurance-groupe ou d'un fonds de pension, afin de permettre à leur personnel de se constituer une pension complémentaire, ne peuvent plus être déduites à titre de frais professionnels à partir du 1er janvier 2013 si l'obligation d'information auprès de la banque de données des pensions complémentaire n'est pas respectée.

Autrement dit, par exemple, l'absence de communication à la banque de données des pensions complémentaires de l'existence d'un engagement de pension a pour effet que les primes et les cotisations versées ou le capital versé par la société ne sont pas déductibles à titre de frais professionnels.

Cette banque de données des pensions complémentaires gérée par Sigedis contient des données sur toutes les « pensions du second pilier » constituées en Belgique et à l'étranger.

274 Commentaire des impôts sur les revenus n°59/76.

275 A partir du moment où un règlement de pension a été approuvé par l'O.C.A, on peut présumer que la condition de « totalité du personnel » ou « catégorie du personnel » est remplie (voir le commentaire des impôts sur les revenus n°59/88).

Cette banque de données permet d'atteindre les objectifs suivants :

- d'une part, elle trouve son origine dans la volonté d'améliorer et d'uniformiser l'application de la législation fiscale et sociale relative aux pensions complémentaires;
- d'autre part, elle doit traiter l'information en toute transparence et instaurer de la confiance vis-à-vis des pensions complémentaires.

Elle permet un contrôle social et fiscal plus efficace à différents niveaux :

- contrôle par l'administration fiscale de la limite des 80% : la pension totale, c'est-à-dire la pension légale et la pension extra-légale confondues, ne peut excéder 80% de la rémunération brute annuelle normale;
- contrôle par la FSMA quant à l'application des Lois sur les Pensions complémentaires pour les travailleurs salariés et les indépendants ainsi que de leurs arrêtés d'exécution;
- contrôle automatisé par l'ONSS et l'ORPSS de la cotisation spéciale de 8,86% sur les cotisations patronales pour le deuxième pilier de pension (cette cotisation est déductible fiscalement);
- contrôle par l'ONSS, l'ORPSS et l'INASTI de la bonne perception de la cotisation spéciale de 3% sur la constitution de pension complémentaire élevée (cotisation Wijninckx). Cette cotisation est déductible fiscalement.

b) Pensions complémentaires payées en rente ou en capital

Articles 52, 5°, 60 et 195 du CIR.

Le paiement direct d'une pension complémentaire par la société constitue une charge professionnelle déductible, si les conditions suivantes sont réunies :

- elle doit être versée en exécution d'une obligation contractuelle;
- elle doit être versée à des personnes ayant bénéficié antérieurement de rémunérations pour lesquelles la législation relative à la sécurité sociale des travailleurs ou des indépendants a été appliquée. Elle peut également être versée aux ayant droits desdites personnes tout en gardant son caractère déductible;
- ces sommes ne dépassent pas celles qui seraient obtenues par le versement de cotisations patronales pour pensions extra-légales (appelée règle des 80%).

c) Régime fiscal des engagements couvrant une perte de revenus

Articles 52, 3°, b, 53, 23°, 59 et 195 du CIR.

Sont admises à titre de frais professionnels, les cotisations et primes patronales versées en exécution :

- d'un engagement collectif ou individuel[276], qui doit être considéré comme un complément aux indemnités légales en cas de décès ou d'incapacité de travail par suite d'un accident du

276 On suppose qu'un régime de pension complémentaire existe dans l'entreprise pour tous les travailleurs. Si ce n'est pas le cas, les cotisations patronales seraient imposables au titre d'avantage de toute nature dans le chef du travailleur bénéficiaire en vertu de l'article 38, alinéa 1er, 18° du CIR.

travail, d'une maladie professionnelle ou d'un autre type de maladie;

- d'un engagement de solidarité visé aux articles 10 et 11 de la loi du 28 avril 2003 relative aux pensions complémentaires et au régime fiscal de celles-ci et de certains avantages complémentaires en matière de sécurité sociale;

et ce, dans la mesure où elles remplissent les conditions prévues à l'article 59 du CIR.

L'article 195 du CIR assimile les dirigeants d'entreprise à des travailleurs pour les dispositions relatives aux frais professionnels.

On peut résumer les présentes dispositions via le tableau suivant :

Les cotisations et primes patronales versées sont déductibles à titre de frais professionnels si :	
Article 59, § 1er, 1° du CIR	Elles sont versées à titre définitif (à aucun moment la société ne peut avoir la faculté de récupérer les sommes versées).
	Elles sont versées à un établissement de prévoyance sociale ou à une société d'assurance établis en Belgique.
Articles 38, alinéa 1er, 19° et 195, § 1er, 2° du CIR	Ne sont pas imposables à titre d'avantage de toute nature dans le chef du dirigeant d'entreprise, les avantages résultant du paiement incombant à l'entreprise de cotisations et primes visées à l'article 52, 3°, b, lorsque le dirigeant a bénéficié au cours de la période imposable de rémunérations : • régulières, ce qui suppose une répartition uniforme des rémunérations au cours de l'année ; • au moins une fois par mois ; • avant la fin de la période imposable, ce qui exclut les attributions lors de l'assemblée générale imputées sur les résultats de la période (par exemple les tantièmes) . Suite à la modification des articles 38 et 195 du CIR, les primes et cotisations versées par la société sont déductibles à titre de rémunération (avantage de toute nature) lorsque le dirigeant d'entreprise ne perçoit pas de rémunérations périodiques et régulières. Cette condition ne s'applique pas aux contrats qui prévoient uniquement des avantages en cas de décès.
Article 59, § 1er, 3° du CIR	Les prestations légales et extra-légales, en cas d'incapacité de travail, exprimées en rentes annuelles ne peuvent pas dépasser 100% de la rémunération brute annuelle normale.

Par contre, les capitaux qui ont la nature d'une indemnité, en réparation totale ou partielle d'une perte permanente de revenus en cas d'incapacité de travail directement attribués par l'(ancien) employeur aux (anciens) membres du personnel, ne sont pas déductibles à titre de frais professionnels.

Cette disposition a été instaurée afin d'éviter les abus qui pourraient survenir lorsque l'employeur attribue directement d'importants capitaux en réparation d'une perte permanente de revenus en cas d'incapacité de travail, étant donné que la possibilité d'octroyer directement de tels capitaux de pension n'existe plus à l'heure actuelle suite à l'obligation d'externalisation se trouvant dans le cadre du volet social de la loi relative aux pensions complémentaires.

En résumé :

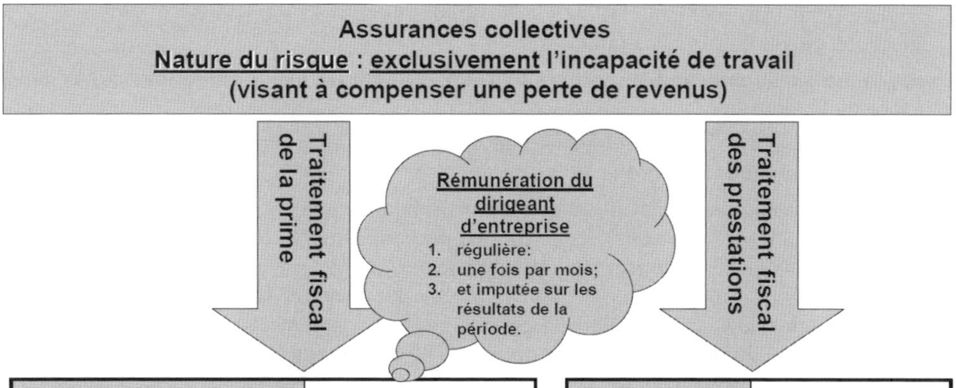

Dans le chef de l'employeur (cf. article 52, 3°, b, 4ème tiret)	**Déductible** (sous réserve du respect des conditions de l'article 59 du CIR)
Dans le chef du bénéficiaire (cf. article 38, § 1er, 18°[pour les travailleurs] ou 19° [pour les dirigeants] du CIR)	Avantage exonéré

Dans le chef de l'employeur	Non imposables
Dans le chef du bénéficiaire	Imposables

d) Engagements couvrant des frais médicaux, de dépendance, d'affections graves et autres assurances de personnes

	Articles 38, § 1er, alinéa 1er, 20° et § 2 et 53, 21° du CIR.
Autre référence	**Circulaire n°Ci.Rh.332/583.327 du 20 mai 2010**

La loi du 28 avril 2003 relative aux pensions complémentaires a introduit un certain nombre de nouveaux avantages qui ne donnent pas lieu à l'imposition d'un avantage de toute nature dans le chef du bénéficiaire de l'avantage. Cependant, les frais qui s'y rapportent ne constituent pas des frais professionnels déductibles dans le chef de l'employeur.

En effet, lorsque ces cotisations et primes patronales interviennent dans le cadre d'un engagement individuel, elles ne sont exonérées dans le chef du bénéficiaire, et imposables dans le chef de l'employeur, qu'à la condition impérative qu'il existe, dans l'entreprise, un engagement collectif accessible de manière uniforme et non discriminatoire aux travailleurs et dirigeants d'entreprise (même ceux qui ne sont pas rémunérés régulièrement), ou à une catégorie spécifique de ceux-ci.

Cette loi vise les cotisations et primes prises en charge par l'employeur ou l'ancien employeur du bénéficiaire et qui ont trait :

- à l'assurance frais médicaux relatifs à l'hospitalisation, à la journée d'hospitalisation, aux affections graves et aux soins palliatifs;
- aux contrats qui remboursent des frais spécifiques, exclusivement occasionnés par la dépendance de l'assuré;
- aux contrats qui prévoient exclusivement le versement d'une rente, dans le cas où l'intéressé est victime d'une affection grave;
- aux assurances de personnes ou engagements similaires ne couvrant pas les incapacités de travail et qui peuvent être considérées comme un complément aux avantages attribués dans le cadre de la législation concernant la sécurité sociale.

Les prestations effectuées en exécution de ces mêmes engagements, sont également exonérées d'impôt dans le chef du bénéficiaire, pour autant qu'ils n'aient pas pour but de couvrir une perte de revenus.

Les cas suivants peuvent se présenter :

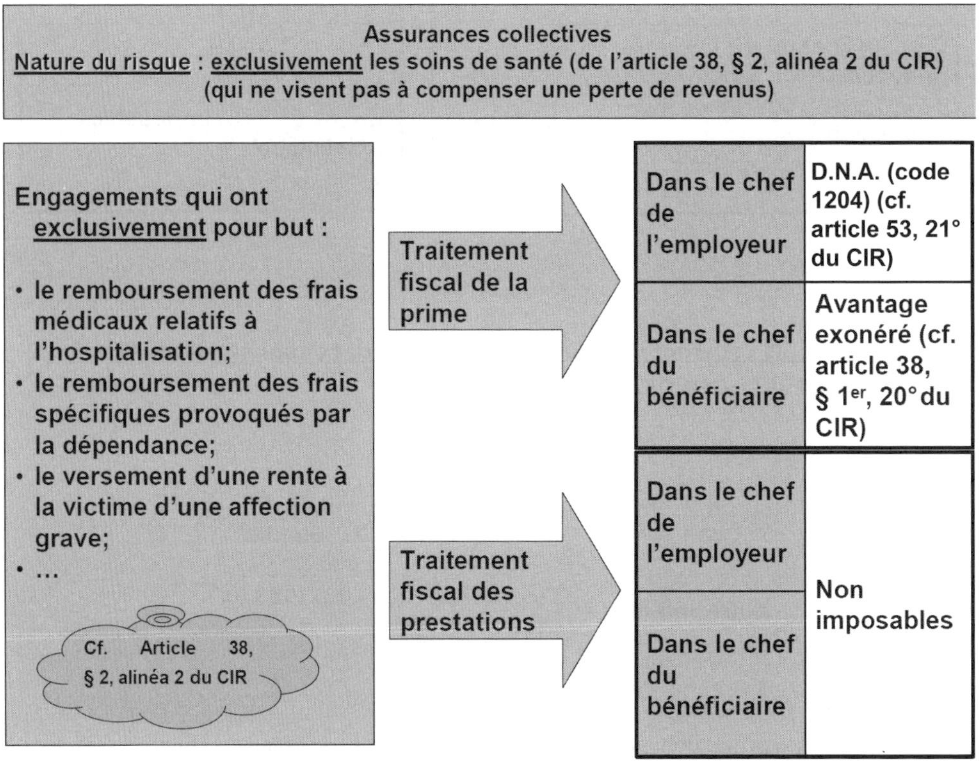

Assurances collectives
Nature du risque : exclusivement les soins de santé non visés à l'article 38, § 2, alinéa 2 du CIR)
(qui ne visent pas à compenser une perte de revenus)

Autres engagements (par exemple une assurance collective pour soins ambulatoires)

Traitement fiscal de la prime

Dans le chef de l'employeur	D.N.A. (code 1214) (cf. article 53, 14° du CIR)
Dans le chef du bénéficiaire	Avantage exonéré (cf. article 38, § 1er, 11° du CIR)

Traitement fiscal des prestations

Dans le chef de l'employeur	Non imposables
Dans le chef du bénéficiaire	Non imposables

Assurances collectives
Nature du risque : exclusivement l'incapacité physiologique et/ou économique
(le but du contrat n'est pas de compenser une perte de revenus)

Traitement fiscal de la prime

Dans le chef de l'employeur	D.N.A. (code 1214) (cf. article 53, 14° du CIR)
Dans le chef du bénéficiaire	Avantage exonéré (cf. article 38, § 1er, 11° du CIR)

Traitement fiscal des prestations

Dans le chef de l'employeur	Non imposables
Dans le chef du bénéficiaire	Non imposables

Assurances collectives
Nature du risque : plusieurs risques non différenciés

Traitement fiscal de la prime

Dans le chef de l'employeur	D.N.A. (code 1214) (cf. article 53, 14° du CIR)
Dans le chef du bénéficiaire	Avantage exonéré (cf. article 38, § 1er, 11° du CIR)

Traitement fiscal des prestations

Dans le chef de l'employeur	Non imposables
Dans le chef du bénéficiaire	Imposables uniquement en ce qui concerne les prestations obtenues en exécution d'un engagement qui a pour but de compenser une perte de revenus

Assurances collectives
Nature du risque : plusieurs risques différenciés

Nature du risque	Traitement de la prime dans le chef de l'employeur	Traitement de la prime dans le chef du bénéficiaire	Traitement des prestations dans le chef de l'employeur	Traitement des prestations dans le chef du bénéficiaire
Incapacité de travail	Déductible (sous réserve du respect des conditions des articles 59 et 195, § 1er du CIR)	Avantage exonéré	Non imposables	Imposables
Soins de santé visés à l'article 38, § 2, alinéa 2 du CIR	D.N.A. (code 1204)	Avantage exonéré	Non imposables	Non imposables
Autres soins de santé	D.N.A. (code 1214)	Avantage exonéré	Non imposables	Non imposables
Incapacité physiologique et/ou économique	D.N.A. (code 1214)	Avantage exonéré	Non imposables	Non imposables

3. *Frais de voiture et moins-values sur véhicules automobiles non déductibles (Code 1205 de la déclaration)*

Articles 66, 198 § 1er, 9° et 9bis et 198bis du CIR.

La limitation de ces frais s'applique dans le chef du contribuable qui expose ce type de dépenses et les reprend dans ses frais professionnels et non dans le chef de celui auquel les biens et services sont fournis et facturés de manière accessoire et ce même si ces frais figurent directement sur la facture.

En effet, si une société de services (A) fait appel pour une partie de ses activités à un sous-traitant (B) qui lui facture ses prestations ainsi que les frais de déplacement en voiture, la limitation s'applique dans le chef de la société qui reprend lesdites dépenses dans ses frais professionnels en l'occurrence (B) et non dans le chef de celui auquel le service ou la prestation a été fourni. Il en résulte que dans le chef de la société A qui a reçu la facture comprenant, entre autre, les frais des déplacements enregistrés par B, l'ensemble du montant de la facture est entièrement déductible.

Cependant, cette limitation ne s'applique pas à l'ensemble des :

- voitures, voitures mixtes ou minibus;
- frais afférents à l'utilisation desdites voitures.

a) Frais de voiture sur véhicules automobiles non déductibles

➲ Jusqu'à l'exercice d'imposition 2020 inclus

À l'exception faite des frais de carburant qui sont déductibles qu'à concurrence de 75%, tous les autres frais afférents à l'utilisation des voitures, voitures mixtes, minibus ou fausses camionnettes sont déductibles à titre de frais professionnels à concurrence d'un pourcentage (cf. les tableaux ci-après) qui dépend :

- du type de carburant utilisé;
- du taux d'émission de CO_2 par kilomètre.

1. Peut-on déduire du fait que le LPG et l'électricité ne soient pas cités à l'article 198bis qu'ils sont soumis au pourcentage général de 75% ?
2. Comment les entreprises doivent-elles rapporter la preuve des émissions de CO_2 concernant les frais de taxis à l'étranger[277] ?

1. Les véhicules alimentés au GPL ou à l'électricité ne sont pas nécessairement exclus. Il s'agit en effet généralement de véhicules qui peuvent aussi rouler au gasoil ou à l'essence et qui tombent dès lors sous l'application de l'article 198bis.
2. Pour des raisons pragmatiques, une limitation de frais de **75%** est toujours appliquée.

277 Question n° 6101 de M. De Potter du17 juin 2008, Compte Rendu Analytique, Commission des Finances de la Chambre, Com 263, p. 3-4.

Pour connaître l'émission de CO_2 par kilomètre des véhicules, il faut toujours se référer à l'information dont dispose la Direction de l'Immatriculation des Véhicules (ci-après D.I.V.). Quand la D.I.V. dispose de cette information, celle-ci est alors en principe indiquée sur le certificat d'immatriculation du véhicule.

Même si cette information est également indiquée sur le certificat de conformité du véhicule qui a été délivré à la réception du véhicule, seule l'émission de CO_2 repris sur le certificat d'immatriculation est déterminant pour le calcul de l'avantage de toute nature.

Il est également possible d'obtenir le taux de CO_2 de chaque véhicule en se connectant sur le site de la Direction générale environnement.

<table>
<tr><th colspan="6">Frais (autres que le carburant)</th></tr>
<tr><th colspan="2">Véhicules à moteur alimenté au diesel</th><th colspan="2">Véhicules à moteur alimenté à l'essence</th><th colspan="2">Véhicules 100% autonome par rapport à l'essence et au diesel</th></tr>
<tr><td>émettent au maximum 60 grammes de CO_2 par kilomètre</td><td>100%</td><td>émettent au maximum 60 grammes de CO_2 par kilomètre</td><td>100%</td><td rowspan="4">n'émettent pas de gramme de CO_2 par kilomètre (cf. page n°126)</td><td rowspan="4">120%</td></tr>
<tr><td>émettent de 60 grammes de CO_2 par kilomètre à 105 grammes de CO_2 au maximum par kilomètre</td><td>90%</td><td>émettent de 60 grammes de CO_2 par kilomètre à 105 grammes de CO_2 au maximum par kilomètre</td><td>90%</td></tr>
<tr><td>émettent plus de 105 grammes de CO_2 par kilomètre à 115 grammes de CO_2 au maximum par kilomètre</td><td>80%</td><td>émettent plus de 105 grammes de CO_2 par kilomètre à 125 grammes de CO_2 au maximum par kilomètre</td><td>80%</td></tr>
<tr><td>émettent plus de 115 grammes de CO_2 par kilomètre à 145 grammes de CO_2 au maximum par kilomètre</td><td>75%</td><td>émettent plus de 125 grammes de CO_2 par kilomètre à 155 grammes de CO_2 au maximum par kilomètre</td><td>75%</td></tr>
<tr><td>émettent plus de 145 grammes de CO_2 par kilomètre à 170 grammes de CO_2 au maximum par kilomètre</td><td>70%</td><td>émettent plus de 155 grammes de CO_2 par kilomètre à 180 grammes de CO_2 au maximum par kilomètre</td><td>70%</td><td rowspan="3">émettent des grammes de CO_2 par kilomètre</td><td rowspan="3">75%</td></tr>
<tr><td>émettent plus de 170 grammes de CO_2 par kilomètre à 195 grammes de CO_2 au maximum par kilomètre</td><td>60%</td><td>émettent plus de 180 grammes de CO_2 par kilomètre à 205 grammes de CO_2 au maximum par kilomètre</td><td>60%</td></tr>
<tr><td>émettent plus de 195 grammes de CO_2 par kilomètre ou si aucune donnée relative à l'émission de CO_2 n'est disponible au sein de l'immatriculation des véhicules.</td><td>50%</td><td>émettent plus de 205 grammes de CO_2 par kilomètre ou si aucune donnée relative à l'émission de CO_2 n'est disponible au sein de l'immatriculation des véhicules.</td><td>50%</td></tr>
<tr><td colspan="5">Frais de carburant</td><td>75%</td></tr>
</table>

➲ A partir de l'exercice d'imposition 2021[278]

A l'exception des frais de financement, le taux de déductibilité des frais professionnels liés aux voitures est déterminé de la manière suivante :

278 A partir l'exercice d'imposition 2021 se rattachant à une période imposable qui débute au plus tôt le 1er janvier 2020.

A. Véhicules émettant 200 grammes de CO_2 par kilomètre ou plus	
Le taux de déductibilité est fixé à 40%.	
B. Véhicules émettant moins de 200 grammes de CO_2 par kilomètre	
• pour les véhicules utilisant un moteur diesel	1,20 – (0,5% * gramme de CO_2 par kilomètre) Le résultat obtenu au moyen de cette formule est exprimé en pourcent. Le taux obtenu ne peut dépasser 100% ni être inférieur à 50%.
• pour les véhicules équipés d'un moteur au gaz naturel dont la puissance fiscale est inférieure à 12 chevaux fiscaux	1,20 – (0,5% * gramme de CO_2 par kilomètre) * 0,90 [279] Le résultat obtenu au moyen de cette formule est exprimé en pourcent. Le taux obtenu ne peut dépasser 100% ni être inférieur à 50%.
• pour les autres véhicules équipés d'un moteur (par exemple un moteur à essence, LPG, biocarburant, électrique, etc.)	1,20 – (0,5% * gramme de CO_2 par kilomètre) * 0,95 Le résultat obtenu au moyen de cette formule est exprimé en pourcent. Le taux obtenu ne peut dépasser 100% ni être inférieur à 50%.

Pour les véhicules hybrides rechargeables qui sont équipés d'une batterie électrique avec une capacité énergétique de moins de 0,5 kWh[280] par kilogrammes de poids du véhicule ou émettant plus de 50 grammes de CO_2 par kilomètre, le nombre de gramme de CO_2 :

- à prendre en considération est égal au nombre de gramme de CO_2 du véhicule correspondant[281] pourvu d'un moteur utilisant exclusivement le même carburant ;
- est multiplié par 2,5 s'il n'existe pas de véhicule correspondant pourvu d'un moteur utilisant exclusivement le même carburant.

Par véhicule hybride rechargeable, on entend un véhicule qui est à la fois équipé d'un moteur à carburant et d'une batterie électrique qui peut être rechargée via une connexion à une source d'alimentation externe hors du véhicule[282].

Les frais de financement des véhicules sont déductibles à 100%.

Ceci peut être illustré par les exemples suivants.

Les frais professionnels liés à un véhicule :

- diesel émettant 98 grammes de CO_2 par kilomètre, pourront être déduits à 71% (soit 1,20 – [0,5 % * 1 * 98]).
- essence émettant 98 grammes de CO_2 par kilomètre, pourront être déduits à 73,45% (soit 1,20 – [0,5 % * 0,95 * 98]) ;
- au gaz naturel avec des émissions de CO_2 de 98 grammes par kilomètre, pourront être déduits à 75,90% (ou 1,20 – [0.5 % * 0.90 * 98]).

b) Voitures, voitures mixtes, minibus ou fausses camionnettes exclus de la limitation

Ne sont pas visés par cette limitation, les frais de voitures, voitures mixtes, minibus ou fausses camionnettes qui sont exclusivement :

- affectés à un service de taxis ou à la location avec chauffeur et qui sont exemptés à ce titre de la taxe de circulation sur les véhicules automobiles;

279 Le Roi peut, par arrêté délibéré en Conseil des Ministres, diminuer le coefficient jusqu'à minimum 0,75 (article 11, 2° de la loi du 25 décembre 2017 portant réforme de l'impôt des sociétés.

280 Le Roi peut, par arrêté délibéré en Conseil des Ministres, diminuer le coefficient jusqu'à minimum 2,10 par kilogrammes de poids du véhicule (article 11, 2° de la loi du 25 décembre 2017 portant réforme de l'impôt des sociétés.

281 Le Roi peut déterminer ce qu'il faut entendre par véhicule correspondant (article 11, 2° de la loi du 25 décembre 2017 portant réforme de l'impôt des sociétés).

282 Article 7, alinéa 2 de la loi du 25 décembre 2017 portant réforme de l'impôt des sociétés.

- affectés à l'enseignement pratique dans des écoles de conduite agréées et qui sont spécialement équipés à cet effet;
- donnés en location à des tiers;
- utilisés pour le transport rémunéré de petites marchandises (et ce, pour des entreprises ayant pour objet de tels transports telles que les firmes de livraison et de distribution de courrier et de petits colis);
- utilisés pour le transport rémunéré de colis pour le compte d'une firme de courrier.

De même, cette limitation ne s'applique pas aux frais qui sont répercutés à des tiers, à condition que ces frais soient explicitement et séparément mentionnés dans la facture[283].

c) <u>Frais visés par la limitation</u>

Les frais auxquels s'applique la limitation sont tous les frais directs et indirects afférents à l'utilisation, en Belgique et à l'étranger, des voitures, voitures mixtes, minibus ou fausses camionnettes.

Il s'agit principalement :

- de l'amortissement du véhicule et de tous les accessoires et équipements tels que la radio, le système d'alarme, l'installation LPG, etc.;
- des frais de carburant;
- des frais d'assurance y compris les taxes et autres frais annexes;
- de la taxe de circulation, de la taxe de mise en circulation, etc.;
- de la location ou de l'amortissement d'un garage;
- des frais de parking, de péages;
- des frais d'entretien;
- des frais de réparation;
- des frais de contrôle technique;
- des frais d'expertise et de justice (y compris les honoraires d'avocats) en rapport avec l'usage de la voiture;
- des cotisations payées à des organisations qui assurent le dépannage;
- des frais de dépannage ou de remorquage du véhicule en panne;
- etc.

Cette limitation s'applique également aux frais :

- résultant de la location d'un véhicule avec ou sans chauffeur;
- résultant de l'usage de voitures partagées;
- résultant de l'usage de taxis;
- de voitures remboursés à des tiers (via une note de frais)[284].

La limitation ne porte pas sur :

- les frais de financement, les intérêts d'emprunt et frais bancaires;
- l'achat, les frais d'installation et l'amortissement d'un mobilophone;
- les frais relatifs aux minibus dans la mesure où ils sont affectés à un transport collectif organisé par l'employeur ou conjointement avec d'autres employeurs pour effectuer les trajets entre le domicile et le lieu de travail;

283 Article 10 de la loi du 25 décembre 2017 portant réforme de l'impôt des sociétés.

284 Il convient de considérer que 30% du montant remboursé concerne les frais de carburant et 70% les autres frais de voiture. Cette ventilation a son importance lors du calcul des frais de voiture non déductibles car les frais de carburant font l'objet d'une limitation de frais à concurrence de 75% des dépenses engagées, alors que la limitation concernant les autres frais de voiture dépend du type de carburant et du taux d'émission de CO_2 du véhicule utilisé.

- 60% des frais relatifs à l'utilisation « des véhicules dits de direction » pour autant que les conditions suivantes soient réunies :
  - il doit s'agir de constructeurs, importateurs et négociants de véhicules à l'état neuf dûment inscrits à ce titre au registre du commerce à titre principal;
  - les véhicules visés doivent avoir le caractère de marchandises que la société a prélevées temporairement sur son stock en vue de les affecter, en ordre principal, à des essais et démonstrations avec des clients potentiels;
  - les frais sur lesquels se calcule la proportion de 60% ne peuvent comporter que la taxe de circulation, les primes d'assurance ainsi que les frais d'entretien ordinaire;
- les frais de taxis pour le transport de colis non accompagnés à la condition que la facture qui s'y rapporte mentionne avec précision :
  - la date, l'heure et le prix de la course;
  - le nom ou la dénomination ainsi que l'adresse complète du destinataire;
  - la nature, le nombre et le poids des colis transportés en cette occasion;
- la partie des frais de voiture qui constitue un avantage de toute nature dans le chef de celui qui l'utilise (dirigeant d'entreprise ou travailleur de la société). L'administration a récemment modifié son point de vue concernant la fin de la limitation de la déduction relative aux avantages de toute nature imposable dans le chef de celui qui en bénéficie à partir du 1er janvier 2012[285].

  La circulaire précise qu'afin d'éviter une double taxation, les frais qui se rapportent à l'usage d'une voiture par un tiers ne doivent pas être considérés comme des frais de voiture à concurrence du montant de l'avantage de toute nature qui est imposable dans le chef dudit tiers mais bien comme un coût salarial dont la déduction n'est soumise à aucune limitation (pour autant que le montant de l'avantage de toute nature soit repris sur une fiche individuelle au nom de la personne à laquelle la voiture est mise à disposition).

  Pour déterminer le régime fiscal applicable aux frais de voiture concernés, il y a dès lors lieu de procéder comme suit : l'avantage doit être ventilé en une quotité afférente aux frais de carburant et une quotité se rapportant aux autres frais.

  Les frais de carburant totaux, à l'exclusion de la quotité qui est comprise dans l'avantage de toute nature, sont déductibles à concurrence de 75 %.

  La somme des autres frais, après déduction de la quotité comprise dans l'avantage de toute nature, est déductible au pourcentage de déduction des frais afférents à ces voitures fixé à l'article 198bis du code des impôts sur les revenus.

  Pour l'application de cette règle, il convient de considérer que 30% du montant de l'avantage de toute nature concerne des frais de carburant et 70% du montant de l'avantage de toute nature les autres frais.

  Le montant qui correspond à l'avantage de toute nature, le cas échéant limité au montant des frais réellement exposés relatifs à la voiture mise à disposition, est par ailleurs déductible à 100 % à titre de frais professionnels (pour autant que le montant de l'avantage de toute nature soit repris sur une fiche individuelle au nom de la personne à qui la voiture est mise à disposition).

  Si, malgré le fait que le nombre de kilomètres parcourus à des fins privées ne joue plus aucun rôle lors de la détermination de l'avantage de toute nature imposable, la société est en en mesure de démontrer quelle quotité des frais exposés se rapporte à l'utilisation privée de la voiture, elle peut procéder comme suit :

  - la quotité des frais qui se rapporte à l'usage privé est entièrement déductible à titre de frais professionnels ;
  - la quotité des frais qui se rapporte à l'usage professionnel est déductible à concurrence de 75% pour les frais de carburant et au pourcentage de déduction afférent aux autres frais fixé à l'article 198bis du code des impôts sur les revenus.

  Exemple : la SA Azur met une voiture à la disposition d'un cadre et en couvre tous les frais. En supposant que le cadre utilise la voiture exclusivement pour effectuer des déplacements

285 Circulaire AGFisc N° 30/2014 (n° Ci.RH.243/633.725) d.d. 15.07.2014.

privés et que les frais s'élèvent à 12.500,00 € pour la SA Azur, le montant total des frais (12.500,00 €) est déductible à titre de frais professionnels dans le chef de la SA Azur;

- indemnité de frais à charge des travailleurs.

Lorsque l'employeur impose un avantage de toute nature chez le travailleur, il ne reçoit aucune quote-part et peut déduire l'avantage attribué à son travailleur des dépenses non admises pour frais de voiture qui sont à imposer.

Lorsque l'employeur reçoit une contribution de son travailleur, celle-ci est imposable comme revenu dans le chef de l'employeur, et ce dernier **ne peut pas déduire la quote-part des dépenses non admises** pour frais de voiture, comme le pensent certains centres de contrôle.

Pensez-vous que la discrimination décrite ci-dessus se justifie ?

Le coût économique pour un employeur est plus élevé pour les voitures qu'il met gratuitement à disposition de ses travailleurs que pour les voitures qu'il met à disposition de ses travailleurs dans les mêmes circonstances moyennant récupération, chez ces travailleurs, d'une partie des frais de ces voitures.

Le fait que dans le premier cas un avantage de toute nature soit imposé à juste titre dans le chef des travailleurs concernés et pas dans le deuxième cas, n'y change rien.

Je ne vois dès lors pas pourquoi le résultat fiscal dans le chef de l'employeur devrait être le même dans les deux cas, vu qu'il s'agit manifestement de deux situations différentes.

Dans un arrêt du 17 mars 2011, la Cours d'appel d'Anvers arriva cependant à la conclusion que les frais de voiture déductibles de façon limitée peuvent être diminués des contributions que les travailleurs bénéficiant de cet avantage paient pour l'utilisation privée du véhicule.

Le pourvoi en cassation qu'a introduit l'administration contre cet arrêt a été rejeté pour des raisons techniques (et non pas sur base de considérations de principe).

Cet arrêt de cassation ne clôture donc pas le débat mais permet cependant de contester la position de certains centres de contrôle et la réponse qui a été faite par le ministre à la question parlementaire se trouvant dans l'encadré précédant;

- les frais consentis par l'entreprise dans le but de pouvoir offrir des places de stationnement à sa clientèle (par exemple la location ou l'amortissement d'aires de stationnement).

1. Partagez-vous notre analyse selon laquelle les frais d'aménagement ou d'entretien d'aires de stationnement exposés en vue de proposer des places de parking aux membres du personnel ne relèvent pas du champ d'application de la limitation de déductibilité visée à l'article 198bis ou 66 du CIR ?
2. Peut-on suivre le même raisonnement lorsque l'employeur loue des places de garage à un tiers au profit des membres du personnel de son entreprise ?[286]

La limitation de la déduction prévue à l'article 66, § 1er du CIR, est, dans le chef de l'entreprise, applicable aux amortissements ainsi qu'aux frais de location afférents à des parkings ou à des garages qui sont occupés par des véhicules pour lesquels la limitation de la déduction visée à l'article 66, § 1er du CIR est d'application dans le chef d'entreprise. Ceci sera notamment le cas lorsque la société est propriétaire, preneuse en leasing ou locataire de pareils véhicules.

Les amortissements et les frais de location afférents à des parkings ou à des garages occupés par des véhicules qui **appartiennent aux membres du personnel** ne sont, en principe, pas visés par l'article 66, § 1er du CIR.

Le remboursement par l'employeur, des frais de stationnement engagés par les membres du personnel pendant les déplacements de service, reste cependant, dans le chef de l'employeur, bien soumis à la limitation de la déduction en cause.

En cas de sinistre concernant ces véhicules automobiles dont les frais sont non déductibles, les indemnités reçues de la compagnie d'assurance ou du tiers responsable ne doivent être reprises qu'à concurrence de la limitation dans les bénéfices imposables de la société.

286 Question n° 5 de Mme De Schampelaere du 8 janvier 2008, Questions et Réponses, Chambre, 2007-2008, n° 008, pages 500-501.

d) Exemple

Les frais relatifs à la voiture de la SA Azur (véhicule à moteur diesel émettant 180 grammes de CO_2) au 31 décembre 2018 sont les suivants :

Carburants	1.492,24
Amortissements	2.500,00
Frais d'entretiens et de réparations	1.294,26
Assurances	798,50
Taxe de circulation et redevance-radio	226,00
Frais de taxis	69,00
Indemnités forfaitaires pour remboursement de frais incombant à l'employeur (véhicule à moteur essence émettant 130 grammes de CO_2)	2.000,00
TOTAL	8.380,00

1ère hypothèse : le tiers qui utilise la voiture appartenant à la SA Azur n'a pas bénéficié d'un avantage de toute nature car il n'y a pas eu d'usage privé du véhicule.

Le montant à reprendre en dépenses non admises au code 1205 de la déclaration s'élève à :

	Montant à reprendre au code 1205 de la déclaration	
Frais afférents à l'utilisation de la voiture appartenant à la SA Azur	Carburants	1.492,24 EUR
	DNA :	373,06 (25% de 1.492,24%)
	Autres frais :	
	Amortissements :	2.500,00 EUR
	Frais d'entretiens et de réparations :	1.294,26 EUR
	Assurances :	798,50 EUR
	Taxe de circulation :	226,00 EUR
	Total :	4.818,76 EUR
	DNA :	1.927,50 EUR (40% de 4.818,76 EUR)
Frais résultant de l'usage de taxis[287]	DNA : 17,25 EUR (25% de 69,00 EUR)	
Frais remboursés à des tiers	DNA : 500,00 EUR (2.000,00 EUR X 70% X 25% + 2.000,00 EUR X 30% X 25%)	
Total	2.817,81 EUR (373,06 + 1.927,50 + 17,25 + 350,00)	

2ème hypothèse : le tiers qui utilise la voiture appartenant à la SA Azur a bénéficié d'un avantage de toute nature (le coût de l'usage privé du véhicule correspond à 20% des dépenses réelles afférentes à la voiture mise à disposition).

Le montant des dépenses non admises doit se calculer en tenant compte que 20 % des frais relatifs à l'utilisation privée de la voiture sont déductibles à 100 %, et ce indépendamment du montant de l'avantage de toute nature et de la manière dont il sera déterminé. La limitation de déduction des frais de voiture ne s'applique pas dans la mesure où les frais de ladite voiture correspondent à un avantage de toute nature. En effet, ces frais ne sont plus considérés, dans cette mesure, comme des frais de voiture (dont la déduction est limitée), mais comme une rémunération dont la déduction n'est soumise à aucune limitation.

287 Pour des raisons pragmatiques, une limitation de frais de 75 % est toujours appliquée aux frais de taxi (cf. question n° 6101 de M. De Potter du 17 juin 2008 - Compte Rendu Analytique, Commission des Finances de la Chambre, Com 263, p. 3-4).

Sur base de ces considérations, le montant à reprendre en dépenses non admises au code 1205 de la déclaration s'élève à :

	Montant à reprendre au code 1205 de la déclaration	
Frais afférents à l'utilisation de la voiture appartenant à la SA Azur	Carburants	1.193,79 (80% de 1.492,24 EUR)
	DNA :	298,45 (25% de 1.193,79)
	Autres frais :	
	Amortissements :	2.000,00 (80% de 2.500,00 EUR)
	Frais d'entretiens et de réparations :	1.035,41 (80% de 1.294,26 EUR)
	Assurances :	638,80 (80% de 798,50 EUR)
	Taxe de circulation :	180,80 (80% de 226,00 EUR)
	Total :	3.855,01 (80% de 4.818,76 EUR)
	DNA :	1.542,03 EUR (40% de 3.855,01 EUR)
Frais résultant de l'usage de taxis[288]	DNA : 17,25 EUR (25% de 69,00 EUR)	
Frais remboursés à des tiers	DNA : 500,00 EUR (2.000,00 EUR X 70% X 25% + 2.000,00 EUR X 30% X 25%)	
Total	2.357,70 EUR (298,45 + 1.542,03 + 17,25 + 350,00)	

Cette méthode, bien que parfois fort intéressante pour le contribuable, est cependant peu utilisée en pratique en raison des lourdeurs administratives qu'elle peut engendrer.

Beaucoup de professionnels de la comptabilité et de la fiscalité se contentent souvent de retirer du montant des frais de voitures soumis à DNA, le montant de l'ATN voiture déclaré.

e) Moins-values sur véhicules automobiles non déductibles

Le régime fiscal décrit ci-dessus s'applique également aux moins-values réalisées sur de tels véhicules. En conséquence, ce type de moins-values n'est déductible au titre de frais professionnel qu'à concurrence d'un taux égal au rapport exprimé en pour cent entre la somme des amortissements fiscalement admis antérieurement à l'aliénation et la somme des amortissements comptables pour les périodes imposables correspondantes.

Ceci peut être illustré par l'exemple suivant.

Le bilan de la SA Azur au 31 mars 2018 se présente de la manière suivante :

ACTIF			*PASSIF*		
	31/03/2018	*31/03/2017*		*31/03/2018*	*31/03/2017*
Matériel roulant (voitures, voitures mixtes ou minibus)	0,00	4.000,00	Capital (apports en nature)	**30.000,00**	**30.000,00**
			Réserve légale	**3.000,00**	**3.000,00**
• Valeur d'acquisition	0,00	10.000,00	Réserve disponible	**20.000,00**	**20.000,00**
• Amortissements comptabilisés	0,00	6.000,00	Perte reportée	**(1.000,00)**	**0,00**
• Créances	**56.300,00**	**53.000,00**	Dettes	**4.630,00**	**4.000,00**
Total	***56.300,00***	***57.000,00***	***Total***	***56.300,00***	***57.000,00***

288 Pour des raisons pragmatiques, une limitation de frais de 75 % est toujours appliquée aux frais de taxi (cf. question n° 6101 de M. De Potter du 17 juin 2008 - Compte Rendu Analytique, Commission des Finances de la Chambre, Com 263, p. 3-4).

Le 23 novembre 2017, la SA Azur a vendu la voiture pour la somme de 3.000,00 EUR (hors TVA).

Les écritures comptables générées sont les suivantes :

Faits comptables	N° plan comptable	Intitulés des comptes	Somme débit	Somme crédit
Comptabilisation de la vente du matériel roulant	5500	Compte Courant	3 630,00	
	7484	à Ventes d'immobilisés		3 000,00
	451	à TVA à payer		630,00
Détermination du résultat comptable	7484	Ventes d'immobilisés	3 000,00	
	6631	Moins-value réalisée sur immobilisations corporelles	1 000,00	
	2419	Amortissements actés sur matériel roulant	6 000,00	
	2400	à Matériel roulant		10 000,00

Les amortissements fiscalement admis et les amortissements comptables pour les périodes imposables antérieures à l'aliénation présentent de la manière suivante :

	Période allant du 1er avril 2014 au 31 mars 2015	Période allant du 1er avril 2015 au 31 mars 2016	Période allant du 1er avril 2016 au 31 mars 2017
Amortissements admis fiscalement après application de la limitation prévue aux articles 66 et 198bis du CIR	1.200,00 (c'est-à-dire 60% de 2.000,00)	1.200,00 (c'est-à-dire 60% de 2.000,00)	1.200,00 (c'est-à-dire 60% de 2.000,00)
Amortissements comptabilisés	2.000,00	2.000,00	2.000,00

Sur cette opération, la société a réalisé une moins-value fiscale de 1.000,00 EUR qui n'est déductible au titre de frais professionnels qu'à concurrence de 60% c'est-à-dire (3.600,00 / 6.000,00) x 100.

Le mouvement des réserves se présente de la manière suivante :

	Situation au début de la période imposable	**Situation à la fin de la période imposable**
Réserve légale	**3.000,00**	**3.000,00**
Réserves disponibles	**20.000,00**	**20.000,00**
Résultat reporté		
Bénéfice		
Perte	**0,00**	**(1.000,00)** (Ce qui correspond au montant de la moins-value. L'écriture d'affectation du bénéfice a été passée).
Sous-total de la situation au début de la période imposable (pour le premier exercice comptable, mentionner zéro (0) au code 1040 PN)		
- Positif	23.000,00 (Code 1040 PN)	22.000,00 (Code 1040 PN)
- Négatif		
Mouvement de la période imposable		
Bénéfices réservés imposables		-1.000,00 (Code 1080 PN)

Frais de voiture et moins-values sur véhicules automobiles non déductibles	**400,00**	Code 1205

f) Cotisation de solidarité CO_2 [289]

Une cotisation de solidarité est due par l'employeur pour tout véhicule qui est mis à disposition de son travailleur à un usage autre que strictement professionnel, de manière directe ou indirecte et ce, indépendamment de toute contribution financière du travailleur dans le financement ou l'utilisation de ce véhicule.

Est présumé être mis à disposition du travailleur à un usage autre que strictement professionnel tout véhicule immatriculé au nom de l'employeur ou faisant l'objet d'un contrat de location ou de leasing ou de tout autre contrat d'utilisation de véhicule sauf si l'employeur démontre soit que l'usage autre que strictement professionnel est exclusivement le fait d'une personne qui ne ressort pas du champ d'application de la sécurité sociale des travailleurs salariés soit que l'usage du véhicule est strictement professionnel.

Le montant de cette cotisation est fonction du taux d'émission de CO_2 du véhicule tel que déterminé conformément aux dispositions de l'arrêté royal du 26 février 1981 portant exécution des directives des Communautés européennes relatives à la réception des véhicules à moteur et de leurs remorques, des tracteurs agricoles ou forestiers à roues, leurs éléments ainsi que leurs accessoires de sécurité.

Cette cotisation mensuelle qui ne peut être inférieure à 26,97 EUR pour l'année 2019 est fixée forfaitairement comme suit :

POUR LES VEHICULES	POUR L'ANNEE **2017**	POUR L'ANNEE **2018**	POUR L'ANNEE **2019**
• à essence	{((Y x 9 euros) - 768) : 12} x 1,2488	{((Y x 9 euros) - 768) : 12} x 1,2708	{((Y x 9 euros) - 768) : 12} x 1,2950
• au diesel	{((Y x 9 euros) - 600) : 12} x 1,2488	{((Y x 9 euros) - 600) : 12} x 1,2708	{((Y x 9 euros) - 600) : 12} x 1,2950
• LPG	{((Y x 9 euros) - 990) : 12} x 1,2488	{((Y x 9 euros) - 990) : 12} x 1,2708	{((Y x 9 euros) - 990) : 12} x 1,2950
• à propulsion électrique	26,01 EUR	26,47 EUR	26,97 EUR

Y étant le taux d'émissions de CO_2 en grammes par kilomètre tel que mentionné :

- dans le procès-verbal de conformité du véhicule;
- ou dans la banque de données de la direction de l'immatriculation des véhicules.

La DIV dispose de deux normes différentes d'émission CO_2 pour les véhicules plus récents (une valeur NEDC et une nouvelle valeur WLTP).

La nouvelle norme WLTP est instaurée progressivement. Depuis le 1er septembre 2017, elle concerne les nouveaux types de véhicules. A partir du 1er septembre 2018, cette nouvelle norme est applicable à toutes les voitures nouvellement produites.

Etant donné qu'elle mesure les émissions de CO_2 dans des circonstances plus représentatives des conditions de conduite réelles, la norme WLTP engendre des taux d'émission de CO_2 plus élevés.

Pendant une période transitoire qui va jusqu'à fin 2021, les constructeurs automobiles doivent, pour les nouvelles voitures WLTP, continuer à calculer une valeur NEDC théorique.

Cependant, un seul taux d'émission de CO_2 est mentionné sur le certificat d'immatriculation. Suivant la date d'inscription du véhicule, il s'agira de la valeur WLTP ou la valeur NEDC. Durant une

289 Cf. l'article 38, § 3quater, de la loi du 29 juin 1981 établissant les principes généraux de la sécurité sociale des travailleurs salariés.

période transitoire allant jusqu'au 31 décembre 2020, c'est la valeur NEDC mentionnée dans le tableau (code 49.1) du certificat de conformité du véhicule (valeur CO_2 combinée) et non la valeur WLTP (code 49.4), qui doit être utilisée.

Il est également possible d'obtenir le taux de CO_2 de chaque véhicule en se connectant sur le site de la Direction générale environnement.

Les véhicules pour lesquels aucune donnée relative à l'émission de CO_2 n'est disponible au sein de la direction de l'immatriculation des véhicules sont assimilés, s'ils sont propulsés par un moteur à essence, aux véhicules émettant un taux de CO_2 de 182 gr/km et, s'ils sont propulsés par un moteur au diesel, aux véhicules émettant un taux de CO_2 de 165 gr/km.

Cette cotisation de solidarité est, sur le plan fiscal, considérée comme une charge sociale légalement due, connexe aux rémunérations des membres du personnel, visée à l'article 52, 3°, a, du CIR, Autrement dit, cette cotisation n'est dès lors pas soumise aux limitations visées aux articles 66, §1er et 198bis du CIR.

A partir du 1er janvier 2018, certains travailleurs qui utilisent un véhicule de société peuvent l'échanger contre une allocation de mobilité. En ce qui concerne les cotisations sociales, on applique le même système que celui qui vaut pour les voitures de société : l'allocation de mobilité est exonérée de cotisations sociales, mais l'employeur est redevable d'une cotisation de solidarité. Celle-ci est aussi élevée que la cotisation de solidarité dont l'employeur était redevable pour les voitures de société échangées et est calculée de la même manière, et ce tant que l'allocation de mobilité est octroyée au travailleur.

A partir du 1er mars 2019, certains travailleurs qui utilisent un véhicule de société peuvent l'échanger contre un budget mobilité. En ce qui concerne le calcul des cotisations de solidarité concernant la partie du budget qui peut être affecté au financement d'une voiture de société 'respectueuse de l'environnement', on applique le même système que celui qui vaut pour les voitures de société antérieures, mais basé dès lors sur l'émission CO2 des nouvelles voitures de société (plus respectueuses de l'environnement).

g) Evaluation forfaitaire de l'avantage de toute nature

L'avantage de toute nature résultant de l'utilisation à des fins personnelles d'un véhicule mis gratuitement à disposition est exclusivement calculé sur la base de la valeur catalogue et de l'émission CO_2. Le nombre de kilomètres privés parcourus avec le véhicule n'a plus d'influence sur le calcul de l'avantage.

L'avantage de toute nature est calculé en appliquant un pourcentage-CO_2 à 6/7 de la valeur catalogue du véhicule mis gratuitement à disposition selon la formule suivante :

ATN = % Coefficient CO_2 x Valeur catalogue x 6/7

Chaque année, le Roi détermine l'émission de référence-CO_2 en fonction de l'émission CO_2 moyenne sur une période de 12 mois consécutifs se terminant le 30 septembre de l'année qui précède la période imposable par rapport à l'émission CO_2 moyenne de l'année de référence 2011 selon les modalités qu'il fixe. L'émission CO_2 moyenne est calculée sur la base de l'émission CO_2 des véhicules (automobiles non déductibles) qui sont nouvellement immatriculés.

L'avantage ne peut jamais être inférieur à :

- 1.310,00 € (montant indexé pour l'année 2018);
- 1.340,00 € (montant indexé pour l'année 2019).

Lorsque l'avantage n'est pas consenti à titre gratuit, l'intervention du bénéficiaire de l'avantage est déduite de l'avantage déterminé conformément aux règles exposées ci-avant.

Lorsqu'un véhicule de société est mis à disposition sans mise à disposition d'une carte carburant, les frais de carburant que le travailleur supporte lui-même n'ont pas le caractère d'une intervention personnelle dans l'avantage de toute nature calculé et ne peuvent par conséquent pas en être déduits[290].

Lorsqu'un employeur met un véhicule de société à la disposition d'un travailleur sans lui fournir une carte de carburant, le travailleur ne peut déduire ses frais de carburant de l'avantage de toute nature que constitue le véhicule de société. Les entreprises ont adapté leur « car policy » à cette situation, en ce sens que les frais de carburant sont désormais payés par l'employeur avant d'être récupérés par ce dernier au titre d'intervention personnelle pour l'utilisation du véhicule.

Le ministre confirme-t-il que cette adaptation empêche l'application de l'article 344 du CIR 92 ?

Cette situation n'entraîne-t-elle pas une différence de traitement entre les entreprises qui appliquent une car policy respectivement avec et sans carte de carburant ?[291]

Si l'employeur élargit la car policy qu'il applique lorsqu'il met un véhicule de société à la disposition d'un travailleur en incluant une carte de carburant et qu'il demande, à cet effet, une contribution égale aux frais de carburant, l'intervention personnelle peut être déduite de l'avantage de toute nature fixé pour ce véhicule de société.

Si l'entreprise agit de la sorte, l'article 344 du Code ne sera pas appliqué.

Une nouvelle rubrique apparaît dans le cadre concernant les dépenses non admises. Elle se nomme « Frais de voiture à concurrence d'une quotité de l'avantage de toute nature » (code 1206).

Le nouveau mode de calcul de l'avantage de toute nature résultant de l'utilisation à des fins personnelles d'un véhicule mis gratuitement à disposition s'accompagne d'une majoration du résultat fiscal de la société qui met le véhicule à disposition à des fins privées.

Cette majoration s'élève à 17% de toute la base de calcul de l'avantage en nature calculé forfaitairement. L'administration a confirmé que la base de calcul de ces 17% peut être diminuée de l'intervention personnelle du bénéficiaire du véhicule.

Le pourcentage de 17% est porté à 40%[292] en cas de prise en charge totale ou partielle, par la société de frais de carburant liés à l'utilisation du véhicule mis gratuitement ou non à disposition à des fins personnelles.

Le pourcentage de 17% ou de 40% s'applique aussi bien pour les véhicules qui sont mis gratuitement à disposition que pour les véhicules pour lesquels une intervention du bénéficiaire de l'avantage est demandée.

Pour le calcul de cette dépense non admise, il n'est pas tenu compte du montant de l'intervention du bénéficiaire.

Ceci peut être illustré par l'exemple suivant.

En 2018, la SA Azur a mis à disposition de son administrateur une voiture. L'avantage de toute nature s'élève à 2.800 EUR.

a. La SA Azur n'intervient pas dans les frais de carburant liés à l'utilisation à des fins privées de la voiture. Le montant à reprendre (17% de 2.800 EUR) au code 1206 de la déclaration s'élève à 476,00 EUR et, ce peu importe que l'administrateur intervienne ou n'intervienne pas personnellement pour l'utilisation de la voiture à des fins privées.

290 La banque BNP Paribas Fortis a déposé mi-février 2019 un recours devant le Conseil d'Etat contre l'administration fiscale. Elle demande notamment l'annulation de cette règle de calcul.

291 CRIV 53 COM 837, pages 6-7.

292 Article 198, alinéa 1er, 9bis du Code des impôts sur les revenus.

b. La SA Azur met une carte carburant à la disposition du gérant. Le montant à reprendre (40% de 2.800 EUR) au code 1206 de la déclaration s'élève à 1.120,00 EUR et, ce peu importe que l'administrateur intervienne ou n'intervienne pas personnellement pour l'utilisation de la voiture à des fins privées.

➲ Coefficient CO_2

Le pourcentage de base CO_2 s'élève à :

- 5,50 % pour une émission de référence-CO_2 de 105[293] g/Km (107 pour l'année civile 2019) pour les véhicules à moteur alimenté à l'essence, au LPG ou au gaz naturel;
- 5,50 % pour une émission de référence-CO_2 de 86[294] g/Km pour les véhicules à moteur alimenté au diesel (88 pour l'année civile 2019);
- 4,00 % pour les véhicules qui émettent 0 gramme de CO_2 par kilomètre, comme les véhicules électriques.

Lorsque l'émission du véhicule concerné :

- dépasse l'émission de référence (105 g/Km pour les véhicules à moteur alimenté à l'essence, au LPG ou au gaz naturel ou 86 g/Km pour les véhicules à moteur alimenté au diesel), le pourcentage de base est augmenté de 0,10 % par gramme de dépasssement de CO_2, avec un maximum de 18%;
- est inférieure à l'émission de référence (105 g/Km pour les véhicules à moteur alimenté à l'essence, au LPG ou au gaz naturel ou 86 g/Km pour les véhicules à moteur alimenté au diesel), le pourcentage de base est réduit de 0,10 % par gramme de CO_2 en dessous de la limite, avec un minimum de 4,00 %.

Les véhicules pour lesquels aucune donnée relative à l'émission de CO_2 n'est disponible au sein de la direction de l'immatriculation des véhicules sont assimilés aux véhicules émettant un taux de CO_2 de :

- 205 grammes par kilomètre s'ils sont propulsés par un moteur à essence, au LPG ou au gaz naturel;
- 195 grammes par kilomètre s'ils sont propulsés par un moteur au diesel.

➲ Valeur catalogue

Cette définition vaut tant pour les véhicules neufs, les véhicules d'occasion et les véhicules en leasing.

La valeur catalogue peut mener, dans le cas des véhicules d'occasion, à une discrimination non voulue parce que le prix d'un véhicule d'occasion est évidemment plus bas que celui d'un véhicule identique à l'état neuf.

Autrement dit, un même véhicule d'une même année de construction et d'une même valeur catalogue pouvait sur la base de la définition initiale être imposé plus lourdement si ce véhicule avait été acheté à l'état neuf par rapport au véhicule qui aurait été acheté d'occasion.

Une telle discrimination n'étant pas justifiée, le législateur a préféré la définition suivante de la valeur catalogue utilisable tant pour les véhicules à l'état neuf que pour les véhicules d'occasion : « le prix catalogue du véhicule à l'état neuf lors d'une vente à un particulier, options et taxe sur la valeur ajoutée réellement payée comprises, sans tenir compte des réductions, diminutions, rabais ou ristournes ».

Cette définition prévoit explicitement que la TVA à prendre en considération pour la détermination de la valeur catalogue est la TVA réellement payée.

---

293 Année civile 2018.

294 Année civile 2018.

Afin de tenir compte de l'âge du véhicule, la valeur catalogue est multipliée par le pourcentage allant de 100 à 70 :

Période écoulée depuis la première inscription du véhicule	Pourcentage
De 0 à 12 mois	100 %
De 13 à 24 mois	94 %
De 25 à 36 mois	88 %
De 37 à 48 mois	82 %
De 49 à 60 mois	76 %
A partir de 61 mois	70 %

Un mois commencé compte pour un mois entier.

En cas de mise à disposition limitée à une partie de la période imposable, le montant de l'avantage de toute nature doit être réduit prorata temporis sur base du nombre de jours calendrier. Pour le calcul du nombre de jours calendrier, il faut tenir compte du premier jour de mise à disposition de la voiture de société, mais pas du dernier jour de mise à disposition durant lequel la voiture de société est restituée.

Ceci peut être illustré par les exemples suivants.

A partir du 1er juin 2018, la SPRL Azur met gratuitement à disposition de son gérant, une Renault (essence) d'une puissance fiscale de 13 CV acquise à l'état neuf. Le taux d'émission de CO_2 est de 115 grammes par kilomètre. La valeur catalogue du véhicule s'élève à 30.000,00 €. La SA Azur ne prend pas en charge les frais de carburant liés à l'utilisation du véhicule mis à disposition à des fins personnelles.

L'avantage de toute nature pour l'année civile 2018 résultant de l'utilisation à des fins personnelles du véhicule est calculé comme suit :

30.000 € (valeur catalogue) X 6/7 X 6,50%[295] (pourcentage CO_2) x 100% x 214/365 = 979,96 €.

Au code 1206 de la déclaration, il faut mentionner 17% de l'avantage de toute nature, soit 166,59 €.

A partir du 1er janvier 2018, la SPRL Azur met gratuitement à disposition de son gérant, une Renault (essence) d'une puissance fiscale de 13 CV acquise à l'état neuf et immatriculée pour la première fois le 14 juin 2017. Le taux d'émission de CO_2 est de 110 grammes par kilomètre. La valeur catalogue du véhicule s'élève à 32.000,00 € (Prix catalogue, TVA réellement payée comprise). La SA Azur prend en charge les frais de carburant liés à l'utilisation du véhicule mis à disposition à des fins personnelles.

Pour le calcul de la période écoulée depuis la première immatriculation du véhicule, un mois commencé compte pour un mois entier, de telle manière qu'il faut commencer à compter à partir du 1er juin 2017. Le pourcentage de la valeur catalogue à prendre en considération pour le calcul de l'avantage de toute nature, s'élève par conséquent à 100 p.c. pour la période allant du 1er janvier 2018 au 31 mai 2018 inclus et à 94 p.c. pour la période du 1er juin 2018 au 31 décembre 2018.

Pour le calcul de l'avantage de toute nature, il est tenu compte du nombre de jours calendrier, ce qui signifie dans ce cas :

- pour la période allant du 1er janvier 2018 au 31 mai 2018 inclus : 151 jours ;
- pour la période allant du 1er juin 2018 au 31 décembre 2018 inclus : 214 jours.

295 5,50% + 0,10% x [115 - 105].

Compte tenu de cela, l'avantage de toute nature doit être calculé comme suit :

- 32.000 EUR (valeur catalogue) x 100 p.c. x 151/365 x 6/7 x 6 p.c.[296] (pourcentage-CO_2) = 680,83 €;
- 32.000 EUR (valeur catalogue) x 94 p.c. x 214/365 x 6/7 x 6 p.c[297] (pourcentage-CO_2) = 906,99 €;
- l'avantage global pour l'année de revenus 2018 est donc égal à 1.587,82 €.

Au code 1206 de la déclaration, il faut mentionner 40% de l'avantage de toute nature, soit 635,13 €.

h) Allocation de mobilité (Loi du 30 mars 2018 concernant l'instauration d'une allocation de mobilité)[298]

La loi du 30 mars 2018 introduit la possibilité pour les travailleurs qui disposent depuis suffisamment longtemps d'une voiture de société de la restituer contre une allocation de mobilité qui se voit appliquer le même statut fiscal et social avantageux que celui de la voiture de société. Ce système est également nommé « cash for car ». Les employeurs doivent, de leur côté, avoir mis à disposition d'un ou plusieurs travailleurs des voitures de société depuis suffisamment longtemps pour pouvoir inclure l'allocation de mobilité dans leur paquet salarial. Les employeurs ne sont cependant pas obligés d'instaurer le système et les travailleurs ne peuvent pas être contraints de restituer leur voiture de société.

Les deux conditions cumulatives auxquelles doit répondre le travailleur afin de pouvoir demander une allocation de mobilité sont déterminées comme suit :

- au moment de la demande, le travailleur doit disposer auprès de l'employeur actuel d'une voiture de société depuis au moins 3 mois sans interruption ;
- il doit également, durant les 36 mois précédant la demande, disposer ou avoir disposé d'une voiture de société pendant au moins 12 mois auprès de l'employeur actuel.

Il est à préciser que cette période de 36 mois ne s'applique pas à celui qui travaille pour un employeur qui n'est en activité que depuis moins de 36 mois.

Ce système est également accessible aux conditions vues ci-dessus aux travailleurs qui sont simplement éligibles pour une voiture de société mais qui n'en disposent pas. L'allocation de mobilité doit alors être calculée en fonction de la valeur de l'avantage de l'utilisation de la voiture de société à laquelle travailleur avait droit.

Il est important de faire remarquer que si l'employeur décide de sa propre initiative d'instaurer un régime d'allocation de mobilité et le travailleur choisi d'introduire une demande, cela reste à l'employeur qu'il revient de décider d'accorder ou non cette allocation au travailleur.

L'allocation de mobilité ne peut pas être combinée avec les indemnités relatives au déplacement pour le trajet domicile-lieu de travail. Elle ne peut également pas avoir été préalablement accompagnée d'une réduction du salaire en échange d'une voiture de société (appelé également « salary sacrifice »). Elle ne peut également pas être combinée avec le régime du budget mobilité.

L'allocation est adaptée à la hausse ou à la baisse en cas de changement de fonction impliquant un changement du régime en matière de voiture de société.

---

296 5,50% + 0,10% x [110 - 105].

297 5,50% + 0,10% x [110 - 105].

298 Modifiée par la loi du 17 mars 2019.

Le montant de l'allocation s'élève à 20% ou à 24% de 6/7e de la valeur catalogue de la voiture de société au moment de son remplacement par l'allocation de mobilité.

Le taux de 24% s'applique si les frais de carburant liés à l'utilisation personnelle du véhicule restitué étaient, totalement ou partiellement, pris en charge par l'employeur.

La valeur catalogue sur laquelle l'allocation de mobilité est calculée est indexée chaque année.

Ceci peut être illustré par l'exemple suivant.

Le 1er janvier 2018, la direction de la SA Azur a accordé, à la demande de son employé Monsieur Lucien Pick, une allocation de mobilité en remplacement de la voiture de société qui était mise à sa disposition. Celui-ci renonce ainsi à la voiture dont il disposait à titre gratuit en tant qu'employé de la société depuis le 1er avril 2014. La SA Azur prenait également en charge les frais de carburant lié à l'utilisation du véhicule mis à disposition. La valeur catalogue du véhicule, au 1er janvier 2018, s'élève à 32.000,00 €.

Par conséquent, Monsieur Lucien Pick va percevoir pour l'année 2018, une allocation de mobilité de 6.582,86 € (24% * 32.000,00 * 6/7).

Dans l'hypothèse où l'avantage relatif au véhicule mis à disposition à partir du 1er avril 2014 n'était pas consenti à titre gratuit, l'intervention de Monsieur Pick devrait être déduite de l'allocation de mobilité.

➲ Avantage de toute nature (article 33 ter du CIR)

Le montant de l'allocation de mobilité qui est accordé lorsqu'une voiture de société est rendue par son utilisateur constitue un avantage imposable. Cet avantage imposable est évalué forfaitairement. Il est égal à quatre pourcents de six septièmes de la valeur catalogue de la voiture de société au moment de son remplacement par l'allocation de mobilité.

Comme le souligne le Conseil d'Etat, l'avantage imposable annuel de l'allocation de mobilité est égal à quatre pourcents de six septièmes de la valeur catalogue, peu importe que l'employeur ait également pris en charge les frais de carburant liés à l'utilisation personnelle du véhicule. Dans cette hypothèse, l'allocation de mobilité est toutefois majorée d'un cinquième. On appliquera alors un taux de 24 % au lieu de 20 % de six septièmes de la valeur catalogue[299].

La contribution personnelle que le travailleur paie, le cas échéant, lorsque la voiture de société n'est pas mise à disposition gratuitement, est déduite de l'avantage de toute nature imposable relatif à l'allocation de mobilité, comme c'est le cas avec l'avantage de toute nature lié aux voitures de société.

L'avantage imposable calculé relatif à la voiture de société restitué est alors fixé pour toute la durée de l'allocation de mobilité, et ce, sauf indexation ou changement de fonction du travailleur entraînant un changement du régime en matière de voiture de société.

Le montant de l'allocation de mobilité qui excède cet avantage imposable correspond à un revenu exonéré.

L'allocation de mobilité reçoit un traitement fiscal équivalent à celui de la voiture de société. La règle selon laquelle 17% ou 40% de l'avantage constitue une dépense non admise reste d'application.

Le pourcentage de 17% ou de 40% relatif à la détermination de la dépense rejetée est appliqué sur le montant de l'avantage de toute nature calculé.

299 Document parlementaire 54/2838/001, page 81.

Ceci peut être illustré par l'exemple suivant.

Le 1er janvier 2018, la direction de la SA Azur a accordé, à la demande de son employé Monsieur Lucien Pick, une allocation de mobilité en remplacement de la voiture de société qui était mise à sa disposition. Celui-ci renonce ainsi à la voiture dont il disposait à titre gratuit en tant qu'employé de la société depuis le 1er avril 2014. La SA Azur prenait également en charge les frais de carburant lié à l'utilisation du véhicule mis à disposition. La valeur catalogue « historique indexée » du véhicule au 1er janvier 2018 s'élevait à 32.000,00 €.

Monsieur Lucien Pick va percevoir pour l'année 2018, une allocation de mobilité de 6.582,86 € (24% * 32.000,00 * 6/7).

Cette allocation de mobilité constitue un avantage de toute nature à concurrence de 1.097,14 € (4% * 32.000,00 * 6/7).

Le montant à reprendre au code 1206 de la déclaration s'élève à 438,86 € (40% de 1.097,14 €).

➲ Taux de déductibilité de l'allocation de mobilité (article 198ter du CIR)

Le taux normal de déductibilité de l'allocation de mobilité est de 75%.

Ce taux de déductibilité est d'ailleurs immédiatement applicable si le pourcentage de déduction relatif à la voiture de société restituée (à l'exception des frais de carburant) était inférieur ou égal à 75 %.

Cependant, une mesure transitoire a été prévue.

En effet, le taux de déductibilité de l'allocation de mobilité reste le même que celui qui était applicable à la voiture échangée jusqu'au 31 décembre de la première année civile suivant l'année de l'échange, et ce, en tant que mesure transitoire basée sur le taux de déductibilité des frais professionnels, autres que le carburant, tel qu'applicable sur la voiture de société échangée, déterminé par application de l'article 198bis du CIR.

Il n'est tenu compte que du taux applicable sur les frais de voiture autres que les frais de carburant.

Lorsqu'au cours des 12 mois précédant le remplacement, plusieurs véhicules ont été mis successivement à disposition du travailleur, le taux de déductibilité est égal au pourcentage qui était applicable au véhicule dont le travailleur a disposé le plus longtemps au cours de cette période.

Le pourcentage de déduction de l'allocation de mobilité ne peut cependant pas être inférieur à 75% (le but est ainsi d'encourager le remplacement des voitures de société les plus polluantes), ni supérieur à 95% (le but est de dissuader les intéressés d'échanger les voitures les moins polluantes, qui donnent lieu à une déduction fiscale supérieure, contre une allocation de mobilité).

Au terme de la période transitoire, c'est-à-dire à partir du 1er janvier de la deuxième année civile suivant l'année civile au cours de laquelle la voiture de société est restituée, le pourcentage de déduction, s'il est supérieur à 75 %, est annuellement réduit de 10% à la date du 1er janvier de chaque année jusqu'à ce qu'il atteigne le taux de 75 %.

Ceci peut être illustré par l'exemple suivant.

Le 1er janvier 2018, la SA Azur et son dirigeant Monsieur Lucien Pick ont instauré un une allocation de mobilité en remplacement d'une voiture de société. Monsieur Lucien Pick renonce ainsi à la voiture essence qui avait été mise à sa disposition à titre gratuit par la SA Azur le 1er avril 2014.

La SA Azur prenait également en charge les frais de carburant lié à l'utilisation du véhicule mis à disposition. La valeur catalogue du véhicule, au 1er janvier 2018, s'élevait à 32.000,00 €. Le taux d'émission du véhicule qui était mis à disposition s'élevait à 110 grammes par kilomètre.

Monsieur Lucien Pick va percevoir pour l'année 2018, une allocation de mobilité de 6.582,86 € (24% * 32.000,00 * 6/7).

Au code 1205 de la déclaration, il faudra reprendre le montant de 1.316,57 € (20% de 6.582,86 €).

i) Budget de mobilité (Loi du 17 mars 2019 concernant l'instauration d'un budget de mobilité et arrêté Royal du 21 mars 2019)

La loi du 17 mars 2019 introduit la possibilité pour les travailleurs qui disposent d'une voiture de société, ou simplement du droit d'obtenir une voiture de société, depuis suffisamment longtemps, de remplacer cet avantage par un budget de mobilité. Le régime est entré en vigueur le 1er mars 2019.

Ce budget annuel doit être consacré à certaines dépenses de mobilité avec l'application d'un régime fiscal et social particulier en fonction du type de dépense effectué.

Si une partie du budget n'a pas été consacrée à des dépenses liées à la mobilité durant l'année civile, le solde non utilisé du budget sera versé en numéraire au travailleur.

Les dépenses prévues par ce budget se répartissent sur trois piliers.

Le budget relatif au premier pilier peut être affecté totalement ou partiellement au financement d'une voiture de société plus respectueuse de l'environnement. Le traitement fiscal et social de cette nouvelle voiture de société reste le même que celui existant préalablement pour les autres voitures de société. La valeur des émissions de CO_2 du nouveau véhicule ne peut dépasser 105 grammes par kilomètre.

Le budget relatif au second pilier peut être consacré au financement de moyens de transport durables. Il peut s'agir d'un abonnement aux transports en commun au nom du travailleur pour les déplacements entre le domicile et le lieux de travail, l'achat, l'entretien et l'équipement d'un vélo, d'une trottinette électrique, l'utilisation d'un taxi, d'une voiture sans chauffeur dans certaines limites, etc.

Ce second pilier peut également être utilisé pour financer les frais de logement du travailleur (loyer, intérêts d'un prêt hypothécaire) si ce dernier habite dans un rayon de 5 kilomètres de son lieu de travail. Le travailleur conserve en outre le droit à toutes les déductions fiscales liées à ce logement.

Les dépenses liées à ce second pilier sont déductibles fiscalement pour l'employeur et exonéré d'impôt pour le travailleur. Elles sont également exonérées de cotisations sociales dans le chef du travailleur et de l'employeur.

Le troisième pilier est constitué du montant du budget non utilisé pour les deux premiers types de dépenses. Il est versé en numéraire une fois par an au travailleur. Il est exonéré d'impôt pour le travailleur et déductible pour l'employeur mais est soumis à une cotisation sociale spéciale de 38,07 %.

Le montant global à consacrer au budget de mobilité correspond au coût brut total pour l'employeur du financement d'une voiture de société. Ce coût doit être fixé par travailleur mais l'administration accepte que ce montant soit déterminé sur base de la voiture de référence relative à la catégorie de fonctions à laquelle le travailleur appartient, à condition que cette méthode soit appliqué pour déterminer le budget de mobilité de tous les travailleurs. Cette méthode alternative est également applicable lorsqu'un travailleur est simplement éligible à une voiture de société.

Les employeurs ne sont pas obligés d'instaurer ce système et les travailleurs ne peuvent pas être contraints de restituer leur voiture de société en échange d'un budget de mobilité. L'employeur peut choisir librement les modalités d'application de ce système sans que ce choix puisse être considéré comme discriminatoire par les travailleurs. L'employeur n'est donc pas obligé d'offrir toutes les possibilités d'affectation que la loi autorise.

Les deux conditions cumulatives auxquelles doit répondre le travailleur afin de pouvoir demander un budget de mobilité sont déterminées comme suit :

- au moment de la demande, le travailleur doit disposer auprès de l'employeur actuel d'une voiture de société depuis au moins 3 mois sans interruption ;
- il doit également, durant les 36 mois précédant la demande, disposer ou avoir disposé d'une voiture de société pendant au moins 12 mois auprès de l'employeur actuel.

Il est à préciser que ces périodes minimales ne s'appliquent pas aux travailleurs nouvellement engagés ou aux travailleurs qui ont obtenu une promotion ou un changement de fonction avant le 1er mars 2019.

Ce système est également accessible aux conditions vues ci-dessus aux travailleurs qui sont simplement éligibles pour une voiture de société mais qui n'en disposent pas. Le budget de mobilité doit alors être calculée en fonction de la valeur de l'avantage de l'utilisation de la voiture de société à laquelle travailleur avait droit.

Le montant du budget est adapté à la hausse ou à la baisse en cas de changement de fonction impliquant un changement du régime en matière de voiture de société.

L'octroi d'un budget de mobilité ne peut pas être combiné avec les indemnités relatives au déplacement pour le trajet domicile-lieu de travail, ni avec l'octroi d'une allocation de mobilité. Il ne peut également pas avoir été préalablement accompagné d'une réduction du salaire en échange d'une voiture de société (appelé également « salary sacrifice »).

Le travailleur qui opte pour le régime du budget de mobilité ne peut plus par la suite prétendre à une allocation de mobilité.

L'employeur doit tenir un compte mobilité pour chaque travailleur bénéficiant d'un budget de mobilité et conserver les informations récoltées durant sept ans.

4. Frais de restaurant, de réception et de cadeaux d'affaires non déductibles (Codes 1208 et 1207 de la déclaration)

Article 53, 8°, 8bis et 11° du CIR.

a) Frais de restaurant (code 1208 de la déclaration)

Les frais de restaurant (qu'il s'agisse de frais directement engagés par la société elle-même ou de sommes remboursées au même titre à des tiers) ne sont déductibles qu'à concurrence de 69% de leur montant.

Les frais d'exploitation déductibles au titre de frais professionnels résultant de l'exploitation par une entreprise en son sein d'un restaurant réservé à son personnel dirigeant et / ou ses relations d'affaires doivent également être limités à 69% à moins que le coût total du repas soit imposé comme avantage de toute nature chez le bénéficiaire ou supporté par ce dernier.

Lorsque, parmi les frais d'exploitation de tels restaurants, sont également comprises les rémunérations des membres du personnel affectés au restaurant, ces rémunérations demeurent, déductibles pour autant du moins qu'elles soient mentionnées sur les fiches individuelles et le relevé récapitulatif requis.

La limitation des frais de restaurant s'applique en principe dans le chef du contribuable qui expose les dépenses et les reprend dans ses frais professionnels et non dans le chef de celui auquel les biens ou les services sont finalement fournis, et ce même si ces frais figurent distinctement sur une facture reprenant, entre autre frais, ces frais de restaurant.

Dans le cas d'un expert-comptable qui déjeune avec un client, l'administration admet les situations suivantes :

CAS ENVISAGÉS	PRATIQUES ADMINISTRATIVES
L'expert-comptable reprend les frais du dîner d'affaires dans ses frais professionnels et ne les répercute pas à charge du client.	La limitation s'applique dans le chef de l'expert-comptable.
L'expert-comptable reprend les frais du dîner d'affaires dans ses frais professionnels et les répercute indirectement en adaptant ses honoraires.	La limitation s'applique dans le chef de l'expert-comptable.
L'expert-comptable transmet (sans la reprendre dans sa comptabilité) la note à son client.	La limitation s'applique dans le chef du client.
L'expert-comptable reprend les frais dans sa comptabilité et par la suite il la met sans déguisement à charge de son client pour le même montant au moyen d'une facture ou d'une note de frais reprenant la dénomination du restaurant, la date du dîner et une photocopie de la note de restaurant.	La limitation s'applique dans le chef du client.

Par dérogation à la limitation évoquée ci-dessus, sont totalement déductibles :

- les frais exposés par les représentants du secteur alimentaire;
- les frais sociaux exposés pour le personnel;
- les frais de séjour.

1) Frais exposés par les représentants du secteur alimentaire

Les frais de restaurant exposés par les représentants d'entreprises du secteur alimentaire chargés de relations commerciales avec la clientèle, sont intégralement déductibles à titre de frais professionnels.

Pour pouvoir bénéficier de cette exception, l'entreprise doit établir que les frais en cause (la dégustation des produits au cours du repas) offre un intérêt dans le cadre d'une relation établie ou potentielle de fournisseur à client.

Ne peuvent notamment pas bénéficier de cette exception :

- les représentants de producteurs, grossistes ou importateurs de produits tels que les articles pour fumeurs, les aliments pour animaux, la farine ou la levure;
- les représentants d'entreprises qui vendent de la vaisselle, des verres et des services de table;
- les créateurs de cuisines industrielles;
- les rédacteurs gastronomiques.

2) Frais sociaux exposés pour le personnel

Les frais de restaurant sont intégralement déductibles lorsqu'ils :

- sont afférents à des manifestations amicales organisées au profit exclusif de l'ensemble des membres du personnel (et non d'une catégorie d'entre eux) à l'occasion :
  - de la Saint-Nicolas, de la Noël, du Nouvel-An ou d'une fête votive en usage dans la profession concernée telle que la Saint-Éloi ou la Sainte-Barbe;
  - de la remise de décorations aux membres du personnel, de leur mise à la retraite ou de leur mise à la prépension;
- conservent un caractère modique par bénéficiaire.

Si la fête n'est pas organisée au profit exclusif de l'ensemble des membres du personnel mais également destinées à d'autres invités (clients, etc.), la globalité du montant des frais exposés ne sera déductible qu'à concurrence de 69,00%.

3) Frais de séjour

La limitation prévue aux articles 53, 8° et 11° du CIR ne s'applique pas aux indemnités allouées par des entreprises en remboursement de « frais de séjour » dont la charge incombe normalement à l'employeur et sont exposés par les membres de leur personnel qui effectuent des déplacements de service.

b) Frais de réception (code 1207 de la déclaration)

Les frais de réception (qu'il s'agisse de frais directement engagés par la société elle-même ou de sommes remboursées au même titre à des tiers) ne sont déductibles qu'à concurrence de 50% de leur montant.

Les frais de réception sont ceux qu'un contribuable engage dans le cadre de ses relations publiques, pour l'accueil de tiers, que ce soit dans ses propres locaux ou ailleurs.

Il s'agit notamment :

- des frais de traiteur;
- des frais d'achat de boissons, d'aliments, d'articles pour fumeurs;
- des frais d'achat de fleurs en vue de l'organisation d'une réception ou afin d'orner les tables à l'occasion d'un banquet;
- de l'amortissement ou de la location de locaux;
- des salaires du personnel d'accueil et de service qui sont liés à la réception des visiteurs.

Tant dans la jurisprudence européenne que dans la jurisprudence supérieure belge (arrêts de la Cour de cassation en date du 8 avril 2005 et de la cour d'appel de Gand en date du 30 janvier 2007), **tous les frais de réception et d'accueil rentrant dans l'objectif publicitaire d'un événement ou d'une campagne sont considérés en TVA comme des « frais de publicité »**, déductibles dans leur intégralité et exempts de toute limite de déduction fiscale.

Quand les directives ou circulaires adéquates seront-elles adressées aux fonctionnaires taxateurs et du contentieux de l'AFER afin que ceux-ci puissent désormais appliquer, de façon uniforme et simultanée, cette jurisprudence constante et en particulier cette définition européenne de « frais de publicité» à quelque stade que ce soit des procédures de TVA et de taxation - y compris les litiges en cours -, tant en matière de TVA qu'en ce qui concerne l'impôt des sociétés ?[300]

En matière de TVA, l'administration s'est inclinée devant la décision de la Cour de ne pas considérer comme des frais de réception, au sens de l'article 45, § 3, 4°, du Code, de tels frais exposés pour la promotion de produits déterminés et de considérer qu'il s'agit de publicité et de dépenses qui ont un caractère strictement professionnel. La TVA grevant de tels frais est par conséquent déductible selon les règles normales.

La différence dans l'approche adoptée **en matière de TVA** et d'impôts sur les revenus en ce qui concerne la déduction repose sur le fait que la nature de ces impôts diffère l'une de l'autre.

Les frais de réception qui sont subordonnés à l'objectif publicitaire d'un événement, sont désormais considérés, en matière de TVA, comme des dépenses ayant un caractère strictement professionnel compte tenu de l'arrêt de la Cour de Cassation précité et entrent également en ligne de compte pour la déduction TVA, sous la dénomination de « frais publicitaires ».

En matière d'impôts sur les revenus, de tels frais sont, en règle générale, également visés par la définition précitée de « frais de réception » et conservent leur caractère professionnel, au même titre que les frais de réception exposés dans un autre cadre. Le fait que la déduction de la quotité professionnelle soit limitée à 50% n'est que la conséquence des dispositions expresses de l'article 53, 8°, du Code des impôts sur les revenus, tout juste comme l'exclusion au droit à la déduction de la TVA grevant les frais de nourriture et de boissons résulte d'une disposition légale applicable en l'espèce.

Par dérogation à la limitation évoquée ci-dessus, les frais suivants sont totalement déductibles les frais :

- de publicité et de démonstration;
- de réception liés à des voyages d'affaires à l'étranger;
- de réception liés à des séminaires, colloques, etc.;
- sociaux exposés pour le personnel;
- de séjour.

1) Frais de publicité et de démonstration

Les frais de publicité et de démonstration sont intégralement déductibles.

Dans cet ordre d'idées, sont entièrement déductibles les frais :

- de transport exposés par l'entreprise en vue par exemple, de véhiculer gratuitement en autobus ses clients jusqu'au point de vente choisi par elle;
- de démonstration, avec remise éventuelle d'échantillons commerciaux;
- qu'entraîne la dégustation de produits fabriqués ou vendus par la firme;
- de tournées payées dans des cafés par des marchands de bière et des représentants de brasseries;
- qui se rapportent spécifiquement aux salles d'exposition comprises dans l'enceinte d'une entreprise et où les produits fabriqués par l'entreprise sont exposés.

300 Question n° 53 de M. Devlies du 11 janvier 2008, Questions et Réponses, Chambre, 2007-2008, n° 8, p. 512-515.

La Cour d'appel de Liège[301] concernant un litige portant sur la qualification fiscale à donner aux dépenses effectuées par une société, concessionnaire automobile, à l'occasion de l'inauguration de son nouveau show-room a considéré :

« *Que si les frais de réception ne constituent pas en eux-mêmes des frais de publicité, ils peuvent par contre parfaitement s'intégrer dans une stratégie à vocation publicitaire ou événementielle tenant à attirer l'attention sur la firme qui l'organise ou sur les produits qu'elle commercialise (cfr. dans ce sens, Cassation, 11 mars 2010, Fiscologue, 1199, p. 1);*

Que tel est le cas en l'espèce, s'agissant des dépenses relatives à l'inauguration du nouveau show-room de l'intimée ;

Que l'intimée n'avait en effet aucune raison d'organiser un cocktail à l'occasion de l'inauguration de ses nouvelles installations, si ce n'était pour attirer une clientèle potentielle, en vue de s'attirer par la suite des commandes ;

Qu'il apparaît évident que la promotion des produits est à l'avant-plan par rapport aux boissons et zakouskis offerts ;

Que la cour constate à cet égard que l'événement a eu lieu au sein même des installations de l'intimée, et non dans un lieu de réception loué pour l'occasion ;

Qu'il s'agit par conséquent de frais de publicité, totalement déductibles en application de l'article 49 du code des impôts sur les revenus. »

Le Ministre des Finances accepte que les frais de nourriture, de boissons et de catering exposés dans le cadre d'un événement destiné à des clients existants ou potentiels puissent être considérés commes des frais de publicité lorsque l'événement a pour objectif de promouvoir la vente de produits ou services déterminés[302].

2) *Frais de réception liés à des voyages d'affaires à l'étranger*

Toutes les dépenses de réception afférentes à des voyages à l'étranger restent intégralement déductibles si l'entreprise prouve que le voyage présente un intérêt évident pour ses affaires ou pour les affaires d'un tiers en Belgique, qu'elle représente à l'étranger.

3) *Frais de réception liés à des séminaires, colloques, etc.*

Les frais de réception compris dans les frais de colloques ou autres frais de formation sont intégralement déductibles à titre de frais professionnels lorsqu'ils constituent l'accessoire d'une activité de colloque, et ce pour autant qu'ils soient compris dans une facture globale.

4) *Frais sociaux exposés pour le personnel*

Les frais de réception sont intégralement déductibles lorsqu'ils :

- sont afférents à des manifestations amicales organisées au profit exclusif de l'ensemble des membres du personnel (et non une catégorie d'entre eux) à l'occasion :
  - de la Saint-Nicolas, de la Noël, du Nouvel-An ou d'une fête votive en usage dans la profession concernée telle que la Saint-Eloi ou la Sainte-barbe;
  - de la remise de décorations aux membres du personnel, de leur mise à la retraite ou de leur mise à la prépension;
- conservent un caractère modique par bénéficiaire.

301 Arrêt du 23 septembre 2015 - Rôle n° 2013/RG/1003.

302 Réponse du Ministre des Finances à la question parlementaire posée par Monsieur Johan Klops, CRABV 54 Com 844, page 6.

Si la fête n'est pas organisée au profit exclusif de l'ensemble des membres du personnel mais également pour d'autres invités (clients, etc.), les frais exposés ne seront déductibles qu'à concurrence de 50% de leur montant.

5) Frais de séjour

La limitation prévue aux articles 53, 8° et 11° du CIR ne s'applique pas aux indemnités allouées par des entreprises en remboursement de « frais de séjour » dont la charge incombe normalement à l'employeur et sont exposés par les membres de leur personnel qui effectuent des déplacements de service.

c) Frais de cadeaux d'affaires (code 1207 de la déclaration)

Les frais de cadeaux d'affaires (qu'il s'agisse de frais directement engagés par la société elle-même ou de sommes remboursées au même titre à des tiers) ne sont déductibles qu'à concurrence de 50% de leur montant.

Par cadeaux d'affaires, il convient d'entendre des objets d'une certaine valeur, offerts périodiquement (par exemple en fin d'année) ou occasionnellement, dans le cadre de relations professionnelles.

Lorsqu'une entreprise organise une loterie ou un concours auxquels seuls les consommateurs peuvent prendre part, les prix qui reviennent aux gagnants ne sont pas considérés comme des cadeaux d'affaires, de sorte que les frais s'y rapportant restent intégralement déductibles.

Par dérogation à la limitation évoquée ci-dessus, sont totalement déductibles :

- les frais de cadeaux d'affaires liés à des voyages d'affaires à l'étranger;
- les articles publicitaires;
- les échantillons;
- les frais sociaux exposés pour le personnel.

1) Frais de cadeaux d'affaires liés à des voyages d'affaires à l'étranger

Les frais de cadeaux d'affaires exposés à l'étranger à l'occasion d'un voyage, sont intégralement déductibles pour autant que l'entreprise prouve que le voyage présente un intérêt évident pour ses affaires ou pour les affaires d'un tiers, en Belgique, qu'elle représente à l'étranger.

2) Articles publicitaires

Les frais liés aux articles publicitaires sont intégralement déductibles lorsqu'ils :

- sont destinés à une très large diffusion (il ne peut s'agir d'objets réservés à une catégorie restreinte de clients ou de relations d'affaires);
- représentent une valeur modique pour celui qui le reçoit;
- portent de manière apparente et durable la dénomination de l'entreprise donatrice.

D'une manière générale, l'administration considère que les biens de consommation ne sont pas concernés par l'exception prévue en faveur des « articles publicitaires ».

3) *Échantillons*

Les frais liés aux échantillons (c'est-à-dire une petite quantité d'un produit qui permet d'en faire connaître ou apprécier les qualités au futur utilisateur ou consommateur) sont intégralement déductibles.

5. *Frais de vêtements professionnels non spécifiques (Code 1209 de la déclaration)*

Articles 53, 7° et 11° du CIR.

Les frais de vêtements non spécifiques ainsi que les allocations octroyées à des tiers en remboursement de tels frais, ne sont pas déductibles à titre de frais professionnels. Cette exclusion s'étend à toutes les dépenses liées aux vêtements précités telles que les frais de lavage, de nettoyage à sec, d'entretien et de réparation.

Il est important de remarquer, que cette disposition ne peut s'appliquer aux contribuables assujettis à l'impôt des sociétés que lorsque ces frais ne peuvent pas être taxés à titre d'avantage de toute nature dans le chef des bénéficiaires.

Par dérogation à la limitation évoquée ci-dessus, sont totalement déductibles :

- les frais de vêtements spécifiques imposés par une Convention Collective de Travail ou une réglementation relative à la protection du travail;
- les vêtements « spéciaux »;
- les tenues de voyage.

La rubrique codée 1209 n'est-elle pas totalement inutile à l'impôt des sociétés ?[303]

Sont considérés comme imposables dans le chef du travailleur, tous les avantages découlant de la prise en charge par l'employeur de dépenses privées du travailleur, notamment l'achat de vêtements professionnels non spécifiques[304].

Les dispositions de l'article 53, 7° et 11° du CIR (qui concernent les frais de vêtements professionnels non spécifiques et les allocations à des tiers en remboursement de tels frais) ne sont pas d'application en matière d'impôt des sociétés en ce qui concerne les frais de vêtements professionnels non spécifiques lorsque ces frais sont imposables au titre d'avantage de toute nature, dans le chef des bénéficiaires.

Il en résulte que l'application des dispositions précitées dans le chef d'une société est inexistante, du moins exceptionnelle.

303 Question n° 102 de Mme. Claes du 29 avril 2008, Q uestions et Réponses, Chambre, 2007-2008, n° 031, p . 7923-7925.

304 Question de Monsieur Olivier Hamal au vice-premier ministre et ministre des Finances et des Réformes institutionnelles sur « les vêtements professionnels» - CRABV 52 COM 687 du 29 octobre 2009.

a) Vêtements spécifiques imposés par une convention collective de travail ou une réglementation relative à la protection du travail

Les frais de vêtements de travail qui doivent être portés par le travailleur sur les lieux du travail en raison d'une obligation inscrite soit dans une C.C.T ou soit dans la réglementation relative à la protection du travail, sont entièrement déductibles à titre de frais professionnels.

Les casques, salopettes, gants spéciaux, bottes, chaussures de sécurité, etc. que les travailleurs sont tenus de porter en permanence sur les lieux de leur travail (chantiers de construction, industrie chimique, ...) en raison des dangers pour leur sécurité ou leur santé que l'activité exercée en ces lieux leur fait courir, sont entièrement déductibles à titre de frais professionnels.

De même, sont entièrement déductibles les frais relatifs aux vêtements énumérés dans certaines C.C.T tels que les tabliers, blouses, bonnets, uniformes ou autres équipements qui, dans la vie privée courante, ne peuvent pas servir comme tenues de ville, du soir, de cérémonie, de voyage ou de loisir.

b) Vêtements « spéciaux »

Les frais de vêtements spéciaux sont entièrement déductibles à titre de frais professionnels lorsqu'ils :

- sont portés pour exercer la profession;
- sont adaptés à cette fin;
- sont obligatoires, nécessaires ou d'usage, compte tenu de la nature de l'activité exercée;
- ne peuvent pas servir comme tenues de ville, du soir, de cérémonie, de voyage ou de loisir.

A titre d'exemples, peuvent être considérés comme des vêtements spéciaux :

- les uniformes imposés par l'employeur en dehors d'une C.C.T;
- les tabliers, les costumes en lin des médecins, chirurgiens, dentistes, infirmiers;
- la veste de travail du boucher et du boulanger;
- le bleu de travail du garagiste;
- le cache-poussière porté dans certaines professions;
- les cuissardes du pisciculteur et du marin pêcheur;
- etc.

c) Tenues de voyage

Les frais exposés pour des pièces vestimentaires acquises en vue d'un voyage professionnel (activités au niveau de la construction, inspection des mines, prospection pétrolière, expéditions scientifiques, etc.) qui ne peuvent pas être portées en Belgique dans la cadre de la vie courante, sont entièrement déductibles à titre de frais professionnels. Ce serait le cas par exemple d'une tenue d'esquimau acquise en vue d'exercer une activité professionnelle au Groenland.

d) Vêtements des motocyclistes[305]

Les frais de vêtements des motocyclistes qui constituent un élément essentiel à la sécurité de celui qui les porte (c'est le cas par exemple pour les combinaisons, les gants ou les chaussures de protection agréés ou pour les vestes ou survêtements réfléchissants) sont déductibles à titre de frais professionnels dans la mesure où ces vêtements sont utilisés pour des déplacements professionnels.

305 Circulaire n°Ci.Rh.241/559.092 du 22 octobre 2004.

6. Avantages sociaux (Code 1214 de la déclaration), avantages de titres-repas, chèques sport/culture ou éco-chèques (Code 1215 de la déclaration)

Articles 38, alinéa 1er, 11°, 38/1 et 53, 14° du CIR.

Les avantages sociaux visés à l'article 38, alinéa 1er, 11° du CIR sont des avantages minimes alloués par l'employeur dans le but d'améliorer les rapports entre les membres du personnel et de renforcer les liens dudit personnel avec l'entreprise.

Les avantages visés à l'article 38, § 1er alinéa 1er, 25° du CIR concernent l'intervention de l'employeur ou de l'entreprise dans :

- les chèques sport/culture qui répondent aux conditions reprises à la page n°336;
- les éco-chèques qui répondent aux conditions reprises à la page n°337;
- les titres-repas qui répondent aux conditions reprises à la page n°340.

Bien que les trois avantages visés ci-avant ne soient plus rangés parmi les avantages sociaux, le Gouvernement maintient, pour ces avantages, le même traitement fiscal qu'en matière d'avantages sociaux. Pour cette raison, l'article 53, 14° du CIR renvoie aux avantages visés à l'article 38, § 1er, alinéa 1er, 25° du CIR. La présente disposition est également applicable aux dirigeants d'entreprise en application de l'article 195, § 1er, alinéa 1er du CIR.

a) Définition

L'article 38, alinéa 1er, 11° du CIR définit les avantages sociaux comme :

- des avantages dont il n'est pas possible, en raison des modalités de leur octroi, de déterminer le montant effectivement recueilli par chacun des bénéficiaires. En d'autres termes, il s'agit d'avantages collectifs de faible valeur non individualisables, ou individualisables, mais dont il n'est pratiquement pas possible de fixer le montant dans le chef de chaque bénéficiaire.

  Exemples :

  - la fourniture quotidienne de repas au personnel à un prix social;
  - le transport collectif gratuit du domicile au lieu de travail;
  - les frais de voyages collectifs de plus d'un jour pour le personnel;
  - les fêtes de Saint-Nicolas, Noël, Nouvel An...;
  - la distribution gratuite d'eau, de potage, de thé, de bière, de rafraîchissements ou de fruits à consommer pendant les heures de travail[306];
  - etc.

- les avantages qui, bien que personnalisables, n'ont pas le caractère d'une véritable rémunération. Il s'agit d'avantages qui constituent une assistance matérielle dans des circonstances exceptionnelles.

  Exemples :

  - une aide matérielle octroyée lors d'une intervention chirurgicale;
  - une aide matérielle octroyée lors du décès d'un membre de la famille;
  - etc.

306 Réponse du Ministre des Finances à la question parlementaire n°1040 posée par Madame Veerle Wauters, QRVA 54/082 du 15 juillet 2016, page 390.

Décision anticipée n° 700.096 du 4 septembre 2007
L'utilisation de l'offre de la garde à domicile pour enfants malades par les collaborateurs (travailleurs et dirigeants d'entreprise) d'une entreprise sera considérée dans le chef des collaborateurs comme un avantage social exonéré au sens de l'article 38, § 1er, 11°, b, du CIR, étant un avantage qui, bien que personnalisable, n'a pas le caractère d'une véritable rémunération. La valeur de cet avantage social, qui conformément à l'article 53, 14° du CIR ne peut pas être considéré comme une dépense professionnelle déductible, sera fixée à x euro par heure.

- les menus avantages ou cadeaux d'usage obtenus à l'occasion ou en raison d'événements sans rapport direct avec l'activité professionnelle. Il s'agit de menus cadeaux ou avantages octroyés en témoignage de la reconnaissance ou de la bienveillance de l'employeur dans des circonstances heureuses ou malheureuses.

  Exemples :

  - un cadeau offert lors d'un mariage, d'une décoration, d'un jubilé;
  - les jouets offerts aux enfants à l'occasion de la fête de Saint-Nicolas.

Décision anticipée n° 700.072 du 15 mai 2007
La demande tend à savoir si l'attribution gratuite d'une bicyclette à tous les collaborateurs à l'occasion des n années d'existence de l'entreprise X peut être considérée comme un avantage social exonéré au sens de l'article 38, § 1er, 11°, c du CIR.
La bicyclette qui a une valeur de « N EUR » peut être considérée, du point de vue des collaborateurs (travailleurs) comme un avantage social exonéré au sens de l'article 38, § 1er, 11°, c), du CIR au titre de menu avantage ou de cadeau d'usage obtenu à l'occasion ou en raison d'un événement sans rapport direct avec l'activité professionnelle. Par contre, la bicyclette remise aux collaborateurs indépendants, ne peut pas être considérée comme un avantage social exonéré visé à l'article 38, § 1er, 11°, c), du CIR.

Décision anticipée n° 2014.542 du 9 décembre 2014 (confirmant les décisions antérieures n° 2014.005 et n° 2011.484)
L'octroi d'une prime unique d'un montant de 250,00 € à l'ensemble du personnel de la SCRL « X », à l'occasion de son centième anniversaire peut être considéré comme un avantage social non déductible à titre de frais professionnels.

Ces avantages sociaux alloués par l'employeur ont pour objectif d'améliorer les rapports entre les membres du personnel et de renforcer les liens entre ceux-ci et l'entreprise.

b) Régime fiscal

Les avantages sociaux octroyés aux travailleurs et dirigeants d'entreprise, aux anciens travailleurs et aux anciens dirigeants d'entreprises ainsi qu'à leurs ayants droits ne constituent pas des dépenses déductibles aux titres de frais professionnels dans le chef de la société qui les octroie. Dans le chef du bénéficiaire, les avantages sociaux sont intégralement exonérés.

Cependant l'administration considère que peuvent être déduits au titre de dépenses professionnelles pour la société (et rester exonérés dans le chef des bénéficiaires) les avantages sociaux suivants :

- les voyages collectifs de maximum un jour pour le personnel (à l'exclusion des pensionnés et anciens travailleurs);
- l'utilisation occasionnelle des installations de l'entreprise (terrains et matériel de sport, salles de sport, de cinéma ou de théâtre, salles de réunion...) par les membres du personnel qui s'occupent de sport, de culture ou d'occupation des loisirs;
- la distribution gratuite de potage, de café, de thé, de bière ou de rafraîchissements pendant les heures de travail;

- les frais découlant de l'accès obligatoire, en vertu du règlement de travail, à un économat ou à une masse d'habillement ou à un service médical ou pharmaceutique;
- la formation professionnelle spécifique des membres du personnel;
- le transport collectif, gratuit ou à un prix réduit, de membres du personnel depuis le domicile, la gare, l'arrêt du bus, etc., jusqu'au lieu de travail et retour, organisé par l'employeur (en utilisant ses propres moyens de transport ou ceux d'un exploitant d'autocars);
- les frais « sociaux » de restaurant, de réceptions exposés pour les membres du personnel (cf. pages 324 et 327).

c) Cadeaux en nature, en espèces ou sous forme de bons de paiement

Les frais de cadeaux attribués en nature, en espèces ou sous la forme de bons de paiement de quelque nature que ce soit à l'exception des chèques-repas (chèques-cadeaux, chèques-surprises, chèques-culture, etc.) sont intégralement déductibles dans le chef de l'employeur (et exonérés dans le chef du bénéficiaire) lorsque :

- ils sont afférents à des manifestations amicales organisées au profit exclusif de l'ensemble des membres du personnel (et non une catégorie d'entre eux) à l'occasion :
  - de la Saint-Nicolas, de la Noël, du Nouvel An ou d'une fête votive en usage dans la profession concernée telle que la Saint-Eloi ou la Sainte-barbe;
  - de la remise de décorations aux membres du personnel ou de leur mise à la retraite;
- ils conservent un caractère modique par bénéficiaire;
- les bons de paiement que reçoit le personnel ne peuvent être échangés qu'auprès d'entreprises qui ont préalablement conclu un accord avec l'émetteur desdits bons de paiement. Ils doivent en outre avoir une durée de validité limitée (durée maximale d'un an[307]) et ne peuvent, en aucun cas, être payés en argent au bénéficiaire.

Pour être entièrement déductible à titre de frais professionnels, le montant total attribué par bénéficiaire ne peut pas dépasser :

ÉVÉNEMENTS VISÉS			
A. La Saint-Nicolas, la Noël, le Nouvel An ou une fête votive en usage dans la profession concernée telle que la Saint-Eloi ou la Sainte-barbe	B. La remise d'une distinction honorifique[308]	C. La mise à la retraite ou de la mise à la prépension.	D. Le mariage ou la déclaration de cohabitation légale
Montants déductibles maximums par travailleur			
40,00 EUR par année et par travailleur. A l'occasion de la fête de ou d'une autre fête ayant le même caractère social, un montant annuel supplémentaire de maximum 40,00 EUR peut être accordé pour chaque enfant à charge du travailleur.	120,00 EUR par année et par travailleur.	40,00 EUR par année complète de service que le travailleur a presté pour l'employeur qui offre le cadeau avec un minimum global de 120,00 EUR. Ainsi, par exemple, le plafond est de 1.000,00 EUR pour 25 années de service, de 1.400,00 EUR pour 35 années de service, etc.	245,00 EUR par travailleur
Ces montants sont exonérés de cotisations sociales à l'exception du montant total des cadeaux pour la mise à la retraite d'un travailleur s'ils représentent une somme supérieure à 1.000,00 EUR.			

307 cf. circulaire n°Ci.Rh.242/562.868 du 15 septembre 2004.

308 Par "distinction honorifique", on entend une distinction officielle ou civile accordée en dehors du cadre de l'entreprise, comme par exemple un titre honorifique, une décoration, la nomination comme lauréat du travail, etc. Une distinction consécutive à un jubilé dans l'entreprise n'est donc pas une distinction honorifique.

Le respect des conditions mentionnées ci-avant doit être jugé sur la base du système d'attribution mis en place par l'employeur et non sur la base du montant attribué individuellement à chaque travailleur.

Si, par exemple, un employeur donne un chèque-cadeau de 100,00 EUR à chacun de ses travailleurs, tous les chèques-cadeaux constitueront une rémunération même si certains de ses travailleurs ont deux enfants ou plus.

Si la valeur du cadeau ou du chèque-cadeau dépasse les limites reprises dans le tableau ci-dessus, le membre du personnel concerné sera taxé sur la valeur totale du cadeau comme s'il s'agissait d'une rémunération.

Toutefois, s'il s'agit d'un cadeau offert à l'occasion du mariage ou de la déclaration de cohabitation légale, l'impôt ne sera calculé que sur le montant dépassant 245 €.

d) Chèques-cultures et chèques-sport (Code 1215 de la déclaration)

	Article 38/1, § 3 du CIR.
Autre référence	**Circulaire n° Ci.RH.242/579.489**

Les chèques-cultures et chèques-sport accordés en remplacement ou conversion de rémunérations, de primes, d'allocations quelconques, etc., constituent, dans tous les cas, un avantage de toute nature imposable dans le chef du bénéficiaire.

Comme les avantages sociaux, les chèques-cultures et chèques-sport sont exonérés dans le chef du travailleur ou des dirigeants d'entreprise et non déductibles à titre de frais professionnels dans le chef de l'employeur, lorsque les conditions suivantes sont réunies :

- l'octroi du chèque sport/culture doit être prévu par une convention collective de travail conclue au niveau du secteur ou de l'entreprise ou, si la conclusion d'une convention collective n'est pas possible, par une convention individuelle écrite étant entendu que, dans une entreprise occupant des travailleurs, le même règlement doit s'appliquer tant aux dirigeants d'entreprise qu'aux travailleurs;
- le chèque sport/culture est délivré au nom du travailleur ou du dirigeant d'entreprise;
- le chèque sport/culture mentionne clairement que sa validité est limitée à 15 mois, du 1er juillet de l'année au 30 septembre de l'année suivante;
- le montant total des chèques sport/culture octroyés par l'employeur ou l'entreprise ne peut dépasser par travailleur ou dirigeant d'entreprise 100,00 EUR par an;
- les chèques sport/culture ne peuvent être échangés contre espèces ni totalement ni partiellement.

Ceci peut être illustré par l'exemple suivant.

La SA Azur a attribué à chacun de ses dix travailleurs :

- en septembre 2018, un chèque-sport d'une valeur de 100,00 EUR (qui répond à toutes les conditions visées ci-avant);
- en décembre 2018, un chèque-lire d'une valeur de 40,00 EUR à l'occasion de la Noël.

Le montant à reprendre en dépenses non admises au code 1215 de la déclaration s'élève à :

Avantages sociaux	1.000,00	Code 1215
	Sur la base de l'article 38, § 1er, alinéa 1er, 11° et 25° du CIR, ces avantages ne sont pas imposables dans le chef du travailleur. Seuls 400,00 EUR (les chèques-lire octroyés à l'occasion de la Noël) sont admis à titre de frais professionnels dans le chef de l'employeur (cf. page n°336).	

e) Crèche d'entreprise[309]

L'administration considère que l'utilisation d'une crèche installée au sein de l'entreprise constitue un avantage social non imposable dans le chef du bénéficiaire[310]. L'avantage social exonéré dans le chef du bénéficiaire doit être repris en dépenses non admises dans le chef de l'employeur.

Les frais supportés par les employeurs pour le fonctionnement de la crèche d'entreprise, déduction faite des sommes versées par les parents, constituent des frais professionnels déductibles dans la mesure où ils dépassent l'avantage social immunisé retiré par les travailleurs du fait de l'utilisation d'une crèche mise à leur disposition par leur employeur.

L'avantage social immunisé retiré par les travailleurs peut être déterminé sur la base du montant que les travailleurs/parents devraient payer à une crèche ordinaire, le cas échéant diminué de la participation réclamée par les employeurs.

f) Eco-chèques (Code 1215 de la déclaration)

	Article 38/1, § 4 du CIR.
Autre référence	**Circulaire n° Ci.RH.242/604311 (Afer 47/2010 du 25 juin 2010)**

Les éco-chèques accordés en remplacement ou conversion de rémunérations, de primes, d'allocations quelconques, etc., constituent, dans tous les cas, un avantage de toute nature imposable dans le chef du bénéficiaire.

Comme les avantages sociaux, les éco-chèques sont exonérés dans le chef du travailleur ou des dirigeants d'entreprise et non déductibles à titre de frais professionnels dans le chef de l'employeur, lorsque les conditions suivantes sont réunies :

- l'octroi de l'éco-chèque doit être prévu par une convention collective de travail conclue au niveau du secteur ou de l'entreprise ou, si la conclusion d'une convention collective n'est pas possible, par une convention individuelle écrite étant entendu que, dans une entreprise occupant des travailleurs, le même règlement doit s'appliquer tant aux dirigeants d'entreprise qu'aux travailleurs;
- la convention collective de travail ou la convention individuelle mentionne la valeur nominale maximum de l'éco-chèque avec un montant maximum de 10,00 EUR par éco-chèque, ainsi que la fréquence de l'octroi des éco-chèques pendant une année civile;
- l'éco-chèque est délivré au nom du travailleur ou du dirigeant d'entreprise;

309 Question parlementaire posée par le Représentant Maes, Bulletin des Contributions n°701, pp130-132.

310 Par contre, les sommes versées par l'employeur à un travailleur à titre d'intervention dans les coûts d'une garderie organisée hors de l'entreprise constituent un avantage de toute nature dans le chef du travailleur.

- l'éco-chèque mentionne clairement que sa validité est limitée à 24 mois à partir de la date de sa mise à la disposition du travailleur ou du dirigeant d'entreprise et qu'il ne peut être utilisé que pour l'achat de produits et services à caractère écologique visés dans une convention collective conclue au sein du Conseil national du travail (cf. annexe : liste des produits et des services pouvant être acquis avec des éco-chèques[311]);
- les éco-chèques ne peuvent être échangés contre espèces ni totalement ni partiellement;
- le montant total des éco-chèques octroyés par l'employeur ou l'entreprise ne peut dépasser 250,00 EUR par travailleur ou dirigeant d'entreprise et par année civile.

La conversion de titres-repas en éco-chèques est admise sur le plan fiscal : en effet, dans ce cas, un avantage social exonéré est remplacé par un autre avantage social exonéré.

g) Frais résultant d'un restaurant d'entreprise

Par les termes «restaurant d'entreprise», il faut entendre un restaurant qui sert, aux membres du personnel de l'entreprise, des repas principaux à caractère social (à titre gratuit ou à prix réduit) et à l'exploitation duquel l'employeur contribue directement ou indirectement.

Sont ainsi visés les types de restaurants suivants :

- le restaurant exploité par l'entreprise dans ses propres locaux;
- le restaurant exploité par un tiers (service traiteur, firme spécialisée) dans les locaux de l'entreprise;
- le restaurant d'un autre employeur lorsque le personnel peut y avoir accès;
- le restaurant «interprofessionnel» autonome financé partiellement par l'employeur.

Les dépenses effectuées en vue de la fourniture au personnel dans le restaurant d'entreprise, de repas principaux à caractère social, sont partiellement déductibles à titre de frais professionnels.

La partie des frais qui doit être rejetée en dépense non admise, dans le chef de l'employeur est égale à 1,09 EUR diminué de l'intervention du travailleur. Cette différence est à multiplier par le nombre de repas servis. Le montant de 1,09 EUR est censé correspondre à l'économie réalisée par le travailleur si le repas lui avait été servi gratuitement.

Cette disposition s'applique également en cas de fourniture gratuite ou à prix réduit d'un repas de midi se composant uniquement de soupe et de tartines avec garnitures. Le montant de 1,09 EUR est remplacé par 0,84 EUR.

Ceci peut être illustré par l'exemple suivant.

Les dépenses effectuées en vue de la fourniture au personnel, dans le restaurant d'entreprise, de repas principaux à caractère social coûtent à la société SA Azur 3,50 EUR par repas fourni.

Le montant des dépenses à reprendre en dépenses non admises au code 1215 de la déclaration dans le chef de la SA Azur s'élève à :

1ère hypothèse	Le travailleur reçoit gratuitement le repas servi dans le restaurant d'entreprise.	La quotité des frais à rejeter dans le chef de la SA Azur s'élève à 1,09 EUR par repas fourni.
2ème hypothèse	Le travailleur intervient à concurrence de 0,50 EUR pour le repas servi dans le restaurant d'entreprise.	La quotité des frais à rejeter dans le chef de la SA Azur s'élève à 0,59 EUR par repas fourni.
3ème hypothèse	Le travailleur intervient à concurrence de 1,50 EUR pour le repas servi dans le restaurant d'entreprise.	La quotité des frais à rejeter dans le chef de la SA Azur s'élève à 0,00 EUR par repas fourni.

311 Applicable à partir du 1er juin 2017.

	Certaines entreprises exploitent en leur sein un restaurant réservé à leur personnel dirigeant et/ou leurs relations d'affaires. Ces restaurants ne fournissent pas de repas sociaux et ne peuvent donc pas être assimilés aux restaurants d'entreprises précitées. Par conséquent, la quotité déductible des frais d'exploitation de tels restaurants doit être en général limitée à 69 %, conformément aux dispositions de l'article 53, 8°bis du CIR, à moins que le coût total du repas soit imposé comme avantage de toute nature chez le bénéficiaire ou supporté par lui. Lorsque, parmi les frais d'exploitation de tels restaurants, sont également comprises les rémunérations des membres du personnel affectés au restaurant, ces rémunérations demeurent, conformément aux dispositions de l'article 52, 3° et 57, 2° du CIR déductibles pour autant du moins qu'elles soient mentionnées sur les fiches individuelles et le relevé récapitulatif requis.

h) Primes de mariage et d'ancienneté

	Circulaire n°Ci.RH.242/601.490 (AFER N°18/2010) du 25 février 2010; **Ci.RH.242/588.226 (AFER 30/2008) du 22 septembre 2008;** **Ci.RH.241/567.657 (AFER 7/2008) du 10 juin 2008.** **Circulaire 2018/C/125 du 5 décembre 2018.**

L'administration accepte désormais de ne plus considérer les primes d'ancienneté et les primes de mariage comme un avantage de toute nature imposable dans le chef du bénéficiaire. Ces primes peuvent être accordées en espèces, sous forme de cadeau ou sous forme de bons de paiement.

La prime de mariage octroyée par l'employeur est considérée dans le chef du travailleur comme un avantage social exonéré (déductible dans le chef de l'employeur) jusqu'à concurrence de 245,00 EUR. La différence positive entre la prime de mariage octroyée et le montant maximum exonéré de 245,00 EUR constitue un avantage de toute nature imposable dans le chef du bénéficiaire.

Les cotisations de sécurité sociale sont uniquement dues sur la partie de la prime qui excède 245,00 EUR.

La prime d'ancienneté octroyée par l'employeur est considérée dans le chef des travailleurs comme un avantage social exonéré (non déductible dans le chef de l'employeur) lorsque les conditions suivantes sont respectées :

- elle est accordée deux fois au maximum au cours de la carrière d'un travailleur chez un employeur;
- la première attribution survient au plus tôt dans l'année calendrier au cours de laquelle le travailleur atteint 25 ans de service auprès du même employeur (il peut cependant être tenu compte des années de service que le travailleur a prestées auprès d'employeurs qui font partie du même groupe ou de la même unité technique d'exploitation) et le montant de la prime s'élève au maximum :
  - soit à une fois le montant brut du salaire mensuel (avant déduction des cotisations de sécurité sociale);
  - soit à une fois le montant brut moyen du salaire mensuel dans l'entreprise (avant déduction des cotisations de sécurité sociale);
- la deuxième attribution survient au plus tôt dans l'année calendrier au cours de laquelle le travailleur atteint 35 ans de service auprès du même employeur (il peut cependant être tenu compte des années de service que le travailleur a prestées auprès d'employeurs qui font partie du même groupe ou de la même unité technique d'exploitation) et le montant de la prime s'élève au maximum :

- soit à deux fois le montant brut du salaire mensuel (avant déduction des cotisations de sécurité sociale);
- soit à deux fois le montant brut moyen du salaire mensuel dans l'entreprise (avant déduction des cotisations de sécurité sociale).

Pendant une année calendrier, un employeur ne peut pas appliquer en même temps les deux modes de calcul. Si c'est le cas, l'intégralité des primes payées par l'employeur pendant l'année calendrier est imposable à titre d'avantage de toute nature dans le chef des bénéficiaires.

Lorsque la prime d'ancienneté excède la limite maximale, seule la partie de la prime qui excède le montant maximum autorisé est considérée comme un avantage imposable dans le chef du travailleur. Dans ce cas, la prime constitue, dans le chef de l'employeur, une charge professionnelle déductible pour autant que le montant de l'avantage soit repris sur une fiche individuelle 281.10.

En cas de non respect de ces conditions, l'intégralité de la prime d'ancienneté est imposable à titre d'avantage de toute nature dans le chef du bénéficiaire. Elle constitue alors une dépense déductible dans le chef de l'employeur.

Les cotisations de sécurité sociale sont dues sur la totalité de cette prime lorsque celle-ci ne respecte pas les conditions mentionnées ci-dessus.

N'est pas considérée comme une prime d'ancienneté, une prime attribuée à l'occasion de la mise à la pension ou lors de la fermeture de l'entreprise. Une telle prime n'est en effet pas attribuée en raison de l'ancienneté de service auprès du même employeur mais bien à l'occasion de la mise à la pension ou de la fermeture de l'entreprise.

i) Titres-repas électroniques attribués aux travailleurs (dénommés également chèques-repas ou chèques restaurant) (Code 1215 de la déclaration)

Article 53, 14° du CIR.

Article 38/1, § 2 du CIR.

Les titres-repas électroniques accordés en remplacement ou conversion de rémunérations, de primes, d'allocations quelconques, etc., constituent, dans tous les cas, un avantage de toute nature imposable dans le chef du bénéficiaire.

1) Entreprise ne disposant pas d'un restaurant d'entreprise

Comme les avantages sociaux, les titres-repas électroniques sont exonérés dans le chef du travailleur et non déductibles à titre de frais professionnels dans le chef de l'employeur, lorsque les conditions suivantes sont réunies :

- L'attribution des titres-repas électroniques doit être prévue par une convention collective de travail conclue au niveau du secteur ou de l'entreprise.

  Si une telle convention ne peut être conclue à défaut de délégation syndicale ou s'il s'agit d'une catégorie de personnel qui habituellement n'est pas visée par une telle convention, l'attribution peut être réglée par une convention individuelle. Cette convention doit être écrite et le montant du titre-repas électronique ne peut pas être supérieur à celui octroyé par une convention collective de travail dans la même entreprise qui prévoit la valeur faciale du titre-repas électronique la plus élevée.
- Le nombre de titres-repas électroniques doit être égal au nombre de journées au cours desquelles le travailleur a effectivement fourni des prestations de travail (quelle qu'en soit la durée).

L'Office national de sécurité sociale est d'avis que les journées d'absence du travailleur dues à la récupération des heures supplémentaires ou lors d'un congé pour don de sang, ne constituent pas des journées de travail effectivement prestées. Selon l'ONSS, l'employeur ne peut pas en effet délivrer des titres-repas pour de telles journées de travail.

L'administration de la Fiscalité des entreprises et des Revenus demeure également d'avis qu'un titre-repas électronique attribué pour la journée de compensation mensuelle, doit être considéré comme une rémunération imposable dans le chef du travailleur et non pas comme un avantage social exonéré d'impôt.

- Le titre-repas électronique doit être délivré au nom du travailleur; cette condition est censée être remplie si son octroi et les données y relatives (nombre de titres-repas électroniques, montant brut des titres-repas électroniques diminué de la part personnelle du travailleur) figurent au compte individuel du travailleur, conformément à la réglementation relative à la tenue des documents sociaux.
- Le titre-repas électronique doit mentionner clairement que sa validité est limitée à douze mois et qu'il ne peut être accepté qu'en paiement d'un repas ou pour l'achat d'aliments prêts à la consommation. Ceci a pour conséquence qu'après douze mois, les titres repas sont périmés et ne sont donc plus utilisables.
- L'intervention de l'employeur dans le montant du titre-repas électronique ne peut excéder 6,91 EUR par titre-repas électronique.
- L'intervention du travailleur s'élève au minimum à 1,09 EUR par titre-repas électronique.

La conversion d'éco-chèques en titres-repas électroniques est admise sur le plan fiscal : en effet, dans ce cas, un avantage social exonéré est remplacé par un autre avantage social exonéré.

Si une des conditions mentionnées ci-dessus n'est pas respectée, l'avantage provenant de l'attribution d'un titre-repas électronique doit être considéré comme une rémunération imposable dans le chef du bénéficiaire au titre d'avantage de toute nature (et donc déductible dans le chef de l'employeur).

Par contre si elles sont respectées, la valeur du titre-repas électronique diminuée de l'intervention du bénéficiaire dans le prix de celui-ci, constitue un avantage social exonéré dans le chef du bénéficiaire et une dépense non admise à titre de frais professionnels dans le chef de l'employeur, à reprendre au code 1250 de la déclaration. L'intervention de l'employeur dans le coût des titres-repas est déduite à titre de frais professionnels jusqu'à concurrence de maximum 2,00 EUR par titre-repas électronique attribué.

Ceci peut être illustré par l'exemple suivant.

Au cours de l'année 2018, la SA Azur a attribué 1.600 titres-repas électroniques dont la valeur faciale s'élève à 8,00 EUR.

Toutes les conditions sont respectées pour que les titres soient considérés comme des avantages sociaux.

Le montant à reprendre en dépenses non admises au code 1215 de la déclaration s'élève à :

Avantages de titres-repas, chèques sport/culture ou éco-chèques	**7.856,00**	1215
	1.600 x (8,00 – 1,09) – 1.600 x 2,00	

Ce que l'employeur paie éventuellement en sus de la valeur faciale des titres-repas électroniques à la société émettrice et qui correspond aux prestations de services effectuées par cette dernière (frais d'édition, de livraison...) est déductible à titre de dépenses professionnelles.

2) Entreprise disposant d'un restaurant d'entreprise

Si l'entreprise dispose d'un restaurant d'entreprise qui fournit des repas sociaux, les titres-repas électroniques sont considérés comme des avantages sociaux si, en plus des conditions mentionnées ci-dessus, les conditions suivantes sont également respectées :

- le repas doit comprendre un potage ou une entrée, un plat principal (chaud), un dessert et une boisson;
- le repas servi est :

  1ère possibilité : mis à disposition pour un prix au moins équivalent au prix coûtant fixé forfaitairement à 6,91 EUR (au minimum).

  Dans cette hypothèse, le travailleur peut indifféremment payer son repas au moyen d'un titre-repas électronique ou par tout autre moyen de paiement et éventuellement obtenir le remboursement de la différence entre la valeur faciale du titre-repas électronique et le prix de son repas.

  2ème possibilité : mis à disposition à un prix inférieur au prix coûtant.

  Dans cette hypothèse, le travailleur doit obligatoirement faire usage d'un titre-repas électronique pour le paiement du repas et il ne peut, en aucun cas, obtenir le remboursement de la différence entre la valeur faciale du titre-repas et le prix de son repas.

j) Titres-repas électroniques attribués aux dirigeants d'entreprises indépendants (dénommés également chèques-repas ou chèques restaurant) (Code 1215 de la déclaration)

Les titres-repas électroniques accordés en remplacement ou conversion de rémunérations, de primes, d'allocations quelconques, etc., constituent, dans tous les cas, un avantage de toute nature imposable dans le chef du bénéficiaire.

1) Entreprise ne disposant pas d'un restaurant d'entreprise

Comme les avantages sociaux, les titres-repas électroniques sont exonérés dans le chef du dirigeant d'entreprise et non déductible à titre de frais professionnels dans le chef de l'employeur, lorsque les conditions suivantes sont réunies :

- L'octroi de titres-repas électroniques aux dirigeants d'entreprises indépendants est subordonné à l'octroi de titres-repas électroniques aux travailleurs de l'entreprise, prévu par une convention collective de travail conclue au sein du secteur ou de l'entreprise. Si une telle convention ne peut être conclue à défaut de délégation syndicale ou lorsqu'il s'agit d'une catégorie de personnel qui habituellement n'est pas visée par une telle convention, l'octroi peut être régi par une convention individuelle.
- L'octroi de titres-repas électroniques aux dirigeants d'entreprise indépendants doit être régi par une convention individuelle écrite et le montant du titres-repas électronique ne peut être supérieur à celui octroyé par convention collective de travail dans la même entreprise qui prévoit la valeur faciale du titre-repas électronique la plus élevée.

  Le nombre de titres-repas électroniques octroyés doit être égal au nombre de journées au cours desquelles le dirigeant d'entreprise indépendant a effectivement fourni des prestations de travail. Le nombre maximal de journées de prestations comptabilisées pour l'octroi de titres-repas électroniques ne pourra être supérieur au nombre maximal de jours pouvant être prestés au cours du trimestre par un travailleur occupé à temps plein dans l'entreprise.

  Ce mode de calcul doit être prévu par convention collective de travail, ou, pour les entreprises qui n'ont pas institué de conseil d'entreprise ni de comité pour la prévention et la protection du travail ni de délégation syndicale, dans le règlement de travail.

Les titres-repas électroniques doivent être délivrés chaque mois, en une ou plusieurs fois, en fonction du nombre prévisible de journées du mois au cours desquelles des prestations de travail seront effectuées par le dirigeant d'entreprise indépendant ; au plus tard le dernier jour du premier mois qui suit le trimestre, le nombre de titres-repas électroniques doit être mis en concordance avec le nombre de journées au cours desquelles des prestations de travail auront été fournies durant ce trimestre, comme précisé à l'alinéa précédent.

Les titres-repas électroniques qui excèdent le nombre maximal de journées de prestations sont considérés comme rémunération.

- Le titre-repas électronique est délivré au nom du dirigeant d'entreprise indépendant ; cette condition est censée être remplie si son octroi et les données y relatives (nombre de titres-repas, montant brut des titres-repas diminué de la part personnelle du dirigeant d'entreprise indépendant) figurent sur un document écrit reprenant notamment l'identité complète du dirigeant d'entreprise indépendant ainsi que de l'entreprise au sein de laquelle il exerce ses activités. Ledit document devra être conservé avec les documents comptables et fera partie intégrante de ceux-ci.

  Tous les titres-repas électroniques octroyés sans que cette condition soit remplie sont considérés comme rémunération.

- Le titre-repas électronique mentionne clairement que sa validité est limitée à douze mois et qu'il ne peut être accepté qu'en paiement d'un repas ou pour l'achat d'aliments prêts à la consommation.

  Tous les titres-repas électroniques sur lesquels ces renseignements n'apparaissent pas sont considérés comme rémunération.

- L'intervention de l'entreprise dans le montant du titre-repas électronique ne peut excéder 6,91 EUR par titre-repas électronique.

  Tous les titres-repas électroniques pour lesquels l'intervention de l'entreprise est supérieure à 6,91 EUR sont considérés comme rémunération.

- L'intervention du dirigeant d'entreprise indépendant s'élève au minimum au minimum à 1,09 EUR par titre-repas électronique.

  Tous les titres-repas électroniques pour lesquels l'intervention du dirigeant d'entreprise indépendant ne s'élève pas au montant visé ci-avant sont considérés comme rémunération.

Si toutes les conditions sont respectées, la valeur du titre-repas électronique diminuée de l'intervention du dirigeant d'entreprise indépendant constitue un avantage un avantage social exonéré dans le chef du dirigeant d'entreprise et une dépense non admise à titre de frais professionnels dans le chef de l'employeur à reprendre au code 1250 de la déclaration. L'intervention de l'employeur dans le coût des titres-repas électroniques est déduite à titre de frais professionnels jusqu'à concurrence de maximum 2,00 € par titre-repas électronique attribué.

2) Entreprise disposant d'un restaurant d'entreprise

Les titres-repas électroniques octroyés aux dirigeants d'entreprise indépendants ayant un accès à un restaurant d'entreprise, qui fournit des repas sociaux, peuvent être considérés comme des avantages sociaux exonérés, sur pied de l'article 38, §1er, alinéa 1er, 11° du CIR, dans la mesure où les conditions reprises ci-après sont également respectées :

a. par repas, il faut entendre un ensemble comprenant un potage ou une entrée légère, un plat principal (chaud), un dessert et une boisson;
b. tout repas servi dans un restaurant d'entreprise doit être mis à disposition pour un prix au moins équivalent au prix coûtant, fixé forfaitairement à 6,91 EUR.

Les frais résultant de la fourniture au dirigeant d'entreprise indépendant de repas principaux à caractère social dans un mess ou un restaurant de la société pour laquelle il exerce ses activités sont fiscalement déductibles dans le chef de ladite entreprise, à l'exclusion du montant qui, par repas servi, est égal à la différence positive entre 1,09 EUR et le prix payé par le dirigeant d'entreprise indépendant, quel que soit le prix coûtant du repas, sans préjudice de l'application éventuelle de l'article 53, 10° du CIR.

Dans ce cas, le dirigeant d'entreprise indépendant peut indifféremment payer son repas au moyen d'un titre-repas électronique ou par tout autre moyen de payement et éventuellement obtenir le remboursement de la différence entre la valeur faciale du titre-repas électronique et le prix de son repas.

Toutefois, lorsque le repas est fourni par le restaurant d'entreprise à un prix inférieur au prix coûtant, le dirigeant d'entreprise indépendant doit obligatoirement faire usage d'un titre-repas électronique pour le paiement du repas et il ne peut, en aucun cas, obtenir le remboursement de la différence entre la valeur faciale du titre-repas électronique et le prix de son repas.

En cas d'inobservation de cette obligation, l'intervention de l'entreprise dans le prix des titres-repas électroniques est considérée comme un avantage de toute nature imposable dans le chef du bénéficiaire.

k) Titres-repas électroniques attribués à des travailleurs intérimaires

L'entreprise de travail intérimaire est l'entreprise dont l'activité consiste à engager des intérimaires pour les mettre à la disposition d'utilisateurs en vue de l'exécution d'un travail temporaire.

Il en résulte que les entreprises de travail intérimaires sont les employeurs des intérimaires qu'elles mettent à la disposition des clients-utilisateurs.

Les rémunérations et avantages connexes, tels que la quote-part patronale des titres-repas électroniques attribués aux intérimaires constituent dès lors des charges, découlant d'un contrat de travail conclu entre les intérimaires et les entreprises de travail intérimaire, qui incombent à ces dernières et non aux clients- utilisateurs, même si lesdits avantages et rémunérations sont, en définitive, facturés aux utilisateurs.

C'est donc dans le chef de ces entreprises de travail intérimaires, et non dans celui de leurs clients-utilisateurs, que doit s'appliquer l'article 53, 14°, du CIR.

7. *Libéralités (Code 1216 de la déclaration)*

Articles 49 du CIR et 74, alinéa 2, 2 de l'AR/CIR.

En principe, les libéralités se définissent comme des frais qui n'ont pas été effectués en vue d'acquérir ou de conserver des revenus professionnels.

Ainsi les sommes décaissées à titre de subsides, cotisations, dons, etc. à des associations caritatives, culturelles, sportives ou récréatives, ne peuvent pas être admises à titre de frais professionnels.

Sont également à reprendre au code 1216 de la déclaration, les sommes peu importantes, consistant en pourboires, étrennes, etc., attribuées à des personnes ne faisant pas partie des membres du personnel de l'entreprise (par exemple les étrennes payées au facteur, etc.).

De même que les sommes payées par le contribuable en sa qualité de membre d'un service-club (Kiwani, Rotary, etc.) ne sont pas déductibles à titre de frais professionnels. En cela, les différents tribunaux et cours se fondent notamment sur le fait que les membres de tels clubs s'engagent, par leur affiliation, à réaliser les objectifs de l'association, objectifs qui n'ont aucun lien avec l'activité professionnelle exercée par les membres.

Le ministre des Finances[312] a cependant précisé que si le contribuable est à même de prouver à suffisance de droit que, dans son propre cas, les cotisations payées à tel service-club ont bien, dans une certaine mesure, un rapport avec sa profession et sont faites en vue d'acquérir ou de conserver des revenus imposables, il pourra déduire, dans la même mesure, ces cotisations à titre de frais professionnels.

Par contre, les cotisations à des groupements professionnels ou à un ordre auxquels le contribuable est affilié ou membre, constituent des dépenses professionnelles.

Les libéralités qui ont le caractère de frais de réclame ou de publicité peuvent être admises à titre de frais professionnels si le contribuable apporte la preuve que ces dépenses contribuent à l'épanouissement de l'entreprise en lui donnant plus de publicité ou en présentant son activité sous un jour plus favorable auprès du public[313].

La notice explicative de la déclaration mentionne qu'à défaut de justification de l'identité précise des bénéficiaires, de la nature des sommes payées, les libéralités ne peuvent pas être reprises parmi les dépenses non admises mais doivent être incorporées parmi « les dépenses non justifiées et bénéfices dissimulés » (et taxées par une cotisation spéciale distincte au taux de 100% + Contribution Complémentaire de Crise de 3% sur 100%).

Nous verrons au cours de l'analyse de la troisième opération que les libéralités qui respectent certaines conditions peuvent être déduites du bénéfice imposable (cf. page n°435).

8. *Autres dépenses non admises (Code 1239 de la déclaration)*

Doivent notamment être repris parmi les autres dépenses non admises :

- les frais de toute nature qui se rapportent à la chasse, à la pêche, à des yachts ou autres bateaux de plaisance et à des résidences de plaisance ou d'agrément;
- tous les frais dans la mesure où ils dépassent de manière déraisonnable les besoins professionnels;
- les sommes et avantages affectés à la corruption publique et privée en Belgique ou à la corruption de fonctionnaires étrangers ou internationaux.

a) Frais rapportant à la chasse, à la pêche, à des yachts ou autres bateaux de plaisance et à des résidences de plaisance ou d'agrément

Articles 53, 9° et 11° du CIR.

Ne sont pas déductibles à titre de frais professionnels, sauf s'ils sont compris parmi les rémunérations imposables des membres du personnel ou des organes de gestion au profit desquels ils ont été exposés, les frais supportés directement ou indirectement par le contribuable relatifs :

312 Question parlementaire 2003-2004, n°18 posée par Mme Pieters le 6 novembre 2003.

313 Bulletin des contributions directes n°487, pp 133 2-1333.

- à la chasse;
- à la pêche;
- à la navigation de plaisance;
- à une résidence de plaisance ou d'agrément.

Sont notamment compris dans ces frais :

- les frais de déplacement jusqu'aux lieux de la chasse, etc.;
- les frais de réception, de repas exposés à l'occasion de la chasse, etc.;
- la taxe de mise en circulation relative aux yachts et bateaux de plaisance.

Cependant, les frais mentionnés ci-dessus sont déductibles comme frais professionnels s'il est prouvé qu'il y a un lien intrinsèque entre ces dépenses et la nature même de l'activité professionnelle du contribuable. Ce lien implique que ces dépenses doivent être non seulement acceptables ou usuelles mais absolument nécessaires, indispensables ou inévitables pour atteindre le but fixé.

Autrement dit, les dépenses ou charges de toute nature qui se rapportent à la chasse, à la pêche, à des yachts ou autres bateaux de plaisance et à des résidences de plaisance ou d'agrément ne sont déductibles à titre de frais professionnels que si la société établit qu'elles sont nécessitées par l'exercice de son activité professionnelle en raison même de l'objet de celle-ci[314].

Constituent notamment des frais professionnels déductibles :

	Frais supportés par une entreprise ayant pour objet :
Frais de chasse	• l'exercice de la chasse en vue de la vente du gibier; • l'exploitation commerciale d'un domaine de chasse en vue de sa location; • la fabrication ou le commerce des armes (utilisation du terrain de chasse pour essais d'armes de chasse).
Frais de yachts ou bateaux de plaisance	• la vente ou la location de ce type de bateau; • l'organisation de croisières dans un but lucratif.
Frais de résidences de plaisance ou d'agrément	la location, la sous-location ou l'exploitation commerciale de ce type de résidence.
Frais de pêche	la fabrication des engins de pêche et utilisant soit une concession soit une installation de pêche pour des essais d'engins de pêche.

b) Frais dépassant de manière déraisonnable les besoins professionnels

Articles 53, 10° et 11° du CIR.

La limitation prévue à l'article 53, 10° du CIR (frais dépassant de manière déraisonnable les besoins professionnels) constitue une exception à la règle générale de l'article 49 du CIR (cf. page n°220). Cette limitation doit par conséquent être interprétée de manière restrictive. L'administration fiscale doit démontrer, sans juger cependant de l'opportunité desdits frais, quels frais sont à ses yeux excessifs et déraisonnables et pourquoi.

314 Cour d'appel de Liège. Arrêt du 8 octobre 2004.

Les dépenses ayant un caractère somptuaire, à l'exception de celles qui sont comprises parmi les rémunérations imposables des membres du personnel ou des organes de gestion au profit desquels elles ont été exposées, supportées directement ou indirectement par la société, ne sont pas déductibles à titre de frais professionnels.

On constate que l'appréciation du caractère raisonnable ou non de la dépense laisse une part non négligeable de subjectivité à l'administration dans la mesure où la loi ne définit pas ce qu'il convient d'entendre par « déraisonnable ».

L'administration considère qu'une dépense est déraisonnable lorsqu'il y a une disproportion manifeste entre les bénéfices et les frais exposés. L'administration doit cependant tenir compte du fait que les dépenses engagées ne fournissent pas toujours les résultats escomptés.

Lorsque la dépense somptuaire concerne une voiture dont les frais ne sont déductibles qu'à concurrence par exemple de 75%, la limitation doit s'appliquer sur les frais qui sont considérés comme correspondant raisonnablement aux besoins professionnels. La partie des frais considérée comme déraisonnable sera entièrement rejetée.

Ceci peut être illustré par l'exemple suivant.

Une entreprise utilise une voiture qui coûte 50.000,00 EUR par an. L'administration fiscale estime cette charge disproportionnée et se propose d'appliquer l'article 53, 10° du CIR pour réduire cette charge à 30.000,00 EUR par an.

Dans cette hypothèse, il faut faire la part, dans le montant de 30.000,00 EUR, entre :

- les charges financières qui sont toujours déductibles à 100%;
- les dépenses de carburant déductibles à 75%;
- les autres frais qui sont déductibles à concurrence d'un pourcentage qui dépend du type de carburant utilisé et du taux d'émission de CO_2 par kilomètre.

Les 20.000,00 EUR de dépenses jugées déraisonnables sont bien entendu entièrement rejetés.

c) Sommes et avantages affectés à la corruption publique et privée en Belgique ou à la corruption de fonctionnaires étrangers ou internationaux

	Articles 53, 24° du CIR (applicable à partir du 8 juin 2007).
Autres références	• **Circulaire CAF N°16/2008 du 7 octobre 2008** • **Manuel O.C.D.E. de sensibilisation à la corruption à l'intention des contrôleurs des impôts (www.oecd.org/ctp/anticorruption)**

Ne sont pas déductibles au titre de frais professionnels (même s'ils sont taxés à la cotisation distincte) les commissions, gratifications, rétributions ou avantages de toute nature qui sont accordés directement ou indirectement à une personne :

- dans le cadre d'une corruption publique ou privée en Belgique;

- dans le cadre d'une corruption publique d'une personne exerçant une fonction publique dans un État étranger ou dans une organisation de droit international public.

Ces dépenses sont également soumises à la cotisation distincte prévue par à l'article 219 du CIR.

Le taux de la cotisation distincte est égale à 102% du montant des frais non admis. Si l'on peut démontrer que le bénéficiaire est une personne morale, le taux de 102% est réduit à 51%.

III. Dividendes distribués

Articles 185, 18, 186, 187 et 209 du CIR.

Les sociétés sont également imposables sur le montant des dividendes qu'elles distribuent, à l'exception de la partie des dividendes attribués à des personnes physiques par des sociétés coopératives agréées par le Conseil national de la coopération qui ne peut pas dépasser 125,00 €[315] (montant non indexé) par personne physique[316].

Les dividendes distribués comprennent :

- les dividendes ordinaires;
- les attributions faites à l'occasion d'une acquisition d'actions propres;
- les attributions faites à l'occasion d'un décès, d'une démission ou exclusion d'un associé;
- les attributions faites à l'occasion d'un partage total de l'avoir social.

DIVIDENDES DISTRIBUES		
Dividendes ordinaires	(Code 1301)	
Acquisitions d'actions propres	(Code 1302)	
Décès, démission ou exclusion d'un associé	(Code 1303)	
Partage total de l'avoir social	(Code 1304)	
Dividendes distribués		(Code **1320**)

A. Dividendes ordinaires (code 1301 de la déclaration)

Articles 185 et 18, alinéa 1er, 1°, du CIR.

Les dividendes ordinaires comprennent le montant décrété à titre de dividendes ainsi que tous les avantages attribués aux actions, parts et parts bénéficiaires, quelle que soit leur dénomination, obtenus à quelque titre et sous quelque forme que ce soit (en argent, sous forme de titres, etc.).

Ainsi, il y attribution de dividendes imposables lorsqu'une société :

- remet à ses actionnaires ou associés, à titre de dividendes, soit des actions ou parts qu'elle détenait en portefeuille, soit des actions ou parts nouvelles qu'elle a créées, soit des obligations ou d'autres titres productifs de revenus. Dans cette hypothèse, le dividende correspond à la valeur du titre qui a été retenu pour la perception du précompte mobilier. En vertu de

315 190,00 € pour l'exercice d'imposition 2019.

316 Article 107 de la loi-programme du 25 décembre 2017 (Moniteur belge du 29 décembre 2017).

l'article 267, alinéa 3 du CIR, cette valeur ne peut être inférieure à celle qui serait fixée par le dernier prix courant publié par le gouvernement belge dans le Moniteur et ce, en fonction de la valeur boursière du titre avant la date de l'attribution ou de la mise en paiement; si les titres ne sont pas cotés au prix courant en fonction de leur valeur boursière, l'évaluation se fera à leur valeur vénale;

- autorise ses actionnaires ou associés à consacrer une partie de l'attribution du dividende à la libération totale ou partielle d'actions ou parts nouvelles[317].

Par contre, l'attribution d'actions ou parts nouvelles, aux actionnaires ou aux associés, à la suite d'un transfert au capital provenant soit de bénéfices non attribués à titre de dividendes (140 bénéfice reporté), soit de réserves (taxées ou exonérées), ne constitue pas un dividende imposable. En effet, cette opération, contrairement aux deux précédentes, n'a pas pour effet d'attribuer aux actionnaires ou aux associés, une richesse nouvelle, sortie du patrimoine de la société mais a uniquement pour conséquence que la part totale inchangée de chacun d'eux dans ce patrimoine est représentée, suite à cette opération, par un plus grand nombre d'actions ou parts.

Les dividendes ordinaires comprennent également :

- les remboursements totaux ou partiels de capital social (à l'exception de la quotité de ce remboursement qui est imputée sur le capital libéré ou sur les sommes assimilées au capital libéré) à l'occasion d'un remboursement de capital opéré en exécution d'une décision régulière de réduction du capital social, prise conformément aux dispositions du Code des sociétés ou conformément aux dispositions du droit des sociétés applicable à la société étrangère ;
- les remboursements totaux ou partiels de primes d'émission et de sommes souscrites à l'occasion d'émission de parts bénéficiaires, à l'exception des remboursements de sommes assimilées à du capital libéré opérés en exécution d'une décision régulière de l'assemblée générale prise conformément aux dispositions du Code des sociétés applicables aux modifications des statuts ou conformément aux dispositions du droit des sociétés applicables à la société étrangère, dans la mesure où ces remboursements sont imputés sur le capital libéré, ou sur les sommes susvisées assimilées à du capital libéré.
- les sommes (autres que celles mentionnées ci-avant) attribuées ou mises en paiement par une construction juridique, y compris les revenus qui sont censés être attribués ou mis en paiement conformément à l'article 5/1, § 2, dans la mesure où le contribuable n'a pas établi que cette attribution ou mise en paiement entraînerait une diminution de la construction juridique jusqu'à un montant inférieur aux capitaux apportés par le fondateur[318];
- les intérêts d'avances, assimilés d'un point de vue fiscal à des dividendes.

1. Remboursements de capital social

Articles 185 et 18, alinéa 1er, 2° du CIR.

Les réductions de capital, les remboursements de primes d'émission et des sommes souscrites à l'occasion d'émission des parts bénéficiaires décidées par une assemblée générale à partir du 1er janvier 2018 sont dorénavant partiellement imposables lorsqu'il existe des réserves taxées, incorporées ou non au capital, ou des réserves exonérées incorporées au capital au moment du

317 Les dividendes produits par la suite par les nouvelles actions ou parts seront passibles du précompte mobilier réduit (15%) pour autant qu'il soit satisfait aux autres conditions imposées en la matière.

318 Article 89 de la loi-programme du 25 décembre 2017 applicable aux revenus recueillis, attribués ou mis en paiement par une construction juridique à partir du 17 décembre 2017.

remboursement de capital, des primes d'émission ou des sommes souscrites à l'occasion d'émission des parts bénéficiaires.

Les remboursements de capital libéré et les remboursements de primes d'émission et de sommes souscrites à l'occasion d'émission de parts bénéficiaires, assimilées à du capital libéré, sont censés provenir proportionnellement :

- du total formé par le capital libéré et, selon le cas, par les sommes susvisées y assimilées et,
- du total des réserves taxées et des réserves exonérées incorporées au capital.

Le prorata est obtenu selon un pourcentage qui exprime le rapport entre :

- d'une part, au numérateur, la somme du capital libéré, des primes d'émission et des parts bénéficiaires assimilées au capital libéré, et,
- d'autre part, au dénominateur, la somme des réserves taxées, des réserves exonérées incorporées au capital et du montant déterminé au numérateur.

Le montant des réserves (taxées et exonérées) est déterminé à la fin de la période imposable qui précède celle au cours de laquelle le remboursement des sommes visées ci-dessus est effectué, diminué du montant des dividendes intercalaires distribués pendant la période imposable et au plus tard à la date à laquelle ce remboursement est effectué.

Un régime spécifique est cependant appliqué aux apports en capital effectués en 2013 ou 2014 en référence à l'article 537 du CIR. Celui-ci continue à s'appliquer indépendamment des dispositions de l'article 18, alinéas 2 et 3 du CIR[319].

En effet, si le capital inclut ce type d'apport en capital, une réduction de capital doit d'abord être imputée sur celui-ci. L'imputation proportionnelle vue ci-dessus ne s'appliquera que lorsque ce type d'apport en capital sera entièrement distribué.

Pour déterminer le prorata, il n'est pas tenu compte :

- des réserves taxées négatives autres que :
    - la perte reportée ;
    - celles constituées à l'occasion d'un remboursement du capital ou des sommes susvisées assimilées à du capital libéré ;
- des réserves exonérées visées à l'article 44, § 1er, 1° du CIR (les plus-values exprimées non réalisées) et des autres réserves exonérées qui ne sont pas incorporées au capital ;
- des réserves exonérées visées à l'article 44, § 1er, 1° du CIR (les plus-values exprimées non réalisées) qui sont incorporées au capital, dans la mesure où elles ne peuvent pas être distribuées ;
- des réserves exonérées, qui en cas de fusion, scission, opération assimilée à une fusion par absorption ou d'opération assimilée à la scission visées à l'article 211, § 1er du CIR sont reconstituées dans le capital lorsque l'apport n'est pas entièrement rémunéré par des actions ou parts nouvelles comme visé à l'article 211, § 2, alinéa 3 du CIR parce que les sociétés absorbantes ou bénéficiaires détiennent des actions ou parts de la société absorbée ou scindée ;
- des réserves visées aux articles 24, alinéa 1er, 4° (sous-estimations d'éléments de l'actif ou surestimations d'éléments du passif), 184quater et 541 (les réserves de liquidation) du CIR ;
- de la réserve légale à concurrence de son minimum légal ;
- des réserves indisponibles pour actions ou parts propres et pour parts bénéficiaires propres dans les limites fixées à l'article 620, § 1er, 2°, du Code des sociétés ;
- des provisions pour risques et charges et réductions de valeur, exonérées ou non conformément aux articles 48, 194 et 194bis du CIR;

319 cf. Doc. 54-2864/001, page 21.

- ou des réserves ou provisions visées par des dispositions analogues de droit étranger pour les sociétés étrangères.

Ceci peut être illustré par l'exemple suivant.

Les capitaux propres de la SA Azur au 31 décembre 2017 se présentent comme suit :

Capital		120 000,00
Capital libéré	100 000,00	
Réserves taxées incorporées au capital	13 000,00	
Réserves exonérées incorporées au capital	7 000,00	
Réserve légale		10 000,00
Réserves disponibles		33 000,00
Bénéfice reporté		7 000,00
Réserves immunisées (qui sont fiscalement exonérées)		40 000,00

La SA Azur procède en 2018, conformément aux dispositions du Code des sociétés, à une réduction de capital de 30 000,00 €.

La réduction du capital de 30 000,00 € s'imputera à concurrence de :

- 62,50 % sur le capital libéré c'est-à-dire 100 000,00 / (53 000,00[320] + 7 000,00 + 100 000,00) ;
- du solde (37,50%) sur les réserves.

L'imputation sur les réserves est censée porter exclusivement :

- en premier lieu sur les réserves taxées incorporées au capital ;
- ensuite sur les réserves taxées non incorporées au capital ;
- et enfin sur les réserves exonérées incorporées au capital.

L'imputation sur le capital libéré est censée porter :

- en premier lieu sur le capital libéré ;
- ensuite, lorsque le montant du capital libéré, des primes d'émission ou des parts bénéficiaires, assimilées au capital libéré, qui fait l'objet d'un remboursement, est insuffisant pour imputer la part proportionnelle qui se rapporte à chacune de ces catégories, le surplus est imputé en premier lieu sur les primes d'émission ;
- finalement sur les parts bénéficiaires, assimilées au capital libéré, en cas de capital libéré insuffisant, ensuite sur le capital libéré en cas de primes d'émission ou de parts bénéficiaires, assimilées au capital libéré insuffisantes, et enfin de l'une de ces deux dernières catégories sur l'autre pour le solde éventuel.

Il est à noter que l'assemblée générale peut prévoir un mode d'imputation aboutissant à un montant de dividendes au moins égal au montant qui résulte de la fiction légale prévue à l'article 18 du CIR.

Ce système d'imputation a pour avantage de faire coïncider les situations fiscale et comptable relatives au capital libéré et aux réserves.

320 A savoir les réserves taxées incorporées au capital (13 000,00), les réserves disponibles (33 000 ,00) et le bénéfice reporté (7 000,00).

Ce nouveau régime peut être illustré par l'exemple suivant.

Il s'agit de l'exemple repris dans l'exposé des motifs de la loi[321].

Les capitaux propres de la SA Azur se présentent comme suit :

	31 décembre 2018	*31 décembre 2019*	*31 décembre 2020*
Capital social	1 000,00	600,00	600,00
Prime d'émission	400,00	400,00	400,00
Réserve légale	50,00	50,00	50,00
Réserves disponibles	800,00	800,00	100,00
Réserves immunisées	150,00	150,00	150,00
	2 400,00	2 000,00	1 300,00

La société SA Azur procède :

- en 2019 à une réduction du capital social pour un montant de 400,00 €;
- en 2020 à une distribution de dividendes de 700,00 € par prélèvement sur les réserves disponibles.

On suppose :

- qu'il n'y a pas d'autres opérations réalisées par la société ;
- que les réserves immunisées sont exonérées fiscalement.

a. Réduction du capital de 400,00 €

Suite à l'opération de réduction du capital social à concurrence de 400,00 €, le relevé 328 D se présente comme suit :

	Capital libéré	Primes d'émission assimilées à du capital libéré	Réserves taxées	Réserves exonérées	Autres	Montant apparaissant dans les comptes annuels
Situation au 31 décembre 2018	1 000,00	400,00				1 400,00
Réduction du capital	- 255,00[322]				(145,00)	(400,00)
Total	745,00	400,00			(145,00)[323]	1 000,00

Le mouvement des réserves taxables se présente comme suit :

	Situation au 1er janvier 2019	*Situation au 31 décembre 2019*
Réserve légale	50,00	50,00
Réserves disponibles	800,00	800,00
Réserves négatives (328 D)		- 145,00
Total	850,00	705,00
Variation	- 145,00	

321 Cf. document parlementaire 54 n°2864/001, page 26.

322 A savoir 400,00 *(1 400,00/ 2 200,00, soit 1.400 de capital et prime d'émission + 800 de réserves disponibles). Montant arrondi à l'unité supérieure en vue de faciliter la compréhension de l'exemple.

323 L'application de l'article 18 du CIR fait apparaître une divergence entre l'origine fiscale du capital et le capital « comptable ». Cette divergence est « résolue » via la technique de la réserve (taxée) négative.

Le résultat fiscal au terme de la première opération s'élève à :

Mouvement des réserves	- 145,00	
Dividendes distribues	+ 145,00	A savoir 400,00 – 400,00 * (1 400,00 / 1 800,00)
Résultat fiscal	+ 0,00	

On peut constater qu'à la fin de l'exercice, le capital libéré d'un point de vue fiscal n'est pas réduit du montant imputé sur les réserves apparaissant dans la déclaration comme une réserve négative incorporée au capital (145,00 €)[324].

Comme nous allons le voir dans le cas analysé ci-dessous, les dividendes ultérieurs, à l'exception des bonis d'acquisition ou de liquidation, seront prioritairement imputés aux réserves[325] sur lesquelles aucune réduction de capital n'a été imputée[326].

Ensuite, lorsque ces réserves sur lesquelles aucune réduction de capital n'a été imputée auront disparu, les dividendes distribués seront réputés provenir des réserves sur lesquelles une réduction de capital a été imputée et seront exonérés de précompte mobilier[327] (cf. page n°367).

b. Distribution des dividendes de 700,00 €

Suite à l'opération de distribution des dividendes, le relevé 328 D se présente comme suit :

	Capital libéré	Primes d'émission assimilées à du capital libéré	Réserves taxées	Réserves exonérées	Autres	Montant apparaissant dans les comptes annuels
Situation au 31 décembre 2018	1 000,00	400,00			(145,00)	1 400,00
Réduction du capital	- 255,00				(145,00)	- 400,00
Total	745,00	400,00			(145,00)	1 000,00
Distribution des dividendes	- 45,00[328]				+ 45,00[329]	1 000,00
Total	700,00	400,00			(100,00)	1 000,00

Le mouvement des réserves se présente comme suit :

	Situation au 01/01/2020	*Situation au 31 décembre 2020*
Réserve légale	50,00	50,00
Réserves disponibles	800,00	100,00
Réserves négatives (328 D)	- 145,00	- 100,00
Total avant majoration de la SI	705,00	50,00

324 Article 184, nouvel al. 5 du CIR.

325 L'imputation sur les réserves est censée porter exclusivement : en premier lieu sur les réserves taxées incorporées au capital ; ensuite sur les réserves taxées non incorporées au capital ; et enfin sur les réserves exonérées incorporées au capital.

326 Article 264, nouvel alinéa 3 du CIR.

327 Article 264, nouvel alinéa 1er, 3° c du CIR.

328 Suite à la « fiction » de l'article 18 du CIR, les réserves taxées pouvant être utilisées pour la distribution des dividendes s'élèvent à 655,00 (à savoir la réserve disponible de 800,00 et la réserve négative de 145,00). Le solde (45,00) provient de la réduction du capital qui a subi son régime fiscal « propre ».

329 Suite à la « fiction » de l'article 18 du CIR, les réserves taxées pouvant être utilisées pour la distribution des dividendes s'élèvent à 655,00 (à savoir la réserve disponible de 800,00 et la réserve négative de 145,00). Le solde (45,00) provient de la réduction du capital qui a subi son régime fiscal « propre ».

Majoration de la SI	+ 45,00	
Total après majoration de la SI	750,00	
Variation	- 700,00	

Le résultat fiscal au terme de la première opération s'élève à :

Mouvement des réserves	- 700,00	
Dividendes distribues	+ 700,00	
Résultat fiscal	+ 0,00	

Dans cet exemple, les réserves disponibles au début de l'exercice d'un point de vue fiscal ne s'élevaient plus qu'à 655,00 € (800,00 € - 145,00 €).

En distribuant 700,00 € de dividendes, la société doit annuler le montant restant dans les réserves fiscales disponibles (655,00 €), mais également puiser dans le capital libéré apparaissant dans le relevé 328 D à concurrence de 45,00 €. Ce montant de 45,00 € sera toujours exonéré de précompte mobilier car il s'agit d'un remboursement de capital libéré d'un point de vue fiscal.

Dans le chef de l'actionnaire (société), le régime fiscal est le suivant si on suppose que la société actionnaire détient 100% des actions et que son bilan se présente comme suit au 1er janvier 2018 :

Actif		*Passif*	
Immobilisations financières	1 400,00	Capital	1 400,00
Total	1 400,00	Total	1 400,00

a. Réduction du capital de 400,00 €

Le bilan de la société actionnaire se présente comme suit :

Actif			*Passif*		
	31 décembre 2018	*31 décembre 2019*		*31 décembre 2018*	*31 décembre 2019*
Immobilisations financières	1 400,00	1 000,00	Capital	1 400,00	1 400,00
Trésorerie	0,00	400,00	Bénéfice reporté	0,00	0,00
Total	1 400,00	1 400,00	Total	1 400,00	1 400,00

La valeur fiscale de l'immobilisation financière s'élève 1 145,00[330] au lieu de 1 000,00. La différence de 145,00 doit être traitée comme une sous-évaluation d'un élément de l'actif.

Par conséquent, le mouvement des réserves se présente comme suit :

	Situation au 01/01/2019	*Situation au 31 décembre 2019*
Bénéfice reporté	0,00	0,00
Sous-évaluation d'un élément de l'actif	0,00	145,00
Total	0;00	145,00
Variation	145,00	

330 A savoir 1.400,00 € - 255,00 € (réduction du capital libéré).

Le revenu imposable s'élève à :

Mouvement des réserves	145,00	
RDT	145,00	Application du nouveau régime RDT étant donné que ce montant a été traité à titre de dividendes distribués dans le chef de la société distributrice.
Base imposable	0,00	

b. <u>Distribution des dividendes de 700,00 €</u>

Suite à la distribution des dividendes, le bilan se présente comme suit :

Actif			*Passif*		
	31 décembre 2019	*31 décembre 2020*		*31 décembre 2019*	*31 décembre 2020*
Immobilisations financières	1 000,00	1 000,00	Capital	1 400,00	1 400,00
Trésorerie	400,00	1 100,00	Bénéfice reporté	0,00	700,00
Total	1 400,00	2 100,00	Total	1 400,00	2 400,00

Par conséquent, le mouvement des réserves se présente comme suit :

	Situation au 31 décembre 2019	*Situation au 31 décembre 2020*
Bénéfice reporté	0,00	700,00
Sous-évaluation d'un élément de l'actif	145,00	145,00
Total	145,00	845,00
Variation	700,00	

Le revenu imposable s'élève à :

Mouvement des réserves	700,00	
RDT	700,00	Application du nouveau régime RDT étant donné que ce montant a été traité à titre de dividende distribué dans le chef de la société distributrice.
Base imposable	0,00	

On remarque que le fait de considérer 45,00 € (sur les 700,00 € de dividendes reçus) comme un remboursement de capital libéré dans le chef de la société distributrice n'a pas d'impact fiscal sur la société qui perçoit les dividendes.

2. Remboursements totaux ou partiels de primes d'émission

Articles 185 et 18, alinéa 1er, 2bis du CIR.

Si la prime d'émission est assimilée à du capital libéré, son remboursement total ou partiel s'effectuera en exonération d'impôt, tant dans le chef de la société (aucun dividende n'est imposable) que dans le chef de l'actionnaire (aucune retenue de précompte mobilier).

Par contre, si la prime d'émission est assimilée à des réserves taxées, son remboursement total ou partiel constituera un dividende imposable. Celui-ci n'aura aucune influence sur le résultat fiscal, étant donné que le dividende sera neutralisé par une diminution des primes d'émission taxées dans le mouvement des réserves mais l'actionnaire se verra retenir un précompte mobilier.

Pour les opérations décidées à partir du 1er janvier 2018 par l'assemblée générale, nous renvoyons le lecteur à la page n°350.

3. Remboursements des sommes souscrites à l'occasion d'émission de parts bénéficiaires

Articles 185 et 18, alinéa 1er, 2bis du CIR.

En ajoutant les sommes souscrites à l'occasion d'émission de parts bénéficiaires[331] à l'article 18, alinéa 1er, 2°ter du CIR, le législateur a permis que les remboursements de sommes reçues en contrepartie de l'émission de parts bénéficiaires assimilées à du capital libéré s'opère en exemption d'impôt tant dans le chef de la société (aucun dividende n'est imposable) que dans le chef de l'actionnaire (aucune retenue de précompte mobilier).

Les remboursements des sommes qui n'ont pas été assimilées à du capital libéré sont considérés comme des dividendes distribués.

Pour les opérations décidées à partir du 1er janvier 2018 par l'assemblée générale, nous renvoyons le lecteur à la page n°350.

4. Amortissement du capital

Les amortissements de capital effectués conformément à l'article 615 du code des sociétés doivent être considérés comme des dividendes ordinaires. Le remboursement du capital qui résulte de l'amortissement du capital, représente en effet une forme d'affectation d'un bénéfice éventuellement réservé préalablement à cette fin.

331 Emises à partir du 1er janvier 2005.

5. *Intérêts d'avances assimilés à des dividendes*

	Articles 185 et 18, alinéa 1er, 4° et alinéa 2 du CIR.
Autres références	**Circulaires n° Ci.Rh.231/543.949 (AFER 2/2005) du 12 septembre 2007, Ci.Rh.231/543.949 (AFER 2/2005) du 11 janvier 2005 et Ci.D.19/444.905 du 15 octobre 1993**

a) Introduction

Cet article a pour objet d'éviter que des administrateurs de sociétés de capitaux ou des associés de sociétés de personnes, transforment économiquement en intérêts des dividendes que cette société pourrait leur attribuer en qualité d'actionnaire ou d'associé.

L'avantage fiscal d'une telle opération résulte dans la différence qui existe entre le régime fiscal des intérêts et celui des dividendes. En effet, les intérêts sont déductibles au titre de charges professionnelles[332] alors que les dividendes sont imposables à l'impôt des sociétés.

Au niveau fiscal, il apparaît dés lors qu'il est plus avantageux pour un administrateur ou un associé d'une société, de prêter de l'argent à celle-ci plutôt que de lui consentir un apport en capital.

b) Sociétés visées

Sont visées toutes les sociétés, associations, établissements ou organismes quelconques régulièrement constitués qui possèdent la personnalité juridique et se livrent à une exploitation ou à des opérations de caractère lucratif à l'exception des sociétés agréées par le conseil national de la coopération.

c) Conditions d'application

Les intérêts seront assimilés à des dividendes lorsque certaines conditions « qualitatives » (la qualité du prêteur...) et « quantitatives » (le taux du marché...) sont simultanément réunies.

1) Existence d'un prêt

Par avance, il y a lieu d'entendre tout prêt d'argent représenté ou non par des titres à l'exception des obligations (les travaux parlementaires mentionnent que cette exception a été insérée pour pallier la difficulté, quand il s'agit de titres au porteur, d'identification des bénéficiaires[333]) et autres titres analogues émis par appel public à l'épargne.

Dans son arrêt du 4 septembre 2009, la Cour de Cassation a précisé qu'à défaut de définition particulière dans la loi fiscale, il y a lieu d'entendre par prêt d'argent, conformément au droit commun, le contrat par lequel le prêteur remet de l'argent à l'emprunteur en vue de lui permettre de s'en servir et à charge pour ce dernier de le lui restituer au terme convenu.

332 A l'exception des dérogations prévues par la législation.

333 Documents parlementaires, Chambre des Représentants, session 1991-1992, n°444/9, p.103.

Au sens de l'article 18, alinéa 2 du CIR, un prêt d'argent peut être constaté par une inscription au compte courant mais une telle inscription n'implique pas nécessairement l'existence d'un contrat de prêt au sens de cette disposition.

Ainsi, dans la circulaire n°Ci.Rh.231/543.949 du 11 janvier 2005, l'administration mentionne que le fait, pour un administrateur d'une société, de mettre des fonds à la disposition de celle-ci via un compte courant donne naissance à une convention de créance de prêt d'argent, même si en l'espèce aucun acte formel écrit n'a été rédigé. Le contrat de prêt d'argent peut donc être tacite.

Selon la Cour de Cassation, il n'y a lieu ni de requalifier les intérêts en dividendes ni d'enrôler un précompte mobilier complémentaire lorsque la créance des vendeurs (actionnaires personnes physiques de la société), productive d'intérêts, constitue une créance de prix et que les intérêts pris en charge par la défenderesse découlent non d'un prêt d'argent mais du non-paiement d'une partie d'un prix de vente ainsi que de l'application d'une clause conventionnelle prévoyant des intérêts de retard dus de plein droit à défaut de paiement à l'échéance.

Cependant, dans son arrêt du 15 octobre 2010, la Cour de cassation a considéré que la remise d'argent dans le cadre d'un prêt en argent peut se réaliser au moyen d'une novation. Suivant l'article 1271, 1° du Code civil, la novation s'opère lorsque le débiteur contracte envers son créancier une nouvelle dette qui est substituée à l'ancienne, laquelle est éteinte. Conformément à cette disposition, la convention ayant pour objet la mise à disposition du prix auprès de l'acheteur moyennant un prêt avec intérêt a pour conséquence que l'obligation à laquelle est tenue l'acquéreur de payer le prix est éteinte par la novation. Par cette novation, la société reçoit, en sa qualité d'acquéreuse des actions, la disposition d'un montant équivalent au prix des actions.

A partir de l'exercice d'imposition 2021, il faut entendre par avance, toute créance, représentée ou non par des titres, détenue :

- soit par une personne physique sur une société dont elle possède des actions ou parts ;
- soit par une personne sur une société dans laquelle elle exerce un mandat ou des fonctions d'administrateur, de gérant, de liquidateur ou des fonctions analogues (dirigeant de la première catégorie).

Etant donné que la notion d'avance est définie comme étant toute créance représentée ou non par des titres, il importe peu :

- que les intéressés donnent à ces avances une qualification déterminée (prêts, dépôts, etc.,);
- que ces avances soient représentées ou non par des titres (obligations ou autres titres analogues, etc.);
- qu'elles aient été consenties au moyen de sommes empruntées.

2) Prêt productif d'intérêts les charges financières qui restent déductibles à 100%

Une avance est prise en considération pour sa totalité, dés qu'elle est productive d'intérêt, même lorsque l'intérêt n'est calculé que sur une quotité de celle-ci.

Cependant, les avances non productives d'intérêts ne doivent pas être prises en considération pour déterminer si l'une ou l'autre des limites fixées à l'article 18, alinéa 1er, 4° du CIR est dépassée, lorsque les deux conditions suivantes sont réunies :

- les avances productives d'intérêts et les avances non productives d'intérêts sont comptabilisées à des comptes distincts dans la comptabilité de la société;
- des conventions de prêts distinctes existent pour les deux types d'avances.

Cela étant, la question de savoir si la scission d'avances est ou non opposable à l'administration, en vertu notamment de l'article 344, §1er du CIR, dépend avant tout des clauses prévues dans les conventions conclues entre les différentes parties intéressées. Dans de telles éventualités, la situation doit donc être examinée au cas par cas[334].

334 Question parlementaire 590 du Sénateur Dalem du 18 janvier 1994.

3) *Qualité du prêteur*

Les personnes visées par la loi sont :

- les actionnaires ou associés personnes physiques;
- les personnes physiques ou morales qui exercent une fonction d'administrateur, de gérant, de liquidateur ou des fonctions analogues sauf si ces personnes ont la qualité de sociétés (résidentes) visées à l'article 179 du CIR.

A SUIVRE : Arrêt de la Cour de Justice du 17 janvier 2008
Les articles 43 [CE] et 48 [CE] s'opposent à la législation nationale belge prévue dans les dispositions de l'article 18 du CIR en vertu de laquelle les intérêts versés par une société résidente d'un État membre à un administrateur qui est une société établie dans un autre État membre sont requalifiés en dividendes et sont, à ce titre, imposables, lorsque, au début de la période imposable, le montant total des avances productives d'intérêts excède le capital libéré augmenté des réserves taxées, alors que, dans les mêmes circonstances, lorsque ces intérêts sont versés à un administrateur qui est une société établie dans le même État membre, ceux-ci ne sont pas requalifiés en dividendes et ne sont, à ce titre, pas imposables.

Pour éviter une interposition de personne, la loi assimile aux personnes visées ci-dessus, leur conjoint ainsi que leurs enfants mineurs non émancipés. Cette assimilation ne frappe donc pas, par exemple, les concubins ni les enfants majeurs ou émancipés.

4) *Analyse des conditions quantitatives*

Les intérêts pris en considération ne sont assimilés à des dividendes que lorsqu'une des limites suivantes est dépassée et dans la mesure de ce dépassement :

- le taux pratiqué excède le taux du marché;
- le montant total des avances productives d'intérêts excède la somme des réserves taxées et du capital libéré.

➲ Le taux du marché

La requalification opère, lorsque et dans la mesure où l'intérêt est traité comme une dépense non admise, si l'avance a été consentie par quelqu'un qui n'a pas la qualité d'administrateur, de gérant, ou d'associé ou actionnaire : personne physique.

Le calcul de l'intérêt attribué, à considérer comme dividende, doit, bien entendu, être chaque fois effectué au préalable par les gestionnaires de la société afin de se ménager une preuve du taux du marché applicable au moment de l'emprunt.

➲ Le montant total des avances productives d'intérêts excède le capital libéré augmenté des réserves taxées

Le montant de référence est représenté par la somme arithmétique du capital libéré augmenté des réserves taxées.

L'article 18, alinéa 1er, 4°, du CIR, mentionne une période de référence pour la détermination des réserves imposables et du capital libéré, mais pas pour le montant total des avances productives d'intérêts. Ainsi, le capital libéré doit être pris en considération au terme de la période imposable tandis que les réserves taxées doivent être appréciées au début de la période imposable, c'est-à-dire, avant d'éventuelles adaptations positives ou négatives.

Il est important de remarquer que si le montant total des réserves taxées est négatif (via le code 1040 PN de la déclaration), il n'y a pas lieu de les déduire du capital libéré.

La requalification s'opère dès que le montant total des avances excède, à quelque moment que ce soit de la période imposable à laquelle se rattachent les intérêts attribués, le montant total du capital libéré augmenté des réserves taxées, déterminés respectivement à la fin et au début de l'exercice comptable.

Contrairement à la première limite, le calcul doit être effectué pour la totalité des avances productives d'intérêts prises en considération. Dans le cas où plusieurs administrateurs ou associés ont accordé des avances productives d'intérêts à leur société, le montant total des dividendes à taxer, en raison du dépassement de la deuxième limite, est réparti de manière proportionnelle entre ces administrateurs ou associés.

Le calcul s'effectue de la manière suivante :

$$R \times \frac{AP - (CL + RT)}{AP}$$

Avec :

R	=	Le solde des intérêts susceptibles d'être assimilés à des dividendes.
AP	=	Le montant total des avances productives d'intérêts.
CL	=	Le capital libéré au terme de la période imposable.
RT	=	Les réserves taxées au début de la période imposable.

Ceci peut être illustré par l'exemple suivant.

Au 31 décembre 2017, les réserves taxées de la SA Azur se décomposent de la manière suivante :

- réserve légale : 6.000,00 EUR
- réserve disponible : 3.000,00 EUR
- bénéfice reporté : 21.000,00 EUR

Le capital libéré s'élève, au 31 décembre 2017, à 60.000,00 EUR.

Au 31 décembre 2018, les charges financières, reprises en comptabilité, s'élèvent à 9.050,00 EUR qui proviennent :

- d'une somme, prêtée le 1er octobre 2017, par un actionnaire « A » personne physique pour un montant de 50.000,00 EUR. Le taux pratiqué est de 8,5%. Au moment de l'emprunt, le taux du marché était de 7%;
- d'une somme, prêtée le 1er janvier 2017, par un administrateur « B » personne physique pour un montant de 60.000,00 EUR, le taux pratiqué est de 8%. Au moment de l'emprunt, le taux du marché était de 7%.

On constate que :

- la première limite est dépassée pour les deux prêts d'argent (le taux d'intérêt pratiqué est, dans les deux hypothèses, supérieur au taux du marché);
- la deuxième limite est dépassée; (le montant total des avances productives d'intérêts (110.000,00 EUR) excède le capital libéré au terme de la période imposable (60.000,00 EUR), majoré des réserves taxées au début de la période imposable (30.000,00 EUR).

Le montant total des intérêts s'élève à :

- en ce qui concerne l'associé A : 50.000,00 EUR x 8,5% = 4.250,00 EUR
- en ce qui concerne l'associé B : 60.000,00 EUR x 8% = 4.800,00 EUR

Le montant des intérêts à assimiler à des dividendes s'élève à :

pour la première limite :

- en ce qui concerne l'associé A : 50.000,00 EUR x (8,5% - 7%) = 750,00 EUR
- en ce qui concerne l'associé B : 60.000,00 EUR x (8% - 7%) = 600,00 EUR

Après application de la 1ère limite, le solde des intérêts susceptibles d'être assimilés à des dividendes s'élève à 7.700,00 EUR (9.050,00 EUR – 750,00 EUR – 600,00 EUR).

pour la deuxième limite :

7.700,00 EUR x ((110.000,00 EUR – 90.000,00 EUR) / 110.000,00 EUR) = 1.400,00 EUR à savoir 636,36[335] pour A et 763,64[336] pour B.

Le cadre III.1 de la déclaration de la SA Azur se présentera de la manière suivante :

DIVIDENDES DISTRIBUÉS		
Dividendes ordinaires	2.750,00 c'est-à-dire 750,00 + 600,00 + 1.400,00 (Code 1301)	
Acquisitions d'actions propres	(Code 1302)	
Décès, démission ou exclusion d'un associé	(Code 1303)	
Partage total de l'avoir social	(Code 1304)	
Dividendes distribués		2.750,00 (Code **1320**)

En tant que débiteur de revenus de capitaux et biens mobiliers, la SA Azur est redevable du précompte mobilier et doit retenir sur les intérêts attribués aux associés A et B, un précompte mobilier qui s'élève à 30% de 6.300,00 EUR sur les intérêts attribués ou mis en paiement au plus tard le 31 décembre 2018 (c'est-à-dire 1.890,00 EUR) et de 30% de 2.750,00 EUR sur les intérêts assimilés à des dividendes (c'est-à-dire 825,00 EUR).

En conséquence, l'associé A reçoit, après retenue du précompte mobilier, la somme de 2.975,00 EUR[337] et l'associé B, la somme de 3.360,00 EUR[338].

335 1.400,00 EUR X (50.000,00 EUR / 110.000,00 EUR).

336 1.400,00 EUR X (60.000,00 EUR / 110.000,00 EUR).

337 1.386,36 X 70% + 2.863.64 X 70%.

338 1.363,64 X 70% + 3.436,36 X 70%.

6. Redevable du précompte mobilier

Articles 261 et 268 du CIR.

Les sociétés doivent retenir, à la source, un précompte mobilier sur le montant brut des dividendes qu'elles attribuent à leurs actionnaires ou leurs associés.

Le précompte mobilier, éventuellement supporté par le débiteur du revenu (en l'occurrence la société) à la décharge du bénéficiaire, est ajouté au montant de ce revenu pour le calcul du précompte mobilier.

Le tableau ci-dessous reprend les principaux cas où une société résidente peut s'abstenir de retenir un précompte mobilier sur les dividendes qu'elle distribue.

	1. DÉBITEUR(S) 2. BÉNÉFICIAIRE(S)	CONDITIONS APPLICABLES
Article 264 du CIR.	1. Une société résidente est **débiteur** des dividendes. 2. Le **bénéficiaire** est : • l'Etat; • une Communauté; • une Région; • une province; • une agglomération; • une fédération de commune; • une commune; • un centre public d'action sociale.	L'exemption du précompte mobilier n'est subordonnée à aucune condition.
Articles 266 du CIR et 106, §§ 2 et 4, 117, § 2 de l'AR/CIR.	1. Une société résidente est **débiteur** des dividendes. 2. Le **bénéficiaire** est un épargnant non-résident (qui en est le bénéficiaire final).	La renonciation à la perception du précompte mobilier est subordonnée à la condition que le débiteur des revenus soit mis en possession d'une attestation par laquelle il est certifié que le ou les bénéficiaires sont : a. propriétaires ou usufruitiers des avoirs productifs des revenus; b. des épargnants non-résidents visés à l'article 227, 3°, du Code des impôts sur les revenus dont l'objet social consiste uniquement en la gestion et le placement de fonds récoltés dans le but de servir des retraites légales ou complémentaires, qui se livrent sans but lucratif exclusivement à des opérations visées à l'article 182, 2°, du même Code, et qui sont exemptés de tout impôt sur les revenus dans le pays où ils sont résidents; c. ne sont pas tenus de verser le produit des actions, parts ou parts bénéficiaires au bénéficiaire final en vertu d'une obligation contractuelle ou de verser un revenu visé à l'article 90, 11° du Code des impôts sur les revenus relatif à des actions ou parts belges qu'ils détiennent en vertu d'un prêt sauf si le bénéficiaire final est également un non-résident visé à l'article 106, § 2, ou, en ce qui concerne uniquement la deuxième occurrence, une société mère visée à l'article 106, § 5 ou § 6, de la société distributrice du dividende.
Articles 266 du CIR et 106, § 5 et 117 §§ 4 et 15 de l'AR/CIR.	1. Une société filiale belge qui a la forme d'une S.A, S.C.A, S.P.R.L, S.C.R.L, S.C.R.I, S.N.C ou S.C.S est débiteur des dividendes. 2. Le **bénéficiaire** est une société filiale ou société mère d'un Etat : • membre de l'union européenne autre que la Belgique • avec lequel la Belgique a conclu une convention préventive de la double imposition, à condition que cette convention ou un quelconque autre accord prévoit l'échange de renseignements nécessaires pour appliquer les dispositions de la législation nationale des Etats contractants. Toutefois, la renonciation n'est pas applicable lorsque la participation société filiale ou société mère génératrice des dividendes ne représente pas une participation minimale de 10% dans le capital de la société filiale ou société mère et cette participation minimale de 10% n'est ou n'a pas été conservée pendant une période ininterrompue d'au moins un an.	La renonciation à la perception du précompte mobilier est subordonnée à la condition que le débiteur des revenus soit mis en possession d'une attestation par laquelle il est certifié que le bénéficiaire : a. est une société filiale ou mère d'un Etat : • membre de l'union européenne autre que la Belgique ; • avec lequel la Belgique a conclu une convention préventive de la double imposition, à condition que cette convention ou un quelconque autre accord prévoit l'échange de renseignements nécessaires pour appliquer les dispositions de la législation nationale des Etats contractants. b. a conservé, pendant une période ininterrompue d'au moins un an au moment de l'attribution des revenus, une participation minimale de 10% dans le capital de la société filiale belge. Lorsque la période de détention d'au moins un an mentionnée ci-avant n'est pas encore atteinte au moment de l'attribution des dividendes, l'attestation à fournir par le bénéficiaire au débiteur des revenus, doit en outre comprendre :

	1. DÉBITEUR(S) 2. BÉNÉFICIAIRE(S)	CONDITIONS APPLICABLES
	On entend par société filiale ou société mère, une société : a. qui revêt une des formes énumérées à l'annexe de la directive du Conseil du 23 juillet 1990 (90/435/CEE) concernant le régime fiscal commun applicable aux sociétés mères et filiales d'États membres différents, modifiée par la directive du Conseil du 22 décembre 2003 (2003/123/CE) ou une forme analogue à celles-ci dans un Etat avec lequel la Belgique a conclu une convention préventive de la double imposition; b. qui, selon la législation fiscale de l'Etat où elle est établie et les conventions préventives de la double imposition que cet Etat a conclues avec des Etats tiers, est considérée comme ayant dans cet Etat son domicile fiscal; c. qui y est soumise à l'impôt des sociétés ou à un impôt analogue à l'impôt des sociétés sans bénéficier d'un régime fiscal exorbitant du droit commun.	a. la date à partir de laquelle une participation d'au moins 10% est détenue de manière interrompue; b. l'engagement que cette participation minimale sera détenue jusqu'à ce que la période de détention d'au moins un an soit atteinte et que ce fait sera signalé immédiatement à la société filiale; c. l'engagement que, si la participation devenait inférieure à la limite de 10% avant la fin de la période d'un an, ce fait sera signalé immédiatement à la société filiale. Dans cette hypothèse, le débiteur des revenus doit s'engager à retenir à titre provisoire sur les revenus, au moment de l'attribution ou de la mise en paiement de ceux-ci, un montant qui correspond au précompte mobilier qui serait en principe dû sur ces revenus, et à verser ce montant à titre définitif au titre de précompte mobilier, majoré des intérêts de retard éventuellement dus, lorsqu'il n'est pas satisfait à la condition de détention de la participation d'au moins 10% pendant une période ininterrompue d'au moins un an.
Articles 266 du CIR et 106, § 6 et 117 §§ 5 et 15 de l'AR/CIR.	1. Une société résidente est **<u>débiteur</u>** des dividendes. 2. Le **<u>bénéficiaire</u>** est une société résidente. Toutefois, la renonciation n'est pas applicable lorsque la participation du bénéficiaire, génératrice des dividendes, ne représente pas une participation minimale de 10% dans le capital de la société débitrice des dividendes et cette participation minimale de 10% n'est ou n'a pas été conservée pendant une période ininterrompue d'au moins un an.	La renonciation à la perception du précompte mobilier est subordonnée à la condition que le débiteur des revenus soit mis en possession d'une attestation par laquelle il est certifié que le bénéficiaire : a. est une société résidente; b. a conservé, pendant une période ininterrompue d'au moins un an au moment de l'attribution des revenus, une participation minimale de 10% dans le capital de la société débitrice des revenus. Lorsque la période de détention d'au moins un an mentionnée ci-avant n'est pas encore atteinte au moment de l'attribution des dividendes, l'attestation à fournir par le bénéficiaire au débiteur des revenus doit en outre comprendre : a. la date à partir de laquelle une participation d'au moins 10% est détenue de manière ininterrompue; b. l'engagement que cette participation minimale sera détenue jusqu'à ce que la période de détention d'au moins un an soit atteinte et que ce fait sera signalé immédiatement à la société filiale; c. l'engagement que, si la participation devenait inférieure à la limite de 10% avant la fin de la période d'un an, ce fait serait signalé immédiatement à la société filiale. Dans cette hypothèse, le débiteur des revenus doit s'engager à retenir à titre provisoire sur les revenus, au moment de l'attribution ou de la mise en paiement de ceux-ci, un montant qui correspond au précompte mobilier qui serait en principe dû sur ces revenus, et à verser ce montant à titre définitif au titre de précompte mobilier, majoré des intérêts de retard éventuellement dus, lorsqu'il n'est pas satisfait à la condition de détention de la participation d'au moins 10% pendant une période ininterrompue d'au moins un an.

	1. DÉBITEUR(S) 2. BÉNÉFICIAIRE(S)	CONDITIONS APPLICABLES
Articles 266 du CIR et 106, § 6 et 117 §§ 5 et 15 de l'AR/CIR.	1. Une société résidente est **débiteur** des dividendes. 2. Le **bénéficiaire** est une société résidente. Toutefois, la renonciation n'est pas applicable lorsque la participation du bénéficiaire, génératrice des dividendes, ne représente pas une participation minimale de 10% dans le capital de la société débitrice des dividendes et cette participation minimale de 10% n'est ou n'a pas été conservée pendant une période ininterrompue d'au moins un an.	La renonciation à la perception du précompte mobilier est subordonnée à la condition que le débiteur des revenus soit mis en possession d'une attestation par laquelle il est certifié que le bénéficiaire : a. est une société résidente; b. a conservé, pendant une période ininterrompue d'au moins un an au moment de l'attribution des revenus, une participation minimale de 10% dans le capital de la société débitrice des revenus. Lorsque la période de détention d'au moins un an mentionnée ci-avant n'est pas encore atteinte au moment de l'attribution des dividendes, l'attestation à fournir par le bénéficiaire au débiteur des revenus doit en outre comprendre : a. la date à partir de laquelle une participation d'au moins 10% est détenue de manière ininterrompue; b. l'engagement que cette participation minimale sera détenue jusqu'à ce que la période de détention d'au moins un an soit atteinte et que ce fait sera signalé immédiatement à la société filiale; c. l'engagement que, si la participation devenait inférieure à la limite de 10% avant la fin de la période d'un an, ce fait serait signalé immédiatement à la société filiale. Dans cette hypothèse, le débiteur des revenus doit s'engager à retenir à titre provisoire sur les revenus, au moment de l'attribution ou de la mise en paiement de ceux-ci, un montant qui correspond au précompte mobilier qui serait en principe dû sur ces revenus, et à verser ce montant à titre définitif au titre de précompte mobilier, majoré des intérêts de retard éventuellement dus, lorsqu'il n'est pas satisfait à la condition de détention de la participation d'au moins 10% pendant une période ininterrompue d'au moins un an.
Articles 266 du CIR et 106, § 7 et 117 § 6 de l'AR/CIR	1. Le **débiteur** des dividendes est une société (résidente) d'investissement visée aux articles 15, 20, 26, 119, 122 et 126 de la loi du 3 août 2012 relative à certaines formes de gestion collective de portefeuilles d'investissement. 2. Le **bénéficiaire** est un épargnant non-résident.	Cette renonciation n'est pas applicable à la partie du revenu distribué qui provient de dividendes que la société d'investissement a recueillis elle-même d'une société résidente. La renonciation à la perception du précompte mobilier est subordonnée à la condition, que le débiteur des revenus soit mis en possession d'une attestation par laquelle il est certifié que les bénéficiaires : a. sont propriétaires ou usufruitiers des avoirs productifs des revenus; b. sont des non-résidents qui n'ont pas affecté ces avoirs à l'exercice d'une activité professionnelle en Belgique.
Articles 266 du CIR et 106, § 9 de l'AR/CIR.	1. Le **débiteur** des dividendes est une société d'investissement (résidente) investissant dans des sociétés non cotées et dans des sociétés en croissance. 2. Quel que soit le **bénéficiaire**.	Cette renonciation n'est applicable qu'à la partie du revenu distribué qui provient de plus-values sur actions réalisées par la société d'investissement précitée.

	1. DÉBITEUR(S) 2. BÉNÉFICIAIRE(S)	CONDITIONS APPLICABLES
Article 266, alinéa 2, 4°. Abrogé à partir du 4 janvier 2016	Le débiteur est une SIR (société immobilière réglementée) à l'exception de ceux distribués par une société immobilière réglementée institutionnelle visée à l'article 2, 3° de la loi du 12 mai 2014. Le bénéficiaire : • soit entre dans le champ d'application de la Directive du Conseil du 23 juillet 1990 (90/435/CEE) concernant le régime fiscal commun applicable aux sociétés mères et filiales d'Etats membres différents, modifié par la Directive du Conseil du 22 décembre 2003 (2003/123/CE); • soit une SIR (société immobilière réglementée) publique visée à l'article 2, 2° de la loi du 12 mai 2014 et qui sont relatifs à une participation d'au moins 10 % dans le capital de la société qui les distribue, détenue pendant une période ininterrompue d'au moins un an.	

En vertu de l'article 264, alinéa 1er, c) du CIR[339], sont exonérés au précompte mobilier les dividendes qui proviennent de réserves qui ont subi en vertu de l'article 18, § 1er, alinéa 1er, 2° et 2bis (à savoir les réductions de capital, les remboursements de primes d'émission et des sommes souscrites à l'occasion d'émission des parts bénéficiaires) leur régime fiscal propre tant dans le chef de la société distributrice que dans le chef des actionnaires (cf. page n°350).

Cette exonération ne s'applique pas aux opérations de rachat d'actions ou parts propres et en cas de liquidation de la société.

Ceci peut être illustré par l'exemple suivant.

Les capitaux propres de la SA Azur se présentent comme suit :

	31 décembre 2018	*31 décembre 2019*	*31 décembre 2020*
Capital social	1 000,00	600,00	600,00
Prime d'émission	400,00	400,00	400,00
Réserve légale	50,00	50,00	50,00
Réserves disponibles	800,00	800,00	100,00
Réserves immunisées	150,00	150,00	150,00
	2 400,00	2 000,00	1 300,00

La société SA Azur procède :

- en 2019 à une réduction du capital social pour un montant de 400,00 €;
- en 2020 à une distribution de dividendes de 700,00 € par prélèvement sur les réserves disponibles.

339 Article 68 de la loi du 25 décembre 2017 portant réforme de l'impôt des sociétés. Applicable aux opérations de réduction de capital et de remboursement de prime d'émission ou parts bénéficiaires assimilées à du capital libéré et qui sont décidées par l'assemblée générale à partir du 1er janvier 2018.

On suppose :

- qu'il n'y a pas d'autres opérations réalisées par la société ;
- que les réserves immunisées sont exonérées fiscalement.

a. Réduction du capital de 400,00 €

Suite à l'opération de réduction du capital social à concurrence de 400,00 €, le relevé 328 D se présente comme suit :

	Capital libéré	Primes d'émission assimilées à du capital libéré	Réserves taxées	Réserves exonérées	Autres	Montant apparaissant dans les comptes annuels
Situation au 31 décembre 2018	1 000,00	400,00				1 400,00
Réduction du capital	- 255,00[340]				(145,00)	(400,00)
Total	745,00	400,00			(145,00)[341]	1 000,00

Le mouvement des réserves se présente comme suit :

	Situation au 1er janvier 2019	*Situation au 31 décembre 2019*
Réserve légale	50,00	50,00
Réserves disponibles	800,00	800,00
Réserves négatives (328 D)		- 145,00
Total	850,00	705,00
Variation	- 145,00	

Le résultat fiscal au terme de la première opération s'élève à :

Mouvement des réserves	- 145,00	
Dividendes distribues	+ 145,00	A savoir 400,00 – 400,00 * (1 400,00 / 1 800,00)
Résultat fiscal	+ 0,00	

En l'absence d'une exonération mentionnée ci-avant, un précompte mobilier de 30% est dû sur le dividende distribué de 145,00 €.

b. Distribution des dividendes de 700,00 €

Suite à l'opération de distribution des dividendes, le relevé 328 D se présente comme suit :

340 A savoir 400,00 *(1 400,00/ 2 200,00, soit 1.400 de capital et prime d'émission + 800 de réserves disponibles). Montant arrondi à l'unité supérieure en vue de faciliter la compréhension de l'exemple.

341 L'application de l'article 18 du CIR fait apparaître une divergence entre l'origine fiscale du capital et le capital « comptable ». Cette divergence est « résolue » via la technique de la réserve (taxée) négative.

	Capital libéré	Primes d'émission assimilées à du capital libéré	Réserves taxées	Réserves exonérées	Autres	Montant apparaissant dans les comptes annuels
Situation au 31 décembre 2018	1 000,00	400,00			(145,00)	1 400,00
Réduction du capital	- 255,00				(145,00)	- 400,00
Total	745,00	400,00			(145,00)	1 000,00
Distribution des dividendes	- 45,00[342]				+ 45,00[343]	1 000,00
Total	700,00	400,00			(100,00)	1 000,00

Le mouvement des réserves se présente comme suit :

	Situation au 01/01/2020	*Situation au 31 décembre 2020*
Réserve légale	50,00	50,00
Réserves disponibles	800,00	100,00
Réserves négatives (328 D)	- 145,00	- 100,00
Total avant majoration de la SI	705,00	50,00
Majoration de la SI	+ 45,00	
Total après majoration de la SI	750,00	
Variation	- 700,00	

Le résultat fiscal au terme de la première opération s'élève à :

Mouvement des réserves	- 700,00
Dividendes distribues	+ 700,00
Résultat fiscal	+ 0,00

En l'absence d'une exonération mentionnée ci-avant, un précompte mobilier de 30% est dû sur le dividende distribué de 655,00 €. En effet, suite à la « fiction » de l'article 18 du CIR, les réserves taxées pouvant être utilisées pour la distribution des dividendes s'élèvent à 655,00 (à savoir la réserve disponible de 800,00 et la réserve négative de 145,00). Le solde (45,00) provient de la réduction du capital qui a subi son régime fiscal « propre ».

342 Suite à la « fiction » de l'article 18 du CIR, les réserves taxées pouvant être utilisées pour la distribution des dividendes s'élèvent à 655,00 (à savoir la réserve disponible de 800,00 et la réserve négative de 145,00). Le solde (45,00) provient de la réduction du capital qui a subi son régime fiscal « propre » tant dans le chef des actionnaires.

343 Suite à la « fiction » de l'article 18 du CIR, les réserves taxées pouvant être utilisées pour la distribution des dividendes s'élèvent à 655,00 (à savoir la réserve disponible de 800,00 et la réserve négative de 145,00). Le solde (45,00) provient de la réduction du capital qui a subi son régime fiscal « propre » tant dans le chef des actionnaires.

7. *Taux du précompte mobilier*

	Articles 264/1[344], 269 et 269/1[345] du CIR.
Autre référence	**Circulaire AGFisc n°9/2014 (n°Cl. Rh.233/629.197) du 24 février 2014.**

a) Dividendes soumis au taux ordinaire

Le taux du précompte mobilier est fixé à 30% pour les dividendes attribués ou mis en paiement à partir du 1er janvier 2017.

b) Dividendes d'actions nouvelles P.M.E.

A partir du 1er juillet 2013, dans le cadre du plan de relance de l'économie et plus particulièrement des PME, le législateur a prévu un taux réduit (15% ou 20% au lieu du taux normal de 30%) pour le précompte mobilier sur les dividendes, à l'exception des boni de liquidation.

Ainsi, le taux du précompte mobilier est fixé à :

- 20% s'il s'agit de la répartition bénéficiaire à partir du deuxième exercice comptable après celui de l'apport;
- 15% s'il s'agit de la répartition bénéficiaire à partir du troisième exercice comptable après celui de l'apport.

Ceci peut être illustré par l'exemple suivant.

Soit un apport en capital réalisé le 1er décembre 2015. La SA Azur clôture son bilan par année civile.

Les dividendes alloués ou attribués lors de la répartition bénéficiaire :

- de l'exercice comptable clôturé au 31 décembre 2015 sont soumis au taux de précompte mobilier de 27%;
- de l'exercice comptable clôturé au 31 décembre 2016 sont soumis au taux de précompte mobilier de 30%;
- de l'exercice comptable clôturé au 31 décembre 2017 sont soumis au taux de précompte mobilier de 20%;
- des exercices comptables clôturés au plus tôt le 31 décembre 2018 sont soumis au taux réduit de précompte mobilier de 15%.

Les sociétés sans capital social minimum sont en principe exclues du bénéfice du taux réduit de précompte mobilier *sauf si, après l'apport en nouveau capital, le capital social de cette société est au moins égal au capital social minimum d'une SPRL, soit 18.550 €.*

---

344 Article 69 de la loi du 25 décembre 2017 portant réforme de l'impôt des sociétés qui entre en vigueur le 1er janvier 2018 et est applicable aux dividendes payés ou attribués à partir du 1er janvier 2018.

345 L'article 70 de la loi du 25 décembre 2017 portant réforme de l'impôt des sociétés abroge l'article 269/1 du CIR. Cette abrogation est applicable aux dividendes payés ou attribués à partir du 1er janvier 2018.

Sans entrer dans les détails, il y a lieu de préciser que pour bénéficier de ce taux réduit (15% ou 20% au lieu du taux normal), les conditions suivantes doivent être respectées :

- la société qui distribue les dividendes doit être une société qui, sur la base du Code des sociétés, est considérée comme une petite société pour l'exercice d'imposition lié à la période imposable au cours de laquelle l'apport en capital a lieu;
- les actions ou parts (acquises dans le cadre d'une augmentation de capital ou dans le cadre de la création d'une société) auxquelles les dividendes se rapportent doivent être nominatives;
- les actions ou parts nouvelles ne peuvent être des actions ou parts préférentielles, c'est-à-dire bénéficier d'un quelconque traitement préférentiel;
- les actions ou parts auxquelles les dividendes se rapportent doivent être acquises à partir du 1er juillet 2013 au moyen de nouveaux apports en numéraire (sont exclus les apports en numéraire provenant de la distribution des réserves taxées qui sont, conformément à l'article 537, alinéa 1er du CIR, soumises à un précompte mobilier réduit de 10%);
- les sommes souscrites doivent être entièrement libérées au moment de l'allocation ou de l'attribution des dividendes;
- les actions ou parts nouvelles doivent être détenues en pleine propriété et de façon ininterrompue par l'actionnaire ayant opéré l'apport (une exception à la condition de pleine propriété est toutefois consentie pour la transmission, en ligne directe ou entre conjoints, lorsque cette transmission résulte soit d'une succession dévolue légalement ou d'une manière conforme à la dévolution légale, soit d'un partage d'ascendant ne portant pas atteinte à l'usufruit du conjoint légal survivant); autrement dit, l'avantage du taux réduit disparaît lorsque celui qui a participé à une augmentation de capital cède ses actions.

Pour éviter tout abus, il est également prévu que :

- les augmentations du capital social qui sont réalisées après une réduction de ce capital opérée à partir du 1er mai 2013 ne sont prises en considération pour l'octroi du taux réduit que dans la mesure où l'augmentation du capital social dépasse la réduction;
- les sommes qui proviennent d'une réduction de capital, opérée à partir du 1er mai 2013 par une société liée ou associée à une personne qui les investit dans une augmentation de capital réalisée par une autre société, n'entrent pas en ligne de compte pour l'octroi du taux réduit de précompte mobilier;
- les réductions ultérieures du capital social, opérées par une société qui a augmenté son capital dans le cadre de cette mesure, sont imputées en priorité sur les (nouveaux) capitaux qui ouvraient droit au bénéfice du taux réduit de précompte mobilier.

c) Dividendes alloués par une S.I.R.

Lorsque la société d'investissement immobilière résidentielle consacre au moins 60% de leurs investissements dans des bâtiments principalement destinés aux soins de santé, les dividendes attribués ou mis en paiement à partir du 1er janvier 2017 sont soumis au taux réduit du précompte immobilier, soit 15%.

d) Dividendes attribués à certaines sociétés étrangères

L'article 264/1 du CIR prévoit que le précompte mobilier n'est pas dû sur les dividendes (visés à l'article 202, § 1er, 1° et 2° du CIR) payés ou attribués à partir du 1er janvier 2018 :

- dont le débiteur est une société belge ;
- dont le bénéficiaire est une société qui est :
  - établie dans un Etat membre de l'espace économique européen autre que la Belgique ou,

- dans un Etat avec lequel la Belgique a conclu une convention préventive de la double imposition à condition que cette convention ou un quelconque autre accord prévoie l'échange de renseignements nécessaires pour appliquer les dispositions de la législation nationale des Etats contractants.

L'exemption au précompte mobilier est seulement applicable aux sociétés bénéficiaires étrangères qui :

- revêtent une des formes énumérées à l'annexe I, partie A, de la directive du Conseil du 30 novembre 2011 (2011/96/UE) concernant le régime fiscal commun applicable aux sociétés mères et filiales d'Etats membres différents, modifiée par la directive du Conseil du 8 juillet 2014 (2014/86/UE) ou une forme analogue aux formes qui sont énumérées dans cette annexe et qui est soumise au droit d'un autre Etat membre de l'Espace économique européen ou une forme analogue à celles-ci dans un Etat avec lequel la Belgique a conclu une convention préventive de la double imposition;
- à la date d'attribution ou de mise en paiement de dividendes détiennent dans le capital de la société qui les distribue une participation de moins de 10% dont la valeur d'investissement atteint cependant au moins 2.500.000,00 EUR;
- détiennent cette participation en pleine propriété pendant une période ininterrompue d'au moins un an;
- sont assujetties à l'impôt des sociétés ou à un impôt analogue à l'impôt des sociétés sans bénéficier d'un régime fiscal exorbitant du droit commun.

Cette exemption est subordonnée à la condition que le débiteur des dividendes soit en possession d'une attestation par laquelle il est certifié :

- que le bénéficiaire revêt une des formes énumérées à l'annexe I, partie A, de la directive du Conseil du 30 novembre 2011 (2011/96/UE) concernant le régime fiscal commun applicable aux sociétés mères et filiales d'Etats membres différents, modifiée par la directive du Conseil du 8 juillet 2014 (2014/86/UE) ou une forme analogue à celles énumérées dans ladite annexe et qui est soumise au droit d'un autre Etat membre de l'Espace économique européen ou une forme analogue à celles-ci dans un Etat avec lequel la Belgique a conclu une convention préventive de la double imposition;
- que le bénéficiaire est soumis à l'impôt des sociétés ou à un impôt analogue à l'impôt des sociétés sans bénéficier d'un régime fiscal exorbitant du droit commun ;
- que la valeur d'investissement de la participation atteint au moins 2.500.000,00 EUR ;
- que les dividendes se rapportent à des actions ou parts qui sont ou ont été détenues en pleine propriété pendant une période ininterrompue d'au moins un an;
- dans quelle mesure, pour la société bénéficiaire, le précompte mobilier dû est en principe imputable ou remboursable, sur la base des dispositions légales en vigueur au 31 décembre de l'année précédant l'attribution ou la mise en paiement du dividende;
- la dénomination complète, la forme juridique, l'adresse et le cas échéant le numéro d'identification de la société bénéficiaire.

8. *Déclaration et le versement du précompte mobilier*

Articles 267, 312 et 412 alinéa 1er du CIR.

La société doit remettre, au receveur des contributions directes du ressort dans lequel elle est établie, une formule de déclaration en matière de précompte mobilier (formulaire 273 A) dans les quinze jours de la date d'attribution ou de mise en paiement des dividendes.

Les redevables du précompte mobilier peuvent introduire leur déclaration (273 A) via l'application en ligne www.prm-on-web.be.

Lors de l'introduction électronique de la déclaration, une communication structurée est fournie au redevable du précompte mobilier pour effectuer le paiement sur le numéro de compte unique suivant, valable pour toute la Belgique : BE79 6792 0022 1033, PCHQ BE BB du receveur du précompte mobilier, boulevard du Roi Albert II 33 bte 42 à 1030 Bruxelles.

Si le redevable du précompte mobilier choisit quand même d'introduire sur papier sa déclaration de précompte mobilier (273), seuls les quatre services suivants sont compétents à partir de cette date pour la réception et le traitement de celle-ci :

Le domicile fiscal de la société se trouve :	Envoi des déclarations papier au :
Région wallonne (à l'exception de la région de langue allemande)	**Centre PME Liège - Cellule précompte mobilier Rue de Fragnée 2, boîte 71 4000 Liège Tél. 0257/884 00 pme.liege.pm@minfin.fed.be**
Région de Bruxelles-Capitale	**Centre PME Bruxelles I - Cellule précompte mobilier Boulevard du Jardin Botanique 50, boîte 3402 1000 Bruxelles Tél. 0257/712 80 kmo.ru.bru1.pm.pme@minfin.fed.be**
Région de langue allemande[346]	**Centre polyvalent Eupen - Cellule précompte mobilier Rue de Verviers 8, 4700 Eupen Tél. 0257/886 20 p.eupen.prm@minfin.fed.be**
Région flamande	**KMO Centrum Gent - Cel roerende voorhefhing Gaston Crommenlaan 6, bus 302 9050 Ledeberg Tel. 0257/922 90 kmo.gent.ru@minfin.fed.be**

Le paiement du précompte mobilier dû conformément à une déclaration papier doit aussi être effectué sur le numéro de compte unique BE79 6792 0022 1033, PCHQ BE BB du receveur du Précompte Mobilier, Boulevard du Roi Albert II 33 bte 42, 1030 Bruxelles.

Dans les sociétés, la distribution des bénéfices dépend généralement d'une décision de l'assemblée générale des actionnaires ou des associés qui fixe la date à partir de laquelle les dividendes peuvent être encaissés. C'est à partir du lendemain de cette date, que la société devra accomplir cette formalité et payer le précompte mobilier.

Ainsi, si les dividendes sont mis en paiement à partir du 10 mai, la société devra souscrire la formule de déclaration au précompte mobilier et le payer, au plus tard, le 25 mai (c'est-à-dire dans les 15 jours de la date de mise en paiement qui prend cours le 11 mai).

346 Amblève, Bellange, Burg-Reuland, Butgenbach, Eupen, La Calamine, Lontzen, Raeren et Saint-Vith.

B. Attributions faites à l'occasion d'une acquisition d'actions ou parts propres (code 1302 de la déclaration)

Articles 185, 18, alinéa 2ter, 186 et 188 du CIR.

Les dividendes distribués comprennent également les attributions faites à l'occasion d'une acquisition d'actions ou parts propres.

1. *Taxation immédiate du « boni d'acquisition »*

L'acquisition d'actions ou parts propres :

- par des sociétés pour lesquelles le droit des sociétés n'autorise pas l'acquisition d'actions propres (les sociétés autres que les sociétés anonymes, les sociétés privées à responsabilité limitée et les sociétés en commandite par action);
- en violation des conditions prescrites par le droit des sociétés;
- après la dissolution de la société;

entraîne immédiatement la taxation d'un « boni d'acquisition ».

Autrement dit, si l'on se trouve dans l'une des trois éventualités citées ci-dessus, le « boni d'acquisition » est imposable au moment de l'acquisition de ces actions ou parts propres.

Le « boni d'acquisition », à reprendre au code 1302 de la déclaration, est égal à la différence entre le prix d'acquisition payé par la société, ou, à défaut, la valeur réelle des actions ou parts propres acquises et la quote-part du capital libéré réévalué[347], représenté par ces actions ou parts.

Ceci peut être illustré par l'exemple suivant.

La SA Azur qui a été dissoute le 26 juin 2018 (et en phase de liquidation depuis cette date), décide d'acquérir 10% de ses propres actions pour 2.500,00 EUR.

Son capital libéré s'élève à 10.000,00 EUR représenté par 20.000 actions d'une valeur nominale de 0,50 EUR.

On suppose que :

- c'est la seule opération réalisée par la SA Azur pour la période 2018;
- la constitution de la réserve indisponible, pour les actions propres, a été réalisée par un prélèvement sur les réserves disponibles.

Les écritures comptables sont les suivantes :

Faits comptables	N° plan comptable	Intitulés des comptes	Somme débit	Somme crédit
Acquisition des actions	500000	Actions propres	2 500,00	
	550000	à CCB		2 500,00
Constitution de la réserve indisponible	133000	Réserves disponibles	2 500,00	
	131000	à Réserve pour actions propres		2 500,00

347 La valeur réévaluée du capital libéré est constituée par une revalorisation du capital libéré, remboursé, ou ayant subi une réduction de valeur avant 1950. Cette revalorisation consiste à appliquer un coefficient multiplicateur aux opérations de libération et de réduction de capital ayant lieu avant 1950. Le coefficient multiplicateur est fixé par l'article 2, § 6 du CIR et varie en fonction de la date de l'opération.

Le bilan de la SA Azur se présente au 31 décembre 2018 de la manière suivante :

ACTIF			*PASSIF*		
	31/12/2018	*31/12/2017*		*31/12/2018*	*31/12/2017*
Actions propres	2.500,00	0,00	Capital	10.000,00	10.000,00
			Réserve légale	1.000,00	1.000,00
Banques	11.500,00	14.000,00	Réserves indisponibles pour actions propres	2.500,00	0,00
			Réserves disponibles	500,00	3.000,00
Total	*14.000,00*	*14.000,00*	*Total*	*14.000,00*	*14.000,00*

Le « boni d'acquisition » (1.500,00 EUR) qui est taxable au moment de l'acquisition des actions propres, est égal à la différence entre le prix d'acquisition (2.500,00 EUR) et la quote-part de la valeur réévaluée du capital libéré qui est de 1.000,00 EUR ((10.000,00 EUR / 20.000 actions) * (10% de 20.000 actions)).

La déclaration fiscale de la SA Azur se présente de la manière suivante :

	Situation au début de la période imposable	**Situation à la fin de la période imposable**
Réserve légale	1.000,00	1.000,00
Réserves indisponibles	0,00	2.500,00
Réserves disponibles	3.000,00	500,00
Résultat reporté		
• Bénéfice	0,00	0,00
• Perte		
Sous-total de la situation au début de la période imposable (pour le premier exercice comptable, mentionner zéro (0) au code 1040 PN)		
- Positif	4.000,00 (Code 1040 PN)	4.000,00 (Code 1040 PN)
- Négatif		
Mouvement de la période imposable		
Bénéfices réservés imposables	0,00 (Code 1080 PN)	
	Le total des réserves taxées n'a pas été modifié par cette acquisition étant donné que la diminution des réserves disponibles est compensée par la constitution de la réserve indisponible.	

DIVIDENDES DISTRIBUÉS		
Dividendes ordinaires	(Code 1301)	
Acquisitions d'actions propres	1.500,00 (Code 1302)	
Décès, démission ou exclusion d'un associé	(Code 1303)	
Partage total de l'avoir social	(Code 1304)	
Dividendes distribués		1.500,00 (Code 1320)

RÉSULTAT DE LA PÉRIODE IMPOSABLE
1.500,00 (Code 1410 PN).

Les 1.500,00 EUR font donc partie de la base imposable de la société en 2018.

2. Taxation différée du « boni d'acquisition »

Le boni d'acquisition n'est pas taxable au moment de l'acquisition des actions propres en ce qui concerne les sociétés anonymes, les sociétés privées à responsabilité limitée et les sociétés en commandite par action qui ont acquis leurs actions ou parts propres :

- en respectant les conditions prescrites par le droit des sociétés;

et

- avant la dissolution de la société.

Le « boni d'acquisition » est imposable au moment :

- où les actions ou parts acquises font l'objet de réductions de valeur;
- où les actions ou parts acquises sont aliénées avec une moins-value;
- où les actions ou parts acquises deviennent nulles de plein droit ou sont détruites;
- de la dissolution ou de la mise en liquidation de la société.

Si les actions ou parts propres acquises font l'objet d'une réduction de valeur, le boni d'acquisition ne deviendra taxable qu'à concurrence du montant de la réduction de valeur comptabilisée.

Dans le cas où les actions ou parts propres acquises sont aliénées, le boni d'acquisition sera taxé à concurrence de la différence négative (moins-value) entre le prix de réalisation et le prix d'acquisition. Ce prix d'acquisition est diminué, le cas échéant, des réductions de valeur déjà taxées. C'est uniquement, dans les cas où les actions propres acquises sont nulles de plein droit ou détruites et lors de dissolution de la société, que le boni d'acquisition est taxé de la manière décrite à l'article 186, alinéa 1er du CIR. Cette article prévoit que la taxation sera calculée sur la base de la différence entre le prix d'acquisition payé par la société, ou, à défaut, la valeur réelle des actions ou parts acquises et la quote-part du capital libéré réévalué, représenté par les titres acquis diminué, le cas échéant, des réductions de valeur déjà taxées.

Le régime fiscal des actions ou parts propres peut être schématisé de la manière suivante :

Sociétés visées	Droit des sociétés	Moment de l'acquisition	Moment de la taxation	Montant à reprendre au code 051 de la déclaration
Les sociétés autres que les sociétés anonymes, les sociétés privées à responsabilité limitée et les sociétés en commandite par action.				Le montant du boni d'acquisition est égal à la différence entre le prix d'acquisition payé par la société, (ou, à défaut, la valeur réelle des actions ou parts propres acquises) et la quote-part du capital libéré, réévalué, représenté par ces actions ou parts.
Les sociétés anonymes, les sociétés privées à responsabilité limitée et les sociétés en commandite par action.	L'opération ne respecte pas les dispositions du droit des sociétés.			
	L'opération respecte les dispositions du droit des sociétés.	Acquisition à partir de la dissolution de la société.		
		Acquisition avant la dissolution de la société.	Au moment où l'on acte une réduction de valeur.	Le boni d'acquisition est taxable à concurrence de la réduction de valeur comptabilisée.
			Au moment de l'aliénation du titre avec réalisation d'une moins-value.	Le boni d'acquisition est taxé à concurrence de la différence négative entre le prix de réalisation et le prix d'acquisition, diminuée, le cas échéant, des réductions de valeur déjà taxées.
			Au moment où les titres deviennent nuls de plein droit ou sont détruits.	Le boni d'acquisition est taxé à concurrence de la différence entre le prix d'acquisition payé par la société, ou, à défaut, la valeur réelle des actions ou parts acquises et la quote-part du capital libéré, réévalué, représenté par les titres acquis diminué, le cas échéant, des réductions de valeur déjà taxées.
			Au moment de la dissolution de la société.	Le boni d'acquisition est taxé à concurrence de la différence entre le prix d'acquisition payé par la société, ou, à défaut, la valeur réelle des actions ou parts acquises et la quote-part du capital libéré, réévalué, représenté par les titres acquis diminué, le cas échéant, des réductions de valeur déjà taxées.

Pour éviter une double taxation, le Ministre des Finances[348] a précisé que les dispositions prévues à l'article 198, alinéa 1er, 7° du CIR (qui précisent que ne sont pas considérés comme frais professionnels, les réductions de valeur et moins-values sur actions ou parts) ne s'appliquent pas dans les cas suivants :

- l'annulation des actions propres;
- la comptabilisation d'une réduction de valeur sur actions propres;
- la réalisation d'une moins-value sur actions propres.

En effet, « dans le cas particulier d'une réduction de valeur sur des actions propres, la charge comptable n'est pas considérée fiscalement comme une dépense non admise. C'est le régime spécial du dividende fiscal qui trouve à s'appliquer à concurrence du montant de la réduction de valeur comptabilisée sur les actions propres. Si le montant de la réduction de valeur est moins élevé que celui du dividende fiscal, une partie seulement de ce dernier s'ajoute à la base imposable. Si la réduction est égale au dividende fiscal, la totalité de celui-ci grossit la base imposable. Si la réduction est supérieure au dividende fiscal, la totalité du dividende est incorporée dans la base imposable et l'excédent de la réduction de valeur est traité comme une dépense non admise »[349].

Autrement dit, trois hypothèses peuvent se présenter :

348 Question parlementaire du 18/09/1992 posée par le Sénateur Hatry, Bulletin des Contributions n° 723, p. 208.

349 Christian Fischer, « Le rachat d'actions et les participations réciproques », Entreprise De boeck Université, p. 94.

<table>
<tr><th>Dividende fiscal calculé sur la base de l'article 186, alinéa 1er</th><th>Réduction de valeur réelle actée sur les actions ou titres propres</th><th>Régime fiscal de la réduction de valeur réelle actée sur les actions ou titres propres</th></tr>
<tr><td rowspan="3">La différence positive entre le prix d'acquisition payé par la société ou, à défaut, la valeur réelle des actions ou parts acquises et la quote-part du capital libéré réévalué représentée par les titres acquis.

<u>Exemple</u> :

Prix d'acquisition : 3.000,00 EUR.
Quote-part du capital libéré réévalué représentée par les titres acquis : 1.000,00 EUR.
Boni d'acquisition : 2.000,00 EUR.</td><td>a) La réduction de valeur est inférieure au dividende fiscal calculé sur la base de l'article 186, alinéa 1er.

<u>Exemple</u> :

Réduction de valeur actée : 400,00 EUR.</td><td>Le dividende à reprendre au Code 1302 de la déclaration s'élève au montant de la réduction de valeur réelle actée sur les actions ou titres propres <u>(400,00 EUR)</u>.</td></tr>
<tr><td>b) La réduction de valeur est égale au dividende fiscal calculé sur la base de l'article 186, alinéa 1er.

<u>Exemple</u> :

Réduction de valeur actée : 2.000,00 EUR.</td><td>Le dividende à reprendre au Code 1302 de la déclaration s'élève au montant de la réduction de valeur réelle actée sur les actions ou titres propres <u>(2.000,00 EUR)</u>.</td></tr>
<tr><td>c) La réduction de valeur est supérieure au dividende fiscal calculé sur la base de l'article 186, alinéa 1er.

<u>Exemple</u> :

Réduction de valeur actée : 2.900,00 EUR.</td><td>Le dividende à reprendre au Code 1302 de la déclaration s'élève au montant du dividende fiscal calculé sur la base de l'article 186, alinéa 1er (2.000,00 EUR).

La différence entre la réduction de valeur réelle actée sur les actions ou titres propres (2.900,00 EUR) et le montant du dividende fiscal calculé sur la base de l'article 186, alinéa 1er (2.000,00 EUR) est à reprendre en dépenses non admises <u>(900,00 EUR)</u> au code 1217.</td></tr>
</table>

Le même raisonnement s'applique pour les moins-values actées réalisées sur les titres propres.

<table>
<tr><th>Détermination du dividende fiscal</th><th>Moins-value sur les actions ou titres propres</th><th>Régime fiscal de la moins-value actée sur les actions ou titres propres</th></tr>
<tr><td rowspan="3">La différence positive entre le prix d'acquisition payé par la société ou, à défaut, la valeur réelle des actions ou parts acquises et la quote-part du capital libéré réévalué représentée par les titres acquis diminuée, le cas échéant, des réductions de valeur déjà taxées.

<u>Exemple</u> :

Prix d'acquisition : 3.000,00 EUR.
Quote-part du capital libéré réévalué représentée par les titres acquis : 1.000,00 EUR.
Réductions de valeur actées antérieurement : 100,00 EUR.

Boni d'acquisition : 1.900,00 EUR.

La taxation du boni d'acquisition ainsi déterminé (1.900,00 EUR) sera cependant limitée à concurrence de la différence négative entre le prix de réalisation et le prix d'acquisition, diminuée, le cas échéant, des réductions de valeur déjà taxées.</td><td>a) La moins-value est inférieure au dividende fiscal calculé sur la base de l'article 186, alinéa 1er.

<u>Exemple</u> :

Prix de réalisation : 2.600,00 EUR.
Moins-value réalisée : 300,00 EUR.</td><td>La taxation du boni d'acquisition est limitée à concurrence de la différence négative entre le prix de réalisation (2.600,00 EUR) et le prix d'acquisition (3.000,00 EUR), diminuée, le cas échéant, des réductions de valeur déjà taxées (100,00 EUR).

Le dividende à reprendre au Code 1302 de la déclaration s'élève au montant de la moins-value actée sur les actions ou titres propres à savoir 300,00 EUR.</td></tr>
<tr><td>b) La moins-value est égale au dividende fiscal calculé sur la base de l'article 186, alinéa 1er.

<u>Exemple</u> :

Prix de réalisation : 1.000,00 EUR.
Moins-value réalisée : 1.900,00 EUR.</td><td>La taxation du boni d'acquisition est limitée à concurrence de la différence négative entre le prix de réalisation (1.000,00 EUR) et le prix d'acquisition (3.000,00 EUR), diminuée, le cas échéant, des réductions de valeur déjà taxées (100,00 EUR).

Le dividende à reprendre au Code 1302 de la déclaration s'élève au montant de la moins-value actée sur les actions ou titres propres à savoir 1.900,00 EUR.</td></tr>
<tr><td>c) La moins-value est supérieure au dividende fiscal calculé sur la base de l'article 186, alinéa 1er.

<u>Exemple</u> :

Prix de réalisation : 100,00 EUR.
Moins-value réalisée : 2.900,00 EUR.</td><td>Le dividende à reprendre au Code 1302 de la déclaration s'élève au montant du dividende fiscal calculé sur la base de l'article 186, alinéa 1er à savoir 1.900,00 EUR.

La différence entre la moins-value actée sur les actions ou titres propres (2.900,00 EUR) et le montant du dividende fiscal calculé sur la base de l'article 186, alinéa 1er (1.900,00 EUR) est à reprendre en dépenses non admises (1.000,00 EUR) au code 1217.</td></tr>
</table>

3. *Exemples*

La SA Azur décide d'acquérir dans le respect du droit des sociétés 10% de ses propres actions pour 2.500,00 EUR.

Son capital libéré s'élève à 10.000,00 EUR représenté par 20.000 actions d'une valeur nominale de 0,50 EUR.

Le 31 décembre 2018 elle acte une réduction de valeur (réelle) sur les actions propres à concurrence de 750,00 EUR.

1ère hypothèse :

On suppose que :

- ce sont les seules opérations réalisées par la SA Azur pour la période imposable 2018;
- la constitution de la réserve indisponible, pour les actions propres, a été réalisée par un prélèvement sur les réserves disponibles.

Les écritures comptables sont les suivantes :

Faits comptables	N° plan comptable	Intitulés des comptes	Somme débit	Somme crédit
Acquisition des actions propres	500000	Actions propres	2 500,00	
	550000	à CCB		2 500,00
Constitution de la réserve indisponible	133000	Réserves disponibles	2 500,00	
	131000	à Réserve pour actions propres		2 500,00
Comptabilisation de la réduction de valeur	651000	Dotations réductions de valeur sur actifs circulants	750,00	
	509000	à Réductions de valeur actées sur actions propres		750,00
Annulation d'une partie de la réserve indisponible	131000	Réserve pour actions propres	750,00	
	133000	à Réserves disponibles		750,00

NB : en cas de réduction de valeur sur actions propres, la réserve indisponible est directement transférée pour le montant correspondant à cette réduction vers une réserve disponible.

Le bilan tient compte d'une écriture d'affectation correspondant au montant de la réduction de valeur :

Faits comptables	N° plan comptable	Intitulés des comptes	Somme débit	Somme crédit
Report de la perte	1410	Perte reportée	750,00	
	7930	à Perte à reporter		750,00

Le bilan de la SA Azur se présente au 31 décembre 2018 de la manière suivante :

ACTIF			PASSIF		
	31/12/2018	*31/12/2017*		*31/12/2018*	*31/12/2017*
Actions propres	1.750,00	0,00	Capital	10.000,00	10.000,00
			Réserve légale	1.000,00	1.000,00
Banques	11.500,00	14.000,00	Réserves indisponibles pour actions propres	1.750,00	0,00
			Réserves disponibles	1.250,00	3.000,00
			Perte reportée	(750,00)	0,00
Total	*13.250,00*	*14.000,00*	*Total*	*13.250,00*	*14.000,00*

Le « boni d'acquisition » (1.500,00 EUR) est égal à la différence entre le prix d'acquisition (2.500,00 EUR) et la quote-part de la valeur réévaluée du capital libéré (1.000,00 EUR). Ce « boni d'acquisition » devient taxable à concurrence de la réduction de valeur comptabilisée (750,00 EUR). Ce montant doit être mentionné au code 1302 de la déclaration à l'impôt des sociétés.

La déclaration fiscale de la SA Azur, après ces seules opérations, se présente de la manière suivante :

	Situation au début de la période imposable	**Situation à la fin de la période imposable**
Réserve légale	1.000,00	1.000,00
Réserves indisponibles	0,00	1.750,00
Réserves disponibles	3.000,00	1.250,00
Résultat reporté		
• Bénéfice		
• Perte	0,00	-750,00 (Ce montant correspond au montant de la réduction de valeur qui génère une charge correspondante)
Sous-total de la situation au début de la période imposable (pour le premier exercice comptable, mentionner zéro (0) au code 1040 PN)		
- Positif	4.000,00 (Code 1040 PN)	3.250,00 (Code 1040 PN)
- Négatif		
Mouvement de la période imposable		
Bénéfices réservés imposables		-750,00 (Code 1080 PN)
	La SA Azur a acté une réduction de valeur sur des actions propres. Cette réduction génère une charge de 750,00 EUR qui est à l'origine de la diminution de la base taxable.	

DIVIDENDES DISTRIBUÉS		
Dividendes ordinaires	(Code 1301)	
Acquisitions d'actions propres	750,00 (Code 1302)	
Décès, démission ou exclusion d'un associé	(Code 1303)	
Partage total de l'avoir social	(Code 1304)	
Dividendes distribués		750,00 (Code 1320)

RÉSULTAT DE LA PÉRIODE IMPOSABLE
0,00 (Code 1410 PN).
Dans ce cas, la diminution des réserves taxées est compensée par l'augmentation du montant des dividendes distribués.

<u>2ème hypothèse</u> :

On suppose que :

- ce sont les seules opérations réalisées par la SA Azur pour la période imposable 2018;
- la constitution de la réserve indisponible, pour les actions propres, a été réalisée par un prélèvement sur les réserves exonérées fiscalement.

Les écritures comptables sont les mêmes que dans la première hypothèse, à l'exception des écritures relatives aux réserves exonérées :

Faits comptables	N° plan comptable	Intitulés des comptes	Somme débit	Somme crédit
Acquisition des actions propres	500000	Actions propres	2 500,00	
	550000	à CCB		2 500,00
Constitution de la réserve indisponible	132100	Autres réserves immunisées	2 500,00	
	131000	à Réserve pour actions propres		2 500,00
Comptabilisation de la réduction de valeur	651000	Dotations réductions de valeur sur actifs circulants	750,00	
	509000	à Réductions de valeur actées sur actions propres		750,00
Annulation d'une partie de la réserve indisponible	131000	Réserve pour actions propres	750,00	
	133000	à Réserves disponibles		750,00

NB : les réserves initialement immunisées perdent ce caractère lors de l'écriture de réduction de valeur à concurrence de 750,00 EUR.

Le bilan de la SA Azur se présente au 31 décembre 2018 de la manière suivante :

ACTIF			*PASSIF*		
	31/12/2018	*31/12/2017*		*31/12/2018*	*31/12/2017*
Actions propres	1.750,00	0,00	Capital	10.000,00	10.000,00
			Réserve légale	1.000,00	1.000,00
			Réserves immunisées	500,00	3.000,00
Banques	11.500,00	14.000,00	Réserves disponibles	750,00	0,00
			Perte reportée	(750,00)	0,00
Total	*13.250,00*	*14.000,00*	*Total*	*13.250,00*	*14.000,00*

Le « boni d'acquisition » (1.500,00 EUR) est égal à la différence entre le prix d'acquisition (2.500,00 EUR) et la quote-part de la valeur réévaluée du capital libéré (1.000,00 EUR). Ce boni d'acquisition devient taxable à concurrence de la réduction de valeur comptabilisée (750,00 EUR). Ce montant doit être mentionné au code 1302 de la déclaration à l'impôt des sociétés.

La déclaration fiscale de la SA Azur, après ces seules opérations, se présente de la manière suivante :

	Situation au début de la période imposable	Situation à la fin de la période imposable
Réserve légale	1.000,00	1.000,00
Réserves indisponibles	0,00	0,00
Réserves disponibles		750,00
Résultat reporté		
Bénéfice		
Perte		-750,00 (Ce montant correspond au montant de la réduction de valeur qui génère une charge correspondante)
Sous-total de la situation au début de la période imposable (pour le premier exercice comptable, mentionner zéro (0) au code 1040 PN)		
Positif	1.000,00 (Code 1040 PN)	1.000,00 (Code 1040 PN)
Négatif		
Mouvement de la période imposable		
Bénéfices réservés imposables		0,00 (Code 1080 PN)

DIVIDENDES DISTRIBUÉS		
Dividendes ordinaires	(Code 1301)	
Acquisitions d'actions propres	750,00 (Code 1302)	
Décès, démission ou exclusion d'un associé	(Code 1303)	
Partage total de l'avoir social	(Code 1304)	
Dividendes distribués		750,00 (Code 1320)

RÉSULTAT DE LA PÉRIODE IMPOSABLE
750,00 (Code 1410 PN).
L'entreprise a réduit la valeur activée des actions propres, acquises en effectuant un prélèvement sur les réserves indisponibles (réserves qui avaient été constituées par un prélèvement sur les réserves exonérées) à concurrence d'une partie du boni d'acquisition. Ce prélèvement sur les réserves indisponibles n'entraîne aucune diminution des réserves taxées. Par conséquent, le boni d'acquisition n'est pas « neutralisé » par une diminution du mouvement des réserves taxées.

Sur la base des deux hypothèses reprises ci-dessus, on peut en conclure que l'opération reste sans influence sur le résultat fiscal de la période envisagée, aussi longtemps, que les prélèvements sur les réserves indisponibles ont pour contrepartie, une diminution des réserves antérieurement taxées ou une diminution du bénéfice imposable de l'exercice comptable.

4. *Incidence sur le capital*

Le capital libéré doit être réduit, au moment de l'acquisition des titres propres, à concurrence de la quote-part du capital libéré représentée par ces actions. Le suivi de ces modifications du capital libéré se révèle importante lors des différentes opérations de distribution du capital ou de restructuration de la société. L'administration tient d'ailleurs à jour un document (le relevé 328 D) qui lui permet de suivre l'évolution du capital libéré. Celui-ci lui donnera la possibilité d'appliquer un traitement fiscal adapté aux différents évènements qui ont un impact sur le capital libéré.

Origine du capital					
Opérations	Capital libéré	Réserves taxées	Réserves exonérées	Actions en portefeuille	Total
Acquisition des actions ou parts propres.	Diminution de la quote-part du capital libéré représentée par les actions ou parts propres.			Augmentation de la quote-part du capital libéré représentée par les actions ou parts propres.	

En cas d'aliénation des actions propres, la situation antérieure du capital doit être rétablie comme si les actions ou parts n'avaient jamais été acquise.

Origine du capital					
Opérations	Capital libéré	Réserves taxées	Réserves exonérées	Actions en portefeuille	Total
Acquisition des actions ou parts propres.	Diminution de la quote-part du capital libéré représentée par les actions ou parts propres.			Augmentation de la quote-part du capital libéré représentée par les actions ou parts propres.	
Aliénation des actions ou parts propres.	Augmentation de la quote-part du capital libéré représentée par les actions ou parts propres.			Diminution de la quote-part du capital libéré représentée par les actions ou parts propres.	

Lorsque les titres propres sont détruits ou lorsqu'ils deviennent nuls de plein droit, la société devrait en principe procéder à une réduction de capital pour tenir compte, qu'une partie du capital a été « remboursé » aux actionnaires à concurrence de la quote-part du capital libéré, représenté par les titres propres.

Destruction des actions ou parts propres avec réduction effective du capital social

Origine du capital					
Opérations	**Capital libéré**	**Réserves taxées**	**Réserves exonérées**	**Actions en portefeuille**	**Total**
Acquisition des actions ou parts propres.	Diminution de la quote-part du capital libéré représentée par les actions ou parts propres.			Augmentation de la quote-part du capital libéré représentée par les actions ou parts propres.	
Destruction des actions ou parts propres.				Diminution de la quote-part du capital libéré représentée par les actions ou parts propres détruites.	Diminution du capital social à concurrence de la quote-part du capital libéré représentée par les actions ou parts propres.

L'écriture comptable se présenterait alors comme suit :

Faits comptables	N° plan comptable	Intitulés des comptes	Somme débit	Somme crédit
Destruction des actions propres	10000	Capital souscrit	Montant correspondant à la quote-part du capital libéré, représenté par les actions détruites	
	133000	Réserves disponibles	Montant correspondant à la partie ne représentant pas du capital libéré dans la valeur des actions détruites	
	50000	à Actions propres		Valeur d'acquisition payée par la société pour le rachat de ses propres actions

Dans l'hypothèse où cette réduction n'a pas eu lieu, (cas le plus fréquent) l'article 188, alinéa 2 du CIR mentionne que les prélèvements opérés sur les bénéfices de l'exercice ou sur les réserves taxées ou exonérées en lieu et place du capital libéré, ne seront pas pris en considération pour la détermination du bénéfice imposable de la société.

Les cas suivants peuvent se présenter :

Destruction des actions ou parts propres sans réduction effective du capital social : l'annulation a été imputée sur des réserves taxées

Origine du capital					
Opérations	Capital libéré	Réserves taxées	Réserves exonérées	Actions en portefeuille	Total
Acquisition des actions ou parts propres.	Diminution de la quote-part du capital libéré représentée par les actions ou parts propres.			Augmentation de la quote-part du capital libéré représentée par les actions ou parts propres.	
Destruction des actions ou parts propres.		Augmentation de la quote-part du capital libéré représentée par les actions ou parts propres.		Diminution de la quote-part du capital libéré représentée par les actions ou parts propres détruites.	

Destruction des actions ou parts propres sans réduction effective du capital social : l'annulation a été imputée sur des réserves exonérées

Origine du capital					
Opérations	Capital libéré	Réserves taxées	Réserves exonérées	Actions en portefeuille	Total
Acquisition des actions ou parts propres.	Diminution de la quote-part du capital libéré représentée par les actions ou parts propres.			Augmentation de la quote-part du capital libéré représentée par les actions ou parts propres.	
Destruction des actions ou parts propres.			Augmentation de la quote-part du capital libéré représentée par les actions ou parts propres.	Diminution de la quote-part du capital libéré représentée par les actions ou parts propres détruites.	

<u>Destruction des actions ou parts propres sans réduction effective du capital social : l'annulation a été imputée sur des réserves taxées et exonérées</u>

Origine du capital					
Opérations	**Capital libéré**	**Réserves taxées**	**Réserves exonérées**	**Actions en portefeuille**	**Total**
Acquisition des actions ou parts propres.	Diminution de la quote-part du capital libéré représentée par les actions ou parts propres.			Augmentation de la quote-part du capital libéré représentée par les actions ou parts propres.	
Destruction des actions ou parts propres.		Augmentation dans la mesure où l'annulation a été imputée : sur des réserves taxées.	sur des réserves exonérées.	Diminution de la quote-part du capital libéré représentée par les actions ou parts propres détruites.	

Ceci peut être illustré par les exemples suivants.

En 2018, la SA Azur décide d'acquérir, dans le respect du droit des sociétés, 10% de ses propres actions pour 2.500,00 EUR sans diminuer son capital souscrit.

Son capital libéré s'élève à 10.000,00 EUR, représentés par 20.000 actions d'une valeur nominale de 0,50 EUR.

Le 31 décembre 2018, elle détruit les actions propres.

<u>1ère hypothèse</u> :

On suppose que :

- ce sont les seules opérations réalisées par la SA Azur pour la période imposable 2018;
- la constitution de la réserve indisponible, pour les actions propres, a été réalisée par un prélèvement sur les réserves disponibles.

Les écritures comptables qui résultent de ces opérations sont les suivantes :

- En 2018, lors de l'achat des actions propres :

Faits comptables	N° plan comptable	Intitulés des comptes	Somme débit	Somme crédit
Acquisition des actions propres	500000	Actions propres	2 500,00	
	550000	à CCB		2 500,00
Constitution de la réserve indisponible	133000	Réserves disponibles	2 500,00	
	131000	à Réserve pour actions propres		2 500,00

386

- Le 31 décembre 2018, lors de la destruction des actions propres :

Faits comptables	N° plan comptable	Intitulés des comptes	Somme débit	Somme crédit
Destruction des actions propres	131000	Réserve pour actions propres	2.500,00	
	50000	à Actions propres		2.500,00

Le bilan de la SA Azur se présente au 31 décembre 2018 de la manière suivante :

ACTIF			*PASSIF*		
	31/12/2017	*31/12/2016*		*31/12/2017*	*31/12/2016*
Actions propres	0,00	0,00	Capital	**10.000,00**	**10.000,00**
			Réserve légale	**1.000,00**	**1.000,00**
Banques	**11.500,00**	**14.000,00**	Réserves indisponibles pour actions propres	0,00	2.500,00
			Réserves disponibles	500,00	500,00
Total	***11.500,00***	***14.000,00***	*Total*	***11.500,00***	***14.000,00***

Le « boni d'acquisition » (1.500,00 EUR) imposable est égal à la différence entre le prix d'acquisition (2.500,00 EUR) et la quote-part de la valeur réévaluée du capital libéré (1.000,00 EUR).

<u>Destruction des actions ou parts propres sans réduction effective du capital social : l'annulation a été imputée sur des réserves taxées</u>

Opérations	Capital libéré	Réserves taxées	Réserves exonérées	Actions en portefeuille	Total
Avant l'opération	10.000,00	0,00	0,00	0,00	10.000,00
Acquisition des actions ou parts propres.	Diminution de la quote-part du capital libéré représentée par les actions ou parts propres (1.000,00).			Augmentation de la quote-part du capital libéré représentée par les actions ou parts propres (1.000,00).	
Après l'opération d'acquisition	9.000,00	0,00	0,00	1.000,00	10.000,00
Destruction des actions ou parts propres.		Augmentation de la quote-part du capital libéré représentée par les actions ou parts propres (1.000,00).		Diminution de la quote-part du capital libéré représentée par les actions ou parts propres détruites (1.000,00).	
Après l'opération de destruction	9.000,00	1.000,00	0,00	0,00	10.000,00

La déclaration fiscale de la SA Azur se présente de la manière suivante :

	Situation au début de la période imposable	**Situation à la fin de la période imposable**
Réserves incorporées au capital et primes d'émission imposables	0,00	**1.000,00** La réduction du capital libéré qui aurait dû être comptabilisée à concurrence de 1.000,00 EUR est compensée par une réserve taxée incorporée au capital. En effet, si la réduction de capital libéré de 1.000,00 EUR avait été actée, les réserves indisponibles en fin de période auraient été de 1.000,00 EUR au lieu de 0,00 EUR actuellement.
Réserve légale	1.000,00	1.000,00
Réserves indisponibles	2.500,00	0,00
Réserves disponibles	500,00	500,00
Sous-total de la situation au début de la période imposable (pour le premier exercice comptable, mentionner zéro (0) au code 1040 PN)		
- Positif	4.000,00 (Code 1040 PN)	2.500,00 (Code 1040 PN)
- Négatif		
Mouvement de la période imposable		
Bénéfices réservés imposables		-1.500,00 (Code 1080 PN)

DIVIDENDES DISTRIBUÉS		
Dividendes ordinaires	(Code 1301)	
Acquisitions d'actions propres	1.500,00 (Code 1302)	
Décès, démission ou exclusion d'un associé	(Code 1303)	
Partage total de l'avoir social	(Code 1304)	
Dividendes distribués		1.500,00 (Code **1320**)

RÉSULTAT DE LA PÉRIODE IMPOSABLE
0,00 (Code 1410 PN).

2ème hypothèse :

On suppose que :

- ce sont les seules opérations réalisées par la SA Azur pour la période imposable 2018;
- la constitution de la réserve indisponible, pour les actions propres, a été réalisée par un prélèvement sur les réserves exonérées fiscalement.

Les écritures comptables qui résultent de ces opérations sont les suivantes :

- En 2018, lors de l'achat des actions propres :

Faits comptables	N° plan comptable	Intitulés des comptes	Somme débit	Somme crédit
Acquisition des actions propres	500000	Actions propres	2 500,00	
	550000	à CCB		2 500,00
Constitution de la réserve indisponible	132100	Autres réserves immunisées	2 500,00	
	131000	à Réserve pour actions propres		2 500,00

- Le 31 décembre 2018, lors de la destruction des actions propres :

Faits comptables	N° plan comptable	Intitulés des comptes	Somme débit	Somme crédit
Destruction des actions propres	132100	Autres réserves immunisées	2 500,00	
	50000	à Actions propres		2.500,00

Le bilan de la SA Azur se présente au 31 décembre 2018 de la manière suivante :

ACTIF			PASSIF		
	31/12/2018	31/12/2017		31/12/2018	31/12/2017
Actions propres	0,00	0,00	Capital	10.000,00	10.000,00
			Réserve légale	1.000,00	1.000,00
Banques	11.500,00	14.000,00	Réserves indisponibles pour actions propres	0,00	2.500,00
			Réserves exonérées	500,00	500,00
Total	*11.500,00*	*14.000,00*	*Total*	*11.500,00*	*14.000,00*

Le « boni d'acquisition » (1.500,00 EUR) est égal à la différence entre le prix d'acquisition (2.500,00 EUR) et la quote-part de la valeur réévaluée du capital libéré (1.000,00 EUR).

Destruction des actions ou parts propres sans réduction effective du capital social : l'annulation a été imputée sur des réserves exonérées

Opérations	Capital libéré	Réserves taxées	Réserves exonérées	Actions en portefeuille	Total
Avant l'opération	10.000,00	0,00	0,00	0,00	10.000,00
Acquisition des actions ou parts propres.	Diminution de la quote-part du capital libéré représentée par les actions ou parts propres (1.000,00).			Augmentation de la quote-part du capital libéré représentée par les actions ou parts propres (1.000,00).	
Après l'opération d'acquisition	9.000,00	0,00	0,00	1.000,00	10.000,00
Destruction des actions ou parts propres.			Augmentation de la quote-part du capital libéré représentée par les actions ou parts propres (1.000,00).	Diminution de la quote-part du capital libéré représentée par les actions ou parts propres détruites (1.000,00).	
Après l'opération de destruction	9.000,00		1.000,00	0,00	10.000,00

La déclaration fiscale de la SA Azur se présente de la manière suivante :

	Situation au début de la période imposable	Situation à la fin de la période imposable
Réserves incorporées au capital et primes d'émission imposables	0,00	0,00 La réduction du capital libéré qui aurait dû être comptabilisée à concurrence de 1.000,00 EUR est compensée par une réserve <u>exonérée</u> incorporée au capital. Cela n'a pas d'incidence sur cette partie de la déclaration.
Réserve légale	1.000,00	1.000,00
Sous-total de la situation au début de la période imposable (pour le premier exercice comptable, mentionner zéro (0) au code 1040 PN)		
- Positif	1.000,00 (Code 1040 PN)	1.000,00 (Code 1040 PN)
- Négatif		
Mouvement de la période imposable		
Bénéfices réservés imposables		0,00 (Code 1080 PN)

DIVIDENDES DISTRIBUES		
Dividendes ordinaires	(Code 1301)	
Acquisitions d'actions propres	1.500,00 (Code 1302)	
Décès, démission ou exclusion d'un associé	(Code 1303)	
Partage total de l'avoir social	(Code 1304)	
Dividendes distribués		1.500,00 (Code **1320**)

RESULTAT DE LA PÉRIODE IMPOSABLE
1.500,00 (Code 1410 PN).

Le boni d'acquisition n'est pas « neutralisé » par une diminution du mouvement des réserves taxées, car le prélèvement a été effectué sur une réserve exonérée. L'opération n'est pas neutre fiscalement car on a « distribué » une réserve non taxée.

5. Redevable du précompte mobilier

Articles 21, 2°, 261, 264, 2°, 2°bis, 2°ter et 268 du CIR.

Les sociétés doivent retenir, à la source, un précompte mobilier sur les revenus d'actions ou parts payés en cas d'acquisition d'actions ou parts propres.

Le précompte mobilier éventuellement supporté par le débiteur du revenu (la société) à la décharge du bénéficiaire (l'associé ou actionnaire), est ajouté au montant de ce revenu pour le calcul du précompte mobilier.

L'article 21, 2° du CIR prévoit cependant une exception, en excluant les sociétés d'investissement (belges ou étrangères) qui bénéficient d'un régime d'imposition exorbitant du droit commun, du précompte mobilier sur boni d'acquisition lorsqu'elles perçoivent ce type de boni en rachetant leurs propres actions.

Les travaux parlementaires[350] précisent, que cette exception est fondée sur le fait, que la fonction économique des sociétés d'investissement diffère de celles des sociétés ordinaires. Elles jouent un rôle d'intermédiaire pour les investisseurs passifs qui souhaitent effectuer un investissement dans un élément d'actif bien déterminé (titres à revenus fixes ou actions et parts), et pour lequel, elles offrent à cet investisseur passif l'avantage d'une gestion professionnelle et diversifiée de sa mise. Vu que leur fonction est circonscrite de la sorte sur le plan économique, la cohérence de notre droit exige que leurs revenus reçoivent un traitement fiscal identique à celui dont aurait bénéficié l'investisseur avec un investissement similaire mais sans l'intervention de la société d'investissement. C'est la raison pour laquelle elles jouissent d'un régime d'imposition qui déroge au droit commun. C'est aussi la raison pour laquelle le nouveau régime de précompte mobilier ne peut leur être appliqué.

De même, le précompte mobilier n'est pas dû dans les cas suivants :

- suite à une opération de fusion ou de scission opérée en neutralité d'impôt. Ce cas se présente quand une société (dénommée société absorbante) absorbe une autre société (dénommée société absorbée) qui possédait des actions ou parts de la société absorbante. Dans cette hypothèse, la société absorbante ne devra pas retenir le précompte mobilier sur le boni d'acquisition de ses propres actions ou parts;
- suite à une acquisition d'actions ou parts propres qui sont admises sur un marché réglementé pour autant que la transaction ait lieu sur le marché boursier central d'Euronext ou sur un marché analogue. Ceci implique, en pratique, qu'il s'agisse de transactions pour lesquelles le vendeur et l'acheteur ne sont pas en mesure de s'identifier mutuellement. En effet, dans cette hypothèse, l'actionnaire cédant ignorera généralement si un revenu imposable existe en vertu de l'article 186 du CIR. Il ignorera également à quel moment et pour quel montant celui-ci serait censé être attribué sur la base et suivant les hypothèses de ce même article 186. L'exemption de précompte mobilier ne s'applique pas aux offres publiques de rachat d'actions, aux rachats d'actions «en blocs» et aux rachats effectués en dehors du marché avec l'accord du client[351];
- suite à une acquisition de parts propres par une société coopérative agréée par le Conseil national de la coopération.

350 Document parlementaire 50, 1918/001, pp. 25-26.

351 Document parlementaire 50, 1918/001, p. 29.

6. *Taux du précompte mobilier*

Article 269 du CIR.

Le taux du précompte mobilier est fixé à 30% pour les montants considérés comme un dividende distribué.

C. Attributions faites à l'occasion du décès, de la démission ou de l'exclusion d'un associé (Code 1303 de la déclaration)

Articles 185, 18, alinéa 2ter, 187 et 188 du CIR.

L'avoir social d'une société de personnes peut faire l'objet d'un partage partiel suite au retrait, au décès ou à l'exclusion d'un associé.

Sans vouloir entrer dans les détails de cette matière complexe, voici les différentes dispositions du droit des sociétés qui traite de cette problématique :

Dispositions communes à toutes les sociétés	
Article 39, 3° du code des sociétés	La société finit par la mort naturelle d'un des associés.
Article 39, 5 du code des sociétés	La société finit par la volonté qu'un seul ou plusieurs associés expriment de ne plus être en société.
Article 42 du code des sociétés	S'il a été stipulé qu'en cas de mort de l'un des associés, la société continuerait avec son héritier, ou seulement entre les associés survivants, ces dispositions seront suivies; au second cas, l'héritier du décédé n'a droit qu'au partage de la société, eu égard à la situation de cette société lors du décès, et ne participe aux droits ultérieurs que pour autant qu'ils soient une suite nécessaire de ce qui s'est fait avant la mort de l'associé auquel il succède.

Sociétés en nom collectif et sociétés en commandite simple	
Voir les dispositions communes.	
Sociétés coopératives	
Article 367 du code des sociétés	Sauf disposition statutaire contraire, les associés ont le droit de démissionner ou de retirer une partie de leurs parts. Ce droit ne peut être exercé que dans les six premiers mois de l'année sociale.
Article 370, § 1er du code des sociétés	Tout associé peut être exclu pour justes motifs ou pour toute autre cause indiquée dans les statuts. L'exclusion est prononcée par l'assemblée générale, à moins que les statuts attribuent ce pouvoir à un autre organe. L'associé dont l'exclusion est demandée doit être invité à faire connaître ses observations par écrit devant l'organe chargé de se prononcer, dans le mois, de l'envoi d'un pli recommandé contenant la proposition motivée d'exclusion. S'il le demande dans l'écrit contenant ses observations, l'associé doit être entendu. Toute décision d'exclusion est motivée.
Article 374 du code des sociétés	Tout associé démissionnaire, exclu ou qui a retiré une partie de ses parts, a droit à recevoir la valeur de ses parts telle qu'elle résultera du bilan de l'année sociale pendant laquelle ces faits ont eu lieu.
Article 375 du code des sociétés	En cas de décès, de faillite, de déconfiture ou d'interdiction d'un associé, ses héritiers, créanciers ou représentants, recouvrent la valeur de ses parts de la manière déterminée par l'article 374.
La société privée à responsabilité limitée	
Article 252 du code des sociétés	Les héritiers et légataires de parts, qui ne peuvent devenir associés parce qu'ils n'ont pas été agréés comme tels, ont droit à la valeur des parts transmises. Ils peuvent en demander le rachat par lettre recommandée à la poste, adressée à l'organe de gestion de la société et dont copie recommandée sera aussitôt transmise par l'organe de gestion aux divers associés. A défaut d'accord entre les parties ou de dispositions statutaires prévoyant ce cas de figure, les prix et conditions de rachat seront déterminés conformément à l'article 251, sans qu'il puisse être tenu compte des estimations du testament; les parts achetées seront incessibles jusqu'à paiement entier du prix. Si le rachat n'a pas été effectué endéans les trois mois, les héritiers ou légataires seront en droit d'exiger la dissolution anticipée de la société.
Cour de Cassation du 18 avril 1967	L'article 187 du CIR s'applique au cas de l'associé d'une société de personnes à responsabilité limitée qui se retire de la société, sans exiger la liquidation de celle-ci, et obtient, par la suite d'une convention ou d'une décision régulière des organes de cette société, la restitution de son apport, augmenté de l'accroissement de sa part dans les réserves et les bénéfices.

Sur la base de ces textes, on peut en déduire qu'il y aura partage partiel de l'avoir social de la société si les deux conditions suivantes sont réunies :

- une personne perd la qualité d'associé;
- la société décide elle-même de payer la valeur des parts de cette personne.

Par contre, lorsque la quote-part de l'associé est reprise par une autre personne, qui est déjà associée ou qui le devient, il n'y a pas partage partiel de l'avoir social (cette opération n'ayant aucune influence sur l'avoir social de la société) mais uniquement une transmission de ses parts.

De même, il n'y pas de partage partiel de l'avoir social, si la société continue avec les héritiers du « de cujus » (du défunt).

1. Détermination du dividende imposable

Le dividende imposable dans ces cas est égal à la différence positive entre les sommes allouées ou attribuées à la personne qui a perdu la qualité d'associé et sa quote-part dans la valeur réévaluée du capital libéré[352].

Les sommes peuvent être allouées ou attribuées en espèces, en titres ou autrement. Cela signifie que la société peut également attribuer à la personne qui a perdu la qualité d'associé, des éléments de son actif (des immobilisations par exemple).

La valeur à prendre en considération, pour le calcul du dividende imposable, correspond à la valeur réelle des biens attribués au moment de leur attribution. En ce qui concerne les immeubles, c'est la valeur vénale au moment de l'attribution qui sera retenue.

Généralement, les sommes allouées à la personne qui a perdu la qualité d'associé représentent :

- sa part dans les bénéfices réalisés pendant l'exercice comptable en cours, au moment de son départ. Cette somme n'intervient pas dans le calcul du dividende imposable sur la base de l'article 187 du CIR. Cette part bénéficiaire peut, selon le cas, être attribuée à titre de dividendes ordinaires ou de rémunération;
- le montant de sa part dans le capital, dans les réserves ainsi qu'une partie du patrimoine social de la société non représentée par du capital et des réserves (quote-part dans le fonds de commerce, plus-value non exprimée de certain éléments de l'actif, etc.).

2. Incidence sur le capital

En cas de partage partiel de l'avoir social, le capital libéré doit être réduit, au moment du paiement ou de l'attribution des sommes à la personne qui perd la qualité d'associé, à concurrence de la quote-part de cette personne dans le capital libéré de la société. Le suivi de ces modifications du capital libéré se révèle importante lors des différentes opérations de distribution du capital ou de restructuration de la société. L'administration tient d'ailleurs à jour un document (relevé 328 D) qui lui permet de suivre l'évolution du capital libéré. Celui-ci lui donnera la possibilité d'appliquer un traitement fiscal adapté aux différents évènements qui ont un impact sur le capital libéré.

<u>Partage partiel de l'avoir social avec réduction effective du capital social</u>

Origine du capital				
Opérations	**Capital libéré**	**Réserves taxées**	**Réserves exonérées**	**Total**
Partage partiel de l'avoir social.	Diminution de la quote-part du capital libéré de la personne qui perd la qualité d'associé.			Diminution du capital social à concurrence de la quote-part du capital libéré de la personne qui perd la qualité d'associé.

352 Pour rappel, la valeur réévaluée du capital libéré est constituée par une revalorisation du capital libéré, remboursé, ou ayant subi une réduction de valeur avant 1950. Cette revalorisation consiste à appliquer un coefficient multiplicateur aux opérations de libération et de réduction de capital ayant eu lieu avant 1950. Le coefficient multiplicateur est fixé par l'article 2, § 6 du CIR et varie en fonction de la date de l'opération.

Dans l'hypothèse où cette réduction n'a pas eu lieu en comptabilité, l'article 188, alinéa 2 du CIR mentionne que les prélèvements opérés sur les bénéfices de l'exercice ou sur les réserves taxées ou exonérées en lieu et place du capital libéré ne seront pas pris en considération pour la détermination du bénéfice imposable de la société.

Les cas suivants peuvent se présenter :

Partage partiel de l'avoir social sans réduction effective du capital social : le prélèvement a été imputé sur des réserves taxées

Origine du capital				
Opérations	**Capital libéré**	**Réserves taxées**	**Réserves exonérées**	**Total**
Partage partiel de l'avoir social	Diminution de la quote-part du capital libéré de la personne qui perd la qualité d'associé.	Augmentation à concurrence de la quote-part du capital libéré de la personne qui perd la qualité d'associé.		

Partage partiel de l'avoir social sans réduction effective du capital social : le prélèvement a été imputé sur des réserves exonérées

Origine du capital				
Opérations	**Capital libéré**	**Réserves taxées**	**Réserves exonérées**	**Total**
Partage partiel de l'avoir social	Diminution de la quote-part du capital libéré de la personne qui perd la qualité d'associé.		Augmentation à concurrence de la quote-part du capital libéré de la personne qui perd la qualité d'associé.	

Partage partiel de l'avoir social sans réduction effective du capital social : le prélèvement a été imputé sur des réserves taxées et exonérées

<table>
<tr><th colspan="5">Origine du capital</th></tr>
<tr><th>Opérations</th><th>Capital libéré</th><th>Réserves taxées</th><th>Réserves exonérées</th><th>Total</th></tr>
<tr><td rowspan="2">Partage partiel de l'avoir social</td><td rowspan="2">Diminution de la quote-part du capital libéré de la personne qui perd la qualité d'associé.</td><td colspan="2">Augmentation dans la mesure où le prélèvement a été imputé</td><td rowspan="2"></td></tr>
<tr><td>sur des réserves taxées.</td><td>sur des réserves exonérées.</td></tr>
</table>

Ceci peut-être illustré par l'exemple suivant.

Une société en nom collectif est constituée en 1967 par trois associés apportant chacun 30.000,00 EUR. L'acte constitutif prévoit qu'en cas de décès de l'un d'eux, la société sera poursuivie avec les survivants. La succession du défunt obtiendra alors, à charge de la société, la restitution de la part de celui-ci dans le patrimoine de la société.

À la date du décès d'un des associés, la situation comptable se présente de la manière suivante :

ACTIF		PASSIF	
Immobilisés	86.000,00	Capital	90.000,00
Marchandises	64.000 ,00	Réserves	144.000,00
Disponible	156.000,00	Dettes	72.000,00
Total	*306.000,00*	*Total*	*306.000,00*

De commun accord, il a été décidé que l'avoir réel de la société doit être calculé de la manière suivante :

- Actif net comptable de la société : 234.000,00 EUR
- Réévaluation des actifs immobilisés (la valeur réelle s'élève à 197.000,00) : 111.000,00 EUR
- Total : 345.000,00 EUR

La part de l'avoir social de l'associé décédé est de :

- Sa part dans le capital : 30.000,00 EUR
- Sa part dans les autres éléments de l'actif[353] : 85.000,00 EUR
- Total : 115.000,00 EUR

Il est convenu que sa part sera liquidée comme suit :

- un bien immobilier, comptabilisé dans la société pour 42.000,00 EUR (ce montant correspond également à sa valeur fiscale nette) et dont la valeur réelle s'élève à 80.000,00 EUR, sera cédé aux héritiers;
- une soulte en espèces de 35.000,00 EUR sera également versée aux héritiers.

Il a également été décidé que le montant du remboursement ne serait pas prélevé sur le compte du capital mais bien sur un compte de réserve. Les écritures comptables sont les suivantes :

- lors de la décision de remboursement :

Faits comptables	N° plan comptable	Intitulés des comptes	Somme débit	Somme crédit
Décision de remboursement	133000 ou 132100	Réserves disponibles Ou Autres réserves immunisées	77 000,00 (42.000,00 + 35.000,00)	
	482000	à Capital à rembourser		77 000,00

- lors de la passation de l'acte notarié de la cession de la construction :

353 (345.000,00 EUR – 90.000,00 EUR) X 1/3).

Faits comptables	N° plan comptable	Intitulés des comptes	Somme débit	Somme crédit
Cession de la construction	221900	Amortissements actés sur constructions	40.000,00	
	482000	Capital à rembourser	42.000,00	
	221000	à Constructions (Prix d'acquisition)		82.000,00

- lors du remboursement de la somme en liquide :

Faits comptables	N° plan comptable	Intitulés des comptes	Somme débit	Somme crédit
Remboursement	482000	Capital à rembourser	35.000,00	
	550000	à CCB		35.000,00

Suite au partage partiel de l'avoir social, le bilan de la société en nom collectif se présente de la manière suivante :

ACTIF			*PASSIF*		
	Suite au partage partiel de l'avoir social	A la date du décès de l'associé		Suite au partage partiel de l'avoir social	A la date du décès de l'associé
Immobilisés	44.000,00	86.000,00	Capital	90.000,00	90.000,00
Marchandises	64.000,00	64.000 ,00	Réserves	67.000,00	144.000,00
Disponible	121.000,00	156.000,00	Dettes	72.000,00	72.000,00
Total	*229.000,00*	*306.000,00*	*Total*	*229.000,00*	*306.000,00*

Le dividende imposable, suite au partage partiel de l'avoir social (85.000,00 EUR), est égal à la différence entre les sommes allouées où attribuées aux héritiers de l'associé décédé (115.000,00 EUR) et sa quote-part de la valeur réévaluée du capital libéré (30.000,00 EUR).

<u>1ère hypothèse</u> : les réserves reprises au bilan ont la nature de réserves taxées (par exemple des réserves disponibles)

Opérations	Capital libéré	Réserves taxées	Réserves exonérées	Total
Avant l'opération	**90.000,00**			**90.000,00**
Partage partiel de l'avoir social	Diminution de la quote-part du capital libéré de la personne qui perd la qualité d'associé (30.000,00).	Augmentation à concurrence de la quote-part du capital libéré de la personne qui perd la qualité d'associé (30.000,00).		
Après l'opération	**60.000,00**	**30.000,00**		**90.000,00**

La déclaration fiscale de la S.N.C. se présente de la manière suivante :

	Situation au début de la période imposable	Situation à la fin de la période imposable
Réserves incorporées au capital et primes d'émission imposables	0,00	30.000,00. La réduction du capital libéré, qui aurait dû être comptabilisée à concurrence de 30.000,00 EUR, est compensée par une réserve taxée incorporée au capital. En effet, si on avait acté une réduction de capital libéré de 30.000,00 EUR, les réserves disponibles en fin de période auraient été de 97.000,00 EUR au lieu de 67.000,00 EUR actuellement.
Réserve disponible	144.000,00	67.000,00
Sous-total de la situation au début de la période imposable (pour le premier exercice comptable, mentionner zéro (0) au code 1040 PN)		
- Positif	144.000,00 (Code 1040 PN)	97.000,00 (Code 1040 PN)
- Négatif		
Mouvement de la période imposable		
Bénéfices réservés imposables		-47.000,00 (Code 1080 PN)

DIVIDENDES DISTRIBUÉS		
Dividendes ordinaires	(Code 1301)	
Acquisitions d'actions propres	(Code 1302)	
Décès, démission ou exclusion d'un associé	85.000,00 (Code 1303)	
Partage total de l'avoir social	(Code 1304)	
Dividendes distribués		85.000,00 (Code 1320)

RÉSULTAT DE LA PÉRIODE IMPOSABLE
38.000,00 (Code 1410 PN).
Ce résultat correspond à la plus-value sur le bien immobilisé remis aux héritiers de l'associé décédé à savoir : la différence entre sa valeur réelle (80.000,00 EUR) et sa valeur fiscale nette (42.000,00 EUR). Cette plus-value n'a pas subi de taxation antérieure et correspond à une distribution de plus-value latente.
Seule une partie du dividende (47.000,00 EUR) est neutralisée par une diminution des réserves taxées, dans le mouvement des réserves. Ce montant de 47.000,00 EUR correspond à la partie du dividende qui représente une distribution de réserve taxée antérieurement.

2ème hypothèse : les réserves reprises au bilan ont la nature de réserves exonérées (par exemple des réserves immunisées)

Opérations	Capital libéré	Réserves taxées	Réserves exonérées	Total
Avant l'opération	90.000,00			90.000,00
Partage partiel de l'avoir social	Diminution de la quote-part du capital libéré de la personne qui perd la qualité d'associé (30.000,00)		Augmentation à concurrence de la quote-part du capital libéré de la personne qui perd la qualité d'associé (30.000,00)	
Après l'opération	60.000,00		30.000,00	90.000,00

La déclaration fiscale de la S.N.C se présente de la manière suivante :

	Situation au début de la période imposable	**Situation à la fin de la période imposable**
Réserves incorporées au capital et primes d'émission imposables	**0,00**	**0,00** (la réduction du capital libéré, qui aurait dû être comptabilisée à concurrence de 30.000,00 EUR, est compensée par une réserve exonérée incorporée au capital. Cela n'a pas d'incidence sur cette partie de la déclaration).
Réserve disponible	**0,00**	**0,00**
Sous-total de la situation au début de la période imposable (pour le premier exercice comptable, mentionner zéro (0) au code 1040 PN)		
- Positif	0,00 (Code 1040 PN)	0,00 (Code 1040 PN)
- Négatif		
Mouvement de la période imposable		
Bénéfices réservés imposables		**0,00** (Code 1080 PN)

DIVIDENDES DISTRIBUÉS		
Dividendes ordinaires	(Code 1301)	
Acquisitions d'actions propres	(Code 1302)	
Décès, démission ou exclusion d'un associé	85.000,00 (Code 1303)	
Partage total de l'avoir social	(Code 1304)	
Dividendes distribués		85.000,00 (Code 1320)

RÉSULTAT DE LA PÉRIODE IMPOSABLE
85.000,00 (Code 1410 PN). Ce résultat correspond : • à la plus-value sur le bien immobilisé remis aux héritiers de l'associé décédé à savoir; la différence entre sa valeur réelle (80.000,00 EUR) et sa valeur fiscale nette (42.000,00 EUR). Cela correspond à une distribution de plus-value latente non taxée. • au solde du dividende (47.000,00 EUR), qui n'est pas neutralisé par une diminution des réserves taxées dans le mouvement des réserves. Cela correspond à une distribution de réserve non taxée et distribuée.

3. *Redevable du précompte mobilier*

Articles 261et 268 du CIR.

Les sociétés doivent retenir, à la source, un précompte mobilier sur les sommes définies comme dividendes lorsque ces sommes ont été attribuées ou mises en paiement suite au décès, à la démission ou à l'exclusion d'un associé.

Le précompte mobilier, éventuellement supporté par le débiteur du revenu à la décharge du bénéficiaire, est ajouté au montant de ce revenu pour le calcul du précompte mobilier.

4. Taux du précompte mobilier

Article 269 du CIR.

Le taux du précompte mobilier est fixé à 30% pour les montants considérés comme un dividende distribué.

D. Attributions faites à l'occasion d'un partage total de l'avoir social (code 1304 de la déclaration)

Articles 18, alinéa 2 ter et 209 du CIR.

Le droit belge des sociétés à forme commerciale, distingue trois types de dissolutions avec liquidation :

- la dissolution volontaire, qui résulte de la décision de l'assemblée générale extraordinaire des actionnaires ou des associés[354];
- la dissolution de plein droit, qui peut résulter, soit de l'expiration du terme statutaire[355], de l'extinction de l'objet social de la société en cause, ou de la réunion de toutes les parts d'une société (d'un autre type qu'une société anonyme[356], une société privée à responsabilité limitée[357] ou une société commandite par actions[358]) entre les mains d'un seul actionnaire ou d'un seul associé;
- la dissolution judiciaire, qui peut résulter soit de la réduction de l'actif net à une valeur inférieure au montant minimal du capital[359], soit d'un non-dépôt persistant des comptes annuels[360], soit de justes motifs[361].

354 Voir les articles 645 et 633 du code des sociétés pour les sociétés anonymes; l'article 343 du code des sociétés pour les sociétés privées à responsabilité limitée; l'article 386 du Code des sociétés pour les sociétés coopératives à responsabilité limitée.

355 Le commentaire des impôts sur les revenus au n°20 8/5 mentionne que lorsque les statuts d'une société fixent un terme déterminé (fixé lors de la constitution de la société ou à l'occasion d'une prorogation antérieure), cette société doit être considérée comme dissoute si ce terme expire avant que les statuts en question n'aient été modifiés, de la manière légalement prévue. Une prorogation de la société ou une modification des statuts, provenant après l'expiration du terme fixé, doivent être considérées comme la constitution d'une nouvelle société. Cette prorogation ou modification donnent lieu à l'application des dispositions des articles 208 et 209 du CIR.

356 Article 646 du Code des sociétés.

357 Article 213 du Code des sociétés.

358 Article 657 du Code des sociétés.

359 Article 634 du Code des sociétés, pour les sociétés anonymes; l'article 333 du Code des sociétés, pour les sociétés privées à responsabilité limitée; l'article 386 du Code des sociétés, pour les sociétés coopératives à responsabilité limitée.

360 Article 182 du Code des sociétés visant à prononcer la liquidation des sociétés dormantes.

361 Article 645 du Code des sociétés, pour les sociétés anonymes; l'article 343 du Code des sociétés, pour les sociétés privées à responsabilité limitée; l'article 386 du Code des sociétés, pour les sociétés coopératives à responsabilité limitée.

Ces trois types de dissolution de la société s'accompagneront de la désignation d'un ou plusieurs liquidateurs qui seront chargés de réaliser l'actif de la société dissoute et de rembourser les dettes.

Le processus de la liquidation, en tant que tel, vise l'ensemble des opérations qui ont pour objet la réalisation des actifs en vue de pourvoir au paiement des créanciers de la société et de restituer, si possible, l'excédent aux actionnaires ou aux associés.

La liquidation est clôturée lorsque les actifs qui ne sont pas partagés entre les associés ont été revendus et lorsque les créanciers ont été satisfaits (c'est-à-dire remboursés en tout ou en partie, pour autant qu'ils y aient consenti à une remise de dette en cas de remboursement partiel). Une fois ces opérations effectuées, les comptes de la société se présentent sous forme d'un bilan «tire-lire» avec à l'actif, les espèces, et au passif, les fonds propres. Les liquidateurs convoquent alors l'assemblée générale extraordinaire et lui présentent les comptes de la liquidation. Cette assemblée entend leur rapport et statue sur la gestion des liquidateurs. La clôture de la liquidation qui s'ensuit doit être publiée[362].

1. Détermination du « boni de liquidation »

Le dividende imposable est égal à la différence positive entre les sommes réparties, en espèces (sous forme de titres ou sous toute autre forme), et la valeur réévaluée du capital libéré. Autrement dit, tant que les sommes réparties, en espèces, en titres ou sous toute autre forme n'excèdent pas le capital libéré (éventuellement revalorisé), elles sont considérées comme un remboursement d'apport qui ne donne lieu à aucune imposition.

Par contre, l'excédent que présentent les sommes réparties sur le capital libéré revalorisé, est, quant à lui, imposable au titre de « boni de liquidation ».

Les sommes peuvent être réparties en espèces, en titres ou sous toute autre forme. Cela signifie concrètement que la société peut attribuer, aux actionnaires ou aux associés, divers éléments de son actif. La valeur, à prendre en considération pour le calcul du dividende imposable, correspond à la valeur réelle des biens attribués au moment de leur attribution. En ce qui concerne les immeubles, c'est leur valeur vénale au moment de l'attribution qui sera retenue.

Pour déterminer si la répartition des sommes correspondant au « boni de liquidation » entraîne une imposition, il faut déterminer l'ordre d'imputation de la répartition sur les différents éléments des fonds propres.

L'article 209, alinéa 2 du CIR mentionne que les sommes réparties sont censées provenir successivement :

1. d'abord, de la valeur réévaluée du capital libéré éventuellement augmenté de la réserve de liquidation;
2. ensuite des réserves de liquidation visées aux articles 184quater ou 541 du Code des impôts sur les revenus;
3. ensuite, des bénéfices antérieurement réservés déjà soumis à l'impôt des sociétés, y compris les plus-values réalisées ou constatées à l'occasion de la répartition de biens en nature;
4. enfin, des bénéfices antérieurement exonérés.

362 Stéphane Mercier, « La liquidation des sociétés commerciales », Comptabilité et fiscalité pratiques, Avril 1998, p. 6 et Didier Bernard, « Synthèse des aspects liés à la mise en liquidation d'entreprises », Optimum finances, Editions Kluwer, Avril 2003.

Il en résulte que le « boni de liquidation » n'entraînera pas d'imposition, dans la mesure où il correspond à la répartition de réserves antérieurement taxées. Par contre, le «boni de liquidation» entraînera une imposition lorsqu'il correspond à la répartition de réserves exonérées subordonnées au respect de la condition d'intangibilité visée à l'article 190 du CIR et/ou de revenus perçus pendant la période de liquidation (y compris les plus-values réalisées ou constatées à l'occasion du partage).

L'article 209, alinéa 3 du CIR mentionne que lorsque le partage de l'avoir social s'effectue par fractions successives, on considère qu'il y a distribution de dividendes chaque fois qu'une répartition dépasse la différence entre :

- le montant du capital libéré, à la dissolution réévalué, au moyen des coefficients applicables à la date de cette répartition (cf. art. 2, § 1er, 7° du CIR);
- les répartitions antérieures réévaluées, au moyen des coefficients applicables à la même date pour les années pendant lesquelles ces répartitions ont eu lieu.

Les cas suivants peuvent se présenter :

CAS A ENVISAGER	
I. IL Y A CONCORDANCE ENTRE L'ORDRE FISCAL D'IMPUTATION ET LA COMPTABILITE	
Aucune correction ne doit être effectuée étant donné que l'ordre fiscal prévu à l'article 209, alinéa 2 du CIR a été respecté.	
II. IL Y A UNE DISCORDANCE ENTRE L'ORDRE FISCAL D'IMPUTATION ET LA COMPTABILITE	
Prélèvement des sommes reparties par priorité sur ses réserves taxées ou ses bénéfices de liquidation plutôt que sur son capital libéré	**Prélèvement des sommes reparties par priorité sur ses réserves exonérées plutôt que sur ses réserves taxées ou sur son capital libéré**
Une correction devra être effectuée afin de respecter l'ordre fiscal prévu à l'article 209, alinéa 2 du CIR. Fiscalement, la répartition de l'avoir social entraîne une réduction du capital libéré, étant donné que les sommes réparties doivent, en vertu de l'article 209, alinéa 2 du CIR être imputées par priorité sur le capital effectivement libéré et ce, même si l'entreprise ne procède pas à une telle réduction. Cette réduction du capital libéré, qui aurait dû être comptabilisée, sera compensée par une réserve taxée incorporée au capital. Cette correction trouve sa raison d'être, en cas de partage par fractions successives, étant donné qu'en cas de répartition en une fois tant le capital que les réserves sont ramenées à zéro à la date de clôture de liquidation.	Une correction devra être effectuée afin de respecter l'ordre fiscal prévu à l'article 209, alinéa 2 du CIR. Fiscalement, la répartition de l'avoir social entraîne une réduction du capital libéré, étant donné que les sommes réparties doivent, en vertu de l'article 209, alinéa 2 du CIR être imputées par priorité sur le capital effectivement libéré et ce, même si l'entreprise ne procède pas à une telle réduction. Malgré cette correction, les prélèvements sur les réserves exonérées deviendront imposables, étant donné que la condition d'intangibilité visée à l'article 190 du CIR n'est plus respectée. Cette réduction du capital libéré qui aurait dû être comptabilisée, sera compensée par une réserve taxée incorporée au capital. Cette correction ne trouvera à s'appliquer qu'en cas de partage par fractions successives, étant donné qu'en cas de répartition en une fois, tant le capital que les réserves, sont ramenées à zéro à la date de clôture de liquidation.

Ceci peut être illustré par l'exemple suivant.

Le bilan de la SA Azur, au moment de sa dissolution se présente de la manière suivante :

ACTIF		*PASSIF*	
Immobilisés	36.000,00	Capital	40.000,00
Marchandises	64.000 ,00	Réserves exonérées	80.000,00
		Réserves taxées	64.000,00
Disponible	156.000,00	Dettes	72.000,00
Total	*256.000,00*	*Total*	*256.000,00*

Le liquidateur de la SA Azur effectue une première répartition en attribuant la somme de 56.000,00 EUR aux actionnaires.

1ère hypothèse : la somme de 56.000,00 EUR est portée au débit du compte réserves disponibles.

Les écritures comptables sont les suivantes :

Faits comptables	N° plan comptable	Intitulés des comptes	Somme débit	Somme crédit
Décision de remboursement	133000	Réserves disponibles	56 000,00	
	482000	à Capital à rembourser		56 000,00
Paiement	482000	Capital à rembourser	56 000,00	
	550000	à CCB		56 000,00

Suite à cette opération, le bilan de la SA Azur se présente de la manière suivante :

ACTIF			PASSIF		
	Suite à la 1ère répartition de l'avoir social	Au moment de la dissolution		Suite à la 1ère répartition de l'avoir social	Au moment de la dissolution
Immobilisés	**36.000,00**	**36.000,00**	Capital	**40.000,00**	**40.000,00**
Marchandises	**64.000,00**	**64.000 ,00**	Réserves exonérées	**80.000,00**	**80.000,00**
			Réserves disponibles	**8.000,00**	**64.000,00**
Disponible	**100.000,00**	**156.000,00**	Dettes	**72.000,00**	**72.000,00**
Total	***200.000,00***	***256.000,00***	***Total***	***200.000,00***	***256.000,00***

Suite à cette 1ère répartition, le dividende imposable de 16.000,00 EUR, est égal à la différence entre les sommes réparties (56.000,00 EUR) et la valeur réévaluée du capital libéré (40.000,00 EUR). Il est cependant compensé par une diminution des réserves taxées.

La déclaration fiscale de la SA Azur se présente de la manière suivante :

	Situation au début de la période imposable	Situation à la fin de la période imposable
Réserves incorporées au capital et primes d'émission imposables	0,00	**40.000,00** La réduction du capital libéré, qui aurait dû être comptabilisée à concurrence de 40.000,00 EUR, sera compensée par une réserve taxée incorporée au capital. En effet, si on avait acté une réduction du capital libéré de 40.000,00 EUR, le montant des réserves disponibles serait encore de 48.000,00 EUR.
Réserve disponible	**64.000,00**	**8.000,00**
Sous-total de la situation au début de la période imposable (pour le premier exercice comptable, mentionner zéro (0) au code 1040 PN)		
- Positif	64.000,00 (Code 1040 PN)	48.000,00 (Code 1040 PN)
- Négatif		
Mouvement de la période imposable		
Bénéfices réservés imposables		-16.000,00 (Code 1080 PN)

DIVIDENDES DISTRIBUÉS		
Dividendes ordinaires	(Code 1301)	
Acquisitions d'actions propres	(Code 1302)	
Décès, démission ou exclusion d'un associé	(Code 1303)	
Partage total de l'avoir social	16.000,00 (Code 1304)	
Dividendes distribués		16.000,00 (Code 1320)

RÉSULTAT DE LA PÉRIODE IMPOSABLE
0,00 (Code 1410 PN). Le dividende (16.000,00 EUR) est « neutralisé » par une diminution des réserves taxées se trouvant dans le mouvement des réserves, pour un même montant. Le résultat fiscal est nul, car la répartition totale de 56.000,00 EUR correspond fiscalement à une diminution du capital libéré (non taxable) ainsi qu'à une diminution des réserves qui ont été taxées antérieurement.

2ème hypothèse : la somme de 56.000,00 EUR est portée au débit du compte réserves exonérées.

Les écritures comptables sont les suivantes :

Faits comptables	N° plan comptable	Intitulés des comptes	Somme débit	Somme crédit
Décision de remboursement	132100	Autres réserves immunisées	56 000,00	
	482000	à Capital à rembourser		56 000,00
Paiement	482000	Capital à rembourser	56 000,00	
	550000	à CCB		56 000,00

Suite à cette opération, le bilan de la SA Azur se présente de la manière suivante :

ACTIF			*PASSIF*		
	Suite à la 1ère répartition de l'avoir social	Au moment de la dissolution		Suite à la 1ère répartition de l'avoir social	Au moment de la dissolution
Immobilisés	**36.000,00**	**36.000,00**	Capital	**40.000,00**	**40.000,00**
Marchandises	**64.000,00**	**64.000 ,00**	Réserves exonérées	**24.000,00**	**80.000,00**
			Réserves disponibles	**64.000,00**	**64.000,00**
Disponible	**100.000,00**	**156.000,00**	Dettes	**72.000,00**	**72.000,00**
Total	**200.000,00**	**256.000,00**	**Total**	**200.000,00**	**256.000,00**

Le dividende imposable suite à cette 1ère répartition (16.000,00 EUR) est égal à la différence entre les sommes réparties (56.000,00 EUR) et la valeur réévaluée du capital libéré (40.000,00 EUR). Dans ce cas, il n'y aura pas de compensation du mouvement des réserves taxées.

La déclaration fiscale de la SA Azur se présente de la manière suivante :

	Situation au début de la période imposable	Situation à la fin de la période imposable
Réserves incorporées au capital et primes d'émission imposables	0,00	**40.000,00** La réduction du capital libéré, qui aurait dû être comptabilisée à concurrence de 40.000,00 EUR, sera compensée par une réserve taxée incorporée au capital. En effet, si on avait acté une réduction du capital libéré de 40.000,00 EUR, le montant des réserves disponibles serait encore de 48.000,00 EUR.
Réserve disponible	**64.000,00**	**64.000,00**
Sous-total de la situation au début de la période imposable (pour le premier exercice comptable, mentionner zéro (0) au code 1040 PN)		
- Positif	**64.000,00** (Code 1040 PN)	104.000,00 (Code 1040 PN)
- Négatif		
Mouvement de la période imposable		
Bénéfices réservés imposables		**40.000,00** (Code 1080 PN)

DIVIDENDES DISTRIBUES		
Dividendes ordinaires	(Code 1301)	
Acquisitions d'actions propres	(Code 1302)	
Décès, démission ou exclusion d'un associé	(Code 1303)	
Partage total de l'avoir social	16.000,00 (Code 1304)	
Dividendes distribués		16.000,00 (Code **1320**)

RESULTAT DE LA PÉRIODE IMPOSABLE
56.000,00 (Code 1410 PN).
Ce résultat correspond, aux prélèvements sur les réserves exonérées qui deviennent imposables étant donné que la condition d'intangibilité visée à l'article 190 du CIR n'est plus respectée.

2. *Redevable du précompte mobilier*

Articles 261et 268 du CIR.

Les sociétés doivent retenir, à la source, un précompte mobilier sur les revenus d'actions ou parts payés en cas de partage total de l'avoir social.

On remarque cependant qu'il n'y a perception effective du précompte mobilier que dans les cas où il n'existe pas de cause de renonciation à la perception du précompte mobilier, en application des règles communes (cf. page n°363).

On peut ainsi citer, à titre d'exemple, l'article 106, §§ 5 et 6 de l'AR/CIR qui prévoit la renonciation à la perception du précompte mobilier sur les dividendes, en faveur des sociétés mères belges ou étrangères qui détiennent une participation minimale de 25% pendant une période ininterrompue d'au moins un an, dans le capital de la filiale.

Le précompte mobilier, éventuellement supporté par le débiteur du revenu à la décharge du bénéficiaire, est ajouté au montant de ce revenu pour le calcul du précompte mobilier.

3. *Taux du précompte mobilier*

	Article 269 du CIR.
Autres références	**Circulaire n° Ci.RH.421/629.923 (AGFISC n°52/2013 du 12 décembre 2013 - Ci.RH.233/629.295 (AGFISC n°35/2013 du 1er octobre 2013 et son addendum du 13 novembre 2013.**

a) Dividendes soumis aux taux ordinaires

Le taux du précompte mobilier est fixé à 30% du montant considéré comme un dividende distribué.

b) Liquidation interne

Afin d'éviter la dissolution et la liquidation en masse des sociétés, la loi-programme du 28 juin 2013 a prévu, parallèlement à l'augmentation du taux[363], une disposition transitoire afin de permettre aux sociétés qui ne souhaitent pas arrêter leurs activités de profiter d'un taux réduit de 10% sur leurs réserves taxées existantes au 31 mars 2013.

A cette fin, les réserves taxées, telles qu'elles existent au 31 mars 2013, peuvent être distribuées avec l'application d'un précompte mobilier de seulement 10%, à condition que l'actionnaire ou l'associé utilise immédiatement les dividendes ainsi acquis pour augmenter le capital social de la société concernée.

Le taux réduit de 10% s'applique aux dividendes :

- qui correspondent à la diminution des réserves taxées telles qu'elles ont été approuvées par l'Assemblée générale au plus tard le 31 mars 2013;
- à condition et dans la mesure où au moins le montant reçu :
  - est immédiatement incorporé dans le capital;
  - et que cette incorporation se produise pendant le dernier exercice comptable qui se clôture au plus tard le 30 septembre 2014.
- dans la mesure où l'apport au capital est maintenu pendant une certaine période (4 ans pour les sociétés PME au sens de l'article 15 du code des sociétés - 8 ans pour les autres sociétés).

363 Le taux de 10% avait été porté à 25% à partir du 1er octobre 2014.

Par « réserves taxées », il faut entendre les réserves taxées telles qu'elles apparaissent dans des comptes annuels qui sont susceptibles d'être distribuées aux actionnaires ou associés. Il s'agit des réserves disponibles, du bénéfice reporté et des réductions de capital social (ou de prime d'émission) par prélèvement sur des « réserves taxées » précédemment incorporées au capital (ou à la prime d'émission). Par contre, ne sont notamment pas visées la réserve légale, les provisions imposables et les réserves occultes.

Les « réserves taxées » sont celles qui apparaissent dans des comptes annuels approuvés au plus tard le 31 mars 2013. Il en résulte que pour les sociétés dont l'exercice comptable coïncide avec l'année civile, les réserves taxées à prendre en considération sont généralement les réserves taxées qui apparaissent dans les comptes annuels relatifs à l'exercice comptable 2011.

Pour bénéficier du taux réduit de 10%, il est exigé que l'actionnaire ou l'associé qui reçoit le dividende (c'est-à-dire le montant brut diminué du précompte mobilier retenu à la source) l'utilise immédiatement pour augmenter le capital social de la société concernée.

L'utilisation du terme « immédiatement » n'est pas réellement explicite : c'est pour cette raison que l'administration a précisé que « immédiatement » signifie « sans délai », compte tenu de tous les impératifs notamment liés au Code des sociétés. S'il devait apparaître que l'apport au capital prévu n'est pas opéré « sans délai », le taux réduit devrait être corrigé.

Cette augmentation de capital doit se produire pendant le dernier exercice comptable qui se clôture au plus tard le 30 septembre 2014. Il en résulte que pour les entreprises qui tiennent leur comptabilité par année civile, ce régime transitoire n'est applicable que jusqu'à la fin de l'année civile : la distribution des dividendes et l'apport en capital doivent donc normalement être réalisés pour le 31 décembre 2013 au plus tard.

Pour les sociétés qui tiennent leur comptabilité autrement que par année civile, la situation se présente comme suit :

- clôture de l'exercice comptable au cours de la période comprise entre le 1er octobre 2013 et le 30 septembre 2014 : l'apport au capital doit être fait au plus tard le dernier jour de cet exercice comptable;
- clôture de l'exercice comptable au cours de la période comprise entre le 1er juillet 2013 (= début de la mesure transitoire) et le 30 septembre 2013 : elles disposent du temps restant jusqu'au dernier jour de l'exercice comptable suivant; en effet, l'exercice comptable qui se clôture avant le 1er octobre 2013 n'est pas le dernier qui se clôture avant le 1er octobre 2014.

Etant donné que certaines entreprises ont éprouvé des difficultés à mener à bien les opérations requises dans le délai prescrit, le Ministre des Finances a proposé d'autoriser un assouplissement de la mesure.

Pour les entreprises qui tiennent leur comptabilité par année civile, la condition de délai est réputée remplie, si les dividendes sont distribués au plus tard le 31 décembre 2013 et que le précompte mobilier de 10% est payé au plus tard pour le 15 janvier 2014. Mais la condition est assouplie en ce qui concerne l'apport et l'augmentation de capital. Ceux-ci doivent seulement être formalisés, et ce au plus tard pour le 31 mars 2014.

Les entreprises qui ne tiennent pas leur comptabilité par année civile et clôturent leur exercice comptable entre le 1er octobre 2013 et le 31 mars 2014 peuvent être confrontées aux mêmes problèmes pratiques. Par conséquent, il est prévu, pour de tels cas, un assouplissement similaire.

La date à laquelle l'opération est effectuée est la date de l'acte authentique d'augmentation du capital social.

Une réduction de capital ultérieure est réputée provenir d'abord des réserves distribuées qui ont été incorporées au capital dans le cadre de ce régime temporaire.

La distribution de ce capital est exonérée d'impôt à l'instar des distributions relatives aux actions rémunérant du capital nouvellement apporté, pour autant qu'elle n'intervienne qu'après un certain délai. À partir de la neuvième année suivant l'apport (cinquième année suivant l'apport pour les sociétés PME), la distribution n'est plus considérée comme un dividende.

Dans le cas où cette distribution de capital s'opère dans les huit ans (ou quatre ans pour les sociétés PME) après le dernier apport en capital suivant ce régime, elle est considérée comme un dividende. Dans ces cas où la réduction est considérée comme un dividende (à cause du non-respect de la durée précitée), le dividende est égal au montant net de cette réduction.

Le taux du précompte mobilier dépend du moment de la réduction de capital, selon le tableau ci-dessous :

	PME (il doit être satisfait à cette définition PME pour l'exercice d'imposition lié à la période imposable au cours de laquelle l'apport en capital a lieu)	Autres
Durant les deux premières années suivant l'apport	15% pour l'année civile 2015 17% pour l'année civile 2016	15% pour l'année civile 2015 17% pour l'année civile 2016
Pendant la troisième année suivant l'apport	10%	15%
Pendant la quatrième année suivant l'apport	5%	15%
Pendant les cinquième et sixième années suivant l'apport	0%	10%
Pendant les septième et huitième années suivant l'apport	0%	5%

Enfin, pour éviter que les sociétés qui attribuent habituellement des dividendes choisissent de s'en abstenir maintenant et de remplacer entièrement ces dividendes « habituels » par des dividendes distribués dans le cadre du régime temporaire, le législateur a prévu une cotisation distincte qui n'est due que pour autant que la société réalise un résultat comptable positif au cours de la période imposable durant laquelle ladite opération a lieu, et que des dividendes ont été alloués ou attribués au cours d'au moins une des cinq périodes imposables précédant celle de cette opération.

La cotisation distincte est établie à raison de la différence positive entre :

1. le produit :
   - du résultat comptable de la période imposable durant laquelle l'opération susvisée a lieu et
   - du rapport entre la somme des dividendes alloués ou attribués au cours des cinq périodes imposables précédentes et la somme des résultats comptables (positifs : les résultats comptables négatifs sont ignorés) de ces périodes imposables;
2. les dividendes effectivement alloués ou attribués aux actionnaires comme bénéfice de la période imposable durant laquelle ladite opération a lieu.

Cette cotisation est égale à 15% de ladite différence ainsi calculée et n'est pas admise à titre de frais professionnel.

Ceci peut être illustré par l'exemple suivant.

La société « Azur » qui clôture ses comptes au 31 décembre et dont les résultats des périodes imposables 2008 à 2013 et les dividendes ordinaires alloués ou attribués correspondants sont respectivement de :

	Résultat comptable	Dividendes ordinaires alloués ou attribués
2008	2.000,00	200,00
2009	1.000,00	100,00
2010	2.500,00	200,00
2011	1.500,00	100,00
2012	3.000,00	400,00
2013	4.000,00	300,00

La société « Azur » procède à l'opération visée à l'article 537 du CIR en 2013 en distribuant 15.000,00 € de réserves taxées et en les incorporant directement au capital social à raison de 15.000,00 € moins le précompte mobilier payé de 10%, soit 13.500,00 €.

Les dividendes effectivement alloués ou attribués aux actionnaires comme bénéfice de la période imposable durant laquelle ladite opération a lieu s'élèvent à 300,00 €.

La somme des dividendes alloués ou attribués au cours des cinq périodes imposables précédentes (2008 à 2012) s'élève à 1.000,00 €.

La somme des résultats de ces cinq périodes imposables s'élève à 10.000,00 €.

Le rapport entre ces deux sommes s'élève à 10% (1.000,00 € / 10.000,00 €).

Le produit entre le résultat de la période imposable et le rapport entre les deux sommes s'élève à 400,00 €.

La différence positive entre le produit (400,00 €) et les dividendes effectivement alloués ou attribués aux actionnaires comme bénéfice de la période imposable durant laquelle ladite opération a lieu (300,00 €) s'élève à 100,00 €.

La société « Azur » est soumise à une cotisation distincte non déductible à titre de frais professionnels de 15% sur ce montant de 100,00 €.

IV. Résultat effectif des activités de navigation maritime pour lesquelles le bénéfice est déterminé sur la base du tonnage

Les bénéfices imposables en Belgique provenant de la navigation maritime sont à la demande du contribuable, déterminés de manière forfaitaire sur la base du tonnage des navires qui ont généré ces bénéfices.

Où doit-on introduire la demande d'application de la détermination forfaitaire des bénéfices en fonction du tonnage ?	La demande est introduite par le contribuable auprès de l'administration fiscale.
Quel est le délai dans lequel l'administration fiscale doit prendre une décision ?	L'administration fiscale doit prendre une décision dans un délai de trois mois à compter de la date de réception de la demande. Ce délai peut être prolongé de commun accord entre le contribuable et l'administration fiscale.
À partir de quelle date, en cas d'acceptation de la demande, le régime de détermination forfaitaire du bénéfice imposable en fonction du tonnage débute-t-il ?	En cas d'acceptation de la demande, le régime de détermination des bénéfices provenant de la navigation maritime en fonction du tonnage produit ses effets à partir de la période imposable qui suit celle pendant laquelle la demande a été introduite, jusqu'à l'expiration de la période imposable qui est clôturée durant la dixième année civile après celle durant laquelle la demande a été introduite. À l'expiration de la période précitée, le régime est tacitement reconduit pour une même période. Le contribuable peut renoncer au régime précité au plus tard trois mois avant l'expiration de la dernière période imposable de la période précitée.

A. Bénéfices provenant de la navigation maritime

Par bénéfices provenant de la navigation maritime, on entend les bénéfices provenant de l'exploitation d'un navire pour le transport de biens ou de personnes par voie maritime internationale, ainsi que de l'exploration ou de l'exploitation des richesses naturelles en mer, et les bénéfices issus de l'exploitation d'un navire, avec lettre de mer, pour le remorquage, l'assistance et pour d'autres activités en mer, ainsi que toutes les activités qui concourent directement à l'exploitation précitée.

Il y a exploitation d'un navire lorsque le contribuable :

a. est propriétaire, copropriétaire ou affréteur d'un navire qui est géré de manière principale en Belgique, et qu'il n'a pas lui-même donné en affrètement; ou
b. exerce principalement en Belgique la gestion commerciale d'un navire pour un autre contribuable, à condition que le total annuel des tonnages nets journaliers des navires pour lesquels il exerce la direction commerciale, ne s'élève pas à plus de trois fois le total annuel des tonnages nets journaliers des navires qu'il dirige d'une manière visée à l'alinéa a, en vertu duquel les navires en copropriété comptent pour leur tonnage complet si cette copropriété atteint au moins 5%; ou

c. possède en Belgique un navire en affrètement au voyage ou à temps, à condition que le total annuel des tonnages nets journaliers des navires qu'il possède en affrètement au voyage ou à temps, ne s'élève pas à plus de trois fois le total annuel des tonnages nets journaliers des navires qu'il gère d'une manière visée à l'alinéa a, en vertu duquel les navires en copropriété comptent pour leur tonnage complet si cette copropriété atteint au moins 5%.

Il est également permis aux sociétés existantes d'opter pour le régime de détermination des bénéfices en fonction du tonnage pour une division navigation maritime créée séparément. Pour cela, il est nécessaire que chacune des divisions forme une branche d'activité au sens de l'article 46, § 1er, 2° du CIR d'une part et, une branche d'activité au sens de l'article 680 du Code des sociétés d'autre part.

Par division, il convient d'entendre une entité, qui du point de vue technique et sous l'angle de l'organisation, exerce une activité autonome et est susceptible de fonctionner par ses propres moyens.

Pour être reconnue comme une division, il est requis :

- que cette division :
  a. tienne des comptes séparés;
  b. se présente extérieurement sous sa dénomination de division, en ce qui concerne ses propres activités;
  c. dispose d'une liste du personnel séparée pour le personnel qui est employé dans cette division;
- que chaque charge soit imputée à une division déterminée, seules les charges qui ne peuvent être attribuées de manière claire à une division déterminée pouvant être considérées comme communes;
- qu'il n'y ait qu'un compte de transfert entre les diverses divisions en ce qui concerne les charges communes.

B. Détermination du bénéfice imposable sur la base du tonnage des navires

La détermination forfaitaire des bénéfices est dégressive et s'effectue en tenant compte d'un montant journalier exprimé par 100 tonnes nettes. La dégressivité permet ainsi de tenir compte de la différence de profitabilité entre les divers types de navires.

Par navire, par jour et par 100 tonnes nettes, les bénéfices de la période imposable qui proviennent de la navigation maritime sont déterminés selon les montants précisés dans le tableau ci-dessous :

Tranches	Montant
pour la tranche jusqu'à 1.000 tonnes nettes	1,00 EUR
pour la tranche entre 1.000 tonnes nettes et 10.000 tonnes nettes	0,60 EUR
pour la tranche entre 10.000 tonnes nettes et 20.000 tonnes nettes	0,40 EUR
pour la tranche entre 20.000 tonnes nettes et 40.000 tonnes nettes	0,20 EUR
pour la tranche au-dessus de 40.000 tonnes nettes	0,05 EUR

Afin d'encourager les investissements en nouveaux navires et de promouvoir de cette manière une flotte récente, ce qui convient pour politique orientée vers la sécurité et la protection du milieu marin, une réduction de tarif linéaire complémentaire est prévue en fonction de l'âge du navire.

Ainsi, les bénéfices forfaitaires journaliers par 100 tonnes nettes sont réduits de 50% pour les navires d'un âge inférieur à 5 ans et de 25% pour les navires d'un âge allant de 5 à 10 ans.

L'âge d'un navire est déterminé sur la base de la date de livraison telle que fixée par le conservateur des hypothèques maritimes et fluviales ou les autorités compétentes en matière d'enregistrement et est calculé par jour. Il est donc possible que de cette manière au cours du même exercice comptable, deux tarifs de réduction soient appliqués successivement.

Les plus-values et les moins-values sur des navires qui sont soumis aux règles décrites ci-dessus sont censées être comprises dans les bénéfices déterminés forfaitairement.

Ceci peut-être illustré par l'exemple suivant.

Un navire de 10.000 tonnes nettes a été livré le 1er octobre 2018 à la SA Azur. La SA Azur tient sa comptabilité par année civile. A la demande de la SA Azur, son bénéfice imposable est calculé sur la base du tonnage de son navire.

Pour l'exercice d'imposition 2019 (exercice comptable clôturé le 31 décembre 2018), les bénéfices forfaitaires et la réduction sont calculés comme suit :

<table>
<tr><td>Bénéfices forfaitaires</td><td colspan="2">23.360,00 EUR
c'est-à-dire 365 x (1.000 x 1/100 + 9.000 x 0,6/100)</td></tr>
<tr><td rowspan="2">Réductions</td><td>273 jours pour la période allant du 1er janvier 2018 au 30 septembre 2018</td><td>8.736,00 EUR
c'est-à-dire x 273 x (1.000 x 1/100 + 9.000 x 0,6/100) x 50%</td></tr>
<tr><td>92 jours pour la période allant du 1er octobre 2018 au 31 décembre 2018</td><td>1.472,00 EUR
c'est-à-dire 92 x (1.000 x 1/100 + 9.000 x 0,6/100) x 25%</td></tr>
<tr><td>Base imposable en fonction du tonnage</td><td colspan="2">13.152,00
(code 1461)</td></tr>
<tr><td colspan="3">Sous la rubrique « Résultat effectif des activités de la navigation maritime pour lesquelles le bénéfice est déterminé sur la base du tonnage », la SA Azur inscrit le résultat effectif pour lequel les bénéfices sont imposables sur la base du tonnage à savoir 13.152,00.
Sous la rubrique « Résultat effectif des activités de la navigation maritime pour lesquelles le bénéfice n'est pas déterminé sur la base du tonnage », la SA Azur inscrit le résultat effectif pour lequel les bénéfices ne sont pas imposables sur la base du tonnage (codes 1412 PN ou 1412 PN de la déclaration).</td></tr>
</table>

C. Pertes professionnelles

Une société existante qui crée une division séparée pour la navigation maritime pour laquelle elle opte pour le régime forfaitaire de détermination des bénéfices, peut éventuellement encore avoir des pertes professionnelles antérieures subies par une ou plusieurs autres divisions. Celles-ci ne peuvent être utilisées en compensation des bénéfices déterminés forfaitairement en fonction du tonnage.

De même, les pertes qui ont été générées dans le passé (avant application du régime forfaitaire) ne peuvent être déduites des bénéfices déterminés forfaitairement en fonction du tonnage. Ces pertes ne peuvent à nouveau être déduites des bénéfices imposables que lorsque le contribuable n'est plus soumis au régime forfaitaire de détermination des bénéfices.

Il est cependant autorisé de déduire, des bénéfices déterminés forfaitairement au cours d'une période imposable, les pertes professionnelles subies au cours de la même période imposable par une division autre que la division de navigation, si elles n'ont pu être déduites (complètement) des bénéfices d'une quelconque autre division.

V. Éléments du résultat fiscal sur lesquels s'applique la limitation de déduction des pertes de l'année

	Article 207 du CIR.

Le résultat fiscal de la période imposable est constitué par la somme de trois éléments :

- le mouvement des réserves (cf. page n°36);
- les dépenses non admises (cf. page n°217);
- les dividendes distribués (cf. page n°349).

Si la somme est positive, on parle de résultat fiscal positif de la période imposable (code 1410 PN de la déclaration). Par contre, si elle est négative, on parle de résultat fiscal négatif de la période imposable (code 1410 PN de la déclaration).

Ce résultat doit éventuellement faire l'objet d'une « correction » afin d'empêcher la déduction sur les pertes de l'année :

- des frais de voiture à concurrence d'une quotité de l'avantage de toute nature (17% ou 40% de l'avantage de toute nature résultant de l'utilisation à des fins personnelles d'un véhicule - cf. page n°318);
- des avantages anormaux ou bénévoles qu'une société a obtenus directement ou indirectement, pendant la période imposable, d'une entreprise à l'égard de laquelle elle se trouve directement ou indirectement dans des liens quelconques d'interdépendance (cf. page n°264);
- des sommes et avantages obtenus dans le cadre de la corruption publique et privée en Belgique ou de la corruption de fonctionnaires étrangers ou internationaux (cf. page n°347);
- les participations au capital et aux bénéfices en vertu de la loi du 22 mai 2001 relative à la participation des travailleurs au capital des sociétés et à l'établissement d'une prime bénéficiaire pour les travailleurs (cf. pages n°289 et 290);
- de la réserve d'investissement imposable suite au non-respect de l'obligation d'investir ou de la condition d'intangibilité;
- des subsides en capital et en intérêts qui sont payés, dans le respect de la réglementation européenne en matière d'aide d'état, à des agriculteurs par les Régions (cf. page n°417);
- des plus-values sur actions ou parts imposables à 0,40 % (cf. page n°65 - Code 1424);
- de l'assiette de la cotisation distincte spéciale établie sur les dépenses ou les avantages de toute nature non justifiés (cf. page n°239 – Code 1506).

Enfin, pour inciter les entreprises à remplir correctement leurs obligations de déclaration, la loi du 25 décembre 2017 portant réforme de l'impôt des sociétés[364], prévoit que la perte de la période imposable ne peut plus être déduite des suppléments de la base imposable qui sont établis à la suite d'un contrôle fiscal. Cette mesure vise à obtenir une plus grande conformité des pratiques fiscales (« compliance »).

364 Article 53 de la loi du 25 décembre 2017 portant réforme de l'impôt des sociétés. Cet article entre en vigueur le 1er janvier 2018 et est applicable à partir de l'exercice d'imposition 2019 se rattachant à une période imposable qui débute au plus tôt le 1er janvier 2018.

Cependant, cette disposition ne porte ses effets qu'en cas d'application effective des accroissements visés à l'article 444 du CIR (cf. page n°29) d'un pourcentage égal ou supérieur à 10%. Autrement dit, la taxation effective sans déduction de la perte de la période imposable sur les suppléments de base imposable est utilisée lorsqu'un accroissement d'impôt est effectivement appliqué. Dans les cas où un accroissement de 10% peut être appliqué mais qu'il ne l'est pas dans la pratique (en l'absence de mauvaise foi), la mesure ne s'appliquera pas si cela concerne une première infraction[365].

L'article 207, alinéa 2 du CIR interdit la compensation entre les pertes de l'année et notamment les avantages anormaux ou bénévoles obtenus. Il est applicable pour autant qu'il y ait des liens d'interdépendance directs ou indirects entre celui qui accorde l'avantage anormal ou bénévole et celui qui en bénéficie.

Ainsi, les pertes de l'année ne peuvent plus venir par exemple en déduction des avantages anormaux ou bénévoles qu'une société a retirés directement ou indirectement, pendant la période imposable, d'une entreprise à l'égard de laquelle elle se trouve, directement ou indirectement, dans des liens quelconques d'interdépendance.

On peut constater que cet article « neutralise » les opérations visant à transférer les bénéfices d'une société « X » vers une société « Y » (se trouvant en perte) en transférant des produits de « X » vers « Y ». L'objectif étant ici de diminuer, voire d'annuler le bénéfice de la société « X » sans que « Y » ne se trouve pour autant en bénéfice.

Dans son arrêt du 10 mars 2016[366], la Cour de Cassation confirme la volonté du législateur en mentionnant que la partie du résultat qui provient d'avantages anormaux ou bénévoles que le contribuable a retirés, directement ou indirectement, sous quelque forme ou par quelque moyen que ce soit, d'une entreprise à l'égard de laquelle il se trouve directement ou indirectement dans des liens d'interpédendance ne peut être compensée avec la perte de la période imposable, de sorte que le résultat imposable est à tout le moins égal à l'avantage anormal ou bénévole retiré, que le résultat soit positif ou négatif.

Ceci peut être illustré par l'exemple suivant.

Supposons qu'il existe des liens d'interdépendance directs ou indirects entre celui qui accorde l'avantage anormal ou bénévole (la société « X ») et celui qui en bénéficie (la société « Y »).

Avantage anormal ou bénévole reçu par la société « Y »	Résultat fiscal de l'année de la société « Y » (y compris l'avantage reçu)	Analyse	Pertes à récupérer par la société « Y » au cours des périodes imposables suivantes
10.000,00 EUR (codes 1421 et 1420 de la déclaration)	25.000,00 EUR (codes 1410 et 1412 PN de la déclaration)	Si l'on ne tient pas compte de l'avantage reçu, le résultat fiscal de l'année s'élève à 15.000,00 EUR. L'article 207 du CIR ne s'applique pas étant donné qu'il n'y a pas de compensation entre l'avantage reçu et des pertes de l'année. La déclaration se présente de la manière suivante : • code /1420 : 10.000,00 (montant à reprendre au code 1460); • code 1430 PN : 15.000,00.	0,00

365 Document parlementaire DOC 54 2864/001 page 94.

366 Rôle F.140082.N

10.000,00 EUR (codes 1421 et 1420 de la déclaration)	8.000,00 EUR (codes 1410 et 1412 PN de la déclaration)	Si l'on ne tient pas compte de l'avantage reçu, le résultat fiscal de l'année s'élève à (-2.000,00 EUR). En vertu de l'article 207 du CIR, la société est imposable sur la somme de 10.000,00 EUR (codes 1420 et 1460 de la déclaration) étant donné que les pertes de l'année courante ne peuvent pas venir en déduction des avantages reçus.	2.000,00 EUR (codes 1430 PN et 1722 de la déclaration).
10.000,00 EUR (codes 1421 et 1420 de la déclaration)	(-6.000,00 EUR) (codes 1410 et 1412 PN de la déclaration)	Si l'on ne tient pas compte de l'avantage reçu, le résultat fiscal de l'année s'élève à (-16.000,00 EUR). En vertu de l'article 207 du CIR, la société est imposable sur la somme de 10.000,00 EUR (codes 1420 et 1460 de la déclaration) étant donné que les pertes de l'année courante ne peuvent pas venir en déduction des avantages reçus.	16.000,00 EUR (codes 1430 PN et 1722 de la déclaration).

Il est important de signaler que cette opération doit s'effectuer au moment de la détermination du résultat fiscal de l'exercice c'est-à-dire, avant application, des déductions fiscales allant de la 3ème à la 14ème opération.

VI. Subsides en capital et en intérêts accordés à l'agriculture

Article 217, alinéa 1er, 4° du CIR

La crise mondiale a pesé et pèse toujours particulièrement lourd sur les prix internationaux de l'alimentation. C'est pourquoi le gouvernement fédéral a décidé de prendre des mesures spécifiques de soutien aux agriculteurs et propose, après concertation avec les régions, une diminution de la fiscalité sur les mesures de soutien européennes, premier et deuxième piliers, pour les agriculteurs (à savoir les droits au paiement unique, les vaches allaitantes et les primes d'investissement).

Ainsi, à l'impôt des sociétés, les subsides en capital et en intérêts qui sont payés, dans le respect de la réglemenation européenne en matière d'aide d'Etat, aux agriculteurs par les Régions sont soumis à un taux réduit de 5%.

L'application de ce taux réduit est toutefois subordonnée à la condition que l'actif pour lequel les subsides sont accordés reste pendant au moins trois ans dans l'entreprise, sinon le taux réduit est abandonné à partir de l'exercice d'imposition relatif à la période imposable au cours de laquelle l'aliénation a eu lieu et pour les exercices d'imposition ultérieurs.

Le taux réduit à 5% est valable lorsque les subsides sont relatifs à des investissements en immobilisations corporelles ou en immobilisations incorporelles qui sont amortissables et qui ne sont pas considérées comme un remploi en vertu des articles 44bis (véhicules d'entreprise), 44ter (bateau de navigation intérieure destinés à la navigation commerciale), 47 (taxation étalée) et 194quater (réserve d'investissement) du CIR.

VII. Ventilation du résultat fiscal d'après sa provenance

Article 75 AR/CIR.

La deuxième opération consiste à ventiler le résultat (positif ou négatif) obtenu lors de la première opération, en fonction de sa provenance géographique.

L'impôt des sociétés distingue trois types d'origine géographique au résultat fiscal global :

- un résultat réalisé en Belgique, dénommé bénéfices belges s'il est positif;
- un résultat réalisé à l'étranger et non exonéré d'impôt, dénommé bénéfices étrangers non exonérés s'il est positif;
- un résultat réalisé à l'étranger et exonéré d'impôt en vertu des conventions préventives de la double imposition, dénommé bénéfices exonérés par convention s'il est positif.

VENTILATION DU RESULTAT SUIVANT SA PROVENANCE (ne pas ventiler s'il n'y a que des bénéfices belges)			
Belge	Positif		(Code 1431 PN)
	Négatif		(Code 1431 PN)
Étrangers non exonérés	Positif		(Code 1431 PN)
	Négatif		(Code 1431 PN)
Étrangers exonérés par convention	Positif		(Code 1431 PN)
	Négatif		(Code 1431 PN)

Par revenus d'origine belge, il faut entendre les bénéfices d'exploitation réalisés en Belgique y compris :

- les revenus d'immeubles situés en Belgique;
- les revenus mobiliers et divers à caractère mobilier (quelque soit leur provenance, belge ou étrangère) produits par des capitaux et biens mobiliers affectés à l'exercice de l'activité professionnelle en Belgique.

Par revenus d'origine étrangère, il faut entendre les bénéfices d'exploitation réalisés à l'intervention d'un établissement à l'étranger y compris :

- les revenus d'immeubles situés à l'étranger;
- les revenus de capitaux et biens mobiliers lorsque les éléments productifs de ces revenus sont affectés à l'exercice de l'activité professionnelle de « l'établissement étranger ».

L'expression « établissement étranger » désigne une installation fixe d'affaires par l'intermédiaire de laquelle une société résidente exerce tout ou une partie de son activité à l'étranger. Cet établissement étranger, qui peut, dans certains cas, être également dénommé « succursale », n'a pas de personnalité juridique propre. En effet, si cet établissement étranger avait une personnalité juridique propre, on parlerait alors de société filiale et on se trouverait dans le cadre d'une autre problématique. Les bénéfices provenant des filiales rapatriés vers la société mère sous forme de dividende seront analysés dans le cadre de l'étude des RDT lors de la quatrième opération.

L'établissement étranger se caractérise par les critères suivants :

- l'existence d'une installation d'affaires à l'étranger;
- la fixité de cette installation;
- l'exercice d'une activité professionnelle.

L'expression « installation d'affaires » couvre tout local, matériel divers ou toute autre installation matérielle, utilisé pour l'exercice des activités de l'entreprise, qu'il serve ou non exclusivement à cette fin. Dans un cas extrême, il peut même y avoir installation d'affaires lorsqu' aucun local n'est disponible ni nécessaire pour l'exercice des activités de l'entreprise et que celle-ci dispose d'un simple « emplacement ». Ainsi l'installation d'affaires peut être constituée par une place sur un marché ou par un emplacement utilisé de façon permanente dans un dépôt de douane (par exemple pour l'entreposage de marchandises taxables).

L'installation d'affaires doit être fixe. Il doit par conséquent exister un lien entre l'installation d'affaires et un point géographique déterminé. Ce lien implique que l'installation d'affaires doit demeurer dans un endroit déterminé avec un certain degré de permanence. Si une installation d'affaires n'a pas été créée à des fins purement temporaires, elle peut constituer un établissement étranger même si elle n'a existé en fait que pendant une très courte période. En effet, il est possible qu'en raison du caractère particulier de l'entreprise, ou à la suite de circonstances spéciales (décès du contribuable, échec de l'investissement), elle ait été liquidée prématurément.

L'installation fixe d'affaires constitue un établissement étranger, si l'entreprise y exerce de manière régulière tout ou une partie de ses activités.

En pratique, peuvent être considérés comme une installation matérielle constituant un établissement étranger :

- un siège de direction;
- une succursale;
- un bureau (ces bureaux peuvent être par exemple : des bureaux pour prendre des commandes, des bureaux d'agences organisant des voyages, des bureaux de sociétés de chemin de fer vendant des titres de transport valables sur le réseau de celles-ci, etc.);
- une usine;
- un atelier;
- etc.

En l'absence de toute installation matérielle, une société résidente sera considérée comme disposant d'un établissement à l'étranger suite à la présence d'une personne ou d'un agent agissant pour le compte de la société résidente. Cette personne ou agent devra, dans ce pays, disposer d'un pouvoir lui permettant de conclure, de manière habituelle, des contrats au nom de l'entreprise.

Avant d'effectuer la subdivision du résultat fiscal en fonction de son origine, il convient :

- de déterminer le bénéfice imposable ou la perte de chaque établissement;
- de soustraire les pertes éventuellement subies par certains établissements, du bénéfice des autres établissements.

A. Détermination du bénéfice imposable ou de la perte de chaque établissement

Le bénéfice ou la perte imposable d'un établissement est égal à la somme algébrique du mouvement des réserves imposables, des dépenses non admises et des dividendes propres à cet établissement.

Le bénéfice ou la perte imposable d'un établissement est déterminé sur la base de la comptabilité distincte tenue par cet établissement.

A cet égard, le résultat comptable de l'établissement situé à l'étranger doit, d'abord, faire l'objet de corrections (positives ou négatives) afin de tenir compte notamment :

1. des frais qui incombent incontestablement à l'établissement s'ils sont pris en charge par la société résidente belge (par exemple les rémunérations du personnel qui travaille dans et pour l'établissement stable payées par le siège central en Belgique, loyer de l'établissement stable, intérêts payés à une banque pour un emprunt mis à la disposition de l'établissement stable pour ses besoins propres, etc.). Cette correction a pour conséquence de diminuer la partie de la base imposable revenant à l'établissement situé à l'étranger et d'augmenter la part du bénéfice belge dans le résultat global;
2. si l'établissement est situé dans un pays avec lequel la Belgique a conclu une convention préventive de la double imposition, d'une quote-part des frais d'administration générale engagés par la société résidente belge pour l'ensemble de l'entreprise (par exemple amortissement, entretien et autres frais relatifs aux bureaux de la direction générale, rémunérations du personnel des services généraux et charges sociales connexes, frais généraux de publicité qui profitent à l'ensemble de l'entreprise y compris l'établissement stable belge...). En effet, les frais d'administration générale exposés par la société résidente en Belgique sont censés avoir été intégralement effectués au moyen de bénéfices belges, sauf lorsque, en exécution des conventions préventives de la double imposition, une quote-part de ces frais doit être imputée sur les bénéfices réalisés dans l'autre pays intervenant à la convention. Cette correction a également pour conséquence de diminuer la partie de la base imposable revenant à l'établissement situé à l'étranger et d'augmenter la part du bénéfice belge dans le résultat global;
3. de la partie du résultat comptable qui, lors de la distribution des bénéfices, a obtenu une destination non imposable (par exemple les tantièmes et rémunérations complémentaires déductibles en tant que charges professionnelles, etc.). La conséquence de cette opération est de diminuer la partie de la base imposable située à l'étranger et d'augmenter la base imposable d'origine belge.

Le résultat ainsi corrigé doit, enfin, faire l'objet des rectifications fiscales (positives ou négatives) suivantes afin de tenir compte :

1. des réserves apparentes ou occultes constituées par l'établissement, avant bilan, et éventuellement diminuées des prélèvements qui ont été effectués;
2. de la partie non exonérées des provisions ou réductions de valeur (augmentation ou diminution de la base imposable d'origine étrangère);
3. des dépenses non admises supportées par l'établissement (augmentation de la base imposable d'origine étrangère);
4. des dividendes qui ayant le caractère de revenus imposables, ont été actés avant bilan, dans les comptes de l'établissement étranger (augmentation de la base imposable d'origine étrangère).

Dans l'hypothèse où l'établissement étranger d'une société résidente a, au cours de son exercice comptable, réalisé une plus-value sur un véhicule mixte visé à l'article 66 du CIR et/ou une plus-value sur des actions ou parts qui respectent la condition de taxation R.D.T, le montant des revenus étranger doit être déterminé compte tenu de ce qu'une partie de ceux-ci a déjà été déduite de la base imposable au cours de la première opération à savoir que la quote-part non imposable de la plus-value réalisée sur le véhicule mixte aura été mentionnée au code 1056 de la déclaration et que la plus-value fiscale réalisée sur les actions ou parts aura été, quant à elle, mentionnée au code 1051 de la déclaration fiscale.

Ceci peut être illustré par l'exemple suivant.

Le compte de résultat au 31 décembre 2018 de la société SA Azur se présente de la manière suivante :

CHARGES				*PRODUITS*			
	Siège social	Ets français	Total		Siège social	Ets français	Total
Achats	15.000,00	13.000,00	28.000,00	Ventes	82.000,00	43.000,00	125.000,00
SBD	7.283,00	6.400,00	13.683,00				
Rémunérations	24.829,00	6.521,00	31.350,00				
Amortissements	16.000,00	6.000,00	22.000,00				
Charges financières	8.429,00	0,00	8.429,00				
Impôts	7.000,00	2.000,00	9.000,00				
Total	**78.541,00**	**33.921,00**	**112.462,00**	**Total**	**82.000,00**	**43.000,00**	**125.000,00**

L'analyse du compte de résultats fait apparaître que :

le siège social a supporté des charges qui incombent à l'établissement français :	1.423,00 EUR
la quote-part des frais d'administration générale pris en charge par le siège social et qui incombe à l'établissement français s'élève à :	829,26 EUR
les amortissements comptabilisés par le siège social correspondent à une dépréciation réelle à concurrence de :	15.000,00 EUR
les amortissements comptabilisés par l'établissement français correspondent à une dépréciation réelle à concurrence de :	4.500,00 EUR
les dépenses non admises (autres que les impôts) ont été supportées comme suit :	• siège social : 623,89 EUR; • établissement français : 129,86 EUR.

Sur la base de ces données, l'origine du bénéfice fiscal de la SA Azur se présente de la manière suivante :

	Siège social	*Établissement français*	*Total*
Résultat comptable non corrigé	3.459,00	9.079,00	12.538,00
Corrections			
• dépenses incombant à l'établissement français pris en charge par le siège social	+ 1.423,00 (augmentation du résultat)	- 1.423,00 (diminution du résultat)	+ 0,00
• frais d'administration générale	+ 829,26	- 829,26	+ 0,00
Résultat comptable corrigé	5.711,26	6.826,74	12.538,00

Corrections fiscales			
• excédents d'amortissements	+ 1.000,00	+ 1.500,00	+ 2.500,00
• dépenses non admises	7.623,89 c'est-à-dire 7.000,00 (l'impôt) + 623,89	+ 129,86	+ 7. 753,75
Résultat fiscal	14.335,15	8.456,60	22.791,75
	A reprendre au Code **1431 PN** de la déclaration.	A reprendre au Code **1431 PN** de la déclaration.	Montant repris au Code **1431 PN** de la déclaration.

VENTILATION DU RÉSULTAT SUIVANT SA PROVENANCE (ne pas ventiler s'il n'y a que des bénéfices belges)			
Belge	Positif	14.335,15	(Code 1431 PN)
	Négatif		(Code 1431 PN)
Étrangers non exonérés	Positif		(Code 1431 PN)
	Négatif		(Code 1431 PN)
Étrangers exonérés par convention	Positif	8.456,60	(Code 1431 PN)
	Négatif		(Code 1431 PN)

B. Imputation des pertes éventuellement subies par certains établissements du bénéfice des autres établissements

Le bénéfice qu'une société recueille de son établissement situé dans un pays sans convention, est soumis à l'impôt des sociétés conjointement aux revenus belges[367].

1. *Régime actuel*

Lorsqu'une société belge disposant d'établissements tant en Belgique qu'à l'étranger, a enregistré, au cours d'un exercice comptable, des pertes dans certains de ces établissements, l'article 75 de l'AR/CIR prévoit que les pertes sont toujours imputées en premier lieu, sur les bénéfices de même provenance.

Lorsque les bénéfices de la même provenance ne sont pas suffisants, les imputations successives doivent respecter l'ordre du tableau suivant :

Ordre d'imputation	Premièrement	Deuxièmement	Troisièmement
Pertes subies dans des pays avec convention	bénéfices réalisés dans les pays avec convention	bénéfices réalisés dans les pays sans convention	bénéfices belges
Pertes subies dans des pays sans convention	bénéfices réalisés dans les pays sans convention	bénéfices réalisés dans les pays avec convention	bénéfices belges
Pertes subies en Belgique	bénéfices belges	bénéfices réalisés dans les pays sans convention	bénéfices réalisés dans les pays avec convention

367 Anciennement, l'article 217 prévoyait que l'impôt sur le bénéfice qu'une société recueillait de son établissement situé dans un pays sans convention était réduit au quart de l'imposition normale.

En effet, lorsque la perte subie au cours de la période imposable dans un pays déterminé ne peut être totalement déduite des bénéfices réalisés dans d'autres pays, le reliquat constitue une perte professionnelle qui peut être reportée conformément à l'article 206, § 1er du CIR.

Cette manière d'imputer les pertes en provenance des divers établissements situés à l'étranger a toujours été perçue de manière fortement critique par les entreprises se trouvant dans cette situation car elle les pénalisait injustement.

Dans son arrêt du 14 septembre 2000 concernant l'affaire AMID, la Cour de Justice des Communautés européennes a jugé que la législation, en vigueur actuellement en Belgique en matière de déduction des pertes, entravait la liberté d'établissement garantie par le traité de la communauté européenne.

Pour illustrer cet arrêt, supposons que le siège social de la SA Azur ait, durant l'exercice comptable 2018, subit des pertes (25.000,00 EUR) tandis que son établissement stable luxembourgeois a réalisé des bénéfices (10.000,00 EUR).

Sur la base de l'article 75 de l'AR/CIR, les bénéfices luxembourgeois doivent venir en déduction des pertes belges. Il en résulte que la perte belge qui pourra venir en déduction des bénéfices des périodes imposables ultérieures s'élève à 15.000,00 EUR. L'application de ce texte revient à une double imposition du bénéfice réalisé au Luxembourg. En effet, celui-ci est imposable au Luxembourg sans être réellement exonéré en Belgique étant donné que celui-ci est venu en déduction des pertes belges.

Sur la base de l'arrêt de la Cour de Justice des Communautés européennes, la SA Azur doit à présent imputer sur les bénéfices belges qui seront réalisés lors des périodes imposables ultérieures, la perte belge de 25.000,00 EUR.

Le Ministre des Finances[368] a précisé qu'il est souhaitable, tant pour des considérations pratiques que dans le souci de ne pas générer inutilement des réclamations supplémentaires, que les contribuables tiennent compte de l'arrêt précité dans leur déclaration à l'impôt des sociétés en dépit du fait que le Roi n'ait pas encore mis en conformité la réglementation fiscale en matière d'imputation des pertes avec les règles européennes relatives à la liberté d'établissement.

On peut donc considérer que cette manière discutable d'imputer les pertes en provenance d'établissements stables des différents pays ne doit plus être appliquée lorsque ces bénéfices proviennent de la communauté européenne. Lorsqu'ils proviennent de pays hors CE, la situation est juridiquement moins claire, bien que le principe d'équité nous incite à considérer qu'il doit en être fait de même.

2. *Régime applicable à partir de l'exercice d'imposition 2021*[369]

a) La règle

Les pertes professionnelles éprouvées dans des établissements étrangers ou inhérentes à des actifs situés à l'étranger dont dispose la société et dont les bénéfices obtenus dans ces établissements ou au moyen de ces immobilisations sont exonérés conformément à une convention préventive de la double imposition conclu par la Belgique, ne sont déductibles en Belgique que pour autant :

- qu'elles « soient définitives » ;
- et aient été subies au sein de l'Espace Economique Européen.

368 Question parlementaire du 11 janvier 2001 posée par Monsieur Eerdekens, Bulletin des Contributions, pp 621-624.

369 Article 185 § 3 du CIR qui entre en vigueur le 1er janvier 2020 et est applicable à partir de l'exercice d'imposition 2021 se rattachant à une période imposable qui débute au plus tôt le 1er janvier 2020.

Sont considérées comme définitives, les pertes professionnelles suivantes :

- les pertes qui existent au moment où la société cesse définitivement ses activités dans un Etat membre déterminé, seulement si, concernant ces pertes, aucune déduction de quelque nature que ce soit ne soit accordée dans l'Etat membre dans lequel l'établissement étranger était situé;
- en cas d'absence d'établissement étranger, les pertes qui existent au moment où la société ne détient plus d'actifs dans l'Etat membre déterminé, seulement si, concernant ces pertes, aucune déduction de quelque nature que ce soit ne soit accordée dans l'Etat membre où ces actifs étaient situés.

Autrement dit, le nouveau régime requiert que dans le pays où les pertes ont été réalisées, toutes les possibilités de prise en compte des pertes au cours de l'exercice fiscal durant lequel elles sont nées et des exercices fiscaux antérieurs aient été épuisées et qu'il n'existe aucune possibilité de prise en compte de ces pertes au cours d'exercices futurs.

Si, dans les trois ans qui suivent la déduction de la perte professionnelle définitive, la société démarre, à nouveau, des activités dans l'Etat membre où l'établissement ou les actifs qui ont mené à la détermination de la perte définitive étaient situés, un montant équivalent à la perte professionnelle définitive déduite sera ajouté à la base imposable de la période imposable au cours de laquelle les activités ont à nouveau démarré.

Ne sont pas considérées comme définitives, les pertes professionnelles dans la mesure où ces pertes ouvrent toujours droit dans l'Etat dans lequel l'établissement étranger était situé ou dans lequel les actifs étaient situés à une déduction au niveau des autres établissements situés dans cet Etat ou des autres actifs détenus par la société dans cet Etat, ou dans la mesure où le droit de déduction de ces pertes dans cet autre Etat est transféré à une autre personne.

b) Régime spécifique

L'article 185, § 3 du CIR prévoit, que le montant des pertes professionnelles éprouvées dans des établissements étrangers ou inhérentes à des actifs situés à l'étranger dont dispose la société et pour lesquels l'impôt sur les bénéfices réalisés dans ces établissements ou au moyen de ces actifs sont réduits conformément à l''application d'une convention préventive de la double imposition, doivent rester, dans la même proportion, en dehors de la base imposable à déterminer dans la déclaration belge, et ce à la hauteur de la réduction de l'impôt accordée sur les bénéfices en Belgique.

Ce régime spécifique concerne les conventions préventives de la double imposition conclues avec l'Ile de Man[370], l'Ouganda[371] et les Seychelles[372]. Puisque les revenus des activités de tels établissements sont soumis à un taux réduit en Belgique (réduction de moitié ou d'un tiers), il est en effet logique de ne reprendre les pertes supportées par ces établissements que de manière proportionnée dans la base imposable.

370 Cf. article 24, § 2, a), deuxième alinéa de la convention.

371 Cf. article 24, § 2, a), deuxième alinéa de la convention.

372 Cf. article 21, § 1er a) de la convention.

Partie 3

Déductions fiscales

Article 207 du CIR.
Articles 76 à 79 de l'AR/CIR.

Le résultat fiscal positif obtenu au cours de la première opération (et ventilé suivant sa provenance lors de la seconde opération) va faire l'objet de déductions spécifiquement fiscales.

Ces déductions sont :

• la prise en compte des éléments non imposables;	Cf. page n°428.
• la déduction des revenus définitivement taxés et des revenus mobiliers exonérés de l'année en cours;	Cf. page n°449.
• la déduction pour revenus de brevets;	Cf. page n°473.
• la déduction pour revenus d'innovation;	Cf. page n°479.
• la déduction pour investissement;	Cf. page n°520
• la déduction des transferts intragroupes;	Cf. page n°533.
• la déduction pour capital à risque incrémentale;	Cf. page n°487.
• la déduction des revenus définitivement taxés et des revenus mobiliers exonérés reportée;	Cf. page n°449.
• la déduction pour revenus d'innovation reportée;	Cf. page n°485.
• la déduction des pertes antérieures;	Cf. page n°506.
• la déduction pour capital à risque avec report illimité;	Cf. page n°502.
• la déduction pour capital à risque avec report limité à 7 ans.	Cf. page n°502.

En vertu de l'article 207 du CIR, les déductions fiscales vues ci-dessus ne peuvent pas être portées en déduction :

- des frais de voiture à concurrence d'une quotité de l'avantage de toute nature (17% ou 40% de l'avantage de toute nature résultant de l'utilisation à des fins personnelles d'un véhicule - cf. page n°318);
- des avantages anormaux ou bénévoles qu'une société a obtenus directement ou indirectement, pendant la période imposable, d'une entreprise à l'égard de laquelle elle se trouve directement ou indirectement dans des liens quelconques d'interdépendance (cf. page n°264);
- des sommes et avantages obtenus dans le cadre de la corruption publique et privée en Belgique ou de la corruption de fonctionnaires étrangers ou internationaux (cf. page n°347);
- les participations au capital ou aux bénéfices en vertu de la loi du 22 mai 2001 relative à la participation des travailleurs au capital des sociétés et à l'établissement d'une prime bénéficiaire pour les travailleurs (cf. pages n°290 et 292);
- de la réserve d'investissement qui devient imposable suite au non-respect de la condition d'intangibilité, à un défaut de remploi ou l'aliénation du remploi;
- des subsides en capital et en intérêts qui sont payés dans le respect de la réglementation européenne en matière d'aide d'Etat, à des agriculteurs par les Régions (cf. page n°417);
- de la plus-value sur action ou part réalisée par une société qui n'est pas considérée comme PME au sens du Code des sociétés (plus-values sur actions ou parts imposables à 0,40%) (cf. page n°65 - Code 1424);
- de l'assiette de la cotisation distincte spéciale établie sur les dépenses ou les avantages de toute nature non justifiés (cf. page n°239 - Code 1506).

Enfin, pour inciter les entreprises à remplir correctement leurs obligations de déclaration, la loi du 25 décembre 2017 portant réforme de l'impôt des sociétés[373] prévoit qu'il n'y aura dorénavant plus de déduction fiscale autorisée sur les suppléments de la base imposable qui sont établis à la suite d'un contrôle fiscal.

Cependant, le montant des dividendes RDT de la période imposable concernée (quatrième opération) peut venir en déduction des suppléments de la base imposable.

Cette mesure vise à obtenir une plus grande conformité des pratiques fiscales (« compliance »).

Néanmoins, cette disposition ne porte ses effets qu'en cas d'application effective des accroissements visés à l'article 444 du CIR (cf. page n°29) d'un pourcentage égal ou supérieur à 10%. Autrement dit, la taxation effective sans déduction d'éléments déductibles sur les suppléments de base imposable n'est d'usage que lorsqu'un accroissement d'impôt est effectivement appliqué.

Dans les cas où un accroissement de 10% peut être appliqué mais qu'il ne l'est pas dans la pratique (en l'absence de mauvaise foi de la part du contribuable), la mesure ne s'appliquera pas si cela concerne une première infraction[374].

Cela signifie concrètement qu'au terme de ces opérations, la base imposable (code 1460 de la déclaration) de la société ne peut jamais être inférieure à la somme :

- des frais de voiture à concurrence d'une quotité de l'avantage de toute nature (17% ou 40% de l'avantage de toute nature résultant de l'utilisation à des fins personnelles d'un véhicule - cf. page n°318);

373 Article 53 de la loi du 25 décembre 2017 portant réforme de l'impôt des sociétés. Cet article entre en vigueur le 1er janvier 2018 et est applicable à partir de l'exercice d'imposition 2019 se rattachant à une période imposable qui débute au plus tôt le 1er janvier 2018.

374 Document parlementaire DOC 54 2864/001 page 94.

- des avantages anormaux ou bénévoles qu'elle a obtenus directement ou indirectement, pendant la période imposable, d'une entreprise à l'égard de laquelle elle se trouve directement ou indirectement dans des liens quelconques d'interdépendance (cf. page n°264);
- des sommes et avantages obtenus dans le cadre de la corruption publique et privée en Belgique ou de la corruption de fonctionnaires étrangers ou internationaux (cf. page n°347);
- les participations au capital ou aux bénéfices en vertu de la loi du 22 mai 2001 relative à la participation des travailleurs au capital des sociétés et à l'établissement d'une prime bénéficiaire pour les travailleurs (cf. pages n°290 et 292);
- de la réserve d'investissement qui devient imposable suite au non–respect de la condition d'intangibilité, à un défaut de remploi ou l'aliénation du remploi;
- des subsides en capital et en intérêts qui sont payés dans le respect de la réglementation européenne en matière d'aide d'Etat, à des agriculteurs par les Régions (cf. page n°417).

De même, aucune déduction fiscale, à l'exception de la déduction des R.D.T et R.M.E. de l'année en cours, ne peut être effectuée sur les suppléments de revenus de la base imposable établis à la suite d'un contrôle fiscal et sur lesquels un accroissement d'impôt a été appliqué.

Pour rappel, dans son arrêt du 10 mars 2016[375], la Cour de Cassation confirme la volonté du législateur en mentionnant que la partie du résultat qui provient d'avantages anormaux ou bénévoles que le contribuable a retirés, directement ou indirectement, sous quelque forme ou par quelque moyen que ce soit, d'une entreprise à l'égard de laquelle il se trouve directment ou indirectement dans des liens d'interdépendance ne peut être compensée avec la perte de la période imposable de sorte que le résultat imposable est à tout le moins égal à l'avantage anormal ou bénévole retiré, que le résultat soit positif ou négatif.

Ceci peut être illustré par l'exemple dans lequel la société « SA Azur » reçoit un avantage anormal ou bénévole de 10.000,00 EUR d'une entreprise avec laquelle elle se trouve en lien direct ou indirect d'interdépendance.

Les différents cas de figure envisageables peuvent être résumés par le tableau suivant :

375 Rôle F.140082.N.

Avantage anormal ou bénévole reçu	Résultat fiscal de l'année (y compris l'avantage reçu)	Déductions fiscales	Analyse	Base imposable
10.000,00 EUR (codes 1421 et 1420 de la déclaration)	25.000,00 (Codes 1410 et 1412 PN de la déclaration)	6.000,00	Si l'on ne tient pas compte de l'avantage reçu, le résultat fiscal de l'année s'élève à 15.000,00 EUR (code 1430 PN de la déclaration). Les pertes de l'année : (pour mémoire) L'article 207 du CIR ne s'applique pas étant donné qu'il n'y a pas de compensation entre l'avantage reçu et des pertes de l'année. Les déductions fiscales : L'article 207 du CIR ne s'applique pas étant donné que les déductions fiscales ne viennent pas en déduction des avantages anormaux ou bénévoles.	19.000,00 (code 1460 de la déclaration).
10.000,00 EUR (codes 1421 et 1420 de la déclaration)	15.000,00 (Codes 1410 et 1412 PN de la déclaration)	6.000,00	Si l'on ne tient pas compte de l'avantage reçu, le résultat fiscal de l'année s'élève à 5.000,00 EUR (code 1430 PN) de la déclaration). Les pertes de l'année : (pour mémoire) L'article 207 du CIR ne s'applique pas étant donné qu'il n'y a pas de compensation entre l'avantage reçu et des pertes de l'année. Les déductions fiscales : En vertu de l'article 207 du CIR, la société est imposable sur la somme de 10.000,00 EUR étant donné que les déductions fiscales ne peuvent venir en déduction qu'à concurrence de 5.000,00 EUR. Elles ne peuvent pas venir en déduction des avantages reçus.	10.000,00 (code 1460 de la déclaration).
10.000,00 EUR (codes 1421 et 1420 de la déclaration)	8.000,00 (Codes 1410 et 1412 PN de la déclaration)	6.000,00	Si l'on ne tient pas compte de l'avantage reçu, le résultat fiscal de l'année s'élève à (-2.000,00 EUR) (codes 1430 PN et 237/1722 de la déclaration). Les pertes de l'année (2.000,00 EUR) : En vertu de l'article 207 du CIR, la société est imposable sur la somme de 10.000,00 EUR étant donné que les pertes de l'année courante (2.000,00 EUR) ne peuvent pas venir en déduction des avantages reçus. Les déductions fiscales : En vertu de l'article 207 du CIR, la société est imposable sur la somme de 10.000,00 EUR étant donné que les déductions fiscales ne peuvent venir en déduction des avantages reçus.	10.000,00 (code 1460 de la déclaration).

I. Éléments non imposables

Articles 199 et 200 du CIR. **Article 76 de l'AR/CIR.**

Au cours de cette 3ème opération, nous allons étudier les différents montants immunisés à déduire du résultat fiscal. Le résultat fiscal sur lequel nous nous basons, est celui obtenu lors de la première opération et ventilé selon sa provenance lors de la seconde opération.

Les bénéfices exonérés par convention sont déduits au cours de la troisième opération et ne sont plus pris en compte lors de la déduction des divers éléments qui seront envisagés à présent.

Du solde des bénéfices subsistant après la déduction des bénéfices exonérés par convention, nous devons soustraire divers éléments immunisés, en opérant cette déduction par priorité sur les bénéfices belges, et l'excédent éventuel, sur le montant des bénéfices étrangers non exonérés.

Ces différents éléments non imposables sont :

- la partie des libéralités exonérées;
- la partie du bénéfice exonérée suite à l'affectation de personnel aux exportations ou à la gestion intégrale de la qualité[376];
- la partie du bénéfice exonérée, suite à l'augmentation du personnel dans une société PME[377];
- le bonus de tutorat[378];
- le passif social en vertu du statut unique[379];
- les autres éléments non imposables (les plus-values réalisées sur certains titres, etc.).

Voici un tableau récapitulatif reprenant le canevas de la déclaration et permettant d'avoir une vue synthétique de la troisième opération :

VENTILATION DU RESULTAT SUIVANT SA PROVENANCE (ne pas ventiler s'il n'y a que des bénéfices belges)			
Belge	Positif		(Code 1431 PN)
	Négatif		(Code 1431 PN)
Étrangers non exonérés	Positif		(Code 1431 PN)
	Négatif		(Code 1431 PN)
Étrangers exonérés par convention	Positif		(Code 1431 PN)
	Négatif		(Code 1431 PN)
Déduction des éléments non imposables			
Bénéfices exonérés par convention (report de la ligne 084)			(Code 086)

376 Cette déduction fiscale n'est plus applicable à l'impôt des sociétés à partir du 1er janvier 2020. Ceci est applicable à partir de l'exercice d'imposition 2021 se rattachant à une période imposable qui débute au plus tôt le 1er janvier 2020 (cf. articles 42 et 86 B2 de la loi du 25 décembre 2017 portant réforme de l'impôt des sociétés).

377 *Idem.*

378 *Idem.*

379 cf. article 67quater. Cet article est applicable à partir du 1er janvier 2019.

	Bénéfice belge (report de la ligne 080 ou de la ligne 078 s'il n'y a que des revenus belges)		
	Bénéfice étranger non exonéré (report de la ligne 082)		
Éléments non imposables			(Code 1432)
	• libéralités exonérées		(Code 1601)
	• exonération pour personnel supplémentaire		(Code 1602)
	• exonération pour personnel supplémentaire PME		(Code 1603)
	• exonération pour bonus tutorat		(Code 1604)
	• autres éléments non imposables		(Code 1605)
	Total		(Code 1610)
			(Code 1432)
Solde du bénéfice belge			
Solde du bénéfice étranger non exonéré			

A. Bénéfice d'origine étrangère exonéré par convention

Article 7 de la convention préventive de la double imposition de type OCDE.

Article 185, § 3 du CIR (Article 15 de la loi du 11 décembre 2008 - Moniteur Belge du 12 janvier 2009) applicable à partir du 12 janvier 2009.

L'article 185, § 3 du CIR introduit le mécanisme de « recapture » par lequel les pertes éprouvées dans les établissements étrangers ne sont pas déductibles des bénéfices belges si et pour autant que ceux-ci aient déjà été déduits à l'étranger du bénéfice taxable en prévoyant l'exclusion de la possibilité de déduire une perte de l'année comptable, éprouvée dans un établissement étranger, des bénéfices belges si et dans la mesure où cette perte étrangère, au moyen d'un mécanisme étranger de « carry back » vient immédiatement en déduction des bénéfices taxables étrangers.

1. Règle : exonération des revenus étrangers avec convention

L'objectif général des diverses conventions préventives de la double imposition passées entre la Belgique et de nombreux autres pays, est d'éviter de pénaliser injustement une société ayant des implantations à l'étranger.

Ce serait le cas si la loi l'obligeait à supporter, en supplément à la taxation belge, les impôts des différents pays où ses activités sont imposables.

Afin d'éviter ce type d'injustice, l'article 7 de la convention préventive de la double imposition de type OCDE stipule que les bénéfices d'une entreprise d'un état contractant d'une convention de ce type, ne sont imposables que dans cet état, à moins que l'entreprise n'exerce son activité dans l'autre état contractant par l'intermédiaire d'un établissement stable qui y est situé.

Si l'entreprise exerce son activité dans cet autre état via un établissement stable, les bénéfices de l'entreprise sont imposables dans l'état où se situe cet établissement mais uniquement dans la mesure où ils sont liés à l'activité de cet établissement stable.

Ce système de taxation peut-être résumé par les exemples suivants :

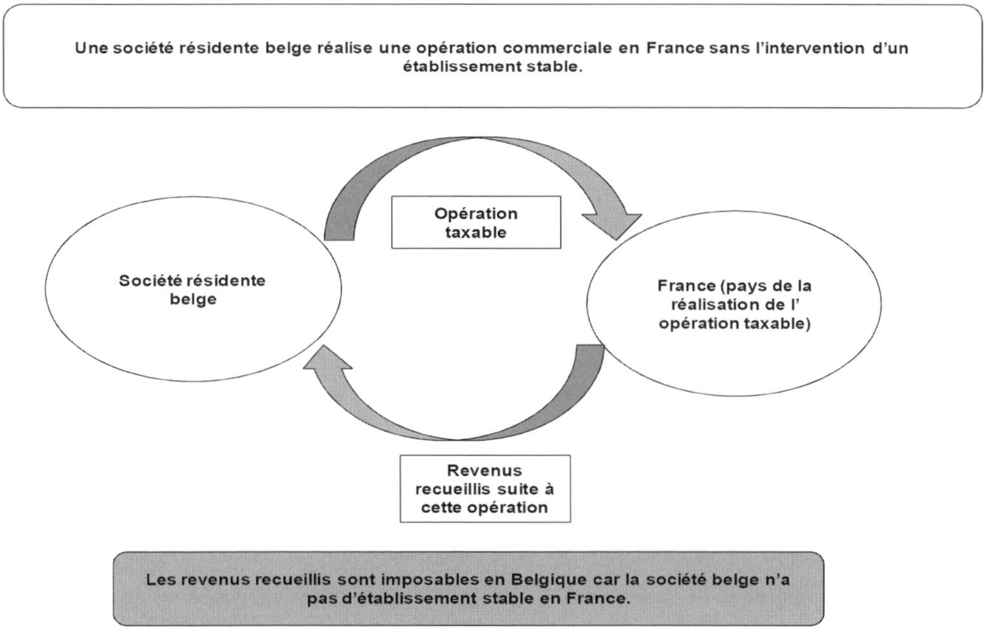

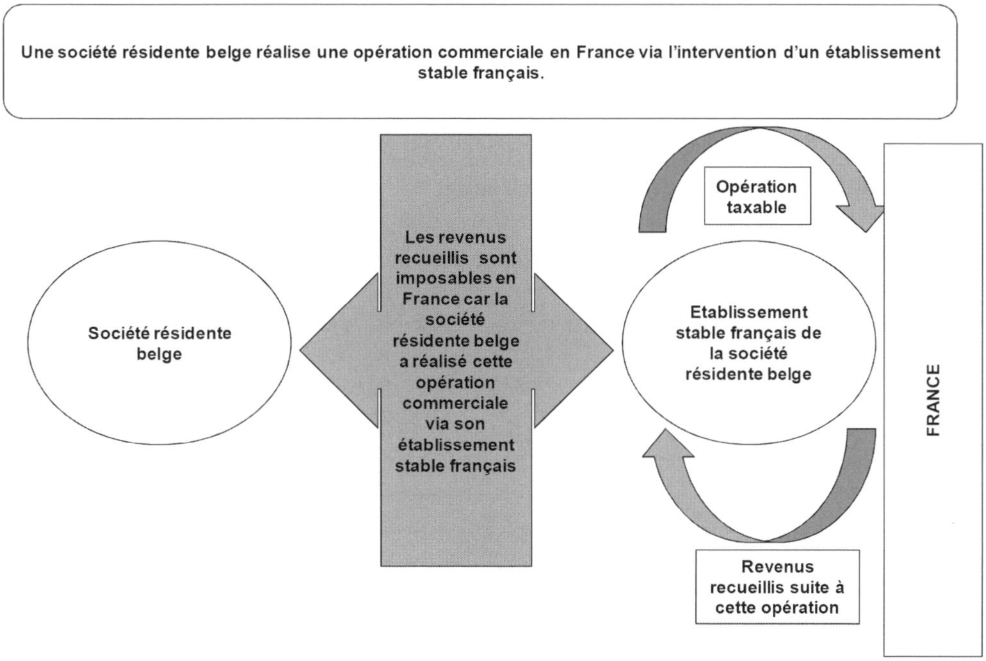

On peut donc déduire de ces exemples, qu'en vertu des conventions préventives de la double imposition, les revenus recueillis par un établissement stable étranger d'une société résidente belge dans un pays partenaire, sont exonérés de tout impôt belge.

2. Exception : éviter une double compensation des pertes[380]

Dans la pratique, cette exonération souffre cependant d'une exception importante. En effet, la plupart des conventions prévoient que lorsqu'une perte subie par une entreprise belge dans un établissement stable étranger a été, sur la base de la législation interne belge, déduite en Belgique des bénéfices imposables d'un exercice déterminé, l'exemption conventionnelle ne s'appliquera pas en Belgique aux bénéfices d'autres exercices qui sont imputables à cet établissement étranger, si et dans la mesure où ces bénéfices ont aussi été exemptés d'impôt à l'étranger au cours de ces autres exercices, en raison de leur compensation avec la perte subie au cours du premier exercice. Pareille disposition de « recapture » est uniquement requise pour des pertes éprouvées dans un pays avec convention, parce que c'est dans ce cadre que se pose le problème de la combinaison d'une double déduction de pertes avec un seul pouvoir d'imposition.

En ce qui concerne les pays sans convention, est appliqué un principe de double imposition des bénéfices d'entreprise par lequel les résultats étrangers sont entièrement taxables en Belgique (l'impôt étranger est uniquement une dépense déductible) ce qui implique que les pertes étrangères doivent être prises en considération également de manière normale pour le calcul de l'impôt belge (le problème de la double déduction ne se pose pas du fait de la présence, en parallèle, de la double taxation du résultat).

Cette disposition de « recapture » ne rend pas impossible la déductibilité des pertes éprouvées dans des établissements étrangers (établis dans des pays avec convention) sur les bénéfices belges, mais :

- la déduction est exclue l'année où cette perte étrangère a été éprouvée, si une déduction immédiate a lieu à l'étranger, par exemple par l'application d'un régime étranger de « carry back » (déduction des bénéfices taxables des années précédentes);
- la déduction est exclue si au moment où elle s'applique en ce qui concerne la déduction à l'égard des bénéfices belges, ces pertes étrangères ont déjà été déduites des bénéfices futurs à l'étranger;
- le montant des pertes étrangères qui a été antérieurement déduit des bénéfices belges, s'ajoute au bénéfice taxable en Belgique quand et dans la mesure où ces pertes étrangères viennent en déduction à l'étranger des bénéfices étrangers. Dans le cas d'une aliénation de l'établissement étranger, une « recapture » s'applique en principe[381].

Autrement dit, la Belgique peut imposer les bénéfices de l'établissement stable lorsque les deux conditions suivantes sont réunies :

- les bénéfices de l'établissement stable n'ont pas été imposés dans l'état où est situé l'établissement suite à la déduction de pertes;
- ces pertes ont déjà été déduites des bénéfices imposables en Belgique au cours d'une période imposable quelconque.

Ceci peut être illustré par l'exemple suivant.

Le résultat fiscal de la SA Azur au 31 décembre 2017 se compose de la manière suivante :

• Siège social :	45.000,00 EUR
• Ets français :	(20.000,00 EUR)

380 Applicable aux pertes relatives à une période imposable ayant débuté avant le 1er janvier 2020.

381 Cf. document parlementaire DOC 52 1398/001, page 10.

La perte subie par l'établissement français (20.000 €) a été imputée sur les bénéfices réalisés par le siège social (45.000,00 EUR) de telle sorte que la déclaration relative à l'exercice d'imposition 2018 de la SA Azur se présentait de la manière suivante :

VENTILATION DU RESULTAT SUIVANT SA PROVENANCE (ne pas ventiler s'il n'y a que des bénéfices belges)			
Belge	Positif	45.000,00	(Code 1431 PN)
	Négatif		(Code 1431 PN)
Étrangers non exonérés	Positif		(Code 1431 PN)
	Négatif		(Code 1431 PN)
Étrangers exonérés par convention	Positif		(Code 1431 PN)
	Négatif	20.000,00	(Code 1431 PN)

En 2018, les résultats suivants ont été réalisés en Belgique et en France par la SA Azur :

• Siège social :	55.000,00 EUR
• Ets français :	29.000,00 EUR

La perte subie par l'établissement français lors de l'exercice comptable 2017 est, en vertu de la législation fiscale en vigueur en France, déduite pour la taxation des bénéfices français de l'exercice comptable 2018.

Suite à cette déduction, la Belgique est en droit d'exonérer 9.000,00 EUR c'est-à-dire le résultat réalisé par l'établissement français (29.000,00 EUR) diminué de la perte qui a fait l'objet d'une déduction au cours de deux exercices d'imposition différents par les deux états contractants (20.000,00 EUR).

Les 20.000,00 EUR de la perte française de 2017 qui a été déduite, à la fois en Belgique (en 2017) et en France (en 2018, elle est ajoutée au bénéfice belge de l'exercice comptable 2018).

La déclaration relative à l'exercice d'imposition 2019 de la SA Azur se présente de la manière suivante :

VENTILATION DU RESULTAT SUIVANT SA PROVENANCE (ne pas ventiler s'il n'y a que des bénéfices belges)			
Belge	Positif	**75.000,00** (c'est-à-dire le résultat belge augmenté du résultat étranger qui n'est pas exonéré suite à la double déduction des pertes).	(Code 1431 PN)
	Négatif		(Code 1431 PN)
Étrangers non exonérés	Positif		(Code 1431 PN)
	Négatif		(Code 1431 PN)
Étrangers exonérés par convention	Positif	**9.000,00** (c'est-à-dire le résultat de l'établissement français diminué de la perte qui a fait l'objet d'une double déduction).	(Code 1431 PN)
	Négatif		(Code 1431 PN)
Déduction des éléments non imposables			
Bénéfices exonérés par convention		**9.000,00**	

En agissant de la sorte, on peut constater via ce tableau qu'aucun des deux États n'a perdu son droit conventionnel d'imposition :

	Belgique		France		Total	
	Résultat comptable	*Résultat fiscal*	*Résultat comptable*	*Résultat fiscal*	*Résultat comptable*	*Résultat fiscal*
Exercice d'imposition 2017	45.000,00	25.000,00	(20.000,00)	0,00	25.000,00	25.000,00
Exercice d'imposition 2018	55.000,00	75.000,00	29.000,00	9.000,00	84.000,00	84.000,00
Total	100.000,00	100.000,00	9.000,00	9.000,00	109.000,00	109.000,00

3. *Preuve à apporter*

Article 206, § 1er, alinéa 2 du CIR (Article 19 de la loi du 11 décembre 2008 - Moniteur Belge du 12 janvier 2009) applicable à partir du 12 janvier 2009.

➲ Régime actuel

La déduction des bénéfices belges des pertes professionnelles antérieures éprouvées dans des établissements étrangers est seulement possible pour autant que la société, sur demande du fonctionnaire taxateur, démontre (sans doute par la présentation des décomptes fiscaux étrangers pour les périodes imposables concernées) que ces pertes n'ont pas été prises en déduction à l'étranger.

Si, lors d'une quelconque période imposable, des pertes étrangères ont été déduites des bénéfices belges, ces montants déduits sont alors réintégrés dans les bénéfices imposables belges et ce pour la période imposable pour laquelle la société ne peut pas plus longtemps démontrer qu'une telle imputation à l'étranger n'a pas eu lieu.

La charge de la preuve imposée à la société n'exige pas de preuve négative. Il suffit que la société, après une première demande du fonctionnaire contrôleur, expose les décomptes fiscaux étrangers pour faire apparaître qu'aucune déduction de ces pertes étrangères n'a eu lieu à l'étranger.

➲ Régime applicable à partir de l'exercice d'imposition 2021[382]

Les pertes professionnelles antérieures qui ont été enregistrées dans un établissement étranger dont les bénéfices sont exonérés, ou dont l'impôt sur les bénéfices est réduit conformément à une convention préventive de la double imposition et que la société a porté en déduction de ses bénéfices belges relatifs à une période imposable qui a débuté avant le 1er janvier 2020, sont déduites des bénéfices qui sont exonérés ou pour lesquels l'impôt est réduit en application de cette convention, sauf si la société démontre que ces pertes n'ont pas été portées en déduction des bénéfices de cet établissement étranger.

382 Article 185, § 3, alinéa 3 du CIR qui entre en vigueur le 1er janvier 2020 et est applicable à partir de l'exercice d'imposition 2021 se rattachant à une période imposable qui débute au plus tôt le 1er janvier 2020.

B. Les libéralités exonérées

Articles 104, 199 et 200 du CIR.

Dans le cadre de l'analyse des frais professionnels, nous avons vu que toutes les libéralités devaient être reprises en dépenses non admises au code 1216 de la déclaration (cf. page n°344).

Cependant, durant la 3ème opération, il est possible de déduire du bénéfice imposable les dons en argent d'au moins 40,00 EUR par période imposable versés à des organisations qui sont énumérées dans le CIR ou qui ont obtenu un agrément à cet effet. Cet agrément est accordé par arrêté royal ou par décision ministérielle.

L'article 145/33 du CIR tient compte de l'avis motivé de la Commission des Communautés européennes concernant l'incompatibilité de la législation fiscale belge avec le Traité européen en matière de déduction des libéralités faites à des institutions non établies en Belgique.

La Commission se réfère à ce propos à l'arrêt de la Cour européenne de Justice du 27 janvier 2009, en cause « Persche » qui stipule qu'un organisme établi dans un État membre et qui remplit les conditions imposées à cette fin par un autre État membre pour l'octroi d'avantages fiscaux, se trouve, à l'égard de l'octroi par ce dernier État membre d'avantages fiscaux visant à encourager les activités d'intérêt général concernées, dans une situation comparable à celle des organismes reconnus d'intérêt général qui sont établis dans ce dernier État membre.

Sont déductibles les libéralités faites en argent :

- aux institutions qui tombent sous l'application du décret du 12 juin 1991 relatifs aux universités dans la Communauté flamande, ou du décret du 5 septembre 1994 relatif au régime des études universitaires et des grades académiques de la Communauté française, aux hautes écoles qui tombent sous l'application du décret de la Communauté flamande du 20 décembre 2013 sanstionnant les dispositions décrétales relatives à l'enseignement supérieur, codifiées le 11 octobre 2013 définissant le paysage de l'enseignement supérieur et l'organisation académiques des études, ou du décret spécial de la Communauté germanophone du 21 février 2005 portant création d'une haute école autonome, aux hôpitaux universitaires agréés ou à des institutions similaires d'un autre État membre de l'Espace économique européen;
- aux académies royales, au Fonds fédéral de la recherche scientifique, ainsi qu'aux institutions de recherche scientifique agréées conjointement par le Ministre des Finances et par le Ministre qui a la politique et la programmation scientifique dans ses attributions, ou à des institutions similaires d'un autre État membre de l'Espace économique européen, à l'exception des institutions qui sont directement liées à des partis ou à des listes politiques
- aux centres publics d'action sociale;
- aux institutions culturelles agréées par le Roi qui sont établies en Belgique et dont la zone d'influence s'étend à l'une des communautés ou au pays tout entier, ou aux institutions culturelles établies dans un autre État membre de l'Espace économique européen, dont la zone d'influence s'étend à une entité fédérée ou régionale de l'État considéré ou au pays tout entier et qui sont agréées de manière analogue ;
- aux institutions qui assistent les victimes de la guerre, les handicapés, les personnes âgées, les mineurs d'âge protégés ou les indigents et qui, après avis des organismes consultatifs de

l'État ou des Communautés qui ont cette assistance dans leurs compétences, sont agréées par les organes compétents de l'Etat ou des Communautés dont relèvent ces institutions et, pour l'application de la loi fiscale, par le Ministre des Finances ou à des institutions similaires d'un autre État membre de l'Espace économique européen;

- à la Croix-Rouge de Belgique ou à une section nationale de la Croix-Rouge dans un État membre de l'Espace économique européen, à la Fondation Roi Baudouin, au Centre européen pour Enfants disparus et Sexuellement exploités - Belgique - Fondation de droit belge, au Palais des Beaux-arts, au Théâtre Royal de la Monnaie et à l'orchestre national de Belgique;
- à la Caisse nationale des Calamités au profit du Fonds national des Calamités publiques ou du Fonds national des Calamités agricoles, aux Fonds provinciaux des Calamités, ainsi qu'aux institutions qui sont créées en vue de venir en aide aux victimes de calamités justifiant l'application de la loi relative à la réparation de certains dommages causés à des biens privés par des calamités naturelles et qui sont agréées comme telles par le Ministre des Finances ou à des institutions similaires d'un autre État membre de l'Espace économique européen;
- aux entreprises de travail adapté qui, en exécution de la législation concernant le reclassement social des handicapés, sont créées ou agréées par l'Exécutif ou l'organisme compétent ou à des institutions similaires d'un autre État membre de l'Espace économique européen;
- aux institutions qui s'attachent à la conservation de la nature ou à la protection de l'environnement et qui sont agréées comme telles par le Ministre des Finances et par le Ministre qui a l'environnement dans ses attributions ou à des institutions similaires d'un autre État membre de l'Espace économique européen ;
- aux institutions qui ont pour but, la conservation ou la protection des monuments et sites dont la zone d'influence s'étend au pays tout entier, à l'une des régions ou à la Communauté germanophone, et qui sont agréées par le Roi ou à des institutions similaires d'un autre État membre de l'Espace économique européen;
- aux ASBL qui ont pour objet, la gestion de refuges pour animaux ayant reçu l'agréation prévue par l'article 5 de la loi du 14 août 1986 relative à la protection et au bien-être des animaux et répondant aux conditions fixées par le Roi sur proposition du ministre des Finances ou à des associations similaires d'un autre État membre de l'Espace économique européen;
- aux institutions qui assistent les pays en développement et qui sont agréées comme telles, par le Ministre des Finances et par le Ministre qui a la coopération au développement dans ses attributions ou à des institutions similaires d'un autre État membre de l'Espace économique européen;
- aux associations et institutions qui aident les victimes d'accidents industriels majeurs et qui sont agréées comme telles par le Ministre des Finances et par le Ministre des Affaires étrangères ou à des associations similaires d'un autre État membre de l'Espace économique européen;
- aux institutions qui s'occupent du développement durable au sens de la loi du 5 mars 1997 relative à la coordination de la politique fédérale de développement durable et qui sont agréées comme telles par le Ministre des Finances et par le Ministre qui a le développement durable dans ses attributions ou à des institutions similaires d'un autre État membre de l'Espace économique européen;
- aux musées de l'État et, sous condition d'affectation à leurs musées, aux Communautés, aux Régions, aux provinces, aux communes, aux centres publics d'action sociale.

En ce qui concerne les libéralités visées ci-avant, faites à des associations ou institutions d'un autre État membre de l'Espace économique européen, le contribuable doit tenir à la disposition de l'administration la preuve que l'association ou l'institution d'un autre État membre est similaire à une association ou une institution belge visée au même article et, le cas échéant, que l'association ou l'institution d'un autre État membre est agréée de manière analogue, c'est-à-dire aux mêmes conditions que celles visées à l'article 145/33 du CIR.

Le montant total qui peut être déduit comme libéralités est cependant limité à 5% du résultat repris au **code 1412 PN** de la déclaration (à savoir le résultat effectifs des activités sur lesquelles le bénéfice n'est pas déterminé sur la base du tonnage), et ce, avec un maximum absolu de 500.000,00 EUR.

Ceci peut être illustré par l'exemple suivant.

Le résultat fiscal (relatif à l'exercice d'imposition 2019) de la SA Azur après la 1ère opération s'élève à 71.578,00 EUR. La SA Azur a versé, au cours de la période imposable 2018, à la Croix-Rouge de Belgique la somme en liquide de 5.500,00 EUR.

Le montant total qui peut être déduit comme libéralités (5.500,00 EUR) est limité à 5% du résultat fiscal positif (71.578,00 EUR montant repris en regard des codes 1410 PN et 1412 PN de la déclaration) c'est-à-dire 3.578,90 EUR.

La déclaration fiscale se présente de la manière suivante :

Résultat subsistant (positif)	71.578,00	(Code 1430 PN)	
VENTILATION DU RÉSULTAT SUIVANT SA PROVENANCE (ne pas ventiler s'il n'y a que des bénéfices belges)			
Belge	Positif		(Code 1431 PN)
	Négatif		(Code 1431 PN)
Étrangers non exonérés	Positif		(Code 1431 PN)
	Négatif		(Code 1431 PN)
Étrangers exonérés par convention	Positif		(Code 1431 PN)
	Négatif		(Code 1431 PN)
Déduction des éléments non imposables			
Bénéfices exonérés par convention			
	Bénéfice belge		
	Bénéfice étranger non exonéré		
Éléments non imposables			
	libéralités exonérées	3.578,00	(Code 1601)
	exonération pour personnel supplémentaire		(Code 1602)
	exonération pour personnel supplémentaire PME		(Code 1603)
	exonération pour bonus tutorat		(Code 1604)
	autres éléments non imposables		(Code 1605)
	Total	3.578,00	
		3.578,00	(Code 1432)
			(Code 1432)
Solde du bénéfice belge		68.000,00	
Solde du bénéfice étranger non exonéré			

C. Exonération pour personnel supplémentaire affecté aux exportations ou à la gestion intégrale de la qualité recruté à partir de l'exercice d'imposition 1997[383]

Articles 67 et 531 du CIR.
Articles 44 à 46 de l'AR/CIR.

1. *Personnel à prendre en considération*

Les bénéfices sont exonérés à concurrence de 15.990,00 EUR[384] (montant indexé exercice d'imposition 2019) par unité de personnel supplémentaire recruté et affecté à temps plein dans l'entreprise et en Belgique :

- à un emploi de chef de service des exportations;
- à un emploi de chef de service de la section gestion intégrale de la qualité.

Le montant exonéré ou la partie de celui-ci qui, par suite de l'absence ou de l'insuffisance de bénéfices, ne peut pas être déduit, ne peut pas être reportée sur une autre période imposable.

En principe, seul le personnel nouvellement recruté peut donner lieu à l'octroi d'une exonération. Cependant, il existe une exception à ce principe qui permet aux sociétés d'obtenir une exonération pour les chefs des services des exportations et de la section « gestion intégrale de la qualité », dont l'emploi peut être attribué par mutation interne à condition que, dans les trente jours un nouveau travailleur à temps plein soit engagé pour occuper l'emploi devenu vacant en raison de cette mutation.

On peut constater que l'originalité de cette mesure fiscale est qu'elle est nominative. En effet, les sociétés doivent faire une demande sur la base de chaque nouveau travailleur recruté et affecté à temps plein aux emplois visés ci-avant.

Il est important de noter que si la société bénéficie de cette mesure, l'exonération n'est jamais octroyée de façon permanente. En effet, pour chaque période imposable ultérieure, l'entreprise doit être en mesure de fournir une attestation prouvant que la personne est toujours employée à temps plein dans l'emploi pour lequel la société a bénéficié de l'exonération.

Ainsi, le départ ou le changement d'affectation au sein de l'entreprise de la personne qui a ouvert le droit à l'exonération, implique une reprise obligatoire de la déduction fiscale octroyée auparavant.

N'est pas considéré comme nouvellement recruté, le personnel qui était déjà engagé dans l'entreprise sur la base des hypothèses suivantes :

- le contribuable continue l'activité en tout ou en partie suite à une opération autre :
  - qu'un apport d'universalité de biens ou d'une branche d'activité en exemption d'impôt;
  - qu'une fusion ou scission en exemption d'impôt;
  - qu'une transformation d'une société en exemption d'impôt;
- le transfert de personnel entre entreprises qui se trouvent directement dans des liens quelconques d'interdépendance.

383 Nous n'abordons pas, dans le cadre du présent ouvrage, le régime fiscal du personnel affecté à la recherche scientifique au cours d'une des périodes imposables rattachées aux exercices d'imposition 1998 et antérieurs. Ce régime est repris à l'article 524 du CIR.

384 16.320,00 EUR pour l'exercice d'imposition 2020.

Par contre, l'exonération pour personnel supplémentaire est calculée « comme si l'opération n'avait pas eu lieu » si la reprise de travailleurs s'effectue dans le cadre d'une des opérations suivantes :

- un apport d'universalité de biens ou d'une branche d'activité en exemption d'impôt;
- une fusion ou scission en exemption d'impôt;
- une transformation d'une société en exemption d'impôt.

Cela signifie que le personnel ainsi « transféré » ne peut pas être pris en compte pour le calcul :

- de l'exonération dans le chef de l'entreprise bénéficiaire de l'opération;
- de la reprise d'exonération dans le chef de l'entreprise qui transfère son personnel.

2. *Formalités à accomplir*

Pour chacune des périodes imposables pour lesquelles l'octroi ou le maintien de l'exonération est sollicité, les contribuables doivent joindre à leur déclaration un relevé nominatif.

Ce relevé nominatif varie en fonction du cas dans lequel on se trouve et les exigences administratives sont résumées par le tableau suivant :

Affectation	Formulaire	Attestation à joindre	Montant de l'exonération pour l'exercice d'imposition		
			2017	2018	2019
Un emploi de chef de service des exportations.	276W3	Une attestation nominative de l'**agence belge du commerce extérieur** doit être jointe. Cet office n'existe plus en tant que tel et est remplacé par une agence à l'exportation. Le modèle de cette attestation à fournir et le modèle du formulaire à compléter en vue de l'obtention de ladite attestation sont définis dans un arrêté du 27 août 1999 du Secrétaire d'Etat au commerce extérieur. Cet arrêté ministériel a été publié au Moniteur belge du 11 septembre 1999, deuxième édition (page 34100 et suivantes). L'attestation doit être demandée auprès du service compétent dans les trois mois, à compter du dernier jour de la période imposable.	15.360,00	15.660,00	15.990,00
Un emploi de chef de service de la section gestion intégrale de la qualité.	276W4	Une attestation nominative : • du Ministre qui a les **Affaires économiques** dans ses compétences ou de son délégué, pour les entreprises qui ont 50 travailleurs ou plus • du Ministre qui a les **Classes moyennes** dans ses compétences ou de son délégué, pour les entreprises de moins de 50 travailleurs. Le modèle de cette attestation à fournir et le modèle du formulaire à compléter en vue de l'obtention de ladite attestation sont définis dans un arrêté du 12 août 1999 pris en commun par le Ministre de l'Agriculture et des Classes moyennes et le Ministre de l'Economie et de la Recherche scientifique. Cet arrêté ministériel a été publié au Moniteur belge du 28 août 1999 (pages 31929 et suivantes). L'attestation doit être demandée auprès du service compétent dans les trois mois à compter du dernier jour de la période imposable.	15.360,00	15.660,00	15.990,00

3. *Reprise de l'exonération*

Lorsqu'un membre du personnel n'est plus affecté à l'une des fins prévues ci-dessus, l'exonération antérieurement accordée doit être totalement ou partiellement reprise. La reprise de l'exonération en cas de désaffection du personnel, est également individualisée. Elle est égale à la déduction à laquelle le membre désaffecté a individuellement donné droit. Autrement dit, la reprise ne peut jamais dépasser le montant de l'exonération effectivement accordée. Le montant effectivement exonéré est le montant réellement exonéré compte tenu des bénéfices imposables de la période imposable concernée. La reprise doit être indiquée au cadre II (Dépenses non admises – code 1218) de la déclaration.

Personnel affecté à la recherche scientifique

L'article 531 du CIR prévoit une mesure transitoire par laquelle les exonérations obtenues avant l'exercice d'imposition 2008 sont maintenues pour autant que soient toujours respectées les conditions telles qu'elles existaient avant que la mesure ne soit retirée.

Pour maintenir ces exonérations antérieurement obtenues, il faut donc (comme auparavant) :

- qu'un relevé 276 W1 soit remis dans le délai prescrit pour le dépôt de la déclaration aux impôts sur les revenus de la période imposable pour laquelle le maintien de l'exonération antérieurement obtenue est sollicité;
- qu'une attestation nominative du Service public fédéral de programmation Politique scientifique soit jointe pour chaque membre du personnel repris au cadre I dudit relevé. Le modèle des attestations à fournir et le modèle du formulaire à compléter en vue de l'obtention desdites attestations sont définis dans un arrêté du 2 février 2000 du Ministre de la Recherche scientifique. Cet arrêté ministériel a été publié au Moniteur belge du 6 mai 2000 (pages 14300 et suivantes). Ces attestations doivent être demandées auprès du service compétent dans les trois mois à compter du dernier jour de la période imposable.

Ceci peut être illustré par l'exemple suivant.

La SA Azur a recruté, en 2016, une personne pour un emploi de chef de service des exportations. Elle a obtenu en vertu de l'article 67 du CIR une exonération pour personnel supplémentaire affecté comme chef de service des exportations (15.360,00 EUR).

Cette personne a été licenciée en 2018.

Au cadre II, code 1218 de la déclaration à l'impôt des sociétés relative à l'exercice d'imposition 2019, la SA Azur doit indiquer :

<u>1ère hypothèse</u> : le montant qui a été effectivement exonéré s'élève à 15.360,00 EUR

o) Reprises d'exonérations antérieures	15.360,00 c'est-à-dire le montant qui a été effectivement exonéré lors de l'exercice d'imposition 2017	Code 1218

<u>2ème hypothèse</u> : le montant qui a été effectivement exonéré s'élève à 6.899,00 EUR

o) Reprises d'exonérations antérieures	6.899,00 c'est-à-dire le montant qui a été effectivement exonéré lors de l'exercice d'imposition 2017	Code 1218

D. Exonération pour personnel supplémentaire PME

	**Article 67ter du CIR (applicable à partir du 1er janvier 2008).** **Article 29 de la loi-programme du 10 février 1998 pour la promotion de l'entreprise indépendante (cesse d'être applicable le 31 décembre 2007 en ce qui concerne uniquement l'octroi des exonérations).**
Autres références	**Circulaires n° Ci.Rh.242/597.719 (AFER n°52 :2009) du 14 décembre 2009, Ci.Rh.242/568.417 (AFER 7/2005) du 1er mars 2005 et Ci.Rh.242/516.233 (AFER 27/2003) du 29 octobre 2003**

Les bénéfices sont exonérés, à concurrence d'un montant de 3.720,00 EUR (montant non indexé - le montant indexé pour l'exercice d'imposition 2019 s'élève à 5.950,00 EUR[385]), par unité de personnel supplémentaire occupé en Belgique dont le salaire journalier n'excède pas 90,32 EUR ou le salaire horaire ne dépasse pas 11,88 EUR.

Le montant exonéré ou la partie de celui-ci qui, par suite de l'absence ou de l'insuffisance de bénéfices, ne peut pas être déduit, ne peut pas être reportée sur une autre période imposable.

1. Champ d'application

L'article 67 ter du CIR s'applique aux entreprises industrielles, agricoles ou commerciales qui occupent moins de onze travailleurs au sens de l'article 30, 1° du CIR.

Le critère du nombre de travailleurs occupés (maximum dix travailleurs) est apprécié :

- si la société a été constituée au plus tard le 31 décembre 1997, à la date du 31 décembre 1997;
- si la société a été constituée à partir du 1er janvier 1998, à la date du 31 décembre de l'année au cours de laquelle la société a commencé son activité.

Chaque travailleur à temps partiel doit être compté pour une unité quand il s'agit d'apprécier si la limite de onze travailleurs est ou non atteinte. Autrement dit, chaque personne inscrite au registre du personnel compte pour une unité.

On remarque que, le fait que le nombre maximum de travailleurs soit dépassé à un autre moment que la date soit du 31 décembre 1997, soit du 31 décembre de l'année au cours de laquelle la société a commencé son activité, est sans incidence sur l'octroi de l'exonération.

385 6.070,00 EUR pour l'exercice d'imposition 2020.

2. Calcul du personnel supplémentaire

L'exonération se calcule en comparant la moyenne des travailleurs[386] occupés par le contribuable, au cours d'une année civile, avec la moyenne des travailleurs[387] occupés par le même contribuable au cours de l'année civile précédente.

Autrement dit, pour l'exercice d'imposition 2019, on compare la moyenne des travailleurs occupés par le contribuable de l'année civile 2018 avec la moyenne de l'année civile 2017.

La référence à l'année civile a pour but d'éviter des contestations dans les cas où ni le relevé récapitulatif 325 relatif aux rémunérations payées dans le courant de l'année, ni les déclarations trimestrielles ONSS ne fournissent d'indication valable au sujet de la situation du personnel à la date des comptes annuels.

Pour bénéficier de l'exonération, il faut que les deux conditions suivantes soient réunies au cours de l'année civile envisagée :

a. un accroissement[388] de l'ensemble du personnel occupé par le contribuable;
b. un accroissement[389] du personnel « à bas salaire » c'est-à-dire le personnel dont le salaire journalier et horaire brut n'excède pas 90,32 EUR brut par jour et 11,88 EUR/heure occupé par le contribuable.

Le nombre de travailleurs, pour lesquels l'exonération peut être obtenue, correspond à l'accroissement du personnel « à bas salaire » sans toutefois pouvoir excéder l'accroissement de l'ensemble du personnel occupé par le contribuable.

Autrement dit, aucune exonération est octroyée dans l'hypothèse où il y a un accroissement du personnel « à bas salaire » occupé par le contribuable et une diminution ou un statu quo de l'ensemble du personnel occupé par le contribuable.

3. Emplois nouveaux visés

L'exonération est limitée uniquement à la création de nouveaux emplois.

Cela implique qu'il n'est pas tenu compte de la reprise de travailleurs qui étaient déjà engagés avant le 1er janvier 1998 dans les hypothèses suivantes :

- le contribuable continue l'activité en tout ou en partie suite à une opération autre :
  - qu'un apport d'universalité de biens ou d'une branche d'activité en exemption d'impôt;
  - qu'une fusion ou scission en exemption d'impôt;
  - qu'une transformation d'une société en exemption d'impôt;
- le transfert de personnel entre entreprises qui se trouvent directement dans des liens quelconques d'interdépendance.

386 Pour déterminer la moyenne du personnel occupé, le temps de travail du personnel occupé à temps partiel est converti en temps de travail du personnel occupé à temps plein en se référant à la réglementation qui est applicable au contribuable concerné.

387 Pour déterminer la moyenne du personnel occupé, le temps de travail du personnel occupé à temps partiel est converti en temps de travail du personnel occupé à temps plein en se référant à la réglementation qui est applicable au contribuable concerné.

388 L'accroissement est arrondi à l'unité. Les fractions de moins de 50 centièmes sont négligées; les fractions de 50 centièmes et plus sont comptées pour une unité.

389 L'accroissement est arrondi à l'unité. Les fractions de moins de 50 centièmes sont négligées; les fractions de 50 centièmes et plus sont comptées pour une unité.

L'exonération pour personnel supplémentaire est calculée « comme si l'opération n'avait pas eu lieu ». Cela signifie que le personnel, ainsi « transféré », ne peut pas être pris en compte par le calcul :

- de l'exonération dans le chef de l'entreprise bénéficiaire de l'opération;
- de la reprise d'exonération dans le chef de l'entreprise qui transfère son personnel.

4. *Reprise de l'exonération*

La reprise de l'exonération n'est pas subordonnée à la diminution du nombre moyen des membres du personnel avec bas salaire mais bien à la diminution du nombre moyen de tous les membres du personnel occupés par rapport à l'année antérieure au cours de laquelle l'exonération a été accordée.

Autrement dit, l'exonération accordée n'est définitivement acquise que si l'ensemble du personnel occupé est conservé pendant deux ans.

En cas de réduction de la moyenne de l'ensemble des travailleurs occupés au cours de l'année civile 2018, il convient de tenir compte du montant des exonérations accordées pour l'année civile 2017 pour déterminer le montant à reprendre parmi les dépenses non admises.

La reprise ne peut cependant jamais dépasser le montant de l'exonération effectivement accordée pour l'exercice d'imposition précédent. Le montant effectivement exonéré est le montant réellement exonéré compte tenu des bénéfices imposables de la période imposable concernée. La reprise doit être indiquée au cadre II (Dépenses non admises – code 1218) de la déclaration.

Ceci peut être illustré par l'exemple suivant.

La moyenne de l'ensemble du personnel occupé en 2018 par la SA Azur a diminué de deux unités.

<u>1ère hypothèse</u> : le montant qui a été effectivement exonéré en 2017 s'élève à 11.660,00 EUR (2 X 5.830,00 EUR)

o) Reprises d'exonérations antérieures	**11.660,00** c'est-à-dire le montant qui a été effectivement exonéré lors de l'exercice d'imposition 2018	Code 1218

<u>2ème hypothèse</u> : le montant qui a été effectivement exonéré en 2017 s'élève à 8.000,00 EUR

o) Reprises d'exonérations antérieures	8.000,00 c'est-à-dire le montant qui a été effectivement exonéré lors de l'exercice d'imposition 2018	Code 1218

Cette règle n'est cependant pas applicable, si le contribuable démontre que l'emploi supplémentaire ayant donné lieu à l'octroi d'une exonération a été maintenu l'année suivante par un autre employeur qui l'a repris dans des circonstances suivantes :

- un contribuable continue l'activité en tout ou en partie suite à une opération autre :
  - qu'un apport d'universalité de biens ou d'une branche d'activité en exemption d'impôt;
  - qu'une fusion ou scission en exemption d'impôt;
  - qu'une transformation d'une société en exemption d'impôt;
- un transfert de personnel entre entreprises qui se trouvent directement dans des liens quelconques d'interdépendance.

5. Exemple

La SA « Azur » (qui respecte les conditions pour bénéficier de l'exonération pour personnel supplémentaire PME) occupe :

- le 31 décembre 2017 huit travailleurs :

Nombre de jours prestés par l'ensemble des travailleurs	1.450
Nombre de jours prestés uniquement par les travailleurs à bas salaire	550

- le 31 décembre 2018 quinze travailleurs :

Nombre de jours prestés par l'ensemble des travailleurs	2.220
Nombre de jours prestés uniquement par les travailleurs à bas salaire	1.530

Le régime de travail est un régime hebdomadaire de cinq jours (251 jours).

La SA Azur peut exonérer ses bénéfices à concurrence de 3 fois 5.950,00 EUR (c'est-à-dire 17.850,00 EUR) étant donné qu'il y a eu au cours de la période imposable 2018 :

- un accroissement total du personnel;
- un accroissement des travailleurs avec bas salaire.

Le calcul s'effectue de la manière suivante :

	Année 2017	Année 2018
Calcul de la moyenne de tous les travailleurs occupés	5,78 (1.450 / 251)	8,84 (2.220 / 251)
Calcul de la moyenne des travailleurs avec bas salaire	2,49 (550 / 221)	6,10 (1.530 / 251)
	Année **2018**	
Accroissement total du personnel	3 3,06 (8,84 – 5,78) arrondi	
Accroissement des travailleurs avec bas salaire	4 3,61 (6,10 – 2,49) arrondi	
Nombre de travailleurs pour lesquels l'exonération peut être obtenue	3 c'est-à-dire l'accroissement des travailleurs à bas salaire, limité à l'accroissement total du personnel.	

La déclaration fiscale se présente de la manière suivante :

Bénéfices exonérés par convention			
	Bénéfice belge		
	Bénéfice étranger non exonéré		
Éléments non imposables			
	1. libéralités exonérées		(Code 1601)
	2. exonération pour personnel supplémentaire		(Code 1602)
	3. exonération pour personnel supplémentaire PME	17.850,00	(Code 1603)
	4. exonération pour bonus tutorat		(Code 1604)
	5. autres éléments non imposables		(Code 1605)
	Total	17.850,00	(Code 1610)
		17.850,00	(Code 1432)
			(Code 1432)

E. Bonus de tutorat

Article 67bis du CIR; article 46bis AR/CIR.

L'article 67bis du CIR mentionne que les bénéfices sont exonérés à concurrence de 40% des rémunérations déduites à titre de frais professionnels qui sont payées ou attribuées à des travailleurs pour lesquels l'employeur, qui supporte ces frais professionnels, bénéficie du bonus tutorat visé à l'article 58 de la loi du 23 décembre 2005 relative au pacte de solidarité entre les générations.

Le « bonus tutorat » consiste en une intervention financière accordée aux employeurs qui offrent à des jeunes un poste de stage en vue d'un apprentissage pratique au sein de leur entreprise. Les jeunes visés doivent suivre une formation en alternance, au cours de laquelle ils effectuent une formation pratique. Le montant du bonus, ses conditions et modalités d'octroi sont déterminés par le Roi par arrêté délibéré en Conseil des Ministres[390].

Afin de rendre l'organisation du stage par l'employeur, plus intéressante fiscalement, il a été décidé d'augmenter via une exonération fiscale la déduction des frais, qui sont payés ou attribués à des travailleurs pour lesquels l'employeur bénéficie du bonus de tutorat, de 40%.

Les frais concernés par cette exonération sont les rémunérations des stagiaires et les frais connexes suivants :

a. les charges sociales légalement dues;
b. les cotisations et primes patronales, versées en exécution :
   - d'une assurance complémentaire contre la vieillesse et le décès prématuré en vue de la constitution d'une rente ou d'un capital, en cas de vie ou en cas de décès;
   - d'un engagement collectif ou individuel de pension complémentaire de retraite et/ou de survie, en vue de la constitution d'une rente ou d'un capital en cas de vie ou en cas de décès;

390 Actualités en impôts sur les revenus 2006, Isabelle Richelle, HEC-Liège, p.34.

- d'un engagement de solidarité visé aux articles 10 et 11 de la loi du 28 avril 2003 relative aux pensions complémentaires et au régime fiscal de celles-ci et de certains avantages complémentaires en matière de sécurité sociale;
- d'un engagement collectif ou individuel qui doit être considéré comme un complément aux indemnités légales en cas de décès ou d'incapacité de travail par suite d'un accident du travail ou d'un accident ou bien d'une maladie professionnelle ou d'une maladie;

c. les cotisations d'assurance ou de prévoyance sociale non visées au b) et dues en vertu d'obligations contractuelles.

Pour bénéficier de cette exonération, la société doit tenir les documents suivants à la disposition de l'administration :

- la preuve qu'ils on bénéficié pendant la période imposable du bonus tutorat pour chaque stagiaire embauché;
- une liste nominative des stagiaires embauchés avec mention pour chaque stagiaire :
  - de l'identité complète et, le cas échéant, du numéro national;
  - des rémunérations brutes imposables payées ou attribuées, y compris les frais connexes.

A partir du 1er janvier 2016, toute demande d'obtention du bonus démarrage ou du bonus stage doit être adressée auprès de l'institution compétente our le domicile du jeune.

Il s'agit pour la Région :

- de Bruxelles-Capitale : Actiris;
- Flamande : le Département Werk en Sociale Economie (WSE).

Le mécanisme de bonus stage et de démarrage est abrogé, pour la Région Wallonne, à partir du 1er septembre 2016. Cette suppression vise les travailleurs occupés en Région Wallonne à l'exclusion de ceux qui sont occupés en Communauté germanophone.

F. Passif social en vertu du statut unique

Article 67quater du CIR.

Articles 46ter et 46 quater de l'AR/CIR.

Avis CNC 2018/21 du 12 septembre 2018 : Exonération relative au passif social en vertu du statut unique.

Cette nouvelle exonération fiscale vise à compenser partiellement les coûts supplémentaires générés par l'unicité des statuts d'ouvrier et d'employé, notamment en ce qui concerne la modification du régime des préavis.

1. Détermination de la somme à déduire

Cette déduction permet aux employeurs de déduire de la base imposable une somme qui correspond à :

- trois semaines de rémunération, de la sixième année de service jusqu'à la vingtième année incluse commencée par ce travailleur après le 1er janvier 2014 ;

- une semaine de rémunération, à partir de la vingt et unième année de service commencée par ce travailleur après le 1er janvier 2014.

Le droit à la déduction est obtenu à partir de la sixième année durant laquelle un travailleur relève du statut unique. Sachant que le statut unique n'a été d'application qu'à partir du 1er janvier 2014, l'obtention de la déduction fiscale n'est donc possible qu'à partir du 1er janvier 2019 au plus tôt, car ce n'est qu'à partir de cette date qu'un travailleur peut s'être constitué cinq années de service dans le statut unique.

La rémunération mensuelle brute à prendre en compte est la rémunération mensuelle brute moyenne, avant retenue des cotisations personnelles de sécurité sociale, calculée sur le total du nombre de mois de la période imposable pour laquelle l'exonération est sollicitée.

Pour déterminer la rémunération hebdomadaire, le montant maximum de rémunération mensuelle brute est multiplié par trois et divisé par treize.

Le Roi a établi un montant maximum de rémunération mensuelle brute par travailleur en ce qui concerne les rémunérations sur lesquelles l'exonération est calculée.

L'article 46ter de l'AR/CIR prévoit que le montant maximum de rémunération mensuelle brute par travailleur servant de base au calcul de la déduction est déterminé comme suit :

- 100 % de la tranche allant de 0,01 EUR à 1.500,00 EUR ;
- 30 % de la tranche allant de 1.500,01 EUR à 2.600,00 EUR.

À défaut de base imposable, l'avantage est définitivement perdu.

2. *Etalement de la somme à déduire*

La somme ainsi obtenue est étalée sur la période imposable et les quatre périodes imposables suivantes à concurrence de 20 % par période imposable. Autrement dit, le droit de déduction annuel relatif à la période imposable concernée, est limité à 20 % du « passif social » issu de cette période imposable. Le solde subsistant de 80 % du « passif social » est réparti sur les quatre périodes imposables successives, de sorte que, lors de la période imposable 2023, la totalité du passif social de la période imposable 2019 soit prise en compte.

A défaut de base imposable, le montant à déduire au cours d'une période imposable déterminée est définitivement perdu.

3. *Reprise de la déduction*

L'étalement du montant de la déduction à concurrence de 20 % par période imposable est applicable tant que le travailleur concerné reste en service dans l'entreprise.

Si le travailleur quitte l'entreprise pour quelque raison que ce soit, le montant restant encore à déduire pour ce travailleur, suite à l'étalement de la déduction, ne peut plus l'être.

La partie du montant qui a été préalablement déduite doit, au moment du départ de ce travailleur, être reprise dans les bénéfices de la période imposable au cours de laquelle l'emploi prend fin.

4. Documents

La société doit tenir à la disposition de l'administration fiscale une liste nominative des travailleurs embauchés mentionnant pour chaque travailleur :

- l'identité complète ainsi que, le cas échéant, le numéro national ;
- la date d'entrée en service ;
- l'ancienneté acquise dans le statut unique ;
- les rémunérations brutes imposables payées ou attribuées au travailleur, y compris les cotisations de sécurité sociale du travailleur prises en considération pour le calcul du passif social.

G. Autres éléments non imposables

Articles 191 et 513 du CIR.

Sont également déduits des bénéfices de la période imposable (via le code 1605 de la déclaration), les éléments suivants :

- les plus-values réalisées à l'occasion d'une cession sur des immeubles non bâtis situés en Belgique par des sociétés de logement visées à l'article 216, 2, b du CIR[391];
- cinq sixièmes des plus-values réalisées[392] (dans la mesure où la plus-value n'a pas été comptabilisée dans un compte distinct du passif) sur des titres remplissant simultanément les deux conditions suivantes :
  - émis ou garantis par des organismes publics au plus tard le 31 décembre 1989;
  - acquis depuis plus de cinq ans au moment de leur réalisation;
- le remboursement obtenu pendant la période imposable, des amendes qui ont été taxées précédemment comme une dépense non admise.

391 L'article 23 de la loi du 25 décembre 2017 portant réforme de l'impôt des sociétés abroge l'article 191 du CIR relatif à l'exonération des plus-values réalisées à l'occasion d'une cesssion sur des immeubles non bâtis situés en Belgique par des sociétés de logement visées à l'article 216, 2°, b du CIR. Cette abrogation entre en vigueur le 1er janvier 2020 et est applicable à partir de l'exercice d'imposition 2021 se rattachant à une période imposable qui débute au plus tôt le 1er janvier 2020.

392 Plus-values réalisées au plus tard durant une période imposable qui débute avant le 1er janvier 2020.

II. Revenus définitivement taxés et revenus mobiliers exonérés

	Articles 202 à 205 du CIR. **Article 77 de l'AR/CIR.**
Autres références	**Circulaire n°Ci.RH.421/506.082 (AFER 22/2001) du 31 mai 2006 et 4 septembre 2001.** **Circulaire 2017/C/67 concernant la transposition de directives modificatives de la directive mère-filiales.**

A. Revenus définitivement taxés (ci-après dénommés R.D.T.)

Cette quatrième opération consiste à déduire de la base imposable, les dividendes reçus par la société en provenance d'autres sociétés. Il faut se baser initialement sur le résultat subsistant après la déduction des éléments non imposables et en déduire ensuite, les dividendes reçus à concurrence de 100% de leur montant[393].

Pour pouvoir effectuer cette déduction, il est cependant obligatoire que les conditions suivantes soient réunies :

- une condition de participation minimale (article 202, § 2, 1° du CIR);
- une condition de permanence (article 202, § 2, 2° du CIR);
- une condition de taxation en amont (article 203 du CIR).

En cas d'insuffisance de bénéfices imposables (10ème opération à partir de l'exercice d'imposition 2019), le solde non déduit des dividendes déductibles au titre de R.D.T, ne peut pas (en principe) faire l'objet d'un report sur les bénéfices imposables des périodes suivantes. Cependant, comme nous le verrons lors l'étude du point D. de ce chapitre, il existe de nombreux cas dans lesquels les R.D.T sont cependant reportables.

1. Revenus entrant en ligne de compte pour la déduction au titre de R.D.T

	Articles 202, § 1er, 1° à 2° et 205, § 1er du CIR.
Autre référence	**Circulaire 2017/C/12 concernant les opérations d'acquisition d'actions ou parts propres.**

393 Encaissé ou recueilli et éventuellement majoré des précomptes mobiliers réels ou fictifs.

Sont en principe considérés comme des R.D.T :

- les dividendes à l'exception des revenus obtenus à l'occasion de la cession, à une société de ses propres actions ou parts, ou lors du partage total de l'avoir social d'une société;
- les bonis d'acquisition ou de liquidation; dans la mesure où ils constituent un dividende auquel les articles 186 (acquisitions d'actions propres), 187 (partage partiel de l'avoir social) ou 209 (partage total de l'avoir social) du CIR ou des dispositions analogues de droit étranger ont été appliqués.

Jusqu'à présent, l'administration fiscale a défendu la position selon laquelle le revenu perçu par une société à la suite d'une opération de rachat d'actions propres était susceptible de bénéficier, par application de l'article 202, § 1er, 1er, 2° du code des impôts sur les revenus, de la déduction à titre de RDT.

En l'espèce, les dispositions de l'article 192 du code des impôts sur les revenus, ne pouvaient aucun cas trouver à s'appliquer.

Suite à l'arrêt de la cour d'appel de Liège du 27 avril 2016 qui met en cause cette position administrative, l'administration fiscale a revu sa position administrative.

Lorsqu'aucune des quatre situations visées à l'article 186, alinéa 2 du code des impôts sur les revenus ne s'est produite au cours de l'exercice comptable envisagé dans le chef de la société qui a racheté ses actions propres, le revenu perçu par la société cédante sera considéré comme une plus-value réalisée sur actions ou parts.

Cette nouvelle position administrative est d'application immédiate à tous les stades de la procédure.

Les dividendes, provenant d'avoirs affectés à l'exercice de l'activité professionnelle dans des établissements dont dispose le contribuable à l'étranger et dont les bénéfices sont exonérés en vertu des conventions internationales préventives de la double imposition, sont exclus du régime des R.D.T. Ceux-ci sont en effet compris dans les bénéfices qui ont été déduits au cours de la troisième opération au titre de bénéfices exonérés par convention.

a) Dividendes

Les dividendes visés sont les revenus reçus par une société, suite à la détention en pleine propriété :

- d'actions ou parts représentatives du capital social de la société qui les a émises;
- des parts de fondateur, des actions de jouissance, etc. qui ne représentent aucune part du capital social de la société qui les a émises.

Sont également visées, les sommes obtenues suite à un remboursement total ou partiel :

- du capital social d'une société, à l'exclusion des remboursements de capital libéré, opérés en exécution d'une décision régulière de réduction du capital social, prise conformément aux dispositions du droit des sociétés;
- de primes d'émission d'une société à la même condition et dans la même mesure que les remboursements de capital social.

Pour rappel, les intérêts perçus par une société résidente prêteuse (exerçant un mandat d'administrateur, de gérant, de liquidateur ou des fonctions analogues) ne peuvent jamais être assimilés à des dividendes, étant donné que les prêts d'argent consentis par des personnes assujetties à l'impôt des sociétés, sont expressément exclus de la notion d'avances productives d'intérêts. Par conséquent, les intérêts ainsi perçus par une société résidente, conserveront leur nature première et seront à ce titre entièrement imposable dans leur chef en tant qu'intérêts.

Les dividendes déductibles au titre de R.D.T ne comprennent pas les dividendes perçus par la société sur ses propres actions. En effet, contrairement à la S.P.R.L, la S.A peut décider :

- de répartir le bénéfice de la période entre tous les titres à l'exception des actions propres détenues en portefeuille[394];
- de suspendre le droit aux dividendes des titres propres détenus, les coupons de dividendes restant attachés aux titres.

Dans le premier cas, l'entreprise doit détruire les coupons échus attachés aux titres ainsi détenus.

Dans le deuxième cas, elle conserve jusqu'à la vente des titres en portefeuille (coupons attachés) les sommes qui auraient dû leur être attribuées. Dans cette éventualité, la partie du bénéfice qui n'a pas été distribuée est traitée sur le plan fiscal comme une réserve imposable jusqu'au moment où les actions seront vendues.

De même, les dividendes déductibles au titre de R.D.T ne comprennent pas les revenus des actions privilégiées de la S.N.C.B. Ces derniers sont déductibles au titre de revenus mobiliers exonérés.

b) Bonis d'acquisition ou de liquidation

Entrent en ligne de compte, pour la déduction à titre de R.D.T, les bonis d'acquisition ou de liquidation dans la mesure où ils constituent un dividende auquel les articles 186 (acquisitions d'actions propres – cf. page n°376), 187 (partage partiel de l'avoir social – cf. page n°394) ou 209 (partage total de l'avoir social – cf. page n°402) du CIR ou des dispositions analogues de droit étranger ont été appliquées.

1) Avoir été réalisé en application des articles 186, 187 ou 209 du CIR

Pour être déductible au titre de R.D.T, le « boni » doit être réalisé en application de l'article 186, 187, 209 ou de dispositions analogues de droit étranger.

Il en résulte que les dividendes alloués par des intercommunales régies par la loi du 22 décembre 1986 à l'occasion de l'acquisition de leurs propres actions ou parts ou du partage total ou partiel de leur avoir social, ne sont pas déductibles au titre de R.D.T étant donné que les articles 186, 187 ou 209 du CIR ne s'appliquent pas aux personnes morales assujetties à l'impôt des personnes morales.

Jusqu'il y a peu, l'administration considérait que n'étaient pas déductibles au titre de R.D.T, les dividendes alloués ou attribués par des sociétés d'investissement à l'occasion de l'acquisition de leurs propres actions ou parts ou du partage total ou partiel de leur avoir social étant donné que les articles 186, 187 ou 209 du CIR ne leur sont pas applicables en vertu de l'article 143 de la loi du 4 décembre 1990.

Cette position a été modifiée par la décision du 24 novembre 2006 du Service des décisions anticipées qui a considéré que le régime fiscal de l'acquisition d'actions propres est théoriquement applicable aux sociétés d'investissement. Par conséquent, le régime des R.D.T doit être accordé à la société-actionnaire puisque celui-ci dépend lui-même de l'application du régime de l'acquisition d'actions propres.

394 Article 622, § 1er, alinéa 1er du Code des sociétés.

2) *Montant à prendre en considération pour la déduction au titre de R.D.T*

Le montant à prendre en considération pour la déduction au titre de R.D.T est égale à la différence positive entre :

- les sommes obtenues ou la valeur des éléments reçus;
- et la valeur d'investissement ou de revient des actions ou parts, majorée des plus-values y afférentes antérieurement exprimées et non exonérées, mais non diminuée des réductions de valeur antérieurement comptabilisées (fiscalement admises[395] ou taxées à titre de D.N.A).

Ceci peut être illustré par l'exemple suivant.

La SA Azur est actionnaire à 100% de la SA X. La valeur d'acquisition de la participation dans la SA X est de 49.000,00 EUR. La SA Azur a acté une réduction de valeur réelle, en 2017, à concurrence de 10.000,00 EUR. Le capital libéré de la SA X s'élève à 75.000,00 EUR.

En 2018, la SA X décide d'acquérir 10% de ses propres actions en les rachetant à la SA Azur. La SA X paie à la SA Azur, la somme de 10.000,00 EUR. Les actions sont immédiatement détruites.

Nous avons vu dans le cadre de l'analyse des dividendes distribués, que cette opération a deux conséquences dans le chef de la SA X :

- la distribution d'un boni d'acquisition de 2.500,00 EUR qui est égal à la différence entre le prix d'acquisition (10.000,00 EUR) et la quote-part du capital libéré (à savoir 75.000,00 EUR X 10%);
- une réduction du capital libéré et ce même si SA X ne comptabilise pas une telle réduction à concurrence de 7.500,00 EUR.

La SA Azur, quant à elle, réalise suite à l'opération une plus-value comptable de 6.100,00 EUR à savoir la différence entre le prix de réalisation des actions (10.000,00 EUR) et la valeur d'investissement diminuée des réductions de valeur réelles actées (39.000,00 EUR X 10%).

Le montant déductible conditionnellement au titre de R.D.T s'élève à 5.100,00 EUR à savoir la différence entre le prix de réalisation des actions (10.000,00 EUR) et la valeur d'investissement des actions (10% de 49.000,00 EUR). On constate que le montant à prendre en considération pour le régime des R.D.T ne correspond pas nécessairement à la plus-value comptable étant donné qu'on ne doit pas tenir compte des réductions de valeur antérieurement comptabilisées.

c) <u>Déduction-RDT complémentaire</u>

Suite à l'insertion dans la législation belge d'une disposition-CFC requise par la directive 2016/1164, le législateur a mis en place une « déduction-RDT complémentaire ».

Celle-ci prévoit la possibilité de déduire les revenus de dividendes de la base imposable aux conditions suivantes :

- ces revenus de dividendes ne peuvent pouvoir être déduits via la déduction-RDT ordinaire ;
- la distribution de ces dividendes concerne des revenus antérieurement taxés en Belgique en tant que bénéfices non distribués, dans le chef d'une société résidente en application de l'article 185/2 du CIR.

395 Dans l'hypothèse où la réduction de valeur a été comptabilisée avant le 24 juillet 1991.

Cette déduction est également permise dans le cas où une plus-value est réalisée à l'occasion de l'aliénation d'une participation dans la société étrangère concernée, pour autant et dans la mesure où cette plus-value provient des bénéfices de cette société étrangère qui, en application de l'article 185/2 du CIR, ont été taxés au cours d'une période imposable antérieure, en tant que bénéfices non distribués dans le chef de la société résidente, et pour autant que ces bénéfices n'aient pas été distribués au préalable.

Il est uniquement possible de bénéficier de cette déduction dans le cas où la plus-value n'est pas exonérée lors de la première opération, en application d'autres dispositions du CIR.

Pour éviter une double déduction-RDT, il est également prévu que les bénéfices d'une société étrangère qui ont été taxés conformément à l'article 185/2 du CIR, dans le chef de la société résidente, sont censés être distribués en premier, et ce, avant la distribution de tous les autres bénéfices.

2. *Analyse des conditions*

a) Condition de participation minimale

Article 202, § 2, alinéa 1, 1° et alinéas 4 et 5.

Les revenus visés ci-dessus sont déductibles au titre de R.D.T si à la date d'attribution ou de mise en paiement de ceux-ci, la société bénéficiaire détient :

- soit une participation représentant au moins 10% du capital de la société distributrice;
- soit une participation dont la valeur d'investissement atteint au moins 2.500.000,00 EUR.

Pour la détermination de la participation minimale de 10%, on ne doit tenir compte que des actions ou parts représentatives du capital social. Les parts de fondateur, les actions de jouissance, etc. qui ne représentent aucune part du capital social ne sont pas prises en considération pour déterminer si la limite de 10% est atteinte.

Pour la détermination de la valeur d'investissement de la participation, on doit reprendre la valeur historique avant application de toute réduction de valeur ou réévaluation. La valeur d'investissement d'actions ou parts qui ont été souscrites, mais non entièrement payées, est égale au montant total pour lequel l'actionnaire a souscrit l'action ou part et n'est donc pas limitée au montant qui est immédiatement et entièrement payé[396].

Ces seuils minimaux de participation ne s'appliquent toutefois pas :

a. aux revenus :
    - recueillis, alloués ou attribués par des sociétés d'investissement et des sociétés immobilières réglementées;
    - alloués ou attribués par des intercommunales, des structures de coopération et des associations de projet visées à l'article 180, 1° du CIR;

b. aux revenus alloués ou attribués par une Pricaf privée qui est considérée comme une société d'investissement pour l'application de l'article 202, §2,alinéa 3, 3° du CIR[397].

396 Doc 54 2864/001, page 52.

397 Doc 54 2864/001, page 51.

La fiction fiscale de non-transfert de propriété prévue en matière de conventions constitutives de sûreté réelle et de prêts portant sur des instruments financiers ne s'applique pas pour le calcul de la condition quantitative en matière de déduction R.D.T. Pour déterminer s'il remplit les conditions quantitatives prévues à l'article 202, § 2, 1er alinéa, 1° du C.I.R, le cédant ne peut dès lors pas tenir compte des titres cédés.

b) Condition de permanence

Article 202, § 2, alinéa 1, 2° et alinéas 2 à 4.

La condition de permanence est assortie d'une condition de détention en pleine propriété des titres pendant une période ininterrompue d'au moins un an. Cette condition est censée être respectée, dans le cas où la durée de détention d'au moins un an n'est pas encore atteinte au moment de l'attribution ou de la mise en paiement des revenus, et ce dans la mesure où les titres sont conservés en pleine propriété pendant une période d'au moins un an à partir de leur date d'acquisition.

Pour vérifier si la condition de permanence est satisfaite, une fiction de non réalisation des titres (c'est-à-dire de non interruption de la période minimale de détention) a été insérée à l'article 202, § 2, alinéa 3 du CIR lorsque l'échange, l'acquisition ou l'aliénation des titres s'est effectué à l'occasion :

- d'un apport d'universalité de biens ou d'une branche d'activité en exemption d'impôt;
- d'une fusion ou scission en exemption d'impôt;
- d'une transformation d'une société en exemption d'impôt.

Cette condition de permanence ne s'applique toutefois pas aux revenus :

- recueillis, alloués ou attribués par des sociétés d'investissement et des sociétés immobilières réglementées;
- alloués ou attribués par des intercommunales, des structures de coopération et des associations de projet, des régies communales autonomes et des associations visées à l'article 180, 1° du CIR;
- aux revenus alloués ou attribués par une PRICAF privée qui est considérée comme une société d'investissement pour l'application de l'article 202, § 2, alinéa 3 du CIR[398].

c) Condition de taxation en amont

Article 203 du CIR.

1er CAS D'EXCLUSION

La loi précise que la condition de taxation en amont n'est pas respectée lorsque la société perçoit des dividendes en provenance de sociétés non assujetties à un impôt sur les revenus ou établies dans un pays qualifié de « refuge » par Arrêté Royal.

398 Doc. 54 2864/001, page 51.

En effet, les revenus visés à l'article 202, § 1er, 1° et 2° du CIR ne sont pas déductibles lorsqu'ils sont alloués ou attribués par :

- une société qui n'est pas assujettie à l'impôt des sociétés ou à un impôt étranger analogue;
- une société établie dans un pays dont les dispositions du droit commun en matière d'impôts, sont notablement plus avantageuses qu'en Belgique.

Premièrement : une société qui n'est pas assujettie à l'impôt des sociétés ou à un impôt étranger analogue

Pour être déductibles au titre de R.D.T, les revenus visés à l'article 202, § 1er, 1° et 2° doivent avoir été attribués ou alloués par des sociétés soumises à l'impôt des sociétés sans égard au fait de savoir si elles supportent effectivement l'impôt des sociétés tel qu'il est normalement prévu. Ainsi, par exemple les dividendes provenant des centres de coordination agréés bénéficient du droit à la déduction même si les modalités de détermination de son assiette imposable dérogent au régime du droit commun.

Il en résulte que les dividendes alloués ou distribués par des entités qui sont expressément exclues de l'impôt des sociétés, ne peuvent pas bénéficier du régime des R.D.T.

Les pays où les sociétés ne sont pas assujetties à un impôt analogue à l'impôt des sociétés belge sur les revenus sont notamment Anguilla, les Bahamas, les Bermudes, les îles Caïmans, les îles Vierges britanniques, Nauru, Palau, les îles Pitcairn, Saint-Barthélemy, la Somalie, les îles Turcs-et-Caïcos, Vanuatu et les îles Wallis-et-Futuna.

Par ailleurs, dans certains pays, seules les sociétés exerçant certaines activités spécifiques sont soumises à un impôt analogue à l'impôt des sociétés belge sur leurs revenus provenant de ces activités. Ainsi, sont notamment visés le Bahreïn et Fujaïrah.

Au Bahreïn, seules les sociétés actives dans le secteur pétrolier sont assujetties à un impôt sur le revenu en vertu de l' « amiri Decree 22/1979 ». Concrètement, il s'agit des sociétés actives dans la prospection, l'exploitation, la production ou le raffinage de pétrole à Bahreïn. Ces sociétés sont imposables sur leurs revenus provenant de la vente de pétrole brut ou de la vente de produits finis ou semi-finis fabriqués à Bahreïn à partir de pétrole brut, quelle que soit l'origine des matières premières. Les sociétés qui n'appartiennent pas à cette catégorie ne sont pas assujetties à Bahreïn à un impôt analogue à l'impôt des sociétés belge. Les dividendes distribués par ces dernières sociétés ne pourront donc pas bénéficier de la déduction.

Dans le cas de Fujaïrah, seules les sociétés impliquées dans l'exploitation, la production ou la vente de pétrole ou d'autres ressources naturelles sont assujetties à l'impôt. Les sociétés qui n'exercent pas ce type d'activité, comme c'est également le cas à Bahreïn, ne sont donc pas assujetties à un impôt analogue à l'impôt des sociétés (belge). Les dividendes distribués par ces dernières sociétés ne pourront donc pas bénéficier de la déduction.

Deuxièmement : une société établie dans un pays dont les dispositions du droit commun en matière d'impôts sont notablement plus avantageuses qu'en Belgique

Article 73-4 quater de l'AR/CIR.

La liste de l'article 73 – 4 quater de l'AR/CIR est souvent évoquée comme étant la « liste belge des paradis fiscaux ». Il est nécessaire de souligner que cela n'est absolument pas le cas. La présente liste est une liste des pays ou juridictions dont les dispositions du droit commun en matière d'impôt sur les bénéfices sont considérés notablement plus avantageuses qu'en Belgique, conformément à l'article 203, § 1er, alinéa 2 du CIR. Cette liste n'a par ailleurs aucun lien avec les critères auxquels l'OCDE ou toute autre instance internationale recourt pour qualifier un pays ou une juridiction de « paradis fiscal ou encore de « juridiction non-coopérative ».

Pour figurer sur la présente liste, un pays ou une juridiction doit donc d'abord avoir un régime fiscal applicable aux sociétés et ce régime fiscal doit en outre, soit prévoir un taux nominal de droit commun de l'impôt sur les bénéfices des sociétés inférieur à 15%, soit générer en une charge fiscale effective inférieure à 15%.

Ceci exclut dès lors de la présente liste tous les pays ou juridictions qui n'assujettissent pas les sociétés à l'impôt ou qui n'assujettissent pas certaines sociétés à un impôt analogue à l'impôt belge des sociétés. Mais les pays ou les juridictions qui soumettent les bénéfices des sociétés à l'impôt sur le revenu au taux de 0% sont, eux, bien repris dans la présente liste.

Les pays[399] dont les dispositions du droit commun en matière d'impôts sont notablement plus avantageux qu'en Belgique sont :

Abu Dhabi	Ajman	Andorre	Bosnie-Herzégovine
Dubaï	Gibraltar	Guernesey	Jersey
Kirghizistan	Koweït	Kosovo	Liechtenstein
Macao	Macédoine	Maldives	Ile de Man
Iles Marshall	Micronésie (Fédération de ...)	Moldavie	Monaco
Monténégro	Oman	Ouzbékistan	Paraguay
Qatar	Ras al Khaimah	Serbie	Charjah
Timor oriental	Turkménistan	Umm al Qaiwain	

Cette liste n'est pas exhaustive et la « présomption » qu'elle constitue peut être renversée par le contribuable.

2ème CAS D'EXCLUSION

La loi précise que la condition de taxation en amont n'est pas respectée, lorsque la société perçoit des dividendes en provenance de sociétés de financement (autre qu'une société d'investissement à capital fixe en biens immobiliers et une société immobilière réglementée[400]), de trésorerie ou d'investissement bénéficiant dans leur pays d'un régime fiscal exorbitant du droit commun.

Par exorbitant, il faut entendre ici un régime extraordinairement favorable. Cela signifie pratiquement que ces sociétés ne sont pas, ou très peu imposées dans leur pays.

Sont exclus du régime des R.D.T, les dividendes alloués ou attribués par :

- une société de financement, c'est-à-dire une société dont l'activité consiste exclusivement ou principalement en la prestation de services financiers au profit de sociétés qui ne forment pas un groupe directement ou indirectement avec la société prestataire;
- une société de trésorerie, c'est-à-dire une société dont l'activité exclusive ou principale consiste à effectuer des placements de trésorerie;
- une société d'investissement c'est-à-dire, une société dont l'objet exclusif consiste dans le placement collectif de capitaux.

Les types de sociétés cités ci-dessus, doivent également, pour être exclus du régime des RDT, bénéficier dans le pays de son domicile fiscal, d'un régime fiscal exorbitant du droit commun, en tant qu'assujettie à l'impôt des sociétés ou à un impôt étranger de même nature.

399 Liste applicable aux dividendes attribués ou mis en paiement à partir du 01.01.2006.

400 Modifié par la loi du 25 décembre 2017 portant des dispositions fiscales diverses IV (article 5, 1°) qui entre en vigueur le 29 décembre 2017.

Cette exclusion ne s'applique pas aux dividendes alloués ou attribués par :

- une société d'investissement dont les statuts prévoient la distribution annuelle d'au moins 90% des revenus recueillis (déduction faite des rémunérations, commissions et frais) pour autant et dans la mesure où ces revenus :
  - proviennent de dividendes qui répondent eux-mêmes à la condition de taxation;
  - proviennent de plus-values réalisées sur des actions ou parts susceptibles d'être exonérées en vertu de l'article 192, § 1er du CIR;
- une société de financement :
  - qui correspond pour l'actionnaire à une participation directe ou indirecte;
  - qui répond, pour l'actionnaire, à des besoins légitimes de caractère économique ou financier;
  - qui est résidente d'un État membre de l'Union européenne;

  pour autant et dans la mesure où la somme de ses réserves taxées au début de la période imposable (c'est-à-dire avant d'éventuelles adaptations en plus ou en moins) et de son capital libéré au terme de la période imposable, n'excède pas 33% de ses dettes au début de la période imposable.

  Si le ratio est supérieur à 33%, l'intégralité du dividende est exclue de la déduction au titre de R.D.T.

  Si le ratio est situé entre 0 et 33%, la quotité non déductible du dividende se détermine en appliquant à celui-ci la fraction suivante[401] :

$$\frac{\text{Capital libéré au terme de la période + Réserves taxées au début de la période}}{\text{34\% des dettes au début de la période imposable}}$$

- par des Pricaf privées[402] dans la mesure où les revenus proviennent de plus-values réalisées sur des placements visés à l'article 192, § 3, 1° et 2°, ou de dividendes provenant de ces placements.

Ceci peut être illustré par l'exemple suivant.

La SA Azur recueille :

- le 20 juin 2018, 1.250,00 EUR de dividendes d'une société de financement résidente d'un Etat membre de l'union européenne. Cette société bénéficie d'un régime fiscal exorbitant du droit commun. Le capital libéré de la société de financement, au terme de la période imposable, s'élève à 45.000,00 EUR, ses réserves taxées au début de la période imposable s'élèvent à 55.000,00 EUR et ses dettes au début de cette même période s'élèvent à 400.000,00 EUR;
- le 29 septembre 2018, 3.589,00 EUR de dividendes d'une société de trésorerie bénéficiant d'un régime exorbitant du droit commun.

401 Voir circulaire du 4 septembre 2001, Ci.RH.421/506.082 in Bulletin des Contributions n° 829, p. 2247.

402 Visées à l'article 298 de la loi du 19 avril 2014 relative aux organismes de placement collectif alternatifs et à leurs gestionnaires.

	Revenus visés par l'article 202, § 1er, 1° et 2° du CIR	Atténuation (de la condition de taxation)	Quotité à prendre en considération pour la déduction au titre de R.D.T.
1.250,00 EUR de dividendes alloués ou attribués par la société de financement	Oui. Cependant, ils sont exclus, en principe, de la déduction au titre de R.D.T étant donné que la condition de taxation n'est pas respectée.	Oui si les quatre conditions mentionnées ci-dessus sont réunies. Le ratio d'endettement s'élève à 100.000,00 EUR / 400.000,00 EUR c'est-à-dire 25%.	**330,88 EUR** c'est-à-dire 1.250,00 EUR - 1.250,00 EUR x 100.000,00 EUR / 34% de 400.000,00 EUR.
3.589,00 EUR de dividendes alloués ou attribués par la société de trésorerie		Aucune atténuation à la règle d'exclusion des dividendes distribués par une société de trésorerie.	**0,00 EUR**

Il convient de noter que la manière dont le texte actuel est libellé avait pour but d'éviter d'exclure du régime des revenus définitivement taxés « les dividendes distribués par des sociétés bénéficiant en Belgique d'un régime fiscal dérogatoire pour des raisons de reconversion économique et d'emploi, les sociétés novatrices, etc. ». Ces régimes ayant disparu, la limitation aux seules sociétés de financement, de trésorerie ou d'investissement n'a plus de raison d'être.

Le maintien de cette limitation a paradoxalement pour conséquence de favoriser une double exonération au lieu d'une double imposition.

En effet, le régime actuel peut permettre aux dividendes perçus d'une société (autre qu'une société de financement, une société de trésorerie ou une société d'investissement) qui bénéficierait d'un régime fiscal exorbitant du droit commun de bénéficier de la prévention de double imposition.

Exemple :

La société « SA Azur » possède à 100% une filiale située dans un pays où elle est soumise à l'impôt des sociétés.

Cependant, la filiale située dans une zone franche économique bénéficie d'un régime fiscal exorbitant du droit commun qui a fait en sorte qu'elle ne supporte aucun impôt.

Les dividendes versés par la filiale à la « SA Azur » seront déductibles à concurrence de 100% si la « SA Azur » n'est pas une société de financement, une société de trésorerie ou une société d'investissement.

3ème CAS D'EXCLUSION

La loi précise que la condition de taxation en amont n'est pas respectée, lorsque la société perçoit des dividendes en provenance d'une société immobilière réglementée, ou une société étrangère :

- qui a pour objet principal l'acquisition ou la construction d'immeubles en vue de la mise à disposition d'utilisateurs, ou la détention directe ou indirecte de participations dans des entités dont l'objet social est similaire ;
- qui est soumise à des contraintes, tenant au moins à l'obligation de distribution d'une partie de ses revenus à ses actionnaires ;
- qui, bien qu'assujettie dans le pays de son domicile fiscal, à un impôt analogue à l'impôt des sociétés, bénéficie dans celui-ci d'un régime fiscal exorbitant du droit commun.

Cette exclusion ne s'applique pas :

- aux dividendes alloués ou attribués par une société immobilière réglementée dont les statuts prévoient la distribution annuelle d'au moins 80% des revenus qu'elle a recueillis, déduction faite des rémunérations, commissions et frais, pour autant et dans la mesure où ces revenus :

- provienent de dividendes qui répondent eux-mêmes aux conditions de déduction ;
- proviennent de plus-values réalisées sur des actions ou parts susceptibles d'être exonérées en vertu de l'article 192, § 1er.

- à la partie des revenus alloués ou attribués qui provient de revenus de biens immobiliers :
  - qui sont situés dans un autre Etat membre de l'Union européenne ou dans un Etat avec lequel la Belgique a conclu une convention préventive de la double imposition à condition que cette convention ou un quelconque autre accord prévoit l'échange de renseignements nécessaires pour appliquer les dispositions de la législation nationale des Etats contractants, et;
  - qui ont été soumis à l'impôt des sociétés, à l'impôt des non-résidents ou à un l'impôt étranger analogue à ces impôts, et ne bénéficient pas d'un régime d'imposition distinct exorbitant du droit commun.

Le seuil de 80% est censé être atteint lorsque ces sociétés d'investissement ont distribué le produit net en application, respectivement, de l'article 27, § 1er, de l'arrêté royal du 7 décembre 2010 relatif aux Sicafi, de l'article 13, § 1er, de l'arrêté royal du 13 juillet 2014 relatif aux sociétés immobilières réglementées et de l'article 22 de l'arrêté royal du 9 novembre 2016 relatif aux fonds d'investissement immobiliers spécialisés, et ce, pour autant qu'elles y soient tenues en application des articles précités[403].

4ème CAS D'EXCLUSION

La loi estime, que la condition de taxation en amont n'est pas respectée, lorsque la société perçoit des dividendes en provenance de sociétés qui recueillent des revenus provenant d'activités qualifiées de « off shore ».

Sont exclus de la déduction au titre de R.D.T les dividendes provenant de sociétés distributrices qui recueillent des revenus autres que des dividendes (c'est-à-dire les bénéfices, intérêts, royalties, etc.) :

- trouvant leur source en dehors du pays de leur domicile fiscal (en d'autres termes, des revenus de ce qu'il est convenu d'appeler des activités « off shore »);
- bénéficiant dans leur pays d'origine, d'un régime d'imposition distinct exorbitant du droit commun.

Les pays dont le régime d'imposition distinct peut être qualifié de « exorbitant du droit commun » peuvent être définis comme des états dont le régime fiscal de droit commun est comparable à celui de la Belgique mais, qui dans certaines circonstances, réservent à certaines sociétés, un régime d'imposition favorable pour les revenus qui proviennent de source étrangère.

Ceci peut être illustré par l'exemple suivant.

La SA Azur recueille un dividende de 9.000,00 EUR provenant d'une société X qui recueille des revenus d'une activité « off shore ». Ces revenus « off-shore » bénéficient d'un régime fiscal exorbitant du droit commun dans les états de leur provenance.

Les bénéfices de cette société X sont ventilés de la manière suivante :

Revenus d'exploitation normalement taxés	82.000,00 EUR
Revenus de l'activité «off shore»	68.000,00 EUR

403 Article 5, 9° de la loi du 25 décembre 2017 portant des dispositions fiscales diverses IV entrant en vigueur le 29 décembre 2017.

Seule la partie du dividende distribué par X, qui provient proportionnellement des bénéfices subissant le régime du droit commun, est déductible au titre de R.D.T à savoir 4.920,00 EUR c'est-à-dire 9.000,00 EUR x (82.000,00 EUR / 150.000,00 EUR).

5ème CAS D'EXCLUSION

La loi estime, que la condition de taxation en amont n'est pas respectée, lorsque la société perçoit des dividendes en provenance de sociétés qui disposent elles-mêmes d'établissements étrangers assujettis à un régime de taxation notablement plus avantageux qu'en Belgique.

Cette exclusion ne s'applique pas dans les deux cas suivants :

- la société et son (ou ses) établissement(s) sont situés dans des États membres de l'Union européenne;
- lorsque l'impôt effectivement appliqué de manière globale sur les bénéfices de cet (ou ses) établissement(s) atteint au moins 15%.

Ceci peut être illustré par l'exemple suivant.

La SA Azur recueille un dividende de 9.000,00 EUR provenant d'une société X qui recueille :

- des revenus d'une activité « off shore » (ces revenus bénéficient d'un régime fiscal exorbitant du droit commun);
- des revenus d'établissements étrangers.

Les bénéfices de la société X, distributrice des dividendes, sont ventilés de la manière suivante :

• revenus d'exploitation normalement taxés	50.000,00 EUR
• revenus de l'activité « off shore »	38.000,00 EUR
• revenus d'un établissement étranger situé dans un Etat membre de l'Union Européenne	32.000,00 EUR
• revenus d'un établissement étranger situé dans un pays non membre de l'Union Européenne pour lequel l'impôt global est inférieur à 15%	30.000,00 EUR

Seule, la partie du dividende distribué proportionnellement, afférente aux bénéfices subissant le régime du droit commun et aux revenus de l'établissement étranger situé dans un État membre de l'union européenne, est déductible, pour la SA Azur, au titre de R.D.T à savoir 4.920,00 EUR c'est-à-dire 9.000,00 EUR x (82.000,00 EUR[404] / 150.000,00 EUR).

6ème CAS D'EXCLUSION

La loi estime que la condition de taxation en amont n'est pas respectée, lorsque la société perçoit des dividendes en provenance de sociétés « écrans » ou « holding ».

Sont exclus de la déduction au titre de R.D.T, les dividendes alloués ou attribués par une société, autre qu'une société d'investissement ou une société d'investissement à capital fixe en biens immobiliers et une société immobilière réglementée[405] redistribuant des dividendes, qui en application des cas d'exclusion mentionnés ci-dessus, ne pourraient pas eux-mêmes être déduits à concurrence d'au moins 90%.

404 82.000,00 = 50.000,00 + 32.000,00

405 Modifié par la loi du 25 décembre 2017 portant des dispositions fiscales diverses IV (article 5, 1°) qui entre en vigueur le 29 décembre 2017.

➲ La détermination du seuil de 90%

Pour la détermination du seuil de 90%, les dividendes redistribués sont toujours réputés ne pas répondre aux conditions de déduction des R.D.T, lorsqu'ils sont alloués ou attribués directement ou indirectement par :

- une société qui n'est pas assujettie à l'impôt des sociétés ou à un impôt étranger analogue;
- une société établie dans un pays dont les dispositions du droit commun en matière d'impôts sont notablement plus avantageuses qu'en Belgique;
- une société de financement, une société de trésorerie ou une société d'investissement qui, bien qu'assujettie, dans le pays de son domicile fiscal, à l'impôt des sociétés ou à un impôt étranger de même nature que cet impôt, bénéficie dans celui-ci d'un régime fiscal exorbitant du droit commun.

Pour déterminer si le seuil de 90% est atteint, il convient de procéder de la manière suivante :

- on ventile les revenus d'exploitation de ou des sociétés distribuant les dividendes initiaux en deux catégories :
  - les revenus d'exploitation normalement taxés;
  - les revenus d'exploitation provenant d'une activité « off shore » majorés des bénéfices réalisés par l'intermédiaire d'un ou plusieurs établissements étrangers assujettis à un régime de taxation notablement plus avantageux qu'en Belgique;
- on ventile les dividendes recueillis par la société redistribuant les dividendes en deux catégories :
  - les mauvais dividendes;
  - les bons dividendes.

Les dividendes distribués par la société « écran » ou « holding », sont censés provenir proportionnellement de ces différents revenus.

La partie des dividendes de la société « écran » ou « holding », qui trouve son origine dans des revenus autres que les bons et mauvais dividendes susvisés est déductible au titre de R.D.T, et ce proportionnellement à l'importance des revenus d'exploitation normalement taxés, par rapport aux revenus d'exploitation globaux.

Une fois ces ventilations effectuées, on vérifie ensuite si le seuil de 90% est atteint en appliquant la formule suivante :

$$\frac{\text{les bons dividendes}}{\text{les dividendes (bons et mauvais)}} \times 100$$

Si le seuil de 90% n'est pas atteint, la totalité du dividende distribué par la société « écran » ou « holding » est censée provenir des dividendes n'entrant pas en ligne de compte pour la déduction au titre de R.D.T. Ceci empêche dès lors toute déduction à titre de R.D.T. concernant ces dividendes, pour la société qui les recueille en provenance de la société « écran » ou « holding ».

Dans l'hypothèse inverse, si le seuil de 90% est atteint, la totalité du dividende distribué censé provenir des dividendes recueillis entre en ligne de compte pour la déduction au titre de R.D.T.

➲ Les cas où cette exclusion ne s'applique pas

Cette exclusion ne s'applique pas quand la société qui redistribue les dividendes est :

- une société d'investissement;
- une société de financement :
  - qui correspond, pour l'actionnaire, à une participation directe ou indirecte;
  - qui répond, pour l'actionnaire, à des besoins légitimes de caractère économique ou financier;
  - qui est résidente d'un État membre de l'Union européenne;
  - pour autant et dans la mesure, où la somme de ses réserves taxées au début de la période imposable (c'est-à-dire avant d'éventuelles adaptations en plus ou en moins) et de son capital libéré au terme de la période imposable, n'excède pas 33% de ses dettes au début de la période imposable.
- une société belge cotée en Bourse;
- une société belge ou étrangère, dont les revenus recueillis ont été exclus du droit à la déduction en application de l'article 203 ou une mesure d'effet équivalent de droit étranger[406];
- une société étrangère :
  - assujettie à un impôt analogue à l'impôt des sociétés;
  - ne bénéficiant pas d'un régime fiscal exorbitant du droit commun;
  - résidente dans un pays avec lequel la Belgique a conclu une convention préventive de la double imposition;
  - cotée en Bourse.

➲ Exemple

La SA Azur détient 100% des actions de la société «Blues», située dans un pays avec lequel la Belgique n'a pas conclu une convention préventive de la double imposition. La société «Blues» distribue à la SA Azur, des dividendes pour un montant de 20.000,00 EUR. Les dividendes distribués par la société «Blues» proviennent de revenus propres (9.600,00 EUR) et de dividendes recueillis (14.400,00 EUR).

406 Cette disposition vise à éviter la double imposition des dividendes distribués par l'intermédiaire d'une société écran ou holding résidente ou étrangère. Sans cette disposition, une première société « écran » est taxée pleinement sur les mauvais dividendes qu'elle a recueillis, mais la même taxation serait à nouveau supportée par une deuxième société « écran » sur les dividendes attribués par la première société « écran » et ainsi de suite.

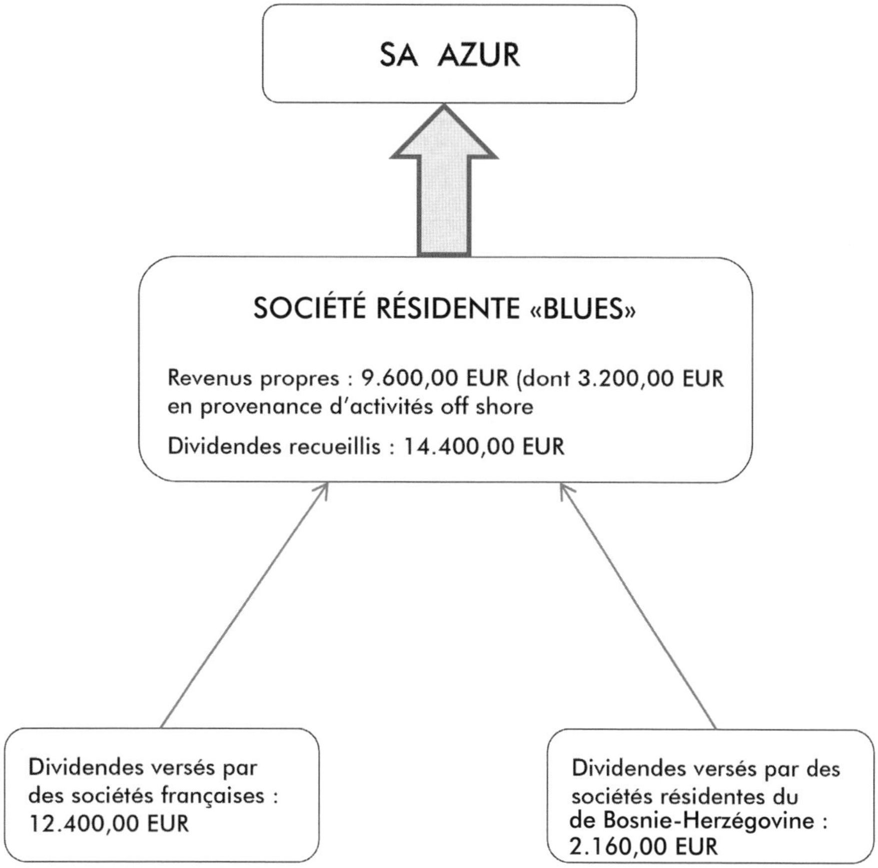

La SA Azur peut déduire au titre de R.D.T :

Répartition des revenus de la société «Blues»				
	Les revenus autres que les dividendes (9.600,00 EUR)		Les dividendes (14.400,00 EUR)	
Origine des revenus de la société «Blues»	Revenus d'exploitation normalement taxés	6.400,00 EUR	Bons dividendes	12.240,00 EUR
	Revenus d'exploitation d'activités « off shore » ou d'établissements étrangers, bénéficiant d'un régime fiscal exorbitant du droit commun	3.200,00 EUR	Mauvais dividendes (la Bosnie-Herzégovine est considéré comme un pays où les dispositions de droit commun en matière d'impôts sont notablement plus avantageuses qu'en Belgique)	2.160,00 EUR
			Vérification du seuil de 90%	Les bons dividendes recueillis par la société «Blues» représentent 85% (12.240,00 EUR / 14.400,00 EUR) du total des dividendes recueillis.

Origine des 20.000 EUR de dividendes recueillis par la SA Azur	La partie des dividendes reçus par la SA Azur, en provenance d'activités autres que des dividendes recueillis par la société «Blues», représente 8.000,00 EUR c'est-à-dire 20.000,00 EUR X (9.600,00 EUR / 24.000,00 EUR)		La partie des dividendes reçus par la SA Azur, en provenance de dividendes recueillis et redistribués par la société «Blues», représente 12.000,00 EUR c'est-à-dire 20.000,00 EUR X (14.400,00 EUR / 24.000,00 EUR)
	Revenus d'exploitation normalement taxés	5.333,33 EUR c'est-à-dire 8.000,00 EUR x (6.400,00 EUR / 9.600,00 EUR)	
	Revenus d'exploitation d'activités « off shore » ou d'établissements étrangers, bénéficiant d'un régime fiscal exorbitant du droit commun	2.666,67 EUR c'est-à-dire 8.000,00 EUR x (3.200,00 EUR / 9.600,00 EUR)	
Conclusion	La quotité des dividendes provenant des « revenus d'exploitation », à prendre en considération pour la déduction au titre de R.D.T s'élève à 5.333,33 EUR.		Le total des dividendes (12.000,00 EUR) redistribués par la société «Blues» n'est pas déductible au titre de R.D.T étant donné que le seuil de 90% n'est pas respecté.

7ème CAS D'EXCLUSION[407]

La loi estime que la condition de taxation en amont n'est pas respectée lorsque la société perçoit des dividendes[408] qui sont déductibles ou susceptibles d'être déduits dans le chef de la société distributrice.

Cette exclusion vise à éviter les situations de double non-imposition et par conséquent, l'octroi d'avantages fiscaux indus. Ces avantages fiscaux indus surviennent suite aux différences de qualification des sommes attribuées ou mises en paiement : ces sommes étant traitrées comme des intérêts dans le chef de la société distributrice et comme des dividendes dans le chef de la société bénéficiaire.

Ceci a pour effet que les dividendes perçus sont exclus de la déduction à titre de R.D.T., dans le acs et dans la mesure où la société qui attribue la somme peut les déduire de son résultat imposable. Cette exclusion est également applicable dans le cas où la société qui attribue ces sommes n'a réalisé aucun bénéfice dans l'année de l'attribution, mais a toutefois laissé accroître ses pertes fiscales en raison de cette attribution.

8me CAS D'EXCLUSION[409]

La loi estime que la condition de taxation en amont n'est pas respectée lorsque la société perçoit des dividendes résultant d'un acte juridique ou un ensemble d'actes juridiques mis en place pour obtenir, à titre d'objectif principal ou au titre d'un des objectifs prinicipaux, la déduction des dividendes perçus à titre de R.D.T.

L'application de cette nouvelle disposition anti-abus exige que les conditions suivantes soient remplies :

- la présence d'un acte juridique ou un ensemble d'actes juridiques : les travaux parlementaires[410] précisent que pour éviter toute confusion avec le mot « constructies » repris à l'article 2, § 1er, 13° du code des impôts sur les revenus, il a été décidé d'utiliser dans les textes français

407 Cette exclusion s'applique aux revenus qui sont alloués ou attribués à partir du 1er janvier 2016. Par dérogation, l'exclusion ne s'applique pas aux revenus qui sont alloués ou attribués au cours d'une période imposable qui est clôturée avant le 1er janvier 2017.

408 Attribués ou mis en paiement à partir du 1er janvier 2016.

409 Cette exclusion s'applique aux revenus qui sont alloués ou attribués à partir du 1er janvier 2016. Par dérogation, l'exclusion ne s'applique pas aux revenus qui sont alloués ou attribués au cours d'une période imposable qui est clôturée avant le 1er janvier 2017.

410 Document parlementaire, 54 2052/001, page 7.

et néerlandais les notions « d'acte juridique ou ensemble d'actes juridiques » (rechtshandelingen of een geheel van rechtshandelingen) qui sont censées avoir la même portée que les mots « un montage ou une série de montages » (een constructie of een reeks van constructies) repris dans la directive 2015/121/UE ;

- l'acte juridique ou l'ensemble d'actes juridiques doit être non authentique. Par non authentique, il convient d'entendre que l'acte juridique ou l'ensemble d'actes juridiques n'est pas mis en place pour des motifs commerciaux valables qui reflètent la réalité économique. Les travaux parlementaires[411] précisent que le but n'est pas d'interpréter de manière trop restrictive les mots « motifs commerciaux valables ». Cette référence n'a donc pas non plus pour but de ne pas prendre en considération des motifs économiques qui ne sont pas des motifs commerciaux (au sens strict). Ainsi, la présente disposition anti-abus n'a pas pour but d'inclure dans son champ d'application la gestion financière active d'une société de holding et de la considérer comme abusive ;
- l'acte juridique ou l'ensemble d'actes juridiques doit être mis en place, à titre d'objectif principal ou au titre d'un des objectifs principaux, l'obtention d'un avantage fiscal. Cet avantage est la déduction des dividendes perçus à titre de R.D.T., la reconciation au précompte mobilier visée à l'article 266 du code des impôts sur les revenus ou un des avantages de la directive mère-fille dans un autre Etat membre de l'Union européenne;
- l'obtention des avantages susmentionnés doit être contraire à l'objet ou au but de la directive 2011/96/UE.

La charge de la preuve de cette disposition anti-abus est du ressort de l'administration fiscale qui devra démontrer que les conditions d'application de la disposition anti-abus sont remplies. Les travaux parlementaires[412] précisent que cela n'empêche cependant pas que le contribuable ait l'obligation de collaborer à l'établissement de cette preuve. Si l'administration apporte cette preuve, la société a cependant la possibilité de fournir la preuve contraire au caractère non-authentique de l'opération.

Cette disposition anti-abus spécifique doit s'appliquer par priorité sur les dispositions générales anti-abus, telle que celle reprise à l'article 344, § 1er du CIR.

B. Revenus mobiliers exonérés (ci-après dénommés R.M.E.)

Les revenus, reçus par le biais de certains titres, peuvent être déduits des bénéfices subsistant après la déduction des éléments non imposables à concurrence de 100% de leur montant.

Ces titres sont représentés par des actions privilégiées de la Société nationale des Chemins de Fer belges.

411 Document parlementaire, 54 2052/001, page 9.

412 Document parlementaire, 54 2052/001, page 10.

C. Montant déductible au titre de R.D.T et R.M.E

Articles 204 et 205, § 2 du CIR.

L'article 205, § 2, précise que le montant déductible, au titre de R.D.T et R.M.E, est limité au montant des bénéfices de la période imposable subsistant après application de la 3ème opération diminué :

- des amendes, pénalités et confiscations de toute nature (code 1203 de la déclaration – cf. page n°293);
- des pensions et cotisations pour pensions non déductibles (code 1204 de la déclaration – cf. page n°296);
- la partie non déductible des frais de voiture et moins-values sur véhicules automobiles (codes 1205 et 1206 de la déclaration – cf. pages n°307 et 318);
- des frais de réception et de cadeaux d'affaires non déductibles (code 1207 de la déclaration – cf. pages n°327 et 330);
- des frais de restaurant (code 1208 de la déclaration – cf. page n°326);
- des avantages de titres-repas, chèques sport/culture ou éco-chèques (code 1215 de la déclaration – cf. page n°333);
- des frais de vêtements professionnels non spécifiques (code 1209 de la déclaration – cf. page n°331);
- des intérêts exagérés (code 1210 de la déclaration – cf. page n°247);
- des avantages sociaux (code 1214 de la déclaration – cf. page n°333);
- des libéralités reprises en dépenses non admises et qui n'ont pas été exonérées au cours de la 3ème opération (différence entre les montants repris aux codes 1216 et 1430 PN de la déclaration – cf. pages n°344 et 435);
- des autres dépenses non admises (code 1239 de la déclaration – cf. pages n°292 et 345).

L'article 10 de la loi du 11 mai 2007 complète par un alinéa 2 l'article 205, § 2 en mentionnant que les diminutions énumérées ci-dessus ne s'appliquent pas aux revenus visés à l'article 202, § 1er,1° et 3°, alloués ou attribués par une société filiale établie dans un État membre de l'espace économique européen.

La directive 90/435/CEE du Conseil du 23 juillet 1990 fait état d'Etats membres différents. Faut-il en déduire que l'article 205, § 2, alinéa 2 du CIR ne s'applique pas aux dividendes distribués par une filiale belge à une société mère belge. En est-il vraiment ainsi[413] ?
Le ministre répond par la négative. Ces dividendes entrent également dans le champ d'application de la directive européenne et, par conséquent, aussi du projet de loi à l'examen. Autrement dit, l'article 205, § 2, alinéa 2 du CIR s'applique aux dividendes distribués par une filiale belge à une société mère belge.

Par conséquent, l'article 205, § 2, tel qu'il existe actuellement et qui limite le montant déductible au titre de R.D.T., reste seulement d'application aux revenus qui ne sont pas visés par la directive, soit :

- les revenus obtenus à l'occasion de la cession d'une société de ses propres actions ou parts visés à l'article 202, § 1er, 2° du CIR;
- les bonis de liquidation lors du partage total ou partiel de l'avoir social d'une société filiale, visés à l'article 202, § 1er, 2° du CIR;

413 Document parlementaire 51/1608/002 p. 3.

- aux intérêts des fonds publics belges et des emprunts de l'ex-Congo belge visés à l'article 202, § 1er, 4° du CIR;
- aux intérêts des titres d'emprunt de refinancement émis par les sociétés nationales de logement sociaux, visés à l'article 202, § 1er, 4° du CIR;
- aux dividendes visés à l'article 202, § 1er, 1° du CIR, s'ils sont alloués ou attribués par des sociétés filiales établies en dehors de l'Espace économique européen.

Ceci peut être illustré par les exemples suivants.

Exemple n°1

Le résultat imposable de la SA Azur au 31 décembre 2018, s'élève à 180.000,00 EUR. Celui-ci se répartit de la manière suivante :

a. mouvement des réserves		40.000,00 EUR
b. dépenses non admises		80.000,00 EUR
• impôts non déductibles	9.000,00 EUR	
• frais de voitures	12.000,00 EUR	
• libéralités	38.000,00 EUR	
• avantages sociaux	10.000,00 EUR	
• reprises d'immunités antérieures	11.000,00 EUR	
c. dividendes distribués		60.000,00 EUR

Les libéralités comprennent un don à la fondation Roi Baudouin pour un montant de 30.000,00 EUR.

Les dividendes recueillis par la SA Azur pour la période imposable 2018 sont les suivants :

	Participation et valeur d'investissement	Précompte retenu	Montant encaissé
Société américaine (actions ou parts détenues en pleine propriété depuis 2 ans)	Participation : 8% du capital de la société distributrice. Valeur d'investissement : 3.000.000,00 EUR	39.900,00 EUR	93.100,00 EUR
Société française (actions ou parts détenues en usufruit)	Participation : 30% du capital de la société distributrice. Valeur d'investissement : 68.000,00 EUR	0,00[414]	23.000,00 EUR
Société allemande (actions ou parts détenues en pleine propriété)	Participation : 6% du capital de la société distributrice. Valeur d'investissement : 20.000,00 EUR	0,00[415]	17.000,00 EUR

Seuls, les dividendes distribués par la société américaine, peuvent être pris en considération pour la déduction au titre de R.D.T.

En effet, les dividendes attribués :

- par la société française, ne peuvent pas être pris en considération pour la déduction au titre de R.D.T étant donné que, cette participation n'est pas détenue en pleine propriété;
- par la société allemande, ne peuvent pas être pris en considération pour la déduction au titre de R.D.T étant donné que, la condition de participation minimale (10% ou 2.500.000,00 EUR) n'est pas respectée.

414 L'article 106, § 1er, alinéa 1er de l'AR/CIR mentionne qu'il est renoncé totalement à la perception du précompte mobilier dont le débiteur est une société étrangère et dont le bénéficiaire est identifié comme étant une société résidente.

415 *Idem.*

Par conséquent, le Cadre VI de la déclaration de la SA Azur se présente de la manière suivante :

REVENUS DÉFINITIVEMENT TAXÉS ET REVENUS MOBILIERS EXONÉRÉS		
1. Revenus définitivement taxés		
a) Revenus visés à l'article 202, § 1er, 1° et 3 du CIR par une société filiale de l'Union Européenne		
Revenus belges		
• Montant net	0,00	Code 1631
• Précompte mobilier	0,00	Code 1632
Revenus étrangers		
• Montant net	0,00	Code 1633
• Précompte mobilier	0,00	Code 1634
b) Autres revenus		
Revenus belges		
• Montant net	0,00	Code 1635
• Précompte mobilier	0,00	Code 1636
Revenus étrangers		
• Montant net	93.100,00	Code 1637
• Précompte mobilier	39.900,00	Code 1638
2. Revenus mobiliers exonérés autres que ceux visés sub 1 et 6	0,00	Code 1639
3. Total	133.000,00	Code 1640
Revenus d'apports effectués à l'occasion d'une opération de fusion, scission ou d'une opération y assimilisée, non rémunérés en raison de la détention par la société absorbante ou bénéficiaire d'actions ou parts de la société absorbée ou scindée ou de dispositions d'effet analogue dans un autre état membre de l'UE		Code 1643
Revenus mobiliers exonérés des titres d'emprunt de refinancement déterminés	0,00	Code 1644
Total	133.000,00	Code 1650

Le cadre IV de la déclaration fiscale de la SA Azur se présente de la manière suivante :

Résultat subsistant (positif)	**180.000,00**		(Code 1430 PN)
Déduction des éléments non imposables			
a. Bénéfices exonérés par convention			
	Bénéfice belge		
	Bénéfice étranger non exonéré		
b. Éléments non imposables			
	1. libéralités exonérées	**9.000,00** (30.000,00 limité à 5% du montant repris au code 062	(Code 1601)
	2. exonération pour personnel supplémentaire affecté à la recherche scientifique et aux exportations		(Code 1602)
	3. exonération pour personnel supplémentaire engagé dans une société PME		(Code 1603)
	4. exonération pour bonus tutorat		(Code 1604)
	5. autres éléments non imposables		(Code 1605)
	Total	**9.000,00**	(Code 1610)
		9.000,00	(Code 1432)
			(Code 1432)

Solde du bénéfice belge	**171.000,00**	
Solde du bénéfice étranger non exonéré		
Revenus définitivement taxés et revenus mobiliers exonérés	**120.000,00**	(code 1433)
Calcul de la limite de la déduction au titre de R.D.T. : Bénéfice subsistant au terme de la 3ème opération : 171.000,00 EUR. Déduction : 51.000,00 EUR. Les 51.000,00 EUR d'éléments à déduire se décomposent comme suit : • frais de voiture : 12.000,00 EUR; • libéralités non déduites : 29.000,00 EUR c'est-à-dire 38.000,00 EUR - 9.000,00 EUR de libéralités exonérées; • avantages sociaux : 10.000,00 EUR. Le montant des R.D.T. qui est de 133.000,00 EUR et repris au code 1650 est déductible à concurrence de 120.000,00 EUR (171.000,00 de bénéfice – 51.000,00 d'éléments à déduire).		
Solde du bénéfice belge	**51.000,00**	

Exemple n°2

Le résultat imposable de la SA Azur au 31 décembre 2018, s'élève à 95.000,00 EUR. Celui-ci se répartit de la manière suivante :

a. mouvement des réserves		10.000,00 EUR
b. dépenses non admises		80.000,00 EUR
• impôts non déductibles	9.000,00 EUR	
• frais de voitures	12.000,00 EUR	
• libéralités	38.000,00 EUR	
• avantages sociaux	10.000,00 EUR	
• reprises d'immunités antérieures	11.000,00 EUR	
c. dividendes distribués		5.000,00 EUR

Les libéralités comprennent un don à la fondation Roi Baudouin pour un montant de 30.000,00 EUR.

Les dividendes recueillis par la SA Azur pour la période imposable 2018 sont les suivants :

	Participation et valeur d'investissement	**Précompte retenu**	**Montant encaissé**
Société américaine (actions ou parts détenues en pleine propriété depuis 18 mois)	Participation : 8% du capital de la société distributrice. Valeur d'investissement : 3.000.000,00 EUR	39.900,00 EUR	93.100,00 EUR
Société française (actions ou parts détenues en pleine propriété depuis 13 mois)	Participation : 30% du capital de la société distributrice. Valeur d'investissement : 68.000,00 EUR	0,00[416]	23.000,00 EUR
Société allemande (actions ou parts détenues en pleine propriété depuis 17 mois)	Participation : 6% du capital de la société distributrice. Valeur d'investissement : 2.600.000,00 EUR	0,00[417]	17.000,00 EUR

Tous les dividendes recueillis par la société S.A Azur, peuvent être pris en considération pour la déduction au titre de R.D.T.

416 L'article 106, § 1er, alinéa 1er de l'AR/CIR mentionne qu'il est renoncé totalement à la perception du précompte mobilier dont le débiteur est une société étrangère et dont le bénéficiaire est identifié comme étant une société résidente.

417 *Idem.*

Par conséquent, le Cadre VI de la déclaration de la SA Azur se présente de la manière suivante :

REVENUS DÉFINITIVEMENT TAXÉS ET REVENUS MOBILIERS EXONÉRÉS		
1. Revenus définitivement taxés		
a) Revenus visés à l'article 202, § 1er, 1° et 3 du CIR par une société filiale de l'Union Européenne		
Revenus belges		
• Montant net	0,00	Code 1631
• Précompte mobilier	0,00	Code 1632
Revenus étrangers		
• Montant net	40.000,00	Code 1633
• Précompte mobilier	0,00	Code 1634
b) Autres revenus		
Revenus belges		
• Montant net	0,00	Code 1635
• Précompte mobilier	0,00	Code 1636
Revenus étrangers		
• Montant net	93.100,00	Code 1637
• Précompte mobilier	39.900,00	Code 1638
2. Revenus mobiliers exonérés autres que ceux visés sub 1 et 6	0,00	Code 1639
3. Total	173.000,00	Code 1640
Revenus d'apports effectués à l'occasion d'une opération de fusion, scission ou d'une opération y assimilisée, non rémunérés en raison de la détention par la société absorbante ou bénéficiaire d'actions ou parts de la société absorbée ou scindée ou de dispositions d'effet analogue dans un autre état membre de l'UE		Code 1643
Revenus mobiliers exonérés des titres d'emprunt de refinancement déterminés	0,00	Code 1644
Total	173.000,00	Code 1650

Le cadre IV de la déclaration fiscale de la SA Azur se présente de la manière suivante :

Résultat subsistant (positif)	**95.000,00**		(Code 1430 PN)
Déduction des éléments non imposables			
a. Bénéfices exonérés par convention			(Code 086)
	Bénéfice belge		
	Bénéfice étranger non exonéré		
b. Éléments non imposables			
	1. libéralités exonérées	**4.750,00** (30.000,00 limité à 5% du montant repris au code 1430 PN)	(Code 1601)
	2. exonération pour personnel supplémentaire affecté à la recherche scientifique et aux exportations		(Code 1602)
	3. exonération pour personnel supplémentaire engagé dans une société PME		(Code 1603)
	4. exonération pour bonus tutorat		(Code 1604)
	5. autres éléments non imposables		(Code 1605)
	6. **Total**	**4.750,00**	(Code 1610)
		4.750,00	(Code 1432)
			(Code 1432)
Solde du bénéfice belge		**90.250,00**	

Solde du bénéfice étranger non exonéré		
Revenus définitivement taxés et revenus mobiliers exonérés	35.000,00	(code 1433)

<u>Calcul de la limite de la déduction au titre de R.D.T.</u> :

Bénéfice subsistant au terme de la 3ème opération : 90.250,00 EUR

Déduction : 55.250,00 EUR

Les 55.250,00 EUR d'éléments à déduire se décomposent comme suit :

- frais de voiture : 12.000,00 EUR;
- libéralités non déduites : 33.250,00 EUR c'est-à-dire 38.000,00 EUR – 4.750,00 EUR de libéralités exonérées;
- avantages sociaux : 10.000,00 EUR.

Le montant des R.D.T. qui est de 173.000,00 EUR et repris au code 1650 est déductible à concurrence de 35.000,00 EUR.

Solde du bénéfice belge	55.250,00	

D. Report des R.D.T. et R.M.E.

	Article 205 du CIR.
Autres références	**Circulaires :** • **n° Ci. RH.421/597.150 (AFER n° 32/2009) du 23 juin 2009;** • **AAF/INTERN.IB.2006/0549 du 12 octobre 2009.**

La déduction des revenus à titre de R.D.T. et/ou R.M.E. est limitée au montant des bénéfices de la période imposable.

La déduction ne peut par conséquent être appliquée au cours d'un exercice fiscal pour lequel la société n'a réalisé aucun bénéfice.

En outre, lorsque la déduction R.D.T. et/ou R.M.E. est supérieure aux bénéfices réalisés, la part non déduite de la déduction R.D.T. ou R.M.E. ne peut être reportée.

Toutefois, ce principe de non-report ne s'applique pas aux :

a. dividendes payés par des sociétés filiales résidentes d'États membres de la C.E.;
b. dividendes payés par des sociétés filiales résidentes de la Belgique;
c. dividendes payés par des sociétés filiales d'États membres de l'Espace Economique européen;

   On vise ici les Etats membres de l'E.E.E. qui ne sont pas membres de l'U.E, c'est-à-dire l'Islande, la Norvège et le Liechtenstein; on note, toutefois, que les dividendes payés par des sociétés filiales résidentes du Liechtenstein ne sont pas éligibles au régime R.D.T. en vertu de l'article 203 CIR;
d. dividendes qui en vertu d'une convention préventive de la double imposition « sont exemptés de l'impôt des sociétés en Belgique, dans la mesure où cette exemption serait accordée si les deux sociétés étaient résidentes de la Belgique ».

Dès lors que le report des R.D.T. excédentaires est limitatif, les sociétés ont intérêt à déduire par priorité les dividendes alloués ou attribués par une société établie hors EEE.

Ainsi, sur base de l'exemple n°2 (cf. page 469), le montant de R.D.T. de 173.000,00 EUR repris au code 1650 est déductible à concurrence des dividendes alloués par la société américaine (soit les 35.000,00 EUR, le montant des R.D.T. non imputés relatifs à la société américaine est non reportable). Dès lors, le report des R.D.T. excédentaires s'élève à 40.000,00 EUR, à savoir :

- 23.000,00 des dividendes alloués par la société française qui est une société établie dans un état membre de l'Espace Economique Européen.
- 17.000,00, à savoir les dividendes alloués par la société allemande qui est une société établie dans un état membre de l'Espace Economique Européen.

E. Récupération des R.D.T et R.M.E reporté en cas de fusion, scission ou apport de branche d'activité ou d'une universalité de biens en exemption d'impôt[418]

Les dispositions de l'article 206, § 2 du CIR ont été adaptées afin que la déduction RDT reportée soit également reportée de la même façon que les pertes professionnelles suite à une des opérations suivantes :

- une fusion en exemption d'impôt ;
- une scission en exemption d'impôt ;
- un apport d'une branche d'activité ou d'une universalité de biens en exemption d'impôt.

Cependant, le transfert est limité à la déduction reportée des R.D.T et R.M.E.

Le transfert proportionnel de la déduction reportée des R.D.T et R.M.E est traité en même temps que le transfert proportionnel des pertes antérieures suite à une des opérations mentionnées ci-dessus (cf. pages 530, 532 et 534).

418 Cf. Article 52, 2° de la loi du 25 décembre 2017 portant réforme de l'impôt des sociétés. Cet article entre en vigueur le 1er janvier 2018 et est applicable à partir de l'exercice d'imposition 2019 se rattachant à une période imposable qui débute au plus tôt le 1er janvier 2018.

III. Déduction pour revenus de brevets

	Anciens articles 205^{1} à 205^{4} du CIR abrogés par la loi du 3 août 2016. **Article 543 du CIR.**
Autre référence	**Circulaire ASFISC n°41/2016 (n°Ci.707.658) du 2 décembre 2016.**

Dans le cadre du processus de Lisbonne en faveur de l'innovation, la Belgique a mis en place un système de déduction permettant :

- aux sociétés utilisant leur propre brevet de déduire de leur résultat fiscal 80% des bénéfices qu'elles auraient obtenues si elles avaient consenti à un tiers une licence de leur brevet plutôt que des les exploiter elles-mêmes;
- aux sociétés ayant concédés à un tiers une licence de leur brevet de déduire de leur résultat fiscal 80% des sommes obtenues suite à la concession dudit brevet.

Cette déduction fiscale a pour objectif d'inciter les sociétés à innover dans le domaine technique :

- en stimulant les activités de recherche et développement se rapportant au développement de brevets;
- en encourageant l'acquisition de brevets et/ou de droits d'utilisation de brevets, ainsi que la fabrication de produits sur la base de ces brevets.

Elle concerne exclusivement les revenus provenant de brevets :

- pour lesquels une société belge a concédé une licence;
- utilisés par la société belge pour la fabrication, directement ou pour son compte, de produits brevetés.

Elle s'applique uniquement aux revenus de brevets à charge du résultat imposable de la société résidente belge. Autrement dit, les revenus de brevets imputables à des établissements étrangers d'une société résidente belge qui sont exemptés en Belgique sur la base de la convention préventive de la double imposition avec le pays de l'établissement étranger, n'entrent pas en ligne de compte pour la déduction pour revenus de brevets.

Loi du 3 août 2016 portant des dispositions fiscales urgentes a abrogé, à partir du 1er juillet 2016, les articles 205^{1} à 205^{4} du Code des impôts sur les revenus.

Cela implique que les revenus issus de brevets pour lesquels les demandes ont été déposées à partir du 1er juillet 2016 ou de brevets ou droits de licence acquis à partir du 1er juillet 2016, ne peuvent plus donner lieu à l'application de la déduction pour revenus de brevet.

Néanmoins, le contribuable peut demander l'application de la déduction pour revenus de brevets conformément aux articles 205^{1} à 205^{4} du Code des impôts sur les revenus, tels qu'ils existaient avant leur abrogation, pour les revenus de brevets reçus jusqu'au 30 juin 2021 inclus, provenant de brevets éligibles pour lesquels les demandes ont été introduites avant le 1er juillet 2016 ou, dans le cas de brevets ou de droits de licence acquis, qui sont acquis avant le 1er juillet 2016.

Ce régime transitoire n'est pas applicable aux brevets directement ou indirectement obtenus d'une société associée à partir du 1er janvier 2016, qui ne sont pas pris en considération pour la déduction pour revenus de brevets ou pour un régime analogue de droit étranger dans le chef de la société transférante.

Cette « disposition anti-abus » vise à éviter que dans un groupe de sociétés, des brevets qui ne sont pas pris en considération pour la déduction pour revenus de brevets ou pour un régime analogue étranger soient transférés dans le but d'encore bénéficier de la disposition transitoire.

A. « Brevets »

Le texte de la loi mentionne uniquement l'expression « brevets » et ne précise pas ce qui doit être compris par ce terme. On peut dès lors admettre que l'on peut, pour la définition de l'expression « brevets », se baser sur la loi sur les brevets d'invention du 28 mars 1984.

L'article 205^2 du CIR précise que la déduction pour des revenus de brevets est applicable aux :

- brevets (et certificats complémentaires de protection) dont la société est titulaire et développés totalement ou partiellement par la société elle-même ;
- brevets (et certificats complémentaires de protection ou droits de licence portant sur des brevets ou des certificats complémentaires de protection) acquis (en pleine propriété, en copropriété ou en usufruit) auprès de tiers, à la condition que ces produits ou procédés brevetés aient fait l'objet partiellement ou totalement d'amélioration par la société l'ayant acquis (que cette amélioration ait ou non donné lieu à des brevets supplémentaires).

Il faut également entendre par « brevets », les brevets, certificats complémentaires de protection ou les droits de licence visés à l'alinéa 1er, même s'ils n'ont pas été développés ou fait l'objet d'amélioration par la société dans des centres de recherche formant une branche d'activité visée à l'article 46, § 1er, alinéa 1er, 2° du CIR. Ceci s'applique uniquement aux petites sociétés au sens du code des sociétés (cf. page n°685).

La société peut :

- soit utiliser elle-même les droits de propriété ou de licence sur les brevets ainsi acquis pour fabriquer totalement ou partiellement les produits brevetés ou pour les faire fabriquer pour son compte;
- soit concéder une licence totale ou partielle sur le brevet ainsi acquis.

La nue-propriété d'un brevet n'entre pas en ligne de compte pour la déduction pour revenus de brevets.

Pour pouvoir bénéficier de la déduction des revenus de brevets, la société doit disposer d'un centre de recherche entièrement ou partiellement responsable :

- du développement du brevet;
- de l'amélioration des produits ou procédés brevetés pour les brevets obtenus de tiers ou licences sur brevets.

La déduction fiscale pour revenus de brevet s'applique uniquement aux brevets mentionnés ci-dessus qui n'ont pas été utilisés par la société, un preneur de licence ou des entreprises liées pour la vente de biens ou de services (en Belgique ou à l'étranger) à des tiers indépendants avant le 1er janvier 2007.

B. Revenus de « brevets »

La déduction pour revenus de brevets concerne les revenus de brevets provenant de brevets :

- dont une société belge est titulaire parce qu'elle les a développés elle-même;
- acquis ou pris totalement ou partiellement auprès de tiers sous licence, à condition que les produits ou procédés brevetés aient fait l'objet partiellement ou totalement d'amélioration par la société acquéreuse (il est sans importance que cette amélioration ait ou non donné lieu à des brevets supplémentaires).

Deux cas sont envisagés :

- soit le brevet est concédé par la société à des tiers ;
- soit le brevet est utilisé par la société elle-même pour la production de biens.

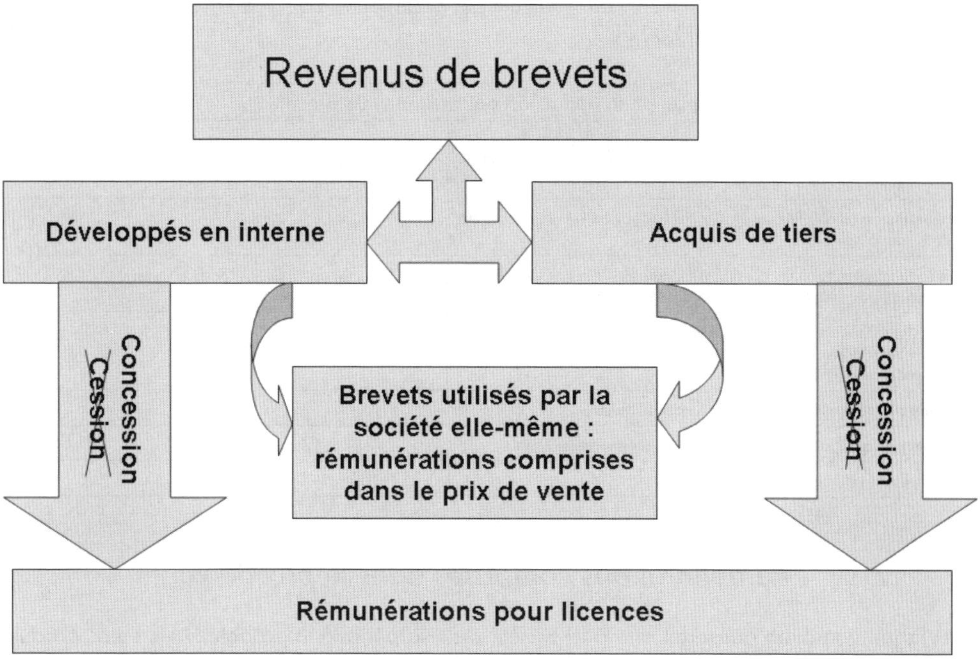

1. *Rémunérations pour les licences de brevets concédées par la société à des tiers*

Les revenus de brevets pris en considération pour la déduction pour revenus de brevets sont limités aux paiements ou rémunérations de quelque nature qu'ils soient pour l'utilisation de brevets et de certificats de protection complémentaires. Ces paiements peuvent être aussi bien des paiements variables (par exemple un pourcentage du chiffre d'affaires des produits vendus) que des rémunérations fixes ou des acomptes.

Par contre, les rémunérations pour l'utilisation d'autres droits de propriété intellectuelle que les brevets ou les certificats de protection complémentaire (par exemple know-how, marques de fabrique ou marques commerciales, plans, modèles, recettes ou procédés secrets, informations concernant les expériences dans le domaine du commerce ou de la science et autres) ne sont pas prises en considération pour la déduction pour revenus de brevets.

Les rémunérations provenant des sociétés associées n'entrent en ligne de compte que si elles sont conformes aux conditions du marché.

Si le contrat de licence et la rémunération due sur cette base n'est pas uniquement lié aux brevets mais également à d'autres droits de propriété intellectuelle (par exemple marques ou savoir-faire), seule la partie qui concerne les brevets entre en ligne de compte pour la déduction pour revenus de brevets. C'est pourquoi le contribuable doit ventiler la rémunération le cas échéant.

Ceci peut être illustré par l'exemple suivant.

Au cours des années 2014 et 2015 le centre de recherche de la « SA Azur » a développé un brevet. Les frais en relation avec ce brevet s'élèvent en 2014 à 50.000,00 EUR et en 2015 à 20.000,00 EUR. La demande de brevet a été déposée en octobre 2015.

Le 6 janvier 2016, la « SA Azur » concède la licence d'exploitation pour ledit brevet moyennant une redevance annuelle de 25.000,00 EUR.

Calcul de la déduction pour revenus de brevets		
A. Revenus ou quotité de revenus provenant de brevets développés totalement ou partiellement par la société et dont elle est titulaire	(A)	25.000,00
B. Revenus ou quotité de revenus provenant de brevets acquis de tiers par la société	(B)	
B1. Rémunérations ou quotité de rémunérations dues à des tiers pour les brevets acquis par la société	(B1)	
B2. Amortissements ou quotité d'amortissements actés sur la valeur d'investissement ou de revient des brevets acquis par la société	(B2)	
C. Total des revenus sous B corrigés déductibles	(B – B1- B2)	
D. Base de calcul de la déduction pour revenus de brevets	(A + C)	25.000,00
E. Déduction pour revenus de brevets	80% de D	20.000,00

2. *Rémunérations comprises dans le prix de vente*

C'est la rémunération qui serait due à la société pour la période imposable si les biens produits par ou pour le compte de la société (ou les services prestés par ou pour le compte de la société) étaient produits (ou prestés) par un tiers en vertu d'une licence de brevets concédée par la société, si les conditions entre la société et le tiers avaient été convenues comme entre entreprises indépendantes.

Le renvoi à la production de biens pour le compte de la société permet à la production des biens d'être sous-traitée à un producteur à façon.

Ceci peut être illustré par l'exemple suivant.

Au cours des années 2014 et 2015 le centre de recherche de la « SA Azur » a développé un brevet. Les frais en relation avec ce brevet s'élèvent en 2014 à 50.000,00 EUR et en 2015 à 20.000,00 EUR. La demande de brevet a été déposée en octobre 2015.

A partir de janvier 2016, la « SA Azur » utilise le savoir faire acquis via le brevet dans le cadre de la production d'un bien. La « SA Azur » démontre que si elle mettait l'invention pour laquelle elle a déposé une demande de brevet à la disposition d'une tierce personne, elle aurait droit à une redevance annuelle de 30.000,00 EUR.

Calcul de la déduction pour revenus de brevets		
A. Revenus ou quotité de revenus provenant de brevets développés totalement ou partiellement par la société et dont elle est titulaire	(A)	30.000,00
B. Revenus ou quotité de revenus provenant de brevets acquis de tiers par la société	(B)	
B1. Rémunérations ou quotité de rémunérations dues à des tiers pour les brevets acquis par la société	(B1)	
B2. Amortissements ou quotité d'amortissements actés sur la valeur d'investissement ou de revient des brevets acquis par la société	(B2)	
C. Total des revenus sous B corrigés déductibles	(B – B1- B2)	
D. Base de calcul de la déduction pour revenus de brevets	(A + C)	30.000,00
E. Déduction pour revenus de brevets	80% de D	24.000,00

3. *Corrections du montant à prendre en considération pour les revenus de brevets acquis de tiers*

À défaut de corrections, les constructions abusives suivantes pourraient voir le jour :

- les sociétés associées pourraient essayer de maximaliser la déduction pour revenus de brevets en imputant des rémunérations ou une valeur d'acquisition trop basses sur des licences aux sociétés de groupe belge;
- les sociétés belges achèteraient ou prendraient sous licence un brevet en vue de concéder immédiatement après une licence sur ce même brevet, avec pour seul objectif :
  - d'une part l'attribution de revenus en grande partie exonérés d'impôt;
  - et d'autre part la création de frais professionnels (à savoir les amortissements sur brevets ou droits de licence acquis et les rémunérations payées aux tiers) déductibles des autres revenus de la société belge.

En vue d'éviter ces constructions, d'une part, les revenus de brevets d'une période imposable relatifs à des brevets acquis par la société sont diminués :

- des rémunérations, de quelque nature qu'elles soient, dues à des tiers pour ces brevets;
- des amortissements actés pendant la période imposable sur la valeur d'acquisition ou d'investissement de ces brevets.

Cette diminution doit être appliquée pour chaque brevet séparément. Autrement dit, si les rémunérations dues à des tiers et les amortissements (actés ou non actés en comptabilité) excèdent les revenus d'un brevet spécifique, l'excédent ne peut être déduit des revenus de brevets d'autres brevets éventuels.

Lorsque les rémunérations et les amortissements ne se rapportent pas exclusivement à des brevets, les revenus de brevets à prendre en compte sont seulement diminués de la quotité relative aux brevets.

Les rémunérations ne comprennent pas les contributions dues par la société à des tiers dans les frais réels de recherche et développement qui sont supportés par ces tiers.

D'autre part, si les rémunérations dues à des tiers ou la valeur d'acquisition pour les brevets acquis par la société sont inférieures aux rémunérations qui auraient été convenues entre entreprises indépendantes, les revenus de brevets de la période imposable relatifs à ces brevets, sont diminués des rémunérations qui auraient été convenues entre entreprises indépendantes et qui auraient été mises à charge de la période imposable.

Ceci peut être illustré par l'exemple suivant.

En janvier 2015, la « SA Azur » a acquis un brevet. Le prix d'acquisition dudit brevet est de 60.000,00 EUR. Le brevet est amorti sur une période de cinq ans.

Au cours de l'année 2015, le centre de recherche de la « SA Azur » a amélioré le procédé breveté. Cette amélioration n'a pas donné lieu à un brevet supplémentaire.

À partir de janvier 2016, la « SA Azur » concède la licence d'exploitation moyennant une redevance annuelle de 25.000,00 EUR.

Calcul de la déduction pour revenus de brevets		
A. Revenus ou quotité de revenus provenant de brevets développés totalement ou partiellement par la société et dont elle est titulaire	(A)	
B. Revenus ou quotité de revenus provenant de brevets acquis de tiers par la société	(B)	25.000,00
B1. Rémunérations ou quotité de rémunérations dues à des tiers pour les brevets acquis par la société	(B1)	
B2. Amortissements ou quotité d'amortissements actés sur la valeur d'investissement ou de revient des brevets acquis par la société	(B2)	12.000,00
C. Total des revenus sous B corrigés déductibles	(B – B1- B2)	13.000,00
D. Base de calcul de la déduction pour revenus de brevets	(A + C)	13.000,00
E. Déduction pour revenus de brevets	80% de D	10.400,00

C. Formalités

La société doit joindre à sa déclaration un relevé 275 P dont le modèle est arrêté par le ministre des Finances ou son délégué, pour l'exercice d'imposition pour lequel il bénéficie de la déduction pour revenus de brevets. Ce relevé est disponible à l'adresse internet suivante : www.myminfin.be ou l'onglet 275P dans la déclaration électronique BIZTAX).

D. Report de la déduction

En cas d'absence ou d'insuffisance de bénéfices d'une période imposable pour laquelle la déduction pour revenus de brevets peut être opérée, l'exonération non accordée pour cette période imposable ne peut pas être reportée sur les bénéfices des périodes imposables suivantes.

IIIbis. La déduction pour revenus d'innovation

Articles 205^{1} à 205^{4}, 543 et 194quinquies du CIR.

Loi du 9 février 2017 portant introduction d'une déduction pour revenus d'innovation (Moniteur belge du 20 février 2017).

Loi du 17 décembre 2017 portant des dispositions fiscales diverses.

La déduction pour revenus d'innovation remplace la déduction pour revenus de brevets abrogée par la loi du 3 août 2016 portant des dispositions fiscales urgentes.

En réponse aux limitations auxquelles la nouvelle déduction doit désormais répondre et pour maintenir la compétitivité du régime, le Gouvernement fédéral a étendu sensiblement le nouveau régime par rapport à la déduction pour revenus de brevets notamment aux droits d'obtention végétale, aux médicaments orphelins et aux programmes d'ordinateur protégés par le droit d'auteur.

La déduction pour revenus d'innovation vise à accorder l'avantage d'un régime fiscal préférentiel uniquement lorsqu'il existe suffisamment de substance en Belgique. L'évaluation s'opère à l'aide des dépenses réalisées en Belgique et via la recherche et le développement réellement menés par le contribuable.

Un cadre est également prévu pour l'échange de renseignements sur l'utilisation et l'application du régime fiscal d'application pour renforcer la transparence de ces régimes.

Cette déduction pour revenus d'innovation remplace avec effet rétroactif la déduction de revenus de brevets à partir du 1er juillet 2016.

A. Droits de propriété intellectuelle visés

La déduction pour revenus d'innovation s'applique aux droits de propriété intellectuelle (développés entièrement ou partiellement par la société elle-même ou acquis d'un tiers indépendant ou non) dont la société est pleine propriétaire, copropriétaire, usufruitière ou titulaire de licences ou de droits.

Les droits de propriété intellectuelle pris en considération pour la déduction pour revenus d'innovation sont :

a. les brevets ou certificats complémentaires de protection qui n'ont pas été utilisés par la société, un preneur de licence ou une entreprise liée pour la vente de biens ou de services à des tiers indépendants avant le 1er janvier 2007; ou

b. les droits d'obtention végétale dont la demande est introduite au plus tôt le 1er juillet 2016 ou, dans le cas d'un droit d'obtention végétale acquis, qui est acquis après le 30 juin 2016;

c. les médicaments orphelins, limités aux 10 premières années de leurs inscriptions comme tels auprès du Registre européen des médicaments orphelins, et dont la demande a été introduite au plus tôt le 1er juillet 2016 ou, dans le cas d'un médicament orphelin acquis, qui a été acquis après le 30 juin 2016;

d. l'exclusivité des données ou l'exclusivité commerciale limitées aux 11 premières années attribuées par les pouvoirs publics après le 30 juin 2016 en application :
   - de l'article 59 du règlement (CE) n° 1107/2009 du Parlement européen et du Conseil du 21 octobre 2009 concernant la mise sur le marché des produits phytopharmaceutiques et abrogeant les directives 79/117/CEE et 91/414/CEE du Conseil;
   - de l'article 14.11 du règlement (CE) n° 726/2004 du Parlement européen et du Conseil du 31 mars 2004 établissant des procédures communautaires pour l'autorisation et la surveillance en ce qui concerne les médicaments à usage humain et à usage vétérinaire, et instituant une Agence européenne des médicaments;
   - des articles 10.1, 10.5 ou 74bis de la directive 2001/83/CE du Parlement européen et du Conseil du 6 novembre 2001 instituant un code communautaire relatif aux médicaments à usage humain;
   - des articles 13.1, 13.5 ou 13bis de la directive 2001/82/CE du Parlement européen et du Conseil du 6 novembre 2001 instituant un code communautaire relatif aux médicaments vétérinaires;
   - de l'article 8 du règlement (CE) n° 141/2000 du Parlement européen et du Conseil du 16 décembre 1999 concernant les médicaments orphelins;
   - des dispositions analogues de droit national ou international.

e. les programmes d'ordinateur protégés par le droit d'auteur, y compris les créations dérivées ou adaptations provenant d'un programme d'ordinateur existant, résultant d'un projet ou d'un programme, de recherche ou de développement, visés à l'article 275[3], § 3, et qui n'a pas déjà généré de revenus avant le 1er juillet 2016.

En outre, il est implicitement exigé que les produits protégés, les procédés, les variétés végétales ou les médicaments orphelins aient été totalement ou partiellement améliorés par la société. Une telle amélioration peut, entre autres, être déduite de l'augmentation de la valeur économique du produit protégé, du procédé, de la variété végétale ou du médicament orphelin[419].

Les travaux parlementaires précisent que toute propriété intellectuelle relative au marketing est exclue de la déduction pour revenus d'innovation. Ainsi, les revenus provenant de nom, logos, formes, etc., pour distinguer un produit ou un service ne sont donc pas pris en considération. De même, les modèles d'utilité ne sont pas pris, eux non plus, en considération pour la déduction pour revenus d'innovation[420].

B. Revenus d'innovation éligibles

Seule la partie des revenus qui a exclusivement trait à un droit de propriété intellectuelle est prise en considération. Lorsqu'un savoir acquis par la concrétisation d'un droit de propriété intellectuelle peut aussi être utilisé par la production de produits ou la fourniture de services qui ne sont pas protégés par cette propriété intellectuelle, les revenus de ce savoir ne seront pas pris en considération pour la déduction pour innovation concernant la propriété intellectuelle.

Ces revenus d'innovation peuvent prendre la forme de redevances de licence, d'indemnités sur la base d'une décision judiciaire ou arbitrale, d'un accord amiable ou d'un contrat d'assurance, ou peuvent résulter du prix de vente du produit ou service résultant du brevet ou du droit d'obtention végétale.

419 Document parlementaire 2235/001, page 9.

420 Document parlementaire 2235/001, page 11.

Lorsqu'il existe des relations spéciales entre le débiteur des redevances et la société bénéficiaire, les revenus d'innovation ne sont pris en considération que dans la mesure où ils ne sont pas plus élevés que ceux qui auraient été convenus entre entreprises non liées.

Lorsque pour une partie de période imposable relative à un droit de propriété intellectuelle, la déduction pour revenus de brevets (cf. page n°477) est également appliquée, les revenus d'innovation relative à cette partie de la période imposable ne sont pas pris en considération et ce, afin de ne pas permettre une double déduction pour les mêmes revenus.

Les revenus d'innovation prenant la forme :

- de redevances de licences, ne sont pris en considération que dans la mesure où ces redevances se retrouvent dans le résultat imposable en Belgique de la période imposable ;
- de redevance dues à la société pour la période imposable ne sont pris en considération que lorsque les biens produits par ou pour le compte de la société ou les services prestés par ou pour le compte de la société ont été produits ou prestés par un tiers en vertu d'une licence concédée par la société et dans la mesure où ces redevances se retrouvent dans le résultat imposable en Belgique de la période imposable ;
- de redevances dues à la société pour la période imposable ne sont pris en considération que si le processus de production, lié indissociablement aux droits de propriété intellectuelle et suivi par ou pour le compte de la société, était suivi par un tiers en vertu d'une licence concédée par la société et dans la mesure où ces redevances se retrouveraient dans le résultat imposable en Belgique de la période imposable;
- d'indemnités dues à la société, soit sur la base d'une décision judiciaire ou arbitrale, soit sur la base d'un accord amiable, soit sur la base d'un contrat d'assurance, suite à la violation d'un droit de propriété intellectuelle, ne sont pris en considération que dans la mesure où ces indemnités ont trait directement au droit de propriété intellectuelle et se retrouvent dans le résultat imposable en Belgique de la période imposable;
- de rémunérations obtenues à l'occasion d'une aliénation d'un droit de propriété intellectuelle ne sont pris en considération que si le droit de propriété intellectuelle a la nature d'une immobilisation et est constitué au plus tard lors de la période imposable précédente ou, s'il concerne un droit de propriété intellectuelle acquis, est acquis au moins 24 mois avant l'aliénation. Pour maintenir la déduction accordée concernant les revenus d'innovation provenant de l'aliénation d'un droit de propriété intellectuelle, la société doit affecter les sommes obtenues à l'occasion de l'aliénation dans un délai de cinq ans prenant cours le premier jour de l'année civile de l'aliénation et au plus tard à la cessation de l'activité professionnelle, à des dépenses qualifiantes concernant des autres droits de propriété intellectuelle. Lorsque, dans le délai prévu, il n'y a pas de réinvestissement ou que celui-ci est partiel, la déduction accordée au cours d'une période imposable antérieure relative à l'aliénation, est considérée comme un revenu de la période imposable au cours de laquelle le délai est venu à échéance.

Par défaut, la détermination des revenus d'innovation doit se faire séparément par droit de propriété intellectuelle. Lorsque la société peut cependant démontrer que cela n'est pas ou est difficilement réalisable d'un point de vue pratique, il peut en être fait abstraction et les revenus d'innovation peuvent être déterminés par type de produit ou service, ou par groupe de produits ou services. Cela peut par exemple être le cas lorsqu'un produit ou service s'appuie sur un nombre élevé de droits de propriété intellectuelle différents.

C. Détermination des revenus d'innovation nets par droit de propriété intellectuelle

Les revenus d'innovation nets afférents à des droits de propriétés intellectuelles doivent être déterminés de façon séparée par produit ou service, ou groupe de produits ou services.

Les revenus d'innovation éligibles sont diminués des coûts (amortissements inclus) y afférents directement faits ou supportés pendant la période imposable.

Seule la partie de ces coûts qui ont exclusivement trait au droit de propriété intellectuelle doit être portée en diminution. Ainsi, les paiements d'intérêt, les coûts afférents aux terrains et bâtiments et les autres coûts qui ne représentent pas des activités de recherche et développement proprement dites, ne doivent pas être compensés avec des revenus d'innovation.

Pour déterminer si un coût a directement trait aux revenus d'innovation, il ne faut pas regarder la « nature » des coûts, mais plutôt leur véritable utilisation. Prenons l'exemple des coûts salariaux d'un chercheur qui se consacre exclusivement au développement d'une propriété intellectuelle, dans ce cas ces coûts salariaux devront être comptabilisés selon leur « nature » dans les comptes de charges concernant les rémunérations, charges sociales ou pension, sans égard au fait que le travailleur pour lequel les coûts salariaux sont exposés s'occupe exclusivement de recherche et développement.

Lorsqu'une société a déjà constitué par le passé une réserve exonérée pour les revenus d'innovation afférents à la même propriété intellectuelle, produit ou service, ou groupe de produis ou services, elle ne doit pas porter en diminution une deuxième fois les coûts déjà portés en diminution dans le cadre de l'exonération.

1. *Première période imposable de mise en œuvre de la déduction*

Pour la première période imposable au cours de laquelle la déduction pour innovation afférente à un droit de propriété intellectuelle est déterminée de façon séparée par produit ou service, ou groupe de produits ou services, ce ne sont pas seulement les coûts de cette période imposable qui doivent venir en diminution, mais ce sont aussi ceux de périodes imposables antérieures qui se clôturent après le 30 juin 2016.

Pour éviter une double déduction, il n'est pas tenu compte des coûts qui ont déjà été déduits pour la détermination des revenus d'innovation exonérés relatifs à d'autres droits de propriété intellectuelle, produits ou services, ou groupes de produits ou services.

Il n'est également pas tenu compte des frais faits ou supportés au cours d'une période imposable durant laquelle la société a appliqué la déduction pour revenus de brevets relative soit à ce droit de propriété intellectuelle, soit ce type de produit ou service, soit à ce groupe de produits ou services. Lorsque la déduction pour revenus de brevets n'est appliquée que durant une partie de la période imposable, seuls les frais faits ou supportés relatifs proportionnellement à la partie de la période imposable pour laquelle la déduction pour revenus de brevets est appliquée, ne sont pas déductibles pour la déduction pour revenus d'innovation.

La société peut, au cours de la première période imposable pour laquelle elle a mis en œuvre la déduction pour revenus d'innovation relative à un droit de propriété intellectuelle, choisir de ne pas déduire en une fois les frais historiques, mais de les répartir sur cette période imposable et au maximum les six périodes imposables consécutives suivantes.

Lorsque, au cours de la septième période imposable ou, si elle est antérieure, au cours de la période imposable qui précède celle au cours de laquelle la déduction pour revenus d'innovation concernant le droit de propriété intellectuelle concerné n'est plus appliquée, les frais historiques ne sont pas pris en charge intégralement, la base imposable est majorée d'un montant égal à la différence positive entre :

- la déduction pour revenus d'innovation octroyée au maximum pour les sept périodes imposables antérieures concernant ce droit de propriété intellectuelle
- et la déduction pour revenus d'innovation qui aurait été appliquée concernant ce droit de propriété intellectuelle si le contribuable n'avait pas étalé les frais historiques.

Le solde des frais historiques qui n'auraient pas été déduits si le contribuable n'avait pas opté pour la méthode de l'étalement linéaire, est déduit successivement des revenus d'innovation nets concernant le même droit de propriété intellectuelle de chacune des périodes imposables suivantes.

Ceci peut être illustré par l'exemple suivant.

Pour un brevet pour lequel elle a appliqué pour la première fois la déduction pour revenus d'innovation, la société « Azur » a des frais historiques à concurrence de 70.000,00 €.

Pour cette période imposable et la suivante, ce brevet apporte chaque fois un bénéfice d'innovation de 50.000,00 €.

Pour la troisième période imposable, il n'y a pas de bénéfice et au cours de cette période le brevet est aliéné (sans réinvestissement du prix de vente).

On suppose que la fraction applicable aux revenus d'innovation s'élève à 100 %.

Les frais historiques à concurrence de 70.000,00 € ne sont pas déduits en une fois mais étalés sur les sept périodes imposables.

La société « Azur », chaque fois pour la première période imposable et la deuxième période imposable, des revenus d'innovation nets de 40.000,00 € (c'est-à-dire 50.000,00 € – 10.000,00 €).

*La déduction pour revenus d'innovation est fixée pour chacune de ces périodes imposables à 34.000,00 € (c'est-à-dire 100% * 85% * 40.000,00 €) soit une déduction totale de 68.000,00 €.*

Si la société « Azur », n'avait pas étalé les frais historiques, elle n'aurait pas bénéficié de déduction au cours de la première période imposable (50.000,00 € – 70.000,00 €) et au cours de la deuxième période elle aurait pu déduire 25.500,00 € (c'est-à-dire (50.000,00 € – 20.000,00) * 100% * 85 %).

Le bénéfice imposable pour la troisième période imposable, pour laquelle la déduction pour revenus d'innovation n'est plus appliquée, doit alors être majoré de 42.500,00 € (soit 68.000,00 € - 25.500,00 €).

2. *Résultat négatif*

Si la détermination des revenus d'innovation engendre un résultat négatif, ce résultat négatif est déduit successivement des revenus d'innovation nets concernant soit le même droit de propriété intellectuelle, soit le même type de produit ou service, soit le même groupe de produits ou services de chacune des périodes imposables suivantes.

D. Détermination des revenus d'innovation nets déductibles par droit de propriété intellectuelle

Le montant des revenus nets d'innovation est multiplié par une fraction dont :

- le numérateur est égal aux « dépenses qualifiantes » à savoir des dépenses de recherche et développement ayant trait à un droit de propriété intellectuelle que la société a faites elle-même ou qui prennent la forme d'indemnités versées pour activités de recherche et développement sous-traitées à une entreprise non liée (c'est-à-dire une entreprise à l'égard de laquelle la société ne se trouve pas directement ou indirectement dans des liens d'interdépendance), à l'exclusion des intérêts, des coûts afférents aux terrains et bâtiments et des autres coûts qui ne se rattachent pas directement au droit de propriété intellectuelle. Ces dépenses reflètent les activités de recherche et développement qu'une société a supportées elle-même (les activités de recherche et développement sous-traitées à une société non liée y sont aussi incluses), et desquelles les revenus d'innovation donnent droit au présent incitant fiscal ;
- le dénominateur est égal aux « dépenses globales » qui comprennent, en plus des « dépenses qualifiantes » relatives au droit de propriété intellectuelle, les dépenses pour l'acquisition du droit de propriété intellectuelle et les indemnités pour activités recherche et développement relatives au droit de propriété intellectuelle sous-traitées à une entreprise liée (c'est-à-dire une entreprise à l'égard de laquelle la société se trouve directement ou indirectement dans des liens d'interdépendance), à l'exclusion des intérêts, des coûts afférents aux terrains et bâtiments et des autres coûts qui ne se rattachent pas directement au droit de propriété intellectuelle. Aux côtés de la dépense unique pour l'acquisition de la pleine propriété, de la copropriété ou de l'usufruit d'un droit de propriété intellectuelle, des dépenses récurrentes comme les royalties ou redevances de licence sont aussi considérées comme des dépenses pour l'acquisition d'un droit de propriété intellectuelle.

L'exemple ci-dessous clarifie la manière dont cette fraction est déterminée.

Ensemble avec les sociétés B et C, la société belge « Azur » développe une propriété intellectuelle en 2017. La société belge « Azur » exécute 40% des activités de recherche et de développement (4.000,00 €), B et C chacune 30% (3.000,00 €). En 2018, la propriété intellectuelle génère 100.000,00 € de revenus d'innovation, dont 40.000,00 € sont attribués à la société belge « Azur ».

Si la société belge « Azur » a supporté uniquement des dépenses qualifiantes, la fraction applicable à ses revenus d'innovation de 40.000,00 € s'élève à 100 %.

Pour ne pas trop désavantager les sociétés qui s'appuient sur un droit de propriété intellectuelle acquis ou qui sous-traitent les activités de recherche et de développement à une société liée, le numérateur de la fraction peut être majoré de 30%, et limité au montant du dénominateur.

Malgré la majoration autorisée du numérateur de 30%, des situations exceptionnelles peuvent survenir, pour lesquelles la fraction n'offre pas d'image correcte de la réalité. Puisqu'il s'agit cependant de situations exceptionnelles, la société devra clairement prouver que la valeur ajoutée des activités de recherche et de développement effectuées en propre a un impact plus lourd que ce que laisse apparaître la fraction.

La société doit postuler pour l'application de cette exception par décision anticipée et seulement si la fraction qui est appliquée, avant la majoration du numérateur de 30%, s'élève à au moins 25%. Chaque année pour laquelle il est fait usage de cette exception, il faudra prouver qu'on remplit toujours encore les conditions prévues.

E. Formule globale de la déduction pour revenu d'innovation

La formule globale de déduction est donc :

Revenus d'innovation nets x [Dépenses qualifiantes / Total des dépenses R&D] x 1,30[413] x 85%.

Afin de pouvoir vérifier la correcte application de cette formule, la société doit tenir à disposition de l'administration fiscale les documents probants qui permettent d'établir :

- la valeur réelle des droits de propriété intellectuelle que la société a acquis d'une entreprise liée et d'où le droit de propriété intellectuelle pris en considération est né. La société doit, en d'autres termes, prouver que le prix d'achat ou les indemnités sous forme de royalties ou de licences correspondent à ceux qui auraient été pratiqués entre entreprises indépendantes;
- le montant des revenus d'innovation qui est exclusivement afférent à un droit de propriété intellectuelle éligible;
- le montant des coûts à porter en diminution de ce revenu d'innovation. La société ne devra pas uniquement démontrer les coûts de la période imposable, mais, en cas d'application, aussi ceux qui ont été faits ou supportés au cours d'une période imposable précédente et qui sont déduits des revenus d'innovation;
- les dépenses qualifiantes et les dépenses globales qui ont directement trait à un droit de propriété intellectuelle éligible.

F. Modalité de déduction

En cas d'absence ou d'insuffisance de bénéfices d'une période imposable pour laquelle la déduction pour revenus d'innovation peut être accordée, l'exonération non accordée pour cette période imposable peut être reportée sur les périodes imposables suivantes et ce, en tenant compte des montants limites pour ces périodes imposables.

G. Revenus d'innovation à exonérer pour les demandes en cours

La possibilité est également prévue d'exonérer, à partir de la période imposable au cours de laquelle la demande pour l'obtention d'un droit de propriété intellectuel est introduite, les revenus d'innovation résultant du droit de propriété intellectuelle et ce, via la constitution d'une réserve exonérée.

La fixation des revenus d'innovation à prendre en considération, la détermination du montant à exonérer et les conditions à remplir sont analogues aux modalités prévues pour la déduction pour revenus d'innovation.

421 Pour les sociétés qui s'appuient sur un droit de propriété intellectuelle acquis ou qui sous-traitent les activités de recherche et de développement à une société liée.

Le montant total de revenus d'innovation à exonérer ne peut excéder, par période imposable, le bénéfice restant après la déduction pour RDT[422], mais avant la constitution de cette réserve exonérée.

La société doit remplir d'abord sa déclaration à l'impôt des sociétés comme s'il n'y avait pas de réserve exonérée pour revenus d'innovation à constituer, afin que le montant limite pour une période imposable soit connu. S'il reste un bénéfice insuffisant après la déduction pour RDT[423] pour constituer entièrement cette réserve exonérée, la partie qui excède le montant limite peut être reportée sur les périodes imposables suivantes, en tenant compte des montants limites pour ces périodes imposables.

L'exonération n'est maintenue que pour autant que les revenus d'innovation exonérés soient et restent comptabilisés à un compte distinct au passif du bilan, et qu'ils ne servent pas de base pour l'attribution à la réserve légale ou pour le calcul de rémunérations ou attributions quelconques.

Les revenus d'innovation exonérés sont considérés comme des bénéfices de la période imposable au cours de laquelle la demande pour ce droit de propriété intellectuelle n'est plus en cours et pour autant que le droit concerné n'ait pas été octroyé. Le terme « en cours » est spécifiquement choisi pour pouvoir imposer la réserve exonérée pour la période imposable quelconque au cours de laquelle il apparaît qu'elle n'est pas encore reprise dans les bénéfices, sans avoir égard au délai déjà écoulé depuis le rejet de la demande. Conformément à l'article 416, alinéa 1er, du code des impôts sur les revenus, des intérêts de retard seront dus à partir du 1er janvier de l'année portant le millésime de l'exercice d'imposition pour lequel l'exonération a été accordée.

Si la demande n'est plus en cours parce que le droit de propriété intellectuelle a été effectivement accordé, la partie de la réserve exonérée concernant ce droit est définitivement exonérée via une majoration de la situation de début des réserves taxées.

422 Après la déduction des RDT et la déduction pour revenus de brevets à partir de l'exercice d'imposition 2019 se rattachant à une période imposable qui débute au plus tôt le 1er janvier 2018.

423 Après la déduction des RDT et la déduction pour revenus de brevets à partir de l'exercice d'imposition 2019 se rattachant à une période imposable qui débute au plus tôt le 1er janvier 2018.

IV. Déduction pour capital à risque[424]

	Articles 205bis à 205 novies et 207 du CIR. **Article 73^4 quinquies à 73^4septies de l'AR/CIR.**
Autre référence	**Circulaires n° Ci.RH.421/574.945 (AFER 36/2008) du 9 octobre 2008, n° Ci.RH.840/592.613 (AFER 14/2008) du 2 juin 2008 et 3 avril 2008.**

Pour leur financement, les entreprises doivent recourir tant à des capitaux empruntés dont la rémunération est, en principe, entièrement déductible à titre de frais professionnels qu'à des capitaux à risque dont la rémunération est par contre entièrement taxée.

La déduction pour capital à risque vise à atténuer la discrimination qui existe sur le plan fiscal entre ces deux formes de financement. Le principe de cette déduction s'appuie sur la théorie financière qui a démontré que, dans le coût du capital à risque, on peut facilement isoler une composante correspondant à un taux d'intérêt sans risque. Le texte de loi vise à reconnaître cette composante du coût du capital à risque via l'instauration extracomptable d'une déduction calculée sur les fonds propres de l'entreprise.

Cette déduction correspond à la 9ème opération, à la 13ème opération pour les intérêts notionnels qui, au terme de l'exercice d'imposition 2012, n'ont pas pu être déduits suite à l'application de la règle de la corbeille et à la 14ème opération pour les intérêts notionnels qui, au terme de l'exercice d'impostion 2012, n'ont pas pu être déduits à défaut de bénéfices ou d'insuffisance de bénéfices.

A. Sociétés visées

Le régime de la déduction pour capital à risque s'applique aux sociétés :

- qui doivent établir leurs comptes annuels, en vertu de l'article 5 de la loi du 17 juillet 1975 relative à la comptabilité des entreprises;
- et qui sont soumises à l'impôt des sociétés à l'exception de celles qui bénéficient déjà d'un régime exorbitant du droit commun.

Les sociétés en nom collectif et les sociétés en commandite simple qui ont la faculté de ne pas établir de comptes annuels[425], en vertu de l'article 5 de la loi du 17 juillet 1975 relative à la comptabilité des entreprises, doivent renoncer à cette faculté si elles souhaitent bénéficier de la déduction pour capital à risque.

424 Applicable à partir de l'exercice d'imposition 2007.

425 Parce que leur chiffre d'affaires annuel n'excède pas 500.000,00 € hors TVA.

?	Y a-t-il également lieu de publier les comptes annuels pour ce type d'entreprises ?

Le dépôt de comptes annuels n'est pas obligatoire, conformément à l'article 73 de l'arrêté royal portant exécution du CIR.

Ne peuvent pas ainsi bénéficier du régime de la déduction pour capital à risque :

- les sociétés coopératives en participation, en application de la loi du 22 mai 2001 relative à la participation des travailleurs au capital des sociétés et à l'établissement d'une prime bénéficiaire pour les travailleurs;
- les sociétés de navigation maritime qui sont soumises à l'impôt conformément aux articles 115 à 120[426] ou à l'article 124 de la loi-programme du 2 août 2002;
- les sociétés d'investissement à capital variable (SICAV) ou en créances (SIC) définies respectivement aux articles 15 et 271/10 de la loi du 3 août 2012 relative aux organismes de placement collectif qui répondent aux conditions de la Directive 2009/65/CE et aux organismes de placement en créances, les sociétés d'investissement à capital variable (SICAV) définies aux articles 190 et 285 de la loi du 19 avril 2014 relative aux organismes de placement collectifs alternatifs et à leurs gestionnaires, les sociétés d'investissement à capital fixe (SICAF) définies aux articles 195 et 288 de la loi du 19 avril 2014 précitée, et les sociétés immobilières réglementées.

B. Exclusion des sociétés bénéficiant de la réserve d'investissement

Le législateur a instauré un régime d'option entre la déduction pour capital à risque, d'une part, et la réserve d'investissement d'autre part.

Si la société constitue une réserve d'investissement exonérée pendant une période imposable, elle ne peut pas bénéficier d'une déduction pour capital à risque pour cette période imposable ainsi que pour les deux périodes imposables suivantes.

Ainsi, si la société SA Azur constitue une réserve d'investissement exonérée au cours de la période imposable 2014 (exercice comptable allant du 1er janvier 2014 au 31 décembre 2015), elle ne pourra revendiquer la déduction pour capital à risque qu'à partir de la période imposable 2017.

Le régime de la réserve d'investissement est supprimé. Les dernières réserves d'investissement qui pourront être constituées le seront pour l'exercice d'imposition 2018, à savoir pour un exercice comptable qui se clôture au plus tard le 30 décembre 2018[427].

426 Le renvoi aux articles 115 à 121 qui figure à l'article 205octies, 5° du CIR doit être modifié en ce sens que les sociétés qui bénéficient du régime spécial d'option applicable aux amortissements prévu à l'article 121 de la loi-programme du 2 août 2002, ne seraient pas exclues de l'application de la déduction fiscale pour capital à risque. Question parlementaire de M. Carl Devlies du 10 janvier 2006, QRVA 51, n°114, pp. 21930-21931.

427 Article 31 de la loi du 25 décembre 2017 portant réforme de l'impôt des sociétés.

C. Exclusion des sociétés bénéficiant de la déduction pour investissement

Les sociétés, qui ont fait le choix de revendiquer la nouvelle déduction pour investissement concernant les investissements ordinaires acquis ou constitués en 2015, 2016, 2017, 2018 ou 2019 qui sont directement liés à l'activité économique réellement exercée, ne peuvent pas revendiquer pour la période imposable au cours de laquelle l'investissement est effectué la déduction pour capital à risque.

Autrement dit, cette déduction pour investissement s'applique uniquement si la société renonce, de manière irrévocable, à la déduction pour capital à risque pour la période imposable au cours de laquelle l'investissement est effectué.

Cependant, cette déduction pour investissement peut être combinée avec la déduction du stock des intérêts notionnels (cf. page n°519).

D. Détermination du capital à risque à prendre en considération

1. *Capitaux propres*

La base de calcul de la déduction du capital à risque correspond à 20% de la différence positive entre :

- d'une part, le montant des capitaux propres de la société, au début de la période imposable (par exemple pour un exercice comptable qui se clôture le 31 décembre, les capitaux propres de l'exercice comptable clôturé le 31 décembre 2017 s'il s'agit de l'exercice d'imposition 2019), déterminés conformément à la législation relative à la comptabilité et aux comptes annuels.
- et d'autre part, le montant des capitaux propres de la société, au début de la cinquième période imposable précédente), déterminé conformément à la législation relative à la comptabilité et aux comptes annuels (par exemple l'exercice comptable clôturé le 31 décembre 2012 pour un calcul de déduction relative à un exercice comptable clôturé le 31 décembre 2018).

Le montant annuel de capital à risque d'une société qui n'existe pas au cours d'une période imposable est égal à zéro pour cette période imposable. Il en résulte que pour les cinq premières périodes imposables d'une société à partir de sa constitution, le capital à risque de la période imposable concernée est déterminé sur la base de 20% des capitaux propres de la société au début de la période imposable concernée.

Lorsque le montant annuel du capital à risque au début de la cinquième période imposable précédente est négatif, ce dernier est ramené à zéro pour le calcul de la déduction pour capital à risque incrémentale. En effet, la déduction pour capital à risque vise à prendre en compte un intérêt notionnel pour la mise à disposition de la société de fonds propres. Si le montant du capital à risque est égal ou inférieur à zéro, on ne peut considérer que des fonds propres ont été mis à disposition de la société pour l'application de cette déduction[428].

Ainsi, si les capitaux propres (corrigé) au début de la période imposable sont de 500,00 tandis que les capitaux propres (corrigés) au début de la cinquième période imposable précédente sont de -1.000,00, la « différence positive » à prendre en considération est de 500,00.

428 Question parlementaire n° 2148 de monsieur Benoît Piedboeuf (Questions et Réponses, 2017-2018, QRVA 54/157 du 25 mai 2018, p. 348).

Pour les contribuables soumis à l'impôt des sociétés, auxquels s'applique la loi du 27 juin 1921 sur les associations sans but lucratif, les associations internationales sans but lucratif et les fondations, les capitaux propres s'entendent comme étant le montant du fonds social, tel qu'il ressort du bilan établi par ces contribuables.

Lorsque le montant des avances sur la répartition de l'actif net est portée au débit d'un compte de l'actif (et non au débit du compte de la classe 19 « Avance aux associés sur répartition de l'actif net »), il convient pour le calcul de la déduction pour capital à risque de diminuer les capitaux propres comptables desdites avances[429].

La référence à la conformité à la législation relative à la comptabilité et aux comptes annuels fait en sorte qu'une irrégularité comptable ayant une incidence sur les capitaux propres doit engendrer une modification de la base de calcul de la déduction pour capital à risque.

2. *Corrections des capitaux propres*

Il y a lieu de corriger les capitaux propres des deux périodes imposables prises en considération pour la détermination du capital à risque en excluant une série d'éléments pour prévenir des effets contraires à l'objectif poursuivi par cette mesure.

Ces éléments sont :

- les actions et parts;
- les actifs qui dépassent de manière déraisonnable les besoins professionnels;
- les actifs non productifs;
- les «sociétés-villas»;
- les subsides;
- les plus-values de réévaluation.

La charge de la preuve qu'un actif doit être exclu de la base de calcul du capital à risque repose sur l'administration[430].

La valeur de ces éléments est déterminée :

- au début de la période imposable précédente celle de la déduction pour capital à risque (par exemple, pour un exercice comptable qui se clôture le 31 décembre, l'exercice comptable clôturé le 31 décembre 2017 s'il s'agit de l'exercice d'imposition 2019);
- au début de la cinquième période imposable précédente, déterminé conformément à la législation relative à la comptabilité et aux comptes annuels (par exemple l'exercice comptable clôturé le 31 décembre 2012 pour un calcul de déduction relative à un exercice comptable clôturé le 31 décembre 2018).

a) <u>Actions et parts</u>

Les capitaux propres doivent être diminués de la valeur fiscale nette des :

- actions et parts propres;
- immobilisations financières consistant en participations et autres actions et parts[431];

429 Circulaire n°Ci.Rh.421/609.850 (AGFisc n° 30/2011) du 1er juin 2011.

430 Document parlementaire 51/1778/001, p. 15.

431 Dans le chef des établissements de crédit visés à l'article 56, § 1er, des entreprises d'assurances visées à l'article 56, § 2, 2°, h, et des sociétés de bourse visées à l'article 47 de la loi du 6 avril 1995 relative aux marchés secondaires, au statut des entreprises d'investissement et à leur contrôle, aux intermédiaires et conseillers en placements, il faut entendre par immobilisations financières consistant en participations et autres actions et parts, les actions ou parts qui ont la nature d'immobilisations financières visées à l'article 202, § 2, alinéa 2. (Question parlementaire de M. Carl Devlies du 10 janvier 2006, QRVA 51, N°114, pp21930-21931).

- actions émises dont les revenus éventuels sont susceptibles d'être déduits des bénéfices au titre de R.D.T.

Ainsi, pour des immobilisations financières consistant en participations et autres actions et parts ayant une valeur comptable de 5.000,00 EUR (valeur d'acquisition de 5.600,00 EUR et réduction de valeur de 600,00 EUR), la valeur fiscale nette de celles-ci est de :

- 5.000,00 EUR si la réduction de valeur est justifiée;
- 5.600,00 EUR si la réduction de valeur n'est pas justifiée.

La raison d'être de cette correction est de tenir compte du fait que, lorsque des sociétés sont structurées en cascade, les fonds propres de la société mère servent à constituer le capital de la filiale. De ce fait, cette société pourrait obtenir deux voire plusieurs fois une déduction pour capital à risque sur les mêmes fonds propres. Pour cette raison, la valeur fiscale nette des actions ou parts est déduite des capitaux propres de la société.

b) Actifs dépassant de manière déraisonnable les besoins professionnels

Les capitaux propres doivent être diminués de la valeur comptable nette des actifs corporels ou d'une partie de ceux-ci, dans la mesure où les frais y afférents dépassent de manière déraisonnable les besoins professionnels.

Si un emprunt était contracté en vue de l'acquisition de ce type d'actifs, on rejetterait la déduction des intérêts de cet emprunt. L'octroi d'une déduction pour capital à risque lorsque de tels actifs sont financés sur fonds propres aboutirait à une disparité entre ces deux formes de financement, alors que la présente loi vise à réduire les différences de traitement fiscal entre financement interne et financement externe.

c) Actifs non productifs[432]

Les capitaux propres doivent être diminués de la valeur comptable (nette) des éléments détenus à titre de placement et qui, par leur nature, ne sont normalement pas destinés à produire un revenu périodique imposable.

Pour être visé par la disposition, un actif doit répondre à deux conditions :

- il doit s'agir d'un actif qui n'est normalement pas destiné à produire un revenu périodique (les bijoux, les métaux précieux, les antiquités, les collections d'œuvres d'art, ...);
- l'actif concerné doit être détenu à titre de placement.

La notion de revenu périodique exclut non seulement les plus-values mais aussi les revenus exceptionnels et marginaux, comme ceux que l'on pourrait tirer de la location occasionnelle d'une œuvre d'art.

Est détenu à titre de placement, l'élément d'actif, qui si la société était une personne physique, ferait partie de son patrimoine privé plutôt que d'être affecté à l'exercice de son activité professionnelle. La notion de placement renvoie à une possession passive qui n'est pas, directement ou indirectement, indispensable à l'exercice d'une activité économique.

Ainsi, la disposition ne vise donc pas, par exemple, les terrains des sociétés exerçant une activité agricole ou les bijoux et œuvres d'art détenus en stock par les sociétés ayant pour activité d'en faire

432 Document parlementaire 51/1778/001, p. 14.

le commerce effectif. Les terrains doivent aussi être nécessaires à la réalisation de l'activité sociale de la société. Les terrains d'extension détenus par une société industrielle, les terrains en réserve d'un promoteur ou les terrains d'une société agricole sont en rapport de nécessité avec l'activité sociale de la société. Il en va de même pour les biens immeubles bâtis lorsqu'ils sont détenus par une société qui a une activité immobilière pour objet social, comme les promoteurs, les agences immobilières ou les sociétés patrimoniales.

Les bons de capitalisation ou les bons à coupon zéro peuvent être considérés comme des investissements générant des revenus imposables périodiquement en vertu de l'article 362bis du CIR.

Les compagnies d'assurances commercialisent des produits que des sociétés peuvent détenir à titre de placement.

Certains de ces produits, notamment les opérations de capitalisation du type branche 26, produisent en outre un revenu périodique imposable parce que les sociétés qui concluent ces contrats sont tenues et sur le plan comptable et sur le plan fiscal d'intégrer périodiquement (au moins une fois par exercice comptable) dans leur comptabilité les intérêts échus en tant que recettes imposables. Ainsi, ces placements produisent un revenu périodique imposable. Le fait que ces revenus ne sont pas encore versés effectivement à la société qui conclut le contrat est dénué de toute pertinence.

Confirmez-vous que les sociétés qui concluent des contrats du type branche 26 ne doivent dès lors pas déduire de la base de calcul de la déduction pour capital à risque la valeur comptable de tels placements ? [433]

La réponse à la question posée par l'honorable membre est positive.

En effet, sont à ranger parmi les actifs censés générer des revenus périodiques imposables :

- les titres dont les revenus sont capitalisés,
- et les titres qui ne donnent pas lieu à un paiement périodique de revenus et qui ont été émis avec un escompte correspondant aux intérêts capitalisés jusqu'à l'échéance,

lorsque, la partie des intérêts courus afférente à une période imposable est en application de l'article 362bis, du CIR, considérée comme un revenu imposable de cette période.

Les comptes courants débiteurs des associés ou des dirigeants d'entreprises ne font en principe pas partie des éléments à déduire au titre d'actifs non productifs de la base de calcul du capital à risque.

e) «Sociétés-villas»

Les capitaux propres doivent être diminués de la valeur comptable (nette) de biens immobiliers ou autre droits réels sur de tels biens dont un dirigeant d'entreprise personne physique qui exerce un mandat d'administrateur, de gérant, de liquidateur ou des fonctions analogues, ont l'usage.

Pour éviter une interposition de personne, la loi assimile aux personnes visées ci-dessus, leur conjoint ainsi que leurs enfants mineurs non émancipés. Cette assimilation ne frappe donc pas, par exemple, les concubins ni les enfants majeurs ou émancipés.

433 Question n° 1428 de M. Devlies du 16 octobre 2006, Questions et Réponses, Chambre, 2006-2007, n° 150, p. 29107-29108.

?	Lorsqu'un bien immobilier est utilisé partiellement à des fins privées et professionnelles, la déduction pour capital à risque doit-elle être rejetée pour l'ensemble du bien ou seulement au prorata de la partie à usage professionnel ? [434]

Si la partie du bien immobilier «utilisée à des fins professionnelles» est mentionnée clairement et distinctement dans le bilan et les comptes annuels et si son usage n'a pas été cédé à l'une des personnes mentionnées à l'article 205ter du CIR, la déduction pour capital à risque peut s'appliquer à la valeur comptable nette de la partie utilisée à des fins professionnelles.

Si la partie utilisée à des fins professionnelles n'a pas été comptabilisée séparément lors de son acquisition, une telle écriture reste possible sur la base de données concrète permettant de déterminer la valeur comptable des parties à usages professionnel et privé.

Ceci peut être illustré par les exemples suivants.

Exemple n°1 :

Les bilans au 31 décembre 2018 et 31 décembre 2012 de la SA Azur se présentent comme suit :

ACTIF			*PASSIF*		
	31/12/2017	*31/12/2018*		*31/12/2017*	*31/12/2018*
Terrain et construction	107.000,00	93.000,00	Capital (apports en numéraires)	15.000,00	15.000,00
			Réserve légale	1.500,00	1.500,00
Créances commerciales	54.400,00	147.400,00	Réserves disponibles	115.650,00	115.650,00
			Perte reportée	(1.100,00)	(15.100,00)
			Dettes	30.350,00	30.350,00
Total	*161.400,00*	*147.400,00*	*Total*	*161,400,00*	*147.400,00*

ACTIF		*PASSIF*	
	31/12/2012		*31/12/2012*
Terrain et construction	177.000,00	Capital (apports en numéraires)	15.000,00
		Réserve légale	1.500,00
Créances commerciales	23.000,00	Réserves disponibles	79.500,00
		Perte reportée	(8.000,00)
		Dettes	112.000,00
Total	*200.000,00*	*Total*	*200.000,00*

Le détail du compte « terrain et construction », au 31 décembre, est le suivant :

	2012	*2013*	*2014*	*2015*	*2016*	*2017*
Terrains	58.000,00	58.000,00	58.000,00	58.000,00	58.000,00	58.000,00
Constructions	180.000,00	180.000,00	180.000,00	180.000,00	180.000,00	180.000,00
Amortissements sur constructions	(61.000,00)	(75.000,00)	(89.000,00)	(103.000,00)	(117.000,00)	(131.000,00)
Total	**177.000,00**	**163.000,00**	**149.000,00**	**135.000,00**	**121.000,00**	**107.000,00**

Une partie de l'immeuble est mis gratuitement à disposition du dirigeant d'entreprise de la SA Azur.

434 Question orale n° 13560 de M. Tommelein du 10 janvier 2007,Compte Rendu Analytique, Commission des Finances de la Chambre, Com 1152, p. 6-7.

La détermination de la base de calcul du capital à risque à déduire pour l'exercice d'imposition 2019 s'effectue de la manière suivante :

	31/12/2012	31/12/2017
Capitaux propres (I)	= 88.000,00 (15.000,00 + 1.500,00 + 79.500,00 + (8.000,00)	= 131.050,00 (15.000,00 + 1.500,00 + 115.650,00 + (1.100,00))
Corrections des capitaux propres (II)	= (177.000,00)	= (107.000,00)
a. les actions et parts	0,00	0,00
b. les actifs générant des revenus imposables à l'étranger	0,00	0,00
c. les actifs qui dépassent de manière déraisonnable les besoins professionnels	0,00	0,00
d. les actifs non productifs	0,00	0,00
e. les «sociétés-villas»	177.000,00 La partie du bien immobilier « utilisée à des fins professionnelles » n'ayant pas été mentionnée dans un compte distinct, la totalité de la valeur comptable nette dudit bien doit venir en déduction des capitaux propres.	107.000,00 La partie du bien immobilier « utilisée à des fins professionnelles » n'ayant pas été mentionnée dans un compte distinct, la totalité de la valeur comptable nette dudit bien doit venir en déduction des capitaux propres.
f. Crédit d'impôt pour recherche et développement	0,00	0,00
g. les subsides	0,00	0,00
h. les plus-values de réévaluation exonérées	0,00	0,00
i. actualisation des stocks des diamantaires agréés	0,00	0,00
Capitaux propres corrigés	- 89.000,00 **Ce montant est ramené à zéro**	+ 24.050,00
Variation	+ 24.050,00	
20% de la variation	4.810,00	

Exemple n°2 :

Les bilans au 31 décembre 2018 et 31 décembre 2012 de la SA Azur se présentent comme suit :

ACTIF			*PASSIF*		
	31/12/2017	31/12/2018		31/12/2017	31/12/2018
Terrain et construction (mis à disposition du dirigeant)	21.400,00	18.600,00	Capital (apports en numéraires)	15.000,00	15.000,00
			Réserve légale	1.500,00	1.500,00
Terrain et construction (pas mis à disposition du dirigeant)	85.600,00	74.400,00	Réserves disponibles	115.650,00	115.650,00
Créances commerciales	54.400,00	54.400,00	Perte reportée	(1.100,00)	(15.100,00)
			Dettes	30.350,00	30.350,00
Total	*161.400,00*	*147.400,00*	*Total*	*161.400,00*	*147.400,00*

ACTIF		PASSIF	
	31/12/2012		31/12/2012
Terrain et construction (mis à disposition du dirigeant d'entreprise)	35.400,00	Capital (apports en numéraires)	15.000,00
Terrain et construction (pas mis à disposition du dirigeant d'entreprise)	141.600,00	Réserve légale	1.500,00
Créances commerciales	23.000,00	Réserves disponibles	79.500,00
		Perte reportée	(8.000,00)
		Dettes	112.000,00
Total	*200.000,00*	*Total*	*200.000,00*

Le détail du compte « terrain et construction », au 31 décembre, est le suivant :

	2012	2013	2014	2015	2016	2017
Terrains (mis à disposition du dirigeant)	11.600,00	11.600,00	11.600,00	11.600,00	11.600,00	11.600,00
Terrains (pas mis à disposition du gérant)	46.400,00	46.400,00	46.400,00	46.400,00	46.400,00	46.400,00
Constructions (mis à disposition du dirigeant)	36.000,00	36.000,00	36.000,00	36.000,00	36.000,00	36.000,00
Amortissements sur constructions (mis à disposition du gérant)	(12.200,00)	(15.000,00)	(17.800,00)	(20.600,00)	(23.400,00)	(26.200,00)
Constructions (pas mis à disposition du dirigeant)	144.000,00	144.000,00	144.000,00	144.000,00	144.000,00	144.000,00
Amortissements sur constructions (pas mis à disposition du gérant)	(48.800,00)	(60.000,00)	(71.200,00)	(82.400,00)	(93.600,00)	(104.800,00)
Total	**177.000,00**	**163.000,00**	**149.000,00**	**135.000,00**	**121.000,00**	**107.000,00**

Une partie de l'immeuble est mis gratuitement à disposition du dirigeant d'entreprise de la SA Azur.

La détermination de la base de calcul du capital à risque à déduire pour l'exercice d'imposition 2019 s'effectue de la manière suivante :

	31/12/2012	31/12/2017
Capitaux propres (I)	= 88.000,00 (15.000,00 + 1.500,00 + 79.500,00 + (8.000,00)	= 131.050,00 (15.000,00 + 1.500,00 + 115.650,00 + (1.100,00))
Corrections des capitaux propres (II)	= (35.400,00)	= (21.400,00)
j. les actions et parts	0,00	0,00
k. les actifs générant des revenus imposables à l'étranger	0,00	0,00

l. les actifs qui dépassent de manière déraisonnable les besoins professionnels	0,00	0,00
m. les actifs non productifs	0,00	0,00
n. les «sociétés-villas»	35.400,00 La partie du bien immobilier «utilisée à des fins professionnelles» n'ayant pas été mentionnée dans un compte distinct, la totalité de la valeur comptable nette dudit doit venir en déduction des capitaux propres.	21.400,00 La partie du bien immobilier «utilisée à des fins professionnelles» n'ayant pas été mentionnée dans un compte distinct, la totalité de la valeur comptable nette dudit doit venir en déduction des capitaux propres.
o. Crédit d'impôt pour recherche et développement	0,00	0,00
p. les subsides	0,00	0,00
q. les plus-values de réévaluation exonérées	0,00	0,00
r. actualisation des stocks des diamantaires agréés	0,00	0,00
Variations en cours de période des éléments pris en considération pour la détermination du capital à risque (le capital) (III)	= 0,00	= 0,00
Capitaux propres corrigés	+ 52.600,00	+109.650,00
Variation	+ 57.050,00	
20% de la variation	+ 11.410,00	

f) Disposition anti-abus visant à lutter contre l'organisation des doubles déductions (« double dip »)

Une situation de « double dip » naît lorsqu'une société mère procède par emprunt à une augmentation de capital dans sa filiale. Les intérêts payés sont, au niveau de la société mère, déductibles au titre de frais professionnels. Au niveau de la filiale, la déduction pour capital à risque est calculée sur base des fonds apportés.

Dans le but d'éviter un « double dip », le législateur a prévu que l'apport en capital n'est pas pris en considération pour la base de calcul de la déduction pour capital à risque de la société bénéficiaire de l'apport et ce, dans le cas où la société qui apporte le capital a conclu pour ce faire un prêt et en déduit les intérêts comme frais. Si tel n'était pas le cas, une double déduction aurait lieu : d'un côté dans le chef de la société qui apporte le capital, sous la forme d'une déduction des intérêts sur le prêt contracté ; de l'autre, dans le chef de la société dont le capital est augmenté, sous la forme de la déduction pour capital à risque[435].

g) Autres mesures anti-abus

Le législateur a également prévu d'exclure de la base de calcul de la déduction pour capital à risque les créances sur les entités évoquées ci-après, ainsi que l'apport en capital reçu d'un contribuable visé à l'article 227 du CIR, ou d'un établissement étranger qui est établi dans un pays qui ne pratique pas l'échange d'informations avec la Belgique, à moins que la société puisse démontrer que cela concerne bien des opérations légitimes de caractère économique ou financier.

435 Applicable à partir de l'exercice d'imposition 2019 se rattachant à une période imposable qui débute au plus tôt le 1er janvier 2018.

h) Capitaux propres exclus

Les capitaux propres des deux périodes imposables prises en considération pour la déduction du capital à risque sont en outre diminués :

- des crédits d'impôt pour recherche et développement;
- de l'actualisation des stocks des diamantaires agréés;
- des subsides en capital;
- des plus-values exprimées mais non réalisées[436] qui ne portent pas sur des éléments exclus de la base de calcul du capital à risque.

Les bénéfices réservés imposables et exonérés se présentent comme suit :

	Au 31 décembre					
Bénéfices réservés imposables	*2012*	*2013*	*2014*	*2015*	*2016*	*2017*
Plus-values de réévaluation taxées	1.500,00	3.000,00	4.500,00	6.000,00	7.500,00	9.000,00
Perte reportée	(1.500,00)	(3.000,00)	(4.500,00)	(6.000,00)	(7.500,00)	(9.000,00)

	Au 31 décembre					
Bénéfices réservés exonérés	*2012*	*2013*	*2014*	*2015*	*2016*	*2017*
Plus-values de réévaluation exonérées	28.500,00	27.000,00	25.500,00	24.000,00	22.500,00	21.000,00

Le montant de la plus-value exprimée non réalisée à retrancher des capitaux propres s'élève à :

- 9.000,00 EUR au 31 décembre 2017 ;
- 1.500,00 EUR au 31 décembre 2012.

E. Taux de la déduction pour capital à risque

La déduction pour capital à risque est égale au capital à risque multiplié par un taux fixé pour chaque période imposable.

En cas de période imposable ayant une durée supérieure ou inférieure à douze mois, le taux de la déduction est multiplié par une fraction dont le numérateur est égal au nombre de jours total de la période imposable et le dénominateur est égal à trois cent soixante-cinq.

Le taux de la déduction pour capital à risque est égal à la moyenne des indices de référence J relative aux obligations linéaires 10 ans des mois de juillet, août et septembre de la pénultième année précédant celle dont le millésime désigne l'exercice d'imposition.

Ces indices sont publiés par le Fonds des rentes, tels que visés à l'article 9, § 1er, de la loi du 4 août 1992 relative au crédit hypothécaire (cf. http://economie.fgov.be/fr/themes/services-financiers/credit-hypothecaire/indices-de-reference-pour-les):

436 Visées à l'article 44, § 1er, 1°, du CIR.

	2013	2014	2015	2016	2017	2018
Juillet	2,550	1,757	1,256	0,338	0,695	0.742
Août	2,555	1,578	1,083	0,204	0,823	0,712
Septembre	2,786	1,350	1,054	0,169	0,719	0,725
Moyenne	2,630	1,562	1,131	0,237	0,746	0,726

Ce taux correspond :

- pour l'exercice d'imposition 2015 à 2,630%;
- pour l'exercice d'imposition 2016 à 1,630%, étant donné que le taux de l'exercice d'imposition 2016 ne peut s'écarter de plus d'un point du taux appliqué au cours de l'exercice d'imposition précédent;
- pour l'exercice d'imposition 2017 à 1,131%;
- pour l'exercice d'imposition 2018 à 0,237%;
- pour l'exercice d'imposition 2019 à 0,746%;
- pour l'exercice d'imposition 2020 à 0,726%.

Le taux applicable de la déduction pour capital à risque ne peut :

- pour chaque exercice d'imposition, s'écarter de plus d'un point du taux appliqué au cours de l'exercice d'imposition précédent;
- excéder 3%.

En ce qui concerne les petites sociétés au sens du Code des sociétés (cf. page n°685), le taux de la déduction est majoré d'un demi-point de telle sorte qu'il est porté à :

- 3,130% pour l'exercice d'imposition 2015;
- 2,130% pour l'exercice d'imposition 2016;
- 1,631% pour l'exercice d'imposition 2017;
- 0,737% pour l'exercice d'imposition 2018;
- 1,246% pour l'exercice d'imposition 2019;
- 1,226% pour l'exercice d'imposition 2020.

Ceci peut être illustré par l' exemple suivant.

Le bilan de la SA Azur (PME au sens du droit des sociétés) au 31 décembre 2018 se présente de la manière suivante :

ACTIF			*PASSIF*		
	2018	*2017*		*2018*	*2017*
Machines	56.000,00	68.000,00	Capital (apports en nature)	70.000,00	30.000,00
• Valeur d'acquisition	100.000,00	100.000,00	Plus-value de réévaluation	6.000,00	8.000,00
• Amortissements comptabilisés	(50.000,00)	(40.000,00)	Réserve légale	3.000,00	3.000,00
• Valeur réévaluée	20.000,00	20.000,00	Réserve disponible	30.000,00	30.000,00
• Amortissements actés sur la valeur réévaluée	(14.000,00)	(12.000,00)	Perte reportée	(18.000,00)	(15.000,00)
Immobilisations financières consistant en participations et autres actions et parts	10.000,00	10.000,00			
Valeurs disponibles	57.000,00	7.000,00	Dettes	32.000,00	29.000,00
Total	*123.000,00*	*85.000,00*	*Total*	*123.000,00*	*85.000,00*

La SA Azur a procédé à une augmentation de son capital le 20 avril 2018 de 40.000,00 EUR.

Le bilan de la SA Azur (PME au sens du droit des sociétés) au 31 décembre 2012 se présente de la manière suivante :

ACTIF		*PASSIF*	
	2012		*2012*
Machines	108.000,00	Capital (apports en nature)	30.000,00
• Valeur d'acquisition	100.000,00		
• Amortissements comptabilisés	(10.000,00)	Plus-value de réévaluation	18.000,00
• Valeur réévaluée	20.000,00		
• Amortissements actés sur la valeur réévaluée	(2.000,00)	Réserve légale	3.000,00
Immobilisations financières consistant en participations et autres actions et parts	10.000,00	Réserve disponible	20.000,00
Valeurs disponibles	7.000,00	Perte reportée	(30.000,00)
		Dettes	84.000,00
Total	**125.000,00**	**Total**	**125.000,00**

La détermination de la base de calcul du capital à risque à déduire pour l'exercice d'imposition 2019 s'effectue de la manière suivante :

	31/12/2012	**31/12/2017**
Capitaux propres (I)	**= 41.000,00 (30.000,00 + 18.000,00 + 3.000,00 + 20.000,00 + (30.000,00))**	**= 56.000,00 (30.000,00 + 8.000,00 + 3.000,00 + 30.000,00 + (15.000,00))**
Corrections des capitaux propres (II)	**= (28.000,00)**	**= (18.000,00)**
a. actions et parts	0,00	0,00
b. immobilisations financières consistant en participations et autres actions ou parts	10.000,00	10.000,00
c. actifs générant des revenus imposables à l'étranger	0,00	0,00
d. actifs qui dépassent de manière déraisonnable les besoins professionnels	0,00	0,00
e. actifs non productifs	0,00	0,00
f. «sociétés-villas»	0,00	0,00
g. crédit d'impôt pour recherche et développement	0,00	0,00
h. subsides	0,00	0,00
i. plus-values de réévaluation exonérées	18.000,00	8.000,00
j. actualisation des stocks des diamantaires agréés	0,00	0,00
Capitaux propres corrigés	**+ 13.000,00**	**+ 38.000,00**
Variation	**+ 25.000,00**	
20% de la variation	**+ 5.000,00**	

Le montant des intérêts notionnels s'élève à 62,30 EUR (5.000,00 x 1,246%).

F. Sociétés belges exerçant des activités internationales

Jusqu'à l'exercice d'imposition 2013 inclus, les capitaux propres sur lesquels était calculée la déduction pour capital à risque devaient être diminués des capitaux propres :

- attribuables aux établissements stables à l'étranger dont les bénéfices n'étaient pas imposables en Belgique en raison d'une convention préventive de la double imposition ;
- relatifs à des immeubles situés à l'étranger et non affectés à un établissement stable pour lesquels les revenus éventuels étaient exonérés d'impôt en Belgique en vertu d'une convention préventive de la double imposition.

Dans l'arrêt Argenta (C-350/11) du 4 juillet 2013, la Cour de justice estime que cette « correction » entrave le maintien, par les sociétés belges, d'un établissement stable ou d'immeubles dans un État membre autre que la Belgique. Ainsi, elle a jugé que l'article 49, TFUE doit être interprété en ce sens qu'il s'oppose à une réglementation nationale en vertu de laquelle, pour le calcul d'une déduction accordée à une société assujettie intégralement à l'impôt dans un État membre, la valeur nette des actifs d'un établissement stable situé dans un autre État membre n'est pas prise en compte, lorsque les bénéfices dudit établissement stable ne sont pas imposables dans le premier État membre en vertu d'une convention préventive de la double imposition, alors que les actifs attribués à un établissement stable situé sur le territoire de ce premier État membre sont pris en compte à cet effet.

En vue de donner suite à l'arrêt de la Cour de justice, le législateur a décidé, à partir de l'exercice d'imposition 2014, de ne plus exclure de la base de calcul de la déduction pour capital à risque les capitaux propres attribuables aux établissements stables ou immeubles situés dans un pays avec lequel la Belgique a conclu une convention préventive de la double imposition.

Cependant, pour minimiser l'impact sur l'assiette fiscale belge, le législateur a prévu une « nouvelle limitation » qui se calcule différemment selon que le pays dans lequel l'établissement ou l'immeuble se trouve fait ou non partie de l'Espace économique européen (EEE). Cette « nouvelle limitation » a été critiquée par le Conseil d'Etat et la doctrine qui y voit encore une entrave à la liberté d'établissement; le législateur n'a pas jugé nécessaire de donner suite à ces remarques.

1. *Pays non membre de l'EEE*

Lorsque l'établissement stable ou l'immeuble se trouve dans un pays non membre de l'EEE avec lequel la Belgique a conclu une convention préventive de la double imposition, la déduction pour capital à risque est diminuée de la partie qui se rapporte à l'établissement stable ou à l'immeuble concerné.

Le montant de la diminution est calculé en multipliant la valeur nette des capitaux propres des actifs générant des revenus à l'étranger par le taux de la déduction.

La valeur de ces capitaux propres des actifs générant des revenus à l'étranger est définie comme étant la différence positive déterminée à la fin de la période imposable précédente, entre les deux montants suivants :

a. la valeur comptable nette des éléments d'actif de ces établissements stables étrangers, immeubles ou droits, à l'exception des actions, parts et participations visées au point D. 2. a);

b. le total des éléments de passif qui ne font pas partie des capitaux propres de la société et qui sont imputables à ces établissements stables, immeubles ou droits (il s'agit des provisions et dettes se rapportant à ces établissements).

2. Pays membre de l'EEE

Si l'établissement stable ou immeuble que la société possède se trouve dans un pays membre de l'EEE, une diminution spécifique est calculée.

La diminution spécifique est égale au plus petit des deux montants suivants :

a. la valeur de ces capitaux propres des actifs générant des revenus à l'étranger est définie comme étant la différence positive déterminée à la fin de la période imposable précédente, entre les deux montants suivants :
   - la valeur comptable nette des éléments d'actif de ces établissements stables étrangers, immeubles ou droits, à l'exception des actions, parts et participations visées au point D. 2. a);
   - le total des éléments de passif qui ne font pas partie des capitaux propres de la société et qui sont imputables à ces établissements stables, immeubles ou droits (il s'agit des provisions et dettes se rapportant à ces établissements);

b. le résultat positif de l'établissement stable ou de l'immeuble.

Cette méthode calcul a pour conséquence que, dorénavant, les sociétés possédant un établissement stable ou un immeuble dans un pays membre de l'EEE ne perdent plus la partie de déduction calculée sur des établissements ou immeuble en perte se trouvant dans un pays membre de l'EEE avec lequel la Belgique a conclu une convention préventive de la double imposition.

Voici trois exemples tirés de l'exposé des motifs de la loi et visant à démontrer les implications pratiques de cette « nouvelle limitation ».

<u>Exemple n°1</u> :

Etablissement	Bénéfice	Déduction (avant correction) pour capital à risque
Belgique	100,00 €	21,00 €
Pays-Bas (EEE et convention)	110,00 €	22,00 €
	210,00 €	43,00 €

La déduction (43,00 €) est diminuée du plus petit des deux montants suivants :

a. la valeur de ces capitaux propres des actifs générant des revenus à l'étranger (22,00 €);
b. le résultat positif de l'établissement stable ou de l'immeuble (110,00 €).

Par conséquent, la déduction pour capital à risque est limitée à la « déduction belge », soit 21,00 € (43,00 € - 22,00 €).

Exemple n°2 :

Etablissement	Bénéfice	Déduction (avant correction) pour capital à risque
Belgique	100,00 €	21,00 €
Pays-Bas (EEE et convention)	110,00 €	22,00 €
Angola (non-EEE et pas de convention)	120,00 €	23,00 €
	330,00 €	66,00 €

La déduction (66,00 €) est diminuée du plus petit des deux montants suivants :

a. la valeur de ces capitaux propres des actifs générant des revenus à l'étranger (22,00 €);
b. le résultat positif de l'établissement stable ou de l'immeuble (110,00 €).

Par conséquent, la déduction pour capital à risque est limitée à la « déduction belge et Angolaise », soit 44,00 € (66,00 € - 22,00 €).

Exemple n°3 :

Etablissement	Bénéfice	Déduction (avant correction) pour capital à risque
Belgique	100,00 €	21,00 €
Pays-Bas (EEE et convention)	(110,00) €	22,00 €
Angola (non-EEE et pas de convention)	120,00 €	23,00 €
	110,00 €	66,00 €

La déduction (66,00 €) est diminuée du plus petit des deux montants suivants :

a. la valeur de ces capitaux propres des actifs générant des revenus à l'étranger (22,00 €);
b. le résultat **positif** de l'établissement stable ou de l'immeuble (0,00 €).

Par conséquent, la déduction pour capital à risque n'est pas limitée : elle s'élève à 66,00 €.

G. Report de la déduction pour capital à risque

La possibilité de report dans le temps du capital à risque non déduit lors de la période imposable (en raison de l'absence ou d'insuffisance de bénéfices) a été supprimée à partir de l'exercice d'imposition 2013. Un régime transitoire est prévu en ce qui concerne les « intérêts notionnels » qui, au terme de l'exercice d'imposition 2012, n'ont pas pu être déduits à défaut de bénéfices ou d'insuffisance de bénéfices (ci-après dénommés « stock des intérêts notionnels »).

H. Stock d'intérêts notionnels

Le législateur a prévu un régime transitoire en ce qui concerne les « intérêts notionnels » qui, au terme de l'exercice d'imposition 2012, n'ont pas pu être déduits à défaut de bénéfices ou d'insuffisance de bénéfices (ci-après dénommés « stock des intérêts notionnels »). La déduction du stock des reports de la déduction pour capital à risque devient une opération à part entière de la détermination de la base imposable à l'impôt des sociétés.

Tout d'abord, suivant les nouvelles dispositions, la limite de temps de sept périodes imposables en matière de récupération des « intérêts notionnels » continue à s'appliquer au « stock des intérêts notionnels ». Il en résulte que les « intérêts notionnels » les plus anciens doivent être déduits en premier lieu.

Ensuite, il est prévu que la déduction du « stock des intérêts notionnels » ne peut excéder, par période imposable, 1.000.000,00 €.

Cependant, lorsque le montant du résultat fiscal positif au terme de la huitième opération (c'est-à-dire après la déduction pour investissement), excède 1.000.000,00 €, le montant maximum à déduire s'élève à 1.000.000,00 € majoré de 60% de la différence positive ente le résultat fiscal au terme de la huitième opération et 1.000.000,00 €.

Autrement dit, la déduction maximale du « stock des intérêts notionnels » pour une période imposable se présente schématiquement comme suit :

Résultat positif au terme de la huitième opération	Montant maximum déductible du « stock des intérêts notionnels »
De 0,00 à 1.000.000,00 €	Le résultat au terme de la huitième opération.
Supérieur à 1.000.000,00 €	1.000.000,00 € + 60% (résultat au terme de la huitième opération – 1.000.000,00 €).

Les montants qui n'ont pas pu être déduits en raison de cette limitation à 60% sont déductibles des bénéfices des périodes imposables suivantes (dans les mêmes limites que celles mentionnées ci-avant), même après l'échéance de la limite de temps de sept périodes imposables. Par conséquent, la règle des 60% n'a pas pour effet de diminuer le montant qui aurait pu être déduit si celle-ci n'avait pas existé.

Toute modification apportée à partir du 28 novembre 2011 à la date de clôture des comptes annuels reste sans incidence pour l'application de cette disposition.

Ceci peut être illustré par l'exemple suivant.

La société Azur, dont la date de clôture des comptes annuels coïncide avec l'année civile, dispose au 31 décembre 2011 d'un montant total de capital à risque de 8.000.000,00 EUR qui n'a pu être déduit au cours des périodes imposables se rattachant aux exercices d'imposition 2008 à 2012, en raison d'absences de bénéfices des périodes imposables 2007 à 2011 pour lesquelles la déduction pouvait être déduite.

Le report de la déduction pour capital à risque est constitué comme suit :

- 1.600.000,00 EUR pour la période imposable 2007;
- 1.550.000,00 EUR pour la période imposable 2008;
- 1.620.000,00 EUR pour la période imposable 2009;
- 1.480.000,00 EUR pour la période imposable 2010;
- 1.750.000,00 EUR pour la période imposable 2011.

Ces montants sont reportables successivement sur les bénéfices des sept périodes imposables suivantes, qui subsistent après toutes les autres déductions prévues soit respectivement sur les bénéfices des périodes imposables 2014 à 2018 se rattachant aux exercices d'imposition 2015 à 2019.

Dans l'hypothèse où les bénéfices subsistant après toutes les autres déductions s'élèvent respectivement à:

- 800.000,00 EUR pour la période imposable 2012;
- 450.000,00 EUR pour la période imposable 2013;
- 1.500.000,00 EUR pour la période imposable 2014;
- 1.200.000,00 EUR pour la période imposable 2015;
- 920.000,00 EUR pour la période imposable 2016;
- 400.000,00 EUR pour la période imposable 2017;

- 350.000,00 EUR pour la période imposable 2018;
- 1.500.000,00 EUR pour la période imposable 2019,

les déductions seront permises dans les limites suivantes :

Période imposable	Résultat positif au terme de la huitième opération	Déduction	Base imposable
2012	800.000,00 EUR	**800.000,00 EUR**. Ce montant provient du report de la période imposable 2007 à concurrence de 800.000,00 EUR (le solde 2007 reporté sur les périodes imposables suivantes s'élève à 800.000,00 EUR à savoir 1.600.000,00 EUR – 800.000,00 EUR).	0,00 EUR
2013	450.000,00 EUR	**450.000,00 EUR**. Ce montant provient du report de la période imposable 2007 à concurrence de 450.000,00 EUR (le solde 2007 reporté sur les périodes imposables suivantes s'élève à 350.000,00 EUR à savoir 800.000,00 EUR à savoir 800.000,00 EUR – 450.000,00 EUR).	0,00 EUR
2014	1.500.000,00 EUR	Montant maximum déductible du « stock des intérêts notionnels » : 1.000.000,00 € + 60% de 500.000,00 EUR = 1.300.000,00 EUR. Ce montant de **1.300.000,00 EUR** provient : • du report de la période imposable 2007 à concurrence de 350.000,00 EUR (le solde 2007 reporté sur les périodes imposables suivantes s'élève à 0,00 EUR à savoir 350.000,00 EUR – 350.000,00 EUR); • du report de la période imposable 2008 à concurrence de 950.000,00 EUR (le solde 2008 reporté sur les périodes imposables suivantes s'élève à 600.000,00 EUR à savoir 1.550.000,00 EUR – 950.000,00 EUR). Parmi ses 600.000,00 EUR, **200.000,00 EUR** (1.500.000,00 EUR – 1.300.000,00 EUR) **peuvent faire l'objet d'un report sans aucune limite dans le temps.**	200.000,00 EUR À savoir 1.500.000,00 EUR – 1.300.000,00 EUR
2015	1.200.000,00 EUR	Montant maximum déductible du « stock des intérêts notionnels » : 1.000.000,00 € + 60% de 200.000,00 EUR = 1.120.000,00 EUR. Ce montant de **1.120.000,00 EUR** provient : • du report de la période imposable 2008 à concurrence de 400.000,00 EUR (le solde 2008 reporté « limité dans le temps » sur les périodes imposables suivantes s'élève à 0,00 EUR à savoir 400.000,00 EUR – 400.000 EUR); • du report de la période imposable 2009 à concurrence de 720.000,00 EUR (le solde 2009 reporté « limité dans le temps » sur les périodes imposables suivantes s'élève à 900.000,00 EUR à savoir 1.620.000,00 EUR – 720.000,00 EUR). Parmi ses 900.000,00 EUR, **80.000,00 EUR** (1.200.000,00 EUR – 1.120.000,00 EUR) **peuvent faire l'objet d'un report sans aucune limite dans le temps.**	80.000,00 EUR À savoir 1.200.000,00 EUR – 1.120.000,00 EUR

2016	920.000,00 EUR	**920.000,00 EUR**. Ce montant de 920.000,00 EUR provient : • du report de la période imposable 2009 à concurrence de 820.000,00 EUR (le solde 2009 reporté « limité dans le temps » sur les périodes imposables suivantes s'élève à 0,00 EUR à savoir 820.000,00 EUR – 820.000 EUR); • du report de la période imposable 2010 à concurrence de 1.380.000,00 EUR (le solde 2010 reporté sur les périodes imposables suivantes s'élève à 0,00 EUR à savoir 1.480.000,00 EUR – 100.000,00 EUR).	0,00 EUR
2017	400.000,00 EUR	**400.000,00 EUR**. Ce montant de 400.000,00 EUR provient du report de la période imposable 2010 à concurrence de 400.000,00 EUR (le solde 980.000,00 à savoir 1.380.000,00 EUR – 400.000,00 EUR est définitivement perdu (terme du report - 7ème période imposable).	
2018	350.000,00 EUR	**350.000,00 EUR.** Ce montant provient du report de la période imposable 2011 à concurrence de 1.400.000,00 EUR (le solde 2011 reporté sur les périodes imposables suivantes s'élève à 350.000,00 EUR à savoir 800.000,00 EUR à savoir 1750.000,00 EUR – 350.000,00 EUR est définitivement perdu (terme du report - 7ème période imposable).	0,00 EUR
2019	1.500.000,00 EUR	**280.000,00 EUR.** Ce montant provient respectivement du report sans limite dans le temps des périodes imposables 2008 (200.000,00 EUR) et 2009 (80.000,00 EUR).	1.220.000,00 EUR. À savoir 1.500.000,00 EUR – 280.000,00 EUR

I. Formalités

La société qui opte pour le régime de la déduction pour capital à risque, doit joindre un relevé 275C à sa déclaration à l'impôt des sociétés. Elle doit le faire pour la période imposable pour l'exercice d'imposition pour lequel elle bénéficie de la déduction. Ce relevé est disponible à l'adresse internet suivante : www.myminfin.be ou l'onglet 275C dans la déclaration électronique BIZTAX.

V. Pertes récupérables

Articles 206 et 207 du CIR.
Article 78 de l'AR/CIR.

La déduction des pertes antérieures correspond :

- pour l'exercice d'imposition 2018 : à la 7ème opération qui permet de déterminer la base imposable de la société;
- pour l'exercice d'imposition 2019 et les suivants : à la 12ème opération qui permet de déterminer la base imposable de la société.

La perte professionnelle d'une période imposable correspond au résultat négatif obtenu lors de la 1ère opération (Code 1430 PN de la déclaration).

Ces pertes peuvent être déduites au cours des périodes imposables ultérieures sans limitation de montant ni de limitation dans le temps.

A cet égard, la Cour de cassation[437] précise que lorsque l'administration ne modifie pas la déclaration relative à un exercice d'imposition pour lequel des pertes professionnelles ont été prétendument subies et qu'elle n'enrôle pas de cotisation, elle est après l'écoulement des délais légaux déchue du droit de réviser la déclaration dudit exercice. Cette attitude ne lie toutefois l'administration qu'en ce qui concerne la détermination des revenus de l'exercice en cause. Il n'en résulte pas que, lorsque le redevable veut déduire des bénéfices de chacune des périodes imposables suivantes les pertes professionnelles éprouvées au cours des années antérieures, il pourrait en vue de la preuve de ces pertes se borner à se référer à la déclaration non rectifiée d'un exercice précédent, ni que l'administration, lorsqu'elle conteste ces pertes, serait tenue d'envoyer, outre un avis de rectification concernant les exercices suivants, un avis de rectification relatif à la déclaration de l'année au cours de laquelle les pertes professionnelles alléguées ont été éprouvées.

La Cour de Cassation[438] a confirmé sa jurisprudence précise et concordante en matière de déduction des pertes antérieures en indiquant que celle-ci ne pouvait être accordée qu'à la société qui avait subi ces pertes.

Elles doivent être déduites dès que la société réalise un résultat fiscal positif; en conséquence, la société n'a pas le choix de la période imposable de laquelle seront déduites les pertes antérieures.

A. Preuve de l'existence des pertes

La société qui revendique la déduction de pertes professionnelles des périodes imposables antérieures, doit apporter la preuve de l'existence des pertes (c'est-à-dire de leur réalité et de leur montant) et du caractère professionnel de celles-ci.

437 Arrêt du 12 septembre 1991, F1112F.
438 Arrêt du 22 mars 1990, F997F.

S'il est vrai que le délai de conservation des documents comptables est de sept[439] ans, l'expiration de ce délai de conservation n'évite pas à la société de devoir continuer à supporter le fardeau de la preuve aussi longtemps que ces pertes sont récupérables. En effet, lorsqu'une perte professionnelle d'une période imposable antérieure est portée en déduction, les investigations effectuées par l'administration se rapportent à l'exercice d'imposition pour lequel cette perte a été déclarée.

Etant donné que la déduction d'une perte professionnelle relative à une période imposable antérieure influence la détermination du revenu imposable de l'exercice d'imposition au cours duquel la perte est déduite, il n'est pas déraisonnable que le contrôle concernant l'exercice d'imposition au cours duquel la perte est déduite s'étende à l'exercice d'imposition au cours duquel la perte a été réalisée.

Autrement dit, l'administration est par exemple fondée, à contrôler, en février 2017, les pertes professionnelles de l'exercice d'imposition 2014 qui ont été déduites pour l'exercice d'imposition 2015.

Cette preuve peut être fournie au moyen de tous les modes de preuve admis par le droit commun hormis le serment. Elle doit reposer sur des éléments probants.

En l'absence de définition légale du caractère probant d'une comptabilité il doit être considéré que pour être probante une comptabilité doit comporter un ensemble de pièces sincères et exactes, reflétant la réalité de l'activité de l'entreprise et de ses résultats, de telle sorte que l'ensemble de ces documents permette effectivement le contrôle de l'exactitude des revenus déclarés et des charges alléguées[440].

Ainsi, une comptabilité peut être considérée comme « probante » même si elle est irrégulière et ne respecte pas scrupuleusement notamment toutes les dispositions des législations comptables.

La Cour d'appel de Mons[441] précise que pour apprécier le caractère probant d'une comptabilité, nonobstant son caractère irrégulier, il convient de faire application du principe de proportionnalité. En application de ce principe, on ne peut rejeter l'ensemble d'une comptabilité en raison de quelques erreurs minimes, si un contrôle fiable et sincère de ladite comptabilité est possible en dépit de ces erreurs. La constatation, le cas échéant, du caractère non probant d'une comptabilité ne doit pas nécessairement mener au rejet intégral de tous les comptes, mais peut donner lieu à des rectifications du résultat imposable.

Une comptabilité qui ne serait entachée que d'irrégularités mineures pourrait ainsi être considérée comme suffisamment probante et être valablement opposée à l'administration fiscale

La comptabilité d'une société est ainsi fiscalement considérée comme probante nonobstant l'existence d'erreurs mineures lorsque les conditions suivantes sont réunies :

- les livres et les documents doivent constituer un ensemble cohérent permettant la détermination et le contrôle de l'exactitude des revenus imposables;
- toutes les écritures doivent s'appuyer sur des pièces justificatives;
- les chiffres comptabilisés doivent correspondre à la réalité.

439 Article 315, alinéa 3 modifié par l'article 187 de la loi-programme du 22 décembre 2008 applicable à partir du 29 décembre 2008.

440 Cour d'appel de Mons, 21 septembre 2001, RG n°1998/FI/114, in www.fiscalnet.be.

441 Cour d'appel de Mons, 19 novembre 2015, RG n°2015/RG/65, in www.fiscalnet.be.

Sur la base de la jurisprudence, une comptabilité doit notamment être considérée comme non probante :

- à défaut d'inventaire fiable c'est-à-dire un relevé physique des biens présents en stock dans l'entreprise à la fin de l'exercice[442];
- en l'absence d'un livre de caisse[443] empêchant ainsi un contrôle de nature à détecter un déficit de caisse;
- lorsque les recettes sont globalisées une fois par jour mais que le contribuable n'a pas conservé les feuilles volantes reprenant les articles vendus ainsi que les étiquettes autocollantes mentionnant les prix relatifs de ces mêmes articles[444]. L'absence de ces documents place l'administration dans l'impossibilité de vérifier par recoupement, l'exactitude du montant global journalier des recettes inscrites au livre de recettes;
- lorsque le contribuable est en défaut de présenter un livre des recettes journalières régulier et tenu à jour ainsi que l'agenda des rendez-vous, empêchant ainsi toute possibilité de contrôle en ce qui concerne le nombre de clients se présentant quotidiennement et l'exactitude des bons établis chaque jour par le contribuable, et dont seuls les totaux sont enregistrés dans le livre des recettes journalières[445];
- par la tenue d'un seul journal des achats, lequel contient en outre un certain nombre d'erreurs[446];
- lorsque d'une part, les bordereaux de livraison et de vente ont été détruits; et d'autre part des marchandises achetées n'apparaissent pas aux factures de sortie.

On constate que pour qu'une comptabilité soit probante fiscalement, il n'est pas nécessaire qu'elle respecte toutes les exigences relatives à la comptabilité et aux comptes annuels des entreprises. Elle doit cependant présenter les mêmes garanties d'exactitude qu'une comptabilité tenue suivant ces prescriptions.

Dans son arrêt du 20 février 2002, la Cour d'appel d'Anvers a considéré qu'une comptabilité constituait un ensemble cohérent qui permettait à suffisance de contrôler les écritures (malgré l'absence des bandes de caisses enregistreuses, de copie des remises, des bons de commandes, etc.), au vu des éléments suivants :

- le contribuable conservait le ticket de caisse récapitulatif quotidien de telle sorte que le total journalier des ventes était contrôlable;
- le contribuable tenait une forme d'inventaire permanent de sorte qu'un contrôle de l'ordre de grandeur des mouvements d'inventaire était possible;
- le fonctionnaire taxateur avait fait l'usage de coefficients de chiffre d'affaires de l'année comptable antérieure pour déterminer le chiffre d'affaires de l'exercice d'imposition litigieux, ce qui signifiait qu'il acceptait que la manière dont le contribuable tenait sa comptabilité était suffisamment fiable pour fonder l'établissement d'une nouvelle cotisation; en outre, il apparaissait que le nouveau calcul du chiffre d'affaires sur la base du coefficient de l'année antérieure, conduisait à une différence de 5%, ce qui constituait une fluctuation acceptable[447].

442 Tribunal de première instance de Mons du 28 février 2002, FJF 2003/165.

443 Cour d'appel de liège du 13 janvier 2001.

444 Arrêt de la Cour d'appel de Bruxelles du 2 octobre 1998.

445 Arrêt de la Cour d'appel d'Anvers du 23 juin 1998, FJF 99/52.

446 Arrêt de la Cour d'appel d'Anvers du 4 novembre 1997, FJF 98/51.

447 FJF 2001/136.

B. Apurement des pertes comptables

Article 74, alinéa 2, 1°, 3ème tiret de l'AR/CIR.

Les pertes professionnelles restent éternellement récupérables quelle que soit la manière dont ont été apurées les pertes comptables. Autrement dit, cette opération n'a aucune influence sur les pertes professionnelles antérieures de la société.

Ceci revient à affirmer que le montant à déduire au cours de la 12ème opération n'est aucunement influencé par la manière d'apurer des pertes comptables.

Les situations comptables suivantes peuvent se présenter :

<table>
<tr><th colspan="2">L'apurement de la perte comptable s'effectue :</th></tr>
<tr><td>A. par un prélèvement sur des réserves taxées</td><td>L'opération d'apurement entraîne :
❑ une augmentation des réserves taxées (la disparition d'une partie ou de la totalité de la perte reportée);
❑ une diminution correspondante des réserves taxées suite au prélèvement effectué.</td></tr>
<tr><td>B. par un prélèvement sur le capital libéré</td><td>L'opération d'apurement entraîne :
❑ une augmentation des réserves taxées (la disparition d'une partie ou de la totalité de la perte reportée);
❑ une adaptation du mouvement des réserves à concurrence du prélèvement effectué sur le capital libéré (Code 007 de la déclaration fiscale).</td></tr>
<tr><td>C. par un prélèvement sur des réserves exonérées</td><td rowspan="2">L'opération d'apurement entraîne une augmentation des réserves taxées (la disparition d'une partie ou de la totalité de la perte reportée). Cette augmentation n'est pas neutralisée par une diminution des réserves taxées.</td></tr>
<tr><td>D. par un paiement irrévocable d'un associé</td></tr>
</table>

Ceci peut être illustré par les exemples suivants.

1. Le capital social de la SA Azur, au 31 décembre 2016, s'élève à 200.000,00 EUR.

Il se compose :

- de 120.000,00 EUR d'apports en numéraire;
- de 60.000,00 EUR de réserves taxées;
- de 20.000,00 EUR de réserves exonérées.

La SA Azur a accumulé des pertes comptables de 30.000,00 EUR et elle décide en 2017[448] de les apurer par une réduction du capital social. La perte professionnelle récupérable s'élève à 21.000,00 EUR.

Les écritures comptables sont les suivantes :

Faits comptables	N° plan comptable	Intitulés des comptes	Somme débit	Somme crédit
Réduction du capital	100000	Capital souscrit	30 000,00	
	141000	à Perte reportée		30 000,00

1ère hypothèse : la SA Azur ne précise pas sur quelle composante du capital social s'effectue la réduction

L'origine fiscale du capital social se présente de la manière suivante, suite à l'opération d'apurement de la perte :

Opérations	Capital libéré (1)	Réserves taxées (2)	Réserves exonérées (3)	Capital social (1) + (2) + (3)
Situation au 31/12/2016	120.000,00	60.000,00	20.000,00	200.000,00
Prélèvement	- 18.000,00 c'est-à-dire 30.000,00 x (120.000,00 / 200.000,00)	- 9.000,00 c'est-à-dire 30.000,00 x (60.000,00 / 200.000,00)	- 3.000,00 c'est-à-dire 30.000,00 x (20.000,00 / 200.000,00)	- 30.000,00
Situation au 31/12/2017	= 102.000,00	= 51.000,00	= 17.000,00	= 170.000,00

Le résultat fiscal de la société SA Azur se détermine de la manière suivante :

	Situation au début de la période imposable	Situation à la fin de la période imposable
Réserve incorporée au capital	60.000,00	51.000,00
Résultat reporté		
• Bénéfice		
• Perte	-30.000,00	0,00
Sous-total de la situation au début de la période imposable (pour le premier exercice comptable, mentionner zéro (0))		
- Positif	30.000,00 (Code 1040 PN)	
- Négatif	(Code 1040 PN)	
Majorations de la situation de début des réserves	18.000,00	
- Autres	18.000,00 (cette majoration correspond à la partie du capital libéré qui a servi à apurer la perte). (Code 1056)	
Totaux		
Positifs	48.000,00 (Code 1070 PN)	51.000,00 (Code 1040 PN)
Négatifs	(Code 1070 PN)	(Code 1040 PN)
Mouvement de la période imposable		
Augmentation		3.000,00 (Code 1080 PN)

448 Opération décidée par l'assemblée générale le 30 décembre 2017.

Déduction des éléments non imposables		
Pertes antérieures	**3.000,00** La perte à reporter sur la période imposable suivante, s'élève à 18.000,00 EUR c'est-à-dire les 21.000,00 EUR de départ moins les 3.000,00 EUR taxés via le mouvement des réserves.	Code 1436
		Code 1436
Solde du bénéfice belge subsistant	0,00	

2ème hypothèse : la SA Azur précise que la réduction du capital s'effectue par priorité sur le capital libéré.

L'origine fiscale du capital social se présente de la manière suivante, suite à l'opération d'apurement de la perte :

Opérations	Capital libéré (1)	Réserves taxées (2)	Réserves exonérées (3)	Capital social (1) + (2) + (3)
Situation au 31/12/2016	120.000,00	60.000,00	20.000,00	200.000,00
Prélèvement	- 30.000,00			- 30.000,00
Situation au 31/12/2017	= 90.000,00	= 60.000,00	= 20.000,00	= 170.000,00

Le résultat fiscal de la société SA Azur se détermine de la manière suivante :

	Situation au début de la période imposable	Situation à la fin de la période imposable
Réserve incorporée au capital	**60.000,00**	**60.000,00**
Résultat reporté		
• Bénéfice		
• Perte	**-30.000,00**	**0,00**
Sous-total de la situation au début de la période imposable (pour le premier exercice comptable, mentionner zéro (0) au code 1040 PN)		
- Positif	30.000,00 (Code 1040 PN)	
- Négatif	(Code 1040 PN)	
Majorations de la situation de début des réserves	**30.000,00**	
- Autres	30.000,00 (cette majoration correspond à la partie du capital libéré qui a servi à apurer la perte). (Code 1056)	
Totaux		
Positifs	60.000,00 (Code 1070 PN)	60.000,00 (Code 1040 PN)
Négatifs	(Code 1070 PN)	(Code 1040 PN)
Mouvement de la période imposable		
Augmentation		**0,00** (Code 1080 PN)

Par conséquent, la société a intérêt à stipuler que la réduction du capital destinée à apurer la perte comptable, porte uniquement sur le capital libéré si elle veut que l'opération s'effectue en exonération d'impôt.

Si le capital libéré est insuffisant, la société a intérêt à stipuler que le deuxième élément sur lequel la réduction du capital doit porter sont les réserves taxées. En effet, la réduction du capital qui s'opère sur des réserves taxées (contrairement aux réserves exonérées) n'a aucune incidence sur le résultat fiscal, étant donné que la diminution de la perte comptable est compensée par une diminution des réserves taxées incorporées au capital dans le mouvement des réserves.

2. Le capital social et les fonds de la SA Azur, au 31 décembre 2017, se présente comme suit :
   - Capital libéré : 100.000,00 EUR d'apports en numéraires ;
   - Réserve légale : 5.000,00 EUR ;
   - Réserves disponibles : 90.000,00 EUR ;
   - Perte reportée : 30.000,00 EUR ;
   - Réserves immunisées (exonérées fiscalement) : 15.000,00 EUR.

La SA Azur a accumulé des pertes comptables à concurrence de 30.000,00 EUR et elle décide en 2018[449] de les apurer par une réduction du capital social. La perte professionnelle récupérable s'élève à 21.000,00 EUR.

Suite à l'apurement de la perte, l'origine du capital présente de la manière suivante :

Opérations	Capital libéré (1)	Réserves taxées (2)	Réserves exonérées (3)	Réserve négative (4)	Capital social (1) + (2) + (3) + (4)
Situation au 31/12/2017	100.000,00				100.000,00
Prélèvement	- 18.750,00[450]			- 11.250,00[451]	- 30.000,00
Situation au 31/12/2018	= 81.250,00			= - 11.250,00	= 70.000,00

Le résultat fiscal de la société SA Azur se détermine de la manière suivante :

	Situation au début de la période imposable	Situation à la fin de la période imposable
Réserve incorporée au capital	0,00	(11.250,00)
Réserve légale	5.000,00	5.000,00
Réserve disponible	60.000,00	60.000,00
Résultat reporté		
• Bénéfice		
• Perte	(30.000,00)	0,00
Sous-total de la situation au début de la période imposable (pour le premier exercice comptable, mentionner zéro (0))		

449 Opération décidée par l'assemblée générale le 24 décembre 2018.

450 A savoir 30.000,00 * (100.000,00 / (100.000,00 + 90.000,00 – 30.000,00)) c'est-à-dire 30.000,00 * 62,50%.

451 A savoir 30.000,00 * (100% - 37,50%).

- Positif	35.000,00 (Code 1040 PN)	
- Négatif	(Code 1040 PN)	
Majorations de la situation de début des réserves	**18.750,00**	
- Autres	18.750,00 (cette majoration correspond à la partie du capital libéré qui a servi à apurer la perte). (Code 1056)	
Totaux		
Positifs	53.750,00 (Code 1070 PN)	53.750,00 (Code 1040 PN)
Négatifs	(Code 1070 PN)	(Code 1040 PN)
Mouvement de la période imposable		
Augmentation		**0,00** (Code 1080 PN)

C. Récupération des pertes antérieures et de la déduction reportée des RDT[452] suite à une fusion en exemption d'impôt

Article 206, § 2 du CIR.

Pour rappel, la Cour de Cassation[453] a confirmé sa jurisprudence précise et concordante en matière de déduction des pertes antérieures, en notifiant que celle-ci ne pouvait être accordée qu'à la société qui les avait subies.

Puisqu'il n'était pas permis de récupérer les pertes d'une autre société, le transfert des pertes subies par la société absorbée lors d'une « fusion-absorption » ne pouvait avoir lieu. Cependant, cet inconvénient pouvait facilement être contourné en inversant l'opération d'absorption, à savoir lorsque la société « déficitaire » absorbait la société « florissante ».

Pour mettre fin à ces abus, le législateur a limité :

- le montant des pertes antérieures récupérables dans le chef de la société absorbante en fonction de la valeur fiscale nette de la société absorbante avant l'opération par rapport à sa valeur fiscale nette après l'opération;
- le montant des pertes récupérables de la société absorbée, également récupérables dans le chef de la société absorbante en fonction de la valeur fiscale nette de la société absorbante avant l'opération, par rapport à sa valeur fiscale nette après l'opération.

L'article 206, § 2, alinéa 1er du CIR prévoit une limitation du montant des pertes professionnelles antérieures et de la déduction reportée des RDT lorsqu'une société bénéficie d'une fusion, en exemption d'impôt.

452 cf. article 52, 2° à 5° de la loi du 25 décembre 2017 portant réforme de l'impôt des sociétés. Cet article entre en vigueur le 1er janvier 2018 et est applicable à partir de l'exercice d'imposition 2019 se rattachant à une période imposable qui débute au plus tôt le 1er janvier 2018.

453 Arrêt du 22 mars 1990, F997F.

La détermination des pertes professionnelles antérieures (qui n'ont pas encore été déduites) de la société absorbante qui après l'opération, reste encore déductible dans le chef du bénéficiaire de l'apport, s'effectue de la manière suivante :

$$\text{Pertes professionnelles antérieures et déduction reportée des RDT encourues par la société absorbante} \times \frac{\text{Actif net fiscal avant la fusion de la société absorbante}}{\text{Actif net fiscal de la société absorbante avant l'opération + la valeur fiscale nette des éléments absorbés}}$$

L'actif net fiscal est égal à la différence entre la valeur fiscale nette des éléments de l'actif et la valeur fiscale nette des éléments du passif hors moyens propres de la société (par moyens propres de la société, on entend les comptes de la classe 10 à 15 y compris les provisions pour impôts différés).

L'article 206, § 2, alinéa 2 du CIR, quant à lui prévoit une déduction partielle par la société absorbante du montant des pertes professionnelles antérieures et des déductions reportées des RDT encourues par la société absorbée. La détermination des pertes professionnelles antérieures de la société absorbée (qui n'ont pas encore été déduites) après l'opération reste encore déductible dans le chef du bénéficiaire de l'apport (la société absorbante), s'effectue de la manière suivante :

$$\text{Pertes professionnelles antérieures antérieures et déduction reportée des RDT encourues par la société absorbée} \times \frac{\text{Actif net fiscal avant la fusion des éléments absorbés}}{\text{Actif net fiscal de la société bénéficiaire avant l'opération + la valeur fiscale nette des éléments absorbés}}$$

L'article 206, § 2 a pour conséquence que le sens de la fusion (A absorbe B ou B absorbe A) n'a plus aucune incidence en matière de récupération des pertes antérieures.

En effet, imaginons le cas de deux sociétés, la SA Azur et la SA « B » qui procèdent à une opération de fusion par absorption.

Les bilans des deux sociétés avant l'opération de fusion se présentent de la manière suivante :

SA Azur			
ACTIF		*PASSIF*	
Immobilisations	4.000,00	Capital	1.000,00
		Réserves taxées	1.000,00
		Dettes	2.000,00
Total	*4.000,00*	*Total*	*4.000,00*

L'actif net fiscal de la société SA Azur s'élève à 2.000,00 EUR (valeur fiscale nette des éléments de l'actif : 4.000,00 EUR - la valeur fiscale nette des éléments du passif : 2.000,00 EUR).

SOCIETE SA « B »			
ACTIF		PASSIF	
		Capital	500,00
Immobilisations	1.000,00	Réserves taxées	1.000,00
		Perte reportée	(500,00)
Total	*1.000,00*	*Total*	*1.000,00*

L'actif net fiscal de la société SA « B » s'élève à 1.000,00 EUR (valeur fiscale nette des éléments de l'actif : 1.000,00 EUR - la valeur fiscale nette des éléments du passif : 0,00 EUR) et son stock de pertes antérieures fiscalement récupérables s'élève à 400,00 EUR.

Si la société SA Azur absorbe la société « B », l'application de l'article 206, § 1er, alinéa 1er du CIR implique que la société absorbante peut déduire au titre de pertes antérieures 133,33[454] EUR.

Si la société SA « B » absorbe la société SA « Azur », l'application de l'article 206, § 1er, alinéa 2 du CIR implique que la société absorbante peut déduire au titre de pertes antérieures 133,33[455] EUR.

Dans le cas où la valeur fiscale nette de la société absorbante est nulle, aucune perte professionnelle subie par la société (dont la valeur fiscale nette est nulle) ne peut être déduite suite à la fusion dans le chef de la société absorbante.

D. Récupération des pertes antérieures et de la déduction reportée des RDT[456] suite à une scission en exemption d'impôt

Article 206, § 2 du CIR.

La détermination des pertes professionnelles antérieures et de la déduction reportée des RDT de la société bénéficiaire qui après l'opération reste encore déductible dans le chef du bénéficiaire de l'apport, s'effectue de la manière suivante :

Pertes professionnelles antérieures et déduction reportée des RDT encourues par la société bénéficiaire de la scission	x	Actif net fiscal avant la scission de la société bénéficiaire / Actif net fiscal de la société bénéficiaire de la scission avant l'opération + la valeur fiscale nette des éléments reçus

454 400,00 EUR X (1.000,00 EUR / 3.000,00 EUR).

455 *Idem*.

456 cf. article 52, 2° à 5° de la loi du 25 décembre 2017 portant réforme de l'impôt des sociétés. Cet article entre en vigueur le 1er janvier 2018 et est applicable à partir de l'exercice d'imposition 2019 se rattachant à une période imposable qui débute au plus tôt le 1er janvier 2018.

La détermination des pertes professionnelles antérieures et de la déduction reportée des RDT de la société scindée qui après l'opération, reste encore déductible dans le chef du (ou des) bénéficiaire(s) de l'apport, s'effectue de la manière suivante :

Pertes professionnelles antérieures et déduction reportée des RDT de la société scindée	x	Valeur fiscale nette apportée par la société scindée / Actif net fiscal de la société scindée	x	Valeur fiscale nette des éléments reçus / Actif net fiscal de la société bénéficiaire de la scission avant l'opération + la valeur fiscale nette des éléments reçus

Ceci peut être illustré par l'exemple suivant.

Les bilans des sociétés « Azur », « B » et « C », se présentent de la manière suivante avant l'opération de scission :

SA Azur			
ACTIF		*PASSIF*	
Immobilisations	4.000,00	Capital	1.000,00
		Réserves taxées	1.000,00
		Dettes	2.000,00
Total	*4.000,00*	*Total*	*4.000,00*

L'actif net fiscal de la société SA Azur s'élève à 2.000,00 EUR.

SOCIETE SA « B »			
ACTIF		PASSIF	
Immobilisations	3.000,00	Capital	600,00
		Réserves taxées	1.000,00
		Dettes	1.400,00
Total	*3.000,00*	*Total*	*3.000,00*

L'actif net fiscal de la société SA «B» s'élève à 1.600,00 EUR (valeur fiscale nette des éléments de l'actif : 3.000,00 EUR - la valeur fiscale nette des éléments du passif : 1.400,00 EUR).

SOCIETE SA « C »			
ACTIF		*PASSIF*	
Immobilisations	1.000,00	Capital	500,00
		Réserves taxées	1.000,00
		Perte reportée	(500,00)
Total	*1.000,00*	*Total*	*1.000,00*

L'actif net fiscal de la société SA « C » s'élève à 1.000,00 EUR et son stock de pertes antérieures fiscalement récupérables s'élève à 400,00 EUR.

La société « SA C » est scindée et absorbée par la société B (800,00 EUR de l'actif net fiscal de la SA « C » est apporté à la « SA B ») et par la société SA Azur (200,00 EUR de l'actif net fiscal de la SA « C » est apporté à la « SA Azur »).

Suite à l'opération de scission :

- les pertes antérieures de la SA « C » (400,00 EUR) récupérables par la SA « Azur » s'élèvent à 7,27 EUR c'est-à-dire :

400,00 EUR	x	200,00 EUR	x	200,00 EUR
		1.000,00 EUR		2.000,00 EUR + 200,00 EUR

- les pertes antérieures de la SA « C » (400,00 EUR) récupérables par la SA « B » s'élèvent à 106,67 EUR c'est-à-dire :

400,00 EUR	x	800,00 EUR	x	800,00 EUR
		1.000,00 EUR		1.600,00 EUR + 800,00 EUR

Dans le cas où la valeur fiscale nette de la société bénéficiaire est nulle, aucune perte professionnelle subie par la société (dont la valeur fiscale nette est nulle) ne peut être déduite suite à la scission dans le chef de la société bénéficiaire.

E. Récupération des pertes antérieures et déduction reportée des RDT[457] suite à un apport d'une branche d'activité ou d'une universalité de biens en exemption d'impôt

L'article 206, § 2, alinéa 1er du CIR prévoit une limitation du montant des pertes professionnelles antérieures et déduction reportée des RDT lorsqu'une société bénéficie, en exemption d'impôt, de l'apport de branches d'activité ou d'une universalité de biens. Cette règle ne s'applique pas aux pertes professionnelles antérieures et déduction reportée des RDT de la société cédante; celles-ci continuent à être déductible sans limite de montant ni limitation dans le temps.

Il en résulte que, dans le cas où la société bénéficiaire d'un apport de branches d'activité ou d'une universalité de biens, dispose de pertes récupérables et/ou de déduction reportée des RDT, le régime de l'apport exonéré sera, dans la plupart des cas, paradoxalement moins favorable que celui de l'apport réalisé en régime de taxation[458].

La détermination de la perte professionnelle et de la réduction reportée des RDT qui, après l'opération d'apport, reste encore déductible, dans le chef du bénéficiaire de l'apport s'effectue de la manière suivante :

457 cf. article 52, 2° à 5° de la loi du 25 décembre 2017 portant réforme de l'impôt des sociétés. Cet article entre en vigueur le 1er janvier 2018 et est applicable à partir de l'exercice d'imposition 2019 se rattachant à une période imposable qui débute au plus tôt le 1er janvier 2018.

458 Guy Kleynen, «Le régime fiscal des fusions, scissions et d'apports de branches d'activité ou d'universalité de biens au regard des directives européennes ainsi que de l'article 10 de la constitution», Journal de Fiscalité, 1999, p. 270.

Pertes professionnelles antérieures et déduction reportée des RDT que le bénéficiaire n'a pas encore déduites avant l'opération d'apport	x	Actif net fiscal de la société bénéficiaire de l'apport avant l'opération —————————— Actif net fiscal de la société bénéficiaire avant l'opération + la valeur fiscale nette des éléments apportés

Ceci peut être illustré par l'exemple suivant.

Les bilans de deux sociétés « B » et « Azur » se présentent de la manière suivante avant l'opération d'apport de l'universalité de biens de la SA « B » à la société « Azur » :

SOCIETE SA « B »			
ACTIF		*PASSIF*	
Immobilisations	4.000,00	Capital	1.000,00
		Réserves taxées	1.900,00
		Perte reportée	(900,00)
		Dettes	2.000,00
Total	*4.000,00*	*Total*	*4.000,00*

L'actif net fiscal de la société SA « B » s'élève à 2.000,00 EUR et son stock de pertes antérieures récupérables s'élève à 600,00 EUR.

SOCIETE SA « Azur »			
ACTIF		*PASSIF*	
Immobilisations	1.000,00	Capital	500,00
		Réserves taxées	1.000,00
		Perte reportée	(500,00)
Total	*1.000,00*	*Total*	*1.000,00*

L'actif net fiscal de la société SA « Azur » s'élève à 1.000,00 EUR et son stock de pertes antérieures récupérables s'élève à 400,00 EUR.

Suite à l'apport de l'universalité de biens de la SA « B » (valeur fiscale nette des éléments apportés :

2.000,00 EUR), les pertes professionnelles antérieures de la SA Azur qui peuvent être déduites s'élèvent à 133,33 EUR c'est-à-dire :

400,00 EUR	x	1.000,00 EUR —————————— 1.000,00 EUR + 2.000,00 EUR

Les pertes professionnelles de la SA « B » (600,00 EUR) continuent à être déductibles sans limite de montant ni limitation dans le temps par la SA « B ».

Dans le cas où la valeur fiscale nette des éléments transférés est nulle, aucune perte professionnel subie par la société (dont la valeur fiscale nette est nulle) ne peut être déduite suite au transfert dans le chef de la société bénéficiaire.

F. Transfert du siège social d'une société étrangère vers la Belgique

L'administration considère qu'est assujettie à l'impôt des sociétés, la société étrangère qui dispose d'un établissement belge et qui, après y avoir transféré son siège social et adapté ses statuts en conséquence, y transfère également et effectivement le siège de son administration générale, y tient les assemblées générales de ses actionnaires et y concentre la haute direction et la gestion de ses intérêts et de ses affaires sociales.

Lorsque, conformément à la législation de l'État dans lequel la société a été constituée, ces opérations n'entraînent aucun changement en ce qui concerne la personnalité juridique de celle-ci, les pertes professionnelles antérieures de cet établissement belge n'ont pas encore été défalquées, restent en principe déductibles des bénéfices futurs de cette société qui sont à soumettre à l'impôt des sociétés.

G. Assujettissement d'une ASBL ou d'une intercommunale à l'impôt des sociétés

Pour la détermination de la base imposable à l'impôt des sociétés, les pertes encourues par une association sans but lucratif ou une intercommunale pendant l'assujettissement à l'impôt des personnes morales ne constituent pas des pertes antérieures déductibles sous le régime de l'impôt des sociétés[459].

Par conséquent, l'association sans but lucratif ou l'intercommunale n'est pas en droit de réclamer la déduction des pertes comptables antérieures (corrigées fiscalement) sur les revenus futurs réalisés sous le régime de l'impôt des sociétés.

459 cf. Circulaire AG.Fisc n° 10/2016 (n°Ci.700.544) du 4 avril 2016.

VI. Déduction pour investissement

Articles 201, 68 à 77, 289 quater à 289 novies et 528 du CIR.
Articles 47 à 49 bis et 78 de l'AR/CIR.

La déduction pour investissement constitue la 7ème opération qui permet de déterminer la base imposable de la société.

En effet, l'article 78 de l'AR/CIR mentionne que la déduction pour investissement est uniquement déduite du montant des bénéfices belges qui subsistent au terme de la cinquième opération. La déduction pour investissement est une disposition fiscale qui autorise les sociétés à déduire, de leur base imposable, un certain pourcentage des investissements qu'elles réalisent. Le montant de ce pourcentage est fonction du type d'investissement.

Ce régime comporte des règles très divergentes. Ainsi, le taux de la déduction pour investissement peut varier (par exemple 0%, 3%, 8%, 13,5%, 20,5%) selon la nature de l'investissement (systèmes d'aspiration des fumées, protection des locaux professionnels, etc.), la nature du contribuable (une petite société ou une autre catégorie de société) et l'importance des effectifs (selon que le contribuable occupe plus ou moins de 20 travailleurs).

A. Investissements visés

Pour pouvoir bénéficier de la déduction pour investissement, les investissements effectués par la société doivent respecter quatre conditions :

- revêtir la forme d'une immobilisation corporelle ou incorporelle;
- être acquis ou constitués à l'état neuf;
- être acquis ou constitués durant l'exercice comptable;
- être affectés en Belgique, à l'exercice de l'activité professionnelle.

1. Revêtir la forme d'une immobilisation corporelle ou incorporelle

La déduction pour investissement n'est pas applicable aux éléments qui ne constituent pas des immobilisations corporelles ou incorporelles tels que :

- les frais d'établissement;
- les immobilisations financières;
- les dépenses engagées à fonds perdus même lorsque ces dépenses sont traitées par le contribuable comme des immobilisations amortissables[460].

Les termes « immobilisations incorporelles et corporelles » utilisés dans le CIR ont, conformément à l'article 2, § 7 du même code, la même signification que ceux qui leur sont attribués par la législation relative à la comptabilité et aux comptes annuels des entreprises.

460 Le commentaire des impôts sur les revenus mentionne que par dépenses engagées à fonds perdus, il convient d'entendre les dépenses qui n'augmentent pas la valeur de l'actif (par exemple des frais de réparation et d'entretien).

Ainsi, les immobilisations incorporelles regroupent les immobilisations immatérielles, créées grâce à des investissements intellectuels ou résultant de l'acquisition totale ou partielle d'entreprises ou de brevets, licences, concessions, etc.

Les immobilisations corporelles comprennent les droits réels sur des biens acquis ou créés par l'entreprise et qui sont engagés de manière durable dans l'activité de celle-ci.

2. Immobilisations neuves

La déduction pour investissement est uniquement applicable aux immobilisations corporelles et incorporelles acquises ou constituées à l'état neuf.

En ce qui concerne la concession d'un brevet, par une société étrangère, à une entreprise établie en Belgique, le Ministre des Finances a répondu que le critère de nouveauté s'applique non au brevet lui-même mais à l'affectation qui en est faite en Belgique dans le cadre de l'activité professionnelle[461] [462]. Le Ministre des Finances considère cependant que la condition de nouveauté est remplie, lorsqu'il existe une concession simultanée du brevet à plusieurs entreprises établies en Belgique.

3. Investissements acquis ou constitués pendant l'exercice comptable

La déduction pour investissement est applicable, en principe, pour chaque exercice d'imposition - sans préjudice de la possibilité accordée à certains contribuables de pratiquer une déduction étalée ordinaire ou majorée - pour les immobilisations qui ont été acquises ou constituées pendant l'exercice comptable rattaché à cet exercice d'imposition. En pratique, cela signifie que la déduction pour investissement sera applicable aux immobilisations qui deviennent amortissables durant cet exercice comptable[463].

En ce qui concerne les acomptes versés sur les immobilisations corporelles, incorporelles, et les immobilisations corporelles en cours, l'administration considère que la déduction pour investissement doit être appliquée à partir de l'année durant laquelle les acomptes, versés pour les immobilisations en cours, sont comptabilises en tant qu'immobilisations corporelles, quel que soit le choix fait par le contribuable en matière d'amortissement[464]. Cette règle n'est toutefois pas applicable en ce qui concerne la déduction pour investissement étalée.

En ce qui concerne les immobilisations constituées par la location-financement et les droits similaires, la déduction pour investissement doit être octroyée pour l'année ou l'exercice comptable du transfert des droits d'usage susvisés.

461 Question parlementaire posée par le Sénateur Dalem, in Le Bulletin des contributions n°634, pp 3157- 3159.

462 La Cour d'appel de Liège du 24 décembre 1997 a considéré qu'un brevet déjà acquis et utilisé antérieurement par une autre entreprise, n'est pas neuf.

463 Document parlementaire 54, 1520/001, page 33.

464 Document parlementaire 54, 1520/001, page 33.

4. *Affectation en Belgique à l'exercice de l'activité professionnelle*

La déduction pour investissement est applicable uniquement aux investissements affectés en Belgique à l'activité de la société.

Il en résulte que ne sont pas susceptibles d'entrer en ligne de compte pour l'octroi de ladite déduction :

- les investissements effectués par la société dans des établissements étrangers;
- les biens immobiliers neufs situés à l'étranger.

B. Immobilisations ne pouvant jamais être prises en considération pour l'octroi de la déduction pour investissement

Même si elles respectent les conditions mentionnées ci-dessus, certaines immobilisations ne pourront jamais être prises en considération pour l'octroi de la déduction pour investissement.

1ère exclusion : les immobilisations qui ne sont pas affectées exclusivement à l'exercice de l'activité professionnelle

Le ministre des Finances a répondu que la cause d'exclusion susvisée ne s'appliquait pas aux sociétés, car tous leurs actifs doivent être considérés comme affectés exclusivement à l'exercice de l'activité professionnelle de la personne morale.

2ème exclusion : les investissements cédés à des tiers

La déduction pour investissement ne peut pas s'appliquer aux immobilisations acquises ou constituées en vue d'en céder à un tiers, le droit d'usage en vertu d'un contrat de crédit-bail ou d'une convention d'emphytéose, de superficie ou de droits immobiliers similaires.

Cette exclusion s'applique dans les cas où ces immobilisations sont amortissables dans le chef de l'entreprise qui dispose de ces droits d'usage. Le terme « crédit-bail » utilisé à l'article 75, 2° du CIR est synonyme de « location-financement » ou encore de « leasing ».

Cette exclusion se rapporte exclusivement aux contrats de location-financement et aux conventions similaires pour lesquels; tant la législation comptable que la loi fiscale prévoient que les immobilisations qui font l'objet de telles conventions sont amortissables dans le chef du propriétaire économique (le preneur en location-financement, etc.) et non dans le chef du propriétaire juridique (le donneur en location-financement, etc.) des actifs. Elle vise uniquement à éviter que ce propriétaire juridique revendique également une déduction pour investissement. En effet, seul, le propriétaire économique peut bénéficier de l'octroi de la déduction pour investissement.

La déduction pour investissement ne peut pas s'appliquer aux immobilisations dont le droit d'usage a été cédé à un autre contribuable, selon des modalités différentes de celles visées au 2° de l'article 75, à moins que cette cession n'ait été effectuée à une personne physique ou à une société qui affecte ces immobilisations en Belgique à la réalisation de bénéfices ou de profits et qui n'en cède pas elle-même l'usage à une tierce personne, en tout ou en partie.

L'article 75, 3° du CIR vise les immobilisations, amortissables dans le chef du contribuable (y compris les actifs en leasing), dont l'usage est cédé à des tiers autrement qu'en raison d'un contrat de crédit-bail, d'une convention d'emphytéose, de superficie ou de tout autre droit immobilier similaire en vertu desquels, ces immobilisations sont amortissables exclusivement par celui qui dispose du droit d'usage.

Sont donc visées, les immobilisations dont l'usage a été cédé à un tiers; par exemple par location, autre convention ou même à titre gratuit. Ces immobilisations ne donnent pas lieu à l'octroi d'une déduction pour investissement à moins que le bénéficiaire de la cession (cessionnaire) du droit d'usage ne soit une personne physique[465] ou une société :

- qui réalise des bénéfices ou des profits;
- qui affecte ces immobilisations à l'exercice de son activité professionnelle en Belgique;
- qui satisfait aux conditions, critères et les limites d'application de la déduction pour investissement (c'est-à-dire que le cessionnaire aurait pu bénéficier de la déduction pour investissement s'il avait acquis lui-même le bien d'investissement);
- qui n'en cède pas l'usage à une tierce personne en tout ou en partie.

Lorsqu'une société a cédé l'usage d'une partie d'une immobilisation à un tiers, le prescrit de l'article 75, 3° du CIR est seulement applicable à cette partie. Cette partie est également exclue pour l'application du régime d'amortissements dégressifs.

La déduction pour investissement peut toutefois être refusée lorsque, pendant la période imposable durant laquelle le droit éventuel à la déduction pour investissement est acquis, des circonstances de fait ainsi que d'autres éléments démontrent que l'usage des immobilisations concernées sera cédé au sens de l'article 75, 3° du CIR[466].

En vertu de l'article 76 du CIR, l'exclusion visée par l'article 75, 3° du CIR ne joue pas en ce qui concerne la concession de droits de distribution d'œuvres audio-visuelles à des tiers en vue de leur diffusion à l'étranger.

<u>3ème exclusion</u> : les immobilisations non amortissables ou amortissables en moins de trois périodes imposables

Sur la base de cette disposition, sont exclues de la déduction pour investissement les immobilisations qui ne sont pas amortissables (par exemple une œuvre d'art) ou qui sont amortissables sur moins de trois périodes imposables (petit outillage amorti en deux ans ou stations de rechargement des véhicules électriques).

<u>4ème exclusion</u> : les voitures, voitures mixtes (à l'exclusion des minibus) et les «fausses camionnettes»

Les voitures et les voitures mixtes telles qu'elles sont définies par la réglementation relative à l'immatriculation des véhicules à moteur, sont exclues de la déduction pour investissement à l'exception :

- des véhicules qui sont affectées exclusivement à un service de taxis ou à la location avec chauffeur et qui sont exemptées à ce titre de la taxe de circulation sur les véhicules automobiles;
- des véhicules qui sont affectées exclusivement à l'enseignement pratique dans des écoles de conduite agréées et qui sont spécialement équipées à cet effet.

465 Le but de cette restriction est d'empêcher les grosses sociétés, qui n'ont pas droit à la déduction, de contourner la loi en faisant acheter le bien par une filiale PME qui pourrait exercer le droit à la déduction, et qui louerait le bien à sa société-mère.

466 Question n° 1411 du Représentant Van Kessel du 10 juin 1998.

La déduction pour investissement n'est pas non plus applicable aux camionnettes, visées à l'article 4, § 3 du code des taxes assimilées aux impôts sur les revenus (cf. page 61).

5ème exclusion : les frais accessoires, lorsqu'ils ne sont pas amortis en même temps que les immobilisations auxquelles ils se rapportent

Il en résulte que les frais accessoires ne sont pris en considération pour la déduction pour investissement que lorsqu'ils sont amortis de la même manière que l'immobilisation à laquelle ils se rapportent et pour autant que cette immobilisation donne droit à la déduction pour investissement.

Ils sont par contre exclus de la déduction pour investissement lorsqu'ils sont directement comptabilisés comme frais professionnels ou amortis à un rythme différent que l'actif lui-même.

C. Différents types de déduction

1. Déduction en une fois

Les lois du 28 juillet 1992 et du 22 juin 2006 ont désactivé la déduction pour investissement en une fois à l'égard des investissements ordinaires (cela signifie que le pourcentage de la déduction a été ramené à zéro). Cette désactivation est applicable à toutes les sociétés à partir de l'exercice d'imposition 2007.

Cependant en vue d'offrir aux PME (cf. page n°685) une alternative à la déduction pour capital à risque, le législateur a décidé d'abord de manière temporaire (pour les investissements acquis ou constitués en 2014 et 2015), ensuite de manière permanente (pour les investissements acquis ou constitués à partir du 1er janvier 2016) d'octroyer une déduction en une fois (cette déduction ne peut pas être étalée) pour les investissements « ordinaires » qui sont directement liés à l'activité économique existante ou prévue qui est réellement exercée par la société[467].

Cette condition correspond au départ à la condition actuelle pour la déduction pour investissement, qui exige que les immobilisations soient « exclusivement » utilisées pour l'exercice de l'activité professionnelle.

Il ne suffit donc pas que l'investissement cadre avec l'objet de la société; il doit de surcroît correspondre à l'activité essentielle de la société.

Ainsi, par exemple, une société médicale ne pourra pas bénéficier de la déduction pour investissement visée ici pour l'achat d'un appartement à la mer, même si l'objet social de la société permet ou décrit un tel investissement. Pour une société médicale, l'achat d'un ou plusieurs appartements à la mer, qui sont ou non vendus ultérieurement, ne fait en effet pas partie de son activité économique existante ou prévue qui est, ou sera réellement exercée par elle. De même, l'acquisition ou la construction d'un logement pour le gérant et sa famille ne pourra pas non plus bénéficier de la déduction pour investissement visée ici : un tel investissement ne fait normalement jamais partie de l'activité économique existante ou prévue qui est ou sera réellement exercée par la société[468].

Les actifs dont la valeur, sur base de l'article 205ter du CIR, serait déduite dans le calcul du capital à risque pour la déduction pour capital à risque (à savoir notamment les actifs dépassant de manière déraisonnable les besoins professionnels et les actifs non productifs - cf. page 495) ne sont pas censés être des immobilisations affectées à l'activité économique. Cela signifie notam-

467 Les cinq types d'exclusion vues ci-avant trouvent également à s'appliquer à cette déduction en une fois.

468 DOC 53 3147/001, page 37.

ment que les immobilisations corporelles ou parties d'entre elles dont les coûts dépassent déraisonnablement les besoins professionnels, ne sont pas des actifs éligibles pour la déduction pour investissement visée ici.

Cette déduction dépend du respect des deux conditions suivantes :

- la société, sur la base du Code des sociétés (cf. page n°685), doit être considérée comme une petite société pour l'exercice d'imposition lié à la période imposable au cours de laquelle elle a effectué ces investissements;
- la société doit renoncer, de manière irrévocable, à la déduction pour capital à risque pour la période imposable au cours de laquelle l'investissement est effectué (cependant, cette déduction pour investissement peut être combinée avec la déduction du stock des intérêts notionnels (cf. page n°502)).

Ne sont pas considérés comme des investissements ordinaires (et peuvent donc continuer à bénéficier de la déduction en une fois) :

- les brevets;
- les investissements qui tendent à promouvoir la recherche et le développement de produits nouveaux et de technologies avancées n'ayant pas d'effets sur l'environnement ou visant à minimiser les effets négatifs sur l'environnement[469];
- les immobilisations qui tendent à une utilisation plus rationnelle de l'énergie, à l'amélioration des processus industriels au point de vue énergétique et, plus spécialement, à la récupération d'énergie dans l'industrie[470];
- les investissements favorisant la réutilisation de récipients[471];
- les immobilisations corporelles qui tendent à une sécurisation des locaux professionnels tels qu'ils sont définis à l'article 319 du CIR à savoir les fabriques, usines, ateliers, magasins, remises, garages, ainsi que les terrains servant d'usine ou de dépôt de marchandises.

  À titre d'exemple, sont visés par cette déduction les investissements suivants :
  - le matériel empêchant ou retardant les attaques par véhicule-bélier;
  - les systèmes de contrôle d'accès des locaux professionnels;
  - le matériel retardateur d'accès dans un parking;
  - le vitrage retardateur d'intrusion;
  - les volets roulants retardateurs d'intrusion;
  - les systèmes de sécurisation pour les portes, fenêtres, volets, portes de garage, coupoles, fenêtres de toiture, soupiraux et barrières;
  - les portes blindées;
  - le matériel de détection des vols d'objets;
  - les coffres munis d'une serrure retardatrice d'effraction;
  - les caisses antivol;
  - les systèmes de neutralisation de valeurs (light-CIT);
  - les barrières de sécurité d'un chantier;
  - les serrures et autres systèmes de sécurisation des matériaux sur un chantier;
  - les systèmes d'alarme;
  - les systèmes de caméras;
  - les systèmes de suivi.

---

469 Pour la suite, ils seront repris sous le vocable investissements pour la recherche et le développement.

470 Pour la suite, ils seront repris sous le vocable investissements économiseurs d'énergie.

471 A savoir :
- immobilisations corporelles exclusivement destinées à assurer le processus de production de récipients réutilisables contenant des boissons et produits industriels, tels que visés au livre III « Ecotaxes » de la loi ordinaire du 16 juillet 1993 visant à achever la structure fédérale de l'Etat;
- les immobilisations corporelles exclusivement destinées à assurer la reprise dans les points de vente, le stockage temporaire, l'acheminement vers la ligne d'embouteillage ou vers une centrale de distribution en vue d'un triage et d'un nettoyage, et le triage et le nettoyage en vue du transfert des récipients réutilisables précités vers les installations d'embouteillage respectives.

Il ressort des réactions des contribuables à propos de cette mesure qu'il n'est pas clair pour tout le monde quant à savoir si le texte légal porte uniquement sur les locaux ou si le contenu de ceux-ci est aussi visé.

Le gouvernement a dès lors décidé de mentionner expressément le contenu des locaux professionnels dans la disposition légale, et ce afin d'éviter toute confusion.

La déduction en une fois pour les investissements qui tendent à une sécurisation des locaux professionnels dépend du respect de la condition suivante :

- la société, sur la base du code des sociétés (cf. page n°685), doit être considérée comme une petite société.

- les investissements de sécurisation dans les autobus, les autocars, les taxis, les tracteurs et les camions, c'est-à-dire dans les véhicules dont, en cas de vente, la plus-value est exonérée moyennant réinvestissement (cf. page n°75).

  La déduction en une fois pour les investissements qui tendent à une sécurisation des véhicules d'entreprise dépend du respect de la condition suivante :

  - la société, sur la base du code des sociétés (cf. page n°685), doit être considérée comme une petite société.

- l'installation d'un système d'extraction ou d'épuration d'air installé dans un fumoir d'un établissement Horeca.

  On entend par établissement Horeca, tout lieu ou local accessible au public, quelles que soient les conditions d'accès, dont l'activité principale et permanente consiste à préparer et/ou à servir des repas et/ou des boissons pour la consommation sur place ou non, et ce même gratuitement;
- les investissements en navires neufs ou en navires de seconde main qui entrent pour la première fois en la possession d'une société qui recueille des bénéfices provenant de la navigation maritime;
- les investissements numériques à savoir les immobilisations en actifs numériques visant à intégrer et exploiter des systèmes de paiement et de facturation digitaux et les systèmes qui tendent à la sécurisation de la technologie de l'information et de la communication.

  Sont visés par cette déduction, les investissements suivants :
  - les investissements dans des systèmes (logiciels et équipements) facilitant le paiement électronique;
  - les investissements dans des systèmes (logiciels et équipements) permettant la facturation, la signature ou l'archivage électroniques.
  - les investissements dans des systèmes (logiciels et équipements) assurant la sécurisation des données, des réseaux et des applications TIC;
  - les investissements dans les outils de contrôle et d'audit des systèmes de sécurisation des TIC;
  - les investissements dans des systèmes (logiciels et équipements) permettant une gestion plus sécurisée des données à caractère personnel récoltées par l'entreprise.
  - les frais de développement de logiciel liés aux investissements repris ci-dessus, et qui sont amortis en même temps que les immobilisations auxquelles ils se rapportent;
  - les investissements dans des systèmes (logiciels ou équipements) permettant l'interfaçage des systèmes visés ci-avant, avec les systèmes de l'entreprise ou vers des systèmes extérieurs, en ce compris les investissements couvrant les interfaçages entre les systèmes de facturation, de paiement et les programmes comptables.

Les sociétés qui ont opté irrévocablement pour le crédit d'impôt pour recherche et développement pour la période imposable rattachée **à l'exercice d'imposition 2007 ou un exercice d'imposition ultérieur**, ne peuvent plus bénéficier, à partir de cet exercice d'imposition, de la déduction pour investissement en ce qui concerne :

a. les brevets;
b. les immobilisations qui tendent à promouvoir la recherche et le développement de produits nouveaux et de technologies avancées n'ayant pas d'effets sur l'environnement ou visant à minimiser les effets négatifs sur l'environnement.

CALCUL DE LA DÉDUCTION

La déduction en une fois correspond à un certain pourcentage de la valeur d'investissement ou de revient des immobilisations prises en considération.

La déduction pour investissement doit être appliqué pour l'exercice comptable durant lequel ces acomptes ou ces immobilisations en cours doivent être comptabilisés comme immobilisations corporelles ou incorporelles, et ce, nonobstant le choix laissé au contribuable quant au début de la période d'amortissement[472].

Le pourcentage de la déduction dépend :

- de l'exercice d'imposition au cours duquel l'investissement a été effectué;
- de la nature de l'investissement.

NATURE DE L'INVESTISSEMENT	Exercice d'imposition 2017	Exercice d'imposition 2018	Exercice d'imposition 2019	Exercice d'imposition 2020
Brevets	13,5%	13,5%	13,5%	13,5%
Investissements pour la recherche et le développement	13,5%	13,5%	13,5%	13,5%
Investissements économiseurs d'énergie	13,5%	13,5%	13,5%	13,5%
Investissements favorisant la réutilisation de récipients	3%	3%	3%	3%
Investissements « ordinaires » acquis ou constitués entre le 1er janvier 2018 et le 31 décembre 2019[473] directement lié à l'activité économique réellement exercée		20%	20%	20%
Investissements « ordinaires » acquis ou constitués entre le 1er janvier 2016 et le 31 décembre 2017 directement lié à l'activité économique réellement exercée	8%	8%		
Autres investissements effectués par des PME belges	0%	0%	0%	0%
Investissements qui tendent à une sécurisation des locaux professionnels et des véhicules d'entreprise visés à l'article 44bis, § 1er, alinéa 3	20,5%	20,5%	20,5%	20,5%
Système d'extraction ou d'épuration d'air installé dans un fumoir d'un établissement horeca	13,5%	13,5%	13,5%	13,5%
Investissements numériques	13,5%	13,5%	13,5%	13,5%
Investissements en navires neufs ou en navires de seconde main qui entrent pour la première fois en la possession d'une société qui recueille des bénéfices provenant de la navigation maritime	30%	30%	30%	30%

Lorsque le pourcentage majoré de la déduction pour investissement (par exemple des investissements pour la recherche et le développement dont le taux s'élève à 13,5%) est inférieur au taux des investissements ordinaires acquis ou constitués entre le 1er janvier 2018 et le 31 décembre 2019, le taux à appliquer est le taux le plus élevé, c'est-à-dire le taux temporaire de 20%[474]. Pour pouvoir bénéficier de ce taux, la société doit cependant respecter les deux conditions suivantes :

472 Document parlementaire DOC 54 / 2864 / 001, page 36.

473 Article 12 de la loi du 25 décembre 2017 portant réforme de l'impôt des sociétés.

474 Document parlementaire DOC 54 / 2864 / 001, page 36.

- être considérée comme une petite société au sens du Code des sociétés (cf. page n°685) pour l'exercice d'imposition lié à la période imposable au cours de laquelle elle a effectué ces investissements;
- renoncer, de manière irrévocable, à la déduction pour capital à risque pour la période imposable au cours de laquelle l'investissement est effectué.

2. *Déduction étalée*

La déduction pour investissement s'opère en principe en une fois. Cependant, les entreprises peuvent, dans certains cas, opter pour le système de la déduction étalée.

Ce régime diffère selon la nature de l'investissement.

a) Investissements pour la recherche et le développement

Pour de tels investissements, la société peut toujours opter pour la déduction étalée peu importe le nombre de travailleurs qu'elle occupe au premier jour de la période imposable.

Les sociétés qui ont irrévocablement opté pour le crédit d'impôt pour recherche et développement pour la période imposable rattachée **à l'exercice d'imposition 2007 ou un exercice d'imposition ultérieur** ne peuvent plus bénéficier, à partir de cet exercice d'imposition, de la déduction pour investissement étalée pour les investissements pour la recherche et le développement respectueux de l'environnement.

b) Autres investissements

La loi du 22 juin 2006 a désactivé la déduction pour investissement étalée à l'égard des investissements autres que les investissements pour la recherche et le développement (cela signifie que le pourcentage de la déduction a été ramené à zéro). Cette désactivation est applicable à toutes les sociétés à partir de l'exercice d'imposition 2007.

Une mesure transitoire est instaurée par l'article 528 du CIR en vue de conserver le bénéfice de la déduction pour investissement qui a été accordée pour un exercice d'imposition antérieur à l'exercice d'imposition 2007.

c) Calcul de la déduction

La déduction étalée correspond à un certain pourcentage des amortissements admis fiscalement concernant le bien qui fait l'objet de la déduction pour investissement, et ce pour chacune des périodes imposables de la période d'amortissement.

d) Pourcentage de la déduction

Le pourcentage de la déduction dépend :

- de l'exercice d'imposition au cours duquel l'investissement a été effectué[475];
- de la nature de l'investissement.

475 Ce pourcentage reste inchangé pendant toute la période d'amortissement de l'investissement.

NATURE DE L'INVESTISSEMENT	Exercice d'imposition 2017	Exercice d'imposition 2018	Exercice d'imposition 2019	Exercice d'imposition 2020
Investissement pour la recherche et le développement	20,5%	20,5%	20,50%	20,50%
Autres investissements effectués par des contribuables occupant moins de 20 travailleurs	0%	0%	0%	0%

D. Cession ou la mise hors d'usage des immobilisations

Lors de la cession ou de la mise hors d'usage d'une immobilisation pour laquelle la société a obtenu la déduction étalée, une déduction complémentaire peut être appliquée à concurrence de la différence positive entre :

- d'une part, le montant de la déduction en une fois qui aurait pu être opérée;
- d'autre part, le montant total des déductions étalées déjà obtenues.

Ceci peut être illustré par l'exemple suivant.

La SA Azur (PME au sens du code des sociétés) qui tient ses écritures comptables par année civile et qui occupe moins de 20 travailleurs au 1er janvier 2017, opte pour la déduction étalée en ce qui concerne l'investissement suivant affecté à la recherche et au développement de produits nouveaux :

• une machine	20.000,00 EUR
• durée d'utilisation estimée	5 ans
• date d'acquisition	1er février 2014

La machine est vendue le 23 mars 2018.

Le montant de la déduction en une fois qui aurait pu être opérée lors de l'exercice d'imposition 2018	**2.700,00 EUR** c'est-à-dire 13,5% de 20.000,00 EUR.
Le montant total des déductions étalées déjà obtenues (exercice d'imposition 2018)	**820,00 EUR** c'est-à-dire 20.000,00 EUR x 20% x 20,50%.
Déduction complémentaire pour l'exercice d'imposition 2019	**1.880,00 EUR** c'est-à-dire **2.700,00** EUR – **820,00** EUR.

E. Report de la déduction pour investissement

En cas d'absence ou d'insuffisance de bénéfices d'une période imposable pour laquelle la déduction pour investissement peut être opérée, la déduction non accordée pour cette période imposable est reportée successivement sur les bénéfices des périodes imposables suivantes sans limite dans le temps, excepté pour les investissements ordinaires directement liés à l'activité économique réellement exercée. Pour ces investissements, la possibilité de report est limitée uniquement à la période imposable suivante.

La déduction pour investissement « reportée » ne peut être déduite par période imposable qu'à concurrence :

Montant de la déduction pour investissement reportée d'une ou plusieurs années antérieures	Ce montant est inférieur ou égal à 991.570,00[476] EUR pour l'exercice d'imposition 2019	Ce montant est : • supérieur à 991.570,00[477] EUR pour l'exercice d'imposition 2019; • inférieur ou égal à 3.996.260,00[478] EUR pour l'exercice d'imposition 2019.	Ce montant est supérieur à 3.996.260,00[479] EUR pour l'exercice d'imposition 2019.
Montant à déduire au cours de la 8ème opération	Au maximum, le stock de DPI reportée.	Au maximum, 991.570,00[480] EUR pour l'exercice d'imposition 2019.	Au maximum, 25% du stock de DPI reportée.

Ceci peut être illustré par l'exemple suivant.

Le bénéfice belge de la SA Azur au terme de la cinquième opération s'élève à 1.012.447,34 EUR.

La déduction pour investissement afférente à des investissements effectués en actifs neufs pour l'année civile 2018 s'élève à 12.944,00 EUR.

La déduction pour investissement reportée s'élève à 1.005.000,00 EUR.

La déduction pour investissement qui peut être déduite des bénéfices belges qui subsistent au terme de la huitième opération s'élève à :

• déduction pour investissement reportée est de 1.005.000,00 EUR limitée à	991.570,00 EUR
• déduction pour investissement de la période	12.944,00 EUR
• Total	**1.004.514,00** EUR

La base imposable de la SA Azur après déduction de la déduction pour investissement s'élève à 7.933,34 EUR c'est-à-dire 1.012.447,34 EUR - **1.004.514,00** EUR.

La déduction pour investissement à reporter sur les périodes imposables suivantes s'élève à 13.430,00 EUR c'est-à-dire 1.005.000,00 EUR - 991.570,00 EUR.

F. Reprise partielle de la déduction pour des investissements pour la recherche et le développement respectueux de l'environnement

Lorsqu'une immobilisation pour la recherche et le développement reçoit une autre affectation, pendant la période d'amortissement, une quotité devenue *excédentaire de la déduction pour investissement en une fois* est taxée à titre de bénéfice de l'exercice comptable de la modification de l'affectation.

476 1.011.900,00 pour l'exercice d'imposition 2020.

477 1.011.900,00 pour l'exercice d'imposition 2020.

478 4.047.610,00 pour l'exercice d'imposition 2020.

479 4.047.610,00 pour l'exercice d'imposition 2020.

480 1.011.900,00 pour l'exercice d'imposition 2020.

Cette quotité excédentaire est égale :

à 1 % de la valeur d'investissement ou de revient multiplié par le produit des deux facteurs suivants : <u>Premier facteur</u> si l'immobilisation concernée a été acquise ou constituée à partir du 1er janvier 1991 : 10,5 <u>Deuxième facteur</u> une fraction : • ayant pour numérateur, le nombre d'années ou d'exercices comptables qui ne sont pas encore écoulé(e)s au moment où l'inobservation de l'obligation se produit; • ayant pour dénominateur le nombre d'années ou d'exercices comptables sur lesquelles (lesquels) s'étend la durée d'amortissement de l'immobilisation concernée. Le montant ainsi obtenu doit être repris au code 1218 « Reprise d'exonérations antérieures » de la déclaration à l'impôt des sociétés.

Ceci peut être illustré par l'exemple suivant.

La SA Azur qui tient sa comptabilité par année civile, a effectué durant l'exercice comptable 2015 un investissement de 12.500,00 EUR en matériel incorporel qui est utilisé pour la recherche et le développement de nouveaux produits.

Cet investissement a donné droit à une déduction unique. La durée normale d'utilisation du matériel peut être évaluée à 5 ans. À partir de l'exercice comptable 2018, cet actif est incorporé à la production et par conséquent ne répond plus à sa destination originale.

Détermination de la quotité excédentaire de la déduction pour investissement en une fois qui devient imposable pour l'exercice d'imposition 2019 :

à 1 % de la valeur d'investissement ou de revient : 12.500,00 EUR x 1% = 125,00 EUR multiplié par le produit des deux facteurs suivants : <u>Premier facteur</u> si l'immobilisation concernée a été acquise ou constituée à partir du 1er janvier 1991 : 10,5 <u>Deuxième facteur</u> une fraction : • ayant pour numérateur, le nombre d'années ou d'exercices comptables qui ne sont pas encore écoulé(e)s au moment où l'inobservation de l'obligation se produit (c'est-à-dire 2); • ayant pour dénominateur le nombre d'années ou d'exercices comptables sur lesquelles (lesquels) s'étend la durée d'amortissement de l'immobilisation concernée (c'est-à-dire 5). Le montant de 525,00 EUR (125,00 x (10,5 x 2/5)) doit être repris au code 1218 « Reprise d'exonérations antérieures » de la déclaration à l'impôt des sociétés.

Reprises d'exonérations antérieures	525,00	Code 1218

G. Synthèse

Nous vous proposons à présent un tableau synthétique, vous permettant de visualiser, pour l'exercice d'imposition 2018, les règles relatives à la déduction pour investissement.

	Investissements pour la recherche et le développement	• **Brevets** • **Investissements économiseurs d'énergie** • **Investissements favorisant la réutilisation de récipients**	• Extraction ou d'épuration d'air installé dans un fumoir d'un établissement horeca	**Investissements en sécurisation des locaux professionnels et des véhicules d'entreprise**	Autres investissements **ordinaires**	**Investissements ordinaires directement liés à l'activité économique réellement exercée**
Attestations à fournir	Une attestation délivrée par la Région compétente par laquelle il est certifié que les produits nouveaux et les technologies avancées résultant de la recherche et du développement auxquels les immobilisations en question sont affectées n'ont pas d'effets sur l'environnement ou visent à minimiser les effets négatifs sur l'environnement.	Une copie du contrat, sur la base duquel l'entreprise a acquis le brevet ou le droit d'exploitation de celui-ci et la preuve que le brevet ou le droit d'exploitation de celui-ci n'a jamais été affecté par une entreprise à l'exercice de son activité professionnelle en Belgique. En ce qui concerne les investissements économiseurs d'énergie une attestation de la Région où s'effectue l'investissement.		Sur la facture (ou une annexe), l'entrepreneur enregistré doit préciser les locaux professionnels où sont exécutés les travaux et doit attester de leur qualité. C'est-à-dire qu'il doit certifier que les investissements correspondent aux objectifs tels que mentionnés pour ce matériel et, le cas échéant, aux prescriptions techniques fixées par l'arrêté royal modifiant l'AR/CIR en matière de déduction pour investissements.		
Possibilité d'une déduction pour investissement en une fois	Peuvent bénéficier de la déduction pour investissement en une fois.			Peuvent bénéficier de la déduction pour investissement en une fois si la société est une PME au sens du code des sociétés.	Non	Oui, à la condition que la société soit une société PME au sens de l'article 15 du code des sociétés et renonce irrévocablement à la déduction pour capital à risque.
Taux de la déduction pour investissement en une fois	13,5% de la valeur d'investissement sauf : • pour les investissements favorisant la réutilisation de récipients et les autres investissements pour lesquels le taux s'élève à 3%; • pour les investissements qui tendent à une sécurisation des locaux professionnels pour lesquels le taux s'élève à 20,5%.				0,00	8% ou 20 % pour les investissements acquis ou constitués à partir du 1er janvier 2018.
Possibilité d'une déduction pour investissement étalée	Peuvent bénéficier de la déduction pour investissement étalée.	Ne peuvent pas bénéficier de la déduction pour investissement étalée.				
Taux de la DPI étalée	20,5% des amortissements admis fiscalement.	0,00				
Relevé à joindre avec la déclaration	275 U					

VII. Déduction des transferts intra-groupe

Articles 194septies, 198, § 1er, 15° et 205/5 du CIR[481].

Afin de relever l'attractivité du régime fiscal belge pour les groupes belges et multinationaux de sociétés, la possibilité est offerte à ces groupes de compenser dans certaines circonstances les pertes de l'année d'une société du groupe avec les bénéfices d'une autre société du groupe.

Cette nouvelle mesure entre en vigueur à partir du 1er janvier 2019 et est applicable à partir de l'exercice d'imposition 2020 se rattachant à une période imposable qui débute au plus tôt le 1er janvier 2019[482].

➲ Détermination du montant à transférer

Le montant du transfert intra-groupe est déterminé dans une convention de transfert intra-groupe conclue entre le contribuable et une société résidente ou étrangère qui entre en considération pour l'application de la présente mesure.

A. Société résidente ou étrangère qui entre en considération

Par société résidente ou étrangère qui entre en considération pour l'application de la présente mesure, on entend une société :

- qui dispose durant l'entièreté de la période imposable[483] d'une participation d'au moins 90% du capital du contribuable, ou;
- dont le capital est détenu à raison d'au moins 90% par le contribuable, ou;
- dont le capital est détenu à raison d'au moins 90% par une autre société résidente ou étrangère et que cette autre société résidente ou étrangère dispose d'une participation d'au moins 90% du capital du contribuable.

Ceci a pour effet de limiter le champ d'application de la mesure aux sociétés-mères, filiales ou sociétés-sœurs du contribuable, ou des établissements belges de ces sociétés[484].

Il est requis que la liaison entre ces sociétés perdure durant au moins cinq périodes imposables successives.

481 Article 47 et 48 de la loi du 25 décembre 2017 portant réforme de l'impôt des sociétés. Ces articles entrent en vigueur le 1er janvier 2019 et sont applicables à partir de l'exercice d'imposition 2020 se rattachant à une période imposable qui débute au plus tôt le 1er janvier 2019.

482 Article 86 B1. de la loi portant réforme de l'impôt des sociétés. Ladite loi dispose, en son art. 86, D., que: «Toute modification apportée à la date de clôture de l'exercice comptable à partir du 26 juillet 2017, reste sans effet pour l'application des dispositions du présent chapitre».

483 Doc 54 2864/001, page 85.

484 Doc 54 2864/001, page 85.

Ainsi, une convention ne peut être conclue uniquement que :

- si la société résidente ou étrangère est qualifiée de façon ininterrompue durant la période imposable et les quatre précédentes périodes imposables de société résidente ou étrangère qui entre en considération pour l'application de la présente mesure; et
- si la période imposable de la société résidente ou étrangère débute au même moment que la période imposable du contribuable et se clôture soit au même moment, soit en cas de liquidation de cette société à un moment antérieur au moment auquel se clôture la période imposable du contribuable.

Une société étrangère n'entre en considération que si celle-ci est établie dans un Etat membre de l'Espace Economique Européen.

B. Sociétés exclues

Aucune convention de transfert intra-groupe ne peut se conclure si une des deux parties est :

- une société qui met un bien immobilier ou d'autres droits réels sur un tel bien à la disposition d'une ou de plusieurs personnes physiques qui exercent dans la société :
  - un mandat d'administrateur, de gérant, de liquidateur ou des fonctions analogues ou une fonction dirigeante;
  - une activité dirigeante de gestion journalière, d'ordre commercial, financier ou technique, en dehors d'un contrat de travail.

  Sont également visés leur conjoint ou leurs enfants lorsque les personnes personnes physiques mentionnées ci-dessus ou leur conjoint ont la jouissance légale des revenus de ces enfants.
- une société d'investissement[485];
- une compagnie de navigation maritime[486];
- un commerçant en diamants[487];
- une société qui est imposée forfaitairement sur les bénéfices de la période imposable[488];
- une société établie à l'étranger qui, bien qu'assujettie dans le pays de son domicile fiscal à l'impôt des sociétés ou à un impôt étranger analogue à cet impôt, bénéficie dans celui-ci d'un régime fiscal exorbitant du droit commun.

C. Caractéristiques de la convention

La convention de transfert intra-groupe conclue entre le contribuable et une société résidente ou étrangère qui entre en considération doit remplir un certain nombre de caractéristiques :

- la convention ne peut concerner qu'une période imposable ; cela a pour conséquence que le montant du transfert intra-groupe qui est repris en déduction des bénéfices ne peut excéder la perte fiscale de la période imposable que la société déficitaire a éprouvé durant la même période imposable[489];

485 Reprise dans le champ d'application de l'article 185bis du CIR.

486 Soumise à imposition dans le respect des articles 115 à 120 ou de l'article 124 de la loi-programme du 2 août 2002.

487 Soumis à imposition dans le respect des articles 67 à 71 de la loi-programme du 10 août 2015.

488 En application de l'article 342, §§ 2 et 4 du CIR.

489 Doc 54 2864/001, page 87.

- le montant du transfert intra-groupe ne peut pas dépasser les pertes professionnelles qui, dans le chef de la société résidente qui entre en considération, seraient éprouvées durant la période imposable si le transfert intra-groupe n'était pas repris dans les bénéfices. Si cette société résidente est partie prenante de plusieurs conventions de transfert intra-groupe, la somme des montants du transfert intra-groupe repris dans ces conventions ne peut dépasser les pertes professionnelles précitées;
- la société résidente (déficitaire) s'engage à inclure le montant du transfert intra-groupe dans la déclaration à l'impôt des sociétés ou à l'impôt des non-résidents sociétés en tant que bénéfices de la période imposable à laquelle se rattache la convention ; concrètement, cela signifie que dans la déclaration la situation de début de réserves doit être diminuée d'un montant qui est conforme au montant du transfert intra-groupe[490];
- le contribuable s'engage à payer à la société résidente (déficitaire) une compensation ; cette compensation est égale au supplément d'impôt qui serait dû si le montant du transfert intra-groupe repris dans la convention n'était pas repris en réduction des bénéfices de la période imposable. Cette compensation peut être libérée durant une période imposable ultérieure, mais la preuve de cette libération doit cependant pouvoir être fournie au moment où la déclaration du contribuable est introduite[491].

Si les bénéfices sont réellement repris dans la déclaration de la société déficitaire et si la compensation est réellement libérée, le contribuable peut déduire le montant du transfert intra-groupe des bénéfices de la période imposable.

D. Exemple

Supposons deux sociétés-sœurs (SA Azur et SA Blues) dont les périodes imposables correspondent à une année civile.

Après la clôture des comptes de l'année 2019 (exercice d'imposition 2020) et à l'occasion de l'établissement de la déclaration fiscale, la direction de la SA Azur constate que cette société a éprouvé une perte fiscale de 200.000,00 € et la direction de la SA Blues constate un résultat imposable de 300.000,00 € dans le chef de cette société.

Le résultat fiscal (1ère opération) de la SA Azur est le suivant :

- Mouvement des réserves : - 260.000,00 € ;
- Dépenses non admises : 60.000,00 €.

La SA Azur conclut avec la SA Blues une convention de transfert intra-groupe, par laquelle un transfert de 200.000,00 € est convenu. En exécution de cette convention, la SA Azur s'engage à inscrire le transfert intra-groupe dans les bénéfices de la période imposable.

En vue d'assurer la neutralité de l'avoir social, la SA blues paye (en 2021) à la SA Azur une indemnité de 50.000,00 € (soit 25% de 200.000,00 €).

Les conséquences de cette convention sont les suivantes :

490 Doc 54 2864/001, page 86.

491 Doc 54 2864/001, page 87.

❍ Dans le chef de la SA Azur

	Situation au début de la période imposable 1/1/2019	Situation au terme de la période imposable 31/12/2019
Bénéfice ou perte reportée	0	(260.000,00)
Diminution de la situation de début des réserves	200.000,00	
Total	(200.000,00)	(260.000,00)
Mouvement de la période imposable		(60.000,00)
Dépenses non admises		60.000,00
Résultat fiscal (1ère opération)		0,00

Le résultat imposable initial négatif qui est constitué d'un mouvement négatif des réserves pour un montant de 260.000,00 € et de dépenses non admises de 60.000,00 € est corrigé de manière purement fiscale en exécution de la convention par une diminution de la situation de début des réserves de 200.000,00 €. Il s'ensuit que le résultat fiscal de la société A pour cette période est ramené à zéro, de sorte qu'aucune perte ne peut être reportée sur la période suivante.

❍ Dans le chef de la SA Blues

En conséquence de l'exécution de la convention précitée, la SA Blues peut retrancher 200.000,00 € des bénéfices fiscaux de la période imposable 2019.

Résultat fiscal (1ère opération)	300.000,00
Déduction transferts intra groupe	200.000,00
Base imposable	100.000,00

L'indemnité de 50.000,00 € constitue :

- dans le chef de la SA Blues une dépense non admise[492];
- dans le chef de la SA Azur un bénéfice exonéré[493] à reprendre en majoration de la situation de début des réserves (cadre bénéfices réservés imposables, autres majorations de la situation de début des réserves - Code 1056).

492 cf. article 198, § 1er, 15° du CIR.

493 cf. article 194septies du CIR qui prévoit que les bénéfices sont exonérés à concurrence de l'indemnité visée à l'article 205/5, § 3, alinéa 4, qui en exécution de la Convention de transfert intra-groupe visée à l'article 205/5, § 3, est perçue en contrepartie de l'incorporation d montant du transfert intra-groupe dans les bénéfices de la période imposable.

VIII. Impact sur les déductions fiscales en cas de prise ou de changement de contrôle d'une société

	Article 207, alinéa 8 du CIR
Autre référence	**Circulaire n° Ci.RH.421/521.807 du 15 décembre 2000**

Le droit à la récupération des déductions fiscales mentionnées ci-après disparaît lorsque, pendant la période imposable, a lieu une prise ou un changement de contrôle qui ne répond pas à des besoins légitimes de caractère financier ou économique :

- la déduction pour investissement non accordée en cas d'absence ou d'insuffisance de bénéfices (cf. page n°529);
- la déduction reportée des RDT (cf. page n°471)[494];
- la déduction pour revenus d'innovation reportée (cf. page n°479)[495];
- la déduction des pertes professionnelles antérieures (cf. page n°506);
- la déduction pour capital à risque non accordée en cas d'absence ou d'insuffisance de bénéfices imposables (cf. page 502).

La Cour de Cassation[496] a précisé que cette interdiction de déduire les pertes vaut pour l'ensemble des pertes professionnelles antérieures de la société et pour toute période imposable ultérieure et ne se limite pas à l'exercice d'imposition qui a trait à la période imposable durant laquelle la prise ou le changement de contrôle a eu lieu.

Pour que cette disposition soit applicable, le changement d'actionnariat doit résulter d'une cession volontaire. Par conséquent, une modification dans la structure de l'actionnariat à la suite d'une succession, ne tombe pas dans le champ d'application de l'article 207, alinéa 3 du CIR.

Si le changement de contrôle répond à des besoins légitimes, le solde des pertes professionnelles antérieures et les autres déductions fiscales mentionnées ci-dessus resteront déductibles.

L'Administration fiscale estime qu'il est ainsi satisfait à la condition de besoins légitimes de caractère financier ou économique :

- en cas de changement de contrôle d'une société en difficulté avec maintien, même partiel, de l'emploi et des activités exercées par cette entreprise avant la prise ou la modification du contrôle;
- en cas de transferts d'actions ou de dirigeants à l'intérieur d'un ensemble par les entreprises comprises dans la consolidation comptable.

494 Article 53, 5° de la loi du 25 décembre 2017 portant réforme de l'impôt des sociétés. Cet article entre en vigueur le 1er janvier 2018 et est applicable à partir de l'exercice d'imposition 2019 se rattachant à une période imposable qui débute au plus tôt le 1er janvier 2018.

495 Article 53, 5° de la loi du 25 décembre 2017 portant réforme de l'impôt des sociétés. Cet article entre en vigueur le 1er janvier 2018 et est applicable à partir de l'exercice d'imposition 2019 se rattachant à une période imposable qui débute au plus tôt le 1er janvier 2018.

496 Arrêt du 19 septembre 2013, F.12.0111.N.

Au sens de la législation comptable, il existe une présomption légale irréfragable, de contrôle de droit, basée sur plusieurs critères :

- la détention de la majorité des droits de vote attachés à l'ensemble des actions, parts ou droits d'associés de l'entreprise en cause;
- un associé a le droit de nommer ou de révoquer la majorité des administrateurs ou gérants;
- un associé dispose du pouvoir de contrôle en vertu des statuts de l'entreprise en cause ou de conventions conclues avec celle-ci;
- par l'effet de conventions conclues avec d'autres associés de l'entreprise en cause, un associé dispose de la majorité des droits de vote attachés à l'ensemble des actions, parts ou droits associés à ceux-ci;
- l'existence d'un contrôle conjoint, c'est-à-dire le contrôle qui est exercé conjointement par un nombre limité d'associés, lorsque ceux-ci ont convenu que les décisions relatives à l'orientation de la gestion de l'entreprise en cause ne pourraient être prises que de leur commun accord.

Le contrôle peut cependant résulter d'autres facteurs, auquel cas on parle alors de contrôle de fait.

Un associé d'une entreprise est, sauf preuve contraire, présumé disposer d'un contrôle de fait sur cette entreprise si, lors de l'avant dernière et de la dernière assemblée générale de cette entreprise, il a exercé des droits de vote représentant la majorité des voix attachées aux titres représentés à ces assemblées.

IX. Limitation de l'utilisation des déductions fiscales (la corbeille)

Article 207, alinéas 5 et 6 du CIR[497].

Afin d'élargir la base imposable, une limitation est introduite en ce qui concerne le montant des déductions fiscales suivantes :

- la déduction pour capital à risque « incrémentale » (cf. page 487);
- la déduction reportée des RDT (cf. page n°471);
- la déduction des revenus d'innovation d'une période imposable précédente qui n'ont pu être déduits des bénéfices de cette période ou d'une période ultérieure (cf. page n°479) ;
- les pertes antérieures reportées (cf. page n°506);
- le stock des intérêts notionnels qui n'a pas pu être déduit en raison de la limitation à 60% (cf. page n°502) ou de la corbeille.

A. Le panier et la règle des 70%

Le montant total des déductions fiscales mentionnées ci-avant est limité à 1.000.000,00 EUR majoré de 70% de la quotité qui excède 1.000.000,00 EUR de la partie du bénéfice imposable qui subsiste au terme de la 8ème opération. Autrement dit, la base de la corbeille est la base imposable après déduction pour investissement.

La déduction limitée s'opère dans l'ordre suivant :

- déduction pour capital à risque « incrémentale »;
- déduction reportée des RDT;
- déduction reportée des revenus d'innovation;
- pertes antérieures reportées;
- stock des intérêts notionnels;
- stock des intérêts notionnels qui n'a pas pu être déduit en raison de la limitation à 60% ou de la corbeille.

3ème opération	Eléments non imposables	
4ème opération	RDT de l'année en cours	
5ème opération	Mesures transitoires de la déduction pour revenus de brevets	
6ème opération	Déduction pour revenus d'innovation	
7ème opération	Déduction pour investissement	
8ème opération	Déduction des transferts intragroupes	Bénéfice subsistant au terme de la 8ème opération

497 Article 53, 3° de la loi du 25 décembre 2017 portant réforme de l'impôt des sociétés. Cet article entre en vigueur le 1er janvier 2018 et est applicable à partir de l'exercice d'imposition 2019 se rattachant à une période imposable qui débute au plus tôt le 1er janvier 2018.

9ème opération	Déduction pour capital à risque « incrémentale »	Ces déductions sont limitées conjointement à une corbeille égale au maximum à 1.000.000,00 EUR + 70% du solde positif qui subsiste après la déduction pour investissement.
10ème opération	Déduction reportée des RDT	
11ème opération	Déduction reportée des revenus d'innovation	
12ème opération	Pertes antérieures reportées (pas d'application pour les petites sociétés au sens du Code des sociétés pendant les quatre premières périodes imposables à partir de leur constitution)	
13ème opération	Stock des intérêts notionnels	
14ème opération	Stock des intérêts notionnels qui n'a pas pu être déduit en raison de la limitation à 60% ou de la corbeille	

Le montant des déductions fiscales qui ne peut pas être déduit sur la base de cette nouvelle règle peut être reporté de manière illimitée vers les périodes imposables suivantes.

B. Non-application de la limitation pour les pertes antérieures reportées

Pour les sociétés qui sont sur la base du Code des sociétés considérées comme des petites sociétés (cf. page n°685), la limitation ne s'applique pas aux pertes antérieures reportées pendant les quatre premières périodes imposables à partir de leur constitution.

Une société est censée être constituée à la date du dépôt de l'acte de Constitution au greffe du tribunal de commerce ou d'une formalité d'enregistrement similaire dans un autre Etat membre de l'Espace économique européen[498].

Cependant, lorsque l'activité de la société consiste en la continuation d'une activité qui était exercée auparavant par une personne physique ou une autre personne morale, la société est censée être constituée respectivement au moment de la première inscription à la Banque-Carrefour des Entreprises par cette personne physique ou au moment du dépôt par cette autre personne morale de l'acte de constitution au greffe du tribunal de commerce ou de l'accomplissement d'une formalité d'enregistrement similaire dans un autre Etat membre de l'Espace économique européen par cette personne physique ou cette autre personne morale[499].

C. Exemple

Au 31 décembre 2018 (exercice d'imposition 2019), le résultat imposable de la SA Azur, au terme de la 8ème opération, s'élève à 2.500.000,00 EUR.

498 Article 145/26, § 1er, alinéa 3 du CIR.

499 Article 145/26, § 1er, alinéa 4 du CIR.

La SA Azur dispose d'un montant total de capital à risque de 2.150.000,00 EUR (constitué au cours de la période imposable 2011) qui n'a pas pu être déduit au cours des périodes imposables antérieures en raison d'insuffisance de bénéfices.

Le montant des pertes antérieures à récupérer s'élève 400.000,00 EUR.

La base imposable de la SA Azur est déterminé de la manière suivante :

Résultat fiscal au terme de la 8ème opération		2.500.000,00	
	Montant à déduire <u>avant</u> application de la corbeille : 2.500.000,00 EUR	Montant à déduire suite à l'application de la corbeille : 2.050.000,00 EUR à savoir 1.000.000,00 EUR majoré de 70% de 1.500.000,00 EUR.	
9ème opération	Déduction pour capital à risque « incrémentale »		
10ème opération	Déduction reportée des RDT		
11ème opération	Déduction reportée des revenus d'innovation		
12ème opération	Pertes antérieures reportées (pas d'application pour les petites sociétés au sens du Code des sociétés pendant les quatre premières périodes imposables à partir de leur constitution)		400.000,00
13ème opération	Stock des intérêts notionnels	1.900.000,00[500] (application de la règle de 60% - cf. page n°519)	1.650.000,00 EUR
14ème opération	Stock des intérêts notionnels qui n'a pas pu être déduit en raison de la limitation à 60% ou à 70%		
Base imposable			450.000,00

500 A savoir 1.000.000,00 EUR majoré de 60% du résultat au terme de la huitième opération (dans ce cas 2.500.000,00 EUR) diminué de 1.000.000,00 EUR.

Partie 4

Calcul de l'impôt

	Articles 215 à 219 bis du CIR.
Autres références	**Cadre X de la déclaration fiscale** **Circulaire 2018/C/116 du 22 octobre 2018**

Avant d'entrer dans le détail de la méthode de calcul de l'impôt, nous vous rappelons que les bénéfices qu'une société recueille de son établissement situé dans un pays sans convention sont soumis à l'impôt des sociétés conjointement aux revenus belges.

I. Taux de base

A partir de l'exercice d'imposition 2019[501], le taux de base de l'impôt des sociétés s'élève à 29%[502] de l'ensemble des bénéfices qui subsistent après les quatorze opérations qui permettent de déterminer la base imposable[503]. Le taux de 29% est porté à 25% à partir de l'exercice d'imposition 2021[504].

501 Exercice d'imposition 2019 se rattachant à un exercice comptable qui débute au plus tôt le 1er janvier 2018.

502 Hors contribution complémentaire de crise (29,58% avec C.C.C.).

503 cf. article 54 de la loi du 25 décembre 2017 portant réforme de l'impôt des sociétés.

504 Exercice d'imposition 2021 se rattachant à un exercice comptable qui débute au plus tôt le 1er janvier 2020.

II. Taux réduit

Pour les sociétés qui, sur la base de l'article 15, §§ 1er à 6, du Code des sociétés[505], sont considérées comme des petites sociétés (cf. page n°685), le taux de l'impôt sur la première tranche allant de 0,00 EUR à 100.000,00 EUR est fixé à 20%[506] (hors cotisation complémentaire de crise).

La cotisation complémentaire de crise s'élève à 2% pour les exercices d'imposition 2019 et 2020. Elle est abrogée à partir de l'exercice d'imposition 2021.

Autrement dit, les petites sociétés au sens du Code des sociétés bénéficient d'un taux réduit (20% hors cotisation complémentaire de crise) sur la première tranche de la base imposable de 100.000,00 EUR. La partie de la base imposable qui dépasse 100.000,00 EUR est imposée au taux de base soit :

- 29,58% pour les exercices d'imposition 2019 et 2020 ;
- 25,00% à partir de l'exercice d'imposition 2021.

En vertu de l'article 215, alinéa 3 du CIR, les sociétés PME au sens du Code des sociétés suivantes sont cependant exclues du taux réduit à l'impôt des sociétés :

1.	les sociétés financières;
2.	les sociétés filles d'autres sociétés;
3.	les sociétés qui n'allouent pas à leurs dirigeants non salariés une rémunération suffisante;
4.	les sociétés d'investissement;
5.	les sociétés immobilières réglementées;
6.	les organismes de financement de pensions.

1ère exclusion : LES SOCIÉTÉS FINANCIÈRES

L'objectif de cette disposition réside dans le fait qu'octroyer aux sociétés financières, dont la principale source de revenus consiste en dividendes, à la fois la déduction au titre de « revenus définitivement taxés » et le bénéfice du taux réduit, aurait constitué un avantage trop important aux yeux du législateur.

En outre, le taux réduit vise, d'une manière générale, à favoriser l'autofinancement des P.M.E industrielles, agricoles et commerciales, qui ont un accès plus difficile au marché des capitaux à risques. Le législateur ne souhaita pas étendre cet avantage aux sociétés financières[507].

❍ Sociétés visées

Sont visées toutes les sociétés au sens de l'article 2, § 2 du CIR, à l'exception des sociétés coopératives agréées par le Conseil national de la coopération, qui détiennent des actions ou parts dont la valeur d'investissement est :

• soit supérieure à 50% de la valeur réévaluée du capital libéré;
• soit supérieure à 50% du capital libéré (non réévalué), augmenté des réserves taxées et des plus-values comptabilisées (exonérées).

505 Article 1:24, §§ 1er à 6, du nouveau Code des sociétés et des associations.

506 Article 54 de la loi du 25 décembre portant réforme de l'impôt des sociétés.

507 Jacques Malherbe, Michel De Wolf et Christine Schotte, « Droit fiscal, L'impôt des sociétés », Edition Larcier 1997, pp. 234-235.

Malgré l'utilisation de la double conjonction « soit », ce qui laisserait penser que le franchissement d'une seule des limites suffit à faire perdre à une société le bénéfice du taux réduit, le commentaire des impôts sur les revenus précise qu'il y a exclusion du taux réduit si les deux limites mentionnées ci-dessus sont simultanément franchies. C'est-à-dire qu'en pratique, seul le plus élevé de ces deux montants est à prendre considération pour fixer la limite de 50%.

❍ Actions ou parts à prendre en considération

Sont à prendre en considération toutes les actions ou parts peu importe que celles-ci soient considérées, d'un point de vue comptable, comme des immobilisations financières ou comme des placements de trésorerie.

Pour l'application de la limite de 50 %, il y a également lieu de tenir compte des actions ou parts des sociétés d'investissement.

On ne tient cependant pas compte, des actions ou parts qui représentent au moins 75% du capital libéré de la société qui a émis les actions ou parts, pour déterminer si les deux limites précitées sont dépassées ou non. Cette exclusion réside dans le fait, que les sociétés qui détiennent une telle participation sont présumées exercer une activité industrielle ou commerciale au travers de leur société « fille ». Les placements faits par une société dans des Sicav ou des fonds communs de placements[508], représentent des participations dont l'importance peut déterminer le taux de l'impôt des sociétés[509].

Ceci peut être illustré par l'exemple suivant.

La société SA Azur, PME au sens du Code des sociétés, possède, au 31 décembre 2018, des actions ou parts d'autres sociétés :

- 2.500 actions de la société « SA B » (valeur d'investissement : 25.000,00 EUR) qui représentent 79% du capital libéré de ladite société;
- 8.000 actions de la société « SA C » (valeur d'investissement : 13.000,00 EUR) qui représentent 9% du capital libéré de ladite société;
- 12.000 actions de la société « SA D » (valeur d'investissement : 23.250,00 EUR) qui représentent 29% du capital libéré de ladite société.

La société SA Azur a acté en 2018 une réduction de valeur réelle sur les actions de la société « SA C » qu'elle détient en portefeuille à concurrence de 5.000,00 EUR.

1ère hypothèse

- le capital libéré (en 1990) de la SA Azur s'élève le 31 décembre 2018 à 30.000,00 EUR;
- les réserves taxées de la SA Azur au 31 décembre 2018 s'élèvent à 40.000,00 EUR.

La SA Azur est exclue du taux réduit de l'impôt des sociétés car les deux limites suivantes sont simultanément dépassées :

508 Par fonds de placement, on entend le patrimoine indivis géré par une société de gestion pour le compte de participants dont les droits sont représentés par des parts nominatives ou au porteur.

509 Question n°683 du Représentant de Clippele du 13 septembre 1993.

Valeur d'investissement des actions ou parts à prendre en considération	1ère limite : 50% de la valeur réévaluée du capital libéré	2ème limite : 50% du capital libéré (non réévalué) augmenté des réserves taxées et des plus-values comptabilisées (exonérées)
36.250,00 c'est-à-dire la somme de la valeur d'investissement des actions SA « C » et SA « D ». On ne tient pas compte des actions ou parts de la « SA B » qui représentent au moins 75% du capital libéré de ladite société.	**15.000,00 EUR** c'est-à-dire 50% de 30.000,00 EUR.	**35.000,00 EUR** c'est-à-dire 50% (30.000,00 EUR + 40.000,00 EUR).

2ème hypothèse

- le capital libéré (en 1990) de la SA Azur s'élève le 31 décembre 2018 à 60.000,00 EUR;
- les réserves taxées de la SA Azur au 31 décembre 2018 s'élèvent à 40.000,00 EUR.

La SA Azur n'est pas exclue du taux réduit de l'impôt des sociétés car les deux limites suivantes ne sont pas simultanément dépassées :

Valeur d'investissement des actions ou parts à prendre en considération	1ère limite : 50% de la valeur réévaluée du capital libéré	2ème limite : 50% du capital libéré (non réévalué) augmenté des réserves taxées et des plus-values comptabilisées (exonérées)
36.250,00 c'est-à-dire la somme de la valeur d'investissement des actions SA « C » et SA « D ». On ne tient pas compte des actions ou parts de la « SA B » qui représentent au moins 75% du capital libéré de ladite société.	**30.000,00 EUR** c'est-à-dire 50% de 60.000,00 EUR.	**50.000,00 EUR** c'est-à-dire 50% (60.000,00 EUR + 40.000,00 EUR).

2ème exclusion : LES SOCIÉTÉS FILLES D'AUTRES SOCIÉTÉS

Cette exclusion a pour but d'éviter que certaines sociétés se scindent en différentes sociétés, uniquement pour bénéficier du taux réduit.

❍ Sociétés visées

Toutes les sociétés, au sens de l'article 2, § 2 du CIR (à l'exception des sociétés coopératives agréées par le Conseil national de la coopération) dont le capital social est détenu à concurrence d'au moins 50% par d'autres sociétés résidentes ou non-résidentes, sont visées par cette disposition.

Pour déterminer si cette limite de 50% est atteinte, il doit être tenu compte des actions ou parts représentatives du capital social détenues en pleine propriété et en nue-propriété par d'autres sociétés. Les actions ou parts dont la société actionnaire n'a pas la propriété, mais uniquement l'usufruit, ne doivent pas être prises en considération[510].

❍ Détention des actions

La société est exclue du taux réduit lorsque son capital social est détenu à concurrence d'au moins la moitié par d'autres sociétés résidentes ou non-résidentes.

510 Commentaire des impôts sur les revenus n°215/19.

L'article 2, § 2, 1° du CIR définit la société de la manière suivante :

« toute société, association, établissement ou organisme quelconque régulièrement constitué qui possède la personnalité juridique et se livre à une exploitation ou à des opérations de caractère lucratif ».

De la lecture conjointe des articles 215, alinéa 3, 2° et 2, § 2, 1° du CIR, il en résulte que pour déterminer si les actions ou parts du capital de la société à taxer sont détenues à concurrence d'au moins la moitié par une ou plusieurs sociétés résidentes ou non résidentes, il ne faut pas tenir compte des actions ou parts détenues par des personnes morales visées à l'article 220 du CIR, à savoir :

- l'État, les Communautés, les Régions, les provinces, les agglomérations, les fédérations de communes, les communes, les centres publics intercommunaux d'aide sociale, ainsi que les établissements culturels publics;
- les personnes morales qui, en vertu de l'article 180, ne sont pas assujetties à l'impôt des sociétés (cf. page n°14);
- les personnes morales qui ont en Belgique leur siège social, leur principal établissement ou leur siège de direction ou d'administration, qui ne se livrent pas à une exploitation ou à des opérations de caractère lucratif ou qui ne sont pas assujetties à l'impôt des sociétés conformément à l'article 181 et 182 (cf. page n°15).

Ceci peut être illustré par l'exemple suivant.

Au 31 décembre 2018, l'actionnariat de la SA Azur, PME au sens du droit des sociétés, se décompose de la manière suivante :

- 49% par des personnes physiques;
- 10% par la Région wallonne;
- 41% par des sociétés résidentes.

La SA Azur peut bénéficier du taux réduit de l'impôt des sociétés étant donné qu'elle n'est pas détenue à concurrence d'au moins la moitié par une ou plusieurs sociétés.

3ème exclusion : LES SOCIÉTÉS QUI N'ALLOUENT PAS A LEURS DIRIGEANTS D'ENTREPRISE NON-SALARIÉS UNE RÉMUNERATION SUFFISANTE

Le législateur fiscal a voulu éviter que, par la création de sociétés, l'impôt ou les cotisations de sécurité sociale soient éludés. À cette fin, il a pris une mesure adéquate en exigeant que les sociétés qui bénéficient du taux réduit de l'impôt des sociétés allouent à leurs dirigeants personnes physiques des rémunérations d'un montant suffisant pour entraîner le paiement d'impôts et de cotisations de sécurité sociale que la constitution en société d'une activité professionnelle indépendante aboutit à faire disparaître.

❍ Sociétés visées

Sont visées les sociétés qui, sur la base de l'article 15 §§ 1er à 6 du Code des sociétés sont considérées comme des PME à l'exception de deux catégories de sociétés qui peuvent remplir ce critère en vue de bénéficier du taux réduit, même si la rémunération allouée est insuffisante. Il s'agit :

- des sociétés coopératives agréées par le Conseil national de la coopération, qui n'allouent pas à leurs dirigeants non-salariés une rémunération suffisante ;
- des sociétés qui pendant les quatre premières périodes imposables à partir de leur constitution n'allouent pas à leurs dirigeants non-salariés une rémunération suffisante.

Une société est censée être constituée à la date du dépôt de l'acte de Constitution au greffe du tribunal de commerce ou d'une formalité d'enregistrement similaire dans un autre Etat membre de l'Espace économique européen[511].

Cependant, lorsque l'activité de la société consiste en la continuation d'une activité qui était exercée auparavant par une personne physique ou une autre personne morale, la société est censée être constituée respectivement au moment de la première inscription à la Banque-Carrefour des Entreprises par cette personne physique, ou au moment du dépôt par cette autre personne morale de l'acte de constitution au greffe du tribunal de commerce, ou de l'accomplissement d'une formalité d'enregistrement similaire dans un autre Etat membre de l'Espace économique européen par cette personne physique ou cette autre personne morale[512].

Ceci peut être illustré par les exemples suivants.

1. La société SA AZUR (PME au sens du Code des sociétés), qui clôture ses comptes le 31/12, a été constituée le 19 février 2018 et l'acte de constitution de la société est déposé le 21 février 2018 au greffe du tribunal de commerce.

   Pour les périodes imposables 2018 à 2021[513], la SA Azur peut bénéficier du taux réduit même si elle ne respecte pas la condition de rémunération minimale.

2. Monsieur Jules Pick s'est inscrit le 24 février 2011 comme comptable indépendant. Le 19 février 2018, il constitue la société SA AZUR (PME au sens du Code des sociétés), qui clôture ses comptes le 31/12. L'acte de constitution de la société est déposé le 21 février 2018 au greffe du tribunal de commerce.

   Pour bénéficier du tarif réduit, la société SA Azur doit respecter la condition de rémunération minimale pour la période imposable 2019 et les périodes imposables suivantes[514].

❍ Revenu imposable de la société

Pour l'application de la « rémunération minimale », le revenu imposable de la société est le montant sur lequel est calculé l'impôt des sociétés, soit après, entre autres, l'application des déductions[515].

❍ Rémunérations à prendre en considération

Les rémunérations à prendre en considération sont toutes les rétributions attribuées ou allouées à une personne physique :

- qui exerce un mandat d'administrateur, de gérant, de liquidateur ou des fonctions analogues;
- qui exerce au sein de la société, une fonction dirigeante ou une activité dirigeante de gestion journalière, d'ordre commercial, financier ou technique, en dehors d'un contrat de travail[516].

Elles comprennent notamment :

- les tantièmes, jetons de présence, émoluments et toutes autres sommes fixes ou variables allouées par des sociétés, autres que des dividendes ou des remboursements de frais propres à la société;

511 Article 145/26, § 1er, alinéa 3 du CIR.

512 Article 145/26, § 1er, alinéa 4 du CIR.

513 Les quatre premières périodes imposables se comptent à partir du 21 février 2018 c'est-à-dire la date de dépôt de l'acte de constitution de la société au greffe du tribunal de commerce.

514 Les quatre premières périodes imposables se comptent à partir du 24 février 2011 c'est-à-dire le moment de la première inscription de Monsieur Jules Pick à la Banque-Carrefour des Entreprises.

515 Cf. document parlementaire DOC 54 / 2604 / 001, page 99.

516 Voir la question parlementaire du Représentant Van de Casteele du 1er septembre 1999.

- les avantages, indemnités et rémunérations d'une nature analogue à celles qui sont visées à l'article 31, alinéa 2, 2° à 5°;
- par dérogation à l'article 7, le loyer et les avantages locatifs d'un bien immobilier bâti, donné en location par les personnes visées à l'alinéa 1er, 1°, à la société dans laquelle elles exercent un mandat ou des fonctions analogues, dans la mesure où ils excèdent les cinq tiers du revenu cadastral revalorisé en fonction du coefficient visé à l'article 13. De ces rémunérations, ne sont pas déduits les frais relatifs au bien immobilier donné en location.

Lorsqu'un dirigeant d'entreprise perçoit, à charge du résultat de la société, des commissions concrétisées par des factures et que c'est à juste titre que lesdites commissions sont imposées comme des rémunérations de dirigeant d'entreprise, celles-ci peuvent être prises en considération pour déterminer si la limite est atteinte[517]. L'administration admet que la rémunération accordée à un travailleur, qui exerce un mandat gratuit de dirigeant d'entreprise, entre également en ligne de compte pour l'application de la règle de la rémunération minimale[518].

Ce principe a été réitéré récemment lors d'une réponse du Ministre des Finances à une question parlementaire. Ce dernier précisant qu'une société qui alloue une rémunération de travailleur salarié à un dirigeant exerçant un mandat à titre gratuit peut tenir compte de cette rémunération pour l'application de la règle de la rémunération minimale[519].

❍ Rémunération minimale à charge du résultat de la période imposable

Il en résulte que, les sommes inscrites au débit d'un compte courant et n'ayant que le caractère d'une avance ne peuvent pas être prises en considération pour la détermination de la rémunération minimale.

Par contre, les rémunérations qui sont attribuées à l'occasion de l'affectation du résultat de l'exercice comptable (les tantièmes) sont prises en considération pour la détermination de la rémunération minimale.

❍ Montant de la rémunération minimale

Le montant de la rémunération minimale à octroyer à au moins un dirigeant d'entreprise, dépend du résultat fiscal de la période imposable de la société. Le fait que cette rémunération doit être octroyée à au moins un dirigeant d'entreprise implique notamment que pour la détermination de la rémunération minimale :

- on ne peut pas additionner les rémunérations allouées ou attribuées aux différents dirigeants d'entreprise de la société;
- qu'il n'est pas requis que tous les dirigeants d'entreprise bénéficient de la rémunération minimale.

❍ Revenu imposable de la société égal ou supérieur à 45.000,00 EUR pour l'exercice d'imposition 2019

Pour ne pas être exclue du taux réduit, la société doit octroyer à au moins un dirigeant d'entreprise, une rémunération égale ou supérieure à 45.000,00 EUR.

---

517 Question n°856 du Représentant Van Hoorebeke du 1 6 avril 1997.

518 Question orale n°7585 de Monsieur Chabot du 29 juin 2006.

519 Réponse à la question parlementaire orale n° 25970 de Monsieur Benoît Piedboeuf (Commission des Finances 2017-2018, CRIV 54 COM 929 du 20 juin 2018, p. 12).

❍ Revenu imposable de la société inférieur à 45.000,00 EUR pour l'exercice d'imposition 2019

Pour ne pas être exclue du taux réduit, la société doit octroyer à au moins un dirigeant d'entreprise, une rémunération égale ou supérieure au revenu imposable de la société.

Ceci peut être illustré par les exemples suivants.

Revenu imposable de la SA Azur après prise en charge de la rémunération (bilan du 31 décembre 2018 - Exercice d'imposition 2019)	Rémunération la plus élevée attribuée à un dirigeant d'entreprise personne physique	Application du taux réduit à l'impôt des sociétés
50.000,00 EUR	46.000,00 EUR	Le résultat fiscal de la période imposable de la société est égal ou supérieur à 45.000,00 EUR. Pour ne pas être exclue du taux réduit, la société SA Azur a octroyé à au moins un dirigeant d'entreprise une rémunération égale ou supérieure à 45.000,00 EUR.
46.000,00 EUR	24.500,00 EUR	Le résultat fiscal de la période imposable de la société est égal ou supérieur à 45.000,00 EUR. La société SA Azur est exclue du bénéfice du taux réduit car elle n'a pas octroyé à au moins un dirigeant d'entreprise une rémunération égale ou supérieure à 45.000,00 EUR.
19.000,00 EUR	40.000,00 EUR	Le résultat fiscal de la période imposable de la société est inférieur à 45.000,00 EUR. La société SA Azur bénéficie du taux réduit car elle a octroyé à au moins un dirigeant d'entreprise une rémunération égale ou supérieure au résultat fiscal de la période imposable.
19.000,00 EUR	24.500,00 EUR	
19.000,00 EUR	19.000,00 EUR	
19.000,00 EUR	15.000,00 EUR	Le résultat fiscal de la période imposable de la société est inférieur à 45.000,00 EUR. La société SA Azur ne bénéficie pas du taux réduit car elle n'a pas octroyé à au moins un dirigeant d'entreprise une rémunération égale ou supérieure au résultat fiscal de la période imposable.

4ème exclusion : LES SOCIÉTÉS D'INVESTISSEMENT

Les sociétés d'investissement visées aux articles 6 et 271/5 de la loi du 3 août 2012 relative aux organismes de placement collectif qui répondent aux conditions de la Directive 2009/65/CE et aux organismes de placement en créances, aux sociétés d'investissement visées aux articles 181 et 282 de la loi du 19 avril 2014 relative aux organismes de placement collectif alternatifs et à leurs gestionnaires sont exclues du taux réduit.

5ème exclusion : LES SOCIÉTÉS IMMOBILIÈRES RÉGLEMENTÉES

Les sociétés immobilières réglementées et les sociétés d'investissement à capital fixe en biens immobiliers sont exclues du taux réduit.

6ème exclusion : LES ORGANISMES DE FINANCEMENT DE PENSIONS

Les organismes de financement de pensions visés à l'article 8 de la loi du 27 octobre 2007 sont exclus du taux réduit.

III. Taux particuliers

L'article 216 du CIR prévoit que le taux de l'impôt des sociétés est fixé :

- à 21,5%[520] pour le bureau d'Intervention et de Restitution belge;
- à 5%[521] pour les sociétés de logements visées à l'article 216, 2°, b du CIR : la Vlaamse Huisvestingsmaatschappij, la Société wallonne du logement, la Société wallonne du Crédit social, la Société régionale bruxelloise du logement, la Vlaamse Landmaatschappij et les sociétés agréées par celles-ci, les sociétés coopératives « Fonds du logement de la Ligue des familles nombreuses de Belgique », « Vlaams Woningfonds van de grote gezinnen », « Fonds du logement des familles nombreuses de Wallonie » et « Fonds du logement des familles de la Région bruxelloise », ainsi que les sociétés agréées par la Région flamande, la Région de Bruxelles-Capitale ou la Région wallonne, qui ont pour objet exclusif de faire des prêts en vue de la construction, de l'achat ou de l'aménagement d'habitations sociales, de petites proprié¬tés terriennes ou d'habitations y assimilées, ainsi que de leur équipement mobilier approprié.

L'article 217 du CIR prévoit que le taux de l'impôt est toutefois fixé :

- à 25%[522] (hors contribution complémentaire de crise) pour les plus-values réalisées sur des actions ou parts qui ne bénéficient pas de l'exonération prévue à l'article 192 du CIR pour le motif que la durée de détention en pleine propriété des actions et parts réalisées est inférieure à une période ininterrompue d'un an.

  Par contre, les plus-values réalisées sur des actions ou parts qui ne bénéficient pas de l'exonération prévue à l'article 192 du CIR pour le motif qu'elles sont réalisées sur des actions ou parts dont les revenus éventuels ne respectent pas la condition de taxation en matière de RDT ou qu'elles ne respectent pas la condition de participation minimale restent imposables soit au taux de base, soit au taux réduit de l'impôt des sociétés.

  Du fait que le taux de base de l'impôt des sociétés sera fixé à 25% à partir de l'exercice d'imposition 2021, ce taux particulier de 25% sera abrogé à partir de l'exercice d'imposition 2021.
- à 12,50% [523]en ce qui concerne les sommes imposables à l'occasion de l'agrément en tant que société d'investissement à capital fixe en biens immobiliers ou en actions non cotées, ou en tant que société immobilière réglementée, par l'autorité des services et marchés financiers. A partir de l'exercice d'imposition 2021, le taux de 12,50% est porté à 15%.
- à 12,50%[524] en ce qui concerne les sommes imposables, non seulement à l'occasion de l'inscription mais également à l'occasion d'une fusion, scission ou d'une opération assimilée, d'un apport, d'une branche d'activité ou d'une universalité de biens lorsque le bénéficiaire est une société d'investissement à capital fixe en biens immobiliers ou en actions non cotées agréée, ou une société immobilière réglementée, par l'autorité des services et marchés financiers. A partir de l'exercice d'imposition 2021, le taux de 12,50% est porté à 15%.

Enfin, l'article 217/1[525] prévoit que :

- la partie des réserves exonérées constituées, pendant une période imposable se terminant au plus tôt le 1er janvier 2017 et au plus tard le 30 décembre 2020, sur la base des articles :

520 Hors contribution complémentaire de crise.

521 Hors contribution complémentaire de crise.

522 Hors contribution complémentaire de crise.

523 Hors contribution complémentaire de crise.

524 Hors contribution complémentaire de crise.

525 Article 56 de la loi du 25 décembre 2017 portant réforme de l'impôt des sociétés. Cet article entre en vigueur le 1er janvier 2018 et est d'application à partir de l'exercice d'imposition 2019 se rattachant à un exercice comptable qui débute au plus tôt le 1er janvier 2018.

- 44bis du CIR (plus-values sur les véhicules d'entreprises);
- 44ter du CIR (plus-values réalisées sur les bateaux de navigation intérieure destinés à la navigation intérieure) ;
- 47 du CIR (taxation étalée des plus-values réalisées ou forcées sur les immobilisations incorporelles ou corporelles);
- 122, § 2 de la loi-programme du 2 août 2002 (plus-values sur les navires);
- 194quater du CIR (la réserve d'investissement)[526];

qui devient imposable en raison du non-respect dans le temps des conditions de réinvestissement, du non-respect de la condition d'intangibilité avant l'expiration du délai de réinvestissement ou du non-respect de la condition de détention est soumise au taux :

- de 33,99% lorsque celle-ci a été constituée pendant une période imposable se rattachant à l'exercice d'imposition 2018 et 2017 ;
- de 29,58% lorsque celle-ci a été constituée pendant une période imposable se rattachant à l'exercice d'imposition 2019 et 2020.

• la partie des provisions exonérées constituées, pendant une période imposable se terminant au plus tôt le 1er janvier 2017 et au plus tard le 30 décembre 2020, sur la base de l'article 48 du CIR qui fait l'objet d'une reprise (comptable ou fiscale) est soumise au taux :
  - de 33,99% lorsque celle-ci a été constituée pendant une période imposable se rattachant à l'exercice d'imposition 2018 et 2017 ;
  - de 29,58% lorsque celle-ci a été constituée pendant une période imposable se rattachant à l'exercice d'imposition 2019 et 2020.

En cas de reprise d'une provision, les montants les plus anciens de la provision sont censés être les premiers repris.

A la question de savoir comment il faut appliquer le nouvel article 217/1, dans l'hypothèse où une provision constituée (par exemple, lors de l'exercice d'imposition 2020), fait l'objet d'une reprise à concurrence, par exemple, de 20.000,00 EUR au cours d'un exercice d'imposition ultérieur et que la base imposable de cet exercice d'imposition au terme des quatorze opérations s'élève à :

a. un montant positif de 4.000,00 EUR;
b. un montant négatif de 9.000,00 EUR;
c. un montant négatif de 48.000,00 EUR;

le ministre des Finances a répondu que la société qui a effectué la reprise comptable ou fiscale et dont la base imposable déclarée s'élève à 4.000,00 EUR devrait payer sur celle-ci un impôt calculé au taux de 29,58 %.

Par contre, elle n'est redevable d'aucun impôt si la base imposable déclarée est nulle ou négative (à savoir les hypothèses b et c)[527].

526 La constitution d'une réserve d'investissement n'est plus possible à partir de l'exercice d'imposition 2019.

527 Question de M. Ahmed Laaouej au ministre des Finances, chargé de la Lutte contre la fraude fiscale, sur "les modifications législatives relatives aux provisions dans la réforme de l'ISOC" (n° 23748), Commission des finances et du budget du 21 février 2018.

IV. Prélèvements sur les réserves exonérées imposables à un taux distinct

Article 519ter du CIR.

Article 84 de la loi du 25 décembre portant réforme de l'impôt des sociétés.

L'article 84 de la loi du 25 décembre 2017[528] portant réforme de l'impôt des sociétés prévoit **pour les exercices d'imposition 2021 à 2022**, un taux distinct d'impôt pour les prélèvements imposables :

1.	sur la réserve d'investissement constituée pendant l'exercice d'imposition 1982;
2.	de certaines plus-values réalisées, dans la mesure où ces prélèvements : a. sont effectués sur des plus-values réalisées, exonérées aux conditions prévues à l'article 190, alinéa 1er à 3 du CIR (condition d'intangibilité); b. ne concernent pas les plus-values réalisées visées: • à l'article 44bis du CIR (plus-values sur les véhicules d'entreprises); • à l'article 44ter du CIR (plus-values réalisées sur les bateaux de navigation intérieure destinés à la navigation intérieure) ; • à l'article 47 du CIR (taxation étalée des plus-values réalisées ou forcées sur les immobilisations incorporelles ou corporelles); • à l'article 122, § 2 de la loi-programme du 2 août 2002 (plus-values sur les navires). n'excèdent pas le montant total des plus-values existant à la fin de la dernière période imposable qui se clôture avant le 1er janvier 2017.
3.	sur la quotité de 20% des frais exposés dans le cadre du transport collectif des membres du personnel entre le domicile et le lieu de travail organisé par l'employeur qui a été exonérées sur la base de l'article 64ter du CIR existante à la fin de la dernière période imposable qui se clôture avant le 1er janvier 2017;
4.	sur la quotité de 20% de certains frais spécifiques en matière de sécurisation pour lesquels la déduction pour investissement n'est pas applicable qui a été exonérées sur la base de l'article 64ter du CIR existante à la fin de la dernière période imposable qui se clôture avant le 1er janvier 2017;
5.	sur la quotité de 20% des frais faits ou supportés spécifiquement en vue de favoriser l'usage de la bicyclette par les membres du personnel de leur domicile à leur lieu de travail qui a été exonérées sur la base de l'article 64ter du CIR existante à la fin de la dernière période imposable qui se clôture avant le 1er janvier 2017;
6.	sur la quotité de 20% des frais concernant les voitures, voitures mixtes, minibus et fausses camionnettes qui émettent 0 grammes de CO_2 qui a été exonérées sur la base de l'article 198bis, alinéa 1er, 1°, a) du CIR existante à la fin de la dernière période imposable qui se clôture avant le 1er janvier 2017;
7.	sur la réserve d'investissement visée à l'article 194quater constituée dans une période imposable qui se clôture avant le 1er janvier 2017.

528 Cet article entre en vigueur le 1er janvier 2020 et est applicable à partir de l'exercice d'imposition 2021 se rattachant à une période imposable qui débute au plus tôt le 1er janvier 2020.

A. Réserve d'investissement à prendre en considération

En vertu des dispositions formelles de l'article 519ter, il doit s'agir de prélèvements opérés sur la réserve d'investissement constituée pendant l'exercice d'imposition 1982.

B. Plus-values à prendre en considération

En vertu des dispositions formelles de l'article 519ter, il doit s'agir de prélèvements opérés sur des «plus-values réalisées» autres que celles visées aux articles 44bis du CIR, 44ter, 47 du CIR et 122, § 2 de la loi-programme du 2 août 2002.

Par conséquent, les plus-values exonérées suivantes peuvent être prises, parmi d'autres, en considération :

1.	la quotité monétaire des plus-values réalisées sur immobilisations acquises avant 1950 (article 44, § 1er, 2° du CIR);
2.	la quotité monétaire des plus-values réalisées sur immobilisations acquises avant 1950 (article 44, § 1er, 2° du CIR);
3.	les plus-values réalisées sur immobilisations acquises depuis plus de cinq ans sous le régime antérieur à la loi du 23 octobre 1991 (article 36 du CIR 64);
4.	les anciennes plus-values sur des immeubles de marchands de biens;
5.	les plus-values résultant d'un apport d'une ou de plusieurs branches d'activité ou de l'universalité des biens.

Par contre, sont exclues :

1.	les plus-values réalisées visées à l'article 44bis du CIR (plus-values sur les véhicules d'entreprises) ;
2.	les plus-values réalisées visées à l'article 44ter du CIR (plus-values sur les bateaux de navigation intérieure destinés à la navigation intérieure) ;
3	les plus-values réalisées visées à l'article 47 du CIR (taxation étalée des plus-values réalisées ou forcées sur les immobilisations incorporelles ou corporelles) ;
4	les plus-values réalisées visées à l'article 122, § 2 de la loi-programme du 2 août 2002 (plus-values sur les navires).
5	les plus-values exprimées mais non réalisées ou les plus-values y assimilées;

Lorsque l'avoir social de la société comprend différentes catégories de réserves exonérées, le contribuable doit fournir un relevé complet et détaillé des réserves prélevées. Ce relevé doit figurer en annexe à la déclaration à l'impôt des sociétés.

C. Réserve d'investissement exonérée sur la base de l'article 194quater

Les réserves d'investissement à prendre en considération sont celles pour lesquelles une aliénation du remploi n'entraîne pas une taxation de la réserve d'investissement.

D. Montant des prélèvements

Le montant des prélèvements est limité au montant :

- de la réserve d'investissement constituée pendant l'exercice d'imposition 1982.
- des plus-values réalisées à prendre en considération existant à la fin de la dernière période imposable qui se clôture avant le 1er janvier 2017. Le fait que les prélèvements excèdent le montant des plus-values réalisées à prendre en considération ne fait pas obstacle à l'application de la mesure particulière. Toutefois, la partie des prélèvements effectués qui dépasse le montant des plus-values réalisées à prendre en considération ne peut pas être imposée aux taux distincts cités ci-après ;
- des quotités de 20% :
  - de certains frais spécifiques en matière de sécurisation pour lesquels la déduction pour investissement n'est pas applicable qui a été exonérées sur la base de l'article 64ter du CIR existante à la fin de la dernière période imposable qui se clôture avant le 1er janvier 2017;
  - des frais faits ou supportés spécifiquement en vue de favoriser l'usage de la bicyclette par les membres du personnel de leur domicile à leur lieu de travail qui a été exonérées sur la base de l'article 64ter du CIR existante à la fin de la dernière période imposable qui se clôture avant le 1er janvier 2017 ;
  - des frais faits ou supportés spécifiquement en vue de favoriser l'usage de la bicyclette par les membres du personnel de leur domicile à leur lieu de travail qui a été exonérées sur la base de l'article 64ter du CIR existante à la fin de la dernière période imposable qui se clôture avant le 1er janvier 2017 ;
  - des frais concernant les voitures, voitures mixtes, minibus et fausses camionnettes qui émettent 0 grammes de CO_2 qui a été exonérées sur la base de l'article 198bis, alinéa 1er, 1°, a) du CIR existante à la fin de la dernière période imposable qui se clôture avant le 1er janvier 2017 ;
- sur la réserve d'investissement visée à l'article 194quater constituée dans une période imposable qui se clôture avant le 1er janvier 2017.

Le fait que les prélèvements excèdent les montants existants à la fin de la dernière période imposable qui se clôture avant le 1er janvier 2017 ne fait pas obstacle à l'application de la mesure particulière. Toutefois, la partie des prélèvements effectués qui excède les montants existants à la fin de la dernière période imposable qui se clôture avant le 1er janvier 2017 ne peut pas être imposée aux taux distincts cités ci-après.

E. Taux applicable

Le taux applicable s'élève à 15%.

Un taux plus avantageux (10%) est prévu pour le montant des prélèvements qui correspond à des investissements réalisés, pendant la même période imposable autres :

- que les immobilisations qui sont désignées comme un remploi en vertu de l'article des articles :
  - 44bis du CIR (plus-values sur les véhicules d'entreprises);
  - 44ter du CIR (plus-values réalisées sur les bateaux de navigation intérieure destinés à la navigation commerciale);
  - 47 du CIR (taxation étalée des plus-values réalisées ou forcées sur les immobilisations incorporelles ou corporelles) ;

- 122, § 2 de la loi-programme du 2 août 2002 (plus-values sur les navires).
- que les immobilisations qui ont été affectées comme étant des dépenses de recherche et développement se rattachent directement à un droit de propriété intellectuelle.

F. Impôt dû

Quelque soit la situation fiscale de la société, l'impôt (c'est-à-dire le montant des prélèvements x le taux distinct) doit toujours être payé pour l'exercice d'imposition pour lequel le prélèvement a lieu, même en cas d'existence :

- de déductions de la période imposable et/ou des périodes imposables antérieures (par exemple une perte de la période imposable, ...) ;
- de sommes à valoir sur l'impôt des sociétés (précompte, quotité forfaitaire d'impôt étranger ou crédit d'impôt).

L'impôt est éventuellement majoré en cas d'absence ou d'insuffisance de versements anticipés.

V. Subsides en capital et en intérêts accordés à l'agriculture[529]

Les subsides en capital et en intérêts accordés à l'agriculture par les Régions sont soumis à un taux réduit à 5%.

L'application de ce taux réduit est toutefois subordonnée à la condition que l'actif pour lequel les subsides sont accordés reste pendant au moins trois ans dans l'entreprise, sinon le taux réduit est abandonné à partir de l'exercice d'imposition relatif à la période imposable au cours de laquelle l'aliénation a eu lieu et pour les exercices d'imposition ultérieurs.

Le taux réduit à 5% est valable lorsque les subsides sont relatifs à des investissements en immobilisations corporelles ou en immobilisations incorporelles qui sont amortissables et qui ne sont pas considérées comme un remploi en vertu des articles 44*bis* (véhicules d'entreprise), 44*ter* (bateau de navigation intérieure destinés à la navigation commerciale), 47 (taxation étalée) et 194*quater* (réserve d'investissement) du CIR[530].

Quelle que soit la situation fiscale de la société, l'impôt (c'est-à-dire le subside en capital et en intérêts x le taux distinct de 5%) doit toujours être payé pour l'exercice d'imposition pour lequel le subside devient imposable, même en cas d'existence :

- de déductions de la période imposable et/ou des périodes imposables antérieures (par exemple une perte de la période imposable, etc.);
- de sommes à valoir sur l'impôt des sociétés (précompte, quotité forfaitaire d'impôt étranger ou crédit d'impôt.

L'impôt est éventuellement majoré en cas d'absence ou d'insuffisance de versements anticipés. Aucune contribution complémentaire de crise n'est due.

529 Article 217, alinéa 1er, 4° du code des impôts sur les revenus.

530 Le régime de la réserve d'investissement est supprimé (cf. article 31 de la loi du 25 décembre 2017 portant réforme de l'impôt des sociétés. Les dernières réserves d'investissement pourront être constituées pour l'exercice d'imposition 2018 (exercice comptable qui si clôture au plus tard le 30 décembre 2018)).

VI. Majoration en cas d'absence ou d'insuffisance de versement anticipé

	Article 218 du CIR. **Articles 64 à 71 de l'AR/CIR.**
Autre référence	**Avis au Moniteur Belge - Versements anticipés (exercice d'imposition 2018), MB du 5 avril 2017 p. 48533 et suivantes.**

Conformément à l'article 218 du CIR, une majoration d'impôt en cas d'absence ou d'insuffisance de versements anticipés, est établie à l'impôt des sociétés. Sa détermination est quasiment identique à celle prévue à l'impôt des personnes physiques, et ce par application des articles 157 à 159, 161 à 163, 167 et 168 du CIR.

L'exception à la majoration prévue à l'article 163 du CIR n'est plus applicable à l'impôt des sociétés à partir de l'exercice d'imposition 2019[531].

A. Sociétés nouvellement constituées

Aucune majoration d'impôt en cas d'absence ou d'insuffisance de versements anticipés n'est due au cours des trois premiers exercices comptables à partir de leur constitution. Cette exonération est comparable à la mesure prévue pour les contribuables qui sont assujettis à l'impôt des personnes physiques et qui s'établissent pour la première fois dans une profession indépendante.

Cette exonération ne s'applique pas à toutes les sociétés. En effet, seules les sociétés qui, sur la base du Code des Sociétés (cf. page n°685), sont considérées comme petite société peuvent bénéficier de cette exonération. Cela implique que l'exonération de majoration n'est possible, pour chacun des trois premiers exercices comptables envisagés séparément, que si pour l'exercice comptable concerné, la société est considérée comme une petite société sur la base du Code des Sociétés (cf. page n°685).

B. Calcul de la majoration

La majoration s'applique à l'impôt calculé sur la base imposable à l'impôt des sociétés diminué, le cas échéant, des précomptes imputables, de la quotité forfaitaire d'impôt étranger et du crédit d'impôt.

1. *Précomptes imputables et quotité forfaitaire d'impôt étranger*

Cette matière a déjà fait l'objet d'une analyse dans le cadre de l'étude des impôts non déductibles (cf. pages n°223 à 229).

531 Article 57 de la loi du 25 décembre 2017 portant réforme de l'impôt des sociétés.

2. Crédit d'impôt pour la recherche et le développement

	Articles 289 quater à 289 novies et 292bis du CIR.
Autres références	**Circulaire n° Ci.Rh.421/579.072 (AFER N° 60/2010) du 10 septembre 2010** **Avis CNC 2018/02 du 21 mars 2018**

Les sociétés ont la possibilité d'opter irrévocablement pour un crédit d'impôt pour recherche et développement en lieu et place de la déduction pour investissement.

Celui-ci permet aux entreprises qui effectuent des dépenses de recherche éligibles de constituer une créance fiscale sur l'Etat dont le montant dépend de l'importance des dépenses réalisées. Cette créance est en principe utilisée par l'entreprise pour payer l'impôt sur les bénéfices dont elle est redevable. Si le crédit d'impôt d'un exercice antérieur, après imputation de l'impôt des cinq exercices successifs suivants, ne peut pas être entièrement imputé, la quotité non encore imputée sera remboursée lors de l'enrôlement de l'impôt relatif à ce cinquième exercice d'imposition[532].

a) Immobilisations visées

Le crédit d'impôt pour la recherche et le développement est applicable aux :

- brevets;
- immobilisations qui tendent à promouvoir la recherche et le développement de produits nouveaux et de technologies avancées n'ayant pas d'effets sur l'environnement ou visant à minimiser les effets négatifs sur l'environnement.

Ces immobilisations doivent être :

- acquises ou constituées à l'état neuf;
- acquises ou constituées durant l'exercice comptable;
- affectées en Belgique, à l'exercice de l'activité professionnelle.

Les dispositions d'exclusion d'immobilisations visées aux articles 75 et 76 du CIR (cf. page n°522) pour la déduction pour investissement sont aussi applicables au crédit d'impôt pour recherche et développement.

b) Choix irrévocable

Pour bénéficier du crédit d'impôt pour la recherche et le développement, les sociétés doivent opter pour cette possibilité de manière irrévocable à partir d'une période imposable déterminée.

Ce choix est irrévocable en ce sens que la société qui a opté pour le crédit d'impôt pour la recherche et le développement ne pourra plus jamais bénéficier de la déduction pour investissement (en une fois ou étalée) pour les brevets et les immobilisations qui tendent à promouvoir la recherche et le développement de produits nouveaux et de technologies avancées n'ayant pas d'effets sur l'environnement ou visant à minimiser les effets négatifs sur l'environnement.

532 Cf. article 292bis, § 1er, alinéa 2 du CIR.

En ce qui concerne les sociétés qui exercent l'option prévue à partir d'un exercice d'imposition déterminé, il est soustrait au total de la déduction pour investissement reportée à la fin de l'exercice d'imposition précédent, la proportion du total qui correspond aux déductions pour investissement (en une fois ou étalée), pour les brevets et les immobilisations qui tendent à promouvoir la recherche et le développement de produits nouveaux et de technologies avancées n'ayant pas d'effets sur l'environnement ou visant à minimiser les effets négatifs sur l'environnement, pour les trois précédents exercices d'imposition.

La proportion soustraite est convertie en un crédit d'impôt pour recherche et développement reporté en multipliant cette proportion par le taux de base de l'impôt des sociétés, à savoir 29,58% pour l'exercice d'imposition 2019.

Ce crédit d'impôt est considéré se rapporter à l'exercice d'imposition précédant celui pour lequel il a été opté pour le crédit d'impôt pour recherche et développement.

Ce crédit d'impôt n'est pas restituable mais il peut être reporté sans limite dans le temps.

Pour les contribuables qui avaient choisi d'étaler la déduction pour investissement pour des immobilisations acquises ou constituées pendant les périodes imposables antérieures à celle de l'option pour le crédit d'impôt, le crédit d'impôt pour recherche et développement étalé qui se substitue à la déduction pour investissement étalée pour ces immobilisations, est égal, pour chaque exercice d'imposition correspondant à une période imposable restant à courir de la période d'amortissement, à l'amortissement admis pour la période imposable, multiplié par le pourcentage prévu à l'article 70, alinéa 2, et le taux de base de l'impôt des sociétés, à savoir 29,58% pour l'exercice d'imposition 2019.

c) Montant du crédit d'impôt à imputer

À l'instar de la déduction pour investissement, il existe deux types de crédit d'impôt pour la recherche et le développement.

➲ Le crédit d'impôt en une fois

Le crédit d'impôt à imputer est égal au taux de base de l'impôt des sociétés, à savoir 29,58% pour l'exercice d'imposition 2019[533] appliqué à une quotité de la valeur d'investissement ou de revient des immobilisations.

La quotité est égale au pourcentage prévu pour la déduction pour investissement en une fois pour la recherche et le développement à savoir 13,5% pour l'exercice d'imposition 2019.

➲ Le crédit d'impôt étalé

Le crédit d'impôt à imputer est égal au taux de base de l'impôt des sociétés, à savoir 29,58% pour l'exercice d'imposition 2019 appliqué à l'amortissement admis pour chaque période imposable contenue dans la période d'amortissement, multiplié par le pourcentage prévu pour la déduction pour investissement étalée pour la recherche et le développement à savoir 20,50% pour l'exercice d'imposition 2019.

Lors de la cession ou de la mise hors d'usage d'une immobilisation pour laquelle la société a obtenu le crédit d'impôt étalé, un crédit d'impôt complémentaire peut être imputé à concurrence de la différence positive entre :

533 On constate que le crédit d'impôt est particulièrement avantageux pour les sociétés qui bénéficient du taux réduit à l'impôt des sociétés, puisque c'est le taux de base qui est pris en compte pour le calcul du crédit d'impôt.

- d'une part, le montant du crédit d'impôt en une fois qui aurait pu être imputé;
- d'autre part, le montant total des crédits d'impôt déjà imputés.

d) Imputation du crédit d'impôt

Le crédit d'impôt pour la recherche et le développement est intégralement imputable sur l'impôt des sociétés. Le crédit d'impôt le plus ancien est imputé en premier lieu. Il ne doit pas être repris parmi les impôts non déductibles.

Si le crédit d'impôt excède l'impôt dû, celui est reporté sur l'impôt afférent successivement aux quatre exercices d'imposition suivants. Le solde du crédit d'impôt pour la recherche et le développement reporté de l'exercice d'imposition le plus ancien est imputé en premier lieu.

Le crédit d'impôt pour la recherche et le développement reporté ne peut être imputé par période imposable qu'à concurrence :

Montant du crédit d'impôt non imputé d'un ou plusieurs exercices (d'imposition) antérieurs	Ce montant est inférieur ou égal à 168.570,00 EUR[534] pour l'exercice d'imposition 2019.	Ce montant est : • supérieur à 168.570,00 EUR[535] pour l'exercice d'imposition 2019; • inférieur ou égal à 674.260,00 EUR[536] pour l'exercice d'imposition 2019.	Ce montant est supérieur à 674.260,00 EUR[537] pour l'exercice d'imposition 2019.
Montant à imputer	Au maximum, le stock du crédit d'impôt reporté.	Au maximum, 168.570,00 EUR[538].	Au maximum, 25 % du stock du crédit d'impôt reporté.

Si le crédit d'impôt ne peut être imputé totalement pour un exercice imposable déterminé sur l'impôt de cinq exercices d'imposition successifs, le solde qui n'a pas encore été imputé est restitué.

En cas de prise ou de changement de contrôle de la société, le crédit d'impôt non encore imputé n'est pas imputé sur l'impôt des sociétés :

- afférent à la période imposable au cours de laquelle ce changement a eu lieu;
- afférents aux périodes imposables ultérieures.

Cette suppression des imputations susvisées n'intervient pas lorsque la prise ou le changement de contrôle de la société répond à des besoins légitimes de caractère financier ou économique.

Ces besoins légitimes sont rencontrés :

- dans le cas d'un changement de contrôle d'une société en difficulté avec maintien, fût-il partiel, de l'emploi et des activités exercées par cette entreprise avant la prise ou la modification du contrôle;
- dans le cas de modifications de contrôle résultant de transferts d'actions de dirigeants à l'intérieur d'un ensemble constitué par les entreprises comprises dans la consolidation comptable[539].

534 172.020,00 EUR (exercice d'imposition 2020).
535 172.020,00 EUR (exercice d'imposition 2020).
536 688.090,00 EUR (exercice d'imposition 2020).
537 688.090,00 EUR (exercice d'imposition 2020).
538 172.020,00 EUR (exercice d'imposition 2020).
539 Circulaire Ci.Rh.421/521.807 du 15 décembre 2000, n°14.

e) Traitement comptable

Le traitement comptable du crédit d'impôt pour des frais de recherche et de développement est illustré à l'aide de l'exemple chiffré suivant.

Le montant du crédit d'impôt auquel la SA Azur (qui clôture ses comptes le 31 décembre) a droit pour l'exercice d'imposition 2019 s'élève à 6.000,00 €.

A l'issue des exercices comptables 2018 à 2021, le crédit d'impôt a été imputé de la manière suivante :

- 2.500,00 € pour l'exercice comptable 2018 ;
- 1.300,00 € pour l'exercice comptable 2019 ;
- 0,00 € pour les exercice comptables 2020 à 2022.

➲ Écritures au cours de l'exercice 2018, l'exercice de l'investissement qui donne droit au crédit d'impôt :

Faits comptables	N° plan comptable	Intitulés des comptes	Somme débit	Somme crédit
Droit au crédit d'impôt pour la recherche et le développement	412	Impôts et précomptes à récupérer	6.000,00	
	77	Régularisations d'impôts et reprises de provisions fiscales		6.000,00

Faits comptables	N° plan comptable	Intitulés des comptes	Somme débit	Somme crédit
Imputation du crédit d'impôt pour la recherche et le développement	670	Impôts belges sur le résultat de l'exercice	2.500,00	
	412	Impôts et précomptes à récupérer		2.500,00

➲ Écriture au cours de l'exercice 2019 : le crédit d'impôt reporté est imputable pour un montant de 1.500,00 € :

Faits comptables	N° plan comptable	Intitulés des comptes	Somme débit	Somme crédit
Imputation du crédit d'impôt pour la recherche et le développement	670	Impôts belges sur le résultat de l'exercice	1.300,00	
	412	Impôts et précomptes à récupérer		1.300,00

➲ Écriture au cours des exercices 2020 et 2021

Pour les exercices 2020 et 2021, aucun impôt des sociétés n'est dû ; dès lors il n'y a aucune imputation du crédit d'impôt reporté.

➲ Écriture au cours de l'exercice 2022

Pour l'exercice 2022, aucun impôt des sociétés n'est dû. A la fin de l'exercice 2022, la partie du crédit d'impôt ne pouvant pas être imputée, d'un montant de 2.000,00 €, est remboursée.

Faits comptables	N° plan comptable	Intitulés des comptes	Somme débit	Somme crédit
Remboursement du crédit d'impôt pour la recherche et le développement	5500	Etablissements de crédit : Comptes courants	2.000,00	
	412	Impôts et précomptes à récupérer		2.000,00

Afin de garantir la neutralité fiscale des opérations susmentionnées, il convient de constituer une réserve taxée négative à concurrence du montant du crédit d'impôt qui n'a pu être imputé soit dans le cas d'espèce :

	31/12/2018	31/12/2019	31/12/2020	31/12/2021	31/12/2022
h) Autres réserves figurant au bilan	(3.500,00)	(2.200,00)	(2.200,00)	(2.200,00)	0,00

Afin d'éviter toute incidence sur le montant de la base imposable à l'impôt des sociétés, il convient également, l'année du remboursement du crédit d'impôt pour la recherche et le développement, d'opérer une majoration de la situation de début des réserves (code 007 de la déclaration) à concurrence du montant remboursé soit dans le cas d'espèce 2.200,00 €. Cette majoration du début des réserves vient contrebalancer la disparition de la réserve négative de 2.200,00 €.

Pour rappel, le montant du crédit d'impôt :

- repris au débit du compte 670 (Impôts belges sur le résultat de l'exercice – 2.500,00 € pour l'année 2018 et 1.300,00 € pour l'année 2019) ne constitue pas une « DNA » ;
- repris au crédit du compte 77 (Régularisations d'impôts et reprises de provisions fiscales – 6.000,00 € pour l'année 2018) ne constitue pas un bénéfice qui provient d'un remboursement obtenu au cours de la période imposable sur un impôt qui n'a pas été admis antérieurement parmi les frais professionnels ou d'une régularisation de dettes fiscales estimées qui ont été imposées antérieurement à titre de dépenses non admises. Par conséquent, ce montant de 6.000,00 € ne peut pas être repris en majoration de la situation de début des réserves (code 1056).

f) Cas particuliers

1) Imputation du crédit d'impôt suite à une fusion en exemption d'impôt

La détermination de la quotité du crédit d'impôt de la société absorbante qui après l'opération, reste encore imputable dans le chef du bénéficiaire de l'apport (sans qu'il puisse en résulter une prolongation du terme initialement prévu), s'effectue de la manière suivante :

$$\text{Crédit d'impôt non encore imputé par la société bénéficiaire de la fusion} \times \frac{\text{Actif net fiscal avant la fusion de la société absorbante}}{\text{Actif net fiscal de la société bénéficiaire de la fusion avant l'opération + la valeur fiscale nette des éléments absorbés}}$$

L'actif net fiscal est égal à la différence entre la valeur fiscale nette des éléments de l'actif et la valeur fiscale nette des éléments du passif hors moyens propres de la société (par moyens propres de la société, on entend les comptes de la classe 10 à 15 y compris les provisions pour impôts différés).

L'article 292bis alinéa 5 du CIR prévoit une imputation partielle par la société absorbante, du montant du crédit d'impôt non imputé (sans qu'il puisse en résulter une prolongation du terme initialement prévu) par la société absorbée.

La détermination du crédit d'impôt non imputé par la société absorbée qui après l'opération, reste encore imputable dans le chef du bénéficiaire de l'apport, s'effectue de la manière suivante :

Crédit d'impôt non imputé	x	**Actif net fiscal avant la fusion des éléments absorbés** / **Actif net fiscal de la société bénéficiaire de la fusion avant l'opération + la valeur fiscale nette des éléments absorbés**

L'article 292bis alinéas 4 et 5 a pour conséquence que le sens de la fusion (A absorbe B ou B absorbe A) n'a plus aucune incidence en matière d'imputation du crédit d'impôt.

En effet, imaginons le cas de deux sociétés (la SA Azur et la SA « B ») qui procèdent à une opération de fusion par absorption.

Le bilan des deux sociétés se présente de la manière suivante, avant l'opération de fusion :

SA Azur			
ACTIF		PASSIF	
Immobilisations	4.000,00	Capital	1.000,00
		Réserves taxées	1.000,00
		Dettes	2.000,00
Total	*4.000,00*	*Total*	*4.000,00*

L'actif net fiscal de la société SA Azur s'élève à 2.000,00 EUR (valeur fiscale nette des éléments de l'actif : 4.000,00 EUR - la valeur fiscale nette des éléments du passif : 2.000,00 EUR).

SOCIETE SA « B »			
ACTIF		PASSIF	
Immobilisations	1.000,00	Capital	500,00
		Réserves taxées	1.000,00
		Perte reportée	(500,00)
Total	*1.000,00*	*Total*	*1.000,00*

L'actif net fiscal de la société SA « B » s'élève à 1.000,00 EUR (valeur fiscale nette des éléments de l'actif : 1.000,00 EUR - la valeur fiscale nette des éléments du passif : 0,00 EUR) et son stock de crédit d'impôt imputable se monte à 400,00 EUR.

Si la société SA Azur absorbe la société « B », l'application de l'article 292bis alinéa 4 du CIR implique que la société absorbante peut imputer un crédit d'impôt de 133,33[540] EUR.

Si la société SA « B » absorbe la société SA « Azur », l'application de l'article 292bis, alinéa 5 du CIR implique que la société absorbante peut imputer un crédit d'impôt de 133,33[541] EUR.

Le crédit d'impôt de 133,33 EUR n'est pas restituable mais il peut être reporté sans limite dans le temps.

540 400,00 EUR X (1.000,00 EUR / 3.000,00 EUR).

541 400,00 EUR X (1.000,00 EUR / 3.000,00 EUR).

2) *Imputation du crédit d'impôt suite à une scission en exemption d'impôt*

La détermination du crédit d'impôt non encore imputé de la société bénéficiaire qui après l'opération, reste encore imputable dans le chef du bénéficiaire de l'apport (sans qu'il puisse en résulter une prolongation du terme initialement prévu), s'effectue de la manière suivante :

Crédit d'impôt non encore imputé par la société bénéficiaire de la scission	x	**Actif net fiscal avant la scission de la société bénéficiaire** / **Actif net fiscal de la société bénéficiaire de la scission avant l'opération + la valeur fiscale nette des éléments reçus**

La détermination du crédit d'impôt non encore imputé par la société scindée qui après l'opération, reste encore imputable dans le chef du bénéficiaire de l'apport (sans qu'il puisse en résulter une prolongation du terme initialement prévu), s'effectue de la manière suivante :

Crédit d'impôt non encore imputé de la société scindée	x	Valeur fiscale nette des éléments reçus / Actif net fiscal de la société scindée	x	Valeur fiscale nette des éléments reçus / Actif net fiscal de la société bénéficiaire de la scission avant l'opération + la valeur fiscale nette des éléments reçus

Ceci peut être illustré par l'exemple suivant.

Le bilan de trois sociétés se présente de la manière suivante, avant l'opération de scission :

SA Azur			
ACTIF		PASSIF	
Immobilisations	4.000,00	Capital	1.000,00
		Réserves taxées	1.000,00
		Dettes	2.000,00
Total	*4.000,00*	*Total*	*4.000,00*

L'actif net fiscal de la société SA Azur s'élève à 2.000,00 EUR.

SOCIETE SA « B »			
ACTIF		PASSIF	
Immobilisations	3.000,00	Capital	600,00
		Réserves taxées	1.000,00
		Dettes	1.400,00
Total	*3.000,00*	*Total*	*3.000,00*

L'actif net fiscal de la société SA «B» s'élève à 1.600,00 EUR (valeur fiscale nette des éléments de l'actif : 3.000,00 EUR - la valeur fiscale nette des éléments du passif : 1.400,00 EUR).

SOCIETE SA « Azur »			
ACTIF		PASSIF	
		Capital	500,00
Immobilisations	1.000,00	Réserves taxées	1.000,00
		Perte reportée	(500,00)
Total	*1.000,00*	*Total*	*1.000,00*

L'actif net fiscal de la société SA « C » s'élève à 1.000,00 EUR et son stock de crédit d'impôt non encore imputé se monte à 400,00 EUR. La société « SA C » est scindée par absorption par la société B (800,00 EUR de l'actif net fiscal de la SA « C » est apporté à la « SA B ») et par la société SA Azur (200,00 EUR de l'actif net fiscal de la SA « C » est apporté à la « SA Azur »).

Suite à l'opération de scission :

- le crédit d'impôt non encore imputé par la SA «C» (400,00 EUR) et devenant imputable par la SA « Azur » s'élève à 7,27 EUR c'est-à-dire :

400,00 EUR	x	200,00 EUR	x	200,00 EUR
		1.000,00 EUR		2.000,00 EUR + 200,00 EUR

  Le crédit d'impôt de 7,27 EUR n'est pas restituable mais il peut être reporté sans limite dans le temps.

- le crédit d'impôt non encore imputé par la SA « C » (400,00 EUR) et devenant imputable par la SA « B » s'élève à 106,67 EUR c'est-à-dire :

400,00 EUR	x	800,00 EUR	x	800,00 EUR
		1.000,00 EUR		1.600,00 EUR + 800,00 EUR

  Le crédit d'impôt de 106,67 EUR n'est pas restituable mais il peut être reporté sans limite dans le temps.

3) Imputation du crédit d'impôt suite à un apport d'une branche d'activité ou d'une universalité de biens en exemption d'impôt

L'article 292bis alinéa 4 du CIR prévoit une limitation du montant du crédit d'impôt non encore imputé (sans qu'il puisse en résulter une prolongation du terme initialement prévu) lorsqu'une société bénéficie, en exemption d'impôt, de l'apport de branches d'activité ou d'universalité de biens. Cette règle ne s'applique pas au crédit d'impôt, non encore imputé, par la société cédante qui a opéré ledit apport de branches d'activité ou d'universalité de biens (celui-ci continue à être imputable sans limite de montant, sans qu'il puisse cependant en résulter une prolongation du terme initialement prévu).

Il en résulte que, dans le cas où la société bénéficiaire d'un apport de branches d'activité ou d'universalité de biens dispose de crédit d'impôt imputable, le régime de l'apport exonéré sera, dans la plupart des cas, paradoxalement moins favorable que celui de l'apport réalisé en régime de taxation[542].

La détermination du crédit d'impôt qui, après l'opération d'apport, reste encore imputable, dans le chef du bénéficiaire de l'apport s'effectue de la manière suivante :

542 Guy Kleynen, « Le régime fiscal des fusions, scissions et d'apports de branches d'activité ou d'universalité de biens au regard des directives européennes ainsi que de l'article 10 de la constitution », Journal de Fiscalité, 1999, p. 270.

Crédit d'impôt que le bénéficiaire n'a pas encore imputé avant l'opération d'apport	**x**	**Actif net fiscal de la société bénéficiaire de l'apport avant l'opération** / **Actif net fiscal de la société bénéficiaire de l'apport avant l'opération + la valeur fiscale nette des éléments apportés**

Le bilan des deux sociétés se présente de la manière suivante avant l'opération d'apport de l'universalité de biens de la SA « B » :

SOCIETE SA « B »			
ACTIF		*PASSIF*	
Immobilisations	4.000,00	Capital	1.000,00
		Réserves taxées	1.900,00
		Perte reportée	(900,00)
		Dettes	2.000,00
Total	*4.000,00*	*Total*	*4.000,00*

L'actif net fiscal de la société SA «B» s'élève à 2.000,00 EUR et son stock de crédit d'impôt imputable s'élève à 600,00 EUR.

SOCIETE SA « Azur »			
ACTIF		*PASSIF*	
Immobilisations	1.000,00	Capital	500,00
		Réserves taxées	1.000,00
		Perte reportée	(500,00)
Total	*1.000,00*	*Total*	*1.000,00*

L'actif net fiscal de la société SA « Azur » s'élève à 1.000,00 EUR et son stock de crédit d'impôt imputable s'élève à 400,00 EUR.

Suite à l'apport d'universalité de biens de la SA « B » (valeur fiscale nette des éléments apportés : 2.000,00 EUR), le crédit d'impôt non encore imputé par la SA Azur, qui reste imputable après l'opération s'élève à 133,33 EUR c'est-à-dire :

400,00 EUR	x	1.000,00 EUR / 1.000,00 EUR + 2.000,00 EUR

Le crédit d'impôt de 133,33 EUR n'est pas restituable mais il peut être reporté sans limite dans le temps.

g) Formalités à remplir

Pour pouvoir bénéficier du crédit d'impôt, la société est tenue de joindre un relevé 275 W (complété, daté et signé) à sa déclaration à l'impôt des sociétés. Elle doit le faire pour la période imposable au cours de laquelle les immobilisations sont acquises ou constituées.

Elle doit par ailleurs tenir à la disposition de l'Administration les documents suivants :

a. en ce qui concerne les brevets :
   1. une copie du contrat sur la base duquel l'entreprise a acquis le brevet ou le droit d'exploitation de celui-ci;
   2. la preuve que le brevet ou le droit d'exploitation de celui-ci n'a jamais été affecté par une entreprise à l'exercice de son activité professionnelle en Belgique.

b. une attestation délivrée par la Région compétente par laquelle il est certifié que les produits nouveaux et les technologies avancées résultant de la recherche et du développement auxquels les immobilisations en question sont affectées n'ont pas d'effets sur l'environnement ou visent à minimiser les effets négatifs sur l'environnement.

C. Détermination de la majoration

	Articles 218 et 159 du CIR.
Autre référence	**Avis officiels – SPF Finances - Versements anticipés - Exercice d'imposition 2019 (Moniteur Belge du 9 avril 2018)**

La majoration est égale à la différence positive entre :

- le montant de l'impôt sur lequel la majoration est calculée multiplié par 2,25 fois le taux de référence et
- le montant des versements anticipés multipliés par 3 fois, 2,5 fois, 2 fois et 1,5 fois le taux de référence, selon que ces versements ont été effectués :
  - au plus tard le 10 avril, le 10 juillet, le 10 octobre et le 20 décembre de l'année précédant celle dont le millésime désigne l'exercice d'imposition, pour les sociétés qui tiennent leur comptabilité par année civile;
  - au plus tard le dixième jour du quatrième, du septième et du dixième mois, et le vingtième jour du dernier mois de l'exercice comptable, pour les sociétés qui tiennent leur comptabilité autrement que par année civile.

Le taux de référence ne peut pas être inférieur à 3%.

Ce taux de référence correspond pour l'exercice d'imposition 2019 à :

- un taux de majoration de 6,75% (2,25 X 3%);
- un taux d'économie de majoration sur VA de 9% (3 X 3) si le versement est effectué au plus tard le 10 avril, 7,50% s'il est effectué au plus tard le 10 juillet, 6% au plus tard le 10 octobre et 4,50% au plus tard le 20 décembre.

Aucune majoration n'est applicable aux cotisations distinctes.

Les versements anticipés doivent être effectués pour chaque date d'échéance, par versement ou virement au numéro de compte IBAN : BE61 6792 0022 9117 et BIC : PCHQ BEBB du "Centre de Perception - Service des Versements anticipés". Les paiements parvenus au « Centre de Perception - Service des Versements anticipés » après la date d'échéance, sont automatiquement comptabilisés pour la période suivante.

En résumé, pour le calcul de la majoration on procède de la manière suivante[543] :

1. il faut appliquer au montant de l'impôt des sociétés à prendre en considération, la majoration qui serait due si aucun versement anticipé n'avait été effectué;
2. il est ensuite nécessaire de calculer l'économie de majoration que procurent les versements anticipés effectués;
3. la différence obtenue entre a) et b) peut être soit positive et représenter la majoration due, soit négative et dans ce cas aucune majoration n'est due.

Ceci peut être illustré par l'exemple suivant.

La base imposable de la SA Azur (PME au sens du Code des Sociétés) dont l'exercice comptable se clôture le 31 décembre 2018 s'élève à 49.000,00 EUR. Elle bénéficie du taux progressif à l'impôt des sociétés.

La société SA Azur a effectué les versements anticipés suivants :

- le 10 avril 2018 : 2.000,00 EUR
- le 10 juillet 2018 : 1.750,00 EUR
- le 10 octobre 2018 : 0,00 EUR
- le 20 décembre 2018 : 0,00 EUR

Les précomptes imputables (et remboursables) s'élèvent à 2.600,00 EUR.

La majoration effectivement due s'élève à :

<table>
<tr><td>Calcul de l'impôt (y compris la C.C.C)</td><td>(49.000,00 EUR x 29%) x 1,02 (correspondant à 2% de C.C.C)</td><td colspan="2">14.494,20 EUR.</td></tr>
<tr><td>Base de calcul de la majoration</td><td>14.494,20 – 2.600,00
c'est-à-dire l'impôt afférent à la base imposable diminué des précomptes mobiliers imputables, de la quotité forfaitaire d'impôt étranger et du crédit d'impôt.</td><td colspan="2">11.894,20 EUR.</td></tr>
<tr><td rowspan="2">Calcul de la majoration</td><td>Elle est égale à 11.894,20 EUR x 6,75%, ce qui correspond à :</td><td>802,86 EUR</td><td rowspan="2">La majoration globale s'élève à 491,61 EUR (802,86 EUR – 311,25 EUR).</td></tr>
<tr><td>Diminué de la bonification provenant des VA qui est égale à : (2.000,00 EUR x 9% + (1.750,00 EUR x 7,50%). Ce qui correspond à :</td><td>(311,25 EUR)</td></tr>
<tr><td>Impôt</td><td colspan="2">14.494,20 EUR - 3.750,00 EUR - 2.600,00 EUR + 491,61 EUR</td><td>8.635,81 EUR.</td></tr>
</table>

543 L. Deklerck, R. Forestini, P. Meurée; « Manuel pratique d'impôt des sociétés », De Boeck Université.

VII. Le sort réservé aux versements anticipés

Article 70 de l'AR/CIR.
Arrêté royal du 21 novembre 2018.

L'excédent de versements anticipés non imputé sur l'impôt est remboursé.

Cependant, les sociétés aux noms desquelles les versements anticipés ont été comptabilisés peuvent en modifier la destination originale si elles estiment par exemple que le résultat fiscal négatif les rend sans objet.

Pour ce faire, elles doivent en faire la demande, au plus tard le dernier jour du deuxième mois qui suit la période imposable à laquelle les versements se rapportent, et respecter les conditions suivantes :

- le versement ne doit pas encore avoir été imputé sur l'impôt dû par la société, au nom de laquelle le versement anticipé a été comptabilisé;
- une demande de modification de la destination du versement anticipé, doit être adressée par écrit au Centre de Perception versements anticipés, North Galaxy, Tour A - Boulevard du Roi Albert II, 33, bte 42, 1030 Bruxelles;
- l'extrait de compte VA (pour autant qu'il ait été reçu) doit accompagner la demande de modification de la destination du versement anticipé au service susmentionné.

Les sociétés peuvent demander que les versements anticipés soient totalement ou partiellement :

- remboursés;
- transférés au compte de chèques postaux d'un Centre de Perception;
- reportés pour la période imposable suivante.

En cas de demande de remboursement, les sommes à restituer peuvent être affectées sans formalités aux sommes dues en application des lois d'impôts ou aux règlements de créances fiscales ou non fiscales dont la perception et le recouvrement sont assurés par le SPF Finances. Cette affectation est limitée à la partie non contestée de ces créances et s'effectue, même en cas de saisie, de cession, de situation de concours ou de procédure d'insolvabilité[544]. Ladite somme à restituer peut également être affectée sans formalités par le Receveur à l'apurement des précomptes, des impôts et des taxes y assimilées, en principal et accessoires, encore dus par l'intéressé, même lorsque ces derniers sont contestés[545].

L'Arrêté Royal du 21 novembre 2018 a modifié les règles relatives aux modalités d'envoi et au sort réservé aux versements anticipés. En effet, dans le cadre de la digitalisation croissante des services fournis par le SPF Finances, il a été décidé de ne plus procéder à l'envoi des extraits de compte relatifs aux versements anticipés par courrier. Il faudra désormais les consulter via la plateforme MyMinfin.

Il est encore possible de demander l'envoi d'extraits papier par courrier en contactant les services de l'Administration générale de la Perception et du Recouvrement.

544 cf. article 344 de la loi-programme du 27 décembre 2004 modifiée par l'article 194 de la loi-programme du 22 décembre 2008.
545 cf. article 166 de l'AR d'exécution du CIR.

Etant donné que cette modification législative n'est opérationnelle qu'à partir du premier mars 2019, les extraits de compte relatifs à la période imposable 2018 seront encore envoyés sur papier au début de l'année 2019.

A partir du premier mars 2019, la plateforme MyMinfin permettra au également contribuable et à son tiers dûment mandaté d'effectuer leurs demandes de remboursement, de transfert ou de report des versements anticipés payés.

De plus, le nouvel article 70 porte à trois mois le délai pendant lequel il est possible d'introduire des demandes relatives à la modification de la destination des versements anticipés.

572

VIII. Cotisation distincte pour bénéfices dissimulés et dépenses non justifiées

	Articles 219, 197 et 198 du CIR.
Autres références	**Circulaire AG FISC n°24/2015** **Ci.Rh. 421/636.468 du 11 juin 2015** **Circulaire 2017/c/16 du 1er mars 2017.**

Les sociétés sont également soumises à une cotisation distincte sur les :

- bénéfices dissimulés;
- dépenses non justifiées;
- sommes et avantages affectés à la corruption publique et privée en Belgique ou à la corruption de fonctionnaires étrangers ou internationaux.

Sans préjudice notamment de l'article 49 du CIR, les dépenses non justifiées soumises à la cotisation distincte sont considérées comme des frais professionnels. Par les termes « sans préjudice » de l'article 49 notamment, le législateur signifie que lorsque l'identité du bénéficiaire n'est pas déterminée, le contribuable ne peut démontrer la réalité et le montant des sommes qu'il souhaite déduire à titre de frais professionnels. A titre d'exemple, le Ministre des finances a précisé dans le cadre de l'exposé des motifs de la loi que lorsqu'un contribuable effectue un versement au noir, ce paiement n'est plus déductible à titre de frais professionnels[546]. De la même manière, lorsqu'il est établi que des factures fausses ou fictives ont servi à détourner des sommes de la société et à payer des dépenses visées à l'article 57 du CIR ces dépenses non justifiées doivent être reprises en DNA.

La cotisation distincte sur les bénéfices dissimulés et dépenses non justifiées est considérée comme une dépense admise à titre de frais professionnels et ne doit pas, par conséquent, être reprise au code 1201 de la déclaration au titre d'impôts non déductibles.

Pour rappel, la cotisation distincte n'est pas d'application quand la base imposable de la société est déterminée conformément à l'article 342, § 3 du CIR (cf. page n°27).

Le taux de la cotisation distincte a pour but de compenser la perte d'impôts sur les revenus. C'est pour cette raison que le taux a été fixé à :

- 50,00%[547] [548] lorsque le bénéficiaire de la dépense, de l'avantage de toute nature, de l'avantage financier ou du bénéfice dissimulé est une personne morale;
- 100,00%[549] lorsque le bénéficiaire de la dépense, de l'avantage en toute nature, de l'avantage financier ou du bénéfice dissimulé est une personne physique.

Lorsque des bénéfices dissimulés sont réintégrés dans la comptabilité, le taux de la cotisation distincte est fixé à 51% (y compris la C.C.C.)[550].

546 cf. Doc. 54/672/009, p. 39.

547 Hors cotisation complémentaire de crise.

548 Cette possibilité est supprimée à partir de l'exercice d'imposition 201 (article 59 de la loi du 25 décembre 2017 portant réforme de l'impôt des sociétés).

549 Hors cotisation complémentaire de crise.

550 Cette possibilité est supprimée à partir de l'exercice d'imposition 2021 (article 59 de la loi du 25 décembre 2017 portant réforme de l'impôt des sociétés).

A. Bénéfices dissimulés

L'article 21 de la loi du 4 mai 1999 vise à mettre fin aux incertitudes résultant de certaines décisions des cours et tribunaux, se rapportant aux preuves que l'administration fiscale devait présenter pour pouvoir soumettre les bénéfices dissimulés à la cotisation distincte de 300%[551] (actuellement 50% ou 100%).

Ainsi, selon l'arrêt du 26 mai 1994 de la Cour de Cassation, pour pouvoir appliquer une cotisation distincte sur certains montants, il revenait à l'administration d'apporter la triple preuve suivante :

- l'existence du bénéfice dissimulé sur la base de présomptions légales[552] ou de fait[553] (à savoir un bénéfice réalisé supérieur au bénéfice déclaré);
- le bénéfice dissimulé a quitté l'entreprise;
- le bénéfice dissimulé a servi à des dépenses visées à l'article 57 du CIR (commissions, courtages, rémunérations, ristournes, etc.).

Cette démonstration établie par l'administration était souvent rejetée par le juge qui l'assimilait à une cascade de présomptions, mode de preuve rarement toléré en droit belge.

Pour éviter une telle cascade de charges de la preuve au niveau de l'administration, l'article 219 du CIR a été modifié. A dater de cette modification, l'administration après avoir prouvé l'existence du bénéfice dissimulé, n'est plus dans l'obligation de démontrer que celui-ci a quitté l'entreprise de la manière visée à l'article 57 du CIR.

1. Que faut-il entendre par « bénéfices dissimulés » ?

Les bénéfices dissimulés sont représentés par l'éventuelle partie des bénéfices qui n'aurait pas été comprise dans les revenus de l'entreprise et, qui dans le chef d'une société, a été détournée du patrimoine de cette même société. En d'autres termes, il s'agit de «recettes» non actées dans la comptabilité.

A cet égard, la Cour de Cassation[554] [555] a précisé qu'il y a lieu d'entendre, par bénéfices dissimulés, les bénéfices constatés par l'administration qui ont été dissimulés et qui n'ont pas été compris dans le résultat comptable de la société et qui ne peuvent, dès lors, pas davantage se retrouver parmi les éléments du patrimoine de la société. Les bénéfices dissimulés peuvent, dès lors, aussi résulter de la reprise dans la comptabilité de factures qui ne répondent pas à des prestations réellement perçues en vue de diminuer le résultat comptable et ainsi le bénéfice imposable.

La Cour de Cassation conclut que les juges d'appel ont légalement justifié leur décision en décidant :

- d'abord, que l'administration a apporté la preuve que les factures de la société anonyme « X », pour lesquelles les demanderesses voulaient bénéficier de la déduction, ne répondaient pas à des prestations réelles et étaient, dès lors, fictives;
- ensuite, qu'en reprenant ces fausses factures dans la comptabilité, une partie des bénéfices a été dissimulée;
- enfin, que le montant facturé en question constitue un bénéfice dissimulé au sens de l'article 219 du CIR.

551 Hors contribution complémentaire de crise (309 % avec la C.C.C.).

552 Article 342 du CIR.

553 Article 340 du CIR.

554 Arrêt du 20 février 2014 – F12-0132-N.

555 Arrêt du 26 novembre 2015 - F-140186-N.

Selon la Cour de cassation, la notion de bénéfice dissimulé est suffisamment large pour couvrir notamment une majoration du résultat fiscal du rejet de dépenses qui ne correspondent pas à des prestations de services réellement fournies.

L'article 219, alinéa 3 du CIR exclut expressément de la notion de bénéfices dissimulés, les bénéfices qui proviennent :

- de tout accroissement de la valeur des éléments d'actif affectés à l'exercice de l'activité professionnelle et de tout amoindrissement de la valeur des éléments du passif résultant de cette activité, lorsque ces plus- values ou moins-values ont été réalisées ou exprimées dans la comptabilité ou les comptes annuels;
- de toute plus-value, même non exprimée ou non réalisée sur des immobilisations financières et des autres titres en portefeuille qui sont affectés à l'exercice de l'activité professionnelle, dans la mesure où leur valeur s'est accrue et à la fin de la période imposable, n'excède pas leur valeur d'investissement ou de revient;
- de sous-estimations d'éléments de l'actif ou de surestimations d'éléments du passif, dans la mesure où la sous-estimation ou la surestimation en question ne correspond pas à un accroissement ou à un amoindrissement de valeur (exprimé ou non) ayant un impact fiscal, ni à des amortissements qui doivent être pris en considération pour l'application de l'impôt.

2. *Non-application de la cotisation distincte*

L'article 219, alinéa 5, précise que les bénéfices dissimulés ne sont soumis à la cotisation distincte que dans le cas où ils sont le résultat d'un rejet de frais professionnels.

L'expression « rejet de frais professionnels » implique donc que ne sont pas soumis à la cotisation distincte les frais ou les dépenses qui respectent les conditions visées à l'article 49 du CIR mais qui en vertu d'une disposition dérogatoire aux articles 49 et 195 du CIR ne sont déductibles qu'à concurrence d'un pourcentage de leur montant. Autrement dit, cette expression vise à écarter l'application de la cotisation distincte lorsque les frais ou les dépenses sont justifiés par des pièces probantes et que leur montant exact ainsi que leur caractère professionnel sont établis.

Par conséquent, la cotisation distincte trouve à s'appliquer par exemple dans le cas de fausses factures ou factures fictives :

- lorsqu'il est établi que les sommes distraites l'ont été en vue de payer des dépenses visées à l'article 57 du CIR;
- lorsqu'on est en présence d'une facture concernant un achat à comptabiliser au débit du compte 60 (un tel achat ne constitue pas une dépense visée par les articles 49 et 195 du CIR).

A titre d'exception, les menus frais qui n'ont pas le caractère de frais professionnels au sens des artilces 49 et 195 du CIR, tels que les frais de restaurant, les frais de réception, les menus frais informatiques, le petit matériel de bureau, etc., ne sont pas soumis à la cotisation distincte[556].

3. *Réintégration des bénéfices dissimulés*[557]

Les bénéfices qui ont été détournés du patrimoine social ne sont pas soumis à la cotisation distincte lorsqu'ils sont réintégrés dans la comptabilité d'un exercice comptable postérieur à l'exercice comptable au cours duquel le bénéfice dissimulé a été réalisé.

La réintégration des bénéfices dissimulés doit être spontanée afin de ne pas soumettre ces bénéfices à la taxation. Le contribuable ne peut dès lors pas être informé par écrit d'actes d'administration ou d'instruction spécifiques en cours. Par « spécifiques », on entend des actes d'administration

556 cf. Document parlementaire 54/672/001, p. 10.

557 Cette possibilité est supprimée à partir de l'exercice d'imposition 2021 (article 59 de la loi du 25 décembre 2017 portant réforme de l'impôt des sociétés).

ou d'instruction dirigés vers le contribuable même ou la société dont il ou elle est un dirigeant d'entreprise, de sorte que l'administration ne puisse invoquer l'application du présent article par l'annonce d'actes d'administration ou d'instruction globaux ou très larges même si les délais applicables de l'article 354, alinéa 1er, du CIR sont déjà expirés[558].

Via cette mesure, le gouvernement instaure une « opération de régularisation » étant donné qu'il **légalise** la « réintégration des bénéfices dissimulés » (c'est-à-dire une « caisse noire ») dans les comptes annuels relatifs à un exercice comptable postérieur aux exercices comptables pendant lequel ces «bénéfices dissimulés» ont été réalisés sans se poser la question de savoir notamment si le droit des sociétés l'autorise.

Dans sa volonté d'encourager cette « opération de régularisation pérenne », le gouvernement précise qu'aucun accroissement, amende ou sanction pénale ne sera appliqué dans le cadre de cette régularisation.

J. Kirkpatrick et D. Garabedian sont d'avis que dans la mesure où il n'est pas conforme à la réglementation comptable, un bilan approuvé est illégal (ce qui est toujours le cas en cas de fraude !) : il viole non seulement cette réglementation, mais aussi la loi sur les sociétés. Les administrateurs et commissaires seront d'ailleurs passibles, dans certains cas, de sanctions pénales. Ce bilan risque de causer un préjudice à des tiers en les induisant en erreur sur la consistance du patrimoine social ou en faussant l'application des règles légales qui font référence au bilan; la responsabilité des administrateurs et commissaires pourrait être engagée.

De même, il faut vérifier la compatibilité de cette opération avec la loi du 11 janvier 1993 relative à la prévention de l'utilisation du système financier aux fins du blanchiment de capitaux et du financement du terrorisme. Cette loi impose un certain nombre d'obligations aux professionnels du chiffre.

4. Le délai de 2 ans et 6 mois est-il applicable aux bénéfices dissimulés ?

L'alinéa du texte législatif qui fait référence au délai de 2 ans et 6 mois est libellé de la manière suivante :

« *Lorsque le montant des dépenses visées à l'article 57 ou des avantages de toute nature visés aux articles 31, alinéa 2, 2°, et 32, alinéa 2, 2°, n'est pas compris dans une déclaration introduite conformément à l'article 305 ou dans une déclaration analogue introduite à l'étranger par le bénéficiaire, la cotisation distincte n'est pas applicable dans le chef du contribuable si le bénéficiaire a été identifié de manière univoque au plus tard dans un délai de 2 ans et 6 mois à partir du 1er janvier de l'exercice d'imposition concerné* ».

Cet alinéa vise de façon limitative :

- les dépenses visées à l'article 57 du CIR ;
- les avantages de toute nature visés aux articles 31, alinéa 2, 2°, et 32, alinéa 2, 2° du CIR.

Par conséquent, la règle mentionnée dans cet alinéa ne concerne pas les bénéficies dissimulés qui ont quitté le patrimoine de l'entreprise et pour lesquels l'administration ne sait pas apporter la preuve qu'ils ont servi à des dépenses visées à l'article 57 du CIR.

La Cour Constitutionnelle[559] justifie cette différence de traitement de la manière suivante :

558 Document parlementaire 54/672-001, page 11.

559 Arrêt n° 123/2018 du 4 octobre 2018.

« Les dépenses et les avantages de la première catégorie sont inscrits dans la comptabilité, mais ils n'ont pas été justifiés selon les modalités prescrites par la loi, ce qui empêche l'administration fiscale de vérifier si ces paiements ont subi le régime fiscal approprié à charge du bénéficiaire. Il n'en va pas de même pour les bénéfices dissimulés, qui n'ont pas été inscrits dans le résultat comptable de la société et ne se retrouvent donc pas parmi les éléments du patrimoine de la société, de sorte que ces revenus ne peuvent être taxés ni à l'égard de la société concernée ni, le cas échéant, à l'égard de leur bénéficiaire.

Compte tenu de ces différences, le législateur a pu raisonnablement considérer que les bénéfices soustraits de manière dissimulée au patrimoine de la société doivent, en ce qui concerne l'application de la cotisation distincte, être soumis à des règles plus strictes que les dépenses et les avantages de toute nature non justifiés. La différence de traitement entre les bénéfices dissimulés, d'une part, et les dépenses et les avantages de toute nature non justifiés, d'autre part, en ce que la disposition en cause prévoit une exception à l'application de la cotisation distincte uniquement pour les dépenses et les avantages de toute nature non justifiés, n'est dès lors pas dénuée de justification raisonnable ».

Par contre, lorsque le bénéficiaire des bénéfices dissimulés a été identifié, ces derniers sont assimilés à des « dépenses non justifiées » avec pour conséquence que le dernier alinéa de l'article 219 du CIR peut s'appliquer.

B. Dépenses visées à l'article 57 du CIR

Les rétributions quelconques (en numéraire ou en nature) allouées à des membres du personnel, de la direction[560] ou à des tiers ne sont pas soumises à une cotisation distincte lorsque celui qui les paie (en l'occurrence la société) les justifie au moyen de fiches individuelles et de relevés récapitulatifs.

La cotisation distincte sur les dépenses non justifiées a pour but d'inciter les sociétés à transmettre à l'Administration fiscale les informations qui lui sont nécessaires afin de veiller à l'application correcte de la loi fiscale aux bénéficiaires des dépenses visées.

Les modèles de fiches 281 pour l'année de revenus 2018 ainsi que les modèles des fiches et relevés récapitulatifs 325 correspondants relatifs aux années antérieures peuvent être téléchargés sur : http://finances.belgium.be/fr/experts_partenaires/secretariats_sociaux_et_debiteurs_de_revenus/avis_aux_debiteurs.

Voici un bref rappel du contenu des fiches fiscales que les employeurs assujettis à l'impôt des sociétés, doivent établir :

FICHE 281.10	Rémunérations, avantages en nature, revenus de remplacement, indemnités pour frais incombant à l'employeur, ... alloués à des travailleurs salariés et à des dirigeants d'entreprises liés à l'employeur par un contrat de travail.
FICHE 281.11	Pensions, rentes et allocations en capital tenant lieu de pensions ou rentes alloués à des travailleurs pensionnés, à des dirigeants d'entreprise pensionnés ou aux ayants droits de ces travailleurs ou dirigeants.
FICHE 281.13	Indemnités de prépension versées à un travailleur prépensionné, dans le cadre de la C.C.T n°17 ou en application d'une convention sectorielle ou d'entreprise de prépension conclue dans le cadre de la C.C.T n°17.

560 Les dirigeants d'entreprise sont assimilés à des travailleurs pour l'application des dispositions en matière des frais professionnels et leurs rémunérations ainsi que les charges sociales connexes à celles-ci sont considérées comme des frais professionnels (cf. article 195, § 1er, alinéa 1er du CIR).

FICHE 281.20	Rémunérations périodiques ou autres, avantages de toute nature, indemnités imposables, quotité du loyer et des avantages locatifs à considérer comme rémunérations alloués à des dirigeants d'entreprise.
FICHE 281.50	Rétributions diverses, commissions, honoraires, ristournes, vacations, avantages de toute nature, frais exposés pour compte de personnes physiques indépendantes.

L'objectif est de renforcer le lien entre, d'une part, la déduction, dans le chef de celui qui paie ou supporte, des rémunérations, pensions, rentes et allocations en tenant lieu, octroyées aux membres du personnel, aux anciens membres du personnel ou à leurs ayants droit, des commissions, des courtages, des ristournes commerciales ou autres, vacations ou honoraires occasionnels ou non, gratifications, rétributions ou avantages de toute nature qui constituent, pour les bénéficiaires, des revenus professionnels, et, d'autre part, l'imposition dans le chef des bénéficiaires desdits revenus. Cela signifie concrètement que la cotisation distincte s'applique généralement et sauf exception lorsque la société accorde une rémunération ou un avantage quelconque (non justifié par l'établissement d'une fiche) à un tiers bénéficiaire et que ce dernier n'est pas imposé sur cette rémunération ou avantage.

La Cour constitutionnelle a analysé le système de taxation applicable aux commissions secrètes de la manière suivante[561] : « La mesure, qui consiste en une sanction fiscale pour les contribuables qui ne remplissent pas dans les formes et les délais légaux leur obligation de fournir à l'administration les renseignements qui lui permettront de procéder à la taxation des bénéficiaires des revenus, est pertinente par rapport aux objectifs du législateur, puisqu'elle permet de lutter contre les fraudes en décourageant la pratique des « commissions secrètes » et de compenser, par la cotisation spéciale, la perte pour le Trésor représentée par l'impôt éludé sur ces commissions. Par ailleurs, l'établissement d'un délai pour l'introduction des fiches et relevés garantit l'efficacité de la mesure ».

En vue d'éviter un futur arrêt de la Cour d'arbitrage, concernant l'application de la cotisation distincte à des contribuables soumis à l'impôt des sociétés, le législateur a assoupli l'application de la cotisation distincte sur commissions secrètes en complétant l'article 219 du CIR par un alinéa, libellé comme suit : « Cette cotisation n'est pas applicable si le contribuable démontre que le montant des dépenses, visées à l'article 57, est compris dans une déclaration introduite par le bénéficiaire conformément à l'article 305 ». Il est précisé dans la loi-programme du 19 décembre 2014, par référence à la disposition ci-dessus, que cet assouplissement s'applique également aux déclarations analogues à celles visées par l'article 305 introduites à l'étranger.

Cet alinéa ne s'applique pas, et implique dès lors l'application d'une cotisation distincte dans le chef de la société, lorsque cette même société a attribué des dépenses visées à l'article 57 du CIR qui n'ont pas été mentionnées sur des fiches 281, et n'ont également pas été reprises dans une déclaration régulière (rentrée dans le délai) par le bénéficiaire des revenus. La charge de la preuve de la taxation des revenus, dans le chef du bénéficiaire, incombe aux débiteurs des revenus (la société). Ceci suppose qu'il subsiste une bonne collaboration entre la société et le bénéficiaire des revenus.

Cette disposition a, pour objectif d'assouplir les conséquences financières du défaut d'établissement des fiches individuelles et du relevé récapitulatif, au bénéfice de la société de bonne foi qui peut démontrer que son comportement n'a effectivement pas empêché l'Administration fiscale de recueillir l'information nécessaire à la correcte application de la loi fiscale.

Les travaux parlementaires[562] ont à cet égard précisé que, lorsque le débiteur des revenus est de bonne foi, l'administration sera invitée à collaborer en vue de retrouver la déclaration du bénéficiaire concerné, et ce notamment dans le cas où les relations entre le débiteur et le bénéficiaire des desdits revenus se seraient détériorées.

561 Cour Constitutionnelle, 6 avril 2000, n° 44/2000, B.5.

562 Documents parlementaires n°50 1913/002, page 5.

Enfin, en vue de ne plus appliquer la cotisation distincte dans le chef de la société qui accorde un avantage qui constitue un revenu professionnel pour le bénéficiaire, lorsque ce dernier peut être imposé dans le délai d'imposition de trois ans, la loi-programme du 19 décembre 2014 a assoupli les modalités d'application de la cotisation distincte sur les commissions secrètes. Ainsi, la cotisation dictincte ne peut pas être appliquée lorsque le bénéficiaire a été identifié de manière univoque ou au plus tard dans un délai de 2 ans et 6 mois à partir du 1er janvier de l'exercice d'imposition concerné. Le délai prévu de 2 ans et 6 mois a pour finalité d'accorder la priorité à une éventuelle rectification.

Si le caractère définitif de la cotisation ne peut être garanti au terme du délai d'imposition (délai de réclamation non encore expiré), la cotisation distincte doit être établie et le cas échéant dégrevée par la suite. En effet, cette exception est conditionnée à une imposition établie de manière définitive.

Cette condition est dès lors censée être respectée si l'administration est mise en possession d'un accord écrit du bénéficiaire mentionnant son identité, son numéro national et le montant qu'il a perçu[563]. Cet accord n'est toutefois pas imposé par la loi[564]. En cas d'identification certaine, l'identité du bénéficiaire ne fait aucun doute et il est établi que le montant des frais professionnels correspond au montant payé au bénéficiaire.

A partir de là, l'administration dispose d'un délai minimum de 6 mois pour enrôler le bénéficiaire s'il est imposable en Belgique.

En revanche, si le bénéficiaire possède son domicile fiscal à l'étranger, l'administration communiquera sans délai les informations aux autorités fiscales étrangères.

1. *Analyse des commissions, courtages, ristournes, honoraires, etc. visés à l'article 57, alinéa 1er, 1° du CIR*

Les commissions, courtages, ristournes, etc., qui constituent pour le bénéficiaire, des revenus professionnels, ne peuvent être admis en déduction, à titre de frais professionnels pour celui qui les paie que si ce dernier les justifie au moyen de « fiches individuelles 281.50 » et de « relevés récapitulatifs 325.50 ».

Cette exigence de la production des fiches individuelles et des relevés récapitulatifs ne concerne que des sommes payées :

- soit à des personnes qui ne sont pas soumises à la loi relative à la comptabilité et aux comptes annuels des entreprises;
- soit à des personnes visées par cette même loi mais qui en vertu de code TVA sont dispensées de délivrer des factures pour les prestations qu'elles effectuent.

Faut-il établir une fiche 281.50 pour les honoraires versés à des sociétés « exerçant une activité de profession libérale » ?[565]

Les honoraires qui sont portés en compte par le biais d'une **facture** émanant d'une société professionnelle titulaire d'une profession libérale (par exemple un expert-comptable ou un avocat) disposant d'un numéro de TVA ne doivent pas faire l'objet de fiches individuelles 281.50.

563 cf. Circulaire AGFis n° 24/2015 (n° Ci.Rh. 421/636.468) du 11 juin 2015.

564 Question parlementaire orale n° 6377 de Madame Veerle Wouters du 28 octobre 2015.

565 Question n° 52 posée le 8 mai 1992 par le Sénateur Maes.

a) Cas dans lesquels les fiches individuelles 281.50 et le relevé récapitulatif doivent être établis

Par conséquent doivent faire l'objet de fiches 281.50 :

➲ *les commissions, courtages, ristournes, gratifications, alloués aux personnes physiques ou morales soumises aux obligations comptables des entreprises prévues au Livre III, Titre 3, chapitre 2 du Code de droit économique mais :*

- qui sont dispensées de délivrer une facture[566];
- qui ne sont pas tenues de délivrer une facture[567];
- dont l'obligation de facturation est assumée par le client ou le preneur de service[568].

Il en résulte que, le débiteur de la commission, du courtage, etc., doit établir une fiche 281.50 chaque fois qu'il n'a pas reçu et enregistré une facture du bénéficiaire pour les prestations ayant donné lieu au paiement de cette commission[569].

Par conséquent, les remises de prix et les ristournes de fin d'année, accordées à des clients et pour lesquelles des notes de crédit sont délivrées séparément, doivent être mentionnées sur les fiches individuelles 281.50 et le relevé récapitulatif 325.50 étant donné que les notes de crédit ne peuvent pas être assimilées à une facture ni sur le plan comptable ni sur le plan fiscal[570].

Par contre, ne doivent pas faire l'objet de fiches 281.50 les ristournes commerciales qui sont portées directement en déduction, sur les factures relatives aux fournitures auxquelles elles se rapportent lorsque ces factures sont enregistrées, avec ces déductions, dans les écritures.

➲ *les vacations, honoraires ou rétributions alloués aux titulaires de professions libérales, charges, offices ou occupations lucratives, lesquels ne sont pas soumis aux obligations comptables des entreprises prévues au Livre III, Titre 3, chapitre 2 du Code de droit économique, mais sont :*

- *soit assujettis à la TVA*[571];
- *soit exemptés de la TVA en application de l'article 44 du code TVA*[572].

En pratique, tombent dans le champ d'application de l'article 57, 1° du CIR, toutes les rétributions allouées à des personnes qui exercent une profession ou une activité visée à l'article 27, alinéa 1er du CIR qu'elles aient ou non délivré une facture ou une note d'honoraires.

➲ *les avantages de toute nature imposables octroyés à des travailleurs indépendants, par leurs fournisseurs, leurs clients, etc. dont la valeur dépasse annuellement 125,00 EUR par bénéficiaire*[573].

Le montant de ces avantages à indiquer dans tous les cas, sur les fiches 281.50 et les relevés 325.50, est égal au prix de revient ou au coût TVA comprise réellement supporté par celui qui les attribue[574] diminué de l'intervention pécuniaire du bénéficiaire.

566 Article 53octies, § 1er, alinéa 3, code TVA et article 1er, § 2, de l'AR n° 1 du 29.12.1992 relatif aux mesure s tendant à assurer le paiement de la taxe sur la valeur ajoutée.

567 Il s'agit des assujettis qui ne réalisent que des livraisons de biens ou des prestations de services exonérées par l'article 44 du code TVA et ne leur ouvrant aucun droit à la déduction (ex. : intermédiaire indépendant en matière d'assurance, de change, de placement de valeurs mobilières, etc.).

568 Exemple : entreprises de blanchissage, de teinturerie, de nettoyage à sec ou de stoppage, avec certains de leurs exploitants de dépôts.

569 Les réductions de prix accordées dans le commerce de détail, au moment de la vente, ne constituent pas des ristournes au sens de l'article 57, 1° CIR 92.

570 Question parlementaire du Représentant R. Daems, Bulletin des Contributions, n° 774.

571 Experts fiscaux, architectes, géomètres experts immobiliers, architectes, ingénieurs-conseils, vétérinaires, etc.

572 Huissiers de justice, médecins, dentistes, personnes exerçant une profession paramédicale, artistes et professionnels du sport engagés dans les liens d'un contrat de louage d'ouvrage ou d'entreprises, etc.

573 Cette tolérance ne préjudicie pas à l'obligation générale de justification qu'impose, en matière de frais professionnels, l'article 49 du CIR à chaque contribuable de communiquer à l'administration l'identité des bénéficiaires et le montant attribué à chacun d'eux (Question n°971 de Monsieur Van Weddingen du 16 avril 2002).

574 Commentaire des impôts sur les revenus n°57/63.

Le montant de l'avantage repris sur la fiche 281.50 n'a qu'une valeur indicative. Pour la taxation dans le chef du bénéficiaire, l'avantage doit toujours être fixé à la valeur réelle qu'il a dans son chef.

➲ *les frais exposés ou effectivement exposés pour le compte du bénéficiaire.*

Le montant des frais exposés ou effectivement pris en charge pour le compte du bénéficiaire, doit être indiqué sur les fiches 281.50 et les relevés 325.50.

b) Période imposable pour laquelle les fiches 281.50 doivent être établies

Les fiches 281.50 doivent être établies avant le 30 juin de l'année qui suit celle à laquelle elles se rapportent[575] c'est-à-dire au plus tard le 30 juin 2019 pour les revenus de l'année 2018.

c) Cas dans lesquels les fiches individuelles 281.50 et le relevé récapitulatif ne doivent pas être établis

Ne doivent pas faire l'objet de fiches 281.50, ni de relevé récapitulatif 325.50 :

- les sommes payées ou les avantages accordés dont le montant global ne dépasse pas annuellement 125,00 EUR par bénéficiaire[576];
- les ristournes commerciales portées directement en déduction sur les factures relatives aux fournitures auxquelles elles se rapportent, lorsque ces factures sont enregistrées, avec ces déductions, dans les écritures;
- les revenus mentionnés ci-après, lorsqu'ils doivent faire l'objet de fiches individuelles 281.30 et d'un relevé récapitulatif 325.30 à savoir notamment :
  a. les commissions, vacations, allocations, honoraires et toutes autres rétributions de prestations ou services de quelque nature que ce soit, ainsi que les droits d'auteurs, de reproduction et autres droits analogues, qui sont payés ou attribués en Belgique, occasionnellement ou non, dans le cadre de l'activité professionnelle ou de l'objet social, statutaire ou conventionnel du débiteur, à des personnes quelconques, pour lesquelles ces rétributions constituent des revenus visés à l'article 23, § 1er, 2° du CIR;
  b. les bénéfices résultant des opérations traitées en Belgique par des assureurs étrangers qui y recueillent habituellement des contrats, autres que des contrats de réassurance lorsqu'ils sont payés ou attribués à des non-résidents, sauf si ces revenus sont recueillis par un établissement dont le non-résident dispose en Belgique;
  c. les revenus, quelle qu'en soit la qualification, de l'activité exercée personnellement en Belgique par un artiste du spectacle ou un sportif, en cette qualité, même lorsque les revenus sont attribués non pas à l'artiste ou au sportif lui-même, mais à une autre personne physique ou morale;
  d. les bénéfices résultant de l'exercice, par des sociétés, associations, établissements ou organismes quelconques assujettis à l'impôt des non-résidents :
     - d'un mandat ou d'une fonction au sens de l'article 32, alinéa 1er, 1° du CIR;
     - d'activités dans un établissement dont disposent, en Belgique, des contribuables visés à l'article 227, 2° du CIR.

---

575 Article 30 de l'AR d'exécution du CIR.

576 Même si ces sommes ou avantages revêtent le caractère de revenu professionnel dans le chef du bénéficiaire.

2. *Rémunérations, pensions, rentes ou allocations en tenant lieu, payées aux membres du personnel ou à leurs ayants droit, à l'exclusion des avantages sociaux exonérés dans le chef des bénéficiaires*

Constituent des « dépenses justifiées », les traitements, salaires, indemnités, émoluments, gratifications, pécules de vacances, primes de fin d'année, les avantages de toute nature, etc., alloués aux membres du personnel ou aux dirigeants de la société, dans la mesure où ils sont justifiés par la production de fiches individuelles et d'un relevé récapitulatif dont il est question à l'article 32 de l'AR/CIR.

L'article 219 du CIR a été modifié afin de permettre que tous les avantages de toute nature[577] accordés, mais non justifiés dans les formes et délais requis par l'article 57 du CIR par la société qui les attribue, puissent être soumis à la cotisation distincte (y compris la contribution complémentaire de crise).

Le tableau suivant contient les règles d'évaluation forfaitaire des avantages de toute nature reprises à l'article 18 de l'AR/CIR.

<table>
<tr><th>Cas envisagés</th><th colspan="3">Fixation forfaitaire de l'A.T.N (année 2018)</th><th>Remarques</th></tr>
<tr><td>1. Mise à disposition gratuite d'une voiture, d'une voiture mixte, d'un minibus ou d'une fausse camionnette</td><td colspan="4">Cf. page n°320.</td></tr>
<tr><td>2. Mise à disposition gratuite d'un immeuble ou d'une partie d'immeuble</td><td colspan="3">Immeuble non bâti
L'avantage de toute nature est égal à 100 / 90 du revenu cadastral (indexé) de l'immeuble ou de la partie de l'immeuble.
Immeuble bâti
Le revenu cadastral (non indexé) de l'immeuble ou de la partie de l'immeuble est égal à 100 / 60 du revenu cadastral (indexé).
A partir du 1er janvier 2019, l'avantage s'élève à 100/60 du revenu cadastral multiplié par 2.</td><td>• Il faut prendre en considération le revenu cadastral indexé. Pour l'année 2018, le coefficient d'indexation est de 1,7863.
• S'il s'agit d'une habitation meublée, l'avantage ainsi calculé doit être majoré de 2/3.
• Lorsque l'employeur impose l'occupation d'un immeuble dont l'importance excède manifestement les besoins personnels de l'occupant compte tenu de sa situation sociale et de la composition de son ménage, on ne doit tenir compte, pour la détermination de l'avantage imposable que du revenu cadastral d'un immeuble qui correspond aux besoins réels de l'occupant.
• Lorsque l'employeur supporte le loyer de l'immeuble loué par le travailleur, les règles d'évaluation forfaitaire de l'avantage ne s'appliquent pas. Dans cette hypothèse, la prise en charge par l'employeur constitue un avantage en espèces, imposable à concurrence du montant du loyer dans le chef du travailleur.</td></tr>
<tr><td>3. Mise à disposition gratuite d'une seule pièce</td><td colspan="3">L'avantage de toute nature (logement, chauffage, éclairage) est égal à 0,74 EUR par jour ou 266,40 EUR par an.</td><td></td></tr>
<tr><td rowspan="6">4. Fourniture gratuite du chauffage et de l'électricité utilisée à des fins autres que le chauffage</td><td rowspan="3">• au personnel de direction et aux dirigeants d'entreprise</td><td colspan="2">L'avantage de toute nature est égal à :</td><td rowspan="3">Montants applicables à partir du 1er janvier 2019 :
• 2030,00 EUR;
• 1010,00 EUR.</td></tr>
<tr><td>Chauffage</td><td>1.990,00 EUR par an</td></tr>
<tr><td>Elec. utilisée à des fins autres que le chauffage</td><td>990,00 EUR par an</td></tr>
<tr><td rowspan="3">• aux autres bénéficiaires</td><td colspan="2">L'avantage de toute nature est égal à :</td><td rowspan="3">Montants applicables à partir du 1er janvier 2019 :
• 910,00 EUR;
• 460,00 EUR.</td></tr>
<tr><td>Chauffage</td><td>900,00 EUR par an</td></tr>
<tr><td>Elec. utilisée à des fins autres que le chauffage</td><td>450,00 EUR par an</td></tr>
</table>

577 Visés aux articles 31, alinéa 2, 2° et 32, alinéa 2, 2° du CIR.

<table>
<tr>
<td>5. Mise à disposition gratuite d'un PC ou d'une connexion internet</td>
<td colspan="2">L'avantage de toute nature est fixé forfaitairement à :
• 72,00 EUR par an par PC fixe ou portable mis gratuitement à disposition;
• 36,00 EUR par an par tablette ou téléphone mobile, mis gratuitement à disposition;
• 60,00 EUR par an pour une connexion internet mise gratuitement à disposition, qu'elle soit fixe ou mobile, et sans considération du nombre d'appareils pouvant utiliser cette connexion;
• 48,00 EUR par an pour un abonnement de téléphonie fixe ou mobile, mis gratuitement à disposition[578 579].</td>
</tr>
<tr>
<td>6. Prêt sans intérêt ou prêt à intérêts réduits[580]</td>
<td>
<table>
<tr>
<td rowspan="4">L'avantage de toute nature est égal à la différence entre :
• d'une part, le taux d'intérêt de référence qui est fixé par type de prêt;
• d'autre part, le taux d'intérêt accordé à l'emprunteur (la réduction de taux pour enfants à charge n'étant pas prise en considération).</td>
<td colspan="2">Type de prêt</td>
</tr>
<tr><td>Hypothécaires</td><td>1,70% sauf si garanti une assurance-vie (1,80%)</td></tr>
<tr><td>Non-hypothécaires à terme convenu</td><td>0,05% pour les voitures et 0,14% pour les autres</td></tr>
<tr><td>Non-hypothécaires sans terme</td><td>%</td></tr>
</table>
</td>
<td>L'emprunteur est censé obtenir l'avantage :
1. en ce qui concerne les prêts hypothécaires et les prêts non-hypothécaires à terme convenu qui sont remboursés périodiquement : lors de chaque remboursement; l'avantage est alors calculé chaque fois sur le capital restant dû avant le remboursement;
2. en ce qui concerne les prêts visés au 1° dont le capital est remboursé en une fois à l'expiration du terme du prêt : lors de chaque échéance d'intérêt lorsque le prêt est octroyé à un taux d'intérêt réduit, et à la fin de chaque mois civil lorsque le prêt est accordé sans intérêt; dans ces cas, l'avantage est chaque fois calculé sur le montant initial du prêt;
3. en ce qui concerne les prêts non hypothécaires sans terme : à la fin de chaque mois civil au cours duquel l'emprunteur a disposé des sommes empruntées; l'avantage est alors calculé par mois suivant la position moyenne du prêt.</td>
</tr>
<tr>
<td>7. Distribution gratuite de repas sociaux</td>
<td>
<table>
<tr><td colspan="3">L'avantage de toute nature est égal :</td></tr>
<tr><td></td><td>Par jour</td><td>Par année</td></tr>
<tr><td>Premier repas (le déjeuner)</td><td>0,55 EUR</td><td>198,00 EUR</td></tr>
<tr><td>Deuxième repas (le repas principal)</td><td>1,09 EUR</td><td>392,40 EUR</td></tr>
<tr><td>Troisième repas (souper)</td><td>0,84 EUR</td><td>302,40 EUR</td></tr>
</table>
</td>
<td></td>
</tr>
<tr>
<td>8. Fourniture gratuite de la nourriture aux gens de mer et aux ouvriers de la construction en raison de l'éloignement du chantier</td>
<td>L'avantage de toute nature est égal à 2,48 EUR par jour de navigation effective ou par jour de travail effectif.</td>
<td>-</td>
</tr>
<tr>
<td>9. Avantages recueillis par le personnel domestique</td>
<td>
<table>
<tr><td colspan="3">L'avantage de toute nature est égal :</td></tr>
<tr><td></td><td>Par jour</td><td>Par année</td></tr>
<tr><td>Logement, chauffage, éclairage</td><td>0,74 EUR</td><td>266,40 EUR</td></tr>
<tr><td>Premier repas (le Déjeuner)</td><td>0,55 EUR</td><td>198,00 EUR</td></tr>
<tr><td>Deuxième repas (le repas principal)</td><td>1,09 EUR</td><td>392,40 EUR</td></tr>
<tr><td>Troisième repas (souper)</td><td>0,84 EUR</td><td>302,40 EUR</td></tr>
</table>
</td>
<td>• L'évaluation forfaitaire du logement, chauffage, éclairage, n'est cependant applicable que pour les gens de maison qui disposent d'une seule pièce.
• Lorsque les intéressés ont la jouissance de plusieurs pièces d'habitation, l'avantage est fixé comme prévu :
- pour la mise à disposition gratuite d'un immeuble ou d'une partie d'immeuble ;
- pour la fourniture gratuite du chauffage et de l'électricité utilisée à des fins autres que le chauffage.</td>
</tr>
<tr>
<td>10. Mise à disposition gratuite de domestiques, ouvriers domestiques, jardiniers, chauffeurs, etc.</td>
<td>L'avantage de toute nature (annuel) est égal à 5.950,00 EUR par ouvrier, servante, ouvrière, etc., occupé à temps plein.</td>
<td></td>
</tr>
</table>

a) Cas dans lesquels il ne faut pas établir de fiches individuelles

Il ne faut pas établir de fiches individuelles pour les avantages octroyés aux personnes qui perçoivent ou ont perçu des rémunérations visées à l'article 30 du CIR, ainsi que par leurs ayants droit lorsqu'il s'agit d'avantages sociaux (cf. page n°333) c'est-à-dire des avantages :

- dont il n'est pas possible, en raison des modalités de leur octroi, de déterminer le montant effectivement recueilli par chacun des bénéficiaires;
- qui, bien que personnalisables, n'ont pas le caractère d'une véritable rémunération;

578 cf. arrêté royal du 2 novembre 2017 modifiant l'AR/CIR, en ce qui concerne les avantages de toute nature résultant de l'utilisation à des fins personnelles d'un PC, d'une tablette, d'une connexion internet, d'un téléphone mobile ou d'un abonnement de téléphonie fixe ou mobile mis gratuitement à disposition.

579 Circulaire 2017/C/82 relative aux avantages de toute nature réultant de l'utilisation à des fins personnelles d'un PC, d'une tablette, d'une connexion internet, d'un téléphone mobile ou d'un abonnement de téléphonie fixe ou mobile mis gratuitement à disposition.

580 Arrêté royal du 17 mars 2019 modifiant, en ce qui concerne les avantages de toute nature, l'AR/CIR en cas d'un prêt consenti sans intérêt ou à un taux d'intérêt réduit.

- qui sont de menus avantages ou cadeaux d'usage obtenus à l'occasion ou en raison d'événements sans rapport direct avec l'activité professionnelle.

b) Délai de remise des fiches et du relevé récapitulatif

Les redevables du précompte professionnel visés à l'article 270, 1° du CIR doivent remettre au service compétent, toutes les fiches et le relevé récapitulatif ou le support magnétique visé à l'article 92, avant le 1er mars de l'année qui suit celle à laquelle ces fiches et ce relevé récapitulatif ou ce support magnétique se rapportent[581]. Pour l'année de revenus 2018, les fiches doivent être introduites au plus tard le 28 février 2019.

Les traitements, salaires, indemnités, émoluments, gratifications, pécules de vacances, primes de fin d'année, les avantages de toute nature, etc., alloués aux membres du personnel (ou à leurs dirigeants) qui ne sont pas justifiés par des fiches individuelles et des relevés récapitulatifs sont soumis à la cotisation distincte.

3. *Indemnités forfaitaires allouées aux membres du personnel et à leurs dirigeants en remboursement de frais effectifs propres à l'employeur*

Les indemnités forfaitaires allouées aux membres du personnel et à leurs dirigeants en remboursement de frais effectifs propres à la société (frais de déplacement, frais de voiture, frais de repas pris en mission, frais de bureau et de téléphone au domicile privé, etc.,) constituent des «dépenses justifiées» lorsqu'elles sont mentionnées sous la rubrique prévue à cet effet, sur les fiches individuelles et les relevés récapitulatifs dont il est question à l'article 32 de l'AR/CIR.

En outre, la société doit apporter la preuve que les indemnités :

- sont destinées à couvrir des frais qui lui sont propres;
- ont été effectivement consacrée à de tels frais.

Contrairement aux rémunérations payées aux membres du personnel, les indemnités précitées ne constituent pas (en principe) des revenus professionnels imposables dans le chef de leur bénéficiaire. Il en résulte que le bénéficiaire des indemnités ne doit pas mentionné dans sa déclaration à l'impôt des personnes physiques qu'il a reçu de telles indemnités.

Il est dés lors tentant pour le bénéficiaire (en l'absence de l'établissement d'une fiche et d'un relevé) de revendiquer la déduction (à titre de frais professionnels au sens de l'article 49 du CIR) des frais exposés pour le compte de son employeur (en utilisant, par exemple, les documents attestant de la réalité des frais, établis par des tiers et qu'il n'a pas dû remettre à son employeur), en dépit du fait que ces frais ont fait l'objet d'un remboursement via les indemnités forfaitaires précitées.

Pour décourager toute fraude, le législateur a donc prévu que la société qui ne justifie pas des indemnités forfaitaires en remboursement de frais effectifs propres à l'employeur, allouées aux membres du personnel, par la production d'une fiche individuelle et d'un relevé récapitulatif soit toujours soumise à la cotisation distincte étant donné son impossibilité de démontrer que le montant de ces indemnités est compris dans les déclarations à l'impôt des personnes physiques établies par les membres du personnel qui ont reçu ces indemnités.

La Cour d'arbitrage du 25 novembre 2010 a considéré qu'il n'existait aucune discrimination du fait que la société ne peut pas (contrairement aux rémunérations non justifiées par des fiches et des relevés) échapper à l'enrôlement de la cotisation distincte, en application de l'article 219, alinéa 4 du CIR.

581 Article 93, § 1er de l'AR/CIR.

a) Cas dans lesquels le montant des indemnités allouées aux membres du personnel ne doit pas être repris sur les fiches individuelles et les relevés récapitulatifs dont il est question à l'article 32 de l'AR/CIR

Le montant des indemnités allouées aux membres du personnel et leurs dirigeants, pour couvrir des frais exposés pour le compte de l'employeur, ne doit pas être repris sur les fiches individuelles et les relevés récapitulatifs visés à l'article 32 de l'AR/CIR :

a. lorsque les frais exposés, pour le compte de l'employeur, doivent faire l'objet d'une preuve expresse du montant et/ou de la nature de la dépense effectuée[582];
b. lorsque les indemnités sont fixées d'après des normes sérieuses[583].

Exemples de normes sérieuses :

➲ *les indemnités allouées en remboursement de frais de voiture fixées conformément à l'article 13 de l'arrêté royal du 18 janvier 1965 portant réglementation générale en matière de frais de parcours :*

Période	Le montant de l'indemnité kilométrique est fixé à
du 1er juillet 2017 au 30 juin 2018	0,3460[584]
du 1er juillet 2018 au 30 juin 2019	0,3573[585]

➲ *les indemnités journalières allouées par l'Etat à ses fonctionnaires pour frais de repas et de séjour en Belgique*[586]

Circulaire 2018/C/8 du 22 janvier 2018 relative aux indemnités des membres du personnel de la fonction publique fédérale.

A partir du 1er septembre 2017, le fonctionnaire a droit à une indemnité forfaitaire journalière pour frais de repas en Belgique si :

- le déplacement est de minimum 6 heures et est supérieur à un rayon de 25 kilomètres (à calculer à partir du centre de la commune de sa résidence administrative);
- son repas n'est pas déjà pris en charge ou le fonctionnaire ne bénéficie d'aucun autre avantage de même nature (par exemples un ticket restaurant dont une partie du coût est prise en charge par l'employeur ou par un tiers, ou la possibilité de prendre son repas dans un restaurant Fedorest ou dans un restaurant en lien avec l'organisation).

Le montant de l'indemnité journalière est de 10,00 EUR (montant de base non indexé) et est identique pour tous les niveaux.

Pour le fonctionnaire qui doit régulièrement effectuer des prestations en dehors de sa résidence administrative, il est prévu que le fonctionnaire dirigeant ou son délégué puisse décider de lui octroyer une indemnité forfaitaire mensuelle. Dans ce cas, il n'y a pas de conditions d'heures et de distance. Dans cette hypothèse, le montant pour les prestations régulières équivaut un certain nombre de fois l'indemnité journalière (maximum 16 fois pour des prestations à temps plein). Ce

582 Le remboursement des dépenses incombant à la personne morale s'est effectué sur la base de documents justificatifs remis par les membres de son personnel (les dirigeants) : tickets de transport, tickets de parking, notes de restaurant, etc. Il suffit d'indiquer au cadre 26 de la fiche 281.10 ou au cadre 20 de la fiche 281.20 la mention « oui » lorsqu'il s'agit de dépenses couvertes à concurrence de leur montant exact ou par des indemnités forfaitaires fixées en faisant référence à des critères sérieux et concordants.

583 Voir le Commentaire des impôts sur les revenus des impôts sur les revenus 31/36. Il suffit d'indiquer au cadre 26 de la fiche 281.10 ou au cadre 20 de la fiche 281.20 la mention « ou » lorsqu'il s'agit de dépenses couvertes à concurrence de leur montant exact ou par des indemnités forfaitaires fixées en faisant référence à des critères sérieux et concordants.

584 Moniteur belge du 23 juin 2017, p. 68022.

585 Moniteur belge du 27 juin 2018, p. 52726.

586 Arrêté royal du 13 juillet 2017 fixant les allocations et indemnités des membres du personnel de la fonction publique fédérale.

nombre est adapté annuellement. Il est identique pour tous les membres du personnel exerçant la même fonction.

Cet arrêté a des conséquences pour le secteur privé, étant donné que les indemnités que la fonction publique accorde à son personnel sont considérées comme une norme sérieuse pour les remboursements forfaitaires non imposables de frais propres à l'employeur.

Les montants maximums suivants constituent dans ce cadre un remboursement non-imposable de frais propres à l'employeur pour autant que :

- le montant de ces indemnités soit fixé en tenant compte du nombre réel de déplacements et des exigences de durée minimum des déplacements effectués qui s'appliquent pour les membres du personnel de la fonction publique fédérale ;
- le montant ne dépasse pas les indemnités que l'Etat accorde à son personnel sur la base de l'AR du 13 juillet 2017[587].

	Montant de base	Montant indexé (du 1er septembre 2017 au 30 septembre 2018)[588]	Montant indexé à partir du 1er octobre 2018[589]
Indemnité forfaitaire journalière (frais de repas)	10,00 EUR par jour	16,73 EUR par jour	17,07 EUR par jour
Indemnité forfaitaire mensuelle (frais de repas)	Maximum 160,00 EUR par mois	Maximum 267,74 EUR par mois	Maximum 273,10 EUR par mois
Indemnité forfaitaire journalière complémentaire pour frais de séjour (frais de logement)	75,00 EUR par nuit	125,50 EUR par nuit	128,02 EUR par nuit

Pour les indemnités forfaitaires journalières pour frais de séjour, les conditions suivantes doivent être remplies :

- le déplacement est d'une durée minimale de six heures (la durée du voyage de service est calculée à partir du départ du lieu de travail jusqu'au retour au lieu de travail à moins que le départ ait lieu directement du domicile ou que le retour ait lieu directement au domicile) ;
- le déplacement ne donne pas lieu à la prise en charge par l'employeur ou par un tiers d'un repas (lorsqu'un repas gratuit est offert dans le cadre d'une mission de service par exemple par un client, un fournisseur, etc., le travailleur ou le dirigeant d'entreprise ne peut pas revendiquer l'indemnité pour frais de séjour. Il en va de même, lorsque le travailleur ou le dirigeant d'entreprise est invité à suivre durant son temps de travail en dehors de son domicile ou de son lieu de travail, un cours, un séminaire, un groupe de travail, etc., pour lesquels le prix du repas est inclus dans le droit d'inscription que l'employeur ou la société paie ou lorsque un repas gratuit est offert par l'organisateur du cours, du séminaire, du groupe de travail, etc. Le travailleur ne peut pas non plus revendiquer l'indemnité pour frais de séjour s'il a accès à un restaurant d'entreprise de son employeur ou de la société à l'endroit où la mission de service est exercée.) ;
- le déplacement ne donne lieu à aucun avantage visant à couvrir les frais de repas.

En ce qui concerne l'indemnité forfaitaire journalière complémentaire pour frais de séjour, les conditions suivantes doivent être remplies :

587 Circulaire 2018/C/8 du 22 janvier 2018 relative aux indemnités des membres du personnel de la fonction publique fédérale.

588 Le coefficient d'indexation est de 1,6734.

589 Le coefficient d'indexation est de 1,7069.

- le déplacement ne donne pas lieu à la prise en charge par l'employeur ou par un tiers des frais de logement ;
- le déplacement ne donne lieu à aucun avantage de même nature[590].

L'indemnité forfaitaire journalière complémentaire pour frais de séjour (logement) ne peut être :

- accordée si le travailleur ou le dirigeant d'entreprise dispose d'un logement gratuit sur place.
- cumulée avec le remboursement de frais de repas et de nuitée sur la base de pièces justificatives.

C'est également le cas pour un dirigeant d'entreprise qui a un mandat dans deux sociétés différentes X et Y et qui effectue un déplacement de service combiné pour les deux sociétés. Il ne peut être admis que tant l'octroi d'une indemnité de séjour forfaitaire par une société X qu'un remboursement de frais de repas et de nuitée par une société Y pour le travailleur concerné soit considéré comme un remboursement non-imposable de frais propres à chaque société. Vu qu'il s'agit déjà dans ce cas d'un remboursement de frais réels par la société Y sur base de pièces justificatives, l'octroi d'indemnités de séjour forfaitaires par la société X constitue une rémunération imposable pour le dirigeant d'entreprise.

Dans le même ordre d'idée, une combinaison de deux indemnités de séjour forfaitaires ne peut être acceptée pour un déplacement de service combiné visé ci-avant. En pareil cas, une des deux indemnités constitue une indemnité imposable pour le dirigeant d'entreprise concerné.

Les indemnités de séjour forfaitaires précitées, accordées pour un voyage de service en Belgique sur ordre de l'employeur ou de la société ne constituent pas la norme pour les indépendants qui recueillent des bénéfices et profits tels que visés aux articles 24 et 27 du CIR. Les indépendants qui effectueraient des « voyages de service » de même nature dans le cadre de leur activité professionnelle, doivent établir la réalité et le montant des frais consentis dans ce cadre au moyen de pièces justificatives, ou en cas d'impossibilité, par tout moyen de preuve admis par le droit commun, à l'exception du serment.

Dans la mesure où les indemnités accordées excèdent les montants maximums précités, elles constituent en principe des rémunérations imposables.

Lorsque les déplacements de service ne respectent pas la durée minimum prescrite en la matière, elles constituent également en principe une rémunération imposable.

L'octroi d'une indemnité de séjour non-imposable plus élevée reste toutefois possible à condition que l'employeur fournisse la double preuve que :

- l'indemnité est destinée à couvrir des frais qui lui sont propres ;
- elle est effectivement consacrée à de tels frais.

Il en va de même pour les indemnités accordées en remboursement de frais propres à l'employeur ou à la société pour des déplacements de service de moins de six heures.

➲ *les indemnités journalières allouées par l'État à ses fonctionnaires pour frais de repas et de séjour à l'étranger :*

Le *Moniteur belge* du 16 novembre 2017 (pages 99910 et suivantes) a publié l'Arrêté Ministériel relatif aux indemnités de séjour des fonctionnaires pour leurs voyages d'affaires ainsi qu'une liste exhaustive, par pays, des indemnités forfaitaires applicables à partir du 22 novembre 2017.

590 Circulaire 2018/C/8 du 22 janvier 2018 relative aux indemnités des membres du personnel de la fonction publique fédérale.

Ne sont pas visés par ces indemnités, les travailleurs ou dirigeants d'entreprise pour lesquels les déplacements de et vers l'étranger font partie intégrante de leur activité professionnelle journalière normale[591].

Par contre, les indemnités allouées aux membres du personnel et aux dirigeants pour couvrir des frais exposés pour le compte de l'employeur, doivent toujours être reprises sur les fiches individuelles et les relevés récapitulatifs visés à l'article 32 de l'AR/CIR si elles ont été déterminées forfaitairement sans qu'il ait été fait usage de critères raisonnables, concordants et contrôlables.

En résumé, les cas suivants peuvent se présenter lors du remplissage du cadre 26 de la fiche 281.10 :

26. RENSEIGNEMENTS DIVERS :

b) Dépenses propres à l'employeur : Montant : -----------------------------------

1. Sont déterminées forfaitairement en ne faisant pas usage de critères sérieux et concordants : on mentionne le montant total des indemnités octroyées;
2. Sont déterminées forfaitairement en faisant usage de critères sérieux et concordants : on ne mentionne rien;
3. Sont déterminées à concurrence de leur montant exact : on ne mentionne rien;
4. Sont déterminées tant selon la méthode reprise sous 1) que selon la méthode reprise sous 2) ou 3) : on mentionne le montant total des indemnités déterminées forfaitairement en ne faisant pas usage de critères sérieux et concordants.

b) Délai de remise des fiches et du relevé récapitulatif

Les redevables du précompte professionnel visés à l'article 270, 1° du CIR 92 (essentiellement les employeurs) doivent remettre au service compétent, toutes les fiches et le relevé récapitulatif ou le support magnétique visé à l'article 92 de l'AR/CIR, avant le 1er mars de l'année qui suit celle à laquelle ces fiches et ce relevé récapitulatif ou ce support magnétique se rapportent. Pour l'année 2018, les fiches doivent être introduites au plus tard le 28 février 2019.

Les indemnités forfaitaires allouées aux membres du personnel (ou à leurs dirigeants) en remboursement de frais effectifs propres à l'employeur, qui ne sont pas justifiées par des fiches individuelles et des relevés récapitulatifs, sont imposables au taux de la cotisation distincte.

591 Circulaire n°Ci.Rh.241/598.417 (AGFisc n° 23/2011) du 15 avril 2011.

C. Sommes et avantages affectés à la corruption publique et privée en Belgique ou à la corruption de fonctionnaires étrangers ou internationaux

Sont soumis à la cotisation distincte, les commissions, gratifications, rétributions ou avantages de toute nature qui sont accordés directement ou indirectement à une personne :

- dans le cadre d'une corruption publique ou privée en Belgique;
- dans le cadre d'une corruption publique d'une personne exerçant une fonction publique dans un Etat étranger ou dans une organisation de droit international public.

D. Remarque

L'attention est attirée sur ce qui suit :

- conformément à l'article 207 du CIR, les déductions visées aux articles 199 à 206 du CIR, ne peuvent être opérées pour la détermination de l'assiette de la cotisation distincte spéciale[592];
- aucune majoration pour absence ou insuffisance de versements anticipés n'est applicable sur la cotisation distincte spéciale[593];
- aucune imputation de précomptes ne peut être effectuée sur la cotisation distincte spéciale[594].

592 cf. article 207 alinéa 2 du CIR.

593 cf. article 218, § 1er du CIR.

594 cf. article 292, alinéa 2 du CIR.

Partie 5

Régime de Tax Shelter pour la production audiovisuelle et d'œuvres scéniques et son application pratique

I. Régime de Tax Shelter pour la production audiovisuelle et d'œuvres scéniques

	Article 194ter du CIR.
Autres références	**Circulaire AGFISC n°39/2015 du 13 octobre 2015** **Circulaire Ci.Rh.421/630.628 du 5 mars 2014** **Circulaire Ci.Rh.421/566.524 du 23 décembre 2004** **Avis CNC 2012/7 du 17 avril 2012 concernant le traitement comptable du Tax shelter dans le chef de l'investisseur** **Loi du 12 mai 2014 modifiant l'article 194*ter* du CIR** **AR du 19 décembre 2014 fixant la date d'entrée en vigueur de la loi du 12 mai 2014** **Avis CNC 2015/1 du 13 mai 2015 concernant le traitement comptable du tax shelter dans le chef de l'investisseur pour les conventions-cadres conclues à partir du 1er janvier 2015** **Loi du 26 mai 2016 modifiant l'article 194ter du CIR** **Loi du 25 décembre 2016 modifiant l'article 194ter et les articles 179/1, 227/1 et 227, 3° du CIR** **Article 30 de la loi du 25 décembre 2017 portant réforme de l'impôt des sociétés et modifiant l'article 194ter du CIR.**

Le but du présent régime est destiné à encourager l'investissement dans la production d'œuvres audiovisuelles. Ce régime permet à une société qui souhaite investir dans le soutien de la production audiovisuelle de bénéficier d'une exonération de ses bénéfices réservés imposables.

La législation tax shelter connaît un certain succès en Belgique, ce qui permet à la production cinématographique de progresser dans notre pays.

Dans la pratique, toutefois, certains abus ont été constatés et on a régulièrement assisté à une surenchère qui se traduisait par un rendement sans cesse plus élevé offert aux investisseurs, au préjudice des montants qui pouvaient être effectivement consacrés à la production.

Ainsi, la Chambre des Représentants a tenu trois audiences traitant de la réforme du régime tax shelter.

Au cours de ces audiences, plusieurs intervenants ont mis en cause les rendements élevés et l'impact négatif sur le financement de la production audiovisuelle générés par la possibilité d'obtenir des droits aux recettes via le régime tax shelter.

Pour remédier à cette situation, un nouveau système a été mis en place, par lequel les investisseurs peuvent acquérir un avantage fiscal en raison de leur soutien à l'industrie cinématographique, sans pour autant acquérir des droits sur la production proprement dite. On évite ainsi le rachat de ces droits, et on diminue donc le risque de surenchère généré par l'offre de rendements toujours plus élevés proposés à l'investisseur.

Ce nouveau régime a été instauré par loi du 12 mai 2014 modifiant l'article 194ter du CIR. L'AR du 19 décembre 2014 a fixé les modalités et l'entrée en vigueur de ces modifications qui s'appliquent aux conventions-cadres conclues à partir du premier janvier 2015.

La Commissions des normes comptables a publié le 13 mai 2015 un nouvel avis relatif au tax shelter afin d'adapter les méthodes de comptabilisation au nouveau régime mis en place.

La loi du 26 mai 2016 a modifié l'article 194ter du CIR en de nombreux points et s'applique aux conventions-cadres signées à partir du 01/07/2016.

La loi du 25 décembre 2016 a étendu le régime du tax shelter aux œuvres scéniques. Cette extension aux œuvres scéniques s'applique aux conventions-cadres signées à partir du 1er février 2017.

Dans le cadre de ce chapitre, nous analysons d'abord le nouveau régime du point de vue de l'investisseur, pour développer ensuite l'ancien régime applicable aux conventions-cadres conclues jusqu'au 31 décembre 2014.

La loi du 29 mars 2019, publiée au Moniteur belge du 16 avril 2019 (nouvel art. 194ter/3, du CIR) a étendu le régime du tax shelter pour l'industrie cinématographique et les œuvres scéniques aux sociétés qui investissent via une convention-cadre dans un jeu vidéo original.

Cependant, une disposition relative à l'entrée en vigueur cette extension du régime prévoit qu'il n'est pas possible de conclure des conventions-cadres de ce type avant que la Commission européenne ait approuvé l'extension du régime et qu'un accord de coopération soit conclu entre les communautés et l'Etat fédéral en ce qui concerne les œuvres éligibles.

Vu les incertitudes que présentent encore ce nouveau régime, nous ne le développerons que dans la prochaine édition de ce livre.

II. Régime applicable aux conventions-cadres conclues à partir du 1er janvier 2015 et son extension aux œuvres scéniques à partir du 1er février 2017

Ce nouveau régime est instauré par loi du 12 mai 2014 modifiant l'article 194ter.

L'arrêté royal du 19 décembre 2014 fixe les modalités et l'entrée en vigueur de ces modifications qui s'appliquent aux conventions-cadres conclues à partir du 1er janvier 2015.

La loi du 26 mai 2016 modifie l'article 194ter en de nombreux points et s'applique aux conventions-cadres signées à partir du 01/07/2016.

La loi du 25 décembre 2016 étend le régime du tax shelter aux œuvres scéniques en ce qui concerne les conventions cadres signées à partir du 1er février 2017.

L'extension aux œuvres scéniques est développée au point F. du présent chapitre.

Pour éviter de nouvelles dérives, le nouveau régime prévoit notamment :

- l'interdiction d'offrir à l'investisseur d'autres avantages économiques ou financiers que ceux prévus par la loi;
- l'impossibilité de vendre aux investisseurs, par le biais d'une autre convention, à des conditions favorables, des droits sur une œuvre éligible, qui seraient ensuite rachetés à un prix élevé;
- l'impossibilité d'accéder au régime pour les investisseurs qui possèderaient déjà des droits dans l'œuvre éligible.

Le nouveau régime s'inspire du système luxembourgeois de « certificats » sur lequel les concepts déjà existants dans l'ancien régime ont été greffés (par exemple les frais ou dépenses qualifiantes, les dépenses de production et d'exploitation effectuées en Belgique, etc.).

Une des nouveautés introduite dans ce régime est que les sociétés de production et les intermédiaires doivent être préalablement agréés par le ministre des finances selon une procédure simplifiée dont les modalités sont définies dans l'AR du 19 décembre 2014.

Un intermédiaire est défini dans la loi comme étant « la personne physique ou morale qui intervient dans le cadre de la négociation et de la conclusion d'une convention-cadre dans l'optique de la délivrance d'une attestation tax shelter moyennant une rémunération ou un avantage et qui n'est pas elle-même une société de production éligible ou un investisseur éligible ».

L'arrêté royal précise le contenu de la demande, son mode d'introduction (normalement par voie électronique à l'adresse taxshelter@minfin.fed.be), le retrait de l'agrément et sa durée (en principe illimitée sauf en cas de retrait de l'agrément initial, dans ce cas un nouvel agrément n'est valable que pour une période de trois ans).

Il établit également que « les listes des sociétés de production et des intermédiaires éligibles qui ont été agréés comme tels conformément aux dispositions du présent arrêté sont publiées sur le site internet du Service Public Fédéral Finances (www.finances.belgium.be) et tenues à jour par la Cellule spécialisée Tax Shelter ».

Dans la procédure de demande d'agrément, la société de production ou l'intermédiaire doit prendre « l'engagement, dûment signé par l'organe compétent de la société demanderesse de respecter la législation dans le cadre de l'application du régime de tax shelter ».

Il est important de remarquer que le Rapport au Roi précédent l'AR précise que l'engagement concerne à la fois le respect de l'article 194ter mais également le respect de « toutes les autres lois fiscales, financières, économiques, ... en application dudit régime » .

Cette précision implique, entre autres, qu'une société qui verserait une commission à un expert-comptable pour une mise en contact de client, en contrevenant de ce fait au règlement de déontologie des experts-comptables, pourrait se voir retirer son agrément.

A. Mode de fonctionnement du nouveau régime

Une société investisseur et une société de production concluent une convention-cadre par laquelle la première s'engage à verser une certaine somme en vue d'obtenir une attestation Tax Shelter que la seconde s'engage à lui fournir au plus tard le 31 décembre de la quatrième année qui suit celle de la signature de la convention cadre. Le producteur notifie cette convention au SPF Finances dans le mois de sa signature.

La société investisseur bénéficie alors d'une exonération fiscale temporaire à concurrence de 356% des sommes qu'elle s'est engagée à verser.

Ce taux d'exonération passe à 421% à partir de l'exercice d'imposition 2021 se rattachant à une période imposable qui débute au plus tôt le 1er janvier 2020[595].

Le montant susceptible d'être exonéré est toutefois limité par exercice d'imposition :

- à la moitié des bénéfices réservés imposables de la société pour l'exercice concerné, déterminés avant constitution de la réserve immunisée tax shelter;
- avec un plafond de 850.000,00 €.

Il est possible de reporter les éventuels excédents d'exonération sur un exercice ultérieur avec comme limite de report, l'exercice d'imposition lié à la troisième période imposable qui suit l'année civile au cours de laquelle l'attestation a été délivrée au producteur par le SPF Finances (à quatrième période imposable qui suit l'année de la signature de la convention-cadre pour les conventions signées à partir du 01/07/2016).

Dans ce nouveau régime, l'investisseur n'acquiert pas de droit sur la production mais bien une exonération fiscale provisoire à concurrence de 356%[596] des sommes qu'il s'est engagé à verser.

L'exonération temporaire n'est accordée et maintenue qu'en fonction du respect de la condition d'intangibilité à observer par l'investisseur jusqu'à la date à laquelle celui-ci obtient l'attestation de la part du producteur ou de l'intermédiaire.

Lorsque l'œuvre audiovisuelle est terminée, le producteur demande au SPF Finances la délivrance de l'attestation Tax Shelter établie sur la base des dépenses qualifiantes de production engagées, et ce en vue de en vue de la transmettre à la société investisseur.

595 Article 86 B2 Loi portant réforme de l'impôt des sociétés. . Ladite loi dispose, en son art. 86, D., que: «Toute modification apportée à la date de clôture de l'exercice comptable à partir du 26 juillet 2017, reste sans effet pour l'application des dispositions du présent chapitre.»

596 Ce taux passe à 421% à partir de l'exercice d'imposition 2021 se rattachant à une période imposable qui débute au plus tôt le 1er janvier 2020.

L'exonération devient définitive à concurrence de 172% de la valeur fiscale de l'attestation lorsque la société investisseur joint une copie de l'attestation Tax Shelter à sa déclaration à l'impôt des sociétés.

Ce taux d'exonération passe à 203% à partir de l'exercice d'imposition 2021 se rattachant à une période imposable qui débute au plus tôt le 1er janvier 2020[597].

Cette valeur fiscale correspond à 70% du montant des dépenses qualifiantes dans l'espace économique européen directement liées à la production (et à l'exploitation pour les conventions signées à partir du 01/07/2016), avec un maximum de 10/9e des dépenses de production et d'exploitation effectuées en Belgique dans un délai de 18 mois à partir de la signature de la convention cadre. Sous conditions, des dépenses effectuées dans les 6 mois qui précèdent la signature de la convention-cadre seront acceptées pour les conventions signées à partir du 01/07/2016.

Le régime, dans sa nouvelle version, n'est pas intéressant pour une société imposable au taux réduit de 20,40%.

Le producteur a la possibilité de rémunérer l'investisseur par le paiement d'un montant calculé sur la base des sommes préalablement versées afin d'obtenir l'attestation.

Cette rémunération doit être calculée en tenant compte d'un prorata de jours écoulés entre la date du premier versement et la date de la délivrance de l'attestation, mais ceci dans un délai maximum de 18 mois après la date du premier versement.

Le taux utilisé pour calculer cette indemnité rémunérant le préfinancement ne peut dépasser la moyenne des taux EURIBOR 12 mois du dernier jour de chaque mois du semestre civil qui précède le paiement, majoré de 450 points de base.

Il n'est plus permis au producteur d'octroyer d'autres avantages économiques ou financiers à l'investisseur à l'exception d'une mention dans le générique de l'œuvre.

Il est possible pour l'investisseur d'obtenir de la part du producteur une garantie relative à l'achèvement de l'œuvre et à la délivrance dans les délais de l'attestation tax shelter.

Cette garantie n'est pas considérée comme un avantage économique ou financier à condition que l'investisseur qui fait appel à cette garantie ne reçoive pas plus que le montant des impôts et des intérêts de retard dus par celui-ci en cas de non-respect des conditions pour une exonération définitive.

Au moment où l'œuvre audiovisuelle est achevée, le producteur demande la délivrance d'une attestation tax shelter au SPF Finances qui sera établie sur base des dépenses qualifiantes engagées dans la production.

Il appartient ensuite au producteur de transmettre cette attestation à l'investisseur.

L'exonération fiscale temporaire ne devient définitive que lorsque l'investisseur joint une copie de l'attestation reçue à sa déclaration à l'impôt des sociétés.

En cas de surplus de bénéfice temporairement exonéré par rapport à l'attestation reçue, ce surplus sera considéré du point de vue fiscal comme un bénéfice de la période imposable au cours de laquelle l'attestation est délivrée.

De plus amples précisions quant au fonctionnement du nouveau régime sont apportées ci-après.

597 Article 86 B2 Loi portant réforme de l'impôt des sociétés. . Ladite loi dispose, en son art. 86, D., que: «Toute modification apportée à la date de clôture de l'exercice comptable à partir du 26 juillet 2017, reste sans effet pour l'application des dispositions du présent chapitre.»

B. Sociétés concernées

Seules peuvent bénéficier de ce régime fiscal, les sociétés résidentes et les établissements belges qui concluent une convention-cadre dans laquelle elles s'engagent à verser des sommes destinées à la production d'une œuvre audiovisuelle européenne agréée en vue de recevoir des attestations dénommées « Tax Shelter ».

Sont cependant exclues de ce régime d'exonération, les sociétés résidentes (ou une société qui lui est liée conformément à l'article 11 du Code des sociétés) dont l'objet principal est le développement et la production d'œuvres audiovisuelles et les entreprises de télédiffusion.

Pour les conventions signées à partir du 01/07/2016, une entreprise liée à une entreprise de télédiffusion pourra agir comme une société de production si l'entreprise de télédiffusion ne bénéficie pas directement d'avantages issus des œuvres crées par la société de production. Cette condition est présumée remplie si la société de production s'y est engagée par écrit envers les investisseurs et l'autorité fédérale.

Par société résidente de production audiovisuelle, on entend la société dont l'objet principal est le développement et la production d'œuvres audiovisuelles.

Les entreprises de télédiffusion ou les entreprises liées (au sens de l'article 11 du code des sociétés) à des entreprises belges ou étrangères de télédiffusion ne sont pas considérées comme une société résidente de production audiovisuelle.

Au moment de la conclusion de la convention-cadre, la société de production audio-visuelle ne peut pas avoir d'arriérés auprès de l'Office nationale de sécurité sociale.

Les sociétés de productions doivent être agréées conformément à l'arrêté royal du 19 décembre 2014 pour pouvoir être éligibles dans le cadre du régime « tax shelter ».

Cette agréation est accordée sur décision du ministre qui a les Finances dans ses attributions suivant une procédure simplifiée dont les modalités et conditions sont déterminées par le Roi.

Les sociétés de production doivent également :

- respecter la loi du 16 juin 2006 relative aux offres publiques de placement à la négociation sur des marchés réglementés (prospectus FSMA le cas échéant) en ce qui concerne la recherche d'investisseurs ;
- mentionner dans le générique final de l'œuvre le soutien apporté par la législation belge relative au Tax Shelter.

La loi du 25 décembre 2016 a apporté des précisions quant au statut fiscal des sociétés de production et des intermédiaires qui interviennent lors de la conclusion d'une convention-cadre signée avec des investisseurs à partir du 1er février 2017.

Depuis le 1er février 2017, les œuvres scéniques peuvent également faire l'objet d'une convention-cadre donnant droit au régime tax shelter.

Les nouveaux articles 179/1 et 227/1, ainsi que l'adaptation de l'article 227, 3° du CIR visent l'hypothèse où des sociétés de production et des intermédiaires interviennent sous la forme d'une ASBL ou d'une autre personne assujettie en principe à l'impôt des personnes morales.

Désormais, ces ASBL et personnes morales ne pourront plus être assujetties à l'impôt des personnes morales, mais devront obligatoirement être assujetties à l'impôt des sociétés pour l'exercice d'imposition lié à une période imposable au cours de laquelle elles ont conclu une convention cadre.

Elles devront également restées assujetties à l'impôt des sociétés durant les trois exercices suivants la période imposable durant laquelle une convention cadre a été conclue.

C. Œuvres audiovisuelles visées

1. *Nature de l'œuvre*

L'œuvre audiovisuelle doit être agréée comme œuvre européenne telles que définies par la directive « Services de médias audiovisuels » du 10 mars 2010 (2010/13/EU) par les services compétents d'une des Communautés visées à l'article 2 de la constitution (la Communauté française, la Communauté flamande et la Communauté germanophone) et doit appartenir à l'une des catégories suivantes :

- un film de fiction, documentaire ou d'animation, destiné à une exploitation cinématographique ;
- un film court-métrage, à l'exception des courts-métrages publicitaires ;
- un téléfilm de fiction longue, le cas échéant en épisodes, c'est-à-dire des téléfilms de fiction, exploités unitairement, en collection ou en série à l'exception des reality shows, des talk-shows et plus généralement des émissions tournées essentiellement en plateau avec un nombre de décors limités et/ou en multi-caméras ;
- une série télévisuelle de fiction ou d'animation ;
- des séries destinées aux enfants et aux jeunes à savoir des séries de fiction à contenu éducatif, culturel et informatif pour un groupe cible d'enfants et de jeunes de 0 à 16 ans ;
- un programme télévisuel documentaire.

Les productions internationales dans la catégorie film de fiction, documentaire ou d'animation destinées à une exploitation cinématographique sont également éligibles à condition :

- soit de tomber dans le champ d'application de la Directive 2010/13/UE « Services de médias audiovisuels » ;
- soit de tomber dans le champ d'application d'une convention bilatérale en matière de coproduction conclue par la Belgique avec un autre Etat[598].

2. *Œuvre audiovisuelle européenne agréée*

Pour être considérée comme une œuvre audiovisuelle européenne agréée, l'œuvre audiovisuelle doit également satisfaire aux conditions « de dépenses qualifiantes ».

Les « dépenses qualifiantes » qui entrent en ligne de compte doivent être réalisées par le producteur au sein de l'Espace économique européen, avec une dépense maximale en Belgique.

598 Par Etat, et cela vaut également pour la Belgique, sont visés à la fois le niveau fédéral et toutes les subdivisions administratives.

Les « dépenses de production et d'exploitation qualifiantes » comprennent les dépenses qui se rapportent directement et indirectement à la production[599] de l'œuvre.

Sur la base des dépenses audiovisuelles réelles au sein de l'Espace économique européen, une « attestation tax shelter » peut être délivrée à une valeur maximale égale à 70% de ces dépenses totales[600].

Des dépenses doivent avoir lieu en Belgique à concurrence d'au moins 90% de la valeur de « l'attestation tax shelter ». Ceci peut se faire tant pour des dépenses directement liées à la production[601] que pour des dépenses non directement liées à la production[602] pour autant qu'elles soient en relation avec la production et l'exploitation de l'œuvre éligible. Il est toutefois exigé que 70% au moins des dépenses de production et d'exploitation effectuées en Belgique soient constitués de dépenses directement liées à la production[603], ceci pour soutenir durablement la production de l'œuvre audiovisuelle. Si le pourcentage de 70% n'est pas obtenu, la valeur fiscale de « l'attestation tax shelter » est diminuée en fonction du déficit d'investissements durables en pourcentage

Dans le cas où plusieurs conventions-cadres ont été conclues, pour une même œuvre, la condition de dépenses doit être respectée pour chaque convention-cadre envisagée isolément.

a) Nature des dépenses de production et d'exploitation

On entend :

- par « dépenses de production et d'exploitation qualifiantes », dans l'Espace économique européen, les dépenses liées à la production qui sont faites dans l'Espace économique européen en relation avec la production et l'exploitation d'une œuvre éligible (dans la mesure où au moins 70% de ces dépenses sont des dépenses directement liées à la production et à l'exploitation pour les conventions signées à partir du 01/07/2016) ;
- par « dépenses de production et d'exploitation effectuées en Belgique », les charges d'exploitation et les charges financières qui sont constitutives de revenus professionnels imposables au régime ordinaire de taxation[604] dans le chef du bénéficiaire, à l'impôt des personnes physiques, à l'impôt des sociétés ou à l'impôt des non-résidents, à l'exclusion :
    - des frais visés à l'article 53, 9° CIR à savoir les frais de toute nature qui se rapportent à la chasse, à la pêche, à des yachts ou autres bateaux de plaisance et à des résidences de plaisance ou d'agrément;
    - des frais visés à l'article 53, 10° CIR à savoir tous les frais dans la mesure où ils dépassent de manière déraisonnable les besoins professionnels;
    - des dépenses ou avantages visés à l'article 53, 24° CIR à savoir les commissions, courtages, ristournes commerciales ou autres, vacations ou honoraires occasionnels ou non, gratifications, rétributions ou avantages de toute nature qui sont accordés, directement ou indirectement, à une personne :
        a. dans le cadre d'une corruption publique en Belgique visée à l'article 246 du Code

599 A la production et à l'exploitation pour les conventions signées à partir du 01/07/2016.

600 Directement liées à la production et à l'exploitation pour les conventions signées à partir du 01/07/2016.

601 Directement liées à la production et à l'exploitation pour les conventions signées à partir du 01/07/2016.

602 Directement liées à la production et à l'exploitation pour les conventions signées à partir du 01/07/2016.

603 Directement liées à la production et à l'exploitation pour les conventions signées à partir du 01/07/2016.

604 Lorsqu'on parle ici de régime ordinaire de taxation, on vise en fait à exclure les régimes particuliers qui constituent déjà un avantage fiscal conséquent, tels que par exemple celui des artistes non-résidents pour qui le prélèvement d'un précompte professionnel de 18% constitue la seule taxation de leurs revenus d'artiste. Les dépenses occasionnées pour payer ces artistes tombent en dehors des dépenses belges et n'ont donc aucune influence sur le rapport 70% de dépenses belges directement liées à la production et 30% de dépenses belges non directement liées à la production. Elles ne font donc pas non plus partie des 90% des dépenses qui doivent être effectuées en Belgique. Par contre, ces dépenses font partie éventuellement des 30% des dépenses qui ne sont pas qualifiantes au sein de l'Espace économique européen.

pénal ou d'une corruption privée en Belgique visée à l'article 504bis du même Code ;

b. dans le cadre d'une corruption publique d'une personne exerçant une fonction publique dans un Etat étranger ou dans une organisation de droit international public, visée à l'article 250 du même Code;

- des dépenses visées à l'article 57 du CIR (commissions, honoraires, rémunérations, etc.) qui ne sont pas justifiées par la production de fiches individuelles et d'un relevé récapitulatif;
- de tous les frais qui ne sont pas engagés en vue de la production ou de l'exploitation de l'œuvre agréée.

Par dépenses directement liées à la production, on entend les dépenses qui sont liées à la production créative et technique de l'œuvre éligible, telles que :

- les frais couvrant les droits artistiques à l'exception des frais de développement du scénario qui datent de la période précédant la convention-cadre;
- les salaires et autres indemnités du personnel, les indemnités des prestataires de service indépendants;
- les frais affectés au paiement des acteurs, musiciens et fonctions artistiques dans la mesure où ils contribuent à l'interprétation et la réalisation de l'œuvre éligible;
- les charges sociales liées aux salaires et frais visés aux deuxième et troisième tirets;
- les frais de décors, accessoires, costumes et attributs, qui sont portés à l'image;
- les frais de transport et de logement, limités à un montant correspondant à 25% des frais visés aux deuxième et troisième tirets;
- les frais affectés au matériel et autres moyens techniques;
- les frais de laboratoire et de création du master;
- les frais d'assurance directement liés à la production;
- les frais d'édition et de promotion propres au travail du producteur : création du dossier de presse, site web de base, montage d'une bande-annonce, ainsi que la première;
- les rémunérations payées au manager de la production, au coordinateur post-production et au producteur exécutif pour les conventions signées à partir du 01/07/2016.

Ainsi sont notamment considérées comme des dépenses de production effectuées en Belgique :

- le cachet soumis à l'INR/IPP d'un acteur non-résident qui tourne en Belgique;
- la somme versée au titre de prestations de services à un établissement belge d'une société étrangère;
- les charges sociales patronales et personnelles qui se rapportent aux cachets et aux rémunérations des acteurs, figurants, techniciens, etc., pour autant qu'elles soient versées au profit d'un organisme de sécurité sociale établi en Belgique.

Par contre, les dépenses suivantes constituent notamment des dépenses non directement liées à la production (et à l'exploitation pour les conventions signées à partir du 01/07/2016) :

- les dépenses qui concernent l'organisation administrative et financière et l'assistance de la production audiovisuelle ;
- les frais généraux et commissions de production au profit du producteur;
- les frais financiers et les commissions payés dans le cadre du recrutement d'entreprises concluant une convention-cadre destinée à la production d'une œuvre audiovisuelle;
- les frais inhérents au financement de l'œuvre éligible ou des sommes versées sur la base d'une convention-cadre mais y compris les frais d'assistance juridique, les frais d'avocats, les frais de garantie, les frais administratifs, les commissions et les frais de représentation;

- les rémunérations payées aux producteurs exécutifs, coproducteurs, producteurs associés ou autres, à l'exception des rémunérations payées au manager de la production et au coordinateur post-production;
- les factures qui émanent qui émanent de l'investisseur éligible à l'exception des factures d'entreprises de services techniques audiovisuels lorsque les biens ou services facturés sont directement liés à la production et dans la mesure où le montant de ces factures correspond au prix qui aurait été payé si les sociétés intervenantes étaient totalement indépendantes l'une de l'autre;
- les frais de distribution qui sont à charge de la société de production;
- pour les conventions signées à partir du 01/07/2016, lorsqu'elles sont relatives à des prestations effectives, les rémunérations payées ou attribuées aux producteurs délégués, coproducteurs, producteurs associés ou autres (non considérées comme des dépenses directement liées à la production et à l'exploitation), ainsi que les frais généraux et commissions de production au profit du producteur, dans la mesure où ces rémunérations, frais et commissions ne dépassent pas 18 % des dépenses de production et d'exploitation effectuées en Belgique.

b) Sous-traitance des dépenses de production et d'exploitation

Les prestations de services pour lesquelles le prestataire de services fait appel à un ou plusieurs sous-traitants ne sont considérées comme des dépenses effectuées en Belgique que si la rémunération des prestations de services du ou des sous-traitants n'excède pas 10% de la dépense. Cette disposition a pour but d'empêcher une société de production résidente de confier la production d'une œuvre audiovisuelle à un producteur exécutif, établi en Belgique qui, lui-même sous-traiterait dans une large mesure la production de l'œuvre audiovisuelle à une autre société, établie à l'étranger. Par contre, elle n'empêche pas toute sous-traitance et permet, dans une certaine mesure, de faire appel à des sous-traitants à l'étranger. Toutefois, l'essentiel des prestations de service (90% au minimum) est considérée comme des dépenses belges lorsqu'elles sont fournies directement ou indirectement par des prestataires imposables en Belgique.

Ceci peut être illustré par l'exemple suivant.

La SA Azur facture ses services en matières d'effets spéciaux (25.000,00 EUR hors TVA) à la SA Movie (société résidente de production audiovisuelle). La SA Azur a recouru aux services de sous-traitants pour 8.000,00 EUR hors TVA.

1ère hypothèse : les sous-traitants sont imposables en Belgique à concurrence de 2.000,00 EUR hors TVA.

La SA Movie ne peut pas prendre en considération le montant de 25.000,00 EUR hors TVA pour le calcul de la condition de dépenses en Belgique étant donné que 24% du montant total facturé par la SA Azur (6.000,00 EUR / 25.000,00 EUR) n'est pas directement ou indirectement imposable en Belgique.

2ème hypothèse : les sous-traitants sont imposables en Belgique à concurrence de 6.000,00 EUR hors TVA.

La SA Movie peut prendre en considération le montant de 25.000,00 EUR hors TVA pour le calcul de la condition de dépenses en Belgique étant donné que moins de 10% du montant total facturé par la SA Azur (8% c'est-à-dire 2.000,00 EUR / 25.000,00 EUR) n'est pas directement ou indirectement imposable en Belgique.

c) Délai

Les dépenses de production et d'exploitation doivent être effectuées en Belgique dans un délai maximum de 18 mois (24 mois pour les films d'animation et les séries télévisuelles d'animation, pour les conventions signées à partir du 01/07/2016 pour ces dernières) à partir de la date de conclusion de la convention cadre. Autrement dit, les dépenses effectuées avant la date de conclusion de la convention-cadre ou au-delà du délai de 18 mois (ou 24 mois) à partir de la date de conclusion de la convention-cadre sont exclues pour la vérification du seuil des dépenses de production et d'exploitation qualifiantes. La loi du 26 mai 2016 autorise à présent la prise en compte des dépenses effectuées dans les six mois qui précèdent la signature de la convention-cadre, à condition notamment que la société de production puisse justifier des raisons qui ont rendu nécessaires que ces dépenses soient effectuées avant la signature de la convention. Ceci s'applique aux conventions signées à partir du 01/07/2016.

D. Détermination du montant exonéré

Les bénéfices imposables sont exonérés provisoirement pour la période imposable au cours de laquelle la convention-cadre à concurrence de de 356%[605] des sommes que l'investisseur s'est engagé à verser en exécution d'une convention-cadre signée au cours de la période imposable pour autant qu'elles soient réellement versées par cet investisseur dans les trois mois suivant la signature de cette convention-cadre.

Exemple :

Lorsqu'il fait un versement de 100,00 €, l'investisseur éligible peut bénéficier d'une exonération provisoire égale à 356% de 100, soit 356,00 €.

Dans sa déclaration, ces 356,00 € se retrouveront parmi les réserves exonérées, ce qui pourra apporter un rendement de 356,00 € x 29,58% (au taux de l'impôt des sociétés). L'exonération provisoire s'élèvera alors à 105,30 €.

Ce montant ne peut cependant être exonéré par période imposable que dans les limites suivantes :

- d'une part, une limite à concurrence de 50% des bénéfices réservés imposables de la période imposable;
- d'autre part, d'un montant absolu de 850.000,00 EUR.

Par bénéfices réservés imposables, il convient d'entendre l'augmentation globale, pour la période imposable, de l'ensemble des réserves taxées (réserves apparentes ou occultes). Il s'agit donc de la différence positive entre le montant global des réserves taxées à la fin de la période imposable avant application du régime fiscal de « tax shelter » et le montant global des réserves taxées à la fin de la période imposable immédiatement antérieure. Un plafond absolu de 850.000,00 EUR par période imposable a été fixé lorsque le montant calculé sur la base de 50% des bénéfices réservés imposables de la période imposable dépasse ce plafond.

Le calcul de cette limite pose des difficultés d'application en ce sens que la détermination du bénéfice réservé imposable est fonction de la réserve exonérée « tax shelter » qui influence à son tour le montant de la dette fiscale estimée. Le montant de cette dette fiscale doit en principe faire l'objet d'une dotation comptable, être soustrait des bénéfices de l'exercice et ajouté aux dépenses non admises. Après ajustements successifs, la réserve exonérée tax shelter maximale doit correspondre à 50 % du bénéfice réservé imposable après estimation de la dette fiscale (sauf dans le cas où la limite de 850.000,00 EUR est atteinte).

605 Ce taux d'exonération passe à 421% à partir de l'exercice d'imposition 2021 se rattachant à une période imposable qui débute au plus tôt le 1er janvier 2020.

Le montant des sommes affectées à l'exécution de la convention-cadre qui n'a pas pu être exonéré en cas d'absence ou d'insuffisance de bénéfices (réservés imposables d'une période imposable) fait l'objet d'un report sur les bénéfices des périodes imposables suivantes.

Ce report s'effectue dans les mêmes limites que celles prévues ci-dessus à savoir :

- d'une part, une limite à concurrence de 50% des bénéfices réservés imposables de la période imposable;
- d'autre part, d'un montant absolu de 850.000,00 EUR.

Ce report est cependant limité dans le temps, c'est-à-dire au plus tard pour l'exercice d'imposition qui est lié à la troisième période imposable qui suit l'année calendrier au cours de laquelle « l'attestation tax shelter » a été délivrée à la société de production éligible.

L'exonération revendiquée, peut être octroyée au plus tard pour l'exercice d'imposition qui est lié à la quatrième période imposable qui suit l'année de la signature de la convention-cadre, pour les conventions signées à partir du 01/07/2016.

E. Nature de l'exonération

Le régime fiscal de « tax shelter » est organisé en deux phases.

Au cours de la première phase, une exonération temporaire et conditionnelle est octroyée.

L'exonération ne devient définitive que si « l'attestation tax shelter » est effectivement délivrée dans un délai déterminé. L'attestation doit être délivrée au plus tard le 31 décembre de la quatrième année qui suit l'année de la signature de la convention-cadre.

Dans l'éventualité où l'investisseur éligible n'a pas reçu « l'attestation tax shelter » dans le délai déterminé, le bénéfice exonéré provisoirement est considéré comme un bénéfice de la dernière période imposable au cours de laquelle l'attestation tax shelter pouvait être délivrée valablement.

L'exonération définitive est, dans tous les cas, limitée à 172%[606] de la valeur fiscale de « l'attestation tax shelter ». Le surplus éventuel des sommes qui ont été versées et qui ont été reprises comme des bénéfices exonérés provisoirement est considéré comme un bénéfice de la période imposable au cours de laquelle l'attestation tax shelter est délivrée.

1. *Exonération temporaire des sommes versées*

La société qui revendique l'exonération doit respecter la condition d'intangibilité (à savoir que les bénéfices exonérés doivent apparaître à un compte distinct au passif du bilan et ne pas servir de base au calcul de rémunérations ou attributions quelconques) jusqu'à la date à laquelle l'attestation tax shelter est délivrée à l'investisseur (pour les conventions signées à partir du 01/07/2016, jusqu'au moment où l'investisseur revendique l'exonération définitive conformément aux délais et conditions visées par la loi).

De même, le total des sommes effectivement versées en exécution de la convention-cadre, par l'ensemble des investisseurs éligibles, qui ont conclu cette convention, ne peut pas dépasser 50% du budget global des dépenses de l'œuvre éligible et doit être effectivement affecté à l'exécution de ce budget.

606 Ce taux d'exonération passe à 203% à partir de l'exercice d'imposition 2021 se rattachant à une période imposable qui débute au plus tôt le 1er janvier 2020.

2. Exonération définitive des sommes versées

L'exonération ne devient définitive que si « l'attestation Tax Shelter » est délivrée effectivement au plus tard le 31 décembre de la quatrième année qui suit celle de la signature de la convention-cadre.

Pour la période imposable au cours de laquelle il revendique l'exonération définitive, l'investisseur doit joindre à sa déclaration fiscale une copie de « l'attestation Tax Shelter » qu'il a reçue de la société de production ou de l'intermédiaire.

L'attestation tax shelter n'est émise par le Service public fédéral Finances et transmise à la société de production éligible que si, selon les modalités et conditions reprises ci-dessous et les modalités qui sont prévues par le Roi :

a. la société de production éligible, ou l'intermédiaire éligible, a notifié dans le mois de sa signature la convention-cadre au Service public fédéral Finances la convention notifiée ;
b. la société de production éligible a demandé l'attestation tax shelter sur la base de la convention-cadre notifiée et des dépenses faites pour la réalisation de la production et l'exploitation de l'œuvre éligible ;
c. la société de production éligible, ou l'intermédiaire éligible, a remis au Service public fédéral Finances avec la demande d'attestation tax shelter :
    - un document par lequel la Communauté concernée atteste que l'oeuvre répond à la définition d'une œuvre éligible;
    - un document par lequel la Communauté concernée atteste que l'œuvre répond à la définition d'une œuvre éligible, et que, dans le cas où la société de production est liée avec une entreprise de télédiffusion, elle estime, en première analyse, que l'entreprise de télédiffusion n'obtient pas des avantages directement liés à la production ou à l'exploitation de l'œuvre éligible, pour les conventions signées à partir du 01/07/2016 ;
    - un document par lequel la Communauté concernée atteste que la réalisation de cette œuvre est achevée et que le total des sommes effectivement versées en exécution de la convention-cadre, par l'ensemble des investisseurs éligibles, qui ont conclu cette convention, n'excède pas 50% du budget global des dépenses de l'œuvre éligible et a été effectivement affecté à l'exécution de ce budget ;
d. au moins 70% des dépenses de production et d'exploitation effectuées en Belgique sont constitués de dépenses directement liées à la production ;
e. la société de production éligible n'a pas d'arriérés auprès de l'Office national de sécurité sociale au moment de la conclusion de la convention-cadre;
f. les conditions suivantes sont respectées de manière ininterrompue :
    - les bénéfices exonérés sont et restent comptabilisés à un compte distinct au passif du bilan jusqu'à la date à laquelle l'attestation tax shelter est délivrée par la société de production éligible, ou par l'intermédiaire éligible, à l'investisseur éligible ;
    - les bénéfices exonérés ne servent pas de base au calcul de rémunérations ou attributions quelconques jusqu'à la date à laquelle l'attestation tax shelter est délivrée par la société de production éligible, ou par l'intermédiaire éligible, à l'investisseur éligible ;
    - le total des sommes effectivement versées en exécution de la convention-cadre en exonération des bénéfices, par l'ensemble des investisseurs éligibles, qui ont conclu cette convention, n'excède pas 50% du budget global des dépenses de l'œuvre éligible et a été effectivement affecté à l'exécution de ce budget;
g. toutes les conditions de qualité, de limite, de plafond, de délai et de territorialité visées à l'article 194ter du CIR ont été respectées.

Dans l'éventualité où l'investisseur éligible n'a pas reçu l'attestation tax shelter au 31 décembre de la quatrième année qui suit celle de la signature de la convention-cadre, le bénéfice exonéré provisoirement est considéré comme bénéfice de la dernière période imposable au cours de laquelle l'attestation tax shelter pouvait être délivrée valablement.

L'exonération définitive est, dans tous les cas, limitée à 172%[607] de la valeur fiscale de l'attestation tax shelter. Le surplus éventuel des sommes qui ont été versées et qui ont été reprises comme des bénéfices exonérés provisoirement est considéré comme un bénéfice de la période imposable au cours de laquelle l'attestation tax shelter est délivrée.

L'exonération revendiquée, peut être octroyée au plus tard pour l'exercice d'imposition qui est lié à la quatrième période imposable qui suit l'année de la signature de la convention-cadre. Pour les conventions signées avant le 01/07/2016, la limite d'exonération est la troisième période imposable qui suit l'année calendrier au cours de laquelle l'attestation tax shelter a été délivrée à la société de production.

La valeur fiscale de l'attestation tax shelter est déterminée de la manière suivante :

- 70% du montant des dépenses de production et d'exploitation qualifiantes dans l'Espace économique européen, qui sont effectuées pour la production de l'œuvre éligible et qui sont des dépenses directement liées à la production[608] ;
- avec un maximum égal à dix neuvièmes du montant des dépenses de production et d'exploitation effectuées en Belgique dans un délai maximum de 18 mois à partir de la date de signature de la convention-cadre.

Si toutefois le total des dépenses exposées en Belgique qui sont directement liées à la production[609] est inférieur à 70% des dépenses de production et d'exploitations effectuées en Belgique, la valeur fiscale de l'attestation tax shelter est alors diminuée proportionnellement de l'écart en pourcentage des dépenses réelles qui sont directement liées à la production par rapport aux 70% exigés[610].

Ceci peut être illustré par l'exemple suivant.

Soit une production qui présente :

- des frais de production et d'exploitation qualifiants de 13.000,00 €;
- des frais totaux de production et d'exploitation qui ont été exposés en Belgique de 10.000,00 €;
- les dépenses exposées en Belgique qui sont directement liées à la production[611] de 6.300,00 €.

Normalement, la valeur fiscale de l'attestation tax shelter est égale à 70% de 13.000,00 € soit 9.100,00 € sans excéder 10/9 de 10.000,00 € soit 11. 111,00 €.

Vu que les dépenses exposées en Belgique qui sont directement liées à la production s'élèvent à 6 300,00 / 10 000,00 soit 63%, des frais totaux de production et d'exploitation qui ont été exposés en Belgique (et sont donc inférieures à 70%), la valeur fiscale de l'attestation tax shelter est diminuée en fonction du ratio 63/70, et s'élève donc à 63/70 de 9.100,00 € soit 8.190,00 €.

Par œuvre éligible, la valeur fiscale de l'attestation tax shelter ne peut dépasser 15 000 000 euros.

Les frais et pertes, moins-values, provisions et amortissements en relation avec l'acquisition de l'attestation Tax Shelter ne sont ni déductibles, ni exonérés.

607 Ce taux d'exonération passe à 203% à partir de l'exercice d'imposition 2021 se rattachant à une période imposable qui débute au plus tôt le 1er janvier 2020.

608 A la production **et** l'exploitation pour les conventions signées à partir du 01/07/2016.

609 A la production **et** l'exploitation pour les conventions signées à partir du 01/07/2016.

610 A la production **et** l'exploitation pour les conventions signées à partir du 01/07/2016.

611 A la production **et** l'exploitation pour les conventions signées à partir du 01/07/2016.

F. Extension du régime du Tax Shelter aux œuvres scéniques pour les conventions conclues à partir du 1er février 2017

La loi du 25 décembre 2016 a étendu le régime du Tax Shelter au financement des œuvres scéniques pour les conventions-cadres signées à partir du 1er février 2017.

Cette extension de la loi, qui visait initialement les seules œuvres de l'industrie cinématographique, prévoit à présent que le régime est étendu aux sociétés de production éligibles dont l'objet principal est la production et le développement des productions scéniques originales.

La nouvelle loi définit de la manière suivante les conditions spécifiques applicables aux œuvres scéniques :

- il doit s'agir d'une production scénique originale agréée par les services compétents de la Communauté concernée comme étant une œuvre scénique européenne. Cela signifie qu'elle doit être réalisée, ou supervisée et effectivement contrôlée, par un ou des producteurs établis dans l'Espace économique européen ;
- les dépenses de production et d'exploitation réalisées en Belgique doivent avoir lieu dans un délai se terminant au maximum 24 mois après la date de signature de la convention-cadre et au plus tard un mois après la première représentation de l'œuvre scénique en Belgique ou dans un autre état membre de l'Espace économique européen. L'exposé des motifs de la loi précise qu'un try-out public ou une répétition n'est pas considéré comme une première ;
- une production scénique originale est définie comme étant une production théâtrale, de cirque, de théâtre de rue, d'opéra, de musique classique, de danse ou de cabaret en ce compris la comédie musicale et le ballet, ainsi que la production d'un spectacle total, dans laquelle le scénario, le texte théâtral, la régie ou la scénographie est nouveau, ou qui concerne une réinterprétation. Un spectacle total étant défini comme étant la combinaison de différents arts de la scène visés ci-avant, éventuellement complétés avec de la chorégraphie, de jeux de scène, d'effets spéciaux, d'effets pyrotechniques et de technologies innovantes en termes de son, d'image et de scénographie. L'exposé des motifs de la loi précise qu'un spectacle de lumière simple ou un feu d'artifice ne peut pas être considéré comme un spectacle total.

Par dérogation à la définition des dépenses directement et indirectement liées à la production et l'exploitation des œuvres audiovisuelles, les dépenses directement et indirectement liées à la production et l'exploitation des œuvres scéniques sont définies comme suit :

1. dépenses directement liées à la production et à l'exploitation: les dépenses qui sont liées à la production créative et technique de l'œuvre éligible, telles que :
   - les frais couvrant les droits artistiques à l'exception des frais de développement du scénario qui datent de la période précédant la convention-cadre;
   - les salaires et autres indemnités du personnel ou les indemnités des prestataires de services indépendants, associés à la création et à l'exécution de l'œuvre éligible;
   - les salaires et autres indemnités des acteurs, acrobates, danseurs, chefs d'orchestre, musiciens, chanteurs et fonctions artistiques, qu'elles soient ou non indépendants, qui sont seulement liés à l'exécution de l'œuvre éligible;
   - les charges sociales liées aux salaires et frais visés aux deuxième et troisième tirets;
   - les frais de décors, accessoires, instruments, costumes et attributs, qui sont portés à la scène;
   - les frais relatifs à l'éclairage, à la sonorisation, aux effets spéciaux et à d'autres moyens techniques;
   - les frais de transport relatifs aux frais visés aux cinquième et sixième tirets;

- les frais de transport et de logement de personnes, limités à un montant correspondant à 25 p.c. des frais visés aux deuxième et troisième tirets;
- les frais de location d'espaces pour les répétitions et les représentations;
- les frais d'assurance directement liés à la production;
- les frais d'édition et de promotion propres à la production: affiches, flyers, création du dossier de presse, site web ou page web liée à la production, ainsi que la Première;

2. dépenses non directement liées à la production et à l'exploitation, dont notamment les dépenses suivantes :
   - les dépenses qui concernent l'organisation administrative, financière et juridique et l'assistance de la production scénique;
   - les frais financiers et les commissions payés dans le cadre du recrutement d'entreprises concluant une convention-cadre destinée à la production d'une œuvre éligible;
   - les frais inhérents au financement de l'œuvre éligible ou des sommes versées sur base d'une convention-cadre telle que visée à l'article 194ter, § 1er, alinéa 1er, 5°, y compris les frais juridiques, les frais d'avocats, les intérêts, les frais de garantie, les frais administratifs, les commissions et les frais de représentation;
   - les factures qui émanent de l'investisseur éligible, à l'exception des factures d'entreprises de services techniques scéniques lorsque les biens ou services facturés sont directement liés à la production et dans la mesure où le montant de ces factures correspond au prix qui aurait été payé si les sociétés intervenantes étaient totalement indépendantes l'une de l'autre;
   - les frais de distribution qui sont à charge de la société de production. Les coûts en principe supportés par la structure qui accueille la production scénique telle que les centres culturels, ne sont pas admissibles.

Il est important de souligner que cette modification de la loi relative aux œuvres scéniques comporte certaines spécificités qui leur sont applicables :

- contrairement aux œuvres cinématographiques, les dépenses effectuées dans les six mois qui précèdent la signature de la convention-cadre ne sont jamais éligibles ;
- la valeur fiscale totale de toutes les attestations tax shelter par œuvre éligible est limitée à 2.500.000,00 € au maximum (alors que cette limite est fixée à 15.000.000,00 € pour les œuvres cinématographiques) ;

L'exonération fiscale est similaire à celle relative aux œuvres cinématographique, soit 356%[612] des sommes que l'investisseur s'est engagé à apporter en exécution de la convention-cadre et qu'il a réellement versées dans les trois mois suivant la signature de la convention-cadre.

Comme pour les œuvres cinématographiques, l'exonération est limitée à 50% des bénéfices réservés imposables de la période imposable, avec un plafond de 850.000,00 €.

La limitation à 50% et le plafond de 850.000,00 € s'appliquent simultanément aux deux formes de tax shelter.

Le montant limite et le plafond sont donc à calculer conjointement pour les exonérations relatives aux œuvres scéniques et cinématographiques.

Comme pour les œuvres cinématographiques, l'agrément de l'œuvre éligible doit être obtenu auprès de la communauté concernée. Lorsque l'œuvre est produite par une personne morale établie sur le territoire bilingue de Bruxelles-Capital relavant de la compétence fédérale, l'agrément doit être accordé par l'autorité compétente fédérale.

612 Ce taux d'exonération passe à 421% à partir de l'exercice d'imposition 2021 se rattachant à une période imposable qui débute au plus tôt le 1er janvier 2020.

Il est également important de faire remarquer que les dispositions des nouveaux articles 179/1 et 227,3° du CIR relatives au statut fiscal des sociétés de production et des intermédiaires s'appliquent également aux conventions-cadres liées aux œuvres scéniques.

G. Comptabilisation au niveau de l'investisseur

Afin de présenter le traitement comptable dans le chef de l'investisseur, la Commission des normes comptables se base sur la situation d'un investisseur qui s'engage à verser une somme de 100,00 € à une société de production agréée.

Le producteur, quant à lui, verse à l'investisseur un montant correspondant à la rémunération du préfinancement qui est déterminé selon les modalités prévues à l'article 194ter, § 6 CIR.

1. Qualification comptable de l'investissement tax shelter

Dans le cadre de ce système, l'investisseur n'obtient pas de droits sur la production de l'œuvre audiovisuelle. Il n'acquiert que la possibilité de bénéficier d'une réduction d'impôt.

Il peut bénéficier de cet avantage fiscal de manière provisoire à partir de l'exercice comptable durant lequel il a versé, ou s'est engagé à verser, un montant convenu.

L'avantage fiscal n'est acquis de manière définitive qu'à partir de l'exercice comptable dans le courant duquel le producteur lui a transmis l'attestation tax shelter.

A partir de ce moment, le montant payé par l'investisseur est définitivement acquis au producteur. Ce dernier doit alors payer à l'investisseur l'indemnité éventuellement prévue dans la convention cadre.

En cas de garantie octroyée par le producteur à l'investisseur, celle-ci porte uniquement sur l'achèvement de l'œuvre et l'obtention de l'avantage fiscal lié à l'attestation tax shelter.

2. Signature de la convention cadre

Lors de la signature de la convention cadre, l'investisseur s'engage de manière définitive à l'égard du producteur à verser le montant de l'investissement convenu.

Dès la signature de cet engagement, celui-ci est comptabilisé en tant que dette.

Dans le cas où la convention cadre comprend une garantie d'achèvement de l'œuvre et d'obtention de l'attestation au profit de l'investisseur, cette garantie est comptabilisée parmi les droits en engagements hors bilan (09 Droits en engagements hors bilan) et mentionnée dans l'annexe aux comptes annuels si celle-ci est susceptible d'avoir une influence importante sur le patrimoine, la situation financière ou le résultat de la société.

Selon la commission, l'investissement tax shelter ne peut pas être comptabilisé comme un placement de trésorerie car la somme est acquise au producteur de manière définitive et l'investisseur ne peut aucun moment transférer les avantages résultant de l'investissement tax shelter.

Etant donné que l'investisseur n'est pas certain d'obtenir un avantage fiscal, il n'y a pas de créance à comptabiliser sur l'administration.

Sur la base du principe de « matching principle » (correspondance des charges et des produits), la CNC est d'avis que l'investissement doit être d'abord comptabilisé dans un compte d'attente jusqu'au moment où les avantages liés à l'investissement tax shelter sont clairement déterminés.

Faits comptables	N° plan comptable	Comptes débités	Comptes crédités	Somme débit	Somme crédit
Signature de la convention	4990	Compte d'attente		100,00	
	4890		Autres dettes diverses		100,00

A la date d'inventaire, il faut déterminer dans quel scénario la société se trouve.

- **Scénario 1** : le bénéfice est suffisant pour obtenir entièrement l'avantage fiscal provisoire

Il convient de passer l'écriture suivante :

Faits comptables	N° plan comptable	Comptes débités	Comptes crédités	Somme débit	Somme crédit
Inventaire des comptes	6702X	Charges fiscales estimées (sous-compte)		100,00	
	4990		Compte d'attente		100,00

Le montant de 100,00 comptabilisé au crédit du compte « 6702 Charges fiscales estimées » constitue une dépense non admise.

La CNC préconise l'usage de ce compte car elle considère que l'investissement tax shelter constitue, sous l'optique économique, un type de « versement anticipé d'impôt » dû à l'économie d'impôt réalisée.

Cette économie peut correspondre à 105,30 € (29,58% X 356,00 €) si la société n'est pas dans les conditions pour bénéficier du taux progressif à l'impôt des sociétés.

- **Scénario 2** : le bénéfice est insuffisant pour obtenir entièrement l'avantage fiscal provisoire

Si le bénéfice dégagé par l'investisseur n'est pas suffisant pour obtenir la totalité de l'avantage fiscal lié au régime du tax shelter, la partie de l'investissement n'ayant pas généré d'avantage fiscal est transférée vers un exercice ultérieur (sur une durée maximum de 4 ans) en utilisant un compte de régularisation de l'actif pouvant être nommé « 49XX Investissement dans le tax shelter ».

Si, selon notre exemple, un investissement de 100,00 € ne donne droit qu'à un bénéfice exonéré de 248,00 € en lieu et place des 356,00 € possible, il convient de passer l'écriture suivante :

Faits comptables	N° plan comptable	Comptes débités	Comptes crédités	Somme débit	Somme crédit
Inventaire des comptes	6702X	Charges fiscales estimées (sous-compte)		69,66	
	49XX	Investissement dans le tax shelter		30,34	
	4990		Compte d'attente		100,00

Les 69,66 € se trouvant dans le compte de charges fiscales estimées correspondent à la quotité de l'investissement ayant généré un avantage fiscal immédiat, soit 100,00 € X (248,00 €/356,00 €) = 69,66 €.

- **Scénario 3** : le bénéfice est insuffisant pour obtenir entièrement l'avantage fiscal total au cours de l'exercice actuel et probablement au cours des exercices suivants.

La partie de l'investissement ne générant d'avantage fiscal sera enregistré dans un compte de charges exceptionnelles non déductibles fiscalement.

Il convient de passer l'écriture suivante pour la partie de l'investissement concernée :

Faits comptables	N° plan comptable	Comptes débités	Comptes crédités	Somme débit	Somme crédit
Inventaire des comptes	664X	Autres charges exceptionnelles		XXXX	
	4990		Compte d'attente		XXXX

3. *Versement des sommes*

Au moment du versement de la somme convenue, on passe l'écriture suivante :

Faits comptables	N° plan comptable	Comptes débités	Comptes crédités	Somme débit	Somme crédit
Extrait de compte bancaire	4890	Autres dettes diverses		100,00	
	5550		Compte courant banciaire		100,00

4. *Exonération provisoire et conditionnelle des bénéfices*

En prenant l'exemple d'un investissement de 100,00 €, le droit à une exonération de bénéfice est potentiellement de 356,00 €.

Lors de la conclusion de la convention cadre, l'investisseur doit comptabiliser la totalité du montant potentiel de l'exonération dans un compte distinct du passif, au titre de réserves immunisées d'impôt.

Les annexes aux comptes annuels doivent reprendre ce montant parmi les latences fiscales actives.

Il convient de passer l'écriture suivante :

Faits comptables	N° plan comptable	Comptes débités	Comptes crédités	Somme débit	Somme crédit
Inventaire des comptes	6890	Dotation aux réserves immunisées		356,00	
	1320		Réserves immunisées		356,00

Cette écriture comptable n'est pas influencée par l'éventuelle absence ou insuffisance de bénéfices enregistrés durant la période imposable au cours de laquelle la convention a été conclue.

Elle permet de répondre à la condition d'intangibilité à observer par l'investisseur jusqu'à la date à laquelle celui-ci obtient l'attestation de la part du producteur ou de l'intermédiaire.

Le montant comptabilisé en réserves immunisées se retrouve dans le code 1122 de la déclaration, intitulé « Œuvres audiovisuelles agréées tax shelter » se trouvant dans le cadre attribué aux bénéfices réservés exonérés.

5. Perception de l'indemnité rémunérant le préfinancement

Lorsque l'investisseur est rémunéré pour le préfinancement (5,00 € dans notre exemple), il convient de passer l'écriture suivante :

Faits comptables	N° plan comptable	Comptes débités	Comptes crédités	Somme débit	Somme crédit
Extrait de compte bancaire	5500	Compte courant bancaire		5,00	
	7500		Produits financiers		5,00

Les intérêts acquis mais non perçus à la date d'inventaire doivent être comptabilisés à titre de produit acquis (4910) sans attendre la perception des sommes.

Cette indemnité de préfinancement constitue un bénéfice fiscal imposable.

6. Délivrance de l'attestation Tax shelter : exonération définitive (éventuellement partiel)

Dès le moment où les bénéfices provisoirement exonérés peuvent l'être à titre définitif suite l'obtention de l'attestation tax shelter, la condition d'intangibilité ne doit plus être remplie.

L'exonération revendiquée, peut être octroyée au plus tard pour l'exercice d'imposition qui est lié à la quatrième période imposable qui suit l'année de la signature de la convention-cadre. Pour les conventions signées avant le 01/07/2016, la limite d'exonération est la troisième période imposable qui suit l'année calendrier au cours de laquelle l'attestation tax shelter a été délivrée à la société de production.

Dans la déclaration fiscale, cette exonération se traduit par une augmentation de la situation du début des réserves à concurrence de la partie du montant de l'investissement qui donne droit à une exonération fiscale définitive (code 1053 de la déclaration : Exonération définitive œuvres audiovisuelles agréées tax shelter). La somme, qui correspond au montant donnant droit à une exonération définitive, se trouvant précédemment en code 1122 des réserves immunisées est transférée vers le code 1007 de la déclaration dans lequel on retrouve la somme des réserves disponibles imposables.

Les mouvements, pour un même montant, des codes 1053 et 1007 de la déclaration ont comme conséquence que les écritures comptables passées lors de l'exonération définitive n'ont pas d'impact sur la base imposable de la société concernée.

D'un point de vue comptable, la commission conseille à l'investisseur d'acter un prélèvement sur les réserves immunisées, suivi par l'affectation du résultat selon les modalités choisies par l'organe de gestion.

Il convient de passer l'écriture suivante :

Faits comptables	N° plan comptable	Comptes débités	Comptes crédités	Somme débit	Somme crédit
Inventaire des comptes	1320	Réserves immunisées		356,00	
	7890		Prélèvement sur les réserves immunisées		356,00

L'affectation éventuelle de ce montant aux réserves disponibles se traduit par l'écriture suivante :

Faits comptables	N° plan comptable	Comptes débités	Comptes crédités	Somme débit	Somme crédit
Inventaire des comptes	6921	Dotation aux autres réserves		356,00	
	1330		Réserves disponibles		356,00

7. *Absence d'attestation tax shelter dans le délai*

Si, au 31 décembre de la quatrième année qui suit celle de la signature de la convention cadre, l'investisseur n'a pas reçu l'attestation tax shelter, le bénéfice provisoirement exonéré devient un bénéfice imposable de la dernière période imposable au cours de laquelle l'attestation pouvait être valablement délivrée.

Au moment de la perte de l'exonération, il convient de passer l'écriture suivante :

Faits comptables	N° plan comptable	Comptes débités	Comptes crédités	Somme débit	Somme crédit
Inventaire des comptes	1320	Réserves immunisées		356,00	
	7890		Prélèvement sur les réserves immunisées		356,00

Les 356,00 € prélevés sur les réserves immunisées viennent augmenter la base imposable de la société.

8. *Perception des sommes éventuellement garanties par le producteur*

Si le producteur garantit à l'investisseur l'achèvement de l'œuvre et la délivrance de l'attestation, il doit verser à l'investisseur une indemnité en cas de non-respect total ou partiel de la condition d'exonération. Cette indemnité s'élève, au maximum, aux impôts et aux intérêts de retard dus au regard de la loi.

Il convient dans ce cas de passer l'écriture suivante :

Faits comptables	N° plan comptable	Comptes débités	Comptes crédités	Somme débit	Somme crédit
Extrait de compte bancaire	5500	Compte courant bancaire		XXX	
	7640		Autres produits exceptionnels		XXX

Même si le principe d'équité ne semble pas respecté, ce produit exceptionnel constitue un revenu imposable pour l'investisseur qui le perçoit.

H. Exemple d'application pratique applicable aux conventions-cadre conclues à partir du 1er janvier 2015

La SA Azur est détenue à concurrence de 90% par d'autres sociétés résidentes et à concurrence de 10% par des actionnaires personnes physiques.

Sur la base de l'article 15 du Code des Sociétés (paragraphes 1 à 6)[613], les critères de taille relatifs à la SA Azur, doivent être déterminés sur une base consolidée. En fonction de ces montants consolidés, la SA Azur ne peut pas être considérée comme une petite société pour l'application de la législation fiscale.

La balance des comptes généraux provisoires au 31 décembre 2018 de la SA Azur, se présente de la manière suivante :

N° DES COMPTES	LIBELLES	DEBIT	CREDIT	SOLDE DEBITEUR	SOLDE CREDITEUR
100	Capital	0,00	160.000,00	0,00	160.000,00
130	Réserve légale	0,00	16.000,00	0,00	16.000,00
141	Perte reportée	7.000,00	0,00	7.000,00	0,00
161	Provisions pour charges fiscales	0,00	9.000,00	0,00	9.000,00
179	Dettes diverses	0,00	100.000,00	0,00	100.000,00
2110	Licence	42.000,00	0,00	42.000,00	0,00
2200	Terrains	169.000,00	0,00	169.000,00	0,00
2208	Plus-values actées sur terrains	10.000,00	0,00	10.000,00	0,00
2400	Mobilier et matériel de bureau	45.000,00	30.000,00	15.000,00	0,00
2409	Amortissements actés sur mobilier et matériel de bureau	19.200,00	19.200,00	0,00	0,00
2410	Matériel roulant	37.625,00	10.000,00	27.625,00	0,00
2419	Amortissements actés sur matériel roulant	10.000,00	10.000,00	0,00	0,00
400	Clients	211.266,00	211.266,00	0,00	0,00
440	Fournisseurs	231.801,92	231.801,92	0,00	0,00
450	Dettes fiscales estimées	4.800,00	4.800,00	0,00	0,00
451	TVA à payer	28.171,50	36.666,00	0,00	8.494,50
452	Impôts à payer	0,00	6.240,00	0,00	6.240,00
510	Actions et parts	22.003,00	0,00	22.003,00	0,00
519	Réductions de valeur actées sur actions et parts	0,00	3.000,00	0,00	3.000,00
520	Titre à revenu fixe	12.794,00	0,00	12.794,00	0,00
5500	Etablissements de crédit	302.469,00	233.801,92	68.667,08	0,00
Sous-total des comptes de l'actif et du passif		**1.153.130,42**	**1.081.775,84**	**374.089,08**	**302.734,50**
604	Achats de marchandises	60.000,00	0,00	60.000,00	0,00
6100	Loyers et charges locatives (immeuble)	6.000,00	0,00	6.000,00	0,00

613 Article 1:24 (paragraphes 1 à 6) du nouveau Code des sociétés et des associations.

6110	Entretiens et réparations (voitures)	4.972,50	0,00	4.972,50	0,00
6140	Assurance immeuble	300,00	0,00	300,00	0,00
6141	Assurance voiture	2.500,00	0,00	2.500,00	0,00
6150	Carburant voiture	1.326,00	0,00	1.326,00	0,00
6151	Chauffage immeuble	800,00	0,00	800,00	0,00
6160	Honoraires comptables	1.000,00	0,00	1.000,00	0,00
6170	Frais de restaurant	2.090,00	0,00	2.090,00	0,00
6171	Frais de réception	924,00	0,00	924,00	0,00
6172	Cadeaux d'affaires	1.000,00	0,00	1.000,00	0,00
618	Dirigeant d'entreprise	45.000,00	0,00	45.000,00	0,00
6200	Rémunérations et avantages so- ciaux des membres du personnel	12.500,00	0,00	12.500,00	0,00
6480	Amendes	489,92	0,00	489,92	0,00
6481	Dons	103,00	0,00	103,00	0,00
6510	Dotations aux réductions de valeurs sur actifs circulants	3.000,00	0,00	3.000,00	0,00
6700	Impôts et précomptes dus ou versés (VA1)	2.100,00	0,00	2.100,00	0,00
6710	Suppléments d'impôts dus ou versés	1.340,00	0,00	1.340,00	0,00
6712	Provisions fiscales constituées	9.000,00	0,00	9.000,00	0,00
70	Chiffre d'affaires	20.600,00	236.600,00	0,00	216.000,00
763	Plus-values sur réalisation d'actifs immobilisés	0,00	9.800,00	0,00	9.800,00
Sous-total des comptes de résultats		**175.045,42**	**246.400,00**	**154.445,42**	**225.800,00**
Total des comptes de l'actif, du passif et de résultats		**1.328.175,84**	**1.328.175,84**	**528.534,50**	**528.534,50**

Le solde provisoire du compte de résultats est un bénéfice de 71.354,58 EUR (soit 225.800,00 EUR – 154.445,42 EUR).

De l'analyse des comptes, il ressort que :

1. la SA Azur a acquis au cours de la période :
   a. une licence (le 15 mars 2018) pour la somme de 42.000,00 EUR hors TVA. La licence informatique a déjà été affectée par une entreprise à l'exercice de son activité professionnelle en Belgique (durée d'utilisation probable de 5 ans);
   b. des meubles de bureau (le 27 juin 2018) pour la somme de 12.000,00 EUR hors TVA (durée d'utilisation probable de 10 ans);
   c. un ordinateur (le 29 août 2018) pour la somme de 3.000,00 EUR hors TVA (durée d'utilisation probable de 3 ans);
   d. une voiture mixte (le 15 janvier 2018) pour la somme de 25.000,00 EUR hors TVA (durée d'utilisation probable de 5 ans). Taux de déductibilité fiscale de 75%.
2. les plus-values sur réalisation d'actifs immobilisés concernent :
   a. la réalisation d'une voiture mixte[614] affectée à l'exercice de l'activité professionnelle depuis six ans (valeur d'investissement : 10.000,00 EUR - amortissements comptabilisés : 10.000,00 EUR - prix de réalisation : 1.800,00 EUR);

614 Véhicule à moteur alimenté à l'essence émettant 130 grammes de CO_2 au maximum par kilomètre.

b. la réalisation de meubles de bureau affectés à l'exercice de l'activité professionnelle depuis six ans (valeur d'investissement : 30.000,00 EUR - amortissements comptabilisés : 19.200,00 EUR - amortissements admis fiscalement : 10.800,00 EUR - prix de réalisation : 18.800,00 EUR).

3. les dettes diverses (100.000,00 EUR) se décomposent de la manière suivante :
   a. une dette de 90.000,00 EUR envers un actionnaire personne physique de la société. Le taux d'intérêt a été fixé à 8% alors que le taux d'intérêt du marché au moment du prêt était de 6%;
   b. une dette de 10.000,00 EUR envers une société résidente, administrateur de la société. Le taux d'intérêt a été fixé à 9% alors que le taux d'intérêt du marché au moment du prêt était de 6%.

4. **la composition fiscale du capital (160.000,00 EUR) est la suivante** :
   a. capital libéré en numéraire : 100.000,00 EUR;
   b. réserves taxées : 50.000,00 EUR;
   c. plus-value de réévaluation (terrain) : 10.000,00 EUR.

5. la provision fiscale (9.000,00 EUR) concerne un litige relatif à la détermination de la base imposable à l'impôt des sociétés relatif à l'exercice d'imposition 2018;

6. les amendes (489,92 EUR) concernent :
   a. une amende de roulage : 250,00 EUR
   b. une amende suite à une rentrée tardive de la déclaration TVA : 150,00 EUR
   c. une amende TVA portant sur la rectification des déductions TVA frais de réception : 89,92 EUR

7. les frais de restaurant (2.090,00 EUR) concernent :
   a. des frais de restaurant en Belgique : 645,17 EUR
   b. des frais de restaurant à caractère social : 1.444,83 EUR

8. les frais de réception (924,00 EUR) concernent :
   a. des frais de réception pour l'accueil de la clientèle : 224,00 EUR
   b. des frais de réception à l'occasion de la mise à la retraite d'un membre du personnel : 700,00 EUR

9. les dons (103,00 EUR) concernent :
   a. un don de 59,00 EUR au Fonds national de la recherche scientifique;
   b. un don de 29,00 EUR au centre public d'aide social de la ville de Liège;
   c. un don de 15,00 EUR au comité de quartier du Laveu.

10. la rémunération de 45.000,00 EUR en numéraire reprise au compte 618 concerne un dirigeant d'entreprise, personne physique. Le dirigeant d'entreprise a utilisé la voiture mixte à des fins personnelles à concurrence de 39,505%. Ce pourcentage est déterminé sur base d'un relevé des déplacements.

11. L'ATN relatif à l'usage d'une voiture mixte de société par le dirigeant d'entreprise durant l'année 2018 est évalué à 2.300,00 EUR. Une carte carburant est mise à disposition du dirigeant par la société.

12. la société ne peut obtenir une déduction pour capital à risque car le montant de ses capitaux propres au début de la période imposable est nettement inférieur au montant de ses capitaux propres au début de la cinquième période imposable précédente.

Le conseil d'administration de la SA Azur demande à son « comptable-fiscaliste » :

- d'opter pour l'amortissement comptable linéaire;
- d'opter pour la taxation étalée quand les règles fiscales le permettent;
- de déterminer le régime fiscal des intérêts concernant les dettes reprises au compte 179;
- de tenir compte que la société désire signer le 31 décembre 2018, une convention-cadre avec la SA Movie en vue de la production d'une œuvre audiovisuelle belge agréée. L'objectif étant d'affecter à cette convention le montant qui permettra d'obtenir un avantage fiscal maximum durant cette période imposable.
- d'établir la déclaration fiscale sachant que les pertes professionnelles antérieures à récupérer s'élèvent à 660,00 EUR.
- de reporter le bénéfice comptable de l'exercice pour la partie qui excède la perte reportée provenant de l'exercice précédent et la réserve immunisée relative au tax shelter.

Solution

Le calcul des amortissements

Etant donné que la société SA Azur n'est pas une PME au sens du code des sociétés, il en résulte qu'un amortissement annuel complet ne peut être accordé pour les immobilisations acquises en 2018.

Immobilisations concernées	Type d'amortissement	Taux d'amortissement	Amortissement comptable le plus élevé admis fiscalement
Licence informatique	Pas d'amortissement dégressif pour les immobilisations incorporelles (cf. article 63 du CIR)	Linéaire 20%.	**6.720,00 EUR** c'est-à-dire 42.000,00 EUR x 20% x (292/365e).
Meubles de bureau	Amortissement linéaire.	Linéaire 10%.	**618,08 EUR** c'est-à-dire 12.000,00 x 10% x (188/365e).
Ordinateur	Amortissement linéaire.	Linéaire 33,33%.	342,43 EUR c'est-à-dire 3.000,00 EUR X 33,33% X (125/365e).
Voiture mixte	Amortissements linéaire. D'autre part, les frais accessoires (notamment la TVA non déductibles 2.625,00 EUR) sur voitures mixtes, doivent être amortis au même rythme que le principal (article 65 du CIR).	Linéaire 20%.	**5.313,08 EUR** c'est-à-dire 27.625,00 x 20% X (351/365e).
Total des amortissements comptabilisés		Sur immobilisations incorporelles	**6.720,00 EUR**
		Sur immobilisations corporelles	**6.273,59 EUR**

Faits comptables	N° plan comptable	Intitulés des comptes	Somme débit	Somme crédit
Comptabilisation de l'amortissement en 2018	6301	Dotations aux amortissements sur immobilisations incorporelles	6 720,00	
	6302	Dotations aux amortissements sur immobilisations corporelles	6 273,59	
	2119	à Amortissements actés sur brevet		6 720,00
	2409	à Amortissements actés sur mobilier et matériel de bureau		960,51
	2419	à Amortissements actés sur matériel roulant		5 313,08

Le régime fiscal des plus-values comptables

Détermination de la plus-value				
	Comptable		Fiscale	
Voiture mixte	Valeur de réalisation	1.800,00	Valeur de réalisation	1.800,00
	Frais de réalisation	0,00	Frais de réalisation	0,00
	Valeur comptable nette	0,00 c'est-à-dire (10.000,00 - 10.000,00).	Valeur fiscale nette	0,00 c'est-à-dire (10.000,00 - 10.000,00).
	Résultat comptable	1.800,00	Résultat fiscal	1.800,00
Meubles de bureau	Valeur de réalisation	18.800,00	Valeur de réalisation	18.800,00
	Frais de réalisation	0,00	Frais de réalisation	0,00
	Valeur comptable nette	10.800,00 c'est-à-dire (30.000,00 - 19.200,00).	Valeur fiscale nette	19.200,00 c'est-à-dire (30.000,00 - 10.800,00).
	Résultat comptable	8.000,00	Résultat fiscal	(400,00)

La société SA Azur peut opter pour la taxation étalée de la plus-value fiscale réalisée sur la voiture mixte étant donné qu'elle était affectée au titre d'immobilisations depuis plus de cinq ans, à l'exercice de l'activité professionnelle.

La plus-value fiscale à prendre en considération pour le régime de la taxation étalée, s'élève à 75% de 1.800,00 EUR c'est-à-dire 1.350,00 EUR étant donné que 25% de la plus-value est exonérée de manière définitive et inconditionnelle (majoration de début des réserves).

Afin de respecter la condition d'intangibilité relative à cette exonération, on passe l'écriture comptable suivante :

Faits comptables	N° plan comptable	Intitulés des comptes	Somme débit	Somme crédit
Transfert aux réserves immunisées	6800	Transferts aux impôts différés	399,33	
	6890	Transferts aux réserves immunisées	950,67	
	1320	à Réserves immunisées (taxation étalée)		950,67
	168	à Impôts différés		399,33

La SA Azur va désigner à titre de remploi, les meubles de bureau pour un montant de 1.350,00 EUR de telle manière que la taxation « différée » de la plus-value soit répartie sur la période la plus longue, c'est-à-dire dix ans.

Suite au remploi, la quotité imposable en 2018 de la plus-value qui fait l'objet de la taxation étalée s'élève à 69,53 EUR c'est-à-dire :

<table>
<tr><td rowspan="2">1.350,00 EUR</td><td rowspan="2">x</td><td>(618,08/12.000,00)[615]
de 1.350,00 EUR</td></tr>
<tr><td>75% de 1.800,00 EUR</td></tr>
</table>

Afin de tenir compte du fait que 69,53 EUR sont imposables en 2018, on passe l'écriture comptable suivante :

Faits comptables	N° plan comptable	Intitulés des comptes	Somme débit	Somme crédit
Prélèvement sur les réserves immunisées	168	Impôts différés	20,57	
	1320	Réserves immunisées (taxation étalée)	48,96	
	7890	à Prélèvements sur les réserves immunisées		48,96
	7800	à Prélèvements sur les impôts différés		20,57

Les intérêts

Au 31 décembre 2018, la société comptabilise les intérêts à payer à l'actionnaire personne physique et à l'administrateur société résidente :

Faits comptables	N° plan comptable	Intitulés des comptes	Somme débit	Somme crédit
Intérêts à payer	6500	Intérêts, commissions et frais afférents aux dettes	8 100,00	
	4890	à Actionnaires		7 200,00
	4891	à Administrateurs		900,00

Seuls, les intérêts concernant les avances faites par l'actionnaire personne physique tombent dans le champ d'application de l'article 18, alinéa 1er, 4° du CIR. En effet, sont exclus de l'assimilation des intérêts en dividendes, les prêts d'argent consentis par des sociétés résidentes.

Pour le prêt d'argent consenti par l'actionnaire personne physique, on constate que :

- la première limite est dépassée à savoir, le taux d'intérêt pratiqué est supérieur au taux du marché;
- la deuxième limite n'est pas dépassée (le montant total des avances productives d'intérêts (90.000,00 EUR) n'excède le capital libéré au terme de la période imposable (100.000,00 EUR) majoré des réserves taxées au début de la période imposable à savoir les réserves incorporées au capital (50.000,00 EUR), la réserve légale (16.000,00 EUR), la perte reportée (- 7.000,00 EUR) et les excédents d'amortissements sur le mobilier de bureau (8.400,00 EUR).

Le montant des intérêts à assimiler à des dividendes s'élève à 1.800,00 EUR c'est-à-dire 90.000,00 EUR x (8% - 6%).

615 Le taux retenu correspond à la dotation aux amortissements des meubles de bureau durant l'exercice comptable.

En tant que débiteur des revenus, la société SA Azur doit retenir un précompte mobilier de :

- 30% sur 5.400,00 EUR c'est-à-dire 1.620,00 EUR ;
- 30% sur 1.800,00 EUR c'est-à-dire 540,00 EUR.

En ce qui concerne le prêt d'argent consenti par la société résidente, il est renoncé totalement à la perception du précompte mobilier lorsque le bénéficiaire est identifié comme étant une société résidente en vertu de l'article 107, § 2, 9° de l'AR/CIR.

Cependant, en vertu de l'article 55 du CIR, sur les 900,00 EUR d'intérêts payés à la société résidente, 300,00 EUR ne constituent pas des frais professionnels car le taux d'intérêt est fixé à 9%, alors que le taux du marché au moment du prêt n'était que de 6%.

Pour tenir compte de la dette envers l'administration fiscale en matière de précompte mobilier, on passe l'écriture comptable :

Faits comptables	N° plan comptable	Intitulés des comptes	Somme débit	Somme crédit
Précompte mobilier à payer	4890	Actionnaires	2.160,00	
	453	à Précompte mobilier		2.160,00

Sur la base des écritures comptables reprises ci-dessus, les comptes généraux avant estimation de la dette d'impôt, de la constitution de la réserve immunisée pour le tax shelter et de l'affectation du résultat de la SA Azur vont se présenter de la manière suivante :

N° DES COMPTES	LIBELLES	DEBIT	CREDIT	SOLDE DEBITEUR	SOLDE CREDITEUR
100	Capital	0,00	160.000,00	0,00	160.000,00
130	Réserve légale	0,00	16.000,00	0,00	16.000,00
132	Réserves immunisées	48,96	950,67	0,00	901,71
141	Perte reportée	7.000,00	0,00	7.000,00	0,00
161	Provisions pour charges fiscales	0,00	9.000,00	0,00	9.000,00
168	Provisions pour impôts différés	20,57	399,33	0,00	378,76
179	Dettes diverses	0,00	100.000,00	0,00	100.000,00
2110	Brevet	42.000,00	0,00	42.000,00	0,00
2119	Amortissements actés sur brevet	0,00	6.720,00	0,00	6.720,00
2200	Terrains	169.000,00	0,00	169.000,00	0,00
2208	Plus-values actées sur terrains	10.000,00	0,00	10.000,00	0,00
2400	Mobilier et matériel de bureau	45.000,00	30.000,00	15.000,00	0,00
2409	Amortissements actés sur mobilier et matériel de bureau	19.200,00	20.160,51	0,00	960,51
2410	Matériel roulant	37.625,00	10.000,00	27.625,00	0,00
2419	Amortissements actés sur matériel roulant	10.000,00	15.313,08	0,00	5.318,08
400	Clients	211.266,00	211.266,00	0,00	0,00
440	Fournisseurs	231.801,92	231.801,92	0,00	0,00
450	Dettes fiscales estimées	4.800,00	4.800,00	0,00	0,00
451	TVA à payer	28.171,50	36.666,00	0,00	8.494,50
452	Impôts à payer	0,00	6.240,00	0,00	6.240,00
453	Précompte mobilier retenu	0,00	2.160,00	0,00	2.160,00

4890	Actionnaires	2.160,00	7.200,00	0,00	5.040,00
4891	Administrateurs	0,00	900,00	0,00	900,00
510	Actions et parts	22.003,00	0,00	22.003,00	0,00
519	Réductions de valeur actées sur actions et parts	0,00	3.000,00	0,00	3.000,00
520	Titre à revenu fixe	12.794,00	0,00	12.794,00	0,00
5500	Etablissements de crédit	302.469,00	233.801,92	68.667,08	0,00
Sous-total des comptes de l'actif et du passif		**1.115.359,95**	**1.106.379,43**	**374.089,08**	**325.108,56**
604	Achats de marchandises	60.000,00	0,00	60.000,00	0,00
6100	Loyers et charges locatives (immeuble)	6.000,00	0,00	6.000,00	0,00
6110	Entretiens et réparations (voitures)	4.972,50	0,00	4.972,50	0,00
6140	Assurance immeuble	300,00	0,00	300,00	0,00
6141	Assurance voiture	2.500,00	0,00	2.500,00	0,00
6150	Carburant voiture	1.326,00	0,00	1.326,00	0,00
6151	Chauffage immeuble	800,00	0,00	800,00	0,00
6160	Honoraires comptables	1.000,00	0,00	1.000,00	0,00
6170	Frais de restaurant	2.090,00	0,00	2.090,00	0,00
6171	Frais de réception	924,00	0,00	924,00	0,00
6172	Cadeaux d'affaires	1.000,00	0,00	1.000,00	0,00
618	Dirigeant d'entreprise	45.000,00	0,00	45.000,00	0,00
6200	Rémunérations et avantages sociaux des membres du personnel	12.500,00	0,00	12.500,00	0,00
6301	Dotations aux amortissements sur immobilisations incorporelles	6.720,00	0,00	6.720,00	0,00
6302	Dotations aux amortissements sur immobilisations corporelles	6.273,59	0,00	6.273,59	0,00
6480	Amendes	489,92	0,00	489,92	0,00
6481	Dons	103,00	0,00	103,00	0,00
6500	Intérêts, commissions et frais afférents aux dettes	8.100,00	0,00	8.100,00	0,00
6510	Dotations aux réductions de valeurs sur actifs circulants	3.000,00	0,00	3.000,00	0,00
6700	Impôts et précomptes dus ou versés (VA1)	2.100,00	0,00	2.100,00	0,00
6710	Suppléments d'impôts dus ou versés	1.340,00	0,00	1.340,00	0,00
6712	Provisions fiscales constituées	9.000,00	0,00	9.000,00	0,00
680	Transferts aux impôts différés	399,33	0,00	399,33	0,00
689	Transferts aux réserves immunisées	950,67	0,00	950,67	0,00
70	Chiffre d'affaires	20.600,00	236 600,00	0,00	216.000,00
763	Plus-values sur réalisation d'actifs immobilisés	0,00	9.800,00	0,00	9.800,00
780	Prélèvements sur les impôts différés	0,00	20,57	0,00	20,57
789	Prélèvements sur les réserves immunisées	0,00	48,96	0,00	48,96
Sous-total des comptes de résultats		**197.489,01**	**246.469,53**	**176.889,01**	**225.869,53**
Total des comptes de l'actif, du passif et de résultats		**1.352.848,96**	**1.352.848,96**	**550.978,09**	**550.978,09**

Sur la base de ces comptes, on va établir la déclaration provisoire de la société SA Azur avant impôt et avant comptabilisation des opérations liées à la signature de la convention tax shelter.

A ce stade, le détail des DNA est le suivant :

- Impôts non déductibles avant prévisions fiscales : 3.440,00 EUR ;
- Amendes, pénalités et confiscations de toute nature : 400,00 EUR ;
- Frais de voiture et moins-values sur véhicules automobiles non déductibles : 2.134,20 EUR ;
- Frais de voiture à concurrence d'une quotité de l'avantage de toute nature : 920,00 EUR ;
- Frais de réception et de cadeaux d'affaires non déductibles : 612,00 EUR ;
- Frais de restaurant non déductibles : 200,00 EUR ;
- Intérêts exagérés : 300,00 EUR ;
- Libéralités : 103,00 EUR ;
- Réductions de valeur et moins-values sur actions ou parts : 3.000,00 EUR.

Par la suite, un calcul itératif permet de trouver le montant de l'investissement tax shelter qui permet d'obtenir une immunisation fiscale atteignant les limites applicables par période imposable.

Le calcul de cette limite pose des difficultés d'application en ce sens que la détermination du bénéfice réservé imposable est fonction de la réserve exonérée tax shelter qui influence à son tour le montant de la dette fiscale estimée. Le montant de cette dette fiscale doit en principe faire l'objet d'une dotation comptable, être soustrait du bénéfice de l'exercice et ajouté aux dépenses non admises. Après ajustements successifs, la réserve exonérée tax shelter maximale doit correspondre à 50 % du bénéfice réservé imposable après estimation de la dette, sauf dans le cas où la limite de 850.000,00 EUR est atteinte.

Voici les différentes étapes qui à l'aide d'un calculateur Excel permettent de calculer cette limite.

Calcul lors de la première étape :

Bénéfice initial provisoire du compte de résultats avant affectation et prévision fiscale.	**48 980,52**
Correction 328 R (mouvement des réserves taxables)	
Provisions imposables (augmentation)	9 000,00
Excédents d'amortissements (diminution)	- 8 400,00
Majoration situation début réserve	- 450,00
Plus-values exonérées	-
328 R (mouvement initial des réserves taxables)	**49 130,52**
DNA initiales hors prévision fiscale	11 109,20
Dividendes (intérêts requalifiés)	1 800,00
Résultat de la 1ère opération	**62 039,72**
Libéralités déductibles	- 59,00
Perte reportée	- 660,00
Bénéfice imposable provisoire	**61 320,72**
Calcul provisoire de l'impôt	
Impôt de base	18 138,67
Majoration	1 035,36
Total	19 174,03
Versements anticipés	- 2 100,00
Dette fiscale provisoire	**17 074,03**
Base pour le calcul de la majoration	1 224,36
Bonification pour le VA1.	- 189,00

Calcul lors de la deuxième étape :

Mouvement initial du 328 R moins la dette fiscale estimée de l'étape précédente.		**32 056,49**
Montant estimé de l'investissement tax shelter: 50% du montant du 328R ci-dessus divisé par 356%		4 502,32
Montant provisoire en réserve immunisée grâce au tax shelter (4.502,32 EUR X 356%)		16 028,26
Mouvement initial des réserves taxables (49.130,52 EUR) moins le montant provisoire en réserve immunisée grâce au tax shelter ci-dessus.		33 102,26
DNA initiales hors prévision fiscale		11 109,20
Dividendes		1 800,00
Résultat de la 1ère opération		**46 011,46**
Libéralités	-	59,00
Perte reportée	-	660,00
Bénéfice imposable provisoire		**45 292,46**
Mouvement initial du 328R avant prévision fiscale		49 130,52
Prévision fiscale après tax shelter	-	12 012,84
Investissement tax shelter considéré comme une DNA et comptabilisé en 67.	-	4 502,32
Mouvement initial du 328 R moins la dette fiscale estimée provisoire et l'investissement tax shelter provisoire.		**32 615,36**
Calcul provisoire de l'impôt		
Impôt de base sur 45.292,46 EUR		13 397,51
Majoration		715,33
Total de l'impôt dû		14 112,84
VA	-	2 100,00
Dette fiscale provisoire		**12 012,84**
Base majoration		904,33
Avantages	-	189,00

Calcul lors de la troisième étape :

Mouvement initial du 328 R moins la dette fiscale estimée et l'investissement tax shelter de l'étape précédente.		**32 615,36**
Montant estimé de l'investissement tax shelter: 50% du montant du 328R ci-dessus divisé par 356%		4 580,81
Montant provisoire en réserve immunisée grâce au tax shelter (4.580,81 EUR X 356%)		16 307,68
Mouvement initial des réserves taxables (49.130,52 EUR) moins le montant provisoire en réserve immunisée grâce au tax shelter ci-dessus.		32 822,84
DNA initiales hors prévision fiscale		11 109,20
Dividendes		1 800,00
Résultat de la 1ère opération		**45 732,04**
Libéralités	-	59,00
Perte reportée	-	660,00
Bénéfice imposable provisoire		**45 013,04**
Mouvement initial du 328R avant prévision fiscale		49 130,52
Prévision fiscale après tax shelter	-	11 924,61
Investissement tax shelter considéré comme une DNA et comptabilisé en 67.	-	4 580,81
Mouvement initial du 328 R moins la dette fiscale estimée provisoire et l'investissement tax shelter provisoire.		**32 625,10**
Calcul provisoire de l'impôt		
Impôt de base sur 45.013,04 EUR.		**13 314,86**
Majoration		709,75
Total de l'impôt dû		14 024,61
VA	-	2 100,00
Dette fiscale provisoire		**11 924,61**
Base majoration		898,75
Avantages	-	189,00

Calcul lors de la quatrième étape :

Mouvement initial du 328 R moins la dette fiscale estimée et l'investissement tax shelter de l'étape précédente.		**32 625,10**
Montant estimé de l'investissement tax shelter: 50% du montant du 328R ci-dessus divisé par 356%		4 582,18
Montant provisoire en réserve immunisée grâce au tax shelter (4.582,18 EUR X 356%)		16 312,56
Mouvement initial des réserves taxables (49.130,52 EUR) moins le montant provisoire en réserve immunisée grâce au tax shelter ci-dessus.		32 817,96
DNA initiales hors prévision fiscale		11 109,20
Dividendes		1 800,00
Résultat de la 1ère opération		**45 727,16**
Libéralités	-	59,00
Perte reportée	-	660,00
Bénéfice imposable provisoire		**45 008,16**
Mouvement initial du 328R avant prévision fiscale		49 130,52
Prévision fiscale après tax shelter	-	11 923,07
Investissement tax shelter considéré comme une DNA et comptabilisé en 67.	-	4 582,18
Mouvement initial du 328 R moins la dette fiscale estimée provisoire et l'investissement tax shelter provisoire.		**32 625,27**
<u>**Calcul provisoire de l'impôt**</u>		
Impôt de base sur 45.008,16 EUR.		**13 313,41**
Majoration		709,66
Total de l'impôt dû		14 023,07
VA	-	2 100,00
Dette fiscale provisoire		**11 923,07**
Base majoration		898,66
Avantages	-	189,00

Calcul lors de la cinquième étape :

Mouvement initial du 328 R moins la dette fiscale estimée et l'investissement tax shelter de l'étape précédente.		**32 625,27**
Montant estimé de l'investissement tax shelter: 50% du montant du 328R ci-dessus divisé par 356%		4 582,20
Montant provisoire en réserve immunisée grâce au tax shelter (4.582,20 EUR X 356%)		16 312,63
Mouvement initial des réserves taxables (49.130,52 EUR) moins le montant provisoire en réserve immunisée grâce au tax shelter ci-dessus.		32 817,89
DNA initiales hors prévision fiscale		11 109,20
Dividendes		1 800,00
Résultat de la 1ère opération		45 727,09
Libéralités		59,00
Perte reportée	-	660,00
Bénéfice imposable provisoire		**45 008,09**
Mouvement initial du 328R avant prévision fiscale		49 130,52
Prévision fiscale après tax shelter	-	11 923,04
Investissement tax shelter considéré comme une DNA et comptabilisé en 67.	-	4 582,20
Mouvement initial du 328 R moins la dette fiscale estimée provisoire et l'investissement tax shelter provisoire.		**32 625,28**
<u>Calcul provisoire de l'impôt</u>		
Impôt de base sur 45.008,09 EUR.		13 313,39
Majoration		709,65
Total de l'impôt dû		14 023,04
VA	-	2 100,00
Dette fiscale provisoire		**11 923,04**
Base majoration		898,65
Avantages	-	189,00

Calcul lors de la sixième étape :

Mouvement initial du 328 R moins la dette fiscale estimée et l'investissement tax shelter de l'étape précédente.		**32 625,28**
Montant estimé de l'investissement tax shelter: 50% du montant du 328R ci-dessus divisé par 356%		4 582,20
Montant provisoire en réserve immunisée grâce au tax shelter (4.582,20 EUR X 356%)		16 312,63
Mouvement initial des réserves taxables (49.130,52 EUR) moins le montant provisoire en réserve immunisée grâce au tax shelter ci-dessus.		32 817,89
DNA initiales hors prévision fiscale		11 109,20
Dividendes		1 800,00
Résultat de la 1ère opération		**45 727,09**
Libéralités	-	59,00
Perte reportée	-	660,00
Bénéfice imposable provisoire		**45 008,09**
Mouvement initial du 328R avant prévision fiscale		49 130,52
Prévision fiscale après tax shelter	-	11 923,04
Investissement tax shelter considéré comme une DNA et comptabilisé en 67.	-	4 582,20
Mouvement initial du 328 R moins la dette fiscale estimée finale et l'investissement tax Shelter.		**32 625,28**
<u>Calcul final de l'impôt</u>		
Impôt de base sur 45.008,09 EUR.		**13 313,39**
Majoration		709,65
Total de l'impôt dû		14 023,04
VA	-	2 100,00
Dette fiscale finale		**11 923,04**
Base majoration		898,65
Avantages	-	189,00

Le résultat final du calcul peut se présenter de la manière suivante :

Mouvement initial du 328R avant prévision fiscale et réserve immunisée Tax Shelter		49 130,52
Montant maximum de l'investissement tax shelter: 50% du montant du 328R ci-dessus divisé par 356%	-	4 582,20
Prévision fiscale finale après tax shelter	-	11 923,04
Mouvement des réserves taxables avant la comptabilisation de la réserve immunisée tax shelter.		**32 625,28**
Montant en réserve immunisée grâce au tax shelter		**16 312,64**
Déclaration fiscale finale après comptabilisation de la réserve immunisée tax shelter		
328 R (mouvements réserves taxables)		16 312,64
DNA		27 614,44
Dividendes		1 800,00
Bénéfice imposable		45 727,08
Libéralités	-	59,00
Perte reportée	-	660,00
Bénéfice imposable final		**45 008,08**

La société décide donc d'opter pour le montant d'investissement dans le tax shelter qui permet d'obtenir un avantage fiscal maximum durant cette période imposable, c'est-à-dire 4.582,20 €.

Lors de la signature de la convention cadre, le 31/12/2018, le comptable passe l'écriture suivante :

Faits comptables	N° plan comptable	Intitulés des comptes	Somme débit	Somme crédit
Signature de la convention	4990	Compte d'attente	4.582,20	
	4892	à Autres dettes diverses		4.582,20

Etant donné que le bénéfice est suffisant pour obtenir l'entièreté de l'avantage fiscal lié au montant de l'investissement tax shelter, le comptable passe alors l'écriture suivante :

Faits comptables	N° plan comptable	Intitulés des comptes	Somme débit	Somme crédit
Inventaire des comptes	67021	Charges fiscales estimées (investissement tax shelter)	4.582,20	
	4990	à Compte d'attente		4.582,20

L'exonération provisoire et conditionnelle des bénéfices liée à l'investissement dans le tax shelter se traduit par l'écriture suivante :

Faits comptables	N° plan comptable	Intitulés des comptes	Somme débit	Somme crédit
Inventaire des comptes	6890	Dotation aux réserves immunisées	16.312,64	
	13201	à Réserve immunisée tax shelter		16.312,64

L'écriture de prévision fiscale est la suivante :

Faits comptables	N° plan comptable	Intitulés des comptes	Somme débit	Somme crédit
Inventaire des comptes	67020	Charges fiscales estimées	11.923,04	
	4500	À Dette fiscale estimée		11.923,04

Les écritures d'affectations sont les suivantes :

Faits comptables	N° plan comptable	Intitulés des comptes	Somme débit	Somme crédit
Inventaire des comptes	6900	Perte reportée de l'exercice précédent	7.000,00	
	1410	À Perte reportée		7.000,00

Faits comptables	N° plan comptable	Intitulés des comptes	Somme débit	Somme crédit
Inventaire des comptes	6930	Bénéfice à reporter	9.162,64	
	1400	À Bénéfice reporté		9.162,64

La balance finale au 31/12/2018 se présente dès lors comme suit :

N° DES COMPTES	LIBELLES	DEBIT	CREDIT	SOLDE DEBITEUR	SOLDE CREDITEUR
100	Capital	0,00	160.000,00	0,00	160.000,00
130	Réserve légale	0,00	16.000,00	0,00	16.000,00
1320	Réserves immunisées (taxation étalée)	48,96	950,67	0,00	901,71
13201	Réserves immunisées (tax shelter)	0,00	16.312,64	0,00	16.312,64
140	Bénéfice reporté	0,00	9.162,64	0,00	9.162,64
141	Perte reportée	7.000,00	7.000,00	0,00	0,00
161	Provisions pour charges fiscales	0,00	9.000,00	0,00	9.000,00
168	Provisions pour impôts différés	20,57	399,33	0,00	378,76
179	Dettes diverses	0,00	100.000,00	0,00	100.000,00
2110	Brevet	42.000,00	0,00	42.000,00	0,00
2119	Amortissements actés sur brevet	0,00	6.720,00	0,00	6.720,00
2200	Terrains	169.000,00	0,00	169.000,00	0,00
2208	Plus-values actées sur terrains	10.000,00	0,00	10.000,00	0,00
2400	Mobilier et matériel de bureau	45.000,00	30.000,00	15.000,00	0,00
2409	Amortissements actés sur mobilier et matériel de bureau	19.200,00	20.160,51	0,00	960,51

2410	Matériel roulant	37.625,00	10.000,00	27.625,00	0,00
2419	Amortissements actés sur matériel roulant	10.000,00	15.313,08	0,00	5.318,08
400	Clients	211.266,00	211.266,00	0,00	0,00
440	Fournisseurs	231.801,92	231.801,92	0,00	0,00
450	Dettes fiscales estimées	4.800,00	16.723,04	0,00	11.923,04
451	TVA à payer	28.171,50	36.666,00	0,00	8.494,50
452	Impôts à payer	0,00	6.240,00	0,00	6.240,00
453	Précompte mobilier retenu	0,00	2.160,00	0,00	2.160,00
4890	Actionnaires	2.160,00	7.200,00	0,00	5.040,00
4891	Administrateurs	0,00	900,00	0,00	900,00
4892	Autres dettes diverses (tax shelter)	0,00	4.582,20	0,00	4.582,20
510	Actions et parts	22.003,00	0,00	22.003,00	0,00
519	Réductions de valeur actées sur actions et parts	0,00	3.000,00	0,00	3.000,00
520	Titre à revenu fixe	12.794,00	0,00	12.794,00	0,00
5500	Etablissements de crédit	302.469,00	233.801,92	68.667,08	0,00
Sous-total des comptes de l'actif et du passif		**1.155.359,95**	**1.155.359,95**	**367.089,08**	**367.089,08**
604	Achats de marchandises	60.000,00	0,00	60.000,00	0,00
6100	Loyers et charges locatives (immeuble)	6.000,00	0,00	6.000,00	0,00
6110	Entretiens et réparations (voitures)	4.972,50	0,00	4.972,50	0,00
6140	Assurance immeuble	300,00	0,00	300,00	0,00
6141	Assurance voiture	2.500,00	0,00	2.500,00	0,00
6150	Carburant voiture	1.326,00	0,00	1.326,00	0,00
6151	Chauffage immeuble	800,00	0,00	800,00	0,00
6160	Honoraires comptables	1.000,00	0,00	1.000,00	0,00
6170	Frais de restaurant	2.090,00	0,00	2.090,00	0,00
6171	Frais de réception	924,00	0,00	924,00	0,00
6172	Cadeaux d'affaires	1.000,00	0,00	1.000,00	0,00
618	Dirigeant d'entreprise	45.000,00	0,00	45.000,00	0,00
6200	Rémunérations et avantages sociaux des membres du personnel	12.500,00	0,00	12.500,00	0,00
6301	Dotations aux amortissements sur immobilisations incorporelles	6.720,00	0,00	6.720,00	0,00
6302	Dotations aux amortissements sur immobilisations corporelles	6.273,59	0,00	6.273,59	0,00
6480	Amendes	489,92	0,00	489,92	0,00
6481	Dons	103,00	0,00	103,00	0,00
6500	Intérêts, commissions et frais afférents aux dettes	8.100,00	0,00	8.100,00	0,00
6510	Dotations aux réductions de valeurs sur actifs circulants	3.000,00	0,00	3.000,00	0,00
6700	Impôts et précomptes dus ou versés (VA1)	2.100,00	0,00	2.100,00	0,00
6710	Suppléments d'impôts dus ou versés	1.340,00	0,00	1.340,00	0,00
67020	Charges fiscales estimées	11.923,04	0,00	11.923,04	0,00

67021	Charges fiscales estimées (tax shelter)	4.582,20	0,00	4.582,20	0,00
6712	Provisions fiscales constituées	9.000,00	0,00	9.000,00	0,00
680	Transferts aux impôts différés	399,33	0,00	399,33	0,00
6890	Transferts aux réserves immunisées	17.263,31	0,00	17.263,31	0,00
6900	Perte reportée exercice précédent	7.000,00	0,00	7.000,00	0,00
6930	Bénéfice reporté	9.162,64	0,00	9.162,64	0,00
70	Chiffre d'affaires	20.600,00	236 600,00	0,00	216.000,00
763	Plus-values sur réalisation d'actifs immobilisés	0,00	9.800,00	0,00	9.800,00
780	Prélèvements sur les impôts différés	0,00	20,57	0,00	20,57
789	Prélèvements sur les réserves immunisées	0,00	48,96	0,00	48,96
Sous-total des comptes de résultats		**246.469,53**	**246.469,53**	**225.869,53**	**225.869,53**
Total des comptes de l'actif, du passif et de résultats		**1.401.829,48**	**1.401.829,48**	**592.958,61**	**592.958,61**

La déclaration fiscale de société est la suivante[616] :

616 Le modèle de la déclaration est celui de l'exercice d'imposition 2018 car celui de l'exercice d'imposition 2019 n'est pas encore publié lorsque nous clotûtons cette édition.

Déclaration à l'impôt des sociétés

Réserves

Bénéfices réservés imposables

	Codes	Au début de la période imposable	A la fin de la période imposable
Réserves incorporées au capital et primes d'émission imposables (+)/(-)	1001 PN	50.000,00	50.000,00
Quotité imposable des plus-values de réévaluation	1004		
Réserve légale	1005	16.000,00	16.000,00
Réserves indisponibles	1006		
Réserves disponibles	1007		
Bénéfice (Perte) reporté(e) (+)/(-)	1008 PN	-7.000,00	9.162,64
Réserve de liquidation	1012		
Provisions imposables	1009		9.000,00
Autres réserves figurant au bilan	1010		
Autres réserves imposables (+)/(-)	1011 PN		
Réserves occultes			
Réductions de valeur imposables	1020		
Excédents d'amortissements	1021	8.400,00	
Autres sous-évaluations d'actif	1022		
Surestimations du passif	1023		
Réserves imposables (+)/(-)	**1040 PN**	**67.400,00**	**84.162,64**
Majorations de la situation de début des réserves			
Plus-values sur actions ou parts	1051		
Reprises de réductions de valeur sur actions ou parts antérieurement imposées à titre de dépenses non admises	1052		
Exonération définitive œuvres audiovisuelles agréées tax shelter	1053		
Exonération définitive œuvres scéniques agréées tax shelter	1059		
Exonération des primes et subsides en capital et en intérêt régionaux	1054		
Exonération définitive des bénéfices provenant de l'homologation d'un plan de réorganisation et de la constatation d'un accord amiable	1055		
Exonération définitive pour revenus d'innovation	1058		
Correction négative en application du Régime Diamant	1057		
Autres	1056	450,00	
Diminutions de la situation de début des réserves	1061		
Réserves imposables après adaptation de la situation de début des réserves (+)/(-)	**1070 PN**	**67.850,00**	
Bénéfices réservés imposables (+)/(-)	**1080 PN**		**16.312,64**

BE 0455.950.478 AZUR **275.1 | 4/20**

Réserves

Bénéfices réservés exonérés

	Codes	Au début de la période imposable	A la fin de la période imposable
Réductions de valeur sur créances commerciales	**1101**		
Provisions pour risques et charges	**1102**		
Plus-values exprimées mais non réalisées	1103	10.000,00	10.000,00
Plus-values réalisées			
Taxation étalée des plus-values sur certains titres	1111		
Taxation étalée des plus-values sur immobilisations corporelles et incorporelles	1112		901,71
Autres plus-values réalisées	1113		
Plus-values sur véhicules d'entreprises	1114		
Plus-values sur bateaux de navigation intérieure	1115		
Plus-values sur navires	1116		
Réserve d'investissement	1121		
Œuvres audiovisuelles agréées tax shelter	1122		16.312,64
Œuvres scéniques agréées tax shelter	1125		
Réserve pour revenus d'innovation	1126		
Bénéfices provenant de l'homologation d'un plan de réorganisation et de la constatation d'un accord amiable	1123		
Autres éléments exonérés	1124		
Bénéfices réservés exonérés	**1140**	**10.000,00**	**27.214,35**

Ce formulaire est provisoirement basé sur Biztax exercice d'imposition 2018, révisé avec les adaptations législatives exercice d'imposition 2019.

V: 20190411-2019
01/05/2019 13:45

Dépenses non admises

	Codes	Période imposable
Impôts non déductibles	1201	15.363,04
Impôts, taxes et rétributions régionaux	1202	
Amendes, pénalités et confiscations de toute nature	1203	400,00
Pensions, capitaux, cotisations et primes patronales non déductibles	1204	
Frais de voiture et moins-values sur véhicules automobiles non déductibles	1205	2.134,20
Frais de voiture à concurrence d'une quotité de l'avantage de toute nature	1206	920,00
Frais de réception et de cadeaux d'affaires non déductibles	1207	612,00
Frais de restaurant non déductibles	1208	200,00
Frais de vêtements professionnels non spécifiques	1209	
Intérêts exagérés	1210	300,00
Intérêts relatifs à une partie de certains emprunts	1211	
Avantages anormaux ou bénévoles	1212	
Avantages sociaux	1214	
Avantages de titres-repas, chèques sport/culture ou éco-chèques	1215	
Libéralités	1216	103,00
Réductions de valeur et moins-values sur actions ou parts	1217	3.000,00
Reprises d'exonérations antérieures	1218	
Participation des travailleurs et primes bénéficiaires	1233	
Indemnités pour coupon manquant	1220	
Frais d'œuvres agréées tax shelter	1232	4.582,20
Primes, subsides en capital et en intérêt régionaux	1222	
Paiements non déductibles vers certains Etats	1223	
Dépenses non justifiées	1225	
Reprise de déduction pour revenus d'innovation en cas d'étalement des frais historiques	1230	
Reprise de déduction pour revenus d'innovation suite au non remploi en dépenses qualifiantes	1231	
Corrections positives en application du Régime Diamant		
Différence positive entre le bénéfice brut déterminé forfaitairement et le bénéfice brut déterminé comptablement	1226	
Réduction de valeur sur stock et frais non déductibles	1227	
Différence positive entre la rémunération de référence pour un dirigeant d'entreprise et la rémunération de dirigeant d'entreprise la plus élevée	1228	
Correction en fonction du montant minimum du revenu net imposable issu du commerce de diamants	1229	
Autres dépenses non admises	1239	
Dépenses non admises	**1240**	**27.614,44**

BE 0455.950.478 AZUR **275.1 | 6/20**

Dividendes distribués

	Codes	Période imposable
Dividendes ordinaires	1301	1.800,00
Acquisition d'actions ou parts propres	1302	
Décès, démission ou exclusion d'un associé	1303	
Partage de l'avoir social	1304	
Dividendes distribués	**1320**	**1.800,00**
La société a connaissance de son obligation de déposer une déclaration au précompte mobilier (formulaire de déclaration 273A) lorsque la rubrique « Dividendes distribués » (ligne 1320) est complétée, même si aucun précompte mobilier n'est dû	1321	Oui

Détail des bénéfices

	Codes	Période imposable
Bénéfices réservés imposables (+)/(-)	**(1080 PN)**	**16.312,64**
Dépenses non admises	**(1240)**	**27.614,44**
Dividendes distribués	**(1320)**	**1.800,00**
Résultat de la période imposable (+)/(-)	**1410 PN**	**45.727,08**
Résultat effectif des activités de la navigation maritime, pour lesquelles le bénéfice est déterminé sur base du tonnage (+)/(-)	1411 PN	
Résultat effectif des activités pour lesquelles le bénéfice n'est pas déterminé sur base du tonnage (+)/(-)	**1412 PN**	**45.727,08**
Eléments du résultat sur lesquels s'applique la limitation de déduction	**1420**	**920,00**
Plus-values sur actions ou parts imposables à 0,40 %	1424	
Avantages anormaux ou bénévoles obtenus et avantages financiers ou de toute nature obtenus	1421	
Non-respect de l'obligation d'investir ou de la condition d'intangibilité relatives à la réserve d'investissement	1422	
Frais de voiture à concurrence d'une quotité de l'avantage de toute nature	(1206)	920,00
Participation des travailleurs et primes bénéficiaires	(1233)	
Subsides en capital et en intérêts dans le cadre de l'aide à l'agriculture	1423	
Résultat subsistant (+)/(-)	**1430 PN**	**44.807,08**

Ce formulaire est provisoirement basé sur Biztax exercice d'imposition 2018, révisé avec les adaptations législatives exercice d'imposition 2019. V: 20190411-2019 01/05/2019 13:45

	Codes	Exonéré par convention	Non exonéré par convention	Belge
<u>Répartition suivant provenance</u>				
Résultat subsistant suivant sa provenance (+)/(-)	**1431 PN**			<u>**44.807,08**</u>
<u>**Déductions du bénéfice subsistant**</u>				
Eléments non imposables	1432			59,00
Revenus définitivement taxés et revenus mobiliers exonérés	1433			
Déduction pour revenus de brevets	1434			
Déduction pour revenus d'innovation	1439			
Déduction pour capital à risque	1435			
Pertes antérieures	1436			660,00
Déduction pour investissement	1437			
Déduction pour capital à risque reportée de périodes imposables antérieures	1438			
Bénéfice subsistant suivant sa provenance	**1450**			<u>**44.088,08**</u>

	Codes	Période imposable
<u>Base imposable</u>		
Imposable au taux normal	**1460**	<u>**45.008,08**</u>
Bénéfice subsistant	**(1450)**	<u>**44.088,08**</u>
Bénéfice provenant de la navigation maritime, déterminé sur base du tonnage	1461	
Avantages anormaux ou bénévoles obtenus et avantages financiers ou de toute nature obtenus	(1421)	
Non-respect de l'obligation d'investir ou de la condition d'intangibilité relatives à la réserve d'investissement	(1422)	
Frais de voiture à concurrence d'une quotité de l'avantage de toute nature	(1206)	920,00
Participation des travailleurs et primes bénéficiaires	(1233)	
Plus-values sur actions ou parts imposables à 25 %	**1465**	
Imposable au taux de l'exit tax, opérations réalisées avant le 01.01.2018	**1471**	
Imposable au taux de l'exit tax, opérations réalisées à partir du 01.01.2018	**1472**	
Plus-values sur actions ou parts imposables à 0,40 %	**(1424)**	
Subsides en capital et en intérêts dans le cadre de l'aide à l'agriculture, imposables à 5 %	**1481**	
Reprise des réserves exonérées constituées lors de l'exercice 2018 ou les exercices antérieurs imposables à 33,99 %	**xxxx**	

BE 0455.950.478 AZUR **275.1 | 8/20**

Cotisations distinctes

	Codes	Période imposable
Cotisation distincte sur les dépenses ou avantages de toute nature non justifiés, bénéfices dissimulés et avantages financiers ou de toute nature à 50%	1506	
Cotisation distincte sur les dépenses ou avantages de toute nature non justifiés, bénéfices dissimulés et avantages financiers ou de toute nature à 100%	1507	
Cotisation distincte sur les réserves taxées dans le chef des sociétés de crédit agréées, au taux de 34%	1502a	
Cotisation distincte sur les réserves taxées dans le chef des sociétés de crédit agréées, au taux de 28%	1502b	
Cotisation distincte dans le chef des sociétés admises à fournir des crédits à l'outillage artisanal et des sociétés de logement sur les dividendes distribués	1503	
Cotisation distincte sur la partie du bénéfice comptable après impôt affectée à la réserve de liquidation	1508	

Cotisations spéciales relatives aux opérations réalisées avant le 1.1.1990

	Codes	Période imposable
Partage total ou partiel de l'avoir social, imposable à 33%	1511	
Partage total ou partiel de l'avoir social, imposable à 16,5%	1512	
Avantages de toute nature accordés par des sociétés en liquidation	1513	

Remboursement du crédit d'impôt pour recherche et développement antérieurement accordé

	Codes	Période imposable
Remboursement d'une quotité du crédit d'impôt pour recherche et développement antérieurement accordé	1532	

Eléments non imposables

	Codes	Période imposable
Libéralités exonérées	1601	59,00
Exonération pour personnel supplémentaire	1602	
Exonération pour personnel supplémentaire PME	1603	
Exonération pour bonus de tutorat	1604	
Exonération des indemnités régionales compensatoires de pertes de revenus en cas de travaux publics	1606	
Autres éléments non imposables	1605	
Eléments non imposables	**1610**	**59,00**

Ce formulaire est provisoirement basé sur Biztax exercice d'imposition 2018, révisé avec les adaptations législatives exercice d'imposition 2019. V: 20190411-2019 01/05/2019 13:45

Revenus définitivement taxés et revenus mobiliers exonérés

	Codes	Etablissements belges	Etablissements étrangers
Revenus définitivement taxés et revenus mobiliers exonérés d'actions ou parts			
Revenus attribués par une société établie dans un Etat membre de l'EEE			
Montant net, revenus belges	1631		
Précompte mobilier, revenus belges	1632		
Montant net, revenus étrangers	1633		
Précompte mobilier, revenus étrangers	1634		
Autres revenus			
Montant net, revenus belges	1635		
Précompte mobilier, revenus belges	1636		
Montant net, revenus étrangers	1637		
Précompte mobilier, revenus étrangers	1638		
Autres revenus mobiliers exonérés	1639		
Revenus définitivement taxés et revenus mobiliers exonérés avant déduction des frais	**1640**		
Frais	1641		
Revenus définitivement taxés et revenus mobiliers exonérés après déduction des frais	**1642**		
Revenus d'apports effectués à l'occasion d'une opération de fusion, scission ou d'une opération y assimilée, non rémunérés en raison de la détention par la société absorbante ou bénéficiaire d'actions ou parts de la société absorbée ou scindée ou de dispositions d'effet analogue dans un autre état membre de l'UE	1643		
Revenus mobiliers exonérés des titres d'emprunts de refinancement déterminés	1644		
Revenus définitivement taxés et revenus mobiliers exonérés	**1650**		

Report déduction revenus définitivement taxés

	Codes	Période imposable
Solde reporté de la déduction des revenus définitivement taxés	1701	
Déduction revenus définitivement taxés de la période imposable reportable sur la période imposable suivante	1702	
Déduction revenus définitivement taxés reportée qui a été effectivement déduite durant la période imposable	1703	
Solde de la déduction revenus définitivement taxés reportable sur la période imposable suivante	**1704**	

BE 0455.950.478 AZUR **275.1 | 10/20**

Pertes récupérables

	Codes	Période imposable
Solde des pertes antérieures récupérables (-)	1721 N	-660,00
Pertes récupérées	1723	660,00
Perte de la période imposable (-)	1722 N	
Perte à reporter sur la période imposable suivante (-)	**1730 N**	

Déduction pour capital à risque reportée

	Codes	Période imposable
Solde reporté de la déduction pour capital à risque	1711	
Solde de la déduction pour capital à risque qui est reportable sur la période imposable suivante	1712	

Taux de l'impôt

	Codes	Période imposable
A votre connaissance, la société a droit au taux réduit	1751	Non
La société est une société de logement, imposable à 5%	1753	Non

Versements anticipés

	Codes	Période imposable
Cette déclaration se rapporte à un des trois premiers exercices comptables à partir de la constitution de la société qui est considérée comme "une petite société"	1801	Non
Versements anticipés à prendre en considération	**1810**	2.100,00
Versement anticipé, premier trimestre	1811	2.100,00
Versement anticipé, deuxième trimestre	1812	
Versement anticipé, troisième trimestre	1813	
Versement anticipé, quatrième trimestre	1814	
Numéro de référence attribué par le Service Versements anticipés différent du numéro d'entreprise		
Premier autre numéro de référence	1821	
Deuxième autre numéro de référence	1822	
Troisième autre numéro de référence	1823	
Quatrième autre numéro de référence	1824	

Ce formulaire est provisoirement basé sur Biztax exercice d'imposition 2018, révisé avec les adaptations législatives exercice d'imposition 2019.

V: 20190411-2019
01/05/2019 13:45

Précomptes imputables

	Codes	Période imposable
Précomptes non remboursables	**1830**	
Précompte mobilier fictif	1831	
Quotité forfaitaire d'impôt étranger	1832	
Crédit d'impôt pour recherche et développement	**1833**	
Crédit d'impôt étranger prévu par certaines conventions préventives de la double imposition	**1834**	
Précomptes remboursables	**1840**	
Précompte mobilier réel ou fictif sur revenus définitivement taxés et sur revenus mobiliers exonérés d'origine belge d'actions ou parts, autres que bonis de liquidation ou bonis en cas d'acquisition d'actions ou parts propres	1841	
Précompte mobilier sur bonis de liquidation ou bonis en cas d'acquisition d'actions ou parts propres, définitivement taxés	1842	
Précompte mobilier sur revenus définitivement taxés d'origine étrangère, autres que bonis de liquidation ou bonis en cas d'acquisition d'actions ou parts propres, définitivement taxés	1843	
Précompte mobilier sur autres bonis de liquidation ou bonis en cas d'acquisition d'actions ou parts propres	1844	
Précompte mobilier sur autres dividendes	1845	
Autre précompte mobilier remboursable	1846	
Crédit d'impôt pour recherche et développement à restituer pour la présente période imposable	**1850**	

Base de l'impôt à la sortie

	Codes	Période imposable
Montant des plus-values latentes après imputation proportionnelle des déductions du bénéfice subsistant	1864	

Déduction pour revenus de brevets

Renseignements relatifs au régime transitoire

	Codes	Période imposable
La société a mentionné dans la rubrique "Déduction pour revenus de brevets" des revenus qui ont été reçus après le 30.06.2016 et pour lesquelles l'application du régime transitoire est demandée	1865	

Renseignements recueillis dans le cadre de l'échange de données OCDE

	Codes	Période imposable
La société a mentionné dans la rubrique "Déduction pour revenus de brevets" des revenus qui ont trait à des brevets pour lesquels la déduction a été revendiquée pour la première fois au plus tôt après le 06.02.2015	1866	

III. Régime applicable aux conventions-cadres conclues avant le 1er janvier 2015

A. Sociétés concernées

Seules peuvent bénéficier de ce régime fiscal, les sociétés résidentes et les établissements belges qui concluent une convention-cadre destinée à la production d'une œuvre audiovisuelle belge agréée, avec une société résidente de production audiovisuelle.

Sont cependant exclues de ce régime d'exonération, les sociétés résidentes dont l'objet principal est le développement et la production d'œuvres audiovisuelles et les entreprises de télédiffusion.

Par société résidente de production audiovisuelle, on entend la société dont l'objet principal est le développement et la production d'œuvres audiovisuelles. Les entreprises de télédiffusion ou les entreprises liées (au sens de l'article 11 du code des sociétés) à des entreprises belges ou étrangères de télédiffusion ne sont pas considérées comme une société résidente de production audiovisuelle.

Au moment de la conclusion de la convention-cadre, la société de production audio-visuelle ne peut pas avoir d'arriérés auprès de l'Office nationale de sécurité sociale.

B. Œuvres audiovisuelles visées

1. *Nature de l'œuvre*

L'œuvre audiovisuelle doit être agréée comme œuvre européenne par les services compétents d'une des Communautés visées à l'article 2 de la constitution (la Communauté française, la Communauté flamande et la Communauté germanophone) et doit appartenir à l'une des catégories suivantes :

- un film de fiction, documentaire ou d'animation, destiné à une exploitation cinématographique;
- un téléfilm de fiction longue[617] c'est-à-dire des téléfilms de fiction, exploités unitairement, en collection ou en série à l'exception des reality shows, des talk shows et plus généralement des émissions tournées essentiellement en plateau avec un nombre de décors limités et/ou en multi-caméras;
- une collection télévisuelle d'animation;
- des séries destinées aux enfants et aux jeunes à savoir des séries de fiction à contenu éducatif, culturel et informatif pour un groupe cible d'enfants et de jeunes de 0 à 16 ans;
- un programme télévisuel documentaire.

617 Entre en vigueur le 1er janvier 2006 sauf si un arrêté royal délibéré en Conseil des Ministres prévoit que cette disposition entre en vigueur à une date antérieure.

Alors que l'article 194ter ne stipule pas de limite à ce sujet, la circulaire administrative du 23 décembre 2004 précise en son point 26, en faisant référence à un passage des travaux préparatoires, que seuls sont ouverts au **Tax Shelter** les téléfilms de plus de 52 minutes.

Pourriez-vous dès lors confirmer qu'il n'y a lieu de s'en tenir à ce sujet qu'au texte de l'article 194ter, de sorte que la durée de 52 minutes ne doive pas être considérée comme une condition légale devant être respectée, étant entendu que subsiste la condition fictionnelle[618] ?

Etant donné que l'article 194ter du CIR ne stipule pas de limite à ce sujet et qu'il convient d'être en phase avec la réalité des programmes diffusés par les télévisions (formats actuels de 52 minutes avec une évolution à la baisse vers un format de 22 minutes), une réponse affirmative peut être apportée à la question et le nécessaire sera fait par mes services pour que la circulaire soit adaptée en conséquence.

2. Œuvre audiovisuelle belge agréée

Pour être considérée comme une œuvre audiovisuelle belge agréée, l'œuvre audiovisuelle doit également satisfaire aux conditions de dépenses en Belgique. En effet, les dépenses de production et d'exploitation de l'œuvre audiovisuelle effectuées en Belgique doivent s'élever à au moins 150% des sommes globales affectées, autrement que sous la forme de prêts, à l'exécution de la convention-cadre. Dans le cas où plusieurs conventions-cadres ont été conclues, pour une même œuvre[619], la condition de dépenses doit être respectée pour chaque convention-cadre envisagée isolément.

L'article 194ter du Code des impôts sur les revenus a été modifié par la loi du 17 juin 2013.

Les amendements apportés à l'article 194ter s'appliquent aux conventions cadres signées à partir du 1er juillet 2013.

Le montant des dépenses à effectuer en Belgique est fixé à 90% de l'ensemble des sommes versées et non plus à 150 % des sommes investies autrement que sous forme de prêt.

a) Nature des dépenses de production et d'exploitation

On entend par dépenses de production et d'exploitation effectuées en Belgique, les charges d'exploitation et les charges financières qui sont constitutives de revenus professionnels imposables dans le chef du bénéficiaire, à l'impôt des personnes physiques, à l'impôt des sociétés ou à l'impôt des non-résidents, à l'exclusion :

- des frais visés à l'article 53, 9° CIR à savoir les frais de toute nature qui se rapportent à la chasse, à la pêche, à des yachts ou autres bateaux de plaisance et à des résidences de plaisance ou d'agrément;
- des frais visés à l'article 53, 10° CIR à savoir tous les frais dans la mesure où ils dépassent de manière déraisonnable les besoins professionnels;
- des dépenses visées à l'article 57 du CIR (commissions, honoraires, rémunérations, etc.) qui ne sont pas justifiées par la production de fiches individuelles et d'un relevé récapitulatif;
- de tous les frais qui ne sont pas engagés en vue de la production ou de l'exploitation de l'œuvre agréée.

618 Question orale n° 3-1733 de M. Collas du 22 juin 2006, Ann. , Sénat, 2005-2006, n° 3-172, p. 46-49.

619 En effet, l'article 194ter du CIR n'interdit pas la conclusion successive de plusieurs conventions-cadres par un même investisseur dans un même film. Cela a été confirmé par le service des décisions anticipées (cf. la décision n° 500.139 du 15 septembre 2005).

Ainsi sont notamment considérées comme des dépenses de production et d'exploitation effectuées en Belgique :

- le cachet soumis à l'INR/IPP d'un acteur non-résident qui tourne en Belgique;
- la somme versée au titre de prestations de services à un établissement belge d'une société étrangère;
- les cachets et les rémunérations payés à des habitants du Royaume pour des prestations effectuées à l'étranger;
- les charges sociales patronales et personnelles qui se rapportent aux cachets et aux rémunérations des acteurs, figurants, techniciens, etc., pour autant qu'elles soient versées au profit d'un organisme de sécurité sociale établi en Belgique;
- les frais financiers payés à des prêteurs en exécution de la convention-cadre.

Pour les conventions signées à partir du 1er juillet 2013, les dépenses directement liées à la production doivent représenter 70% au minimum des dépenses globales.

Par dépenses directement liées à la production, on entend les dépenses qui sont liées à la production créative et technique de l'œuvre éligible, telles que :

- les frais couvrant les droits artistiques, à l'exception des frais de développement du scénario qui datent de la période précédant la convention-cadre;
- les salaires et autres indemnités du personnel, les indemnités des prestataires de service indépendants;
- les frais affectés au paiement des acteurs, musiciens et fonctions artistiques dans la mesure où ils contribuent à l'interprétation et la réalisation de l'œuvre éligible;
- les charges sociales liées aux salaires et frais visés aux deuxième et troisième tirets;
- les frais de décors, accessoires, costumes et attributs, qui sont portés à l'image;
- les frais de transport et de logement, limités à un montant correspondant à 25% des frais visés aux deuxième et troisième tirets;
- les frais affectés au matériel et autres moyens techniques;
- les frais de laboratoire et de création du master;
- les frais d'assurance directement liés à la production;
- les frais d'édition et de promotion propres au travail du producteur : création du dossier de presse, site web de base, montage d'une bande-annonce, ainsi que la première.

Par contre, les dépenses qui concernent l'organisation administrative et financière et l'assistance de la production audiovisuelle sont des dépenses qui ne sont pas directement liées à la production.

b) Sous-traitance des dépenses de production et d'exploitation

Les prestations de services pour lesquelles le prestataire de services fait appel à un ou plusieurs sous-traitants ne sont considérées comme des dépenses effectuées en Belgique que si la rémunération des prestations de services du ou des sous-traitants n'excède pas 10% de la dépense. Cette disposition a pour but d'empêcher une société de production résidente de confier la production d'une œuvre audiovisuelle à un producteur exécutif, établi en Belgique qui, lui-même sous-traiterait dans une large mesure la production de l'œuvre audiovisuelle à une autre société, établie à l'étranger. Par contre, elle n'empêche pas toute sous-traitance et permet, dans une certaine mesure, de faire appel à des sous-traitants à l'étranger. Toutefois, l'essentiel des prestations de service (90% au minimum) est considérée comme des dépenses belges lorsqu'elles sont fournies directement ou indirectement par des prestataires imposables en Belgique.

Ceci peut être illustré par l'exemple suivant.

La SA Azur facture ses services en matières d'effets spéciaux (25.000,00 EUR hors TVA) à la SA Movie (société résidente de production audiovisuelle). La SA Azur a recouru aux services de sous-traitants pour 8.000,00 EUR hors TVA.

1ère hypothèse : les sous-traitants sont imposables en Belgique à concurrence de 2.000,00 EUR hors TVA.

La SA Movie ne peut pas prendre en considération le montant de 25.000,00 EUR hors TVA pour le calcul de la condition de dépenses en Belgique étant donné que 24% du montant total facturé par la SA Azur (6.000,00 EUR / 25.000,00 EUR) n'est pas directement ou indirectement imposable en Belgique.

2ème hypothèse : les sous-traitants sont imposables en Belgique à concurrence de 6.000,00 EUR hors TVA.

La SA Movie peut pas prendre en considération le montant de 25.000,00 EUR hors TVA pour le calcul de la condition de dépenses en Belgique étant donné que moins de 10% du montant total facturé par la SA Azur (8% c'est-à-dire 2.000,00 EUR / 25.000,00 EUR) n'est pas directement ou indirectement imposable en Belgique.

c) Rendement

Pour les conventions signées à partir du 1er juillet 2013, le rendement à un taux fixe minimum garanti de la valeur d'acquisition des droits de propriété est inscrit dans la loi.

Ce rendement à un taux fixe minimum prévoit que la valeur d'acquisition des droits de propriété obtenus à l'occasion de la conclusion ou de l'exécution de la convention-cadre qui est lié directement ou indirectement à ces droits, qu'il soit ou non inclus dans cette convention-cadre, éventuellement dans le cadre d'une clause de rachat, ne peut être supérieur à la moyenne du taux d'intérêt Euribor à douze mois du dernier jour ouvrable des mois de janvier à décembre de l'année qui précède la signature de cette convention-cadre, augmenté de trois cents points de base.

d) Délai

Les dépenses de production et d'exploitation doivent être effectuées en Belgique dans un délai maximum de 18 mois (24 mois pour les conventions signées à partir du 1er juillet 2013 concernant les films d'animation) à partir de la date de conclusion de la convention cadre. Autrement dit, les dépenses effectuées avant la date de conclusion de la convention-cadre ou au-delà du délai de 18 mois (ou 24 mois) à partir de la date de conclusion de la convention-cadre sont exclues pour la vérification du seuil de 150% des sommes globales affectées, autrement que sous la forme de prêts, à l'exécution de la convention-cadre (le seuil est de 90% de l'ensemble des sommes versées pour les conventions signées à partir du 1er juillet 2013 concernant les films d'animation).

C. Nature de « l'investissement »

L'investissement peut être effectué, soit de façon directe via l'acquisition de droits liés à la production et à l'exploitation de l'œuvre audiovisuelle, soit par l'octroi de prêts pour autant que la société qui investit ne soit pas un établissement de crédit.

La société qui revendique l'exonération doit affecter les droits de créances et de propriété obtenus à l'occasion de la conclusion ou de l'exécution de la convention-cadre à l'exercice de son activité professionnelle en Belgique et les conserver en pleine propriété jusqu'au moment où l'œuvre est achevée. Cette période d'incessibilité est cependant limitée à une période ininterrompue de 18 mois (24 mois pour les conventions signées à partir du 1er juillet 2013 concernant les films d'animation) à partir de la date de la conclusion de la convention-cadre afin qu'elle ne constitue pas une entrave à la libre circulation des capitaux et des services.

Les frais (commissions d'intermédiation, frais financiers, etc.), les pertes, les réductions de valeur, les provisions et les amortissements portant sur les droits de créances et sur les droits de production et d'exploitation de l'œuvre audiovisuelle ne peuvent pas être déduits à titre de frais professionnels.

Régime fiscal des réductions de valeur, des provisions et des amortissements portant sur les droits de créances ou sur les droits de production et d'exploitation de l'œuvre audiovisuelle		
	Ne sont pas justifiés fiscalement[620]	Sont justifiés fiscalement
Réductions de valeur	Doivent être imposées au titre de réserves « occultes ».	Doivent être repris parmi les dépenses non admises (code 1221).
Provisions	Doivent être imposées au titre de réserves « apparentes ».	
Amortissements	Doivent être imposés au titre de réserves « occultes ».	

Lorsque les réductions de valeur ou les provisions actées sur les droits de créances ou sur les droits de production et d'exploitation de l'œuvre audiovisuelle s'avèrent ne plus être nécessaires, l'entreprise conformément à la législation comptable, effectuera une reprise de ladite réduction ou provision.

Le régime fiscal de la reprise de réduction de valeur ou de la provision dépend de la manière dont la réduction de valeur ou la provision a été traitée fiscalement.

Si la réduction ou la provision a été imposée au titre de dépenses non admises, la reprise sera exonérée fiscalement. Cette exonération s'effectue en majorant la situation de début des réserves (Code 1053 – autres majorations de la situation de début des réserves).

Par contre, si la réduction ou la provision a été imposée au titre de réserves, la reprise entraînera la détaxation de cette réserve à concurrence du montant effectivement repris.

En résumé :

Réductions de valeur ou provisions portant sur les droits de créances ou sur les droits de production et d'exploitation de l'œuvre audiovisuelle	Reprise des réductions de valeur ou provisions portant sur les droits de créances ou sur les droits de production et d'exploitation de l'œuvre audiovisuelle
1. Elles ont été imposées au titre de dépenses non admises.	La reprise n'est pas imposable. L'exonération est obtenue en majorant la situation de début des réserves (Code 1053 de la déclaration fiscale - Exonération définitive œuvres audiovisuelles agréées).
2. Elles ont été imposées au titre de réserves.	La reprise n'est pas imposable. La non-imposition de la reprise est obtenue en diminuant la réserve à due concurrence.

620 Si par la suite, la réduction de valeur, la provision ou l'amortissement correspond à une dépréciation réelle ou à une perte ou charge probable, la réserve doit être annulée et le montant en question doit être imposé au titre de dépenses non admises.

La circulaire administrative précise que la partie de la plus-value réalisée (suite à l'aliénation des droits de créances ou des droits de production et d'exploitation de l'œuvre audiovisuelle) qui correspond aux amortissements et aux réductions de valeur qui ont été imposés antérieurement en dépenses non admises n'est pas imposable. La non-imposition est obtenue en majorant la situation de début des réserves (Code 1053 de la déclaration fiscale - Exonération définitive œuvres audiovisuelles agréées).

Ceci peut être illustré par les exemples suivants.

Exemple n°1

Le bilan de la SA Azur au 31 décembre 2015 se présente de la manière suivante :

ACTIF			PASSIF		
	31/12/2015	*31/12/2014*		*31/12/2015*	*31/12/2014*
Droits de créances portant sur une œuvre audiovisuelle	**30.000,00**	**14.000,00**	Capital (apports en nature)	**10.000,00**	**10.000,00**
• Investissement	30.000,00	30.000,00	Réserve légale	**1.000,00**	**1.000,00**
• Réduction de valeur actée	0,00	16.000,00	Réserves immunisées	**45.000,00**	**45.000,00**
Autres	**45.000,00**	**45.000,00**	Bénéfice reporté	**19.000,00**	**3.000,00**
Total	*75.000,00*	*59.000,00*	*Total*	*75.000,00*	*59.000,00*

L'analyse fiscale de la réduction de valeur actée en 2014, fait apparaître que celle-ci est réelle à concurrence 7.400,00 EUR. Le solde de la réduction de valeur (8.600,00 EUR) ne respecte pas la législation comptable.

En 2015, la SA Azur constate que la totalité de la réduction de valeur n'est plus justifiée et elle décide d'effectuer une reprise de la réduction de valeur à concurrence de 16.000,00 EUR. Il s'agit de la seule opération effectuée en 2015 par cette société.

	Valeur comptable nette	Valeur fiscale nette	Traitement fiscal
2014	**14.000,00 EUR** c'est-à-dire la différence entre la valeur d'acquisition (30.000,00 EUR) et la réduction de valeur comptabilisée (16.000,00 EUR)	**22.600,00 EUR** c'est-à-dire la différence entre la valeur d'acquisition (30.000,00 EUR) et la réduction de valeur qui est réelle (7.400,00 EUR)	Une sous-estimation d'un compte de l'actif doit être imposée à concurrence de 8.600,00 EUR c'est-à-dire la différence entre la valeur fiscale nette (22.600,00 EUR) et la valeur comptable nette (14.000,00 EUR) des droits de créances. Cependant, l'article 194 quater, § 6 du CIR rejette la partie de la réduction de valeur réelle (7.400,00 EUR) en tant que frais professionnels admissibles. Dès lors, la réduction de valeur doit être reprise dans les dépenses non admises à concurrence de 7.400,00 EUR.
2015	**30.000,00 EUR** c'est-à-dire la différence entre la valeur d'acquisition (30.000,00 EUR) et la réduction de valeur comptabilisée (0,00 EUR)	**30.000,00 EUR** c'est-à-dire la différence entre la valeur d'acquisition (30.000,00 EUR) et la réduction de valeur qui est réelle (0,00 EUR)	Nous avons alors une annulation de la sous-estimation d'un compte de l'actif. La reprise de réduction de valeur influence le résultat comptable de l'exercice à concurrence de 16.000,00 EUR. Ce bénéfice est «neutralisé» fiscalement par : • la détaxation de la réserve occulte «réductions de valeur imposables» à concurrence de 8.600,00 EUR; • la majoration de la situation de début des réserves à concurrence de 7.400,00 EUR.

Le résultat fiscal de la société SA Azur se détermine de la manière suivante :

	Situation au début de la période imposable	Situation à la fin de la période imposable
Réserve légale	1.000,00	1.000,00
Résultat reporté		
• Bénéfice	3.000,00	19.000,00
• Perte		
Réserves occultes	8.600,00	0,00
Réductions de valeur imposables	8.600,00	0,00
Excédents d'amortissements		
Autres sous-évaluations d'actif et surestimations du passif		
Sous-total de la situation au début de la période imposable (pour le premier exercice comptable, mentionner zéro (0) au code 1040 PN)		
- Positif	12.600,00 (Code 1040 PN)	
- Négatif		
Majorations de la situation de début des réserves		
• Plus-values sur actions et parts	(Code 1051)	
• Exonération définitive œuvres audio-visuelles agréées tax shelter	(Code 1053)	
• Exonération des primes et subsides en capital et en intérêt régionaux	(Code 1054)	
• Autres	7.400,00 (Code 1056)	
Diminutions de la situation de début des réserves		
Totaux		
Positifs	20.000,00 (Code 1040 PN)	20.000,00 (Code 1040 PN)
Négatifs		
Mouvement de la période imposable		
Augmentation	0,00 (Code 1080 PN)	
	Le montant de 0,00 EUR comprend une augmentation de base taxable de 16.000 EUR (la reprise de réduction de valeur) et une diminution de la même base taxable à concurrence de 16.000,00 (une diminution de la réserve occulte à concurrence de 8.600,00 EUR et une majoration de la situation du début des réserves à concurrence de 7.400,00 EUR).	

Exemple n°2

Le bilan de la SA Azur au 31/12/2015 se présente de la manière suivante :

ACTIF			*PASSIF*		
	31/12/2015	*31/12/2014*		*31/12/2015*	*31/12/2014*
Droits d'exploitation de l'œuvre audiovisuelle	**0,00**	**18.000,00**	Capital (apports en nature)	**14.000,00**	**14.000,00**
• Investissement	0,00	30.000,00	Réserve légale	**1.000,00**	**1.000,00**
• Amortissements (dépréciation réelle)	0,00	12.000,00	Réserves immunisées	**45.000,00**	**45.000,00**
Autres	**77.000,00**	**45.000,00**	Bénéfice reporté	**17.000,00**	**3.000,00**
Total	***77.000,00***	***63.000,00***	***Total***	***77.000,00***	***63.000,00***

Au cours de l'année 2015, la SA Azur vend les droits d'exploitation de l'œuvre audiovisuelle pour la somme de 32.000,00 EUR hors TVA. Sur cette opération, la SA Azur réalise une plus-value fiscale de 14.000,00 EUR.

Le résultat fiscal de la société SA Azur se détermine de la manière suivante :

	Situation au début de la période imposable	Situation à la fin de la période imposable
Réserve légale	1.000,00	1.000,00
Résultat reporté		
Bénéfice	3.000,00	17.000,00
Perte		
Sous-total de la situation au début de la période imposable (pour le premier exercice comptable, mentionner zéro (0) au code 1040 PN)		
Positif	4.000,00 (Code 1040 PN)	
Négatif		
Majorations de la situation de début des réserves		
Plus-values sur actions et parts	(Code 1051)	
Exonération définitive œuvres audio-visuelles agréées tax shelter	(Code 1053)	
Exonération des primes et subsides en capital et en intérêt régionaux	(Code 1054)	
Autres	12.000,00 (Code 1056 PN)	
Diminutions de la situation de début des réserves		
Totaux		
Positifs	16.000,00 (Code 1070 PN)	18.000,00 (Code 1040 PN)
Négatifs		
Mouvement de la période imposable		
Augmentation		2.000,00 (Code 1080 PN)
	Le montant de 2.000,00 EUR correspond à la partie de la plus-value réalisée (suite à l'aliénation des droits de créances ou des droits de production et d'exploitation de l'œuvre audiovisuelle) qui ne correspond pas aux amortissements qui ont été imposés antérieurement en dépenses non admises.	

D. Détermination du montant exonéré

Les bénéfices imposables sont exonérés à concurrence de 150%, soit des sommes effectivement versées en exécution de la convention-cadre, soit des sommes pour lesquels on s'est engagé à verser en exécution de la convention-cadre.

Autrement dit, la société a le choix d'exonérer les sommes, soit au cours de la période imposable au cours de laquelle l'engagement de versement est devenu certain et irrévocable, soit au cours de la période imposable au cours de laquelle les sommes ont été versées.

Ce montant ne peut cependant être exonéré que dans les limites suivantes :

- d'une part, une limite à concurrence de 50% des bénéfices réservés imposables de la période imposable;
- d'autre part, d'un montant absolu de 750.000,00 EUR.

Par bénéfices réservés imposables, il convient d'entendre l'augmentation globale, pour la période imposable, de l'ensemble des réserves taxées (réserves apparentes ou occultes). Il s'agit donc de la différence positive entre le montant global des réserves taxées à la fin de la période imposable avant application du régime fiscal de tax shelter (code 1040 PN de la déclaration) et le montant global des réserves taxées à la fin de la période imposable immédiatement antérieure (code 1040 PN de la déclaration). Un plafond absolu de 750.000,00 EUR par période imposable a été fixé lorsque le montant calculé sur la base de 50% des bénéfices réservés imposables de la période imposable dépasse ce plafond.

Le calcul de cette limite pose des difficultés d'application en ce sens que la détermination du bénéfice réservé imposable est fonction de la réserve exonérée tax shelter qui influence à son tour le montant de la dette fiscale estimée. Le montant de cette dette fiscale doit en principe faire l'objet d'une dotation comptable, être soustrait des bénéfices de l'exercice et ajouté aux dépenses non admises. Après ajustements successifs, la réserve exonérée tax shelter maximale doit correspondre à 50 % du bénéfice réservé imposable après estimation de la dette fiscale (sauf dans le cas où la limite de 750.000,00 EUR est atteinte).

Le montant des sommes affectées à l'exécution de la convention-cadre qui n'a pas pu être exonéré en cas d'absence ou d'insuffisance de bénéfices (réservés imposables d'une période imposable) fait l'objet d'un report sur les bénéfices des périodes imposables suivantes.

Ce report s'effectue dans les mêmes limites que celles prévues ci-dessus à savoir :

- d'une part, une limite à concurrence de 50% des bénéfices réservés imposables de la période imposable;
- d'autre part, d'un montant absolu de 750.000,00 EUR.

Ce report est cependant limité dans le temps, c'est-à-dire au plus tard jusqu'à l'exercice d'imposition qui se rapporte à la période imposable qui précède celle au cours de laquelle la dernière des attestations visées ci-après est reçue. Ces attestations doivent être délivrées dans les quatre ans de la conclusion de la convention-cadre.

Ceci peut être illustré de la manière suivante.

La SA Azur (qui clôture ses comptes le 31 décembre) a conclu, le 15 décembre 2014, une convention-cadre avec la SA Movie en vue de la production d'une œuvre audiovisuelle belge agréée. La SA Azur s'est engagée à verser la somme de 10.000,00 EUR. Le paiement a lieu le 7 janvier 2015. L'exonération est revendiquée pour l'exercice d'imposition 2015.

1ère hypothèse Les bénéfices réservés de l'exercice d'imposition 2015 s'élève à 78.000,00 EUR avant application du régime fiscal tax shelter.	2ème hypothèse Les bénéfices réservés de l'exercice d'imposition 2015 s'élève à 18.000,00 EUR avant application du régime fiscal tax shelter.
Montant pouvant être exonéré en principe : 15.000,00 EUR c'est-à-dire 10.000,00 x 150%. Ce montant n'excède pas les deux limites suivantes : • d'une part, la limite à concurrence de 50% des bénéfices réservés imposables de la période imposable c'est-à-dire 39.000,00 EUR; • d'autre part, un montant absolu de 750.000,00 EUR. Le montant de 15.000,00 EUR peut être intégralement exonéré.	Montant pouvant être exonéré en principe : 15.000,00 EUR c'est-à-dire 10.000,00 x 150%. Ce montant excède une des deux limites suivantes : • d'une part, la limite à concurrence de 50% des bénéfices réservés imposables de la période imposable c'est-à-dire 9.000,00 EUR; • d'autre part, un montant absolu de 750.000,00 EUR. Le montant de 9.000,00 EUR peut être intégralement exonéré. Le montant des sommes affectées à l'exécution de la convention-cadre qui n'a pas pu être exonéré suite à l'insuffisance de bénéfices réservés imposables, à savoir 6.000,00 EUR, fait l'objet d'un report sur les bénéfices des périodes imposables suivantes.

	La dernière attestation est envoyée au service de taxation compétent le 16 juin 2015.	La dernière attestation est envoyée au service de taxation compétent le 12 décembre 2018.
	Ce report est cependant limité dans le temps, au plus tard jusqu'à l'exercice d'imposition qui se rapporte à la période imposable qui précède celle au cours de laquelle la dernière des attestations visées ci-après est envoyée au service de taxation compétent. Période imposable au cours de laquelle la dernière attestation a été envoyée au service de taxation compétent : 2015. Période imposable qui précède celle au cours de laquelle la dernière attestation a été envoyée au service de taxation compétent : 2014. Exercice d'imposition qui se rapporte à la période imposable qui précède celle au cours de laquelle la dernière attestation a été envoyée au service de taxation compétent : 2015.	Par conséquent, la somme de 6.000,00 EUR est définitivement perdue pour l'exonération. Ce report est cependant limité dans le temps, au plus tard jusqu'à l'exercice d'imposition qui se rapporte à la période imposable qui précède celle au cours de laquelle la dernière des attestations visées ci-après est envoyée au service de taxation compétent. Période imposable au cours de laquelle la dernière attestation a été envoyée au service de taxation compétent : 2018. Période imposable qui précède celle au cours de laquelle la dernière attestation a été envoyée au service de taxation compétent : 2017. Exercice d'imposition qui se rapporte à la période imposable qui précède celle au cours de laquelle la dernière attestation a été envoyée au service de taxation compétent : 2018. Par conséquent, la somme de 6.000,00 EUR est définitivement perdue pour l'exonération à partir de l'exercice d'imposition 2019.

E. Nature de l'exonération

Le régime fiscal de tax shelter est organisé en deux phases. Au cours de la première phase, une exonération temporaire et conditionnelle est octroyée. Au terme d'une période maximale de quatre ans prenant cours à la date de conclusion de la convention cadre, le montant initialement exonéré est, soit exonéré de manière définitive, soit taxé lorsque les conditions prévues en vue de l'exonération définitive ne sont pas respectées au terme de cette période.

1. Exonération temporaire des sommes engagées ou versées

La société qui revendique l'exonération doit :

- respecter la condition d'intangibilité (à savoir que les bénéfices exonérés doivent apparaître à un compte distinct au passif du bilan et ne pas servir de base au calcul de rémunérations ou attributions quelconques) jusqu'à la date à laquelle la dernière attestation a été envoyée au service de taxation compétent;
- affecter[621] les droits de créances et de propriété obtenus à l'occasion de la conclusion ou de l'exécution de la convention-cadre à l'exercice de l'activité professionnelle en Belgique et les conserver en pleine propriété jusqu'au moment où l'œuvre est achevée. Cette période d'incessibilité des droits de créance et de propriété sur l'œuvre est cependant limitée à une période ininterrompue de 18 mois (24 mois pour les conventions signées à partir du 1er juillet 2013 concernant les films d'animation) à partir de la date de conclusion de la convention-cadre afin qu'elle ne constitue pas une entrave à la libre circulation des capitaux, des biens et des services;

621 Le terme « affectation à l'exercice de l'activité professionnelle » ne figure plus dans le texte de l'article 194 ter, § 4, alinéa 1, 3° du CIR tel qu'il a été modifié par la loi programme du 22 décembre 2003. Mais il doit il s'agit bien sûr de droits qui doivent être affectés comme tels vu qu'ils sont engagés par une société résident.

- remettre une copie de la convention-cadre dans le délai prescrit pour le dépôt de déclaration aux impôts sur les revenus de la période imposable pour lequel l'exonération temporaire est revendiquée pour la première fois;
- remettre un document par lequel la Communauté compétente atteste que l'œuvre répond à la définition d'une œuvre audiovisuelle belge dans le délai prescrit pour le dépôt de déclaration aux impôts sur les revenus de la période imposable;
- remettre au plus tard dans les quatre ans de la conclusion de la convention cadre un document par lequel le service de taxation dont dépend la société résidente de production audiovisuelle atteste que :
  - la condition de dépenses en Belgique a été effectivement respectée;
  - le total des sommes effectivement versées en exécution de la convention-cadre n'excède pas 50% du budget global des dépenses de l'œuvre audiovisuelle;
  - le total des sommes investies sous la forme de prêts ne dépasse pas 40% des sommes affectées à l'exécution de la convention-cadre;
  - les sommes que la société s'est engagée à verser ont été effectivement versées à la société résidente de production audiovisuelle dans un délai de 18 mois (24 mois pour les conventions signées à partir du 1er juillet 2013 concernant les films d'animation) prenant cours à la date de conclusion de la convention-cadre;
- remettre au plus tard dans les quatre ans de la conclusion de la convention cadre un document par lequel la Communauté atteste que la réalisation de l'œuvre est achevée et que son financement respecte la limite de 50% du budget global des dépenses de l'œuvre audiovisuelle.

Dans l'éventualité où l'une des conditions mentionnées ci-dessus cesse d'être observée pendant un exercice comptable quelconque, les bénéfices antérieurement exonérés sont considérés comme des bénéfices obtenus au cours de cette période imposable.

2. Exonération définitive des sommes engagées ou versées

Le montant initialement exonéré est exonéré de manière inconditionnelle (à savoir que la condition d'intangibilité ne doit plus être respectée) et définitive au plus tard pour l'exercice d'imposition qui se rapporte à la période imposable qui précède celle durant laquelle la dernière des attestations suivantes a été envoyée au service de taxation compétent :

- l'attestation par laquelle le service de taxation dont dépend la société résidente de production audiovisuelle atteste que :
  - la condition de dépenses en Belgique a été effectivement respectée;
  - le total des sommes effectivement versées en exécution de la convention-cadre n'excède pas 50% du budget global des dépenses de l'œuvre audiovisuelle;
  - le total des sommes investies sous la forme de prêts ne dépasse pas 40% des sommes affectées à l'exécution de la convention-cadre;
- les sommes que la société s'est engagée à verser ont été effectivement versées à la société de production audiovisuelle dans un délai de 18 mois (24 mois pour les conventions signées à partir du 1er juillet 2013 concernant les films d'animation) prenant cours à la date de conclusion de la convention-cadre;
- l'attestation par laquelle la Communauté compétente atteste que la réalisation de l'œuvre est achevée et que son financement respecte la limite de 50% du budget global des dépenses de l'œuvre audiovisuelle.

Ces documents doivent être remis (c'est-à-dire délivrés par la communauté concernée et le contrôle dont dépend la société résidente de production audiovisuelle) au plus tard dans les quatre ans de la conclusion de la convention cadre. La société qui revendique l'exonération doit ensuite remettre ces documents au service de taxation dont elle dépend (sans qu'aucun délai ne soit précisé dans le texte de loi) pour l'obtention de l'exonération inconditionnelle et définitive.

L'exonération inconditionnelle et définitive s'effectue :

- en reprenant le montant initialement exonéré parmi les réserves taxées;
- en reprenant le même montant dans le code 1053 de la déclaration fiscale à savoir « Majorations de la situation de début des réserves - Exonération définitive œuvres audiovisuelles agréées ».

Lorsque les conditions prévues en vue de l'exonération définitive ne sont pas respectées dans les quatre ans de la conclusion de la convention cadre, le montant initialement exonéré est considéré comme un bénéfice de la période imposable au cours de laquelle le délai de quatre ans expire.

Ceci peut être illustré de la manière suivante.

La SA Azur (qui clôture ses comptes le 31 décembre) a conclu, le 15 décembre 2014, une convention-cadre avec la SA Movie en vue de la production d'une œuvre audiovisuelle belge agréée. La SA Azur s'est engagée à verser la somme de 10.000,00 EUR. Le paiement a lieu le 7 janvier 2015. L'exonération (15.000,00 EUR) est revendiquée pour l'exercice d'imposition 2015.

1ère hypothèse : la dernière attestation est délivrée le 29 janvier 2019.

Les attestations doivent être délivrées au plus tard dans les quatre ans de la conclusion de la convention cadre c'est-à-dire le 15 décembre 2018. A cette date, les conditions prévues en vue de l'exonération définitive (la délivrance des attestations) ne sont pas respectées. Le montant initialement exonéré (15.000,00 EUR) est considéré comme un bénéfice de la période imposable au cours de laquelle le délai de quatre ans expire c'est-à-dire l'exercice d'imposition 2018.

2ème hypothèse : la dernière attestation est délivrée le 29 janvier 2017.

Les attestations doivent être délivrées au plus tard dans les quatre ans de la conclusion de la convention cadre c'est-à-dire le 15 décembre 2018. A la date du 29 janvier 2017, les conditions prévues en vue de l'exonération définitive (la délivrance des attestations) sont respectées. Le montant initialement exonéré (15.000,00 EUR) est exonéré de manière inconditionnelle et définitive.

Cette exonération s'effectue :

- en reprenant le montant initialement exonéré (15.000,00 EUR) parmi les réserves taxées;
- en reprenant le même montant (15.000,00 EUR) dans le code 1053 de la déclaration fiscale relative à l'exercice d'imposition 2018 à savoir « Majorations de la situation de début des réserves - Exonération définitive œuvres audiovisuelles agréées ».

F. Intérêt de retard

Un intérêt de retard est dû sur la partie de l'impôt qui se rapporte proportionnellement au montant de la réserve exonérée tax shelter qui devient imposable suite :

- au non-respect des conditions de financement de l'œuvre audiovisuelle;
- à la cession des droits de créances et de propriété de l'œuvre audiovisuelle avant l'achèvement de l'œuvre audiovisuelle si la période de 18 mois (24 mois pour les conventions signées à partir du 1er juillet 2013 concernant les films d'animation) n'est pas arrivée à expiration;
- à la non-réception des attestations (permettant l'exonération définitive et inconditionnelle de la réserve exonérée tax shelter) dans les quatre ans suivant la conclusion de la convention-cadre;
- à la non-réception du document par lequel la Communauté compétente atteste que l'œuvre répond à la définition d'une œuvre audiovisuelle belge.

Cet intérêt de retard est calculé à partir du 1er janvier de l'année portant le millésime de l'exercice d'imposition pour lequel l'immunité a été accordée.

IV. Exemple d'application pratique applicable aux conventions-cadres conclues avant le 1er janvier 2015

La balance des comptes généraux provisoires au 30 décembre 2014 de la SA Azur (pas P.M.E au sens du droit des sociétés), dont les actions sont détenues à concurrence de 60% par des sociétés, se présente de la manière suivante :

N° des comptes	LIBELLES	DEBIT	CREDIT	SOLDE DEBITEUR	SOLDE CREDITEUR
100	Capital libéré en numéraires	0,00	160.000,00	0,00	160.000,00
130	Réservé légale	0,00	16.000,00	0,00	16.000,00
140	Bénéfice reporté	0,00	3.080,00	0,00	3.080,00
179	Dettes diverses	0,00	150.000,00	0,00	150.000,00
280	Participations dans des entreprises liées	200.000,00	0,00	200.000,00	0,00
291	Autres créances à plus d'un an	0,00	0,00	0,00	0,00
400	Clients	212.526,00	211.266,00	1.260,00	0,00
440	Fournisseurs	231.801,92	239.301,92	0,00	7.500,00
450	Dettes fiscales estimées	4.800,00	4.800,00	0,00	0,00
51	Actions, parts et placements de trésorerie autres que placements à revenu fixe	0,00	0,00	0,00	0,00
5500	Etablissements de crédit	339.466,00	183.801,92	155.664,08	0,00
Sous-total des comptes de l'actif et du passif		988.593,92	968.249,84	356.924,08	336.580,00
Sous-total des comptes de résulttats		308.086,08	328.430,16	188.585,42	208.929,50
Total des comptes de l'actif, du passif et de résultats		1.296.680,00	1.296.680,00	545.509,50	545.509,50

L'analyse du compte de résultats fait apparaître les dépenses non admises suivantes :

Impôts non déductibles (Précompte mobilier : 440,00 EUR, Versements anticipés (VA1) : 7.000,00 EUR)	7.440,00	Code 1201
Impôts, taxes et rétributions régionaux	0,00	Code 1202
Amendes, pénalités et confiscations de toute nature	400,00	Code 1203
Pensions et cotisations pour pensions non déductibles	0,00	Code 1204
Frais de voiture et moins-values sur véhicules automobiles non déductibles	2.166,25	Code 1205
Frais de voiture à concurrence d'une quotité de l'avantage de toute nature		Code 1206
Frais de réception et de cadeaux d'affaires non déductibles	156,96	Code 1207
Frais de restaurant non déductibles	0,00	Code 1208
Frais de vêtements professionnels non spécifiques	0,00	Code 1209
Intérêts exagérés	0,00	Code 1210
Intérêts relatifs à une partie de certains emprunts	0,00	Code 1211
Avantages anormaux ou bénévoles	0,00	Code 1212
Avantages sociaux	0,00	Code 1214
Libéralités	0,00	Code 1216
Réductions de valeur et moins-values sur actions ou parts	0,00	Code 1217
Reprises d'exonérations antérieures	0,00	Code 1218
Participation des travailleurs	0,00	Code 1219
Indemnité pour coupon manquant	0,00	Code 1220
Frais œuvres audiovisuelles agréées tax shelter	0,00	Code 1221
Primes, subsides en capital et en intérêt régionaux	0,00	Code 1222

Paiements non déductibles vers certains Etats		Code 1223
Autres dépenses non admises	0,00	Code 1239
Total des dépenses non admises	10.163,21	Code 1240

La SA Azur a signé, le 31 décembre 2014, une convention-cadre avec la SA Movie en vue de la production d'une œuvre audiovisuelle belge agréée. Le même jour, la SA Azur a versé la somme de 146.100,00 EUR (à savoir l'acquisition des droits d'exploitation (87.660,00) et le prêt octroyé (58.440,00) par la SA Azur) dans le cadre de cette opération qui répond aux conditions du Tax shelter.

Sur la base de l'avis de la CNC 2012/7 du 17 avril 2012 (première méthode), la SA Azur doit passer les écritures comptables suivantes :

Faits comptables	N° plan comptable	Intitulés des comptes	Somme débit	Somme crédit
Transfert aux réserves immunisées[622]	6890	Transferts aux réserves immunisées	219.150,00	
	1320	à Réserves immunisées		219.150,00
Prêts consentis à la société de production audiovisuelle	291	Autres créances à plus d'un an	58.440,00	
	5500	à Etablissements de crédit		58.440,00
Droits acquis sur l'œuvre éligible	51	Actions, parts et placements de trésorerie autres que placements à revenu fixe[623]	87.660,00	
	5500	à Etablissements de crédit		87.660,00

Suite à ces écritures comptables, la balance des comptes généraux provisoires au 31 décembre 2014 de la SA Azur se présente de la manière suivante :

N° des comptes	LIBELLES	DEBIT	CREDIT	SOLDE DEBITEUR	SOLDE CREDITEUR
100	Capital libéré en numéraires	0,00	160.000,00	0,00	160.000,00
130	Réservé légale	0,00	16.000,00	0,00	16.000,00
132	Réserves immunisées	0,00	219.150,00	0,00	219.150,00
140	Bénéfice reporté	0,00	3.080,00	0,00	3.080,00
179	Dettes diverses	0,00	150.000,00	0,00	150.000,00
280	Participations dans des entreprises liées	200.000,00	0,00	200.000,00	0,00
291	Autres créances à plus d'un an	58.440,00	0,00	58.440,00	0,00
400	Clients	212.526,00	211.266,00	1.260,00	0,00
440	Fournisseurs	231.801,92	239.301,92	0,00	7.500,00
450	Dettes fiscales estimées	4.800,00	4.800,00	0,00	0,00
51	Actions, parts et placements de trésorerie autres que placements	87.660,00	0,00	87.660,00	0,00
5500	Etablissements de crédit	339.466,00	329.901,92	9.564,08	0,00
Sous-total des comptes de l'actif et du passif		1.134.693,92	1.333.499,84	356.924,08	555.730,00
Sous-total des comptes de résulttats		527.236,08	328.430,16	407.735,42	208.929,50
Total des comptes de l'actif, du passif et de		1.661.930,00	1.661.930,00	764.659,50	764.659,50

622 Lorsqu'elle est définitivement engagée vis-à-vis de la société de production audiovisuelle suite à la signature de la convention-cadre, la société qui investit dans l'oeuvre éligible doit affecter le montant total de l'exonération, c'est-à-dire 150% des montants investis, sur un compte distinct du passif. La circonstance d'absence ou d'insuffisance de bénéfice de la période imposable pour laquelle les sommes sont affectées à l'exécution de la convention-cadre n'a pas d'incidence sur cette écriture comptable.

623 Selon la commission des normes comptables, les droits acquis dans le contexte d'une convention-cadre tax shelter, ne pouvant être assimilés ni à des titres à revenu fixe, ni à des dépôts à terme, doivent être inscrits de préférence sous un sous-compte de la rubrique 51 « Actions et parts ».

Sur la base de ces comptes, on va établir le mouvement des réserves provisoires de la société SA Azur avant impôt et avant détermination du montant exonéré de la réserve « tax shelter » :

Déclaration à l'impôt des sociétés

Réserves

Bénéfices réservés imposables

	Codes	Au début de la période imposable	A la fin de la période imposable
Réserves incorporées au capital et primes d'émission imposables (+)/(-)	1001 PN		
Quotité imposable des plus-values de réévaluation	1004		
Réserve légale	1005	16.000,00	16.000,00
Réserves indisponibles	1006		
Réserves disponibles	1007		
Bénéfice (Perte) reporté(e) (+)/(-)	1008 PN	3.080,00	23.424,08
Réserve de liquidation	1012		
Provisions imposables	1009		
Autres réserves figurant au bilan	1010		
Autres réserves imposables (+)/(-)	1011 PN		
Réserves occultes			
Réductions de valeur imposables	1020		
Excédents d'amortissements	1021		
Autres sous-évaluations d'actif	1022		
Surestimations du passif	1023		
Réserves imposables (+)/(-)	**1040 PN**	**19.080,00**	**39.424,08**
Majorations de la situation de début des réserves			
Plus-values sur actions ou parts	1051		
Reprises de réductions de valeur sur actions ou parts antérieurement imposées à titre de dépenses non admises	1052		
Exonération définitive œuvres audiovisuelles agréées tax shelter	1053		
Exonération des primes et subsides en capital et en intérêt régionaux	1054		
Exonération définitive des bénéfices provenant de l'homologation d'un plan de réorganisation et de la constatation d'un accord amiable	1055		
Autres	1056		
Diminutions de la situation de début des réserves	1061		
Réserves imposables après adaptation de la situation de début des réserves (+)/(-)	**1070 PN**	**19.080,00**	
Bénéfices réservés imposables (+)/(-)	**1080 PN**		**20.344,08**

Le montant de 23.424,08 € se trouvant en fin de période imposable en bénéfice reporté se décompose comme suit : 219.150 € de réserve immunisée - 198.805,92 € de perte provisoire + 3.080 € de bénéfice reporté de l'exercice précédent.

La base imposable provisoire avant estimation de la dette fiscale et constitution de la réserve exonérée tax shelter s'élève à :

- Mouvement des réserves : 20.344,08
- Dépenses non admises : 10.163,21
- Résultat fiscal provisoire : 30.507,29

Nous allons à présent déterminer le montant de la dette (ou de la créance) fiscale estimée et de la réserve exonérée tax shelter. Le montant pouvant être exonéré en principe s'élève à 219.150,00 EUR c'est-à-dire 146.100,00 X 150%.

Ce montant ne peut cependant être exonéré que dans les limites applicables, par période imposable, suivantes :

- d'une part, une limite à concurrence de 50% des bénéfices réservés imposables de la période imposable;
- d'autre part, un montant absolu de 750.000,00 EUR.

Le calcul de cette limite pose des difficultés d'application en ce sens que la détermination du bénéfice réservé imposable est fonction de la réserve exonérée tax shelter qui influence à son tour le montant de la dette fiscale estimée. Le montant de cette dette fiscale doit en principe faire l'objet d'une dotation comptable, être soustrait des bénéfices de l'exercice et ajouté aux dépenses non admises. Après ajustements successifs, la réserve exonérée tax shelter maximale doit correspondre à 50 % du bénéfice réservé imposable après estimation de la dette, sauf dans le cas où la limite de 750.000,00 EUR est atteinte.

Soit :

T	=	le taux moyen de l'impôt calculé à partir de la base imposable provisoire.
R	=	le bénéfice réservé imposable à prendre en considération pour le calcul de la réserve exonérée tax shelter **(20.344,08)**.
R'	=	l'accroissement du bénéfice réservé imposable après estimation de l'impôt et constitution de la réserve exonérée tax shelter.
X	=	l'impôt réellement dû.
Z	=	les dépenses non admises et les dividendes **(10.163,21)** - les éléments déductibles au cours de la 3ème à la 6ème opération **(0,00 EUR)**.
I	=	les sommes imputables à l'impôt des sociétés **(7.440,00 EUR)**.

Équations			
R'	=	**(R – Impôt) x 50%**	(1)
X	=	**T x (R' + Z) – I**	(2)
Sur la base des équations (1) et (2), on obtient :			
R'	=	**50% R / (1 + 50% x T) – 50% (Z x T) / (1 + 50% x T) + 50% I / (1 + 50% x T)**	(3)

<u>Détermination du taux moyen de l'impôt (T)</u>

La SA Azur est exclue du bénéfice du taux progressif à l'impôt des sociétés étant donné que son capital est détenu à concurrence d'au moins 50% par d'autres sociétés.

La majoration effectivement due s'élève à :

Calcul de l'impôt (y compris la C.C.C)	30.507,29 x 33,99% (correspondant à 3% de C.C.C)		10.369,42 EUR
Base de calcul de la majoration	10.369,43 – 440,00 c'est-à-dire l'impôt afférent à la base imposable diminué des précomptes mobiliers imputables, de la quotité forfaitaire d'impôt étranger et du crédit d'impôt.		9.929,43 EUR
Calcul de la majoration	Elle est égale à 9.929,43 EUR x 1,69%, ce qui correspond à :	167,81 EUR	La majoration globale s'élève à 0,00 EUR étant donné que 10,31 EUR n'atteint pas 1% de l'impôt qui sert de base au calcul de la majoration (ou 40 EUR).
	Diminué de la bonification provenant des VA qui est égale à : (7.000,00 EUR X 2,25%). Ce qui correspond à :	(157,50 EUR)	
Impôt	10.369,42		10.369,42 EUR soit un taux moyen de 33,99 %.

Sur la base de cette équation, R' s'élève à 10.397,71 EUR, ce qui nous donne l'accroissement du bénéfice réservé après estimation de l'impôt et constitution de la réserve exonérée tax shelter provisoire.

Sur la base de la réserve exonérée tax shelter provisoire, on constate que la base imposable s'élève à 20.109 ,58 EUR c'est-à-dire 30.507,29 EUR – 10.397,71 EUR.

Par conséquent, la dette fiscale estimée s'élève à :

Calcul de l'impôt (y compris la C.C.C)	20.109,58 x 33,99% (correspondant à 3% de C.C.C)		6.835,25 EUR.
Base de calcul de la majoration	6.835,25 – 440,00 c'est-à-dire l'impôt afférent à la base imposable diminué des précomptes mobiliers imputables, de la quotité forfaitaire d'impôt étranger et du crédit d'impôt.		6.395,25 EUR
Calcul de la majoration	Elle est égale à 6.395,25 EUR x 2,25%, ce qui correspond à :	143,89 EUR	La majoration globale s'élève à 0,00 EUR.
	Diminué de la bonification provenant des VA qui est égale à : (7.000,00 EUR x 3%). Ce qui correspond à :	(210,00 EUR)	
Impôt		6.835,25 – 7.440,00	(604,75 EUR)

Compte tenu de la créance fiscale estimée, on constate que le solde des bénéfices réservés imposables (à savoir : 20.344,08 EUR – 10.397,71 EUR + 604,75 EUR = 10.551,12 EUR) n'est pas égal à la réserve exonérée tax shelter provisoire de 10.397,71 EUR calculée ci-dessus.

Pour ajuster la réserve exonérée tax shelter, il convient d'appliquer à la différence positive ainsi obtenue 153,41 EUR (c'est-à-dire 10.551,12 EUR – 10.397,71 EUR) la formule suivante (par itération jusqu'au moment où l'équilibre de l'équation n°1 est atteint) :

50% x (1+ (50% T^{n}[624] - 1) x (50% T / (- (1 – 50% T))	(4)

Ce qui nous donne :

153,41 EUR x 50% x (1+ (50% T^{n} - 1) x (50% T / (- (1 – 50% T)) = **92,41** EUR

624 n tend vers l'infini, on obtient un résultat proche de l'infini avec n=8.

Dans l'exemple, T s'élève à 33,99 %.

La réserve exonérée tax shelter s'élève à 10.490,12 EUR c'est-à-dire 10.397,71 EUR + 92,41 EUR.

Il s'agit de la réserve exonérée tax shelter définitive étant donné que :

- sur la base de la réserve ainsi calculée, on constate que la base imposable s'élève à 20.017,17 EUR c'est-à-dire 30.507,29 EUR – 10.490,12 EUR;
- la créance fiscale estimée s'élève à 20.017,17 EUR x 33,99% - 7.440,00 EUR = 636,16 EUR (aucune majoration n'est due);
- on constate que le solde de l'accroissement des bénéfices réserves imposables, après constitution de la réserve exonérée tax shelter, et estimation de la créance fiscale à savoir 10.490,12 EUR (c'est-à-dire 20.344,08 EUR – 10.490,12 EUR + 636,16 EUR) est égal à la réserve exonérée tax shelter EUR calculée (voir l'équation n°1). Si l'équilibre n'avait pas été atteint, la différence obtenue aurait fait l'objet d'une nouvelle application de l'équation n°4 et ainsi de suite jusqu'au moment de l'équilibre;
- ce montant est inférieur au montant maximal pouvant être exonéré (219.150,00 EUR, c'est-à-dire 146.100,00 X 150%).

Le montant des sommes affectées à l'exécution de la convention-cadre qui n'a pas pu être exonéré suite à l'insuffisance de bénéfices réservés imposables, à savoir 208.659,88 EUR, fait l'objet d'un report sur les bénéfices des périodes imposables suivantes.

Sur la base de ces données, la SA Azur passe l'écriture comptable suivante :

Fait comptable	N° plan comptable	Intitulés des comptes	Somme débit	Somme crédit
Créance fiscale estimée	4120	Impôts et précomptes estimés à récupérer	636,16	
	6701	à Excédent de versements d'impôts et précomptes porté à l'actif		636,16

L'historique des comptes généraux après estimation de la réserve exonérée tax shelter et de la dette fiscale estimée mais avant affectation du résultat, se présente de la manière suivante :

N° des comptes	LIBELLES	DEBIT	CREDIT	SOLDE DEBITEUR	SOLDE CREDITEUR
100	Capital libéré en numéraires	0,00	160.000,00	0,00	160.000,00
130	Réservé légale	0,00	16.000,00	0,00	16.000,00
132	Réserves immunisées	0,00	219.150,00	0,00	219.150,00
140	Bénéfice reporté	0,00	3.080,00	0,00	3.080,00
179	Dettes diverses	0,00	150.000,00	0,00	150.000,00
280	Participations dans des entreprises liées	200.000,00	0,00	200.000,00	0,00
291	Autres créances à plus d'un an	58.440,00	0,00	58.440,00	0,00
400	Clients	212.526,00	211.266,00	1.260,00	0,00
4120	Impôts et précomptes estimés à récupérer	636,16	0,00	636,16	0,00
440	Fournisseurs	231.801,92	239.301,92	0,00	7.500,00
450	Dettes fiscales estimées	4.800,00	4.800,00	0,00	0,00

51	Actions, parts et placements de trésorerie autres que placements à revenu fixe	87.660,00	0,00	87.660,00	0,00
5500	Etablissements de crédit	339.466,00	329.901,92	9.564,08	0,00
Sous-total des comptes de l'actif et du passif		1.135.330,08	1.333.499,84	357.560,24	555.730,00
Sous-total des comptes de résulttats		527.236,08	329.066,32	407.735,42	209.565,66
Total des comptes de l'actif, du passif et de résultats		1.662.566,16	1.662.566,16	765.295,66	765.295,66

La perte comptable de l'exercice s'élève à 198.169,76 EUR (total des produits : 329.066,32 EUR moins total des charges : 527.236,08 EUR). La perte à affecter s'élève à 195.089,76 EUR (198.169,76 - 3.080,00 EUR à savoir le bénéfice reporté de l'exercice précédent).

Sur la base de l'affectation du résultat, on passe les écritures comptables suivantes :

Faits comptables	N° plan comptable	Intitulés des comptes	Somme débit	Somme crédit
Reprise du résultat reporté	1400	Bénéfice reporté	3 080,00	
	7900	Bénéfice reporté de l'exercice précédent		3 080,00
Affectation du résultat	141	Perte reportée	195.089,76	
	793	Perte à reporter		195.089,76

L'historique des comptes généraux final, se présente de la manière suivante :

N° des comptes	LIBELLES	DEBIT	CREDIT	SOLDE DEBITEUR	SOLDE CREDITEUR
100	Capital libéré en numéraires	0,00	160.000,00	0,00	160.000,00
130	Réservé légale	0,00	16.000,00	0,00	16.000,00
132	Réserves immunisées	0,00	219.150,00	0,00	219.150,00
140	Bénéfice reporté	3.080,00	3.080,00	0,00	0,00
141	Perte reportée	195.089,76	0,00	195.089,76	0,00
179	Dettes diverses	0,00	150.000,00	0,00	150.000,00
280	Participations dans des entrepri-ses liées	200.000,00	0,00	200.000,00	0,00
291	Autres créances à plus d'un an	58.440,00	0,00	58.440,00	0,00
400	Clients	212.526,00	211.266,00	1.260,00	0,00
4120	Impôts et précomptes estimés à récupérer	636,16	0,00	636,16	0,00
440	Fournisseurs	231.801,92	239.301,92	0,00	7.500,00
450	Dettes fiscales estimées	4.800,00	4.800,00	0,00	0,00
51	Actions, parts et placements de trésorerie autres que placements à revenu fixe	87.660,00	0,00	87.660,00	0,00
5500	Etablissements de crédit	339.466,00	329.901,92	9.564,08	0,00
Sous-total des comptes de l'actif et du passif		1.333.499,84	1.333.499,84	552.650,00	552.650,00
Sous-total des comptes de résultats		527.236,08	329.066,32	407.735,42	209.565,66
Sous-total des comptes d'affectation et de prélèvement		0,00	198.169,76	0,00	198.169,76
Total des comptes de l'actif, du passif et de résultats		1.860.735,92	1.860.735,92	960.385,42	960.385,42

Sur la base de ces comptes, on va établir la déclaration définitive de la SA Azur :

Déclaration à l'impôt des sociétés

Réserves

Bénéfices réservés imposables

	Codes	Au début de la période imposable	A la fin de la période imposable
Réserves incorporées au capital et primes d'émission imposables (+)/(-)	1001 PN		
Quotité imposable des plus-values de réévaluation	1004		
Réserve légale	1005	16.000,00	16.000,00
Réserves indisponibles	1006		
Réserves disponibles	1007		
Bénéfice (Perte) reporté(e) (+)/(-)	1008 PN	3.080,00	-195.089,76
Réserve de liquidation	1012		
Provisions imposables	1009		
Autres réserves figurant au bilan	1010		208.659,88
Autres réserves imposables (+)/(-)	1011 PN		
Réserves occultes			
Réductions de valeur imposables	1020		
Excédents d'amortissements	1021		
Autres sous-évaluations d'actif	1022		
Surestimations du passif	1023		
Réserves imposables (+)/(-)	**1040 PN**	**19.080,00**	**29.570,12**
Majorations de la situation de début des réserves			
Plus-values sur actions ou parts	1051		
Reprises de réductions de valeur sur actions ou parts antérieurement imposées à titre de dépenses non admises	1052		
Exonération définitive œuvres audiovisuelles agréées tax shelter	1053		
Exonération des primes et subsides en capital et en intérêt régionaux	1054		
Exonération définitive des bénéfices provenant de l'homologation d'un plan de réorganisation et de la constatation d'un accord amiable	1055		
Autres	1056		
Diminutions de la situation de début des réserves	1061		
Réserves imposables après adaptation de la situation de début des réserves (+)/(-)	**1070 PN**	**19.080,00**	
Bénéfices réservés imposables (+)/(-)	**1080 PN**		**10.490,12**

Bénéfices réservés exonérés

	Codes	Au début de la période imposable	A la fin de la période imposable
Réductions de valeur sur créances commerciales	**1101**		
Provisions pour risques et charges	**1102**		
Plus-values exprimées mais non réalisées	1103		
Plus-values réalisées			
Taxation étalée des plus-values sur certains titres	1111		
Taxation étalée des plus-values sur immobilisations corporelles et incorporelles	1112		
Autres plus-values réalisées	1113		
Plus-values sur véhicules d'entreprise	1114		
Plus-values sur bateaux de navigation intérieure	1115		
Plus-values sur navires	1116		
Réserve d'investissement	1121		
Œuvres audiovisuelles agréées tax shelter	1122		10.490,12
Bénéfices provenant de l'homologation d'un plan de réorganisation et de la constatation d'un accord amiable	1123		
Autres éléments exonérés	1124		
Bénéfices réservés exonérés	**1140**		**10.490,12**

Dépenses non admises

	Codes	Période imposable
Impôts non déductibles	1201	6.803,84
Impôts, taxes et rétributions régionaux	1202	
Amendes, pénalités et confiscations de toute nature	1203	400,00
Pensions, capitaux, cotisations et primes patronales non déductibles	1204	
Frais de voiture et moins-values sur véhicules automobiles non déductibles	1205	2.166,25
Frais de voiture à concurrence d'une quotité de l'avantage de toute nature	1206	
Frais de réception et de cadeaux d'affaires non déductibles	1207	156,96
Frais de restaurant non déductibles	1208	
Frais de vêtements professionnels non spécifiques	1209	
Intérêts exagérés	1210	
Intérêts relatifs à une partie de certains emprunts	1211	
Avantages anormaux ou bénévoles	1212	
Avantages sociaux	1214	
Avantages de titres-repas, chèques sport/culture ou éco-chèques	1215	
Libéralités	1216	
Réductions de valeur et moins-values sur actions ou parts	1217	
Reprises d'exonérations antérieures	1218	
Participation des travailleurs	1219	
Indemnités pour coupon manquant	1220	
Frais d'œuvres audiovisuelles agréées tax shelter	1221	
Primes, subsides en capital et en intérêt régionaux	1222	
Paiements non déductibles vers certains Etats	1223	
Dépenses non justifiées	1225	
Autres dépenses non admises	1239	
Dépenses non admises	**1240**	**9.527,05**

Dividendes distribués

	Codes	Période imposable
Dividendes ordinaires	1301	
Acquisition d'actions ou parts propres	1302	
Décès, démission ou exclusion d'un associé	1303	
Partage de l'avoir social	1304	
Dividendes distribués	**1320**	

Détail des bénéfices

	Codes	Période imposable
Bénéfices réservés imposables (+)/(-)	**(1080 PN)**	**10.490,12**
Dépenses non admises	**(1240)**	**9.527,05**
Dividendes distribués	**(1320)**	
Résultat de la période imposable (+)/(-)	**1410 PN**	**20.017,17**
Résultat effectif des activités de la navigation maritime, pour lesquelles le bénéfice est déterminé sur base du tonnage (+)/(-)	1411 PN	
Résultat effectif des activités pour lesquelles le bénéfice n'est pas déterminé sur base du tonnage (+)/(-)	**1412 PN**	**20.017,17**
Eléments du résultat sur lesquels s'applique la limitation de déduction	**1420**	
Plus-values sur actions ou parts imposables à 0,40 %	1424	
Avantages anormaux ou bénévoles obtenus et avantages financiers ou de toute nature obtenus	1421	
Non-respect de l'obligation d'investir ou de la condition d'intangibilité relatives à la réserve d'investissement	1422	
Frais de voiture à concurrence d'une quotité de l'avantage de toute nature	(1206)	
Participation des travailleurs	(1219)	
Subsides en capital et en intérêts dans le cadre de l'aide à l'agriculture	1423	
Résultat subsistant (+)/(-)	**1430 PN**	**20.017,17**

	Codes	Exonéré par convention	Non exonéré par convention	Belge
Répartition suivant provenance				
Résultat subsistant suivant sa provenance (+)/(-)	**1431 PN**			**20.017,17**
Déductions du bénéfice subsistant				
Eléments non imposables	1432			
Revenus définitivement taxés et revenus mobiliers exonérés	1433			
Déduction pour revenus de brevets	1434			
Déduction pour capital à risque	1435			
Pertes antérieures	1436			
Déduction pour investissement	1437			
Déduction pour capital à risque reportée de périodes imposables antérieures	1438			
Bénéfice subsistant suivant sa provenance	**1450**			**20.017,17**

	Codes	Période imposable
Base imposable		
Imposable au taux normal	**1460**	20.017,17
Bénéfice subsistant	**(1450)**	20.017,17
Bénéfice provenant de la navigation maritime, déterminé sur base du tonnage	1461	
Avantages anormaux ou bénévoles obtenus et avantages financiers ou de toute nature obtenus	(1421)	
Non-respect de l'obligation d'investir ou de la condition d'intangibilité relatives à la réserve d'investissement	(1422)	
Frais de voiture à concurrence d'une quotité de l'avantage de toute nature	(1206)	
Participation des travailleurs	(1219)	
Plus-values sur actions ou parts imposables à 25 %	**1465**	
Imposable au taux de l'exit tax (16,5 %)	**1470**	
Plus-values sur actions ou parts imposables à 0,40 %	**(1424)**	
Subsides en capital et en intérêts dans le cadre de l'aide à l'agriculture, imposable à 5 %	**1481**	

Cotisations distinctes

	Codes	Période imposable
Cotisation distincte sur les dépenses ou avantages de toute nature non justifiés, bénéfices dissimulés et avantages financiers ou de toute nature à 50%	1506	
Cotisation distincte sur les dépenses ou avantages de toute nature non justifiés, bénéfices dissimulés et avantages financiers ou de toute nature à 100%	1507	
Cotisation distincte sur les réserves taxées dans le chef des sociétés de crédit agréées, au taux de 34%	1502a	
Cotisation distincte sur les réserves taxées dans le chef des sociétés de crédit agréées, au taux de 28%	1502b	
Cotisation distincte dans le chef des sociétés admises à fournir des crédits à l'outillage artisanal et des sociétés de logement sur les dividendes distribués	1503	
Fairness tax	1504	
Cotisation distincte sur la partie du bénéfice comptable après impôt affectée à la réserve de liquidation	1508	

Cotisations spéciales relatives aux opérations réalisées avant le 1.1.1990

	Codes	Période imposable
Partage total ou partiel de l'avoir social, imposable à 33%	1511	
Partage total ou partiel de l'avoir social, imposable à 16,5%	1512	
Avantages de toute nature accordés par des sociétés en liquidation	1513	

Cotisation supplémentaire des diamantaires agréés, remboursement du crédit d'impôt pour recherche et développement antérieurement accordé et cotisation distincte sur les provisions constituées en exécution d'engagements individuels de pension complémentaire

	Codes	Période imposable
Cotisation supplémentaire des diamantaires agréés	1531	
Remboursement d'une quotité du crédit d'impôt pour recherche et développement antérieurement accordé	1532	
Cotisation distincte sur les provisions constituées en exécution d'engagements individuels de pension complémentaire		
Montant total des provisions existant à la fin de la dernière année comptable se clôturant avant le 1.1.2012	1533	

Eléments non imposables

	Codes	Période imposable
Libéralités exonérées	1601	
Exonération pour personnel supplémentaire	1602	
Exonération pour personnel supplémentaire PME	1603	
Exonération pour bonus de tutorat	1604	
Autres éléments non imposables	1605	
Eléments non imposables	**1610**	

Revenus définitivement taxés et revenus mobiliers exonérés

	Codes	Etablissements belges	Etablissements étrangers
Revenus définitivement taxés et revenus mobiliers exonérés d'actions ou parts			
Revenus attribués par une société établie dans un Etat membre de l'EEE			
Montant net, revenus belges	1631		
Précompte mobilier, revenus belges	1632		
Montant net, revenus étrangers	1633		
Précompte mobilier, revenus étrangers	1634		
Autres revenus			
Montant net, revenus belges	1635		
Précompte mobilier, revenus belges	1636		
Montant net, revenus étrangers	1637		
Précompte mobilier, revenus étrangers	1638		
Autres revenus mobiliers exonérés	1639		
Revenus définitivement taxés et revenus mobiliers exonérés avant déduction des frais	**1640**		
Frais	1641		
Revenus définitivement taxés et revenus mobiliers exonérés après déduction des frais	**1642**		
Revenus d'apports effectués à l'occasion d'une opération de fusion, scission ou d'une opération y assimilée, non rémunérés en raison de la détention par la société absorbante ou bénéficiaire d'actions ou parts de la société absorbée ou scindée ou de dispositions d'effet analogue dans un autre état membre de l'UE	1643		
Revenus mobiliers exonérés des titres d'emprunts de refinancement déterminés	1644		
Revenus définitivement taxés et revenus mobiliers exonérés	**1650**		

Report déduction revenus définitivement taxés

	Codes	Période imposable
Solde reporté de la déduction des revenus définitivement taxés	1701	
Déduction revenus définitivement taxés de la période imposable reportable sur la période imposable suivante	1702	
Déduction revenus définitivement taxés reportée qui a été effectivement déduite durant la période imposable	1703	
Solde de la déduction revenus définitivement taxés reportable sur la période imposable suivante	**1704**	

Pertes récupérables

	Codes	Période imposable
Solde des pertes antérieures récupérables (-)	1721 N	
Pertes récupérées	1723	
Perte de la période imposable (-)	1722 N	
Perte à reporter sur la période imposable suivante (-)	**1730 N**	

Déduction pour capital à risque reportée

	Codes	Période imposable
Solde reporté de la déduction pour capital à risque	1711	
Solde de la déduction pour capital à risque qui est reportable sur la période imposable suivante	1712	

Taux de l'impôt

	Codes	Période imposable
A votre connaissance, la société a droit au taux réduit	1751	Non
La société est une société qui peut fournir des crédits à l'outillage artisanal ou une société de logement, imposable à 5%	1752	Non

Versements anticipés

	Codes	Période imposable
Cette déclaration se rapporte à un des trois premiers exercices comptables à partir de la constitution de la société qui est considérée comme petite société au sens du Code des sociétés	1801	Non
Versements anticipés à prendre en considération	**1810**	7.000,00
Versement anticipé, premier trimestre	1811	7.000,00
Versement anticipé, deuxième trimestre	1812	
Versement anticipé, troisième trimestre	1813	
Versement anticipé, quatrième trimestre	1814	
Numéro de référence attribué par le Service Versements anticipés différent du numéro d'entreprise		
Premier autre numéro de référence	1821	
Deuxième autre numéro de référence	1822	
Troisième autre numéro de référence	1823	
Quatrième autre numéro de référence	1824	

Précomptes imputables

	Codes	Période imposable
Précomptes non remboursables	**1830**	
Précompte mobilier fictif	1831	
Quotité forfaitaire d'impôt étranger	1832	
Crédit d'impôt pour recherche et développement	**1833**	
Précomptes remboursables	**1840**	**440,00**
Précompte mobilier réel ou fictif sur revenus définitivement taxés et sur revenus mobiliers exonérés d'origine belge d'actions ou parts, autres que bonis de liquidation ou bonis en cas d'acquisition d'actions ou parts propres	1841	
Précompte mobilier sur bonis de liquidation ou bonis en cas d'acquisition d'actions ou parts propres, définitivement taxés	1842	
Précompte mobilier sur revenus définitivement taxés d'origine étrangère, autres que bonis de liquidation ou bonis en cas d'acquisition d'actions ou parts propres, définitivement taxés	1843	
Précompte mobilier sur autres bonis de liquidation ou bonis en cas d'acquisition d'actions ou parts propres	1844	
Précompte mobilier sur autres dividendes	1845	
Autre précompte mobilier remboursable	1846	440,00
Crédit d'impôt pour recherche et développement à restituer pour la présente période imposable	**1850**	

Tax shelter

	Codes	Période imposable
La société est une société de production audiovisuelle agréée, dont l'objet principal est le développement et la production d'oeuvres audiovisuelles, autre qu'une entreprise de télédiffusion ou qu'une entreprise liée à des entreprises belges ou étrangères de télédiffusion, qui a conclu une convention-cadre destinée à la production d'une oeuvre audiovisuelle agréée	1862	Non

Taille de la société au sens du Code des sociétés

Renseignements pour apprécier si la société doit être considérée comme une petite société

	Codes	Période imposable
Les données relatives à la période imposable		
La société est liée à une ou plusieurs autres sociétés au sens du Code des sociétés	1871	Non
Indiquer les données sur base non consolidée. En revanche, si la société est liée à une ou plusieurs autres sociétés au sens du Code des sociétés, indiquer les données sur base consolidée.		
Nombre de travailleurs occupés, en moyenne annuelle	1872	1,00
Chiffre d'affaires annuel, hors TVA	1873	300.000,00
Total du bilan	1874	356.924,08

Partie 6

La réserve de liquidation

	Articles 184*quater*, 219*quater* et 269, § 1er, 8° et 541 du CIR.
Autres références	**Avis CNC 2015/2 - Traitement comptable de la réserve de liquidation et de la cotisation distincte sur la réserve de liquidation - Avis du 13 mai 20151** **Avis CNC 2015/6 - Traitement comptable de la réserve de liquidation visée à l'article 541 CIR 92 et de la cotisation spéciale sur la réserve spéciale de liquidation – Avis du 30 septembre 2015**

Cette partie du livre vise à expliciter le mode de fonctionnement et la comptabilisation d'une réserve de liquidation tel que déterminée par l'article 184quater du CIR, mais également celui de la cotisation distincte qui y est liée en référence à l'article 219quater du CIR.

Cette nouveauté législative permet à une petite société selon le droit des sociétés de payer un impôt distinct de 10 % sur le montant qu'elle comptabilise en réserve liquidation en ayant la possibilité de la distribuer par la suite sans devoir retenir un précompte mobilier ou en retenant un précompte mobilier à un taux réduit.

En effet, à partir de l'exercice d'imposition 2015, il est établi une perception de 10 % des bénéfices comptables après impôt et avant affectation dans la mesure où ils sont transférés dans un ou plusieurs comptes distincts du passif qui constituent dès lors une réserve de liquidation.

Cette réserve de liquidation est constituée d'une partie ou de la totalité du bénéfice comptable après impôt et avant affectation tel que prévu sous le code 9905 des modèles des comptes annuels de la Banque National.

Le gouvernement a décidé d'élargir la possibilité légale de constituer une réserve « spéciale de liquidation » aux bénéfices comptable après impôt des exercices d'imposition 2013 et 2014.

Il est important de faire remarquer que la cotisation spéciale de 10 % peut constituer une dépense à fonds perdus si les bénéfices mis en réserve de liquidation ne peuvent pas être distribués par la suite en raison des pertes subies ultérieurement.

Il faut également noter que la mesure ne présente pas d'intérêt pour les sociétés PME dont les actionnaires sont principalement d'autres sociétés. En effet, contrairement au précompte mobilier retenu sur les dividendes distribués, la cotisation distincte de 10 % n'est pas imputable sur l'impôt des sociétés dont les sociétés actionnaires sont redevables.

Nous allons d'abord nous attacher à décrire les modalités d'application de la réserve de liquidation, pour ensuite développer les particularités de la réserve « spéciale de liquidation ».

I. La réserve de liquidation

A. Objectif de la mesure

Selon l'Inspection des Finances, cette mesure a pour objectif non pas de faciliter le financement des petites sociétés, mais de diminuer le précompte mobilier sur les dividendes pour une catégorie bien déterminée de sociétés. Le conseil d'Etat se pose par conséquent la question de savoir pourquoi cette mesure ne peut pas s'appliquer aux autres sociétés[1].

Cette nouvelle règle permet en toute légalité de planifier la distribution des dividendes afin de bénéficier d'un taux de « précompte réduit ». Ceci est confirmé par le Conseil d'Etat qui précise que cette mesure a pour objectif de diminuer le précompte mobilier sur les dividendes pour une catégorie bien déterminée d'entreprises. Autrement dit, cette règle doit être utilisée comme un « véhicule fiscal » par lequel l'entreprise fait transiter ses bénéfices comptables de manière à ne payer qu'un précompte mobilier réduit.

Cette réduction du précompte mobilier est illustrée dans le tableau suivant reprenant les hypothèses suivantes :

- distribution d'un dividende[2] avec retenue à la source d'un précompte mobilier de 30% ;
- distribution d'un dividende[3] avec retenue à la source d'un précompte mobilier de 27% ;
- distribution d'un dividende avec retenue à la source d'un précompte mobilier de 15% ;
- constitution d'une réserve de liquidation suivie dans un délai de moins de cinq ans par une distribution à titre de dividende de la réserve de liquidation (la réserve a été constituée au cours d'une période imposable qui se rattache à l'exercice d'imposition 2017 ou à un exercice antérieur) ;
- constitution d'une réserve de liquidation suivie dans un délai de moins de cinq ans par une distribution à titre de dividende de liquidation (la réserve de liquidation a été constituée au cours d'une période imposable qui se rattache au plus tôt à l'exercice d'imposition 2018) ;
- constitution d'une réserve de liquidation suivie dans un délai de cinq ans ou plus par une

1 Cf. Doc 54 0672/001, page 184.

2 Dividende ordinaire attribué ou mis en paiement à partir du 1er janvier 2017.

3 Dividende ordinaire attribué ou mis en paiement à partir du 1er janvier 2016.

distribution à titre de dividende de la réserve de liquidation ;

- constitution d'une réserve de liquidation suivie au moment de la dissolution de la société par une distribution à titre de dividende de la réserve de liquidation.

	Précompte mobilier			Cotisation de 10% puis distribution			
				Moins de 5 ans			
				Réserve constituée au cours d'une période imposable qui se rattache			
	30%	27%	15%	à l'exercice d'imposition 2017 ou à un exercice antérieur	au plus tôt à l'exercice d'imposition 2018	5 ans ou plus	Dissolution
Montant du dividende ou de la réserve	110.000,00	110.000,00	110.000,00				
Réserve de liquidation				100.000,00	100.000,00	100.000,00	100.000,00
Cotisation				10.000,00	10.000,00	10.000,00	10.000,00
Taux du précompte mobilier	30%	27%	15%				
Précompte mobilier	33.000,00	29.700,00	16.500,00				
Taux du précompte mobilier supplémentaire				17%	20%	5%	0%
Précompte mobilier supplémentaire				17.000,00	20.000,00	5.000,00	0,00
Montant du dividende net	77.000,00	80.300,00	93.500,00	83.000,00	80.000,00	95.000,00	100.000,00
Coût pour l'entreprise	110.000,00	110.000,00	110.000,00	110.000,00	110.000,00	110.000,00	110.000,00
Somme obtenue par l'actionnaire	77.000,00	80.300,00	93.500,00	83.000,00	80.000,00	95.000,00	100.000,00
Taux effectif	30%	27%	15%	24,55%	27,27%	13,64%	9,09%

Sur la base de ce tableau, on peut constater que la retenue à la source sur le dividende distribué (110.000,00 €) passe notamment :

- de 30% à 27,27% lorsque la société adopte le comportement suivant : constitution d'une réserce de liquidation à concurrence de 100.000 € suivi d'une distribution à titre de dividendes de la réserve de liquidation dans un délai de moins de cinq ans à compter de la date de clôture de la période imposable qui coïncide avec l'exercice comptable pour lequel le montant des bénéfices comptables ont été transférés dans le compte du passif de « réserve de liquidation » (la réserve de liquidation a été constituée au cours d'une période imposable qui se rattache au plus tôt à l'exercice d'imposition 2018) ;
- de 27% à 24,55% lorsque la société adopte le comportement suivant : constitution d'une réserve de liquidation à concurrence de 100.000,00 € suivi d'une distribution à titre de dividendes de la réserve de liquidation dans un délai de moins de cinq ans à compter de la date de clôture de la période imposable qui coïncide avec l'exercice comptable pour lequel le montant des bénéfices comptables ont été transférés dans le compte du passif de « réserve de liquidation » (la réserve de liquidation a été constituée au cours d'une période imposable qui se rattache à l'exercice d'imposition 2017 ou à un exercice antérieur) ;

- de 15% à 13,64% lorsque la société adopte le comportement suivant : constitution d'une réserve de liquidation à concurrence de 100.000,00 € suivi d'une distribution à titre de dividendes de la réserve de liquidation dans un délai de cinq ans ou plus à compter de la date de clôture de la période imposable qui coïncide avec l'exercice comptable pour lequel le montant des bénéfices comptables ont été transférés dans le compte du passif de « réserve de liquidation ».

Etant donné que l'exposé des motifs ne donne pas une justification adéquate pour expliquer cette différence de traitement, les sociétés qui ne sont pas des petites sociétés au sens de l'article 15 du Code des sociétés pourraient revendiquer l'application de ce régime et demander au juge de poser la question préjudicielle suivante à la Cour Constitutionnelle :

« l'article 184 quater du code des impôts sur les revenus viole-t-il le principe d'égalité formulé aux articles 10, 11 et 172 de la Constitution dans la mesure où il permet aux sociétés qui répondent aux caractéristiques d'une PME au sens Code des sociétés de constituer une réserve de liquidation leur permettant de bénéficier d'une diminution du précompte mobilier alors que les sociétés qui ne répondent pas aux caractéristiques d'une PME au sens du Code des sociétés ne peuvent pas constituer une réserve de liquidation et par conséquent bénéficier d'une diminution du précompte mobilier ».

Une société en liquidation qui génère des bénéfices imposables grâce par exemple à la vente d'actifs peut constituer une réserve de liquidation.

B. Sociétés visées

Seules les sociétés considérées comme des petites sociétés sur la base du code des sociétés (cf. page n°685) peuvent constituer une réserve de liquidation.

Cette condition doit être satisfaite pour chacun des exercices d'imposition pour lesquels une réserve de liquidation est constituée.

Le fait que la société ne soit plus considérée comme une petite société au cours d'exercices imposition ultérieurs est sans incidence sur le régime fiscal des réserves de liquidation constituées au cours des exercices d'imposition pour lesquels la société était considérée comme une petite société.

C. Bénéfice comptable après impôts

On entend par le bénéfice comptable après impôts, le bénéfice de l'exercice à affecter tel que prévu sous le code 9905 des modèles des comptes annuels de la Banque Nationale.

La référence aux bénéfices comptables après impôts a pour effet que l'existence de perte reportée de l'exercice précédent n'empêche pas la constitution de la réserve de liquidation avec les bénéfices comptables de l'année.

D. Constitution ou extension de la réserve de liquidation

La réserve de liquidation s'alimente par l'affectation du bénéfice de la période imposable à un ou plusieurs comptes distincts du passif d'une partie ou de la totalité du bénéfice comptable après impôt.

Lors de l'affectation du résultat, la constitution de la réserve de liquidation est comptabilisée en premier. Cette affectation et cette comptabilisation préalables sont nécessaires, étant donné l'option fiscale d'affecter totalement ou partiellement le bénéfice comptable après impôts à la constitution d'une réserve de liquidation, et ce même s'il existe une perte reportée des exercices précédents.

L'obligation imposée par le code des sociétés de constituer une réserve légale jusqu'à ce que le montant défini par la loi soit atteint ne constitue pas un obstacle à la constitution de la réserve de liquidation. Ainsi l'inscription d'une partie du bénéfice comptable au crédit d'un sous compte distinct du compte « réserve légale » constitue au sens de l'article 184 quater du code des impôts sur les revenus une réserve de liquidation[4].

La réserve de liquidation doit rester de manière ininterrompue dans un ou plusieurs comptes distincts du passif et ne peut servir de base pour des rémunérations ou attributions quelconques.

Le contribuable doit joindre un relevé conforme au modèle arrêté par le ministre des Finances ou son délégué, à la déclaration aux impôts sur les revenus à partir de l'exercice d'imposition au cours duquel la réserve de liquidation est constituée.

E. Prélèvement de la réserve de liquidation

Lorsque le bénéfice comptable transféré dans un compte de réserve de liquidation est distribué à titre de dividendes :

- dans un délai de moins de cinq ans, un précompte mobilier de 17% est applicable ; le précompte mobilier est de 20% si la réserve de liquidation a été constituée au cours d'une période imposable se rattachant au plus tôt à l'exercice d'imposition 2018 ;
- dans un délai d'au moins cinq ans, un précompte mobilier de 5% est applicable ;
- lors de la dissolution de la société, aucun précompte mobilier n'est dû.

Pour le calcul du délai de conservation, celui-ci débute à compter de la date de clôture de la période imposable qui coïncide avec l'exercice comptable pour lequel le montant des bénéfices comptables ont été transférés dans le compte du passif « réserve de liquidation ».

Ainsi, à titre exemplatif, une réserve de liquidation comptabilisée au bilan clôturé le 31 décembre 2014 peut ainsi être distribuée avec application du taux de précompte mobilier de 5% à partir du 1er janvier 2020.

En cas de prélèvement d'une partie de la réserve de liquidation, les réserves les plus anciennes sont retirées en premier même si celles-ci ont été affectées à la réserve légale.

F. Cotisation distincte

La cotisation distincte de 10% s'applique sur les montants des bénéfices comptables après impôts de la période imposable, transférés en réserve de liquidation. La cotisation distincte est enrôlée en même temps que l'impôt des sociétés. La cotisation complémentaire de crise de 3% n'est pas applicable à la cotisation de 10% ainsi que la majoration pour insuffisance de versements anticipés.

Cette cotisation distincte n'est pas déductible au titre de frais professionnels.

4 Question parlementaire orale n° 2475 de madame Veerle Wouters du 25 février 2015.

G. Traitement comptable

La cotisation de 10% est portée à charge de l'exercice au cours duquel le paiement de la cotisation spéciale est décidé.

Etant donné que cette cotisation ne constitue pas un impôt sur le bénéfice[5], la Commission proposera au législateur comptable d'adapter le schéma des comptes annuels. En attendant cette modification de règlementation proposée, la Commission est d'avis qu'il convient d'utiliser un sous-compte du compte 67 Impôts sur le résultat à savoir le compte 6702 Charges fiscales estimées.

Fait comptable	N° du plan comptable	Intitulés des comptes	Somme débit	Somme crédit
Enregistrement de la dette fiscale	Charges fiscales estimées	6702	xxx	
	Dette fiscale estimée	4500		xxx

Enfin, la Commission recommande de porter la réserve spéciale de liquidation dans des sous-comptes distincts par année de sa constitution.

En effet, en cas de retrait d'une partie de la réserve de liquidation, les réserves les plus anciennes sont censées être les premières retirées. Le taux du précompte mobilier à appliquer lors d'une attribution varie selon que la réserve de liquidation diminuée, a été conservée pendant une période de cinq ans ou moins.

Pour cette raison, la commission des normes comptables recommande que la société inclue dans ses comptes annuels des indications sur l'état des réserves de liquidation et sur leur ancienneté.

H. Exemple

Le bénéfice reporté des exercices précédents de la SA Azur s'élève à 30.000,00 €.

Au cours de l'exercice comptable 2018 (clôture des comptes le 31 décembre 2018), la SA Azur a réalisé un bénéfice de 200.000,00 € avant impôts (c'est-à-dire avant constitution d'une réserve de liquidation et avant comptabilisation de la cotisation distincte de 10 % sur la réserve de liquidation).

L'impôt sur les revenus est estimé à 57.000,00 €.

Il est décidé de constituer une réserve de liquidation d'un montant de 120.000,00 €. La cotisation distincte s'élève à 12.000,00 €[6].

Le bénéfice à affecter s'élève à 161.000,00 €[7]. L'affectation à la réserve légale s'élève à 6.550,00 €[8]. Le solde restant 34.450,00 €[9] est reporté sur l'exercice suivant.

---

5 En cette matière il est renvoyé à la rubrique 16 Autres impôts ne figurant pas sous les postes 1 à 15 de l'annexe V Modèle de compte de résultat - charges par nature, tel que prévu à l'article 13 de la directive 2013/34/UE.

6 10% de 120.000,00 €.

7 30.000,00 + 200.000,00 – 57.000,00 – 12.000,00.

8 5% de (200.000,00-57.000,00-12.000,00).

9 161.000,00 – 120.000,00 – 6.550,00.

Les écritures comptables sont les suivantes :

Faits comptables	N° plan comptable	Intitulés des comptes	Somme débit	Somme crédit
Cotisation distincte sur la réserve de liquidation	6702X	Charges fiscales estimées	12.000,00	
	450	à Dettes fiscales estimées		12.000,00
Réserve de liquidation	6921	Dotation aux autres réserves	120.000,00	
	133X	à Réserves disponibles – article 184*quater*, CIR 92		120.000,00
Bénéfice reporté de l'exercice précédent	14	Bénéfice reporté	30.000,00	
	790	à Bénéfice reporté de l'exercice précédent		30.000,00
Résultat à affecter après imputation préalable à la réserve de liquidation	6920	Dotation à la réserve légale	6.550,00	
	693	Bénéfice à reporter	34.450,00	
	130	à Réserves légales		6.550,00
	14	à Bénéfice reporté		34.450,00

Dans la déclaration fiscale, le montant soumis à la cotisation de 10%, à savoir 120.000,00 €, doit être mentionnée parmi les cotisations distinctes au code 1508 « Cotisation distincte sur la partie du bénéfice comptable après impôt affectée à la réserve de liquidation ».

Les 120.000 € affectés à la réserve de liquidation sont à inscrire parmi les bénéfices réservés imposables au code 1012 « Réserve de liquidation ».

II. La réserve spéciale de liquidation

Pour des raisons budgétaires, le gouvernement a prévu la possibilité pour les petites sociétés au sens du Code des sociétés de procéder à un prélèvement anticipatif de 10% en 2015 sur le bénéfice comptable après impôt réalisé au cours de l'exercice comptable 2012 et en 2016 sur le bénéfice comptable après impôt réalisé au cours de l'exercice comptable 2013, dans la mesure où les bénéfices en question seront repris dans une réserve de liquidation spéciale.

Il s'agit d'un régime facultatif dont l'application implique, dans le chef des sociétés qui en feront le choix, qu'elles devront reprendre tout ou partie des bénéfices concernés de l'exercice comptable 2012 et de l'exercice comptable 2013 (ou de l'un de ces deux exercices comptables) dans une réserve de liquidation spéciale.

Les sociétés qui optent pour ce régime devront s'acquitter respectivement en 2015 et en 2016, d'une cotisation spéciale de 10% sur ces bénéfices dans la mesure où ils seront repris dans une réserve de liquidation spéciale.

A cet égard, il convient de noter que dans son arrêt n°20/2017 du 16 février 2017, la Cour Constitutionnelle a considéré que l'article 541 du Code des impôts sur les revenus, tel qu'il a été inséré par l'article 82 de la loi-programme du 10 août 2015, doit être annulé en ce qu'il ne ne porte pas sur les comptes annuels relatifs à l'exercice comptable rattaché à l'exercice d'imposition 2012, lorsque les réserves imposées de cet exercice d'imposition, eu égard à la date de l'assemblée générale, n'entraient pas en considération pour le régime de la « liquidation interne » (cf. page n°408).

Les modalités sont les suivantes.

A. Exercice comptable qui se rattache à l'exercice d'imposition 2013

Une société peut constituer une réserve « spéciale » de liquidation dans un ou plusieurs comptes distincts du passif à concurrence d'une partie ou de la totalité du bénéfice comptable après impôt de l'exercice comptable qui se rattache à l'exercice d'imposition 2013, pour autant que les conditions suivantes soient respectées :

a. la société est considérée comme petite société sur la base du Code des sociétés (cf. page n°685) pour l'exercice comptable qui se rattache à l'exercice d'imposition 2013;
b. la société paie au plus tard le 30 novembre 2015[10] une cotisation spéciale de 10 % sur la réserve de liquidation ainsi formée;
c. cette réserve de liquidation est comptabilisée à un ou plusieurs comptes distincts du passif au plus tard à la date de clôture de l'exercice comptable au cours duquel la cotisation spéciale visée sub b) est payée;
d. le montant de cette réserve de liquidation ne dépasse pas le montant du bénéfice comptable après impôt[11] de la période imposable qui se rattache à l'exercice d'imposition 2013;
e. le montant de cette réserve de liquidation est limité au montant mentionné sub d) qui est toujours comptabilisé en réserve (y compris le compte « Bénéfice reporté ») au début de l'exercice comptable au cours duquel le paiement de la cotisation spéciale visée sub b) a été effectué;
f. les opérations de constitution de cette réserve de liquidation sont effectuées dans le respect des obligations légales et des obligations statutaires éventuelles;
g. la société dépose au service compétent de l'administration en charge de la perception et du recouvrement, au plus tard à la date du paiement de la cotisation spéciale visée sub b), une déclaration spéciale[12] faisant connaître sa dénomination et son numéro fiscal d'identification ainsi que la base imposable, le taux, le montant de la cotisation spéciale susvisée et confirmant le fait que la société réunissait toutes les conditions visées à l'article 15 du Code des sociétés (cf. page n°685) pour l'exercice comptable qui se rattache à l'exercice d'imposition 2013;
h. la société joint une copie de la déclaration spéciale visée sub g) à la déclaration à l'impôt des sociétés relative à l'exercice d'imposition qui se rapporte à la période imposable au cours de laquelle le paiement de la cotisation spéciale a été effectué;
i. les comptes annuels relatifs à l'exercice comptable se rattachant à l'exercice d'imposition 2013 :
   - soit ont été déposés à la date du 31 mars 2015,
   - soit, en ce qui concerne les sociétés visées à l'article 97 du Code des sociétés (notamment les sociétés ayant adoptés la forme juridique d'une SNC, SCS ou SCRL), ont été approuvés par l'assemblée générale conformément à l'article 92 Code des sociétés et introduits avec la déclaration à l'impôt des sociétés pour l'exercice d'imposition concerné.

Pour effectuer le paiement, la société doit :

- indiquer les données suivantes :
   - le numéro d'entreprise de la société;

10 L'administration fiscale a mentionné que tous les paiements et déclarations qui arriveront le mardi 15 décembre 2015 au plus tard au Centre de Perception seront dans les temps. Pour les paiements, la date valeur fait foi.

11 La notion de bénéfice comptable après impôt a été précisée pour l'application de l'article 194quater du CIR comme étant le bénéfice de l'exercice à affecter tel que prévu sous le code 9905 des modèles des comptes annuels de la Banque Nationale de Belgique.

12 La déclaration électronique de la cotisation spéciale de la réserve de liquidation peut être introduite via l'application en ligne PrM-on-web accessible via le site portail du SPF Finances www.finances.belgium.be sous la rubrique E-services ou via le site web www.prm-on-web.be.
La déclaration sur papier, dont le modèle est disponible sur le site web www.myminfin.be, doit être envoyée exclusivement au :
Centre de perception – section précompte mobilier
Boulevard du Roi Albert II 33 bte 42
1030 BRUXELLES
Tél. 0257/631 80
Fax 0257/995 11
CPIC.PRMRV@minfin.fed.be

- la mention « Art. 541, CIR »;
- la mention « Exercice d'imposition 2013 »;

• utiliser exclusivement le numéro de compte bénéficiaire suivant, valable pour toute la Belgique :

  BE79 6792 0022 1033, PCHQ BE BB du centre de perception – section précompte mobilier Boulevard du Roi Albert II 33 bte 42 1030 BRUXELLES.

Une fois payée, cette cotisation spéciale est définitivement acquise à l'Etat. Elle n'est pas imputée sur l'impôt des sociétés. L'excédent éventuel n'est pas restitué.

Il n'est pas satisfait aux conditions prévues à l'article 541 du CIR, pour la constitution d'une réserve de liquidation :

• en cas de paiement tardif ;
  et/ou
• en cas de déclaration tardive de la cotisation spéciale.

B. Exercice comptable qui se rattache à l'exercice d'imposition 2014

Une société peut constituer une réserve « spéciale » de liquidation dans un ou plusieurs comptes distincts du passif à concurrence d'une partie ou de la totalité du bénéfice comptable après impôt de l'exercice comptable qui se rattache à l'exercice d'imposition 2014, pour autant que les conditions suivantes soient respectées :

a. la société est considérée comme petite société sur la base du Code des sociétés (cf. page n°685) pour l'exercice comptable qui se rattache à l'exercice d'imposition 2014;
b. la société paie au plus tard le 30 novembre 2016 une cotisation spéciale de 10 % sur la réserve de liquidation ainsi formée;
c. cette réserve de liquidation est comptabilisée à un ou plusieurs comptes distincts du passif au plus tard à la date de clôture de l'exercice comptable au cours duquel la cotisation spéciale visée sub b) est payée;
d. le montant de cette réserve de liquidation ne dépasse pas le montant du bénéfice comptable après impôt[13] de la période imposable qui se rattache à l'exercice d'imposition 2014 ;
e. le montant de cette réserve de liquidation est limité au montant mentionné sub d) qui est toujours comptabilisé en réserve (y compris le compte « Bénéfice reporté ») au début de l'exercice comptable au cours duquel le paiement de la cotisation spéciale visée sub b) a été effectué;
f. les opérations de constitution de cette réserve de liquidation sont effectuées dans le respect des obligations légales et des obligations statutaires éventuelles;
g. la société dépose au service compétent de l'administration en charge de la perception et du recouvrement, au plus tard à la date du paiement de la cotisation spéciale visée sub b), une déclaration spéciale[14] faisant connaître sa dénomination et son numéro fiscal d'identification

13 La notion de bénéfice comptable après impôt a été précisée pour l'application de l'article 194quater du CIR comme étant le bénéfice de l'exercice à affecter tel que prévu sous le code 9905 des modèles des comptes annuels de la Banque Nationale de Belgique.

14 La déclaration électronique de la cotisation spéciale de la réserve de liquidation peut être introduite via l'application en ligne PrM-on-web accessible via le site portail du SPF Finances www.finances.belgium.be sous la rubrique E-services ou via le site web www.prm-on-web.be.
La déclaration sur papier, dont le modèle est disponible sur le site web www.myminfin.be, doit être envoyée exclusivement au :
Centre de perception – section précompte mobilier
Boulevard du Roi Albert II 33 bte 42
1030 BRUXELLES
Tél. 0257/631 80
Fax 0257/995 11
CPIC.PRMRV@minfin.fed.be

ainsi que la base imposable, le taux, le montant de la cotisation spéciale susvisée et confirmant le fait que la société réunissait toutes les conditions visées à l'article 15 du Code des sociétés (cf. page n°685) pour l'exercice comptable qui se rattache à l'exercice d'imposition 2014;

h. la société joint une copie de la déclaration spéciale visée sub g) à la déclaration à l'impôt des sociétés relative à l'exercice d'imposition qui se rapporte à la période imposable au cours de laquelle le paiement de la cotisation spéciale a été effectué;

i. les comptes annuels relatifs à l'exercice comptable se rattachant à l'exercice d'imposition 2014 :
   - soit ont été déposés à la date du 31 mars 2015, ou, en ce qui concerne les sociétés qui clôturent leurs comptes annuels à partir du 1er septembre 2014 jusqu'au 30 décembre 2014 inclus, au plus tard sept mois après la date de clôture de l'exercice comptable,
   - soit, en ce qui concerne les sociétés visées à l'article 97 du Code des sociétés (notamment les sociétés ayant adoptés la forme juridique d'une SNC, SCS ou SCRL), ont été approuvés par l'assemblée générale conformément à l'article 92 du Code des sociétés et introduits avec la déclaration à l'impôt des sociétés pour l'exercice d'imposition concerné.

Pour effectuer le paiement, la société doit :

- indiquer les données suivantes :
  - le numéro d'entreprise de la société;
  - la mention « Art. 541, CIR »;
  - la mention « Exercice d'imposition 2013 »;
- utiliser exclusivement le numéro de compte bénéficiaire suivant, valable pour toute la Belgique:

  BE79 6792 0022 1033, PCHQ BE BB du centre de perception – section précompte mobilier Boulevard du Roi Albert II 33 bte 42 1030 BRUXELLES.

Une fois payée, cette cotisation spéciale est définitivement acquise à l'Etat. Elle n'est pas imputée sur l'impôt des sociétés. L'excédent éventuel n'est pas restitué.

Il n'est pas satisfait aux conditions prévues à l'article 541 du CIR, pour la constitution d'une réserve de liquidation :

- en cas de paiement tardif ;
  et/ou
- en cas de déclaration tardive de la cotisation spéciale.

C. Traitement comptable

La cotisation de 10% est portée à charge de l'exercice au cours duquel le paiement de la cotisation spéciale est décidé.

Etant donné que cette cotisation distincte ne constitue pas un impôt sur le bénéfice[15], la Commission proposera au législateur comptable d'adapter le schéma des comptes annuels. En attendant cette modification de règlementation proposée, la Commission est d'avis qu'il convient d'utiliser un sous-compte du compte 67 Impôts sur le résultat à savoir le compte 6710 Suppléments d'impôts dus ou versés.

15 En cette matière il est renvoyé à la rubrique 16 Autres impôts ne figurant pas sous les postes 1 à 15 de l'annexe V Modèle de compte de résultat - charges par nature, tel que prévu à l'article 13 de la directive 2013/34/UE.

Fait comptable	N° du plan comptable	Intitulés des comptes	Somme débit	Somme crédit
Paiement de la cotisation (spéciale)	Suppléments d'impôts dus ou versés	6710	xxx	
	À Établissements de crédit: comptes courants	5500		xxx

Enfin, la Commission recommande de porter la réserve spéciale de liquidation dans des sous-comptes distincts par année de sa constitution.

En effet, en cas de retrait d'une partie de la réserve de liquidation spéciale, les réserves les plus anciennes sont censées être les premières retirées. Le taux du précompte mobilier à appliquer lors d'une attribution varie selon que la réserve de liquidation diminuée, a été conservée pendant une période de cinq ans ou moins.

Pour cette raison, la commission des normes comptables recommande que la société inclue dans ses comptes annuels des indications sur l'état des réserves de liquidation spéciale et sur leur ancienneté.

Ceci peut-être illustré par l'exemple suivant.

La société SA Azur a réalisé au cours de l'exercice comptable 2012 (date de clôture du bilan : 31 décembre 2012) un bénéfice comptable après impôt de 2.000,00 €.

L'organe de gestion de la SA Azur a déposé les comptes annuels auprès de la Banque nationale le 29 juin 2013.

Le bénéfice de l'exercice 2012 a intégralement été affecté aux réserves disponibles.

Le premier jour de l'exercice comptable 2015, le montant de 2.000,00 € se trouve toujours comptabilisé sous les réserves disponibles.

Au cours de l'exercice comptable 2015, il est décidé de constituer une réserve de liquidation à concurrence du montant total du bénéfice comptable de l'exercice 2012.

La cotisation de 10% est payée le 28 novembre 2015.

Au cours de l'exercice 2015, la société réalise un bénéfice comptable après impôt de 3.300,00 €.

Les écritures générées sont les suivantes en fonction des hypothèses suivantes :

Première variante : il est décidé de reporter la totalité du bénéfice de l'exercice 2015 à l'exercice suivant.

Fait comptable	N° du plan comptable	Intitulés des comptes	Somme débit	Somme crédit
Paiement de la cotisation (spéciale)	Suppléments d'impôts dus ou versés	6710	200,00	
	À Établissements de crédit : comptes courants	5500		200,00
Comptabilisation de la réserve spéciale de liquidation au plus tard à la date d'inventaire et comptabilisation de l'affectation du résultat	Réserves disponibles	133	2.000,00	
	À Réserves disponibles – article 541 CIR 92 (31/12/N)	133X		2.000,00
Affectation du bénéfice comptable	Bénéfice à reporter	693	3.300,00	
	à Bénéfice reporté	14		3.300,00

Deuxième variante : il est décidé de constituer une réserve spéciale de liquidation alimentée par le résultat de l'exercice 2015. En effet, il ressort des données ci-dessus que le montant de 2.000 est toujours comptabilisé en réserve au début de l'exercice comptable. Il est proposé de comptabiliser la réserve spéciale de liquidation sur un compte des réserves disponibles. Le solde est reporté à l'exercice suivant.

Fait comptable	N° du plan comptable	Intitulés des comptes	Somme débit	Somme crédit
Paiement de la cotisation (spéciale)	Suppléments d'impôts dus ou versés	6710	200,00	
	À Établissements de crédit : comptes courants	5500		200,00
Affectation du bénéfice et comptabilisation de la réserve spéciale de liquidation au plus tard à la date d'inventaire et comptabilisation de l'affectation du résultat	Bénéfice à reporter	693	1.300,00	
	Dotation aux autres réserves	6921	2.000,00	
	À Réserves disponibles – article 541 CIR 92 (31/12/N)	133X		2.000,00
	Bénéfice reporté	14		1.300,00

Troisième variante : il est décidé d'affecter, outre la constitution d'une réserve spéciale de liquidation, la totalité du bénéfice de l'exercice 2015 (après impôt) à la constitution d'une réserve de liquidation.

Fait comptable	N° du plan comptable	Intitulés des comptes	Somme débit	Somme crédit
Paiement de la cotisation (spéciale)	Suppléments d'impôts dus ou versés	6710	200,00	
	À Établissements de crédit : comptes courants	5500		200,00
Comptabilisation de la réserve spéciale de liquidation au plus tard à la date d'inventaire et comptabilisation de l'affectation du résultat	Réserves disponibles	133	2.000,00	
	À Réserves disponibles – article 541 CIR 92 (31/12/N)	133X		2.000,00
Affectation du bénéfice comptable	Bénéfice à reporter	693	3.300,00	
	à Bénéfice reporté	14		3.300,00
Paiement de la cotisation (article 184quater)	Charges fiscales estimées	6702X	300,00	
	Dettes fiscales estimées	450		300,00
Affectation du bénéfice et comptabilisation de la réserve de liquidation	Dotation aux autres réserves	6921	3.000,00	
	Réserves disponibles	133X		3.000,00

D. Prélèvement de la réserve de liquidation spéciale

Lorsque le montant du bénéfice comptable qui se rattache à l'exercice d'imposition 2015 ou 2016 est transféré dans un compte de réserve de liquidation spéciale fait par la suite l'objet d'une distribution à titre de dividendes :

- dans un délai de moins de cinq ans, un précompte mobilier de 17% est applicable ;
- dans un délai d'au moins cinq ans, un précompte mobilier de 5% est applicable ;
- lors de la dissolution de la société, aucun précompte mobilier n'est dû.

Pour le calcul du délai de conservation, celui-ci débute à compter de la date de clôture de la période imposable qui coïncide avec l'exercice comptable pour lequel le montant des bénéfices comptables ont été transférés dans le compte du passif « réserve de liquidation spéciale ».

Ainsi, à titre exemplatif, une réserve de liquidation spéciale comptabilisée au bilan clôturé le 31 décembre 2015 peut ainsi être distribuée avec application du taux de précompte mobilier de 5% à partir du 1er janvier 2021.

En cas de prélèvement d'une partie de la réserve de liquidation spéciale, les réserves les plus anciennes sont retirées en premier.

E. Cotisation spéciale

La cotisation spéciale de 10% n'est pas déductible au titre de frais professionnels.

La cotisation complémentaire de crise de 3% n'est pas applicable à la cotisation spéciale de 10% ainsi que la majoration pour insuffisance de versements anticipés.

Partie 7

Les entreprises d'insertion

Article 193, quater CIR.

Une société qui à la fin de la période imposable est agréée en qualité d'entreprise d'insertion[16], peut exonérer de l'impôt des sociétés les bénéfices réalisés durant cette période imposable et maintenus dans son patrimoine à la fin de celle-ci.

Elle doit pour cela comptabiliser ces bénéfices exonérés dans un compte distinct du passif, en l'occurrence un compte de réserves immunisées.

Cette réserve immunisée ne reste exonérée que dans la mesure où il est satisfait à la condition d'intangibilité.

Concrètement, cela signifie qu'une entreprise d'insertion n'est imposée que sur ses dépenses non admises et sur les dividendes distribués.

En effet, suite à l'exonération de ses bénéfices, il n'existe donc pas d'accroissement de ses réserves imposables.

Une entreprise d'insertion pouvait également dans certains cas, comme d'autres sociétés, réaliser des corrections fiscales en procédant à une majoration de la situation de début des réserves pour des primes de remise au travail et des primes de transition professionnelle conformément à l'article 193bis § 1er, al. 1er du CIR. Cette déduction pour personnel supplémentaire (qui se traduit par une majoration de la situation de début des réserves) est, dans le cas des entreprises d'insertion, limitée à 7.440,00 €[17] par personne supplémentaire occupée en Belgique appartenant au groupe cible visé.

16 Sur la base de l'article 1er, § 1er, 2°, de l'arrêté royal du 3 mai 1999 portant exécution de l'article 7, § 1er, alinéa 3, m, de l'arrêté-loi du 28 décembre 1944 concernant la sécurité sociale des travailleurs relatif à la réinsertion de chômeurs très difficiles à placer, par la région compétente.

17 Ce montant minimum est adapté annuellement à l'indice des prix à la consommation du Royaume à l'aide du coefficient déterminé à l'article 178, § 3, alinéa 1er, 2°.

En conséquence, une entreprise d'insertion pouvait à la fois transférer tous ses bénéfices, y compris les primes évoquées ci-dessus, dans une réserve immunisée, mais également enregistrer une majoration de la situation de début des réserves à concurrence du montant des primes obtenues.

Ceci aboutissait dès lors, à un solde négatif du mouvement des réserves imposables qui pouvait être compensé avec les dépenses non admises ou les dividendes distribués de cette période imposable et éventuellement être reporté aux périodes imposables suivantes en qualité de pertes récupérables.

Afin d'éviter cette double exonération, un nouvel article 193quater a été inséré dans le CIR. Celui-ci précise que la partie du bénéfice qui découle des primes visées à l'article 193bis § 1er, alinéa 1er du CIR ne peut plus être prise en considération pour l'exonération qui peut être obtenue via la comptabilisation des bénéfices dans un compte distinct du passif.

Exemple :

Une entreprise d'insertion réalise un bénéfice de 40.000,00 EUR qui provient d'un résultat opérationnel de 34.000,00 EUR et d'une prime de remise au travail de 6.000,00 EUR.

Ces 6.000,00 EUR sont déjà définitivement exonérés par le biais d'une majoration de la situation de début des réserves. Les 34.000,00 EUR restants peuvent être transférés dans un compte de réserves immunisées.

	Début de la période imposable	Fin de la période imposable
Réserves imposable		6.000,00
Majoration de la situation de début des réserves	6.000,00	
Variation des réserves imposables		0
Réserves immunisées		34.000,00

Le nouvel article 193quater précise également que le bénéfice d'une entreprise d'insertion n'est plus inconditionnellement exonéré, mais qu'il existe un lien avec le nombre de membres du personnel qui appartient au groupe-cible des chômeurs difficilement reclassables. Désormais, le bénéfice maximum à exonérer sera limité annuellement à un montant équivalent aux charges salariales brutes des travailleurs occupés en Belgique qui appartiennent à ce groupe cible, avec un minimum de 7.440,00 EUR par unité de personnel équivalent temps plein appartenant à ce même groupe.

Il est également précisé que la mesure d'exonération décrite ci-dessus ne peut se combiner avec les exonérations économiques prévues aux articles 67 (recrutement supplémentaire dans le cadre de l'exportation et de la gestion intégrale de la qualité), 67bis (exonération partielle des rémunérations de stagiaires) et 67ter du CIR (exonération pour personnel supplémentaire), et ce tant que ces mesures d'exonérations économiques ne sont pas abrogées.

Partie 8

Sociétés liées - Critères de taille

	Articles 11 et 15 du Code des sociétés[18].
Autres références	**Avis CNC 2016/3 du 13 avril 2016 - Application des critères de taille visés aux articles 15 et 15/1 C.Soc.** **Avis CNC 2017/10 du 19 avril 2017 – Critères de taille de l'article 15 C.Soc. – Sociétés liées – Différentes dates de clôture – Modification du périmètre de consolidation.**

I. Sociétés liées

Par sociétés liées, il faut entendre :

a. les sociétés qu'elle contrôle;

b. les sociétés qui la contrôlent;

c. les sociétés avec lesquelles elle forme consortium;

d. les autres sociétés qui, à la connaissance de son organe d'administration, sont contrôlées par les sociétés visées ci-dessus.

Sont également des sociétés liées au sens de l'article 11 du Code des Sociétés[19], les personnes morales pour lesquelles il existe un lien de filiation au sens indiqué ci-avant.

Par « contrôle » d'une société, il faut entendre le pouvoir de droit ou de fait d'exercer une influence décisive sur la désignation de la majorité des administrateurs ou gérants de celle-ci ou sur l'orientation de sa gestion.

18 Articles 1:20 et 1:24 du nouveau Code des sociétés et des associations.

19 Articles 1:20 du nouveau Code des sociétés et des associations.

Le contrôle est de droit et présumé de manière irréfragable :

1. lorsqu'il résulte de la détention de la majorité des droits de vote attachés à l'ensemble des actions, parts ou droits d'associés de la société en cause;
2. lorsqu'un associé a le droit de nommer ou de révoquer la majorité des administrateurs ou gérants;
3. lorsqu'un associé dispose du pouvoir de contrôle en vertu des statuts de la société en cause ou de conventions conclues avec celle- ci;
4. lorsque, par l'effet de conventions conclues avec d'autres associés de la société en cause, un associé dispose de la majorité des droits de vote attachés à l'ensemble des actions, parts ou droits d'associés de celle-ci;
5. en cas de contrôle conjoint.

Ceci peut être illustré par les exemples suivants :

Exemple n°1

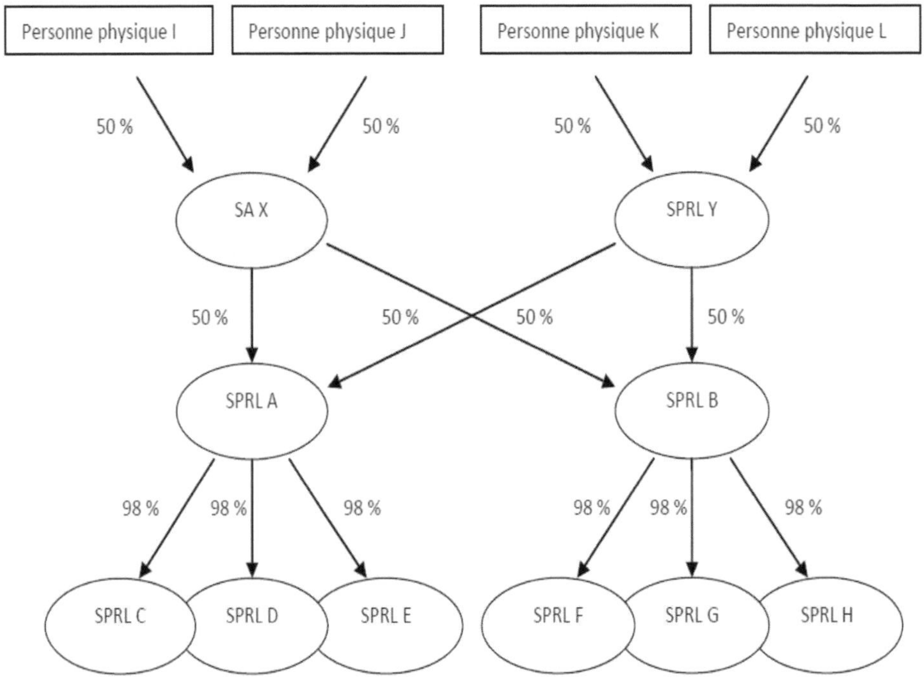

La SPRL A :

- contrôle les SPRL C, D et E (possession de 98% des actions);
- est une société liée vis-à-vis de la SA X et de la SPRL Y (la société X possède 50% des actions des SPRL A et B);
- est une société liées vis-à-vis de la SPRL B (contrôle conjoint de la société X et SPRL Y).

La SPRL B :

- contrôle les SPRL F, G et H (possession de 98% des actions);
- est une société liée vis-à-vis de la SA X et de la SPRL Y (la SPRL Y possède 50% des actions des SPRL A et B);
- est une société liées vis-à-vis de la SPRL A (contrôle conjoint de la société X et SPRL Y).

Exemple n°2

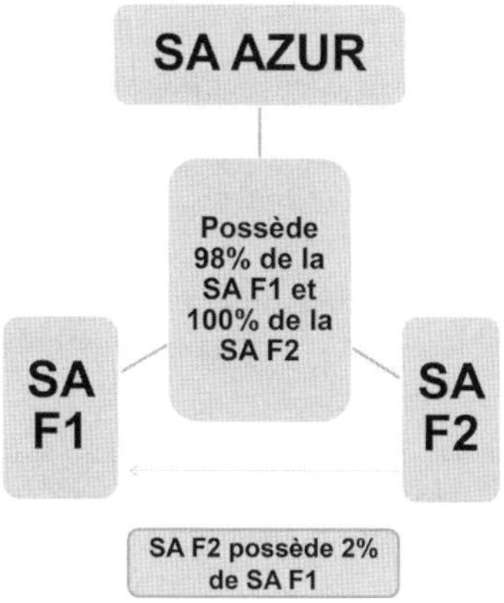

La société Azur contrôle les sociétés F1 et F2. Les sociétés F1 et F2 sont des entreprises liées.

Lorsqu'il résulte d'autres éléments, on dit que le contrôle est de fait.

Ainsi, un associé est, sauf preuve contraire, présumé disposer d'un contrôle de fait sur la société si, à l'avant-dernière et à la dernière assemblée générale de cette société, il a exercé des droits de vote représentant la majorité des voix attachées aux titres représentés à ces assemblées.

II. Critères de taille

A. Généralités

Pour déterminer si une société peut être considérée comme une « petite société », le « législateur fiscal » fait uniquement référence aux paragraphes 1 à 6 de l'article 15 du Code des sociétés[20]. Cette référence aux paragraphes 1 à 6 a pour effet d'exclure le paragraphe 7 de cet article 15[21] qui prévoit la déconsolidation comptable pour certaines sociétés liées. Ceci signifie que d'un point de vue fiscal et à l'instar des sociétés mères, les critères de taille vus ci-dessous doivent également être évalués de manière consolidée pour la majorité des sociétés filiales.

Les petites sociétés sont les sociétés dotées de la personnalité juridique qui, à la date le bilan du dernier exercice clôturé, ne dépassent pas plus d'une des limites suivantes :

- nombre de travailleurs occupés, en moyenne annuelle : 50 ;
- chiffre d'affaires annuel, hors taxe sur la valeur ajoutée : 9 000 000 EUR ;
- total du bilan : 4 500 000 EUR[22].

Le chiffre d'affaires annuel et le total du bilan doivent être déterminés à la date de clôture du bilan.

Le fait de dépasser ou de ne plus dépasser plus d'un des critères ci-dessus n'a d'incidence que si cette circonstance se produit pendant deux exercices consécutifs. Dans ce cas, les conséquences

20 Article 1:24, §§ 1 à 6 du nouveau Code des sociétés et des associations.

21 Article 1:24 du nouveau Code des sociétés et associations.

22 Article 15, § 1 du Code des sociétés. Article 1:24 § 1 du nouveau Code des sociétés et associations.

de ce dépassement s'appliqueront à partir de l'exercice suivant l'exercice au cours duquel, pour la deuxième fois, plus d'un des critères ont été dépassés ou ne sont plus dépassés[23].

Cela signifie concrètement qu'une petite société ne devient « grande » que si elle dépasse plus d'un de ces critères durant deux exercices comptables successifs.

Ceci peut être illustré par l'exemple suivant.

La société « SA Azur » est une grande société pour les exercices comptables 2014 à 2016. Pour chacun de ces exercices comptables, plus d'un des critères prévus à l'article 15[24] du Code des sociétés ont été dépassés.

Exercice comptable clôturé au 31 décembre	Dépassement des seuils de petite société	Conclusion
2017	Non	La société n'est pas considérée comme une petite société.
2018	Non	La société n'est pas considérée comme une petite société.
2019	Non	La société est considérée comme une petite société.
2020	Oui	La société est considérée comme une petite société.
2021	Oui	La société est considérée comme une petite société.
2022	Non	La société n'est pas considérée comme une petite société.
2023	Non	La société n'est pas considérée comme une petite société.
2024	Oui	La société est considérée comme une petite société.

B. Nombre de travailleurs occupés

La moyenne des travailleurs occupés est le nombre moyen des travailleurs :

- exprimé en équivalents à temps plein inscrits à la banque de données DIMONA conformément à l'arrêté royal du 5 novembre 2002 instaurant une déclaration immédiate de l'emploi, en application de l'article 38 de la loi du 26 juillet 1996 portant modernisation de la sécurité sociale et assurant la viabilité des régimes légaux des pensions, à la fin de chaque mois de l'exercice;
- le nombre moyen des travailleurs occupés à temps plein inscrits au registre général du personnel ou dans un document équivalent à la fin de chaque mois de l'exercice considéré lorsque l'emploi ne relève pas du champ d'application de l'arrêté royal mentionné ci-avant[25].

Le nombre des travailleurs exprimé en équivalents à temps plein est égal au volume de travail exprimé en équivalents occupés à temps plein, à calculer pour les travailleurs occupés à temps partiel sur la base du nombre conventionnel d'heures à prester par rapport à la durée normale de travail d'un travailleur à temps plein comparable (travailleur de référence)[26].

23 Article 15, § 2 du Code des sociétés. Article 1:24 § 2 du nouveau Code des sociétés et associations.

24 Article 1:24 du nouveau Code des sociétés et associations.

25 Article 15 § 5, alinéa 1er du Code des sociétés. Article 1:24, § 5 alinéa 1er du nouveau Code des sociétés et associations.

26 Article 15 § 5, alinéa 2 du Code des sociétés. Article 1:24, § 5 alinéa 2 du nouveau Code des sociétés et associations.

C. Chiffre d'affaires

Le chiffre d'affaires correspond au montant des ventes de biens et des prestations de services à des tiers, relevant de l'activité habituelle de la société, déduction faite des réductions commerciales sur ventes (remises, ristournes et rabais). Ce montant ne comprend pas la taxe sur la valeur ajoutée et les autres impôts directement liés au chiffre d'affaires. Sont également comprises dans le chiffre d'affaires, les interventions des pouvoirs publiques en compensation de moindres recettes consécutives à la politique de tarification appliquée.

Lorsque plus de la moitié des produits résultant de l'activité normale d'une société sont des produits non visés par la définition du poste « chiffre d'affaires », il y a lieu d'entendre par « chiffre d'affaires », le total des produits d'exploitation et financiers à l'exclusion des produits non récurrents[27]. Autrement dit, le code des Sociétés comporte un régime dérogatoire lorsque plus de la moitié « des produits résultant de l'activité normale d'une société » (à savoir les montants repris en regard des comptes P.C.M.N. 70 à 75) sont des produits non visés par la définition du poste « Chiffre d'affaires ». Dans ce cas, il y a lieu d'entendre par chiffre d'affaires le total des produits à l'exclusion des produits non récurrents.

En ce qui concerne les produits d'exploitation, cela implique pour le régime dérogatoire qu'en plus du chiffre d'affaires classique, l'augmentation ou la réduction des en-cours de fabrication, produits finis, immobilisations destinées à la vente et commandes en cours d'exécution doit également être prise en compte ainsi que la production immobilisée et les autres produits d'exploitation. Les « Autres produits d'exploitation » comprennent les produits provenant de tiers, relatifs à l'exploitation, qui ne résultent pas de la vente de biens ou de prestations de services à des tiers, relevant de l'activité habituelle de la société, et qui ne relèvent pas de la catégorie des produits financiers ou des produits non récurrents. Sont notamment portés sous cette rubrique les subsides ou montants compensatoires à l'importation ou à l'exportation et les subsides d'exploitation ainsi que les plus-values sur réalisation de créances commerciales[28].

En ce qui concerne les produits financiers, il faut également entendre, pour le régime dérogatoire, les « Autres produits financiers ». Ils sont composés des plus-values sur réalisation de créances autres que commerciales, de placements de trésorerie et de valeurs disponibles, les subsides en capital et en intérêts portés en résultats, les différences de change et les écarts de conversion des devises sauf s'ils se rattachent de manière spécifique à d'autres résultats, auquel cas ils peuvent être portés sous le même poste que ceux-ci, et tous les produits de nature financière qui ne se rattachent pas à des éléments déterminés de l'actif[29].

Ce régime dérogatoire peut être illustré par l'exemple suivant.

Les comptes de produits de la SA Azur se présentent comme suit :

- chiffre d'affaires : 300.000,00 EUR ;
- autres produits d'exploitation[30] : 850.000,00 EUR ;
- autres produits financiers[31] : 2.700.000,00 EUR ;
- produits d'exploitation et produits financiers non récurrents : 550.000 EUR.

27 Article 15 § 5, alinéa 3 du Code des sociétés. Article 1:24, § 5 alinéa 3 du nouveau Code des sociétés et associations.

28 Article 96, I.D de l'arrêté royal du Code des sociétés.

29 Article 96, IV.C de l'arrêté royal du Code des sociétés.

30 À l'exception des produits non récurrents.

31 À l'exception des produits non récurrents.

Les trois premiers postes (chiffre d'affaires, autres produits d'exploitation (à l'exception des produits non récurrents) et autres produits financiers (à l'exception des produits non récurrents)) résultent de l'activité normale de la société. Leur somme totale s'élève à 3.850.000,00 EUR, dont plus de la moitié (3.550.000,00 EUR) consiste en des produits hors « Chiffre d'affaires ». Dans ce cas, le montant de 3.850.000,00 EUR est considéré comme chiffre d'affaires pour l'application de l'article 15, § 1er du Code des sociétés.

D. Durée d'exercice supérieure ou inférieure à douze mois

Lorsque l'exercice comptable a une durée inférieure ou supérieure à douze mois, le montant du chiffre d'affaires, à l'exclusion de la taxe sur la valeur ajoutée, est multiplié par une fraction dont le dénominateur est douze et le numérateur le nombre de mois compris dans l'exercice considéré, tout mois commencé étant compté pour un mois complet[32].

Ainsi, si l'exercice comptable s'étend du 15 avril au 31 décembre inclus, il compte 9 mois entamés et le critère lié au chiffre d'affaires est adapté comme suit : 9/12 x 9.000.000,00 EUR = 6.750.000,00 EUR.

E. Calcul sur base consolidée

Pour les sociétés mères et filiales, l'évaluation du dépassement des critères de taille s'effectue sur une base consolidée[33].

Dans le cas d'une société mère ou filiale liée à une ou plusieurs autres sociétés, les critères en matière de chiffre d'affaires et de total du bilan sont déterminés sur une base consolidée. Quant au critère en matière de personnel occupé, le nombre de travailleurs occupés en moyenne annuelle par chacune des sociétés liées est additionné.

Dans le cas où les critères de taille (nombre de travailleurs occupés, chiffre d'affaires et total du bilan) doivent être appliqués sur une base consolidée d'un point de vue comptable, la société mère peut décider d'appliquer une méthode alternative, selon laquelle elle ne consolide pas, mais procède simplement à l'addition des montants globaux en matière de chiffre d'affaires et de total du bilan, tels qu'ils apparaissent dans les comptes annuels statutaires de toutes les sociétés liées. Elle compare ensuite les montants globaux obtenus aux critères cités ci-dessus majorés de 20 %[34].

Ces critères deviennent donc :

- nombre de travailleurs occupés en moyenne annuelle : 50;
- chiffre d'affaires annuel, hors TVA : 10.800.000,00 EUR;
- total du bilan : 5.400.000,00 EUR.

En cas de modification du lien entre les sociétés du groupe, l'avis CNC 2017/10, du 19 avril 2017 précise ceci : « *Pour les sociétés mères, l'application des critères de taille doit se faire sur une base consolidée (ou agrégée). La Commission souligne que, pour l'évaluation de la taille d'une société, le lien doit être apprécié à la date de clôture du bilan de l'exercice concerné. Une modification du lien en cours d'exercice influence par conséquent la méthode selon laquelle les critères*

32 Article 15 § 5, alinéa 4 du Code des sociétés. Article 1:24, § 5, alinéa 4 du nouveau Code des sociétés et associations.

33 Article 15 § 6, alinéa 1 du Code des sociétés. Article 1:24, § 6, alinéa 1 du nouveau Code des sociétés et associations.

34 Article 15 § 6, alinéa 2 du Code des sociétés. Article 1:24, § 6, alinéa 2 du nouveau Code des sociétés et associations.

de taille devront être appliqués pour l'exercice concerné. Si une société n'est pas liée à la date de clôture du bilan, l'application des critères de taille se fait sur base individuelle, et ce également pour les années précédentes. Si une société est une société mère à la date de clôture du bilan, l'application des critères de taille se fait sur une base consolidée (ou agrégée), et ce également pour les années précédentes, que la société ait été ou non une société mère au cours de ces années. Ce sont alors les chiffres consolidés (ou agrégés) des sociétés auxquelles la société était liée au cours des années précédentes qui sont pris en ligne de compte. »

D'un point de vue fiscal, cet extrait de l'avis CNC est valable à la fois pour les sociétés mères et les sociétés filiales étant donné que la législation fiscale fait uniquement référence aux paragraphes 1 à 6 de l'article 15 du Code des sociétés[35]. Le paragraphe 7 de ce même article qui prévoit que la majorité des sociétés liées n'est pas visée par l'évaluation des critères de taille sur une base consolidée n'est pas applicable d'un point de vue fiscal.

F. Sociétés qui commencent leurs activités

Nous avons vu que l'application des critères de taille repose sur les chiffres historiques des deux derniers exercices comptables clôturés. Ceux-ci ne sont pas disponibles pour l'appréciation de la taille d'une société nouvellement constituée.

Afin de pallier l'absence de chiffres historiques, le législateur comptable a introduit une obligation d'estimation[36]. Au début du premier exercice de la société nouvellement créée, il convient d'estimer de bonne foi à combien s'élèveront le nombre de travailleurs occupés, le chiffre d'affaires et le total du bilan à la date de clôture du bilan de ce premier exercice comptable. Lors de cette estimation, il convient de procéder à une proratisation du chiffre d'affaires si l'exercice comptable est supérieur ou inférieur à douze mois.

S'il ressort de cette estimation que plus d'un des critères seront dépassés, la société devra en tenir compte dès ce premier exercice comptable et l'exercice comptable suivant.

Inversement, si cette estimation permet de conclure que la société ne dépassera pas plus d'un des critères visés à l'article 15 § 1er du Code des Sociétés[37], la société sera considérée comme étant une petite société pour ce premier exercice comptable et l'exercice comptable suivant.

35 Article 1 :24, §§ 1 à 6 du nouveau Code des sociétés et associations.

36 Article 15 § 3 du Code des sociétés. Article 1:24, § 3 du nouveau Code des sociétés et associations.

37 Article 1 :24, § 1 du nouveau Code des sociétés et associations.

Index

A

B

C

E

F

H

I

L

M

N

O

P

Q

R

S

T

V

W

Annexes

Annexe 1

Tous les documents auxquels nous faisons référence dans l'ouvrage, ainsi que la déclaration, peuvent être consultés sur le site du Ministère des Finances : http://www.myminfin.be.

Annexe 2

Vous trouverez également les références au Code CIR 92 et au Code des Sociétés sur le site http://www.just.fgov.be.

Vous pouvez acquérir ces codes à un prix avantageux via notre site http://www.edipro.info.

Annexe 3

Liste des produits et services pouvant être acquis avec des éco-chèques ©

Annexe : **Liste des produits et services pouvant être acquis avec des éco-chèques ©**

PRODUITS ET SERVICES ECOLOGIQUES

Utilisation durable de l'eau et de l'énergie
- Tous les produits et services destinés spécifiquement à économiser l'eau et l'énergie
- Tous les produits et services pour l'isolation (thermique et acoustique) des habitations
- Tous les produits qui fonctionnent exclusivement à l'énergie renouvelable ou qui permettent la production d'énergie renouvelable

Appareils électriques peu énergivores
- Tous les appareils électriques qui disposent du label énergétique européen à partir de A+

Produits et services qui disposent du label écologique européen

Ecolabel

Produits biologiques
- Tous les produits qui disposent du logo de production biologique de l'UE
- Tous les produits avec le label Biogarantie
- Tous les produits achetés dans un magasin Biogarantie

Produits en bois et papier respectueux de l'environnement qui disposent des labels FSC ou PEFC

PEFC FSC ® A.C. FSC-SECR-0045

MOBILITÉ ET LOISIRS DURABLES

Mobilité durable & respectueuse de l'environnement
- Tous les vélos, speed-pedelecs, scooters électriques & accessoires
- Transports en commun (à l'exception des abonnements domicile – travail), autocar, ainsi que le transport de personnes partagé sans chauffeur
- Cours d'éco-conduite
- Tous les accessoires et abonnements pour les bornes de recharge des véhicules électriques

Jardinage durable
- Arbres et plantes
- Tous les produits qui sont spécifiquement destinés à l'entretien du jardin (à l'exception des produits phytopharmaceutiques ne disposant pas d'un des labels biologiques reconnus suivants)
- Tous les outils de jardinage électriques ou non motorisés

Ecotourisme
- Toutes les infrastructures touristiques situées en Belgique qui disposent du label Clé verte

Green Key

RÉUTILISATION, RECYCLAGE & PREVENTION DES DECHETS

Achats de produits de seconde main
- Tous les produits à l'exception des appareils pourvus de moteurs non électriques
- Tous les appareils électriques qui disposent du label énergétique européen à partir de A+
- Tous les petits appareils électriques

Achat de produits destinés spécifiquement à la réutilisation ou au compostage

Achat de produits recyclés ou de produits composés de matériaux recyclés ou récupérés, compostables ou biodégradables

Réparations
- Toutes les réparations de produits à l'exception des appareils pourvus de moteurs non électriques

REMARQUE GÉNÉRALE : *Pour chaque produit, la location, le placement, l'entretien et la réparation peuvent aussi, le cas échéant, être payés avec des éco-chèques.*